Hearts-on Alternative Science Activities

HASA 과학교육의 이해와 적용

한양대 과학교육연구센터 지음

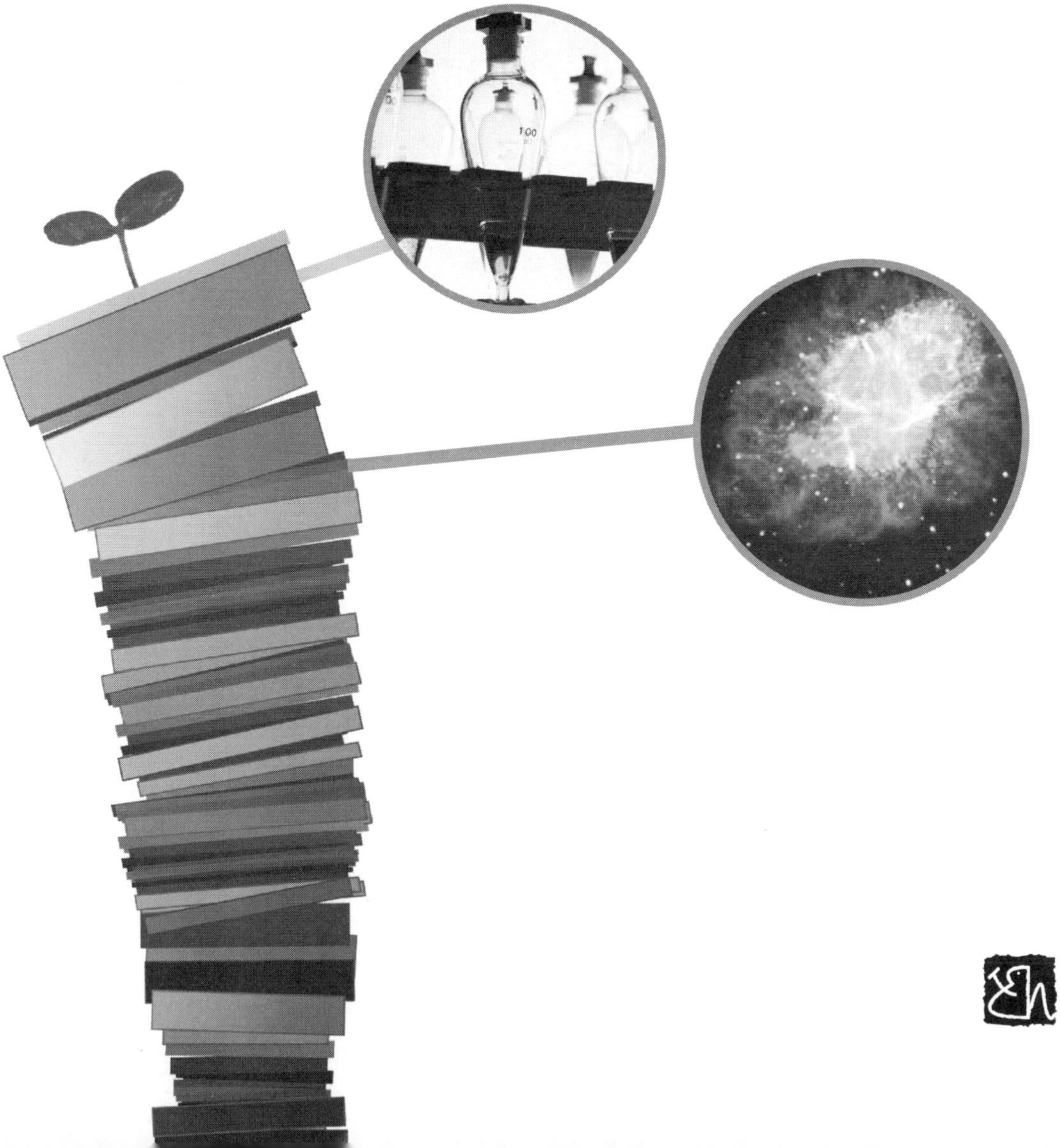

북스힐

머리말

본 도서는 '한양대학교 과학교육연구센터'의 연구 결과물을 바탕으로 만들어졌다.

이 사업은 HASA(Hearts-on Alternative Science Activities) 과학교육철학을 기본으로 하고 있다. HASA 과학교육철학은 활동을 통해 과학에 대한 관심을 유발하고, 이를 지속적으로 즐기고, 열정으로 과학을 탐구하는 태도를 가지는 것을 목표로 한다. 이에 '과학교육 관련 기초 기반 연구', '과학 교사의 전문성 신장 연구', '과학영재의 체계적 발굴 · 육성 연구', '과학 대중화 프로그램 개발과 모델 제시'의 네 가지 세부 과제를 수행하였다.

2003년 12월부터 시작된 이 사업은 2008년 6월 30일까지 5년 동안 진행되었으며, 연구가 완료되는 시점에 즈음하여 연구결과를 일목요연하게 볼 수 있게 이 책을 집필하게 되었다. 국내에서 어떤 과학교육철학을 바탕으로 이렇게 방대하게 연구 및 개발한 사례가 없기에 이 책이 가지는 의미는 참으로 중요하다. 그동안 과학교육학자들이 외국의 다양한 과학교육 프로그램에 대해 관심을 가지고 연구하였으나, 국내에서는 연구할 만한 대상이 없었던 것이 사실이다. 이에 HASA 과학교육 연구는 국내외적으로 내세울 만한 과학교육프로그램으로 연구의 대상뿐만 아니라 실제 적용할 수 있는 교육프로그램으로 손색이 없다.

책의 구성은 HASA 과학교육철학의 의미와 연구의 목표를 명시하는 것부터 시작하였다. 이후 4개의 세부과제별로 주요 연구결과들로 구성하였다. 따라서 모든 장을 순서대로 볼 필요 없이 자신의 관심분야별로 살펴보아도 된다.

본 연구의 결과물들은 그동안 16명의 공동연구원들과 자료 개발을 위해 80여 명의 교사들이 참여하여 만든 산출물을 중심으로 구성하였다. 모든 산출물은 너무나 방대하여, 세부 과제별로 책을 출간할 예정이다. 따라서 본 책자가 다소 활용하는 측면에서 미흡한 점이 있더라도 이해해주기 바란다.

2009년 4월

한양대학교 과학교육연구센터 센터장

최 정 훈

차 례

Part I HASA 과학교육이란?

Part II 과학교육 관련 기초 기반 연구

Part Ⅳ 과학영재의 체계적 발굴 · 육성 연구

Part Ⅴ 과학 대중화 프로그램 개발과 모델 제시

Part I

HASA 과학교육이란?

1 HASA 과학교육의 의미

HASA는 초기 과학 실험 수행 능력, 과학 지식, 과학 자신감의 균형 있는 성장을 유도한다는 의미로 3H — Hands, Head and Heart — at Science Activity를 축약하여 사용하였으나 추후 인간중심 대안적 과학활동(Hearts-on Alternative Science Activities)으로 의미를 재정립하였다.

1.1 과학교육의 변천

1. 과학교육 사조의 변천

송진웅(2006)은 과학교육 역사 속의 패러다임의 변천을 다음과 같이 정리하였다.

과학이 학교로 도입되기 이전에는 주로 대학에서 수학 또는 자연철학의 일부로서 철학의 관점에서, 특히 연역의 관점에서 과학을 가르쳤었다. 아리스토텔레스, 갈릴레오, 데카르트, 베이컨, 뉴턴 등의 고전을 읽는 것이 과학을 가르치는 주요 수단이었으며, 코메니우스나 감각적 실재론 등의 일부 예외를 제외하고는 실험활동이나 실용적 지식 등이 배제된 형태로 가르쳐졌다(Turner, 1927).

19세기 말 대체적으로 영국과 유럽의 산업혁명의 영향력 아래에서 19세기 동안의 학교 과학은 개인의 직업과 국가의 경쟁력에 유용한 지식의 집합으로서 가르쳐졌다(Song, 1999). 이러한 경향성은 20세기 전반을 통해서도 계속 지속되었으나, 이번에는 사회 속의 개인의 삶과 과학을 더욱더 강조하였다.

1950년대 말에는 과학적 지식보다는 과학적 탐구에 강조하였다. 이러한 움직임은 그것의 주요 관심이 과학의 실험적 방법(즉, 발견)에 주어졌던 실증주의적 과학철학에 주로 기초를 둔 것이었다. 학생들은 발견의 참된 경험을 갖고 과학의 개념적 구조를 이해하라는 요청을 받았다. 이러한 탐구활동에 대한 강조 때문에, 이 시기의 과학교육은 흔히 Hands-On으로 표현되었다.

1980~90년대에는 피아제(J. Piaget)와 오슈벨(D. Ausubel)에 의해서 촉발되었던 구성주의의 철학적 배경 아래에서, 전 세계적으로 학생이 지니고 있는 과학적 개념을 연구하는 방향으로 거대한 흐름이 형성되었다. 하지만 이 기간 동안 연구의 초점은 점차 학생의 오개념을 확인하는 것으로부터 개념 이해의 본성을 살펴보거나 효과적인 개념 변화 전략을 개발하는 것으로 이동되었다. 연구의 초점은 학생들로 하여금 성공적인 개념 변화의 중요한 전제 조건으로 믿어지는 인지갈등을 스스로 경험하게 하게 하는 것에 주어졌고, 학생들은 동료 학생이나 교사들과의 상호 작용을 통해 스스로의 개념적 틀을 구성하도록 기대되었다. 이러한 움직임은 학생의, 활동이 아닌, 개념적 이해를 강조하였기 때문에, 흔히 Minds-On이라 불린다.

20세기 말에 가까워지면서 과학은 사회적으로 구성된 하나의 문화로서 여겨지기 시작하였다. 학생들 간의 그리고 학생과 교사 간의 사회문화적인 상호 작용은 과학교육 연구자들의 주된 관심 영역으로 등장하였다.

Song & Cho(2004)는 과학교육과 과학관/과학박물관의 역사적 발전 과정에 대한 개관에 기초하여 과학교육의 전반적인 발전 과정을 인체의 각 부분을 지칭하는 비유들의 연속으로 특징화하였다. 즉, Ears-On → Eyes-On → Hands-On → Minds-On → Hearts-On(표 I-1 참조).

|표 I-1| 과학교육 패러다임의 변천

시기 / 측면	~18세기	19세기~ 20세기 중반	1960~70년대	1980~90년대	21세기
과학의 모습	자연철학	학교 교과	발견의 방법	개인적 구성	문화
배경 철학	연역주의	경험주의	실증주의	구성주의	과학적 인간주의
과학학습의 핵심	논리와 논증	지식과 활용	발견의 과정 및 개념 구조	선경험과 개념 변화	상황(맥락)적 이해와 참여
과학교수의 초점	철학적 논증	유용성의 시연	과학적 탐구	인지적 갈등	과학과 학습의 상황
대응되는 비유	Ears-On	Eyes-On	Hands-On	Minds-On	Hearts-On

2. 우리나라 과학과 교육과정의 변천

우리나라의 과학과 교육과정은 광복 후 교육에 대한 긴급조치와 교수요목의 시기를 거쳐 제7차 교육과정까지 총 7차례의 개정이 있었다(표 I-2 참조).

|표 I-2| 과학교육 변천에 따른 교육사조

교육과정 명칭과 시기		교육 목적	교육사조 · 과학철학사상 · 심리학
교과중심	교수요목기 (1946년~1954년)	교수요목	본질주의, 항존주의, 실재론, 관념론, 행동주의
	제1차 교육과정 (1954년~1963년)	과목별 목표	본질주의, 항존주의, 실재론, 관념론, 행동주의
경험중심	제2차 교육과정 (1963년~1973년)	발견, 생활의 문제 해결	진보주의, 실용주의, 생활 · 아동 · 경험중심 교육사상
학문중심	제3차 교육과정 (1973년~1981년)	과학적 소양 탐구력	학문중심 교육사상, 실증주의, 발달심리학, 인지론
인간중심	제4차 교육과정 (1982년~1987년)	과학기술 소양, 문제 해결	인간중심 교육사상, 구성주의 과학 철학, 심리학
	제5차 교육과정 (1988년~1992년)	과학기술 소양, 문제 해결	인간중심 교육사상, 현대의 관념론, 상대론
	제6차 교육과정 (1992년~1997년)	STS 소양, 의사 결정력	STS 과학관, 현대의 관념론, 상대론
	제7차 교육과정 (1997년~현재)	STS 소양, 의사 결정력	STS 과학교육사상

〈표 I-2〉에서 볼 수 있는 바와 같이, 우리나라의 학교교육에서 과학을 지도하기 시작한 이후부터 과학교육과정의 발전을 보면 지식전달 위주의 교과중심 교육과정으로부터 경험중심의 교육과정으로, 그리고 학문중심 교육과정, 인간중심 교육과정으로 점차 변천해 왔다고 볼 수 있다.

1.2 인간중심 과학교육

인간중심 과학교육과 관계있는 과학 관련 정의적 영역과 상황학습 이론에 대해 먼저 알아보고, 인간중심 과학교육에 대해 알아본다.

1. 과학 관련 정의적 영역

(1) 정의적 영역의 의미와 정의적 특성

권재술 등(1998)은, 인간은 다양한 상황 속에서 그들의 전형적인 사고 · 행위 · 감정을 나타내는 속성이라고 할 수 있는 여러 특성들을 지니고 있다고 하였으며 이러한 특성은 크게 지적 특성과 비지적 특성으로 구분하기도 하지만, 일반적으로는 전형적인 사고방식과 관련되어진 인지적(cognitive) 특성, 전형적인 감정의 표현 방식과 관련된 정의적(affective) 특성, 전형적인 행위의 방식과 관련된 심동적(psychomotor) 특성으로 분류한다고 하였다.

여기서 정의적 특성이란 감정이나 정서를 나타내는 전형적인 인간의 속성으로 정의할 수 있다(Anderson, 1981). 전형적인 감정이란 그 감정이 어떤 경향성을 보이는 것을 의미한다. 따라서 인간의 어떤 속성이 정의적 특성으로 범주화되기 위해서는 강도(intensity), 방향(direction), 대상을 포함하고 있어야 한다(권재술 등, 1998).

일반적으로 정의(affective)는 인지와 대비되는 것으로 인간의 성향을 나타내는 한 영역이다. 주로 태도 · 기질 · 흥미 · 신념 · 정서 · 가치관 · 동기 등의 심리적인 부분을 가리키며, 인간의 정서적 반응을 유발하는 기능을 지니고 있고, 사물이나 상황 등에 대한 이해나 의미 규정보다는 감정이나 가치 평가 등의 형태로 나타난다(김용재, 1997).

Tyler(1973)는 인간의 반응이 인지적, 정의적, 심동적 범주 중 어느 한 범주로 완전히 분류될 수 있는 경우는 거의 드물다고 하였다. 정의적 특성을 다른 특성들과 완전히 구별하기는 어려우며, 정의적 특성을 실체적인 개념이 아닌 구성 개념으로 이해하는 것이 중요하다고 하였다(김병식, 2005).

Bloom은 정의적 영역을 감정의 색조나 정서, 수용 또는 거부의 태도 등이 강조되는 영역으로 보고, 정의적 목표는 선정된 현상에 단순히 주의를 기울이는 것에서부터 복잡하면서도 내면적으로 일관성 있는 인격과 양심에 이르기까지 넓은 범위에 걸쳐 있으며 문헌에서는 이런 목표들을 흥미 · 태도 · 감상 · 가치 · 정서적 반응 경향 · 편견 등으로 표현하고 있음을 지적한다(임의도 등, 1967).

Kempa(1986)는 과학과 과학 학습에 대한 학생들의 태도와 흥미, 신념, 가치뿐만 아니라, 도덕적 판단이나 개인 간의 관계 등을 인지적 · 운동 기능적 특성과 구별하여 정의적 특성이라고 하였다. 그러나 이러한 구분은 정의적인 특성이 정확하게 인지적 · 운동 기능적 능력과 구분되는 것은 아니며 세 영역의 특성들은 서로 보완적인 관계라고 하였다(김병식, 2005).

정의적 특성에 대한 학자들의 다양한 견해를 종합하여 권재술 등(1998)은 다음과 같은 정의적 특성의 공통성을 추출하였다.

첫째, 정의적 특성은 추리된 과정이다. 정의적 특성은 직접 관찰할 수 없는 것이기 때문에 개인에게서 나타나는 행동을 관찰하여 추리되는 개념에 불과하다. 이러한 관점에서 본다면 정의적 특성은 독립변인이나 종속변인이 아니라 매개변인이라고 할 수 있다. 따라서 과학 교사는 단편적인 행동 특징만을 보고 추리할 것이 아니라 여러 가지 행동 증거도 수집해서 그 행동 간의 일관된 경향성을 파악하는 일이 매우 중요하다.

둘째, 정의적 특성은 방향을 결정해 주는 과정이다. 지적 특성은 한 개인이 무엇을 얼마나 할 수 있는가를 나타내 주지만, 정의적 특성은 어느 방향으로 가는지를 결정해 주는 개념이다. 즉, 선택을 통해 행동의 방향을 결정해 주는 특징을 지니고 있다.

셋째, 정의적 특성은 주체와 객체와의 관계이다. 정의적 특성은 사물, 사람, 장소, 추상적인 이념, 개념 등 개인의 환경 내에 있는 객체와의 관계를 나타내는 것이다.

넷째, 정의적 특성은 학습된 것이다. 정의적 특성은 환경의 자극에 대하여 그것을 해석하고 반응하는 방법이기 때문에 그것은 생득적으로 지니고 있는 특성이 아니라 환경과의 접촉을 통해서 학습되고 습득되는 특성이다.

다섯째, 정의적 특성은 일관성과 안정성을 지닌다. 정의적 특성이 일관성과 안정성을 지니고 있다는 것은 개인이 환경에 대한 반응에 있어서 순간적이고 일시적인 반응을 나타내는 것을 의미하는 것이 아니라, 계속적이며 일관된 반응을 나타낼 때 비로소 정의적 특성이라고 볼 수 있다는 것이다. 그러므로 정의적 특성은 일반적으로 개인의 행동을 규제하는 힘이 넓고 강할 뿐만 아니라 변화가 어렵고 변화하는 데 많은 시간이 걸린다는 것이 특징이다.

인간의 정의적 특성은 학자에 따라 여러 가지 형태로 개념화되고 있는데, 이 중에서 공통적이면서 일반적인 개념은 태도, 흥미, 동기 등을 통칭하는 것으로 생각할 수 있다. 그러나 정의적 특성의 본질은 태도(attitudes)라는 것이 일반적인 견해이다.

(2) 정의적 영역의 중요성

제7차 교육과정에서의 과학과 목표의 4개 하위 목표 중 세 번째 목표로서 "자연 현상과 과학 탐구에 호기심을 가지게 하고, 실생활의 문제를 과학적으로 해결하려는 태도를 지닌다."라고 정의적 목표를 명시한 것은 과학에 관한 정의적 특성이 과학의 출발과 발전의 보다 큰 원동력(교육부, 1998)으로서 중요한 의미를 갖고 있기 때문이다.

초등학교에서는 특히 정의적 영역이 중요시되어야 한다. 정의적 특성의 발달은 성공적인 학습을 위한 수단으로서 꼭 필요하며, 지적인 특성보다 먼저 발달되어야 한다는 Binet이나 Tyler와 같은 교육학자들의 주장과 같이 이어지는 학교교육의 성과를 위해 중요한 것이다(김효남, 1998).

김부윤(1993)은 다음과 같은 이유에서 정의적 영역이 중요하다고 말하고 있다.

첫째, 우리의 교육이 인간화 교육을 향해서 가고 있다면 정의(情意) 자체가 성숙한 인격체를 구성하는 핵심적 요소 가운데 하나이기 때문이다. 따라서 정의의 목표는 교육과정 속에 당연히 표출되어야 하며, 그와 아울러 정의의 목표가 달성되고 있는지에 대한 평가는 학교교육이 짊어져야 할 책무라고 할 수 있다. 그렇지 못할 경우 우리의 교육은 지(知)만을 향한 교육이 될 수밖에 없을 것이다.

둘째, 정의의 특성이 학업성적의 변량의 25 % 정도를 결정한다는 연구결과에 비추어보면 학습장면에서는 정의(情意)가 중요한 추진력을 발휘할 수도 있기 때문이다. 개인이든 집단이든 간에 정의적 특성이 긍정적·부정적이냐에 따라 지적(知的) 성취의 만족·불만족이 결정될 수 있으므로, 학교교육은 점수나 등급을 결정하는 데 급급할 것이 아니라 학생들로 하여금 긍정적 정의를 형성시켜 줄 수 있도록 해야 한다.

(3) 정의적 영역의 분류와 평가 방법

Bloom 등(1956)은 교육의 목표를 인지적, 정의적, 신체적 영역의 3가지로 나누었으며, Krathwohl 등(1964)에 의해 정의적 영역의 목표 분류틀이 발표되었다. 이 정의적 영역에는 크게 5개의 범주가 포함된다. 그것은 감수, 반응, 가치화, 조직화, 가치 또는 가치 복합화에 의한 인격화이다. Klopfer(1971)는 Bloom의 교육목표 분류학을 과학 교과에 맞게 적용하고 개선하여 정의적 영역의 목표를 6가지로 제시하였다. 그것은 과학에 대한 호의적인 태도를 나타냄(H.1), 사고 방법으로 과학적 탐구의 수용(H.2), 과학적 태도 적용(H.3), 과학 학습을 즐김(H.4), 과학활동에 대한 흥미 개발(H.5), 과학에 관련된 직업에 대한 흥미 개발(H.6)이다. 이것은 H.1에서 H.6으로 갈수록 더 적극적인 과학적 태도를 나타내고 있다.

일반적으로 과학에 관련된 정의적 영역은 과학에 대한 태도와 과학적 태도로 구분된다. 과학에 대한 태도는 과학에 관련된 인식, 흥미, 가치를 포함하고 과학적 태도는 합리성, 비판성, 판단보류, 객관성, 인내성, 협동성 등을 말한다(김효남 등, 1998).

과학과 관련된 정의적 특성을 평가하기 위해 많은 평가도구들이 개발되어 왔으며, 이러한 도구들은 평가하고자 하는 개념들에 따라 다양한 방법을 사용하는데, 의미 분석법, 리커르트 척도, Thurstone 척도, 선다형 문항, 투사법, 개별 면담, 체크리스트법, 관찰법, 보고서법, 등위법 등이 있다.

과학의 정의적 특성을 측정할 수 있는 도구의 개발에 있어서 외국의 경우는 다양하게 이루어지고 있으나 주로 중·고등학생을 대상으로 개발된 것들이 많으며 국내의 연구는 그리 많지는 않으나 대부분이 리커르트 척도로 이루어져 있다(이영미, 1997).

2. 상황학습 이론

1989년 Brown, Collins와 Duruid의 '상황적 인지와 학습문화'에 대한 논문에서 처음으로 소개된 상황학습의 개념에 의하면, 지식이라는 것은 상황적인 것이고 그 지식이 사용될 과제, 맥락, 문화 안에서 생성되는 것이지 결코 단독적으로 존재하는 것은 아니며, 실제 상황에서 필요시에 지각되고 행동으로 옮겨질 수 없는 지식은 진정한 학습의 개념에서는 무의미한 지식이라고 할 수 있다는 것이다. 그 이유는 지식은 단순히 독립적으로 존재하는 사실, 즉 내재적 지식(insert knowledge)이기보다는 현실에서 활용될 수 있는 도구, 즉 능동적 지식(active knowledge)일 때 진정한 지식이라고 평가될 수 있기 때문이다. 이러한 학습과정은 현실적으로 혼자서 문제를 수행하는 것보다는, 여럿이 문제를 풀어나가는 경우가 대부분이며 문제 해결 상황에서 협동학습이 생겨나게 되는 것이다.

협동학습의 효과는 문제 해결을 단편적으로 하지 않고 총체적으로 할 수 있으며, 문제 해결 상황에 포함될 수 있는 여러 가지의 다른 역할을 수행해 볼 수 있다. 또한 비효과적인 해결방법이나 해결상의 오류를 서로 지적할 수 있고, 다른 사람들과 협력하여 일할 수 있는 능력을 배양할 수 있다(Mclellan, 1993).

이인순(2001)은 상황학습 이론의 특징을 다음과 같이 정리하였다.

첫째, 맥락의 중요성을 강조한다. 상황학습 이론은 기본적으로 인간의 사고는 그 사고가 발생하는 맥락에 의해 제한된다는 사실의 인식에서 출발한다(최정임, 1997). 따라서 맥락은 상황학습 이론의 전제 조건이 되며 학습 내용과 환경을 구성할 때 지식이 포함된 맥락을 제일 먼저 고려해야 한다.

둘째, 개념이나 지식을 도구와 유사한 것으로 간주한다. 지식은 이용을 통해서만 충분히 이해될 수 있으며, 이용은 이용자의 세계에 대한 견해를 바꾸고 그것이 이용되는 문화의 신념 체계를 채택하기 때문이다. 도구는 획득하기보다는 그것을 능동적으로 이용할 때 그 도구가 이용되는 세계에 대한 풍부한 이해를 가지게 되듯이 개념적 도구, 즉 지식은 그들이 이용되는 문화의 누적된 지혜와 개인의 통찰 및 경험을 반영하는 것이라고 본다. 개념의 의미는 불변적인 것이 아니라 사회 내에서의 조정의 산물인 것이다(허창범, 1993).

셋째, 협동학습을 강조한다. 면대면(face-to-face)의 인간 상호 작용이 최대한의 맥락적 이해를 가능하게 하기 때문에 면대면 패러다임이 모든 커뮤니케이션에 적용되어야(Suchman, 1987, 허창범, 1993, 재인용) 하며 그러기 위해서는 협동학습이 강조되어야 한다. 왜냐하면 면대면 커뮤니케이션은 특정한 학습자가 특정한 상황에서 자신의 행동을 다른 사람과의 상호 작용에 연결시키는 수단이 되며 서로 간의 의미를 명료하게 하여 주기 때문이다.

넷째, 학습은 실제 세계의 상황에서 실제적인 과제를 가지고 학습할 때 일어난다(송해덕, 1998). 상황학습의 관점에서 지식이란 상황적인 것으로 지식이 사용될 과제, 맥락, 문화의 상황 안에서 생성되는 것이지 단독적으로 존재하지 않는다고 본다. 그러므로 진정한 학습은 탈 맥락화된 지식과 기능을 가르칠 때가 아닌 실제 세계의 상황 안에서 실제적인 과제를 가지고 학습할 때 일어난다. 만약 학습자들이 실제 상황 안에서 지식을 습득하지 않는다면 그 지식에 포함되어 있는 상황적 특성을 간과하므로 결국 학습의 이유를 모르게 되어 무의미한 학습이 일어날 것이기 때문이다.

1.3 인간중심 대안적 과학활동

1. 인간중심 대안적 과학활동

'인간중심 대안적 과학활동'의 의미는 다음과 같다.

'인간중심 대안적 과학활동'(Hearts-on Alternative Science Activities)은 '인간중심'(Hearts-on Science Activities)과 '대안적 과학활동'(Alternative Science Activities)으로 나누어 생각해 볼 수 있다.

(1) 인간중심(Hearts-on Science Activities)의 의미

20세기 말에 가까워지면서 문화적 접근이 점차 과학교육자의 관심을 끌기 시작하였다. 과학은 이제 더 이상 하나의 학문으로서 또는 발견의 방법으로서 또는 개인의 구성물로서 여겨지지 않고, 대신 사회적으로 구성된 하나의 문화로서 여겨지기 시작하였다. 학생들 간의 그리고 학생과 교사 간의 사회문화적인 상호 작용은 과학교육 연구자들의 주된 관심 영역으로 등장하였으며, 종종 상황인지 이론이 그 근간이 되곤 한다. 이러한 틀 아래에서는 과학과 과학학습의 상황(맥락)이 핵심적인 고려 대상이 된다. 교실의 안과 밖에서의 과학학습의 의사소통적 본성이 심층적으로 연구되어야 할 필요가 있는데, 교실 내에서의 논변활동이나 교실 밖에서의 비형식/자유선택 과학교육 등이 그 예에 해당한다. 이러한 운동의 철학적 기반은 '인간주의' 또는 '과학적 인간주의'라 불릴 수 있을 것이다(송진웅, 2006)

인간중심이라는 것은 학생의 흥미와 필요를 고려한, 학생 즉 인간을 중심으로 하여 과학에 접근하는 방법이다. 과학 학습이 일종의 문화 활동으로서 학생과 학생, 교사와 학생 간의 상호 작용을 강조하며 학습자에게 의미 있는 내용과 방식으로 학습 내용이 구성되고 학습 과정이 진행되는 것을 의미한다. 이를 통해 학교 과학이 더 이상 외래문화가 되지 않고 일상생활을 위한 과학교육이 수행되는 것을 목적으로 한다.

(2) 대안적 과학활동(Alternative Science Activities)의 의미

대안적 과학활동이라고 함은 기존의 교과서에 제시된, 이론을 확인하기 위해 인위적인 환경을 구성하여 마치 요리책에서와 같이 지시에 따라 수행하게 되어 있는 실험 대신, 실제 상황에 근거하여 스스로 묻고 따져 원리를 알아내도록 유도하는 신나는 과학활동을 의미한다. 이런 맥락에서 대안적 과학활동은 교과서의 실험을 무시하고 대체실험만을 지향하는 활동이 아니다. 교과서에 나와 있는 실험을 하되 결과 확인에 중점을 두는 것이 아니라 실험 과정에서 학생의 활동에 초점을 맞추고 있는 활동이다. 〈표 I-3〉은 대안적 과학활동과 기존 교과서에 제시된 실험을 비교한 표이다.

|표 I-3| 기존 교과서 실험과 대안적 과학활동

기존 교과서 실험	대안적 과학활동
정확한 개념의 전수	현상을 통한 직관적 원리 이해
지시 따르기	학습자의 자율성 보장
예측 가능한 결과	결과의 의외성
이론의 확인	생활 속의 문제 해결
공동의 도달점 목표	각기 다른 도달점(학생 스스로 정함)
조작된 환경	실제 상황

한편, 대안적 과학활동은 놀이에 치중한 학교 밖 과학활동과는 스스로 생각하고 기본적인 원리를 습득하여 의도적인 과학 학습이 일어날 기회를 적극적으로 제공한다는 점에서 구분된다. 〈그림 I-1〉은 대안적 과학활동의 위상을 변증법적으로 나타낸 그림이다.

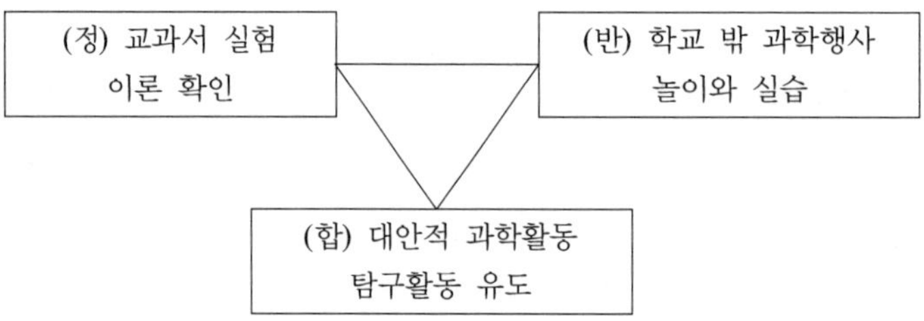

그림 I-1 대안적 과학활동의 위상

(3) 인간중심 대안적 과학활동(Hearts-on Alternative Science Activities)의 의미

인간중심 대안적 과학활동은 학습자의 흥미와 필요를 고려한 실천중심의 신나는 과학활동이라고 할 수 있다. 인간중심 대안적 과학활동(Hearts-on Alternative Science Activities)은 약(略)해서 HASA로 표기하고 '하자'로 발음하는데, 총체적으로 볼 때 '(함께)하자'라고 권유하는 것이 이 활동의 특징을 단적으로 나타낸다고 할 수 있다. 문화로서 상호 작용을 통한 과학활동을 강조하며, 강제하지 않고 스스로 참여하여 적극적으로 활동하기를 권유하는 학습 체제임을 단적으로 표현하고 있다.

(4) 인간중심 대안적 과학활동의 특징

인간중심 대안적 과학활동(HASA)이 가지는 특징은 다음과 같이 정리할 수 있다.

첫째, HASA 활동을 수행하는 동안 학생들은 즐거운 감정을 가진다.

과학수업에서 학생의 감정은 학생들의 주의 집중, 학습의 의미 찾기, 학습 내용의 기억에 큰 영향을 끼친다는 연구결과가 있다. HASA 활동은 교사 모임 등 교사 간 교류를 통해 검증된다. 이 과정에서 자연스럽게 학생들이 즐거운 감정을 가지고 수행하는 활동만 살아남아 과학 싹잔치 등의 과학 행사 및 각 교사들의 수업에서 활용된다. 이것은 교사-교사 간, 교사-학생 간의 상호 작용을 통해 인간중심 대안적 과학활동 자료가 끊임없이 검증되기 때문에 가능한 현상이다.

둘째, HASA 활동은 기본적으로 모든 학생이 수행하는 것을 원칙으로 하며 많은 경우, 활동 결과 자신의 기념품을 제작하여 간직하도록 구성된다.

이것은 이 활동이 기본적으로 생활 속에서 쉽게, 간단히, 또한 저렴하게 구할 수 있는 활동 재료를 이용하기 때문에 가능하다. 학년이 낮을수록 그저 보는 것에 비해 직접 수행하는 활동의 학습 효과가 커진다. 일상생활 속에서 구할 수 있는 소재를 가지고 모든 학생이 직접 수행한다는 점이 또한 학생들이 활동을 수행하는 동안 지속적으로 즐거운 감정을 가지는 데 도움을 준다.

셋째, HASA 활동은 성공의 경험을 강조한다.

학생들이 과학을 싫어하는 이유 중의 하나로 누적된 실패의 경험을 들 수 있다. 실패의 경험이 누적되면 으레 과학은 나하고는 다른 세상의 이야기인 것, 교과서에서 이야기하는 것은 그저 교과서의 내용일 뿐이라고 생각하게 된다. 반면 HASA 활동은 성공의 가능성을 높이는 방향으로 개발되며 또한 교사-교사 간의 상호 작용을 통해 노하우(know-how)가 공유되기 때문에 기본적으로 조금만 노력하면 누구나 상공할 수 있도록 구성된다.

넷째, HASA 활동은 대체로 관련된 과학 원리가 명료하다.

쉽고 간단한 핵심 원리와 활동이 거의 1 : 1로 연계되어 있으므로 활동 목표가 분명하기 때문에 학생의 입장에서 성공 여부를 스스로 판단할 수 있으므로 자기 평가가 가능하다. 특히 개별 활동을 강조하므로 스스로 활동을 수행해야 하기 때문에 자연스럽게 먼저 활동을 끝낸 친구의 도움을 받기도 하고 활동에 대한 논의를 통해 의미 있는 학습이 일어날 가능성이 높다.

2. 인간중심 대안적 과학활동 자료의 개발 지침

과학 교사 및 과학교육 연구자의 의견 수렴을 거쳐 설정한, 인간중심 대안적 과학교육 활동 자료의 개발 지침은 다음과 같다.

- 활동 목표는 원칙적으로 교육과정 및 과학과의 목표와 부합되어야 한다. 단, 숙의(熟議)의 과정을 거쳐 대안을 제시할 수도 있다.
- 기초적이고 기본적인 과학 내용의 선정하여 집중적으로 학습함으로써 과학의 핵심 개념을 습득하도록 한다.
- 학생의 흥미 및 경험과 연계되어야 한다.
- 과학의 즐거움과 아름다움을 느낄 수 있어야 한다.
- 과학의 유용성과 함께 책임감을 인식하도록 한다.
- 기본 활동은 누구나 성공적으로 수행하여 만족감을 얻어야 한다.
- 스스로 묻고 따져서 문제를 해결할 요소가 포함되어야 한다.
- 스스로 자신의 활동을 돌아보고 반성하는 기회를 제공하여야 한다.
- 학습자가 목표를 성공적으로 달성하였는지 판단할 수 있는 방안이 포함되어야 한다.

2 연구의 목표

2.1 과학교육 기초 기반 연구

HASA 과학교육연구센터에서 수행했던 제1과제인 기초 기반 연구의 목표는 첫째, 과학에 대한 흥미와 관심을 증진시키기 위한 실생활과 연관된 체험활동 중심의 청소년 친화적인 HASA 프로그램[Hands, Head and Heart at Science Activity; 손으로 조작하고(관찰, 조작, 체험), 머리로 생각하고(추론, 창의적 발상), 가슴으로 느끼는 과학활동(호기심, 관심 유발)]을 개발하여 교사 연수 과정 및 청소년 과학교육 대중화 프로그램을 통하여 현장에 확산 보급한다는 것이었다.

둘째, HASA 프로그램은 단계별로 구성하며, 각 단계의 활동을 이수함으로써 과학활동에 대한 관심과 자신감을 가질 수 있도록 하여 과학의 대중화의 기반을 갖추고, 우수 인력을 체계적으로 발굴 육성하여 영재교육의 발판을 삼고자 하는 것이었다.

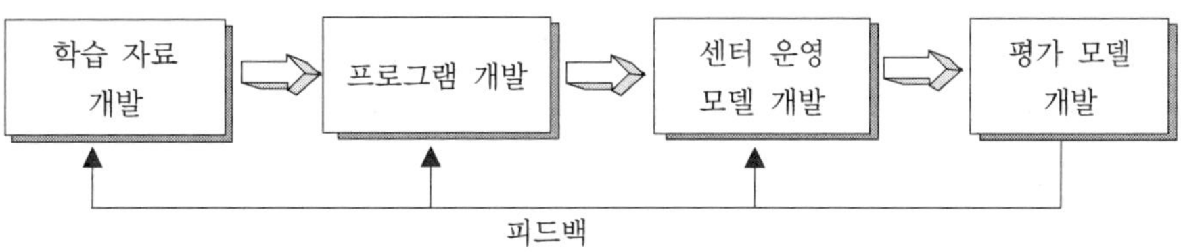

세부 목표를 정리하면 다음과 같다.

첫째, HASA 원칙 및 철학에 따른 프로그램을 개발하는 것이다. 이 과정은 현장에 필요한 자료일지라도 단지 필요성과 흥미에 근거한 것이 아니라 과학교수학습 이론을 바탕으로 한 활동을 개발한다는 데에 의미를 둘 수 있다. 이 활동을 통해 만들어진 프로그램은 학생들이 직접 사물을 조작하고 활동함으로써 머리로 과학적 원리를 생각하고, 가슴으로 느끼게 하는 것을 주요한 목표로 한다. 또한, 과학 탐구활동을 학생 수준에 맞게 개발하고 조직하여 과학활동을 통한 성취감과 자신감을 주고 과학에 대한 흥미도를 높이기 위한 것이다. 프로그램의 개발은 통합 과학, 실생활 중심, 다양한 매체 활용, 단계형 자료 개발을 주요 원칙으로 삼고 있다.

둘째, HASA 과학교육연구센터 운영 모델 개발 및 평가체제 구축을 목표로 한다. 학생 중심의 실험, 탐구활동 개발, 교사 연구, 과학 대중화 활동을 이끌어갈 과학교육연구센터의 표준 운영 모델을 개발하는 것이다. 또한, 과학 탐구활동 및 프로그램 평가, 과학교육연구센터 운영의 문제점을 평가하기 위한 평가체제 구축이 주요한 목표가 된다.

2.2 교사 연수 프로그램 개발 및 실시

HASA 과학교육연구센터의 제2과제인 과학 교사의 전문성 신장에 관한 연구는 첫째, HASA 프로그램, 과학영재 판별도구, 과학영재교육 프로그램의 개발과 동시에 현장 적용 및 현직 교사 연수를 통하여 프로그램의 적절성 여부를 평가하여 피드백함으로써 프로그램의 질적 수준을 높이는 것을 목표로 하였다. 둘째, 개발된 교사연수 프로그램을 적용한 연수를 계속적으로 실시하여 과학교육 지도자를 육성하는 것을 목표로 하였다.

구체적인 세부 목표는 다음과 같다.

첫째, 구성주의를 반영한 연수 프로그램 개발이다. 기존 연수 프로그램이 강사 중심의 전달 연수인 것에 반하여 HASA 교사연수는 교사의 적극적인 참여 및 아이디어 제안, 프로그램의 개선활동, 탐구활동 재조직화 등의 활동을 중시하고 있다.

둘째, 개발한 HASA 과학활동 교수-학습 자료와 연수 프로그램의 피드백을 통한 프로그램의 완결성 확보를 목표로 한다. 개발한 HASA 과학활동 교수학습 자료를 현직 교사들이 활용할 수 있도록 연수 프로그램을 만들고, 교사들의 창의성과 자발적 참여를 유도한다. 이 과정을 통해 실험 탐구 자료를 수정, 보완, 발전시키고자 한다.

셋째, 연수 프로그램의 적정화 모델 개발을 목표로 한다. 개발한 탐구 및 실험 주제들에 대하여 수업 아이디어를 구안한다. 즉, 탐구활동을 하는 이유, 언제, 얼마만큼 할 것인지, 어디서 할 것인지, 어떻게 할 것인지, 테크닉 등을 결정하여 모델화한다.

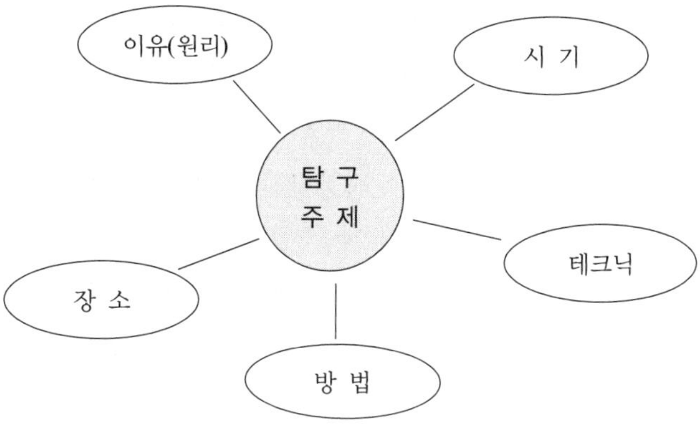

넷째, 국내외 유관기관과의 협력 체제를 구축한다. 개발한 HASA 연수 프로그램을 국내 과학연수 관련 유관기관에서 활용할 수 있도록 제공하거나 발표하고, 국외에서 개발된 연수 프로그램과 상호 아이디어 교환을 통하여 연수 프로그램을 발전시키는 계기로 삼는 것이 주요한 목표 중 하나이다. 또한, 연수 강사의 전문성 강화를 위해 과학교육연구센터의 연수 강사들이 국외 연수를 받을 수 있는 기회를 부여하고, 개발된 연수 프로그램을 국외에서 소개할 기회를 부여한다. 국내의 각 과학교과 연구회의 연수 담당교사들과 지속적인 교류를 통하여 연수 자료를 특성화하고 상호 발전을 도모할 수 있도록 한다.

2.3 과학영재의 체계적 발굴 및 육성

HASA 과학교육연구센터의 제3과제인 과학영재의 체계적 발굴 및 육성 연구는 각 지역의 영재학교, 대학부설 영재교육원, 교육청 지원 영재교육원, 과학고등학교 등 국내 영재교육기관과 선진국들의 영재교육기관의 연수 프로그램에 참여하여 영재 프로그램을 분석하고 그 운영 노하우를 익히는 것을 그 목적으로 하였다. 또한, 과학영재 발굴을 위한 판별도구를 개발하고 Renzulli의 SEM 모형을 한국화한 과학영재교육 프로그램을 다양하게 개발하여 창의성과 탐구력 신장 중심의 과학교육 환경 조성 및 미래를 선도할 우수인력 지원의 체계적 발굴, 육성에 기여하는 것을 목표로 하였다.

구체적인 세부 목표는 다음과 같다.

첫째, 판별 과정과 도구의 표준화를 지향한다. 2008년 현재 전국의 25개 대학이 운영하는 과학영재교육원과 시・도 교육청이 운영하는 영재교육원 및 영재센터의 과학영재 판별 및 선발도구가 표준화되어 있지 않아 어떤 지역에서의 과학영재가 다른 지역에서는 과학영재로 판별되지 못하는 해프닝이 일어나기도 한다. 따라서 판별 과정과 도구를 표준화하여 전국 어느 영재교육원에서 시행하여도 동일한 판별이 이루어질 수 있도록 표준화를 꾀한다. 또한, 새로운 판별도구의 개발을 목표로 한다. 기존의 '창의적 문제 해결력 검사'라고 하는 지필고사 형태의 판별도구를 지양하고, 다양한 과학영재의 특성을 측정하고 계량화할 수 있는 다양한 판별도구의 개발에 중점을 둔다.

둘째, 과학영재 판별의 기본 원칙에 부합하는 판별도구를 개발한다. 여러 학자들이 제시한 과학영재 판별의 기본 원칙들 중 두 가지 원칙 '다단계 판별 방법을 적용, 판별 과정과 영재교육 프로그램 간의 체계적인 연계'를 중점 원칙으로 삼고, 이에 부합하는 판별도구를 개발하는 것을 목표로 한다. 다단계 판별의 정형화를 통해 외국의 영재교육기관에서 시행되고 있는 다단계 판별 과정을 한국의 실정에 맞게 변형 및 보완한다. 또한 영재 판별도구를 영재교육 프로그램과 연계시킨다. 이것은 과학영재 판별 후 대상자들을 교육 프로그램에 투입하는 방식보다는 프로그램 진행 과정 속에서 영재 판별이 이루어질 수 있도록 하는 방안을 개발하는 데 초점을 맞춘다.

셋째, 과학영재 특성에 따른 활동 위주 과학영재교육 프로그램을 개발한다. 과학영재교육 프로그램은 무엇보다도 학생들이 과학적인 연구 경험을 가질 수 있도록 구성되어야 한다. 그동안 각종 프로그램들은 영재교육과정에 대한 여러 외국 학자들의 연구결과를 기반으로 우리나라 실정에 맞게 수정된 활동 위주의 프로젝트 학습 위주로 구성되어 왔다. 이러한 배경 속에서 현장 적용성이 뛰어난 Renzulli의 3부 심화학습모형을 적용한 다양한 활동 위주의 과학영재교육 프로그램을 개발하여 보급한다.

2.4 학교 밖 과학행사 운영

HASA 과학교육연구센터의 제4과제는 학교 밖 과학행사 운영 연구에서는 과학 대중화에서 현장에 꼭 필요한 프로그램과 방법론을 개발, 시범 실시하는 것을 목표로 하였다. 이 연구를 위해 첫째, 과학 대중화를 위한 청소년 친화적 매개체에 대한 방법론을 개발, 실시한다. 둘째, 이동 과학차의 기동성을 최대로 활용하여 중・고등학교를 직접 방문하여 개발된 HASA 프로그램의 실시 및 과학자 강연을 함으로써 청소년들의 이공계 진출을 촉진할 수 있는 계기를 마련한다(학생들이 과학에 대한 관심을 가지기를 기다릴 것이 아니라 관심을 유발할 수 있도록 청소년 과학 수요자를 찾아가는 서비스 실시). 셋째, HASA 프로그램을 적용한 한양대학교 청소년 이동과학교실, 한양대학교 과학동아리 한마당, 신나는 과학놀이마당, 사이언스 잼버리 등 다양한 학교 밖 과학행사 프로그램을 개발 및 운영한다.

구체적인 세부 목표는 다음과 같다.

첫째, 이동과학차로 찾아가는 과학교실의 개최이다. 이동과학차를 이용하여 전국의 학교 및 단체에 과학교실을 개최하고 있는 한양대학교 청소년 과학기술진흥센터와 연계하여 역동성 있는 과학교육을 실현하는 것을 목표로 한다.

둘째, 첨단과학 체험 프로그램을 개발 운영한다. 첨단과학 시연 및 체험 기기 개발, 첨단과학 기기의 원리와 응용을 청소년들이 쉽게 이해할 수 있는 보조 학습 자료를 개발하여 첨단과학에 대한 이해를 돕는 것이 주요한 목표 중 하나이다.

셋째, 과학연극을 통한 첨단과학 소개이다. 기존의 과학 콘텐츠를 연극의 형태로 각색하여 첨단과학에 대한 자연스런 이해를 유도하고, 학생의 심체적 발달 수준에 맞는 다양한 과학연극을 개발하여 보급하는 것을 주요 활동 목표로 한다.

넷째, 중고등학교 학생과의 멘토링 체제를 구축한다.

다섯째, 학부모와 함께하는 이공계열 진학, 진로 안내 강화 특강 개최가 목표이다. 이공계열 각 전공분야별로 개최하고, 교수와 연구원 등 전문 과학인을 초빙하여 보다 전문화된 진로 지도 특강을 개최하고, 이공계열로의 진학 지도 및 사회 진출 이후 비전을 제시하는 것을 목표로 한다.

Part Ⅱ

과학교육 관련 기초 기반 연구

세부과제 책임자 : 신 영 준
공동연구원 : 홍 준 의·전 영 석

1 HASA 커리큘럼 및 프로그램 개발

1.1 HASA 프로그램 및 커리큘럼 기준

구성주의적 관점에서 본다면 지식은 발견되는 것이 아니라 학습자에 의해 능동적으로 구성되는 것이라고 할 수 있다. 즉, 학습자가 새로운 학습을 하게 될 때 백지의 상태에서 학습 내용을 수용하는 것이 아니라 이미 가지고 있는 사전 지식과 경험 등을 통해 학습 내용을 이해하고 이를 능동적으로 조직하여 새로운 의미를 부여한다는 것이다. 이와 같이 학습이 학습자의 능동적인 이해 및 활동 과정을 통해 이루어지는 것이라고 한다면, 새로운 과학 개념이나 탐구활동 학습을 위해서는 우선 학습자의 학습 준비도 및 능동적인 학습 태세를 고려해야만 할 것이다.

이러한 학습 준비도로서 고려되어야 할 것에는 학습자의 지적 발달 단계나 사전에 획득된 지식 체계, 논리적 사고력 등의 인지적 영역도 존재하지만, 학습 영역에 대한 흥미나 관심 등의 정의적 영역 역시 중요하게 다루어지지 않으면 안 될 것이다. 학습 내용에 대한 긍정적인 학생의 정서는 학습하고자 하는 능동적인 학습 태세로 이어질 수 있을 것이며, 실제 학습 결과에서도 긍정적인 영향을 끼치게 된다.

학습자들의 선천적인 호기심은 탐구 및 발견을 촉진하지 못하는 수업에 의해 사라져간다. 또한, 상급 학년으로 갈수록 과학교육은 주로 교과서 중심이며, 과학 실험(또는 시범)의 경우에도 학생들의 인식과 관련된 문제를 해결하기 위한 과학적 방법을 사용하도록 조장하는 경우는 점점 사라지고 있는 것이 현실이다. 사고 기술(특히 고등 사고 기술)은 실행(practice)을 통해 학습되어야만 하며, 학습 평가는 수업 과정의 일부가 되어야 하고, 모든 학생들은 의미 있고 동참할 수 있는 과학 학습을 할 수 있어야 한다(Marvin Christensen,

1995). 따라서, 과학 탐구활동과 같이 많은 부분을 직접적인 실험이나 조작 활동 등의 수공적 영역에 의존하는 학습에 있어서는 직접 손으로 만지고 느끼며 조작할 수 있는 능력 역시 중요한 학습 준비도의 하나로서 고려되어야만 한다. 또한, 이러한 조작 활동은 단순한 기능 훈련 차원에서 머무는 것이 아니라, 사고 과정과 적극적인 참여를 동반한 주도적인 활동이어야만 할 것이다.

특히 나날이 발전해가는 과학 기술 사회에서 역설적으로 이공계 기피 현상이 두드러지는 이때, 보다 능력 있는 과학 기술 인재의 양성을 위해서나, 과학적 소양을 갖춘 시민의 양성을 위해서도 지금까지의 인지적 측면만을 강조한 강의식 수업에서 벗어나 학생 주도적이고 흥미를 유발할 수 있는 참여적 탐구활동 프로그램이 절실히 요구되고 있다.

지금까지 많은 학자들에 의해 다양한 형식으로 교육 목표들이 제시되어 왔고, 다양한 유형의 수업 방식이나 탐구활동 프로그램들이 제안되어 왔다. 하지만 아직도 학생들의 진정한 참여가 보장되며, 흥미를 충분히 이끌어내고, 지적인 이해가 보장되는 프로그램의 기본틀을 마련하고자 하는 노력들은 계속되고 있는 실정이다.

이러한 노력의 일환으로, 본 연구에서는 학생들의 직접적인 참여 및 조작적 활동이 보장되는 '수공적 기능이 강조된 과학활동 자료' 개발을 위한 기초 연구로서, 그러한 프로그램들이 추구해야 할 교육목표 및 교육과정 마련을 위한 '교육과정 기준안'을 제안하고자 한다.

1. 과학교육목표

체계적이고 효과적인 과학교육을 위한 교육 과정의 첫 단계는 목표의 설정이라고 할 수 있을 것이다. 교육목표란 교수-학습 과정을 계획하고 진행하며 평가하는 방향의 제시 및 지침이라고 할 수 있다. 이러한 교육목표는 무엇을 학습이라고 정의하는가, 혹은 어떠한 행동 변화에 중점을 두고 있는가에 따라 다양한 방식으로 기술될 수 있다.

교육목표의 설정 자원으로 학습자 자체에 관한 연구, 학교 밖의 현대 생활에 관한 연구, 교과 전문가들의 목표에 대한 시사점, 교육 철학과 학습 심리의 연구결과 활용 등을 들 수 있다(Tyler, 1969). 과학교육목표의 본질은 과학교육을 통하여 성취되어질 학생들의 상태로 규정할 수 있으며, 상태를 정의하는 관점에 따라 행동주의론, 인지구조론, 정보처리론 등의 교육목표 이론들이 가능하다(이화국 등, 1984).

Bloom 등은 교육의 목표를 세 가지 영역인 인지적, 정의적, 심체운동적 영역으로 나누고 1956년에 인지적 영역의 목표를 위한 분류틀을, 1964년에는 정의적 영역 분류틀을 발

|표 II-1| Bloom의 교육목표 분류틀(박승재 외 5인, 1995; 김창식 외 4인, 1996, 신재우, 2002)

<table>
<tr><th>영역</th><th colspan="3">범 주</th></tr>
<tr><td rowspan="7">인지적 영역</td><td colspan="2">지식</td><td>과학적 용어, 과학적 특수 사실, 과학의 보편적 사상(원리와 법칙, 학설과 구조)</td></tr>
<tr><td rowspan="5">지적 능력 및 기능</td><td>이해력</td><td>단순히 지식을 기억하는 수준을 넘어 자료에서 전달되는 것을 아는 능력 혹은 전달되는 자료를 이용할 수 있는 능력</td></tr>
<tr><td>적용력</td><td>특정한 새로운 구체적 사례에 추상 개념을 사용할 수 있는 능력</td></tr>
<tr><td>분석력</td><td>자료를 그 구성 부분으로 분해하고 부분 간의 관계와 조직되어 있는 방법을 발견하는 것</td></tr>
<tr><td>종합력</td><td>이전까지는 없었거나 분명치 않았던 어떤 전체를 구성하도록 요소와 부분을 함께 모아 조직하는 능력</td></tr>
<tr><td>평가</td><td>주어진 목적에 근거하여 자료나 방법의 가치를 판단하는 것</td></tr>
<tr><td colspan="2"></td><td></td></tr>
<tr><td rowspan="5">정의적 영역</td><td colspan="2">감수</td><td>어떤 현상이나 자극에 대하여 긍정적인 반응을 보이는 가장 기초 단계</td></tr>
<tr><td colspan="2">반응</td><td>현상에 대해 단순히 관심을 기울이는 것을 초월하여 적극적 반응과 관심을 기울이며, 그 대상이 무엇인지도 알고 반응하는 심리적 태세</td></tr>
<tr><td colspan="2">가치화</td><td>어떤 사물이나 현상 또는 행동에 대하여 의미와 가치를 부여하는 내면화의 정도를 말하며, 일관성・열정의 요소가 포함된 정의적 행동</td></tr>
<tr><td colspan="2">조직화</td><td>여러 가지 가치를 종합하고 자기 나름의 내재적으로 일관성 있는 가치 체계를 확립해 나아가는 단계</td></tr>
<tr><td colspan="2">가치 또는 가치 복합화에 의한 인격화</td><td>완전히 체계화된 가치관이 확립되어서 일관적인 체계를 갖고 모든 사물, 사건, 행동에 나타나는 단계</td></tr>
</table>

표하였다(표 II-1).

인지적 영역 중 지식의 범주는 산물로서의 과학을 나타내는 분류 체계이며, '이해'~'평가'의 범주는 지적 능력 및 기능을 의미한다. 정의적 영역은 과학교육에서는 보통 흥미나 태도 영역을 의미한다고 볼 수 있다. 이 중 인지적 영역의 분류 체계는 그대로 '지식', '이해', '적용'의 세 범주로 단순화되어 과학교육 평가에 널리 이용되어 왔다(김창식 외 4인, 1996).

한편 Krathwohl 등(1964)의 정의적 영역목표 분류틀은 내면화의 정도를 근거로, 가장 낮은 감수의 단계에서 점차 높은 인격화 수준의 단계로 옮겨가는 위계성을 가지고 있다. 내면화의 연속선상의 최하위 수준은 한 개인이 어떤 현상에 대해서 주목하고 이를 지각하는 정도를 가리킨다. 그 다음 수준에서는 지각의 수준을 넘어서 그 현상에 적극적으로 주의를 기울인다. 세 번째의 수준에서는 그 현상에 대해서 감정을 개입한 반응을 하게 하고, 그 다음의 단계는 그 현상을 스스로 찾아 나서서 반응하는 것이다. 그리고는 행동과 감정을 개념화하여 하나의 구조로 조직하는 수준에 이른다. 이 구조가 그 개인의 인생관으로 발전하게 될 때 그는 내면화 수준의 최정상에 이르게 된다(민정식, 1997).

반면 Klopfer(Bloom 등, 1971)는 교과의 종류나 학년에 관계없이 행동 영역의 범주를 일원화시켰다는 문제점이 있는 Bloom의 교육목표 분류틀을 과학교과에 맞게 개선하여 〈표 II-2〉와 같은 과학교육목표 분류틀을 제안하였으며, 이 중 B~E의 목표가 과학적 탐구 과정 요소에 해당된다.

|표 II-2| Klopfer의 과학교육목표 분류틀(Bloom 등, 1971)

A. 지식과 이해
B. 관찰과 측정
C. 문제 발견과 해결책의 인식
D. 데이터의 해석과 일반화
E. 이론적 모델의 설정, 검증, 개선
F. 과학 지식과 과학적 방법의 응용
G. 수공적 실험 기능
H. 태도와 흥미
I. 오리엔테이션

Klopfer의 분류틀에서 Bloom의 인지적 영역은 '지식과 이해', '과학적 탐구 과정', '과학지식과 과학적 방법의 응용' 등으로 재편성되었으며, Bloom의 '정의적' 및 '심체적' 영역은 '태도와 흥미' 및 '수공적 실험기능'으로 바뀌었다(김창식 외 4인, 1996). 이 중 정의적 영역에 해당되는 태도와 흥미 영역의 세부 항목은 〈표 II-3〉과 같으며, H.1에서 H.6으로 갈수록 더 적극적인 과학적 태도를 나타내고 있다고 할 수 있다(신재우, 2002).

|표 II-3| Klopfer의 과학목표 분류틀–태도와 흥미의 세부 영역(권재술 외 5인, 1995)

H.1	과학과 과학자에 대한 호의적 태도 표명
H.2	사고의 방법으로 과학적 탐구의 수용
H.3	과학적 태도의 채택
H.4	과학 학습 경험을 즐김
H.5	과학과 관계있는 활동 및 과학에 대한 흥미의 증진
H.6	과학과 과학에 관련된 직업에 종사하려는 흥미의 증진

미국 AAAS(Americal Association for the Advancement of Science)는 과학 하는 과정의 중요성을 인식하고 SAPA(Science-A Process Approach) 교육과정을 개발하였다(김창식 외 4인, 1996). SAPA는 〈표 II-4〉와 같이 탐구 과정에만 초점을 맞추어 8가지의 단순 탐구 능력과 6가지의 복합 탐구 능력으로 구분된 혁신적인 교육과정이다.

|표 II-4| SAPA의 탐구 과정 요소(김창식 외 4인, 1996)

단순 탐구 능력	복합 탐구 능력
관찰 분류 시·공간 관계 사용 의사소통 수 사용 측정 예상 추리	가설 설정 변인 통제 실험의 수행 모델 설정 자료 해석 조작적 정의

한편, 심체운동적 영역 목표의 경우, 과학의 실험·실습 능력과 연관이 있는 Bloom 분류학의 심체운동적 영역에 관한 분류는 아직 발표되지 않았으며, Harrow(1972)의 분류틀이 이용되기도 한다. Harrow는 근육의 발달과 사용, 신체의 운동을 조절하는 신체적 능력에 따라 심체적 영역의 학습 목표를 〈표 II-5〉와 같이 분류하였다.

|표 II-5| Harrow의 교육목표 분류학(Harrow, 1972)

영역	특징
반사 운동	개인의 의지와 관계없이 나타나는 단순한 반사 동작
초보적 기초 운동	여러 가지 반사적 운동이 함께 발달되고 통합됨으로써 이루어지는 동작
운동지각 능력	감각기관을 통하여 자극을 지각하고 해석하며, 그것을 토대로 환경에 대처하고 적응하는 기능
신체적 기능	계속적인 근육운동, 운동의 민첩성 또는 운동기능과 유연한 통합을 요구하는 활동
숙련된 운동기능	비교적 복잡한 운동기능을 실행하는 데 나타나는 능률성, 숙련성, 통합성의 정도
동작적 의사소통	간단한 얼굴표정을 비롯해서 신체적 운동을 통하여 감정, 흥미, 욕구 등을 표현하고 그 표현 자체를 창작하는 운동기능

Dave(1967)는 인간의 전체 성장 과정과 밀접히 연관되어 있는 협응력에 기초를 두어 교육목표를 〈표 II-6〉과 같이 분류하였다. 신경과 근육 사이 또는 신체 부위의 상이한 근육활동 사이에 가능한 협응력의 증가는 학습활동을 보다 세련되게 하고, 가속화할 뿐 아니라 자동화시키며, 협응력은 행동 간의 연결동작 혹은 행동 내의 부분 동작에서 비롯된다고 하였다.

|표 II-6| Dave의 교육목표 분류학(1967)

단계	특징
모방 (imitation)	관찰이 가능한 행동의 내현적 모방에 따른 반복행동과 관찰행동의 외현적 수행이 뒤따름. 초기의 행동수행은 신경근육의 협응력이나 통제력이 결핍되어 있으며 불완전하고 거친 형태로 나타남
조작 (manipulation)	관찰결과에 근거를 두기보다는 지시에 따라 행동수행이 가능하며 상이한 행동의 구분과 필요한 행동의 선택 내지는 도구를 조작함으로써 점차 행동의 고착화가 이루어짐
정확 (precision)	주어진 행동을 재현하는 데 보다 높고 세련된 수준에 도달함. 필요에 따라 행동속도의 증감과 상이한 상황에서의 다양한 동작 변화가 가능해짐
행동의 연결 (articulation)	상이한 행동 가운데에서 적합한 순서와 조화 혹은 내적 합치도를 이룸으로써 일련의 행동을 조정하는 단계
자연화 (naturalization)	자동적이며 동시적 반응을 할 수 있는 정도까지 될 수 있으며 궁극적으로는 무의식적 상태에서 행동수행이 가능할 정도로 자동화됨

Simpson은 교육목표 분류학을 낮은 수준으로부터 높은 수준에 이르는 운동행동의 복잡성에 따라 위계적으로 분류하고 교육목표는 능력과 기능의 학습을 통해 학습자가 발휘할 수 있는 바람직한 행동으로 규정하고 있다(표 II-7).

한편, Yager와 Tamir(1991)는 과학교육을 위한 목표 영역으로 다음과 같이 개념 영역, 탐구 과정 영역, 창의성 영역, 태도 영역, 과학의 응용 및 적용 영역의 5가지를 두어 창의성 및 일상생활과의 관련성을 강조하였다(표 II-8).

|표 II-7| Simpson의 교육목표 분류학(1966)

단계	특징
지각(perception)	대상, 사건, 상황을 감관활동에 의해 인식하는 과정
준비(set)	특수한 형태의 행위(action)나 경험을 위한 예비적 준비 혹은 적응 단계
안내된 반응 (guided response)	교사나 지시자의 지도 혹은 자신의 결정에 따라 행하는 외현적 행동. 모방과 시행착오
기계화(mechanism)	학습된 반응은 습관화되어 어느 정도 숙련도와 확신이 생기는 단계
복잡한 외현적 행동 (complex overt behavior)	연속적인 반응형태가 요구되는 상당히 복잡한 운동행동을 수행할 수 있으며 고도의 기능을 습득할 수 있음
적응(adaptation)	신체적 반응이 요구되는 새로운 문제 사태를 만족시키기 위해 운동행동을 변화시킴으로써 이에 적응하는 단계
조직(organization)	이미 발달된 이해, 능력, 기능을 기초로 새로운 운동행동 혹은 사물을 조작하는 방법을 창조하는 단계

|표 II-8| Yager & Tamir가 제안한 과학교육을 위한 목표 영역(권재술 외 5인, 1998)

영역	특징
개념	관찰된 사실에 대한 논리적인 설명 및 과학의 중심 개념
탐구 과정	과학자들이 사용한 탐구 과정 기능과 과학자들이 생각하고 공부한 과정적 능력에 숙달하는 것
창의성	정신적 상상력, 새로운 방법으로 대상과 아이디어를 통합, 비판에 대한 대안과 색다른 방법의 고안, 문제와 퍼즐의 풀이, 기구와 기계의 설계, 유별난 아이디어의 창출과 같은 창의적 사고 능력의 함양
태도	과학 일반, 학교과학, 과학 교사에 대한 긍정적인 태도의 함양, 자신에 대한 긍정적인 태도, 인간의 감정에 대한 탐구, 다른 사람에 대한 감수성, 존경심, 느낌의 함양, 개인적 가치에 대한 의사결정, 사회적·환경적 문제에 대한 의사결정 능력의 함양
과학의 응용 및 적용	일상생활의 경험에서 과학적 개념의 예를 살펴보는 것

2. 실험 수업의 의미

현재 과학교육의 주류를 형성하고 있는 구성주의적 입장에서 보면 학습은 단순한 자극-반응 현상 이상의 것이며, 지식은 감각이나 의사소통에 의해 수동적으로 획득되는 것이 아니라 인지 주체에 의해 적극적으로 형성되는 것이다(Steffe & Gale, 1995). 그러한 점에서 볼 때 과학교육에서 실험은 학생들이 능동적일 수 있고 자신의 탐구를 수행할 수 있다는 점 때문에 특히 중요하게 여겨질 수 있다.

또한 실험 수업은 과학에 있어 흥미, 태도, 만족감, 개방성, 호기심 등을 유발하여 유지시키고, 창의적 사고와 문제 해결 능력, 과학적 사고와 문제 해결 능력, 과학적 사고와 과학적 방법의 측면, 개념적 이해와 지적 능력, 실험 능력을 계발한다(Schulman & Tamir, 1973).

Marvin Christensen(1995)은 많은 학생들이 과학으로부터 이탈되는 이유는 과목 자체가 아니라 가르치는 방식 때문이라고 했다. AAAS가 1993년 'Benchmarks for Science Literacy'를 통해 내용의 양을 줄이고 hands-on project에 치중하도록 권유한 이후, 수업 현장에서는 hands-on science method를 사용한 수업이 활발히 이루어져 왔다고 하였다.

학교 내 과학활동에 있어 과학과 영역별 흥미도를 조사한 김동근(2001)의 연구결과를 보면 과학과 4개 영역 중에서 물질 영역이 56.3%로 가장 높았고, 그 다음이 생명 영역으로 31.3%로 높으며, 에너지와 지구 영역에 대한 흥미는 상대적으로 매우 낮게 나타났다. 이처럼 물질 영역이 재미있다는 것은 자신이 직접 실험 기구를 조작하여 실험할 수 있다는 점 때문이라고 그 이유를 밝히고 있다. 또한, 학교 외 과학활동에 대한 서혜애 등(2001)의 '신나는 과학 놀이마당 평가 연구' 결과에서는 지도 학생이나 참가 학생 모두 능동적으로 과학활동에 참여할 수 있으며 신나는 과학활동을 직접 경험하여 과학에 대한 흥미가 높아졌다는 결과를 보고하였다. 이처럼 학생 주도적이고 참여적인 과학활동은 학생들의 흥미를 증진시키고 과학적 사고나 문제 해결 능력의 증진에 효과적이라는 데에서 그 의미가 매우 크다고 할 수 있다.

3. 수공적 기능이 강조된 교육과정 기준안

여러 학자들은 일반적으로 과학의 전반적인 학습에 걸쳐 중요하다고 생각되는 학습목표들을 포괄적으로 기술하고 있으며, 이러한 목표들이 모두 과학 학습에 있어 중요한 요소들임을 부인할 수는 없다. 그러나 과학교육목표는 과학교육을 통하여 달성될 수 있는 성취의 가능성을 모두 나열하는 것이 아니라 과학교육의 대상이 결정되었을 때 여러 가능성 중에서 어떤 행동 변화에 중점을 두는가 하는 선택의 가치 판단이라 할 수 있다(권재술 외, 1995). 실제 학습과정에서도 학습 상황이나 형태 혹은 대상에 따라 보다 중점적으로 강조되거나 다루어져야 할 목표들에 변화가 생기게 된다. 다시 말해 상황이나 형태에 따라서 개념을 강조한 강의식 수업이 이루어지는 경우도 있고, 탐구 과정을 중요시하는 실험이나 탐구 수업, 혹은 과학-기술-사회의 상호 영향 및 관련성을 중요시하게 다루는 토론 수업 등 개개의 수업에서는 보다 구체적인 수업 목표 설정에 있어 변화가 생길 수 있다는 것이다. 또한, 학습자의 수준에 따라 동일한 목표하에서도 그 달성 정도를 달리해야만 할 필요성이 있다.

본 연구에서는 '수공적 기능이 강조된 과학활동 개발'에 초점을 맞추어 〈표 II-9〉와 같은 수정된 학습목표를 제안하고자 한다.

|표 II-9| 수공적 기능이 강조된 과학활동의 목표

과학 현상을 수공적으로 다루는 활동을 통해, 과학에 대한 지속적인 관심을 가지고, 실생활에 적용 가능한 문제 해결 능력을 기르며, 자연 현상을 과학적으로 설명할 수 있다.

과학 현상을 수공적으로 다루는 활동을 통해

가. 호기심과 흥미를 유발하여 과학에 대한 지속적인 관심을 가진다.

나. 자연 현상을 과학적으로 탐구하는 능력을 기르고 실생활에서 접하는 문제를 과학적으로 해결할 수 있는 능력을 기른다.

다. 기본적인 과학 지식을 이해하고 자연 현상을 설명할 수 있다.

라. 과학 대중화와 과학영재교육에 기여한다.

이런 목표 달성을 위해 개발된 과학활동 자료들은 단순히 듣거나 보는 것에서 그치는 것이 아니라 학습자 주도적이고 참여가 보장되며, 직접적인 손 조작을 통해 탐구활동을 수행하는 것이 가장 핵심이 되어야 한다. 또한, 그러한 과정을 통해 이미 알고 있는 과학 지식을 확인하거나 새로운 과학 지식을 학습하게 되며, 궁극적으로는 활동 그 자체 및 과학에 대한 호기심과 흥미, 그리고 보다 깊이 있고 적극적으로 과학활동에 참여하고 싶다는 열정을 불러일으킬 수 있는 것이어야 할 것이다.

또한, 실제 학교 현장에서 보다 손쉽게 이러한 목표 달성을 위한 활동 자료를 개발하기 위하여, 직접적인 조작활동 등 참여하는 과학활동, 즉 수공적 기능(hands operated skills)이 강조된 과학활동을 통한 탐구(Hands), 지식(Head), 태도(Heart)의 향상을 목표로 한 교

육과정 기준안을 제안하고자 하며, 이를 HASA(Hearts-on Alternative Science Activities) 교육과정 기준안(HASA curriculum standards)으로 규정하기로 한다.

|표 II-10| Bloom 및 Klopfer의 목표 분류와 HASA Standards

<table>
<tr><th colspan="3">Bloom</th><th colspan="2">Klopfer</th><th colspan="3">HASA Standards</th></tr>
<tr><td rowspan="8">인지적</td><td colspan="2" rowspan="2">지식</td><td colspan="2" rowspan="3">지식과 이해</td><td rowspan="3">Head</td><td rowspan="3">지식과 이해</td><td>사실</td></tr>
<tr><td>개념</td></tr>
<tr><td rowspan="6">지적 능력</td><td rowspan="6">이해
적용
분석
종합
평가</td><td>원리 및 법칙</td></tr>
<tr><td rowspan="4">과학적 탐구 과정</td><td>관찰과 측정</td><td rowspan="5">Hands</td><td rowspan="5">탐구</td><td>단순</td></tr>
<tr><td>문제 발견과 해결책의 인식</td><td rowspan="2">복합</td></tr>
<tr><td>데이터의 해석과 일반화</td></tr>
<tr><td>이론적 모델의 설정, 검증, 개선</td><td rowspan="2">창의</td></tr>
<tr><td colspan="2">과학 지식과 과학적 방법의 응용</td></tr>
<tr><td rowspan="3">심체적</td><td colspan="2" rowspan="3"></td><td colspan="2" rowspan="3">수공적 실험 기능</td><td rowspan="3"></td><td rowspan="3">수공적 기능</td><td>해보기</td></tr>
<tr><td>만들기</td></tr>
<tr><td>응용하기</td></tr>
<tr><td rowspan="3">정의적</td><td colspan="2" rowspan="3"></td><td colspan="2" rowspan="2">태도와 흥미</td><td rowspan="3">Heart</td><td rowspan="3">태도</td><td>호기심</td></tr>
<tr><td>즐김</td></tr>
<tr><td colspan="2">오리엔테이션</td><td>열정</td></tr>
</table>

수공적 기능이 강조된 과학활동(HASA)은 해보기, 만들기, 응용하기로 그 단계를 세분화하여 학교 급별 혹은 학생의 능력에 따라 적용단계를 달리할 수 있도록 하였다. 또한, 수공적 기능이 강조된 활동을 통해 달성하려는 목표를 3H로 분류하였으며, 각각의 도달목표 또한 3단계로 분류하였다. 탐구(Hands) 영역은 단순 탐구, 복합 탐구, 창의적 탐구 단계로 세분화하였으며, 지식(Head)은 지식, 개념, 원리 및 법칙으로, 태도(Heart)는 호기심, 즐김, 열정의 단계로 구분하였다(표 II-11).

|표 II-11| 수공적 기능(hands operated skills)이 강조된 과학활동(HASA)의 목표

<table>
<tr><th></th><th>수공적 기능
(hands operated skill)</th><th></th><th>탐구(hands)</th><th>지식(head)</th><th>태도(heart)</th></tr>
<tr><td>I</td><td>해보기</td><td>⇨</td><td>단순</td><td>사실</td><td>호기심</td></tr>
<tr><td>II</td><td>만들기</td><td>⇨</td><td>복합</td><td>개념</td><td>즐김</td></tr>
<tr><td>III</td><td>응용</td><td></td><td>창의</td><td>원리 및 법칙</td><td>열정</td></tr>
</table>

수공적 기능, 즉 심체적 영역의 목표는 Bloom의 심체적 운동 영역을 대체하여 주로 언급되는 Harrow(1972) 및 Simpson(1966), Dave(1967)의 목표분류학을 기초로 설정하였다. 이들 연구자들의 분류에서 공통적인 부분은 초기에는 지각을 통해 숙달자를 모방하는 단계에서 스스로 조작하는 단계를 거쳐 이러한 조작이 점점 정확해지고 자동화되며, 협응에 의해 숙련되는 위계적 관계를 설정하고 있다는 점이다. 한편 Simpson의 경우에는 새로운 문제 사태를 만족시키기 위해 운동 행동을 변화시킴으로써 이에 적응하는 단계 및 새로운 운동 행동 혹은 사물을 조작하는 방법을 창조하는 단계를 심체적 영역의 가장 상위 단계로 설정하고 있다는 점에서 다소 차이가 있다.

HASA Curriculum Standards에서 목표로 삼고 있는 학습자 주도적인 활동이 보장되는 수공적 기능은 단순한 기능의 습득 및 숙련에서 벗어나, 보다 창조적인 과학활동의 보장 및 실생활에서 접하는 문제를 과학적으로 해결할 수 있는 능력을 키워주는 것을 목적으로 하고 있다고 할 수 있다. 그러므로 본 연구에서는 심체적 영역의 일반적인 분류 방식인 '지각', '모방' 등과 같은 기초 조작 기능에 해당되는 단계인 '해보기' 단계를 시작으로, 교사의 일부 지도 혹은 독자적인 조작 과정을 통해 활동에 참여하는 '만들기' 단계뿐만 아니라 Simpson의 '적응' 및 '조직'에 해당되는 새로운 문제에의 '응용' 단계까지를 수공적 기능의 위계 속에 포함시키고자 한다. 즉, 수공적 기능의 첫 번째 단계인 '해보기'는 간단하게 조립하거나 완성품을 작동해보는 활동을 말한다. 두 번째 단계인 '만들기'는 교사의 도움을 받거나 혼자서 실험 과정을 수행하는 활동이며, 세 번째 단계인 '응용'은 기존의 활동을 발전시켜 스스로 새로운 완성품을 만들어 내거나, 실생활의 관련 문제에 학습된 수공 기능을 적용해보는 활동을 의미한다.

HASA Curriculum Standards에서 목표로 한 탐구 영역은 Bloom이나 Klopfer의 목표분류를 따라 인지적 목표 영역 중 '지적 능력'에 해당되는 탐구 능력, 즉 흔히 받아들여지는 탐구 기능 중 수공적 기능 이외의 탐구 영역에만 한정하기로 한다. 이러한 '탐구' 목표의 첫 번째 및 두 번째는 SAPA의 분류를 따라 단순 탐구 및 복합 탐구로 나누되, 탐구의 최종 단계로서 발산적 사고, 비유적 사고, 창발적 사고 등이 요구되는 탐구활동인 '창의탐구'를 설정하기로 한다. 창의 탐구란 Yager와 Tamir(1991)가 제안했던 창의성 목표를 반영한 것으로서, 새로운 방법으로 대상과 아이디어를 통합하거나 비판에 대한 대안과 색다른 방법을 고안해내고, 유별난 아이디어를 창출해 내는 것과 같은 창의적 사고는 결국 인지적 사고 과정을 통해 산출되는 것이라 여겨지기 때문이다. 또한, 인지적 탐구 기능도 단순한 사고 과정이나 조금은 높은 단계의 논리적인 사고를 통한 가설 설정, 실험 설계 등에만 한정될 것이 아니라 최종적으로는 실생활에서 접하는 문제를 보다 창의적이고 과학적으로 해결할 수 있는 단계까지 도달되어야 할 필요성이 있다고 판단된다.

HASA Curriculum Standards에서 세 번째 목표인 '지식'은 '사실', '개념', '원리 및 법칙'과 같은 단계로 위계를 설정하였다. 이러한 분류는 '과학의 이론은 법칙이나 원리로 구성되어 있고, 법칙이나 원리는 개념 간의 관계를 말한다. 개념은 관찰된 사실에 바탕을 두고 있다.'라고 기술한 선행 연구(권재술 등, 1998) 및 교육현장에서 일반적으로 받아들여지는 지식의 분류 체계에 근거하였다. '사실'이란 관찰, 측정, 실험 등을 통해 수집된 정보를 말하며, '개념'은 사건, 사물, 현상 등의 공통적 특성을, '원리 및 법칙'은 설명 또는 판단의 근거가 되는 진리, 개념들 사이의 관계나 자연 현상의 규칙성을 진술한 것으로 정의하기로 한다.

마지막으로 HASA Curriculum Standards에서 태도 영역은 Krathwohl(1964)나 Klopfer (Bloom, 1971)의 교육목표 분류틀처럼 위계를 가지되 활동 중심적 과학 탐구 프로그램에 한정될 수 있도록 학생들의 참여 개념이 내포된 '호기심', '즐김', '열정'을 세부 항목으로 설정하였다. '호기심'이란 과학에 대한 관심과 흥미를 가지는 상태를 의미하며, Krathwohl 분류틀의 '감수' 단계, 혹은 Klopfer 분류틀의 '과학과 과학자에 대한 호의적 태도 표명', '사고의 방법으로 과학적 탐구의 수용', '과학적 태도의 채택' 단계에 해당된다고 할 수 있다. 두 번째 단계인 '즐김'이란 과학활동에 즐겁게 참여하는 상태를 말하며, Krathwohl 분류틀의 '반응', '가치화' 단계, 혹은 Klopfer 분류틀의 '과학 학습 경험을 즐김' 및 '과학과 관계있는 활동 및 과학에 대한 흥미의 증진'의 단계에 해당된다.

마지막 '열정' 단계는 과학을 좋아함과 동시에 연구하는 차원까지 발전할 수 있는 단계로, Krathwohl 분류틀에서는 일관성, 열정의 요소가 포함된 '조직화', '인격화'의 단계, 혹은 Klopfer 분류틀의 '과학과 관계있는 활동 및 과학에 대한 흥미의 증진', '과학과 과학에 관련된 직업에 종사하려는 흥미의 증진' 단계에 해당된다(표 II-12).

|표 II-12| HASA 교육과정 태도 영역과 선행 연구 항목 간 비교

<table>
<tr><th></th><th>Krathwohl</th><th>Klopfer</th><th>HASA</th></tr>
<tr><td rowspan="7">정의적 영역</td><td rowspan="3">감수</td><td>과학과 과학자에 대한 호의적 태도 표명</td><td rowspan="3">호기심</td></tr>
<tr><td>사고의 방법으로 과학적 탐구의 수용</td></tr>
<tr><td>과학적 태도의 채택</td></tr>
<tr><td>반응</td><td>과학 학습 경험을 즐김</td><td rowspan="2">즐김</td></tr>
<tr><td>가치화</td><td rowspan="3">과학과 관계있는 활동 및 과학에 대한 흥미의 증진
과학과 과학에 관련된 직업에 종사하려는 흥미의 증진</td></tr>
<tr><td>조직화</td><td rowspan="2">열정</td></tr>
<tr><td>가치 또는 가치 복합화에 의한 인격화</td></tr>
</table>

이와 같이 설정된 HASA 교육과정의 각 항목별 세부 목표는 다음과 같은 방식으로 서술될 수 있다(표 II-13).

|표 II-13| HASA 교육과정의 각 항목별 세부 목표의 예

1. 수공적 기능
 (1) 해보기
  - 간단한 조작이 요구되는 완성품을 스스로 작동할 수 있다.
  - 단순한 기능을 요하는 활동을 수행할 수 있다.
  - 교사의 지도에 따라 완성품 혹은 실험 장치를 작동할 수 있다.
 (2) 만들기
  - 혼자서 과학 실험 기구를 사용할 수 있다.
  - 비교적 복잡한 조작 활동과 정확성을 요하는 활동을 할 수 있다.
  - 교사의 안내에 따라 혹은 스스로 안내서를 읽고 과학 자료를 만들 수 있다.
 (3) 응용
  - 습득한 수공 기능과 과학활동을 다른 활동에 적용시킬 수 있다.
  - 새로운 기구나 장치, 과학 자료를 만들 수 있다.
  - 과학 작품을 창의적으로 구성할 수 있다.

2. 탐구
 (1) 단순
  - 물질 혹은 생물을 분류하고 그들의 차이점을 설명한다.
  - 길이, 무게 등 물리량의 차이를 인식한다.
  - 간단한 관찰을 하고 예상을 할 수 있다.
 (2) 복합
  - 실험 결과에 대한 자기 나름의 해석을 내릴 수 있다.
  - 자연 현상이나 실험 결과에 대해 질문을 하고, 질문에 대한 답을 미리 예상할 수 있다.
  - 수집한 자료를 표나 그래프로 변환시키고 결론을 도출한다.
 (3) 창의
  - 실험 과정을 개선하기 위해 새로운 방법을 제안할 수 있다.
  - 복합 변인을 통제하여 실험을 설계할 수 있다.
  - 기술과 장비의 한계를 인식하고 개선점을 찾을 수 있다.

3. 지식
 (1) 사실
  - 현상을 관찰하여 어떤 일이 일어났는지 설명할 수 있다.
  - 사실을 기억하거나 단순하게 이해할 수 있다.

- 자연 현상의 경향을 인식할 수 있다.

(2) 개념
- 과학 개념을 이해하고 관련된 사례를 말할 수 있다.
- 과학 개념이 포함된 용어로 자연 현상을 설명할 수 있다.
- 실험 결과에 나타난 과학 개념들을 연관지어 말할 수 있다.

(3) 원리 및 법칙
- 실험 데이터와 관련된 과학 개념, 원리를 통합하여 실험 결과를 일반화할 수 있다.
- 과학 법칙을 이해하고, 이를 실험활동에 적용시킬 수 있다.
- 과학 법칙을 설명할 수 있는 모형을 만들 수 있다.

4. 태도

(1) 호기심
- 과학활동의 결과물에 대하여 호기심을 가진다.
- 과학에 대한 흥미를 가진다.
- 과학 실험 및 활동에 재미를 느낀다.

(2) 즐김
- 과학활동에서 자신의 역할을 충실히 수행한다.
- 과학활동을 즐겨 찾아서 경험한다.
- 새로운 과학 현상을 대해 이해하고자 노력한다.

(3) 열정
- 과학활동에 열정을 갖고 지속적으로 참여한다.
- 과학활동에 주변 사람들이 동참하도록 노력한다.
- 과학과 관련된 분야로 진로를 선택한다.

Bloom이 교육 내용을 세 영역으로 분류한 것은, 한편으로는 그 구체성으로 인해 장점으로 인정되기도 하지만, 다른 한편으로는 영역이 뚜렷이 구분되지 않는다는 점에서 다소 인위적이라는 지적을 받고 있으며, 특히 80년대에 이르러서는 인지 영역과 정의 영역이 독립적으로 구분되는 것이 아니라 오히려 동시적 · 복합적으로 관련된다는 주장이 더 강하게 나오고 있다고 한다(노명완, 2005). 그러한 관점에서 바라볼 때 본 연구에서 '수공적 기능이 강조된 과학활동'의 목표를 '탐구', '지식', '태도'로 나누려는 시도 역시 동일한 비판을 받을 수 있을 것이다.

분명 인간의 그 어떤 행동도 독립된 한 가지 요소만의 영향을 받아 수행되는 경우는 없으며, 인간의 정신적 실체도 결국은 하나일 것이다. 그러므로 실제 학습과정은 다양한 요소들이 중첩되면서 상호 영향을 끼치거나 관련되어 있다는 주장은 타당하다고 할 수

있다.

그러나 이와 같은 단점에도 불구하고 교육 내용을 영역별로 분리하는 것은, 복잡한 교육활동을 어느 정도는 분석적으로 볼 수 있게 해 주며, 이를 통해 수업 내용의 분석이나 평가 목표의 설정에 구체적으로 활용할 수 있다는 점에서 그 의미가 크다고 할 수 있다. 교육활동을 깊이 있고 정확하게 이해하기 위해서는 반드시 그 실체에 대한 '분석'이 필요하며, 이를 위해 목표를 세분화하는 것은 그러한 이해를 위한 분석의 시도라고 볼 수 있을 것이다. 또한, 그렇게 세분화된 목표를 통해 과학활동 개발에 있어 일회적이거나 상황에 따른(case by case) 활동의 개발이 아닌 구체화된 개발 지침을 제공함으로써 수공적 활동이 강조된 안정되고 균질한 활동 개발에 도움을 줄 수 있을 것이며, 과학활동에 대한 평가의 기본 원칙이나 과학활동을 분류하는 틀로도 활용될 수 있을 것이다.

이러한 점에서 본 연구에서 '수공적 기능이 강조된 과학활동' 개발을 위한 'HASA 교육과정 기준안'은 수공적 기능을 기초로 한 '탐구', '지식', '태도' 영역을 목표로 설정하였으며, 각 목표별로 위계를 가진 하위 목표를 두어 학습자의 수준이나 학습 내용에 따라 적절한 자료를 개발할 수 있도록 하였다.

이와 같은 HASA 교육과정 기준안에 적합하게 개발된 과학활동 자료들은 학습자에게 직접적인 조작을 통해 과학 현상을 다루는 수공적 경험을 충족시켜 줌으로써 과학에 대한 호기심 및 흥미를 불러일으키며, 실생활에 적용 가능한 문제 해결 능력을 기르거나 자연 현상을 과학적으로 설명할 수 있는 능력을 향상시켜 주는 데 도움이 될 것으로 기대된다.

참고문헌

권재술 외 5인(1998). 과학교육론. 교육과학사.

김동근(2001). 자연과 교수·학습안. 현장연구, 2001(69호).

김창식 외 4인(1996). 과학교육평가. 교육과학사.

노명완(2005). Bloom의 교육 목표 분류 체계에 대한 새로운 이해. (http://www.korea.ac.kr/~noh/)

민정식(1997). 초등학교 실과의 정의적 영역 평가에 관한 연구. 한국교원대학교. 석사학위 논문.

박승재 외 29인(1995). 과학교육. 교육과학사.

서혜애 외 8인(2001). 신나는 과학 놀이마당 평가 연구. 한국과학교육학회지, 21(3), pp.473~486.

신재우(2002). 초등학교 5학년 학생들의 과학 관련 독서가 과학의 정의적 영역에 미치는 영향. 한국교원대학교 석사학위 논문.

이민식(2002). 음악 감상 학습에 따른 정의적 수업 목표 상세화 및 평가 방안 연구. 한국교원대학교 석사학위논문.

이화국 (1984). 과학교육(박승재 편저). 교육과학사.

화학교육홈페이지 (http://www.chemed4u.net/lecture/lecture37/lecture37-00.html)

Bloom, B. S., Enqelhart, M. D., Furst, E. J., Hill, W. H., and Krathwohl, D. R. Taxonomy of educational objectives, Handbook I: Cognitive domain. N. Y.: David McKay Co., 1956.

Bloom, B. S., Hastings, J. T., & Madaus, G. F. (Eds.) (1971). Handbook of formative and summative evaluation of student learning. McGraw-Hill, New York. [권재술 외 5인 (1998). 과학교육론. 교육과학사]에서 재인용.

Dave, R. H. Taxomony of Educational Objectives and Achievement Testing. Report of international conference of educational testing at Berlin. 1967. [강상조 (1973). 체육교육과 교육목표 분류. 행동과학연구, 6(9).]에서 재인용.

Harrow, A.J. (1972). A taxonomy of the psychomotor domain. New York: David McKay Co. [http://classweb.gmu.edu/ndabbagh/Resources/Resources2/harrowstax.htm에서 재인용]

Keith, G. D. (2001). Turn any science topic into hands-on fun. Science Scope, 24(7). Academic Research Library.

Krathwohl, D. R., Bloom, B. S., and Masia, B. B.(1964) Taxomony of educational objectives, HandbookII: Affective domain. N. Y.: Longmans. 1964.

Marvin Christensen (1995). Critical Issue: Hands-On, Minds-On, and Authentic Learning Experiences in Science. North Central Regional Educational Laboratory. (http://www.ncrel.org/sdrs/areas/issues/content/cntareas/science/sc500.htm)

Simpson, E. J. The classification of educational objectives, psychomotor domain. Illinois Teacher of Home Economics. University of Illinois, Urbana, Illinois, 1966-7, X(4) [강상조 (1973). 체육교육과 교육목표 분류. 행동과학연구, 6(9).]에서 재인용.

Steffe, L. P. & Gale, J.(1995). Constructivism in education. NJ: Lawrence Erlbaum.[조연주 외 2인 공역(1997). 구성주의와 교육. 학지사.]

Tyler, R. W. (1969). Basic Principle of curriculum and instruction. Chicago: University of Chicago press. (김인식 역(1982). 교육과정과 수업의 원리. 형설출판사.)

Yager, R. E., & Tamir. P. (1991). The Iowa assessment handbook: Concept, process, application, creativity, attitude. Iowa: The University of Iowa. [권재술 외 5인 (1998). 과학교육론. 교육과학사]에서 재인용.

1.2 HASA 커리큘럼 및 프로그램

1. HASA의 목표

과학 현상을 수공적으로 다루는 활동을 통해, 과학에 대한 지속적인 관심을 가지고, 실생활에 적용 가능한 문제 해결 능력을 기르며, 자연 현상을 과학적으로 설명할 수 있다.

과학 현상을 수공적으로 다루는 활동을 통해

가. 호기심과 흥미를 유발하여 과학에 대한 지속적인 관심을 가진다.

나. 자연 현상을 과학적으로 탐구하는 능력을 기르고 실생활에서 접하는 문제를 과학적으로 해결할 수 있는 능력을 기른다.

다. 기본적인 과학 지식을 이해하고 자연 현상을 설명할 수 있다.

라. 과학 대중화와 과학영재교육에 기여한다.

2. HASA 활동 개발의 방향

수공적 기능이 바탕이 된 혹은 전제가 된 활동을 통해 탐구, 지식, 태도를 향상시킨다.

(1) 수공적 기능

1) 해보기

- 간단한 조작이 요구되는 완성품을 스스로 작동할 수 있다.
- 단순한 기능을 요하는 활동을 수행할 수 있다.
- 교사의 지도에 따라 완성품 혹은 실험 장치를 작동할 수 있다.

2) 만들기

- 혼자서 과학 실험 기구를 사용할 수 있다.
- 비교적 복잡한 조작 활동과 정확성을 요하는 활동을 할 수 있다.
- 교사의 안내에 따라 혹은 스스로 안내서를 읽고 과학 자료를 만들 수 있다.

3) 응용

- 습득한 수공 기능과 과학활동을 다른 활동에 적용시킬 수 있다.

- 새로운 기구나 장치, 과학 자료를 만들 수 있다.
- 과학 작품을 창의적으로 구성할 수 있다.

(2) 탐 구

1) 단순

- 물질 혹은 생물을 분류하고 그들의 차이점을 설명한다.
- 길이, 무게 등 물리량의 차이를 인식한다.
- 간단한 관찰을 하고 예상을 할 수 있다.

2) 복합

- 실험 결과에 대한 자기 나름의 해석을 내릴 수 있다.
- 자연 현상이나 실험 결과에 대해 질문을 하고, 질문에 대한 답을 미리 예상할 수 있다.
- 수집한 자료를 표나 그래프로 변환시키고 결론을 도출한다.

3) 창의

- 실험 과정을 개선하기 위해 새로운 방법을 제안할 수 있다.
- 복합 변인을 통제하여 실험을 설계할 수 있다.
- 기술과 장비의 한계를 인식하고 개선점을 찾을 수 있다.

(3) 지 식

1) 사실

- 현상을 관찰하여 어떤 일이 일어났는지 설명할 수 있다.
- 사실을 기억하거나 단순하게 이해할 수 있다.
- 자연 현상의 경향을 인식할 수 있다.

2) 개념

- 과학 개념을 이해하고 관련된 사례를 말할 수 있다.
- 과학 개념이 포함된 용어로 자연 현상을 설명할 수 있다.
- 실험 결과에 나타난 과학 개념들을 연관지어 말할 수 있다.

3) 원리 및 법칙

- 실험 데이터와 관련된 과학 개념, 원리를 통합하여 실험 결과를 일반화할 수 있다.
- 과학 법칙을 이해하고, 이를 실험활동에 적용시킬 수 있다.

• 과학 법칙을 설명할 수 있는 모형을 만들 수 있다.

(4) 태 도

1) 호기심

• 과학활동의 결과물에 대하여 호기심을 가진다.
• 과학에 대한 흥미를 가진다.
• 과학 실험 및 활동에 재미를 느낀다.

2) 즐김

• 과학활동에서 자신의 역할을 충실히 수행한다.
• 과학활동을 즐겨 찾아서 경험한다.
• 새로운 과학 현상에 대해 이해하고자 노력한다.

3) 열정

• 과학활동에 열정을 갖고 지속적으로 참여한다.
• 과학활동에 주변 사람들이 동참하도록 노력한다.
• 과학과 관련된 분야로 진로를 선택한다.

3. HASA 기본 틀에 대한 제안

(1) 용어 정의

1) 수공적 기능(skill)

① 해보기 : 간단하게 조립하거나 완성품을 작동해보는 활동

예 물리 - 비행기 만들어 날리기
화학 - 물에 설탕을 녹여 밀도가 서로 다른 용액 만들기
생물 - 풍선을 이용하여 오징어 움직여보기

② 만들기 : 실험 과정을 교사의 도움을 받거나 혼자서 수행하는 활동

예 물리 - 롤러코스터 만들기
화학 - 밀도 차를 이용한 물탑 쌓기
생물 - 관절의 원리 알기

③ 응용(advanced) : 기존의 활동을 발전시켜 스스로 새로운 완성품을 만들어내는 활동

예 물리 - 로렌츠 힘으로 가는 배를 빠르고 튼튼하고 멋있게 만들기
화학 - 밀도 차를 이용한 물탑 쌓는 새로운 방법 고안하기
생물 - 움직임을 가질 수 있는 동물 인형 만들기

<table>
<tr><th colspan="3">Bloom</th><th colspan="2">Klopfer</th><th colspan="3">HASA Standard</th></tr>
<tr><td rowspan="8">인지적</td><td colspan="2">지식</td><td colspan="2" rowspan="3">지식과 이해</td><td rowspan="3">Head</td><td rowspan="3">지식과 이해</td><td>사실</td></tr>
<tr><td rowspan="7">지
적
능
력</td><td rowspan="7">이해
적용
분석
종합
평가</td><td>개념</td></tr>
<tr><td>원리 및 법칙</td></tr>
<tr><td rowspan="4">과학적 탐구 과정</td><td>관찰과 측정</td><td rowspan="5">Hands</td><td rowspan="5">탐구</td><td>단순</td></tr>
<tr><td>문제 발견과 해결책의 인식</td><td rowspan="2">복합</td></tr>
<tr><td>데이터의 해석과 일반화</td></tr>
<tr><td>이론적 모델의 설정, 검증, 개선</td><td rowspan="2">창의</td></tr>
<tr><td colspan="2">과학 지식과 과학적 방법의 응용</td></tr>
<tr><td rowspan="3">심체적</td><td rowspan="3"></td><td rowspan="3"></td><td colspan="2" rowspan="3">수공적 실험 기능</td><td rowspan="3"></td><td rowspan="3">수공적 실험 기능</td><td>해보기</td></tr>
<tr><td>만들기</td></tr>
<tr><td>응용하기</td></tr>
<tr><td rowspan="3">정의적</td><td rowspan="3"></td><td rowspan="3"></td><td colspan="2">태도와 흥미</td><td rowspan="3">Heart</td><td rowspan="3">태도</td><td>호기심</td></tr>
<tr><td colspan="2" rowspan="2">오리엔테이션</td><td>즐김</td></tr>
<tr><td>열정</td></tr>
</table>

→ 수공적 기능(skill)이 강조

수공적 기능 (hand operated skill)
해보기
만들기
응용

⇨

탐구(hands)	지식(head)	태도(heart)
단순	사실	호기심
복합	개념	즐김
창의	원리 및 법칙	열정

2) 탐구(hands)

수공적 기능(skill) 이외의 탐구 영역

① 단순 탐구(simple inquiry) : 관찰, 분류, 측정, 예상, 추리, 의사소통, 시공간 관계의 이용 등 단순한 개개의 탐구활동

② 복합 탐구(complex inquiry) : 문제 발견, 가설 설정, 변인 통제, 자료 변환, 자료 해석, 결론 도출, 일반화 등, 단순 탐구활동 몇 가지가 함께 포함되어 있는 탐구활동

③ 창의 탐구 : 발산적 사고, 비유적 사고, 창발적 사고 등이 요구되는 연구활동

3) 지식(head)

① 사실(facts) : 관찰, 측정, 실험 등을 통해 수집된 정보

② 개념(concept) : 사건, 사물, 현상 등의 공통적 특성

③ 원리 및 법칙 : 설명 또는 판단의 근거가 되는 진리, 개념들 사이의 관계나 자연 현상의 규칙성을 진술한 것

4) 태도(heart)

① 호기심 : 과학에 대한 관심과 흥미를 가짐

② 즐김 : 과학활동에 즐겁게 참여함

③ 열정 : 과학을 좋아함과 동시에 연구하는 차원까지 발전함

4. HASA 프로그램 개발 포맷

(1) 학생용

1) 제목

생활 속의 용어 – 튀는 내용 – 학생들의 눈길을 끌 수 있는 문구 – 학생들이 이해할 수 있는 용어, 내용이어야 한다.

(부제) 전체 실험 내용을 알 수 있도록 문구 구성 – 과학적 개념 포함된 것 등

예 내가 만든 롤러코스터 – 역학적 에너지의 보존

2) 도입

5줄 이내로 다음과 같은 내용 중 하나를 선택하여 제시한다. – 작게 사진 혹은 삽화를 1개 이상 반드시 첨부한다.

① 학생이 경험할 수 있는 생활 속의 문제상황 제시

② 실생활에서 접할 수 있는 상황 예시

③ TV 혹은 잡지, 영화, 소설 등 과학과 관련된 내용을 다루는 대중 매체(과학 저널리즘)에서, 이 실험과 관련있는 내용을 발췌하여 제시

3) 목표 제시

수공적 활동을 통한 탐구, 지식, 태도의 향상 등 실험을 통해 얻고자 하는 내용을 3H에 따라 행동목표로 진술한다.

예 소의 눈을 해부해 봄으로써

(탐구) • 소눈을 구성하는 각 부위를 분류할 수 있다.

(지식) • 소눈의 구조와 기능을 설명할 수 있다.

(태도) • 생물의 구조에 대해 흥미와 호기심을 갖는다.

4) 어떻게 할까요?

① 내용을 읽고 쉽게 따라할 수 있도록 구성

– 내용이 이해하기 어려울 경우 사진이나 그림 첨부

* 사진은 어둡지 않고 활동 단계가 명확히 드러나도록 촬영한 것

② 문장을 복문이 아닌 단문 중심으로 길지 않게 구성

③ 목표와 일치된 활동 내용 구성

* data 정리나 관찰에 필요한 내용 등 꼭 필요한 내용은 이 단계에 넣을 수 있다.

5) 생각해 보기

활동 목표에 따라 활동을 한 결과 학생들이 생각해 볼 문제 혹은 학생에게 확인해 볼 내용을 3H에 따라 적는다.

(탐구) • 소눈을 각 부위별로 나누고 각각의 특징을 정리해 보자.

(지식) • 소눈의 각 부위별 생김새와 역할을 생각해 보자.

• 이 실험을 통해 새롭게 안 사실은?

(태도) • 소눈 해부 실험은 재미있었는가?

• 누가 주도적으로 해부를 했는가?

• 해부할 때 가장 재미있었던 점은?

6) HASA 퍼즐

실생활과 관련된 문제상황 제시

문제상황은 역사에서 찾기/첨단 과학에서 찾기/생활 속에서 찾기

* 반드시 그 시간에 답을 하지 않아도 된다.(크로스 퍼즐은 제외함)

예 광합성을 수업한 후

지구의 허파로 불리는 아마존의 밀림은 하루에 여의도 면적의 3배가 개간으로 사라져가고 있다. 이것에 대해 학자들은 두 가지 의견이 있는데, 하나는 울창한 삼림은 광합성이 활발하게 일어나고 있어 동식물이 살아가는 데 필요한 산소를 공급하고 있고 안정된 생태계를 이루고 있어 이를 보존해야 한다는 입장이 있다. 다른 하나는

숲이 사라지면 대사작용이 매우 활발한 초본부터 시작하여 식물의 천이가 나타나 오히려 산소 공급이 더 활발하게 일어날 것이라고 주장한다. 이에 대해 어떤 입장이 타당한지 근거를 가지고 설명해보도록 하자.

7) 활동 평가

활동 자체에 대한 학생의 평가

● 활동에 대한 평가 ●
가. 생물을 해부하는 기술이 늘었다. 나. 눈에 대해 더 많이 알게 되었다. 다. 눈의 각 부위를 잘 분류할 수 있다. 라. 생물이 재미있어졌다.

(2) 교사용

1) 제목 – 학생용과 순서를 바꾸어서

전체 실험 내용을 알 수 있도록 문구 구성 — 과학적 개념 포함된 것 등

(부제) 생활 속의 용어 — 튀는 내용 — 학생들의 눈길을 끌 수 있는 문구 — 학생들이 이해할 수 있는 용어, 내용이어야 한다.

예 역학적 에너지의 보존 — 내가 만든 롤러코스터

2) 교육과정과의 관련성

영역/주제어	생물 / 자극과 반응, 감각기, 눈, 해부, 분류
관련 단원	8학년 — 과학 — 자극과 반응, 6학년 우리 몸의 생김새, 10학년 과학(자극과 반응), 생물 1(감각기)
소요 시간	45분
실험 개요	소눈을 직접 해부해 봄으로써 눈의 각 구성 부위의 모양과 기능을 분류하고 이해할 수 있는 활동으로 생물에 대한 호기심을 유발할 수 있다.

교육과정 중 어떤 학년의 어느 단원과 관계가 있는지 제시하고, 어떤 형태로 수업을 하는 것이 좋을지 안내해 준다.

예 이 단원은 초등학교 6학년 '우리 몸의 생김새', 8학년 자극과 반응, 10학년 과학(자극과 반응), 11학년의 생물 1의 감각기와 관련되어 있으며 8학년의 수준에 맞춰 수업을 할 수 있다. 6학년 과정에서는 전반적인 인체의 구조에 대해서 보았다면 8학년에는 좀더 구체적인 구조와 기능을 익히는 단계가 되어야 하는데, 구체적인 사물을 직접 해부하는 조작 활동을 통해 기능과 연관짓는 활동이 주된 목표가 될 수 있다. 자칫 교과서의 모식도, 모형만으로 수업이 진행되어 흥미가 감소할 수 있는 내용을 보완할 수 있는 실험활동이다. 이 실험과 연계하여 10학년 과학, 11학년 생물 1에서 좀더 심화된 내용을 다룰 수 있다.

3) 목표 제시

수공적 활동을 통한 탐구, 지식, 태도의 향상 등 실험을 통해 얻고자 하는 내용을 3H에 따라 행동목표로 진술한다.

수공적 기능
해보기
만들기
응용

⇨

탐구	지식	태도
단순	사실	호기심
복합	개념	즐김
창의	원리 및 법칙	열정

예 소의 눈을 해부해 봄으로써

(탐구) • 소눈을 구성하는 각 부위를 분류할 수 있다.

(지식) • 소눈의 구조와 기능을 설명할 수 있다.

(태도) • 생물의 구조에 대해 흥미와 호기심을 갖는다.

* 목표를 너무 높게 잡지 말 것.

→ 간단한 활동을 하면서 목표는 달성하고 그 이상의 것도 활동을 통해 얻을 수 있는 활동으로 구성.

목표 예제

DNA 이중 나선 모형을 만들어 봄으로써

(탐구) • 규칙적인 두께의 나선을 형성하기 위한 조건을 찾아 모형 만들기에 적용할 수 있다.

(지식) • DNA의 구조에 대해 이해할 수 있다.

• 퓨린계 염기와 피리미딘계 염기의 비가 1 : 1인 이유를 설명할 수 있다.

(태도) • 눈에 보이지 않는 미세 세계에도 규칙성이 있다는 것에 대해 신기함과 흥미를 느낄 수 있다.

전선과 포크, 전원 장치를 이용한 소시지 전기 구이를 해 봄으로써
(탐구) • 사용한 전압에 따라 소시지를 구울 때 걸리는 시간을 비교하여 설명할 수 있다.
(지식) • 전압과 에너지의 관계를 이해할 수 있다.
(태도) • 과학 지식이 일상생활에 널리 이용될 수 있음을 알고 관심을 갖는다.

캔을 사용해 헤론의 엔진을 만들어 봄으로써
(탐구) • 캔에 뚫은 구멍의 수나 크기가 회전수에 미치는 영향을 알아볼 수 있는 실험을 설계할 수 있다.
• 헤론의 엔진에서 구멍의 크기, 수와 회전수 사이의 관계를 찾아낼 수 있다.
(지식) • 떨어지는 물의 힘으로 캔이 회전하는 것을 뉴턴의 제3법칙으로 설명할 수 있다.
(태도) • 회전수에 영향을 미칠 만한 요인들을 찾아 적극적으로 실험해보는 자세를 갖는다.

화성을 탐사할 수 있는 탐사선을 직접 만들어 작동시켜 봄으로써
(탐구) • 바닥 상태에 따른 탐사선이 굴러가는 정도를 예측할 수 있다.
• 탐사선의 진행에 영향을 미치는 요인을 생각해 보고, 실험 과정 중 잘못되거나 부족한 부분을 수정할 수 있다.
(지식) • 탐사선의 작동 원리를 이해할 수 있다.
(태도) • 우주 탐사 및 미래 과학에 대한 비전을 갖는다.

다양한 모세관을 만들고 관 속의 액체 기둥 높이를 측정함으로써
(탐구) • 유리관의 굵기와 관 속 액체 기둥의 높이 간의 관계를 비교할 수 있다.
• 유리관의 굵기와 관 속 액체 기둥의 높이 간의 관계를 그래프로 나타내어 설명할 수 있다.
(지식) • 높은 나무 끝까지 수액이 끌어올려질 수 있는 원리를 설명할 수 있다.
(태도) • 유리관의 굵기를 조절하는 것만으로도 물기둥의 높이가 달라지는 현상에 대해 의문과 호기심을 갖는다.
• 식물체에서 물이 상승하는 데 영향을 미치는 다양한 요인들을 알아보고자 하는 적극적인 자세를 갖는다.

4) 어떻게 할까요?

① 내용을 읽고 쉽게 따라할 수 있도록 구성
- 내용이 이해하기 어려울 경우 사진이나 그림 첨부
* 사진은 어둡지 않고 활동 단계가 명확히 드러나도록 촬영한 것

② 문장을 복문이 아닌 단문 중심으로 길지 않게 구성

③ 목표와 일치된 활동 내용 구성

* 교사용 활동 팁은 각 단계에 필요한 것을 교사용 활동지에 기록해 둔다.

* data 정리나 관찰에 필요한 내용 등 꼭 필요한 내용은 이 단계에 넣을 수 있다.

* 활동 시 유의 사항이 있으면 각 단계에 제시한다.

5) 생각해 보기

활동목표에 따라 활동을 한 결과 학생들이 생각해 볼 문제 혹은 학생에게 확인해 볼 내용을 3H에 따라 적는다.

(수공적 기능) • 소눈 해부할 때 가장 힘들었던 과정은 무엇인가?

(탐구) • 소눈을 각 부위별로 나누고 각각의 특징을 정리해보자.

(지식) • 소눈의 각 부위별 생김새와 역할을 생각해 보자.

• 이 실험을 통해 새롭게 안 사실은?

(태도) • 소눈 해부 실험은 재미있었는가?

• 누가 주도적으로 해부를 했는가?

• 해부할 때 가장 재미있었던 점은?

* 각각의 질문에 대한 답을 적는다.

6) HASA 퍼즐

● 실생활과 관련된 문제상황 제시

문제상황은 역사에서 찾기/첨단 과학에서 찾기/생활 속에서 찾기

* 반드시 그 시간에 답을 하지 않아도 된다.(크로스 퍼즐은 제외함)

예 광합성을 수업한 후

지구의 허파로 불리는 아마존의 밀림은 하루에 여의도 면적의 3배가 개간으로 사라져가고 있다. 이것에 대해 학자들은 두 가지 의견이 있는데, 하나는 울창한 삼림은 광합성이 활발하게 일어나고 있어 동식물이 살아가는 데 필요한 산소를 공급하고 있고 안정된 생태계를 이루고 있어 이를 보존해야 한다는 입장이 있다. 다른 하나는

숲이 사라지면 대사작용이 매우 활발한 초본부터 시작하여 식물의 천이가 나타나 오히려 산소 공급이 더 활발하게 일어날 것이라고 주장한다. 이에 대해 어떤 입장이 타당한지 근거를 가지고 설명해보도록 하자.

* 문제상황에 대한 답, 참고 자료 등을 간단히 제시해 준다.
* 단원과 관련된 전기 혹은 에피소드, 이론적 배경 등을 넣어준다.

7) 활동 평가

활동 자체에 대한 학생의 평가

● 활동에 대한 평가 ●
가. 생물을 해부하는 기술이 늘었다.
나. 눈에 대해 더 많이 알게 되었다.
다. 눈의 각 부위를 잘 분류할 수 있다.
라. 생물이 재미있어졌다.

8) 교사를 위한 평가 기준

활동목표에 따라 활동을 수행했을 때 학생들의 활동 결과를 어떤 기준으로 평가할지 제시

예 시

소눈을 해부해 보자

－눈의 구조와 기능－

"우와, 저 소눈 좀 봐, 엄청 크네."

순하게 생긴 소가 우리를 쳐다보고 있네요. 무슨 생각을 하고 있는 것일까요? 이 소는 참 호기심이 많은가 봐요. 큰 눈을 더 크게 뜨고 두리번거리는군요.

우리가 눈을 통해 세상을 보듯이 소들도 눈을 통해 세상을 봅니다. 우리의 감각 정보는 눈에 상당히 많은 부분을 의존하고 있어요. 이렇게 중요한 역할을 하는 사람의 눈은 관찰하기 어려우니 소의 눈을 가지고 탐구해 봅시다.

이 활동을 하면

소의 눈을 해부해 봄으로써

(탐구) • 소눈을 구성하는 각 부위를 분류할 수 있다.

(지식) • 소눈의 구조와 기능을 설명할 수 있다.

(태도) • 생물의 구조에 대해 흥미와 호기심을 갖는다.

무엇이 필요한가?

소눈, 해부용 접시, 장갑, 칼, 가위, 핀셋, 해부침, 수조(물), 휴지

어떻게 할까?

1. 소눈 바깥쪽의 근육과 지방을 제거한 후 관찰한다.
2. 대뇌로 전달되는 시신경을 관찰한다.
3. 각막과 공막의 접합부를 먼저 해부칼로 0.5 cm 정도 칼집을 낸다.

이때 약간 검은 색 물(수양액)이 올라올 수 있으나 씻어내고 관찰하면 된다.

4. 칼집 낸 곳에 칼 혹은 가위를 넣어 선을 따라 잘라나간다. 잘라낸 각막은 핀셋으로 들어낸다. 동공과 홍채가 나타나면 그것을 관찰하고 그림을 그린다.

가위를 너무 깊이 넣지 않도록 한다. 렌즈를 상하게 할 수 있으므로 주의한다.

5. 끝이 뾰쪽한 가위 끝을 이용해 홍채와 공막의 접합부에 칼집을 낸 후 조심스럽게 접합선을 따라 자른다.
6. 가위의 둥근 부분이 안으로 들어가게 하여 수직으로 세운 다음, 공막의 양쪽을 1 cm 정도 수직으로 자른다. 그리고 조심스럽게 공막을 뒤집는다.

공막이 생각보다 질기므로 가위를 힘껏 눌러야 하며, 뒤집을 때는 맨손으로 하는 것이 훨씬 더 쉽고 정교하게 할 수 있다.

7. 유리체를 감싸고 있는 막과 그곳에 붙어 있는 수정체를 분리한다. 수정체의 모양은 어떠한가? 이 수정체를 이용해 글씨 또는 물체를 살펴보고, 상이 어떻게 보이는지 설명해 본다.

수정체가 파열되지 않게 특별히 조심한다!!!

8. 안구 안쪽의 시신경, 망막, 맥락막, 공막 따위를 세밀히 관찰한다. 공막을 뒤집어 맹점을 찾는다.

망막은 안구 안쪽 벽에 거의 투명하게 붙어 있기 때문에 잘 관찰되지 않으니 안구 안쪽을 관찰할 때는 주의를 기울여 망막을 먼저 관찰한다.

9. 분리한 눈의 각 부위를 부위별로 정렬해 놓는다.

생각해 보기

1. 소눈을 해부할 때 가장 힘들었던 과정은 무엇인가?
2. 소의 동공과 홍채를 그려보자.
3. 수정체로 물체나 글씨를 보면 어떻게 나타나는가?
4. 눈의 각 부위를 손으로 만지고 관찰하여 느낌을 기록해 보자.
5. 소눈을 해부할 때 가장 재미있었던 점은?
6. 누가 주도적으로 해부를 했는가?

7. 눈의 각 부위를 분류해 놓고 관찰결과와 새로 알게 된 사실을 적는다.

명 칭	외 형	관찰결과	새로 알게 된 사실
각막			
홍채			
수정체			
유리체			
망막			
반사판			

HASA 퍼즐

넥타이를 너무 졸라매서 목이 답답하게 느껴졌던 경험이 있을 것이다. 미국에서 실시한 조사에 따르면 넥타이를 매는 사람 94명 중 67%의 사람이 너무 꽉 조인 넥타이 때문에 시력 장애를 겪었다는 결과가 발표된 적이 있다. 넥타이와 시력은 어떤 관계가 있는 것일까?

<출처 : 신기한 몸이야기, 스테판주안 지음, 홍익씨앤씨>

활동 평가

● 활동에 대한 평가 ●
가. 생물을 해부하는 기술이 늘었다. 나. 눈에 대해 더 많이 알게 되었다. 다. 눈의 각 부위를 잘 분류할 수 있다. 라. 생물이 재미있어졌다.

교사용

눈의 구조와 기능

- 소눈을 해부해 보자 -

교육 과정과의 관련성

영역/주제어	생물/자극과 반응, 감각기, 눈, 해부, 분류
관련 단원	8학년 — 과학 — 자극과 반응, 6학년 우리 몸의 생김새, 10학년 과학(자극과 반응), 생물 1(감각기)
소요 시간	45분
실험 개요	소눈을 직접 해부해 봄으로써 눈의 각 구성부위의 모양과 기능을 분류하고 이해할 수 있는 활동으로 생물에 대한 호기심을 유발할 수 있다.

이 단원은 초등학교 6학년 '우리 몸의 생김새', 8학년 자극과 반응, 10학년 과학(자극과 반응), 11학년의 생물 1의 감각기와 관련되어 있으며 8학년의 수준에 맞춰 수업을 할 수 있다. 6학년 과정에서는 전반적인 인체의 구조에 대해서 보았다면 8학년에는 좀더 구체적인 구조와 기능을 익히는 단계가 되어야 하는데, 구체적인 사물을 직접 해부하는 조작 활동을 통해 기능과 연관짓는 활동이 주목표가 될 수 있다. 자칫 교과서의 모식도, 모형만으로 수업이 진행되어 흥미가 감소할 수 있는 내용을 보완할 수 있는 실험활동이다. 이 실험과 연계하여 10학년 과학, 11학년 생물 1에서 좀더 심화된 내용을 다룰 수 있다.

이 활동을 하면

수공적 기능
해보기
만들기
응용

⇨

탐구	지식	태도
단순	사실	호기심
복합	개념	즐김
창의	원리 및 법칙	열정

소의 눈을 해부해 봄으로써

(탐구) • 소눈을 구성하는 각 부위를 분류할 수 있다.

(지식) • 소눈의 구조와 기능을 설명할 수 있다.

(태도) • 생물의 구조에 대해 흥미와 호기심을 갖는다.

무엇이 필요한가?

소눈, 해부용 접시, 장갑, 칼, 가위, 핀셋, 해부침, 수조(물), 휴지

탐구 활동 지도

어떻게 할까?

1. 소눈 바깥쪽의 근육과 지방을 제거한 후 관찰한다.
2. 대뇌로 전달되는 시신경을 관찰한다.
3. 각막과 공막의 접합부를 먼저 해부칼로 0.5 cm 정도 칼집을 낸다.

이때 약간 검은 색 물(수양액)이 올라올 수 있으나 씻어내고 관찰하면 된다.

4. 칼집 낸 곳에 칼 혹은 가위를 넣어 선을 따라 잘라나간다. 잘라낸 각막은 핀셋으로 들어낸다. 동공과 홍채가 나타나면 그것을 관찰하고 그림을 그린다.

가위를 너무 깊이 넣지 않도록 한다. 렌즈를 상하게 할 수 있으므로 주의한다.

5. 끝이 뾰쪽한 가위 끝을 이용해 홍채와 공막의 접합부에 칼집을 낸 후 조심스럽게 접합선을 따라 자른다.
6. 가위의 둥근 부분이 안으로 들어가게 하여 수직으로 세운 다음, 공막의 양쪽을 1cm 정도 수직으로 자른다. 그리고 조심스럽게 공막을 뒤집는다.

공막이 생각보다 질기므로 가위를 힘껏 눌러야 하며, 뒤집을 때는 맨손으로 하는 것이 훨씬 더 쉽고 정교하게 할 수 있다.

7. 유리체를 감싸고 있는 막과 그곳에 붙어 있는 수정체를 분리한다. 수정체의 모양은 어떠한가? 이 수정체를 이용해 글씨 또는 물체를 살펴보고, 상이 어떻게 보이는지 설명해 본다.

수정체가 파열되지 않게 특별히 조심한다!!!

8. 안구 안쪽의 시신경, 망막, 맥락막, 공막 따위를 세밀히 관찰한다. 공막을 뒤집어 맹점을 찾는다.

망막은 안구 안쪽 벽에 거의 투명하게 붙어 있기 때문에 잘 관찰되지 않으니 안구 안쪽을 관찰할 때는 주의를 기울여 망막을 먼저 관찰한다.

9. 분리한 눈의 각 부위를 부위별로 정렬해 놓는다.

〈유의점〉

1. 소의 눈을 구할 때 미리 눈에 연결된 신경을 제거하지 말도록 요구한다.
2. 쉽게 부패할 수 있으므로, 지퍼팩에 넣어 냉장고에 냉동 보관했다가 사용한다.
3. 해부칼 사용 시 반드시 장갑을 착용하고 손을 다치지 않도록 주의한다.
4. 해부 가위를 사용하여 어떤 부분을 자를 경우, 가위의 둥근 부분이 안쪽으로 들어가도록 하여 자른다.
5. 눈의 구조가 파괴될 수 있으므로 무리한 힘을 가하지 않는다.

생각해 보기

(수공적 기능) • 소눈을 해부할 때 가장 힘들었던 과정은 무엇인가?

(탐구) • 소의 동공과 홍채를 그려보자.

(지식) • 수정체로 물체나 글씨를 보면 어떻게 나타나는가?

볼록 렌즈처럼 수정체를 가까이 대면 물체 혹은 글씨가 크게 보이며 멀리 있는 것은 거꾸로 작게 보인다.

(탐구) • 눈의 각 부위를 손으로 만지고 관찰하여 느낌을 기록해 보자.

(태도) • 소눈을 해부할 때 가장 재미있었던 점은?

• 누가 주도적으로 해부를 했는가?

(지식) • 눈의 각 부위를 분류해 놓고 관찰결과와 새로 알게 된 사실을 적는다.

명 칭	외 형	관찰결과	새로 알게 된 사실
각막	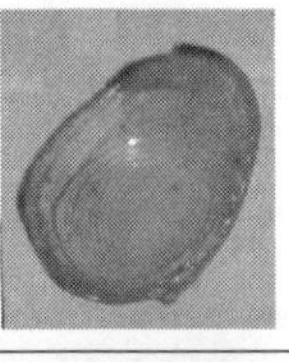		
홍채	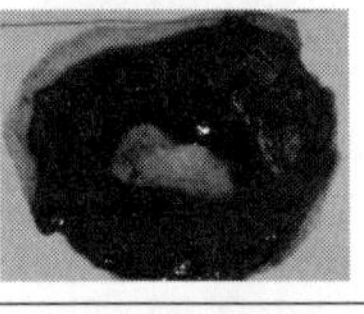		
수정체	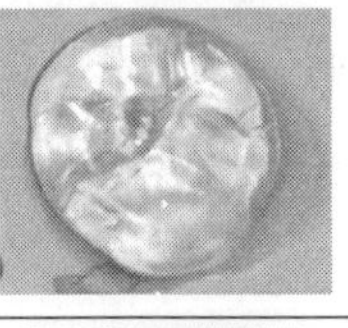		
유리체	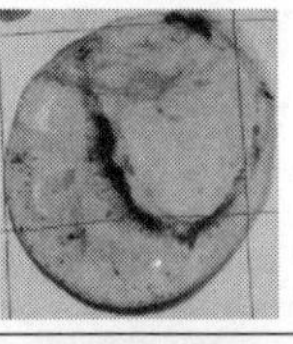		
망막	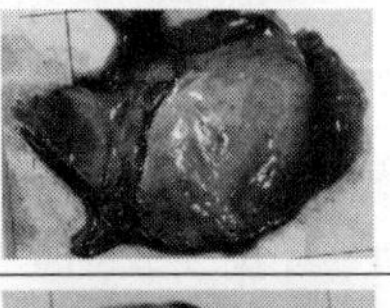		
반사판	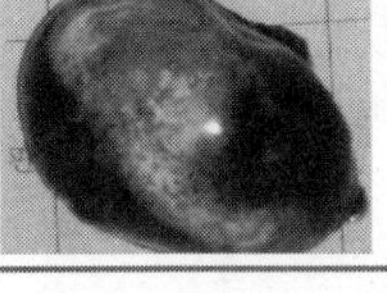		

HASA 퍼즐

넥타이를 너무 졸라매서 목이 답답하게 느껴졌던 경험이 있을 것이다. 미국에서 실시한 조사에 따르면 넥타이를 매는 사람 94명 중 67 %의 사람이 너무 꽉 조인 넥타이 때문에 시력 장애를 겪었다는 결과가 발표된 적이 있다. 넥타이와 시력은 어떤 관계가 있는 것일까?

꽉 조여진 타이는 눈으로 흐르는 혈액을 방해한다. 어떤 연구자들은 세게 죄는 칼라가 혈압에 영향을 준다고 주장한다. 그리고 혈압은 결정적으로 시력에 영향을 미친다. 망막이 잘 작동하기 위해서는 산소가 필요하다. 그러므로 어떤 것을 자세히 잘 보려 할 때 숨을 죽이지 말아야 한다. 오히려 숨을 크게 들이쉬고 보아야 잘 보이게 된다.

활동 평가

● 활동에 대한 평가 ●
가. 생물을 해부하는 기술이 늘었다.
나. 눈에 대해 더 많이 알게 되었다.
다. 눈의 각 부위를 잘 분류할 수 있다.
라. 생물이 재미있어졌다.

교사 평가

평가 기준	평가 척도	평가
눈의 각 부위를 손상됨 없이 잘 해부했는가?	눈의 각 부위가 손상되지 않았다.	상
	눈의 일부 부위가 손상되었다.	하
눈의 각 부위를 잘 분류하고 관찰을 정확히 했는가?	눈의 각 부위에 대한 분류와 관찰이 정확했다.	상
	눈의 각 부위에 대한 분류와 관찰을 정확히 하지 못했다.	하
눈의 각 부위의 기능을 정확히 설명했는가?	표에 제시된 눈의 각 부위의 기능을 절반 이상 설명했다.	상
	눈의 각 부위의 기능을 절반 이상 설명하지 못했다.	하
생물을 해부하는 데 대해 자신감을 갖는가?	생물을 해부하는 것이 재미있다.	상
	생물 해부가 재미없다.	하

1.3 HASA 활동 개발을 위한 평가틀 개발

HASA 활동 개발을 위한 과학활동 분석틀은 Bloom의 교육목표 분류와 Kloper의 목표 분류틀, SAPA의 탐구능력 분류틀을 기반으로 하여 실험활동에서의 목표 제시, 내용 구성, 효과, 구성 체제 및 현장 적용 가능성 등 5가지 영역을 포함하고 있다.

HASA 활동 개발을 위한 과학활동 평가틀은 크게 5가지 영역으로 나누어 볼 수 있다.

첫째, 각 실험활동에 제시된 목표가 얼마나 타당하게 설정되어 있는가를 알아보고자 하였다. 즉, 학생 활동의 기본이 되는 조작적 활동 목표, 과학에 대한 가치관, 호기심 증진 등 과학적 태도에 대한 목표, 조작적 기능 이외의 탐구 기능에 대한 목표, 활동을 통해 얻고자 하는 과학적 사실, 개념, 원리 혹은 법칙에 대한 목표가 명료하게 제시되었는가 하는 것을 분석한다. 조작적 활동이란 실험 설명을 보고 손으로 만들어가는 활동, 그려보거나, 과학 실험 기구나 재료를 조작해보는 활동을 말한다. 과학적 태도에 대한 목표란 실생활 관련된 목표 제시, 호기심, 태도를 증진시키기 위한 목표 제시 여부를 알아보는 것이다. 탐구에 대한 목표는 관찰, 추론, 예상, 가설 설정, 실험 설계, 결론과 같은 탐구 기능이 포함된 목표를 제시하고 있는가 하는 것이다.

둘째, 실험이나 탐구활동에 제시된 목표에 맞추어 실험이나 탐구활동 내용이 일관성 있게 구성되어 있는지를 분석한다. 즉, 이 영역의 분석은 실험이나 탐구활동의 내용이 해보기, 만들기, 응용하기와 같은 조작활동을 포함하고 있는지, 흥미, 즐김, 열정과 같은 과학적 태도 향상을 유발할 수 있는 내용을 포함하고 있는지, 조작적 기능을 제외한 단순탐구, 복합탐구, 창의 탐구 등 탐구활동을 포함하고 있는지, 사실, 개념, 원리 혹은 법칙과 같은 지식을 이해할 수 있도록 하는 내용을 포함하고 있는지를 분석한다.

셋째, 실험이나 탐구활동에 포함된 조작적 활동이 과학적 태도, 과학 탐구 기능, 과학적 지식을 향상시킬 수 있는 도구가 될 수 있게 구성되었는지를 분석한다.

넷째, 실험과 탐구활동의 수준과 평가 영역에 대한 분석을 포함하고 있다. 즉, 태도, 탐구, 지식의 세 가지 영역에 대해 과학활동에서 진술된 목표와 실제 활동의 수준이 일치하는지를 분석하고, 활동의 목표와 구체적인 활동 내용 및 구성, 평가의 3가지 영역이 일관되게 전개되고 있는지를 분석한다. 그리고 평가 내용에 조작적 활동, 탐구 능력, 지식, 태도를 모두 포함하고 있는지를 알아보고, 학습활동과 관련된 평가의 일치 여부를 분석한다.

다섯째, 현장 적용 가능성에 대한 분석이다. 즉, 이 영역에서는 주제 및 내용이 현행 과학과 교육과정과 일치하는지를 분석한다. 또한 다루는 주제가 신선하거나 새로운 방법을 적용하여 흥미를 유발하고 있는지, 재료 및 기자재의 준비가 용이하고 주어진 시간 내에 수행 가능한지, 실제 수업에 사용하기 적합하고 수행평가의 주제로 사용하기에 용이한지 분석한다.

학습 자료 평가지(개발교사, 교육전문가용)

학습 자료명		개발자		평가자	

▶ 각 문항의 내용을 읽고 자신의 의견을 표시하여 주십시오.

(전혀 아니다 : 1, 아니다 : 2, 보통이다 : 3, 그렇다 : 4, 매우 그렇다 : 5)

Ⅰ. 목표의 명료성과 적절성					
1. 과학적 태도에 대한 목표가 명료하게 제시되어 있는가?	1	2	3	4	5
2. 탐구 능력에 대한 목표가 명료하게 제시되어 있는가?	1	2	3	4	5
3. 지식의 이해에 대한 목표가 명료하게 제시되어 있는가?	1	2	3	4	5
4. 설정된 각 목표는 활동 주제 및 소재에 적절한가?	1	2	3	4	5
Ⅱ. 목표와 활동 과정의 일치성					
5. 이 활동은 조작적 활동이 강조되었는가?	1	2	3	4	5
6. 과학적 태도에 대한 목표가 이 활동을 통해 도달 가능하도록 설계되었는가?	1	2	3	4	5
7. 탐구활동에 대한 목표가 이 활동을 통해 도달 가능하도록 설계되었는가?	1	2	3	4	5
8. 과학 지식에 대한 목표가 이 활동을 통해 도달 가능하도록 설계되었는가?	1	2	3	4	5
Ⅲ. 내용의 이해, 수준, 과학적 오류					
9. 활동 과정은 학생이 읽고 수행할 수 있도록 이해하기 쉽게 쓰여 있는가?	1	2	3	4	5
10. 활동의 목표 수준과 과정, 정리 및 논의가 관련교과가 다루어지는 학년의 학생 수준에 적합한가?	1	2	3	4	5
11. 활동지에 제시된 내용은 과학적 오류가 없는가?	1	2	3	4	5
Ⅳ. 학습활동의 일관성 및 구성 체계					
12. 활동지에 제시된 질문은 목표, 과정을 통해 제시된 내용과 일관성이 있는가?	1	2	3	4	5
13. 결과 정리 및 논의는 조작, 탐구, 지식, 태도를 모두 포함하는가?	1	2	3	4	5
14. 목표, 과정, 정리 및 논의, 참고 사항(읽기 자료 등)의 형식으로 전개되었는가?	1	2	3	4	5
Ⅴ. 현장 적용 가능성					
15. 과학과 교육 과정에 따른 내용인가?	1	2	3	4	5
16. 평가 기준이 쉽게 적용할 수 있도록 적절하게 제시되어 있는가?	1	2	3	4	5
17. 소재가 신선하거나 새로운 방법을 적용하여 흥미를 유발하는가?	1	2	3	4	5
18. 재료, 기자재 등의 준비가 용이한가?	1	2	3	4	5
19. 계획된 시간 이내에 가능한 활동인가?	1	2	3	4	5
20. 수행 평가로 사용하기 적합한가?	1	2	3	4	5

HASA 과학활동 평가 결과

1. 프로그램 평가틀의 타당도 : 0.88
2. 프로그램 평가 : 3명 이상의 전문가가 평가
3. 7차 교육과정과 독립적인 내용으로 재미있는 과학을 위한 활동 선정

▶ 물리 분야 프로그램 평가 결과

활동 개발 시 교육과정에 따라 전기, 빛, 파동으로 나누고 빠지는 내용이 없도록 배려하였고 Heart 분류에서는 호기심, 즐김에서 열정으로 나아갈 수 있도록 배려하였다. 그 결과 36개의 활동을 개발했는데 이 중 Heart 1단계에 해당하는 주제를 15개, 2단계에 해당하는 주제를 18개, 3단계에 해당하는 주제를 3개 개발하였다.

연번	제목	Heart	Head	평가점수
1	편광 칠교놀이	1	1	3.4
2	벽을 뚫고 가는 마술	1	1	3.5
3	그림에 생명을 불어넣자	1	1	3.5
4	레이저 빛으로 소리를 보낸다	1	1	3.9
5	요술전화기	1	2	3.8
6	유리컵으로 만든 실로폰	1	2	3.7
7	천둥번개가 치면	1	1	4
8	마찰전기와 춤을	1	1	4.2
9	저항연결	1	1	3.9
10	더 작게, 더 빠르게	1	3	3.6
11	아! 소리가 들린다	1	2	4.1
12	잠자리 안전착륙	1	2	3.6
13	외줄타기의 비밀	1	3	3.3
14	아치의 비밀	1	2	4.2
15	탄성충돌그네 만들기	1	2	3.8
16	레이저 쇼	2	2	3.6
17	요술거울	2	2	3.2
18	무지개는 몇가지 색일까?	2	2	3.7
19	스크린에 맺힌 세상	2	2	3.5
20	작은 유리구슬 속 세상	2	3	3.7

21	무늬를 세면 길이가 보인다	2	3	3.8
22	내가 만든 팬플루트	2	3	3.7
23	come on everybody	2	3	4
24	나만의 롤러코스터	2	3	3.9
25	에디슨 전구	2	2	3.5
26	정전기를 모으자	2	2	3.7
27	내 몸이 만드는 전기스위치	2	2	4.2
28	깡통으로 만든 헤론의 엔진	2	2	3.4
29	손바닥 부메랑	2	2	3.6
30	대롱 총 다트	2	2	4.1
31	날아다니는 배? 아! 위그선!	2	3	3.7
32	물 마시는 새	2	3	3.5
33	다면체 만화경 만들기	2	3	4.2
34	소리와 함께 춤을	3	3	4.1
35	원통평판 스피커	3	2	3.9
36	증기 보트	3	3	4.1
	평균			3.8

▶ **화학 분야 프로그램 평가 결과**

활동 개발 시 교육과정에 따라 물질의 상태, 물질의 구조, 화학반응으로 나누고 빠지는 내용이 없도록 배려하였고 Heart 분류에서는 호기심, 즐김에서 열정으로 나아갈 수 있도록 배려하였다. 그 결과 33개의 활동을 개발했는데 이 중 Heart 1단계에 해당하는 주제를 17개, 2단계에 해당하는 주제를 12개, 3단계에 해당하는 주제를 4개 개발했다. 주제 영역별로 보면 '물질의 상태'에서 7개, '물질의 구조'에서 8개, '화학반응'에서 18개 등을 개발하였다.

연번	제목	Heart	Head	평가점수
1	내 몸에 전기가?	1	2	3.9
2	눈처럼 내리는 결정	1	2	4.9
3	마그네슘-구리전지 만들기	1	3	3.9
4	무지개 용액	1	2	3.9

5	반짝이는 야광봉	1	1	3
6	수소 폭명기	1	2	4.1
7	알코올 딱총	1	2	4.4
8	왕 초코파이	1	3	3.9
9	은거울 반응	1	2	4.4
10	전기로 만드는 빨간펜	1	2	3.6
11	촉촉한 비누	1	2	3.4
12	컵 속의 비밀	1	2	3.6
13	크로마토그래피로 피어나는 꽃	1	1	3.8
14	튀지 않는 탁구공 만들기	1	2	4.5
15	플라스틱에서 피어난 꽃	1	2	3.8
16	회오리 불꽃	1	2	3.6
17	물에도 피부가 있을까?	1	3	4.2
18	플라스틱 액세서리	2	2	3.7
19	다니엘 전지 만들기	2	1	3.4
20	보라색 양배추의 비밀	2	2	3.7
21	비누막의 신비로운 세상	2	2	4
22	사라지지 않는 그림	2	2	3.6
23	알록달록 계란	2	2	3.9
24	오래오래 잠수정	2	2	3.9
25	오르락내리락 잠수부	2	3	4.2
26	잎의 구조와 기능, 그리고 도금	2	1	4.3
27	잠시 검문 있겠습니다.	2	1	3.9
28	천에 빛깔을 입히자!	2	2	4.3
29	매직 플라워	2	2	4.4
30	무지개 달리기	3	2	3.4
31	물속에서 불 태워볼까?	3	2	3.8
32	시계반응	3	2	3.6
33	어두운 곳에서 빛이 나는 용액	3	2	4.6
	평균			3.9

▶ **생물 분야 프로그램 평가 결과**

활동 개발 시 교육과정에 따라 물질대사, 유전과 진화, 항상성 등으로 나누고 빠지는 내용이 없도록 배려하였고 Heart 분류에서는 호기심, 즐김에서 열정으로 나아갈 수 있도록 배려하였다. 그 결과 20개의 활동을 개발했는데 이 중 Heart 1단계에 해당하는 주제를 11개, 2단계에 해당하는 주제를 8개, 3단계에 해당하는 주제를 1개 개발하였다.

연번	제목	Heart	Head	평가점수
1	우리의 소화기관은 어떻게 생겼을까?	1	1	3.9
2	소화 티셔츠 만들기	1	1	3.7
3	식물도 여행을 한대요!	1	1	3.9
4	숨은 색을 찾아라!	1	1	3.9
5	내 눈을 믿을 수 있을까?	1	2	3.9
6	소눈을 해부해 보자	1	1	4.1
7	뇌는 어떻게 생겼을까?	1	2	3.9
8	DNA는 어떻게 생겼을까?	1	2	3.5
9	내가 만든 혈액형 DNA 팔찌	1	2	3.7
10	왕달걀 만들기	1	2	3.8
11	조용한 자살행위?	1	1	4.2
12	우리 몸을 들춰보자	2	2	4.1
13	세포 젤리	2	2	3.8
14	생크림의 놀라운 변신!	2	3	3.7
15	상상의 동물을 만들어보자	2	2	3.8
16	엄마! 나, 초파리 맞아?	2	2	4
17	니들이 초파리를 알아?	2	3	3.9
18	야채로 만든 아기	2	3	4
19	초콜릿 먹고 맴맴	2	2	4.3
20	입체 그림을 만들어 보자	3	2	4
	평균			3.905

▶ **지구과학 분야 프로그램 평가 결과**

활동 개발 시 교육과정에 따라 지질, 해양, 천문 등으로 나누고 빠지는 내용이 없도록 배려하였고 Heart 분류에서는 호기심, 즐김에서 열정으로 나아갈 수 있도록 배려하였다.

그 결과 19개의 활동을 개발했는데 이 중 Heart 1단계에 해당하는 주제를 13개, 2단계에 해당하는 주제를 4개, 3단계에 해당하는 주제를 2개 개발하였다.

연번	제목	Heart	Head	평가점수
1	바위에 새겨진 물결	1	1	3.8
2	입체 북두칠성을 만들어 보자	1	1	3.6
3	화석을 만들어 보자	1	1	4
4	간이측광기	1	3	3.6
5	내가 만드는 눈결정	1	1	3.5
6	내 자 안에 지구역사	1	1	3.4
7	지질구조 만들기	1	1	3.8
8	입체 대륙이동 모형	1	1	4.2
9	태양계 퍼즐	1	1	3.4
10	바닷속은 어떻게 생겼을까	1	1	3.9
11	달달 무슨 달	1	2	3.8
12	지구 내부 구조 모형 만들기	1	1	3.8
13	태양의 일주운동	1	1	3.7
14	높은 산에 올라가면 귀가 멍멍해요	2	2	3.4
15	천리안으로 보자	2	3	3.9
16	내가 만든 풍속계	2	2	3.6
17	내 손에 하늘이	2	3	3.8
18	날짜와 시간을 찾아라	3	1	3.2
19	비가 얼마만큼 왔을까	3	2	3.7
	평균			3.7

HASA 교육과정에서 제시하는 세분화된 목표의 설정을 통해 과학활동 개발에 있어 일회적이거나 상황에 따른 활동의 개발이 아닌 구체화된 개발 지침을 제공함으로써 수공적 활동이 강조된 안정되고 균질한 활동 개발에 도움을 줄 수 있을 것이며, 과학활동에 대한 평가의 기본 원칙이나 과학활동을 분류하는 틀로도 활용될 수 있을 것이다.

2 HASA 프로그램 적용(초등)

2.1 인간중심 대안적 과학교육 수업의 전략

인간중심 대안적 과학활동의 가장 큰 특징 2가지는 끊임없이 개선되며 진화한다는 것과 학생들이 직접 수행하는 활동을 강조한다는 점이다. 인간중심 대안적 과학활동은 교사 간의 활발한 상호 교류를 통해 개발되고 개선되는 활동으로서 한번 수업에서 활동되고 나고 끝나는 것이 아니라 수많은 교사와 학생들의 개선 의견이 반영되어 끊임없이 진화하는 활동이며, 또한 기본적으로 모든 학생이 직접 수행할 수 있도록 구성되는 활동이기 때문에 교사와 학생을 열광하게 하는 생명력을 지닌다.

인간중심 대안적 과학교육 수업 전략은 교사와 수업자료로 나누어, 각각을 3가지 측면(과학 자신감, 과학적 태도, 과학에 대한 태도)으로 구분하여 제시하고자 한다.

1. 과학 자신감 측면

구분	교사(수업환경)	수업자료(수업도구)
과학 자신감	1) 그 차시에 관련된 내용에 대한 교사의 경험담을 이야기하고, 학생의 경험담 발표하기 2) 차시와 관련된 흥미 있는 질문 던지기 3) 활동 후 발표할 때 여러 가지 대답을 허용할 수 있는 마음가짐 갖기 4) 일상생활에서 있음직한 문제 사태를 제시	5) 다양한 학습 자료 이용(사진, 동영상, 실물) 6) 놀이(게임이나 퀴즈)를 통한 차시 정리 7) 그 차시와 관련된 신기한 실험 실시

(1) 그 차시에 관련된 내용에 대한 교사의 경험담을 이야기하고, 학생의 경험담 발표하기

학생들은 선생님에 대해서 많은 관심을 가지고 있다. 특히, 선생님의 사생활에 대해서는 더욱더 그렇다. 우리 반 학생들과 수업을 할 때 나의 개인적인 일상생활 이야기를 하면 거의 모든 학생들이 집중해서 듣는 경향이 있다. 따라서 수업을 시작할 때 그 차시에 관련된 내용과 선생님의 일상생활 이야기를 연결하여 제시하면 주의 집중에 효과를 거둘 수 있을 것이다. 그 다음에 학생의 경험담을 발표시키면 나도 선생님과 같은 경험을 했다는 생각에 이번 차시에 대해 좀더 관심을 가지고 수업에 임할 수 있을 것이다.

(2) 차시와 관련된 흥미 있는 질문 던지기

교사가 아이들에게 일방적으로 이야기하는 것은 아이들에게 수동적인 태도를 가지게 하기 쉽다. 아이들에게 차시와 관련된 흥미 있는 질문을 함으로써 그 질문에 대해 능동적으로 생각을 하게 된다. 또한 이 질문이 이번 시간 내용과 관계가 있다는 것을 알게 되면 이번 시간에 배울 내용에 대해서도 호기심을 가지게 되어 학습이 더 성공적으로 이루어질 것이다.

(3) 활동 후 발표할 때 여러 가지 대답을 허용할 수 있는 마음가짐 갖기

학생들이 활동한 후에 발표를 꺼리는 이유 중의 하나가 자기가 발표한 답이 틀리면 어떻게 하나라는 생각 때문이다. 따라서 틀린 대답이 나오더라도 실패감을 주지 않으며 아이들이 올바른 방향으로 과학활동을 해나가도록 이끌어주는 교사의 마음가짐이 중요하다.

(4) 일상생활에서 있음직한 문제 사태를 제시

우리가 살아가는 생활에서도 우리가 배우는 과학 현상을 흔히 만날 수 있다는 것을 알려줌으로써 과학이 일상생활과 동떨어진 것이 아니라는 것을 일깨워야 한다. 그렇게 함으로써 과학에 대해 친숙하게 할 수 있고, 일상생활과 과학을 연관지어 생활하게 할 수 있을 것이다.

(5) 다양한 학습 자료 이용(사진, 동영상, 실물)

수업 주제에 따라 차이는 있겠지만 보통 자료가 없는 수업보다는 자료가 있는 수업에서 아이들은 높은 관심을 나타내고 흥미 있어 한다. 설명으로만 듣는 것보다는 직접 눈으로 보거나 만져 보고, 실제로 체험하는 것을 더 좋아한다. 이렇듯 수업시간에 자료를 활용할 때, 한 가지의 자료가 아니라 수업의 흐름에 적절하게 사진이나, 동영상, 실물이라든지 다양한 자료를 활용한다면 아이들이 훨씬 더 학습에 흥미 있어 할 것이고 학습 효율도 높을 것이다.

(6) 놀이(게임이나 퀴즈)를 통한 차시 정리

퀴즈, 스피드 게임, 스무고개, 크로스 퍼즐 만들기 등과 같은 놀이와 함께 수업을 진행하게 되면 재미있게 즐기는 가운데 학습 활동이 일어나게 된다. 놀이중심 학습에서는 학생들이 편안하고 즐거운 마음으로 학습에 적극적으로 참여하게 되고, 놀이라는 매체를 통하여 학생과 학생, 학생과 교사, 학생과 실세계 간의 상호 작용이 자연스럽게 이루어지면서 학습이 진행된다. 그리고 놀이 과정을 수행하기 위해서는 창의적인 사고활동이 필요하므로 활동 중에 창의성이 개발된다(2002, 한국교육과정평가원 연구개발 자료, 과학수업이 어렵다구요?).

(7) 그 차시와 관련된 신기한 실험 실시

학생들은 계속된 교사의 설명보다는 직접 무엇인가를 보여주거나, 아니면 학생들이 직접 체험을 할 때 주의를 집중하는 경향이 있으며 과학에 대한 흥미를 느낀다. 그래서 계속된 설명보다는 간단하지만 그 차시와 관련된 실험 특히, 학생들이 경험하지 못했던 신기한 실험을 실시함으로써 학생들이 그 차시에 대해 관심을 가지고 학습할 수 있으며, 과학에 대해 호기심을 가질 수 있을 것이다.

2. 과학적 태도 측면

구분	교사(수업환경)	수업자료(수업도구)
과학적 태도	1) 탐구활동 과정에서 차시의 목적에 맞게 효율적으로 발문하기 2) 학생의 수준에 맞는 탐구 수준(관점) 제시 3) 허용적인 분위기 조성하기(너무 엄격한 분위기가 조작활동을 방해하지 않도록) 4) 차시 주제에 대해서 많은 배경 지식 가지고 있기	5) 교과서에 제시된 실험 방법을 보지 않고 직접 실험 설계해 보기 6) 눈에 보이도록 구체적인 조작 활동하기(실험) 7) 토의학습 8) 토론학습 9) 조사학습 10) '왜'에 대해서 생각해 보기 11) 개별학습과 협동학습을 적절하게 구성 12) 멀티미디어를 통한 학습

(1) 탐구활동 과정에서 차시의 목적에 맞게 효과적으로 발문하기

발문은 교사가 학생의 후속 행동을 유도하기 위해서 의도적으로 하는 질문을 의미하며, 질문은 실제로 모르거나 의문이 생겨 묻는 것을 의미한다. 과학과 교수・학습에서 발문을 하는 것은 매우 중요하다. 초등학교 학생은 인지 발달 수준이 낮고 탐구 경험이 적어 자율적으로 탐구하는 것이 어려우므로, 교사가 적절한 발문을 통해 탐구를 안내하는 것이 중요하다(과학과 교사용지도서, 2006). 또한, 그 차시의 목적이 정답을 요구하는 것이면 수렴적 사고 발문을 하고 다양한 사고와 창의성을 요구하는 것이면 발산적 사고 발문, 그리고 의사결정과 판단을 요구하는 것이면 평가적 발문을 주로 활용하도록 한다.

(2) 학생의 수준에 맞는 탐구 수준(관점) 제시

부르너의 발견학습 이론에 의하면, 학생들은 관찰과 실험을 통하여 스스로 새로운 개념을 발견해 가는 학습을 통해서 탐구 기능과 문제 해결력을 터득하게 된다(권재술 외, 1997). 그러나 이것은 오랫동안의 노력, 그리고 풍부한 경험과 지식을 바탕으로 하는 통찰력을 전제로 하는 것이므로, 초등학생들의 관찰을 통하여 스스로 규칙성을 파악할 수 있으리라는 기대는 다소 무리이다. 현재 초등학교 과학 수업에서도 교사의 안내 활동이 이루어지고 있으나, 학생들에게 관찰하는 방법과 관점에 대하여 교사가 보다 적극적으로 보여주거나 가르치는 것이 필요하다(홍미영 외, 2002). 이와 같은 관점에서 본다면 교사에 의해 적절히 조직된 탐구실험학습은 학생들의 과학 탐구력을 향상하는 데 긍정적인 영향을 줄 수 있다. 그러나 오히려 과학 교사가 문제 및 실험 과정을 모두 제시하고, 학생들은 교사가 지시한 대로만 실험을 진행하는 '비 탐구적 실험학습'이 진행될 경우에는 오히려 학습자의 주도적 학습 기회를 박탈하는 부정적 영향을 미칠 수도 있다(김찬종 등, 1999, Herron, 1971). 따라서 학생의 수준이 어느 정도인가를 파악하여 적절하게 탐구관점을 제시해 주는 것이 필요하다.

(3) 허용적인 분위기 조성하기(너무 엄격한 분위기가 조작활동을 방해하지 않도록, 어느 정도 아이들에게 자율권을 부여)

너무 엄격한 분위기 속에서 실험을 하는 학생들은 엄격한 분위기에 의해 실험에 집중할 수 없거나, 정확한 결과가 나와야 혼나지 않을 것 같은 생각에 정확한 결과에 집착하려 할 것이다. 또한 엄격한 분위기는 창의적인 실험계획을 세우는 데 방해요인으로 작용할 수 있다. 따라서 어느 정도 아이들에게 자율권을 부여하여 창의성이 발휘될 수 있는 허용적인 분위기를 조성하도록 교사가 노력해야 한다.

(4) 차시 주제에 대해서 많은 배경 지식 가지고 있기

혹시 그 차시에 지도할 내용에 대해서 잘 알고 있지 않아서 당황했던 적이 없었는가? 교사가 당황하면 학생들은 산만하게 되기 쉽다. 수업이 잘 진행되기 위해서는 우선 교사가 그 차시에 대한 내용을 숙지하고 있어야 한다. 더 나아가 그 주제와 관련된 많은 배경 지식을 가지고 있다면 그 지식이 수업 중에 녹아나올 것이다. 차시 주제에 대해서 많은 배경 지식을 가지고 있는 교사는 수업에 대해 자신감이 생길 것이고, 그 수업을 받은 학생들은 새로운 지식을 접하게 되고 과학에 대한 눈이 넓혀질 것이다.

(5) 교과서에 제시된 실험 방법을 보지 않고 직접 실험 설계해 보기

대부분의 과학수업에서는 교과서에 제시된 실험방법을 보고 아이들이 실험을 하였다. 이때 주의사항도 교사가 알려줌으로써 아이들은 자기가 생각해서 실험방법을 설계해 보는 것이 아니라 그저 주어진 방법을 해보는 것에 그쳤다. 하지만 과학수업이라는 것은 요리책식 수업이 아니라 생각하는 시간을 주어져야 한다. 어떻게 하면 이 과제를 해결할 수 있을지 실험방법을 직접 설계해 보아야 한다. 실험에 실패를 하더라고 실패는 다음의 성공의 어머니가 될 수 있을 것이다. 아이들이 실험방법을 생각해 보는 것은 과학적인 사고를 기르는 데 밑바탕이 될 수 있을 것이다.

(6) 눈에 보이도록 구체적인 조작 활동하기(실험)

초등학생들의 인지적 발달 수준을 고려해 볼 때 직접 만지고 경험하는 활동이 더 의의가 있으므로 실물 관찰이나 실험이 가능할 경우에는 실험 수업을 하는 것이 효과적이다(홍미영 외, 2002). 따라서 추상적인 어떠한 개념도 눈에 보이도록 구체적인 조작활동인 실험을 통해서 학습한다면 개념을 쉽고 정확하게 받아들이고 개념을 오래 지속시킬 가능성이 높아질 것이다.

(7) 구성원 모두가 참여하는 토의학습

과학시간에 어떤 주제에 대해서 토의하는 시간을 주면 학생들은 토의를 했다기보다 가장 그럴듯하게 들리는 한 학생의 주장을 그대로 베끼는 경우가 많다. 이처럼 한 학생이 주도하는 토의보다, 구성원 모두가 참여하는 토의학습이 중요하다. 이를 위해서는 학생 모두가 한마디씩 발언을 해야 한다는 규칙을 정하거나, 어떤 발언에 대해서 허용적인 분위기를 조성하는 것이 중요하다 할 수 있겠다.

(8) 토론학습

과학에서 토론학습이 중요한 이유는 다음과 같다(과학과 교사용지도서, 2006).

- 실제로 과학활동이 이루어지는 현실에서는 개인의 한계를 극복하기 위하여 서로가 역할 분담을 하고 합리적인 조직과 운영, 의사 결정의 과정을 거치게 된다. 이를 위해 토론학습은 필수적이다.
- 과학자들은 자신의 견해 혹은 나 자신이 속한 집단의 견해를 제3자에게 설득하고 반론에 대비해야 한다. 이러한 과정에서 의사소통 능력, 논점과 사태의 흐름을 정확하고 신속하게 파악하고 반대되는 견해의 강점과 약점을 명확하게 이해하는 능력, 사태를 객관적으로 파악할 수 있는 능력이 필요하다.
- 과학의 위대함은 과학이 스스로의 오류 가능성에 대하여 겸손한 태도를 지니고 자체 수정의 기능을 지님으로써 합리적 비판을 수용하고 자신의 정당성을 공개적으로 실증한다는 데 있다. 토론학습을 통해 학생들이 배우게 되는 것은 지식을 절대화하고 지식의 권위에 추종하는 자세가 아니라, 오히려 인간의 지적 가능성을 무한히 열어놓고 인간에게 가능한 오류를 서로 협력하여 미리 극복해 나가는 태도이다.

(9) 조사학습(학생의 수준이나 조사할 내용에 따라 조사방법 안내)

조사 활동은 학생들이 스스로 문제를 찾고 그 문제 해결을 위한 방안을 찾아 적용하며 결과를 얻기 위한 구체적 계획을 세워 그 계획에 따라 자료를 수집, 정리 해석하는 활동을 의미한다. 이 활동에는 학생들이 직접 현장을 답사하여 필요한 자료를 수집하거나, 문헌 연구나 인터넷 전문가 등을 활용하여 정보를 수집하여 보고서를 작성하는 것 등이 포함된다(교육부, 2002).

초등학교 과학 수업에서는 개별 조사활동뿐만 아니라 조별로 역할을 분담하여 조사하는 활동도 자주 활용되고 있으며, 조사한 결과를 발표하거나 전시, 또는 조사 결과를 바탕으로 토론을 실시하거나 보고서로 제출하는 경우가 많다. 이러한 조사활동은 다음과 같은 장점을 가진다.

- 스스로 정보를 찾고 정리하는 과정을 통하여 학습하는 방법과 자기 주도적인 학습 능력을 길러줄 수 있다.
- 학생들을 적극적으로 학습 과정에 참여시킬 수 있으며, 조별 조사활동의 경우에는 협동심을 길러줄 수 있다.

- 교과서를 벗어난 다양한 자료들을 수업에서 활용할 수 있다.

하지만 이러한 조사활동을 활용할 때 어려운 점이 몇 가지 지적되었다. 조사활동 실시에서의 어려운 점과 이에 대한 지도방안을 몇 가지 제시해 보면 다음과 같다.

- 어떤 자료를 어디서 어떻게 찾아야 하는지, 조사 대상, 조사 방법 등 조사 계획을 세우는 것을 어려워하는 학생들이 많다. 그 결과, 조사활동이 과제 학습으로 제시될 경우에는 학부모들이 많은 부담을 느끼고 있다. 초등학생의 경우에는 조사 결과물도 중요하지만 조사하는 방법부터 학습하게 하는 것이 우선적으로 필요하다. 따라서 저학년에서는 교사가 구체적으로 조사 방법에 대해서 안내해 주거나 조사하는 방법을 시범적으로 보여 주는 것이 좋다. 고학년에서는 개별이나 조별로 스스로 조사계획을 세우도록 한 다음 발표하게 함으로써, 자신들이 세운 조사 계획의 단점을 보완하도록 하는 것이 필요하다.
- 학생들이 조사할 수 있는 범위가 제한되어 있어 조사 결과가 거의 동일한 경우가 많다. 그 결과, 학생들의 조사 결과를 바탕으로 발표하거나 토론을 하게 되면 수업이 단순해질 우려가 있다. 이러한 경우에는 학생들의 조사 결과를 이용하여 간단한 게임이나 퀴즈를 실시하여 흥미를 유발할 수도 있다.
- 조사 결과를 이용하여 보고서나 신문 등의 결과물을 제작할 경우에는 제작 방법에 대하여 학생들이 보다 잘 이해할 수 있도록 다른 학급 학생들이나 교사가 미리 제작한 구체적인 결과물을 보여주는 것이 좋다.
- 초등학교 학생들에게 조사활동을 과제 학습으로 제시할 경우, 교사가 어느 정도 조사 대상의 종류나 범위를 안내할 필요가 있다. 조사 대상이 학생 수준에 맞지 않거나 신빙성이 없는 경우가 있는데, 초등학생들은 이를 판단하기 어렵기 때문이다.
- 조사 학습을 나갈 때의 유의점과 준비 사항을 지도하는 것이 필요하다. 예를 들어, 지역 환경 문제에 대한 정보를 수집하기 위하여 관련 기관을 방문할 때 지켜야 할 예절이나 지역 주민을 인터뷰할 질문 목록 등에 대하여 학생들에게 미리 알려줄 필요가 있다(홍미영 외, 2002).

(10) '왜'에 대해서 생각해 보기

어떤 과학수업에서는 교과서에 있는 방법을 요리책 보듯 그대로 행하는 경우가 있다. 왜 그렇게 해야 하는지는 생각하지도 않은 채 말이다. 물론 초등학교 과학 수업에서 학생들은 실험 기구를 처음 다루게 되어 몇 가지 기본이 되는 실험기구의 사용법과 실험 방법을 익히는 것이 중요하다. 그러나 이렇게 학생들이 실험기구를 올바르게 사용하고 실험 방법을 익히는 등의 기능을 습득하는 것도 중요하지만, 과학 기능 훈련이 아닌 과학교육이 되기 위해서는 단지 요리책을 보고 무조건 따라 하듯이 진행되는 실험에서 벗어나서 그것이 왜 올바른 기구 사용방법인지, 그리고 각 기구와 실험 절차가 왜 필요한지 등에 대하여 호기심을 갖고 생각하는 것이 필요하다. 경우에 따라서는 '왜'에 대한 답이 초등 학생들에게 설명하기 복잡할 수도 있지만, 간단하고 이해할 만한 경우도 많다. 그리고 무엇보다도 초등학교 과학 수업을 통해서 탐구력과 창의력을 길러주는 것이 중요하다면 작은 것에서부터 교사는 학생들에게 '왜' 이렇게 하는지에 대해 생각하는 기회를 갖도록 자극해야 할 것이다.

(11) 개별학습과 협동학습을 적절하게 구성

과학에 흥미가 높지 않거나, 과학과 학업 성취능력이 높지 않은 학생들에 있어서 어떠한 문제가 주어졌을 때의 경우를 생각해보자. 주어진 문제의 해결과정이 어느 정도 알려진 경우에는 크게 불안을 느끼지 않지만, 스스로 문제를 찾아 해결하거나 창의적으로 해결과정을 수행해야 하는 상황에는 익숙하지 않으며 불안감을 크게 느낀다. 이것은 조별학습이나 협동학습을 적절하게 구성함으로써 어느 정도 해소시킬 수 있을 것이다.

(12) 멀티미디어를 통한 학습(ICT를 활용한 학습)

ICT를 활용한 교육의 필요성이 강조되면서 현장에서 이를 적용한 연구결과들이 최근 들어 많이 발표되고 있다. 초등학교 4학년 2학기의 3개월 동안 ICT를 활용하여 과학수업을 한 결과, 과학과 학습 성취도가 통제 집단에 비하여 높게 나타났고 과학적 태도에도 긍정적인 영향을 미치는 것으로 나타났는데, 실험 능력의 향상에는 유의미한 영향을 미치지 않았다. 그리고 학생들은 ICT를 활용한 교수·학습 활동을 매우 선호하는 것으로 나타났다(한찬수, 2001).

초등 과학 수업에서 ICT를 활용하게 되면 다양한 정보를 제공할 수 있으므로 학습 동기를 유발하고 학습 경험을 풍부하게 제공할 수 있다. 그리고 실생활과 관련 있는 학습 주제나 정보를 탐색, 분석, 활용하는 과정에 ICT가 적용될 수 있는 학습 주제를 선정함으로써 학생들이 흥미를 갖고 수업에 임하게 할 수 있다. 그런데 과학실험실에서의 학습 경험을 무리하게 ICT로 대체하는 것은 부정적 효과를 미칠 수 있다. 초등학생들의 인지적 발달 수준을 고려해 볼 때, 직접 만지고 경험하는 활동이 더 의의가 있으므로, 실물 관찰이나 실험이 가능할 경우에는 실험수업을 하는 것이 효과적이다. 다만, 여건이 적합하지 않은 실험 내용이거나 현장 학습이 어려운 경우, 또는 다양한 자료가 필요한 경우에는 ICT를 효과적으로 활용할 수 있을 것이다.

별자리 관찰, 행성의 특징, 여러 생물의 특징, 환경 문제, 날씨 등의 학습 주제에 대해서는 ICT 활용 수업이 효과적으로 적용될 수 있다(홍미영 외, 2002).

3. 과학에 대한 태도 측면

구분	교사(수업환경)	수업자료(수업도구)
과학에 대한 태도	1) 국내외 과학자 소개하기 2) 교과서에는 제시되어 있지 않지만 일상생활에서 일어나는 과학 현상을 소개 3) 사회에서 이슈가 되고 있는 과학 현상이나, 과학과 관련된 내용을 소개 4) 차시가 끝나고 나서 배운 내용을 일상생활에서 적용하도록 유도하거나, 일상생활에 적용된 것 찾아보도록 하기	5) 과학과 관련된 주제로 일기 쓰기 6) 과학 행사 관심 가지기 7) 견학 및 탐방학습

(1) 국내외 과학자 소개하기(과학자의 업적중심으로, 다른 교과시간과 연계)

학생들의 꿈을 들어보면 과학자가 되겠다는 학생들은 그리 많지가 않다. 그 이유는 그 학생이 과학에 관심이 적은 경우도 있겠지만, 과학자에 대한 소개가 부족하여 과학자에 대한 정보보다 그 외의 다른 직업의 정보가 많이 노출되어 과학자에 대한 인식 자체가 부족한 경우가 있을 수 있다. 적어도 과학에 관심이 있는데 정보가 부족하여 다른 길을 선택하는 경우는 없어야 한다. 그것의 방안으로 국내외 과학자들을 되도록 많이 소개하여 학생들이 과학자라는 길에 대해 좀더 친숙함을 느끼고 많은 정보를 갖도록 해야 한다. 과학자를 소개하는 것은 과학시간은 물론이고 다른 교과시간과 연계하여 지도할 수 있다. 예를 들어 사회과와 연관 지어 요즘 뉴스에서 많이 나오는 과학자를 소개하는 방법도 있다.

(2) 교과서에는 제시되어 있지 않지만 일상생활에서 일어나는 과학 현상을 소개

과학이라는 것은 우리 일상생활을 장으로 하고 있지만 학생들은 과학이라 함은 일상생활과는 동떨어진 것, 과학자들만이 발견하는 어려운 것으로 생각하고 있다. 이런 학생들에게 교과서에는 제시되어 있지 않더라도 일상생활에서 쉽게 일어날 수 있는 과학 현상을 소개함으로써 과학이라는 것이 일상생활과는 동떨어진 것이 아니라 내 주변에서도 관찰할 수 있는 아주 가까운 것, 친밀한 것이라는 점을 일깨워줄 수 있다. 이를 통해 과학에 대해 항상 관심을 가지고 과학을 즐길 수 있는 토대를 마련해 줄 수 있다.

(3) 사회에서 이슈가 되고 있는 과학 현상이나, 과학과 관련된 내용을 소개

과학에 대한 관심은 과학시간이 끝나면 없어지는 것이면 의미가 없다. 일상생활에서 과학과 연관 지어 생각하려고 하는 태도를 가지게 하는 것이 과학교육의 목표이다. 그러한 관점에서 교사가 사회에서 이슈가 되고 있는 과학 현상이나 과학과 관련된 내용을 소개하는 것은 일상생활과 과학을 연관 지어 생각하는 태도를 가지게 하는 시발점이 될 것이다. 교사가 이러한 것을 소개함으로써, 아이들은 과학에 관심을 가지게 되고, 일상생활에서도 과학과 관련지어 생각하려고 노력할 것이다.

(4) 차시가 끝나고 나서 배운 내용을 일상생활에서 적용하도록 유도하거나, 일상생활에 적용된 것 찾아보도록 하기

과학수업시간이 끝나면 지식을 그대로 보관하기만 할 뿐 일상생활에서 쓰지 않는다면 그 지식은 시험만을 위한 지식일 것이다. 교사는 차시가 끝나고 나서 배운 내용을 일상생활에 적용하도록 유도하여 과학시간과 일상생활 사이에 연관성을 긴밀히 해야 한다. 먼저 교사가 학생들에게 예를 들어 적용한 사례를 제시한 후 이번에는 학생들이 찾아내도록 한다. 이러한 지식은 더 오랫동안 유지될 수 있고, 과학에 대한 긍정적인 태도를 확립하는 데 도움을 줄 수 있다.

(5) 과학과 관련된 주제로 일기 쓰기

과학과 관련된 주제로 일기 쓰기를 함으로써 그 주제에 대해서 한 번 더 생각해보고 자신의 생각을 정리할 수 있는 기회를 가질 수 있다. 이러한 일기 쓰기를 1회에 그치지 않고 꾸준히 지속적으로 한다면, 학생들 자신이 과학에 대한 생각의 변화나 과학에 관련된 주제에 대한 생각 표현에서 어느 정도 발전을 볼 수 있는 기회가 될 것이다.

(6) 과학 행사 관심 가지기

요즘에는 학교 밖에서 다양한 과학 행사들이 이루어지고 있다. 학교 안에서 이뤄지는 과학활동들에는 한계가 있을 수 있다. 이러한 다양한 과학 행사들에 관심을 가짐으로 학교 안에서 충족될 수 없었던 과학활동들을 경험할 수 있고, 이러한 활동들을 통해 과학에 대해 한층 더 관심을 가지고 흥미를 가질 수 있다.

(7) 견학 및 탐방학습

최근 들어 학교에서 제공할 수 없는 자연의 실제 상황, 대규모 고가 장비, 실물 화석, 첨단 과학 기자재 등을 제공할 수 있는 생태 공원, 박물관, 과학관, 자연사 박물관, 수목원, 연구소 등이 늘고 있다. 따라서, 정규 교육과정과 이를 잘 연관시켜 활용하는 것은 학생의 흥미와 참여도를 높이고 학습 효과를 증진시킬 수 있다(과학과 교사용지도서, 2002).

2.2 인간중심 대안적 과학교육 활동 자료 실례

4학년 2학기 4단원에서 8단원까지의 인간중심 대안적 과학교육 학습활동 내용을 소개하고자 한다. 교과서에 있는 활동 중에서 수정을 하지 않아도 인간중심 대안적 과학활동의 특징을 가지는 활동은 생략하였다.

1. 초등학교 4학년 4단원

단원	차시	학습주제	활동
4	1/6	화석 관찰하기	• 실제 화석(암모나이트, 삼엽충, 규화목, 필석, 조개 화석)을 관찰하기
	2/6	화석 모형 만들기	• 알지네이트와 액화수지, 경화제를 이용한 손가락화석 만들기
	3/6	화석이 만들어져 발견되기까지의 과정	• 화석이 만들어져 발견되기까지의 과정을 카드로 만들어 순서 알아보기 • 이쑤시개를 이용한 초코칩 발굴하기
	4/6	화석의 이용	• 화석과 지층의 관계를 알아보고 리듬 붙여 기억하기 • 화석에서 알 수 있는 것 최대한 많이 찾기 게임
	5/6~6/6	공룡에 대해 조사하기	• 공룡과 관련된 책을 가지고 와서 친구들에게 소개하기

이 단원을 학습하는 가장 좋은 방법은 화석의 산출지에서 직접 학습하는 것이다. 직접 야외에 나가는 것이 어려울 경우는 실물 화석을 교사가 준비해 두는 것이 좋다(과학과 교사용지도서, 2002). 이를 염두에 두고 이 단원에서는 실물 화석을 준비하여 수업을 진행하였으며 학생들에게 화석에 대한 흥미를 갖도록 하기 위하여 손가락화석 만들기와 초코칩 발굴하기 등을 실시하였다.

(1) 2차시 활동 자료

내 손가락이랑 모양이 똑같잖아!

– 손가락화석 만들기 –

우리가 박물관에서 관심이 가는 화석을 보았을 때 저것이 내 것이었으면 하는 생각이 들 때가 있지요? 그런 마음을 조금이나마 달래고자 진짜 화석은 아니지만 내가 간직할 수 있는 나만의 화석을 만들어 볼 것입니다. 과연 무엇으로 만들지 기대해 보세요.

이 활동은

이 활동은 주어진 준비물을 가지고 나의 검지손가락과 똑같은 모양의 화석을 만들어보는 활동입니다.

활동 준비물

액화수지, 경화제, 알지네이트, 필름통, 종이컵, 플라스틱컵, 젓개, 철사, 고리, 핸드폰줄

활동 방법

1. 종이컵에 알지네이트 한 봉지와 물 25 mL(필름통 가득 1컵)를 넣고 막대기로 잘 저어줍니다. 재빨리 섞어서 필름통에 붓고 손가락을 넣습니다. 이때 손가락이 필름통 바닥에 닿지 않도록 주의하세요.
   ※ 금방 굳으니까 빨리 섞으세요.
2. 틀이 굳었다 싶으면 손가락을 조심스럽게 빼세요.
3. 경화제와 액화수지를 종이컵에 넣고 막대기로 잘 섞으세요.

(경화제 50 mL와 액화수지 50 mL는 10인 분량입니다. 한꺼번에 섞어서 나누어 사용하면 편리하겠죠?)

4. 손가락 틀에 섞은 용액을 부으세요. (이 용액도 빨리 부으세요. 금방 굳어버리니까요.)
5. 9자 핀을 철사에 끼워 0 부분만 나오도록 담가 놓으세요.
6. 투명했던 용액이 하얗게 변하여 굳으면 손가락화석을 꺼내세요.
7. 고리에 핸드폰 줄을 달면 완성입니다.

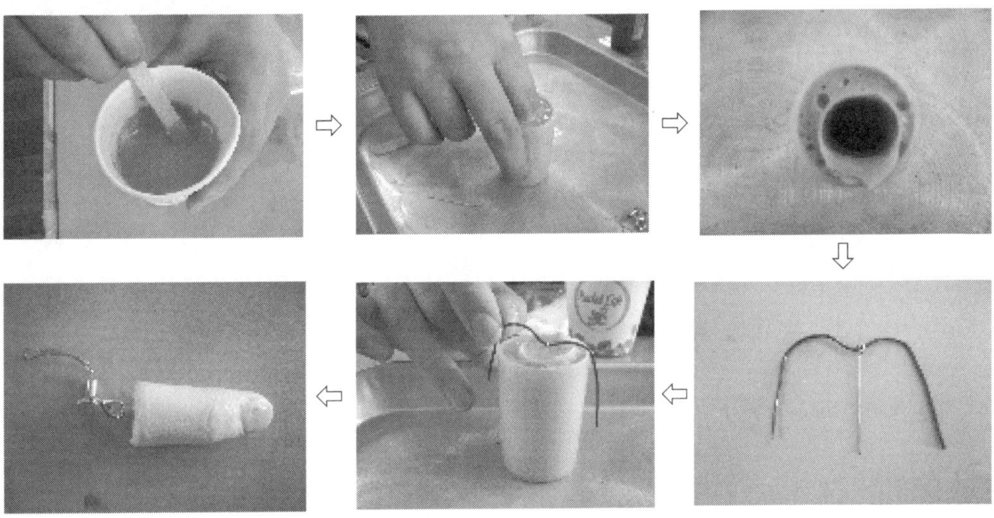

참고 사항

- 지층 속에 있는 패각류와 같은 화석이 지하수에 용해되어 그 화석의 외형과 같은 형태만이 남는 것을 '몰드(mold)'라고 하고, 그 안에 광물이나 다른 퇴적물이 들어가 굳어서 원래의 형태가 그대로 만들어진 것을 '캐스트(cast)'라고 한다.
- 경보화석박물관 : 경상북도 영덕군 남정면 원척리 소재. 국내 최초이자 최대 규모의 화석 전문 박물관(http://www.hwasuk.com/)

생각해 보기

1. 오늘 내가 만든 손가락화석은 몰드인가 캐스트인가?
2. 경화제와 액화수지를 섞은 것 대신 넣을 수 있는 물질은 어떤 것이 있을까?

(2) 3차시 활동 자료

우리도 화석을 발굴할 수 있어요!

– 초코칩 발굴하기 –

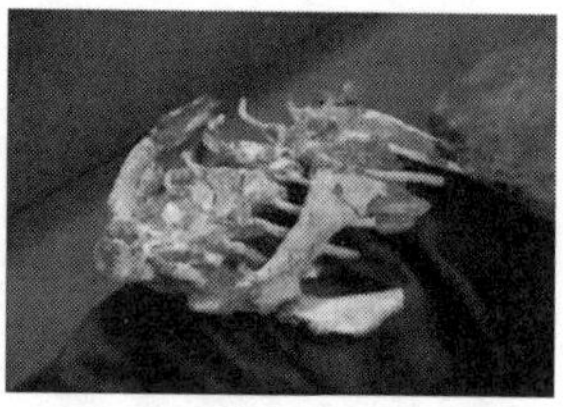

지난 2004년 10월 13일, 뉴스에서 완벽에 가까운 공룡뼈 화석이 우리나라에서 발견되었다고 보도하였어요. 그 화석은 알에서 깨어난 지 1년이 채 안 된, 몸 길이 2미터의 새끼 공룡뼈 화석이에요. 그런데 과연 어떻게 화석을 발굴하였을까요? 우리도 한번 화석을 발굴하여 볼까요?

이 활동은

이 활동은 땅에서 화석을 발견해 내듯 이쑤시개를 사용하여 초코칩 쿠키에서 초코칩을 발굴해 보고 어느 친구가 많은 초코칩을 발굴하였는지 알아보는 활동입니다.

활동 준비물

초코칩 쿠키, 이쑤시개 2개(나무로 된 것), 비닐봉지나 접시(책상에 깔 것)

활동 방법

1. 책상 위에 깨끗한 비닐봉지를 깔거나 접시를 준비합니다.
2. 초코칩 쿠키와 이쑤시개를 준비합니다.
3. 선생님의 '시작' 소리가 나면 초코칩 쿠키에서 초코칩만을 발굴하여 봅시다.
4. 선생님께서 '그만'이라고 하시면 초코칩 발굴을 그만둡니다.
5. 자기가 발굴한 초코칩의 개수를 세어봅니다.
6. 각자 자기가 발굴한 초코칩의 개수를 말해봅시다.

조사해 보세요

1. 자기가 발굴한 초코칩의 개수는 몇 개인가요? [ ] 개
2. 친구들 중에서 가장 많이 발굴한 친구는 누구인가요? [ ]
3. 초코칩 쿠키를 '초코칩 화석'이라고 한다면 초코칩은 무엇에 해당하나요? [ ]
   그러면 쿠키는 무엇에 해당하나요? [ ]
4. 실제 공룡 뼈를 발굴할 때는 어떤 도구를 사용할까요?

역사 속으로

다음은 폼페이 사람들의 화석입니다. 이 화석은 어떻게 이런 모양으로 만들어지게 되었을까요? 이때 폼페이에는 어떤 일이 일어났을까요?

가족과 함께 해보세요

◎ 건포도가 든 빵에서 건포도 발굴하기

2. 초등학교 4학년 5단원

상태 변화가 일어나지 않을 정도의 열에 의한 물체의 부피 변화를 학생의 일상생활에서 경험하는 것은 그리 흔하지 않은 일이다. 일상생활에서 기온에 따라 물체의 부피가 변하는 현상을 찾아내는 것은 세심한 관찰을 요구하기 때문이다(과학과 교사용지도서, 2002). 따라서 이번 단원에서는 실험을 통해 열에 의한 물체의 부피 변화를 관찰하고 일상생활에서 그 예를 찾아보도록 하였다. 그리고 실험을 할 때, 교과서에 나와 있는 방법을 보고 그대로 따라하는 것이 아니라 주어진 준비물을 보고 직접 실험을 설계해 보도록 하였다.

단원	차시	학습주제	활동
5	1/6	열에 의한 금속선의 길이 변화	• 학습목표를 달성하기 위한 실험을 직접 설계하여 실험해보기(금속선의 길이 변화) • 제작한 기구를 이용하여 실험하기(금속선의 길이 변화)
	2/6	열에 의한 금속의 부피 변화	• 주어진 준비물을 가지고 교과서의 방법을 보지 않고 직접 실험을 설계하여 실험해보기(쇠고리와 쇠구슬)
	3/6	열에 의한 물의 부피 변화	• 실험할 때 주의할 점을 알려주고 왜 이런 주의사항을 지켜야 하는지 알아보기
	4/6～5/6	열에 의한 공기의 부피 변화	• 짱구가 왜 오줌을 싸는지 생각해 보기(짱구인형) • 주어진 준비물을 보고 직접 실험 설계하기(풍선 달린 PET병) • 왜 색소물이 올라갈까?(손으로 잡으면 액체가 위로 올라가는 유리병)
	6/6	우리 생활에서 열에 의한 물체의 부피 변화를 이용한 예	• 열에 의한 물체의 부피 변화의 예를 이용한 게임하기

3. 초등학교 4학년 6단원

학생들은 일상생활에서 여러 가지 놀이 기구 등을 통해 용수철을 이미 사용하고 있으므로 용수철의 성질을 자연스럽게 터득하고 있다(과학과 교사용지도서, 2002). 이 단원에서는 용수철이 사용된 여러 가지 도구를 직접 사용해 봄으로써 용수철의 성질을 알게 하도록 하였다.

단원	차시	학습주제	활동
6	1/5	용수철을 어디에 이용하는지 알아보기	• 용수철을 이용한 도구 찾아서 가지고 오기 (생활 속의 물건들을 직접 관찰하기) • 용수철을 이용한 도구에서 용수철의 역할을 알아내고, 용수철의 역할을 설명하는 스피드 게임하기
	2/5	용수철을 이용한 장난감 만들기	• 용수철 장난감 만들기(세트를 구매하지 않고, 철사로 용수철을 직접 만들어 장난감 만들기 — 만들고 난 다음 자기 장난감에 대해 설명하고 친구의 장난감 감상하기)
	3/5	용수철 길이의 변화에 대하여 알아보기	• 추의 개수에 따른 용수철의 길이를 예상하고 토의를 통해 역할 분담하여 실험하기
	4/5	용수철의 성질을 이용하여 저울 만들기	• 용수철저울 만들기(세트를 구매하지 않고 용수철저울 만들기 : 용수철은 제공해 줌)
	5/5	여러 가지 저울의 종류와 쓰임새	• 불러주는 물체를 잴 때 가장 적합한 저울을 그림 카드에서 찾아 빨리 잡기 게임(짝 활동) • 탄성의 성질을 이해하고 탱탱볼 만들기

4. 초등학교 4학년 7단원

물을 가열하거나 냉각시킬 때의 상태 변화는 일상생활에서 흔히 경험할 수 있는 현상이지만, 학생들이 상태 변화의 개념을 습득하기는 어려울 것이다(과학과 교사용 지도서, 2002). 이에 이 단원에서는 학생들이 직접 주제와 관련된 다양한 활동을 해 봄으로써 학생들의 상태 변화의 개념 습득에 도움이 되도록 하였다.

단원	차시	학습주제	활동
7	1/6~2/6	물을 가열할 때의 온도 변화와 상태 변화	• 물질의 세 가지 상태에 대해서 게임을 통해 알아본 다음, 물을 가열하는 실험을 통해 온도 변화와 상태 변화 알기
	3/6~4/6	물을 냉각할 때의 온도 변화와 상태 변화	• 얼음과 탄산음료, 소금을 이용하여 슬러시 만들기
	5/6	물이 얼 때의 부피 변화	• 물을 얼려 물의 부피 변화 관찰하기 (직접 가정에서 실험한 다음, 학급 홈페이지에 사진 올리도록) • 얼음 가라앉혔다 띄우기 실험하기

	6/6	물을 아껴 쓰는 지혜	• 조별로 각 장소에서 물 절약하는 방법 찾기(각 조에서 하나씩 최고의 실천 방안 뽑아 체크리스트 만들어 실천하기) • 물 절약 아이디어 상품 보여주기(TV)

5. 초등학교 4학년 8단원

이 단원에서는 열의 이동을 전도, 대류, 복사로 나누어 학습하도록 전개하였으나, 실제로 열은 두 가지 이상의 방법을 병행하여 이동하므로 예를 들 때에 주의하여야 한다. 학생들이 열의 이동방법을 조금 더 잘 이해하도록 게임을 도입하였다.

단원	차시	학습주제	활동
8	1/7	열을 얻는 경우와 잃는 경우	• 열 사탕 주기 놀이(악수하여 손이 뜨거운 사람이 차가운 사람에게 사탕 한 개 주기) • 열의 이동에 대한 규칙성을 스스로 찾아보기
	2/7	고체에서 열의 이동	• 여러 가지 숟가락의 열의 이동속도 알아보는 실험 중계하기 • 고체에서 열이 이동하는 방법을 이용하여 사탕 옮기기 게임
	3/7	물에서 열의 이동	• 실험방법을 알아본 다음, 톱밥 대신 물의 움직임을 잘 나타낼 수 있는 물질 찾아본 뒤 물에 톱밥을 넣고 가열하여 톱밥의 움직임 관찰하기 • 물에서의 열이 이동하는 방법을 이용하여 사탕 전달하기 게임
	4/7	공기에서 열의 이동	• 다양한 바람개비를 직접 만들어 공기에서 열의 이동 관찰하기
	5/7	빛과 열의 이동	• 복사에 의한 물 데우기 실험 장치 꾸며 실험하고, 왜 그런 결과가 나오게 되었는지 생각해보고 발표해보기 • 햇빛, 돋보기를 이용하여 흰색 도화지와 검은색 도화지 중 어느 것이 더 잘 타는지 태워보기
	6/7~7/7	보온병 만들기	• 보온병 만들기 대회(조별로 직접 설계하고 만들어 물의 온도 재어 보기)

2.3 인간중심 대안적 과학교육 수업의 실례

1. 초등학교 4학년 4단원

차시	학습주제	수업전략	활동
1/6	화석 관찰하기	①-5 ②-3	• 실제 화석(암모나이트, 삼엽충, 규화목, 필석, 조개 화석)을 관찰하기
2/6	화석 모형 만들기	②-6 ③-4	• 알지네이트와 액화수지, 경화제를 이용한 손가락화석 만들기
3/6	화석이 만들어져 발견되기까지의 과정	②-1 ②-6 ③-3	• 화석이 만들어져 발견되기까지의 과정을 카드로 만들어 순서 알아보기 • 이쑤시개를 이용한 초코칩 발굴하기
4/6	화석의 이용	②-4 ②-11 ③-4	• 화석과 지층의 관계를 알아보고 리듬 붙여 기억하기 • 화석에서 알 수 있는 것 최대한 많이 찾기 게임
5/6~6/6	공룡에 대하여 조사하기	①-5 ③-3	• 공룡과 관련된 책을 가지고 와서 친구들에게 소개하기

*수업 전략을 나타내는 기호는 앞의 수업 전략 부분에서 사용된 기호와 동일

(1) 1차시 수업 지도안

단원	4. 화석을 찾아서		차시	1/6
학습 목표	• 동물 화석과 식물 화석을 구분할 수 있다. • 화석의 정의를 이해하고, 화석과 화석이 아닌 것을 구분할 수 있다.			
주제	화석 관찰하기	학습 자료	쥬라기공원2 동영상, 실물 화석, 화석 사진자료, 실물 화상기	
단계	교수학습과정			
탐색 용어 도입 적용	◎ 분위기 조성하기 • 지금 선생님이 영화의 한 장면을 보여줄 것입니다. 과연 이 영화의 제목이 무엇일까요? 먼저 한 장면의 소리를 들려주도록 하겠습니다. 소리를 잘 들으면 힌트를 얻을 수 있을 것입니다.(쥬라기공원2 동영상의 소리 들려주기) • 잘 들었나요? 어떤 영화의 한 장면이었을까요?			

탐색 용어 도입 적용	(쥬라기공원이라고 하면 틀림, 쥬라기공원2라고 해야 맞음 : 재미의 요소를 첨가한 것임) • 자, 그러면 같이 볼까요?(쥬라기공원2 동영상 같이 보기) • 쥬라기공원2는 무엇을 소재한 영화인가요? – 공룡 • 네 맞아요. 이 영화는 공룡을 소재로 한 영화인데요. 공룡은 2억 3000만 년 전에서 1억 8000만 년 전까지 약 5000년간 살다가 멸종된 동물이에요. • 여기에 여러 공룡이 나오는데 여러분이 가장 인상 깊었던 공룡은 무엇인가요? 어떻게 생겼죠? – 대답함 • 그런데 여러분 중에서 공룡을 실제로 본 사람이 있나요? 그리고 이 세상에 살고 있는 사람들 중에서 공룡을 실제로 본 사람이 있을까요? – 대답 • 지금 살고 있는 사람들 중에서는 공룡은 본 사람이 아무도 없는데 사람들은 어떻게 공룡의 모습을 나타낼 수 있었을까? – 대답(자유롭게 대답하도록 한다. 만약 답이 나오지 않는다면 이번 시간에 알 수 있음을 말해준다.) • 이번 단원에서 배울 것이 공룡과 같이 우리가 볼 수 없었던 아주 옛날 생물의 모습을 알 수 있게 하는 하나의 중요한 힌트를 주는 것이에요. • 이번 단원의 제목이 무엇입니까? – 화석을 찾아서 • 맞아요. 그러면 이번 시간에는 먼저 무엇을 해야 할까요? (생각하는 여유를 주고, 화석이 무엇인지 알아보아야 한다는 말이 나오도록 유도함) ◎ 학습목표 알아보기 • 학습목표를 알아볼까요? – 화석의 정의를 이해하고, 화석과 화석이 아닌 것을 구분할 수 있다. – 동물 화석과 식물 화석을 구분할 수 있다. ◎ 여러 가지 화석 관찰 및 그리기 • 이제부터 선생님이 아주 귀한 것을 여러분에게 보여 줄 것입니다. 흔히 볼 수 있는 것이 아닙니다. 선생님도 여태껏 책에서만 봤는데 직접 보니까 신기했습니다. 짜잔~ 화석입니다. 진짜 화석입니다. 어제 선생님이 교수님께 빌려온 것이에요. 귀중한 것이기 때문에 소중하게 다뤄야겠죠? 그럼 하나씩 살펴볼까요? • 하나씩 살펴볼 때 이 생물이 살았을 때 어떠한 모습이었을지 상상하면서 관찰해보세요.(우선 실물화상기로 같이 보며 각 화석의 이름이 무엇일지 생각하게 한 다음 말해준다.) • 이제 조별로 하나씩을 줄 테니 지금은 화석이 된 생물이 살아 있을 때의 모습은 어떠했을지 그려보세요. • 다 그려봤으면 나와서 자신의 그림을 친구들에게 보여주는 시간을 갖도록 하겠습니다. (몇 명의 학생이 나와서 그림 보여주기) • 이렇게 돌에 있는 흔적을 보고 우리가 살아 있을 때의 모습을 상상해 보았습니다.

탐색 용어 도입 적용	아까 보았던 공룡의 모습도 그냥 단순한 상상에 의한 것이 아니라 이러한 화석을 통해서 알 수 있었을 것입니다. ◎ 화석에 대해 정의하기 • 우리가 여태까지 화석도 보고 화석의 생물이 살아 있을 때의 모습을 상상하여 그리기도 해봤어요. 그렇다면 화석이란 과연 무엇일까요? 어떤 것을 화석이라고 부를까요? 우리가 수학시간에 평행사변형이란 어떤 것이라고 했죠? - 마주 보는 두 쌍의 변이 평행한 사각형을 평행사변형이라고 했죠? 맞아요. 그럼 '화석이란?'이라고 물어봤을 때 여러분은 어떻게 대답할 것인가요? 여러분들 나름의 생각을 적어보세요.(적어 보게 하면서 너무 아이들이 헤매고 있으면 힌트를 준다. 예를 들어 우리가 봤던 화석들이 다 생물이었다는 것, 화석이라는 말에서 돌 석이 들어간다는 것 등) • 여러분들이 화석에 대해서 정의한 것을 발표해보도록 하겠습니다.(칠판에 적는다. 그리고 꼭 필요한 부분이 하나라도 있으면 그 부분에 동그라미를 치고 칭찬한다.) • 그러면 같이 화석에 대해서 정리해보도록 하겠습니다. 화석이란 '오랜 옛날 살았던 생물의 몸체나 흔적이 지층 속에 남아 있는 것, 옛날에 살았던 동물, 식물이 죽어서 암석 속에 그대로 남아 있는 것'입니다. ◎ 동물 화석과 식물 화석으로 분류하기 • 이제 선생님이 아까 보여주었던 화석을 두 묶음으로 나눠 볼 것입니다.(동물 화석과 식물 화석으로 분류함) • 선생님이 어떠한 기준으로 나눴을까요? 이 묶음의 공통점을 찾아볼까요? 네. 모두 동물이라는 점이에요. 이렇게 옛날에 살았던 동물에 의한 흔적이 동물 화석이에요. 그럼 또 다른 묶음은 무슨 화석일까? 네. 식물 화석입니다. 식물에 의한 흔적은 식물 화석입니다. • 여러분들은 과학책 36, 37쪽에 있는 그림을 가지고 실험관찰 23쪽의 동물 화석과 식물 화석으로 구분해보세요. ◎ 화석 분류하기 • 실험관찰 24쪽을 보고 각각의 것이 화석인지 아닌지를 구분하여보고 그렇게 생각한 이유도 적어보세요. • 발표하기(발표하고 난 다음 정리하여준다.) • 자기 평가하기 • 문제 내기
평가	화석이 무엇인지를 알고 있는지 평가한다.

(2) 2차시 수업 지도안

<table>
<tr><td>단원</td><td>4. 화석을 찾아서</td><td>차시</td><td colspan="2">2/6</td></tr>
<tr><td>학습
목표</td><td colspan="4">• 화석 모형을 만들 수 있다.
• 화석이 어떻게 만들어지는지 설명할 수 있다.</td></tr>
<tr><td>주제</td><td>화석 모형 만들기</td><td>학습
자료</td><td colspan="2">조개, 솔방울, 찰흙, 손가락화석 만들기 재료(1인용씩 묶여 있음), 나의 생각종이, 활동지</td></tr>
<tr><td>단계</td><td colspan="4">교수학습과정</td></tr>
<tr><td>도입</td><td colspan="4">◎ 분위기 조성하기
• 우리가 지난 시간에 무엇을 배웠지요? – 화석
• 네. 그러면 화석이란 무엇인지도 말할 수 있겠네요? 옆 짝에게 "화석이란 이런 것이야."라고 설명해주세요 – 설명하기
• 지난 시간에 선생님이 보여주었던 실물 화석을 어제 교수님께 반납을 했어요. 그런데 무척이나 아쉬웠습니다. 솔직히 저것이 내 것이었으면 하는 생각도 들었습니다. 여러분은 그런 생각 안 해봤나요? 그래서 어제 4단원 첫 번째 수업을 끝내고 나서 진짜 화석은 아니지만 내가 간직할 수 있는 나만의 화석을 만들고 싶었어요. 어제 선생님만의 화석을 만들어보았습니다. 짜잔~ 선생님만의 화석이에요. 여기서 퀴즈!~ 이것은 과연 무엇으로 만든 화석일까요? – 대답
네, 오늘은 이것처럼 여러분들도 여러분들만의 화석을 만들어 볼 것입니다.
• 그러면 오늘 배울 학습목표를 알아보겠습니다.

◎ 학습목표 알아보기
– 화석 모형을 만들 수 있다.
– 화석이 어떻게 만들어지는지 설명할 수 있다.
• 이번 시간에는 화석 모형을 만들어 보고, 만들어 보는 것으로만 그치는 것이 아니라, 모형 화석을 만들어 봄으로써 진짜 화석이 어떻게 만들어지는지도 알아볼 것입니다.</td></tr>
<tr><td>전개</td><td colspan="4">◎ 화석 모형 만들기
• 먼저 화석 모형을 만드는 방법부터 알아보도록 하겠습니다. 교과서 38쪽을 펴세요. 교과서에 나와 있는 방법을 살펴볼 때, 각각의 것들이 실제 화석에서 무엇에 해당하는지 생각해보세요.
• 화석 모형을 만드는 방법 알아보기
• 이제 여러분들이 준비한 것들을 올려놓고 화석 모형을 만들어보도록 하겠습니다. – (만들기) : 시간 여유가 된다면 몇몇 아이들의 작품을 보여주는 것도 좋을 듯.
• 아까 선생님이 화석 모형을 만들 때, 각각의 것들이 실제 화석에서 무엇을 나타내는</td></tr>
</table>

지 생각하면서 만들어보라고 했죠? 자~ 누구의 것을 예로 들까? 지섭이 꺼 한번 가지고 와볼래요? 여기에 지섭이가 만든 화석 모형이 있어요. 또, 찰흙 판이 있고, 화석 모형을 만들었던 솔방울도 있습니다. 그렇다면 이 각각은 실제 화석에서 무엇에 해당하는지 한번 생각해 보세요. 생각해 보았으면 짝과 의논해 보세요. "나는 이렇게 생각했는데 너는 어떠니?"처럼.

- 같이 볼까요? 찰흙 반대기는 무엇에 해당하죠? – 지층. 조개와 솔방울은? – 옛날에 살았던 생물. 찰흙 반대기에 남은 조개와 솔방울의 흔적은? – 화석.

◎ 화석 모형과 실제 화석 비교하기

- 우리가 지금까지 모형 화석을 만들었는데 실제 화석과 어떤 점이 같고 다른지를 비교해보겠습니다. 선생님이 보여주는 자료를 보고 모형 화석과 실제 화석의 같은 점과 다른 점이 무엇이 있는지 조별로 토의해 보세요. – 토의
- 많은 이야기를 나누었죠? 그러면 선생님이 두 장의 종이를 주겠습니다. 같은 점과 다른 점 하나씩 적어보세요.
- 각 조에서 써낸 것 들 중에 진짜 잘한 것들이 많네요. 같이 살펴보겠습니다.

◎ 화석이 되기 위한 조건

- 자 지금 보여주는 것은 어제 선생님이 만든 모형 화석입니다. 어제 2종류를 만들었거든요. 보세요. – 흔적이 남아 있지 않아요.

  그래요. 선생님이 무엇으로 모형 화석을 만들었냐면 귤 알맹이를 가지고 만들었어요. 그랬더니 이렇게 나왔습니다. 모든 생물이 화석으로 남지는 않는 것 같지요? 그러면 생물이 화석으로 남기 위한 조건은 어떤 것이 있을까요? – 발표
- 그래요 많은 것들이 있지만 이 두 가지 조건은 꼭 갖추어야 해요.

  하나는 생물체가 단단한 부분을 가지고 있어야 하고, 죽은 후 다른 생물의 먹이가 되거나 썩기 전에 빨리 묻혀서 공기와 차단되어야 합니다.
- 그렇다면 우리가 보는 실제 화석들은 대단한 관문을 거쳐서 보는 것들입니다.

◎ 심화 – 손가락화석 만들기

- 이번에는 어제 선생님이 특별히 준비한 것이 있는데, 바로 손가락화석 만들기입니다.
- 준비물은 알지네이트, 액화수지, 경화제, 젓개, 구리서 9자 고리, 필름 통, 종이컵, 핸드폰 고리(준비물을 알려주면서 재료에 대한 설명도 간단하게 한다.)
- 그럼 실험방법을 알려주겠습니다(실험방법 소개).

  (만들기) : 실험방법에 따라 아이들이 만든다.

정리

◎ 정리하기

- 지금까지 모형 화석을 만들어보았고, 또 실제 화석과 모형 화석을 비교해 보았어요. 그리고 화석이 되기 위한 조건을 알아보았습니다. 또 하나 손가락화석도 알아보았습

	니다. 오늘은 집에 가서 우리 주변에 있는 생물 중에서 어떤 것들을 모형 화석으로 만들 수 있을지 생각해보세요. • 자기 평가하기
평가	화석 모형을 만들어 보고, 화석이 만들어지는 과정을 이해하고 있는지를 평가한다.

(3) 3차시 수업 지도안

단원	4. 화석을 찾아서		차시	3/6
학습 목표	• 화석이 만들어져 발견되기까지의 과정을 설명할 수 있다.			
주제	화석이 만들어져 발견되기까지의 과정	학습 자료	이쑤시개, 초코칩 쿠키, 화석이 만들어지는 과정이 그려진 그림 카드, 화석이 만들어지는 과정이 설명되어 있는 설명카드, 색연필, 사인펜, 펀치, 펀치고리, 풀	
단계	교수학습과정			
도입	◎ 분위기 조성하기 • 요즘 우리가 화석을 배우고 있어서 선생님도 화석에 대해서 궁금증이 많이 생기고 관심도 많이 가더라고요. 문득 어제는 '과연 최초의 화석은 무엇일까?' 궁금증이 생겼어요. 그래서 인터넷을 이용했죠. 그런데 참 재미있는 기사가 있었어요. 2006년 5월 9일자에 우리나라 고성군에서 3월 26일에 1억 년 전 공룡피부화석을 발견했다는 기사가 있었어요. 이 화석은 '2006 경남고성 공룡세계엑스포'가 열리는 경남 하이면 덕명리 고성공룡박물관 앞 도로 선형개량공사장에서 발견되었다고 해요. 이곳은 천연기념물411호로 지정되어 있는 '고성 덕명리의 공룡 및 새발자국 화석산지'에서 100 m가량 떨어져 있대요. 문화재청 감정위원 겸 경상남도 문화재위원인 서승조 진주교대 교수는 "현지조사 결과 공룡 발등 부분의 피부 인상(印象) 화석이 분명하다."라고 말했어요. 그리고 "지금까지 고성은 물론 우리나라에서 공룡피부화석이 발견된 적이 없는데 이번이 처음으로 대단히 중요한 가치가 있다."라고 말씀하셨어요. 또, 앞으로 그 지역에서 이와 비슷한 화석이 나올 가능성이 높다면서 "앞으로 나오는 공룡화석들을 모으면 한반도 공룡역사를 구체적으로 정리하는 데 많은 도움이 될 것"이라고 했어요. 가까이 우리나라에도 공룡의 흔적이 있다니 너무 신기했어요. 상상을 해보세요. 우리나라가 예전에는 공룡들이 있었던 곳이라니, 한편으로 선생님은 그런 화석들이 어떻게 만들어져서 발견되었을까 궁금했어요. 바로 오늘 이번 시간을 통해서 그 궁금증을 풀 수 있게 되었어요. • 그럼 이번 시간 공부하게 될 학습목표를 같이 볼까요?			

전개	◎ 학습목표 알아보기 - 화석이 만들어져 발견되기까지의 과정을 설명할 수 있다. ◎ '화석이 만들어져 발견되기까지의 과정'을 카드로 만들기 1. 화석이 만들어지는 과정이 그려진 그림카드 1묶음과 화석이 만들어지는 과정이 설명되어 있는 설명카드 1묶음을 받는다. 2. 화석이 만들어지는 과정이 그려진 그림카드에 색연필과 사인펜으로 간단하게 색칠을 한다. 3. 화석이 만들어지는 과정을 생각해보고, 화석이 만들어져 발견되기까지의 순서대로 그림카드를 나열한다. 4. 각 그림카드의 뒷면에 각 그림카드에 알맞은 설명카드를 찾아 풀로 붙인다. 5. 각 그림카드와 설명카드를 맞게 붙였는지 확인하고, 순서 또한 바르게 하였는지 확인한다. 6. 붙여진 설명카드를 참고로 하여 6개의 그림카드가 하나의 이야기로 완성이 되도록 각 그림카드의 뒷면 공간에 이야기를 만든다. 예) 물속에 조개나 물고기와 같은 생물이 살고 있습니다. → 옛날 바닷속에 아주 마음씨 착한 고래가 살고 있었습니다. 7. 6개의 그림카드가 하나의 이야기로 완성이 되면 그림카드를 순서대로 모아 펀치로 뚫어 고리로 연결한다. 8. 짝에게 자기가 지은 이야기를 들려준다. • 자 모두들 다 해봤나요? 그러면 지금부터 다 같이 순서를 알아보겠습니다.
정리	◎ 초코칩 발굴하기 • 자 이제 실제로 화석을 발굴해 보도록 하겠습니다. 오늘의 화석은 초코칩 화석! 선생님이 준비한 초코칩 쿠키입니다. 그러면 여기에서 우리가 어제 배웠던 것을 기억할 수 있겠죠? 초코칩 쿠키가 초코칩 화석이라고 한다면 초코칩은 무엇에 해당하죠? - 대답. 쿠키는요? - 대답 그래서 지금 고생물학자가 지층 속에서 화석을 발굴하는 것처럼 초코칩 과자 속에서 초코칩을 발굴할 것이에요. 어떤 뼈도 부러뜨리거나 손상시키지 않고 발굴할 수 있도록 조심하도록 합니다. 발굴 순서는 생각종이에 나와 있어요. 같이 읽어볼까요? • 이번 시간에 화석이 만들어져 발견되기까지의 과정을 공부하고 실제로 화석을 발굴해보았어요. 항상 화석에 대해서 관심을 가지고 있으면 여러분이 화석을 발굴할 수 있을 것입니다. • 자기 평가하기
평가	생물이 땅에 묻혀 화석으로 발견되기까지의 과정을 이해하고 있는지 평가한다.

(4) 4차시 수업 지도안

<table>
<tr><td>단원</td><td>4. 화석을 찾아서</td><td>차시</td><td>4/6</td></tr>
<tr><td>학습 목표</td><td colspan="3">• 과학자들이 화석을 어떻게 이용하는지 설명할 수 있다.
• 화석이 우리 생활에 어떻게 이용되는지 설명할 수 있다.</td></tr>
<tr><td>주제</td><td>화석의 이용</td><td>학습 자료</td><td>화석사진, 나의 생각종이</td></tr>
<tr><td>단계</td><td colspan="3">교수학습과정</td></tr>
<tr><td>도입</td><td colspan="3">◎ 분위기 조성하기
• 선생님이 지금 보여주고 있는 사진은 메조사우루스입니다. 이것은 아주 오래전인 3억 년 전에 살았던 생물입니다. 이 생물은 육지의 호수나 강에서만 살 수 있었어요. 그런데 이 화석은 지금 아프리카와 남아메리카에서 볼 수 있습니다. 다른 대륙에서는 발견되지 않았거든요. 그럼 퀴즈를 하나 낼게요. 이것은 바다에서는 살 수 없어요. 즉 민물에 살던 생물이에요. 그래서 바다를 건너 다른 대륙으로는 갈 수 없었는데 어떻게 그렇게 멀리 떨어져 있는 남아메리카와 아프리카에서 발견될 수 있었을까요? – 발표
• 이 메조사우루스 화석을 통해서 과학자들은 중요한 하나의 학설을 세우게 됩니다. 그것은 바로 옛날엔 지구가 하나의 땅이었다는 학설입니다. 지금은 6개의 큰 대륙으로 나누어져 있는데 지금으로부터 약 3억 년 전의 지구는 하나의 땅덩어리였다는 것이죠. 이렇게 하나의 화석이 과학자들에게 중요한 정보를 줄 수도 있습니다.
오늘은 이와 같이 과학자들이 화석을 어떻게 이용하는데, 즉 화석을 통해서 어떤 것을 알 수 있는지 알아보도록 하겠습니다. 또한 화석이 우리 생활에 어떻게 이용되는지도 알아보도록 하겠습니다.
• 그럼 학습목표를 다같이 보도록 하겠습니다.

◎ 학습목표 알아보기
– 과학자들이 화석을 어떻게 이용하는지 설명할 수 있다.
– 화석이 우리 생활에 어떻게 이용되는지 설명할 수 있다.</td></tr>
<tr><td>전개</td><td colspan="3">◎ 화석과 지층의 관계 알아보기
• 자 지금부터 여러분들이 과학자가 되어서 화석을 어떻게 이용하는지 알아보도록 하겠습니다. 우리가 3단원에서 지층을 배웠죠? 화석은 어디에 묻혀 있죠? – 지층
그래서 지층과 화석은 아주 밀접한 관계가 있어요. 그 관계에 대해서 먼저 알아보겠습니다. 실험관찰 41쪽을 펴보세요. 거기에 보면 지층에 화석이 묻혀 있는 그림이 있죠? 선생님이 각 지층에 번호를 붙여볼게요. ①번부터 ⑥번까지, 가장 밑에 있는 것이 ⑥번, 그 위에 있는 것이 ⑤번. 자 여기에 리듬을 붙여봅시다. ⑥번 위에 ⑤번 ⑤번 위에 ④번 ④번 위에 ③번……. 아주 잘했습니다. 그럼 이것을 한 번 하고 나서 선</td></tr>
</table>

생님의 질문에 대답하세요.(한 번 하기) 가장 먼저 쌓인 지층은? – ⑥번, 가장 나중에 쌓인 지층은? – ①번. 그 이유는?

- 이제 지층에 묻혀진 화석을 알아볼까요? 여기에 나와 있는 화석은 무엇인가요? – 조개, 불가사리, 물고기, 은행잎
- 그럼 똑같이 리듬을 붙입니다. 가장 밑에 있는 화석은? – 없어요. 그 다음은 조개, 불가사리……(한 번 하기) 화석 중에서 가장 먼저 만들어진 화석은? – 없어요.(없어요가 화석입니까?) 그럼 답은 조개, 불가사리

  그래서 지층이 쌓은 순서는 ⑥⑤④③②① 화석이 만들어진 순서는 조개, 불가사리 → 물고기화석 → 나뭇잎 화석

  이것을 통해서 알 수 있는 것은? 지층이 만들어진 순서와 그 지층에서 발견되는 화석이 만들어진 순서는 같다.
- 여러분들은 아주 중요한 것을 알고 있어요. 지층이 만들어진 순서와 그 지층에서 발견되는 화석이 만들어진 순서는 같다. 그러면 이것을 이용해서 실관 41쪽 밑의 그림을 보세요. 같은 시대에 쌓인 지층끼리 짝지어 연결해보는 것입니다.
- 같은 시기에 만들어진 지층끼리 연결할 때 무엇을 이용하였나요? – 화석
- 화석을 통해서 알 수 있는 것은 무엇인가요? – 멀리 떨어진 두 곳의 지층이 쌓인 순서
- 지금까지 화석을 이용하여 멀리 떨어진 두 곳의 지층이 쌓인 순서를 알아봤어요.

◎ 화석을 통해 알 수 있는 것 알아보기

- 선생님이 각 조별로 화석 사진 1장씩을 나누어 줄 것입니다. 각각의 사진은 그 조에서 발굴한 화석입니다. 그 발굴한 화석을 통해 알 수 있는 것을 최대한 많이 적으세요. 시간은 5분입니다.
- ( )조 다 나와서 발표해 보세요.

  (각 조에서 발표한 내용의 공통점을 찾아 정리한다.)
- 우리는 화석을 통해서 과거에 살았던 생물의 모습을 알 수 있고. 과거에 살았던 생물의 생활 모습도 알 수 있어요. 또한 과거에 그 지역의 자연 환경에 대해서도 알 수 있습니다. 이렇게 화석은 우리에게 중요한 학술적인 의미가 있어요. 그런데 학술적인 의미뿐만 아니라 우리 생활에도 아주 밀접하게 이용되고 있답니다.

정리

◎ 우리 생활에서의 화석의 이용 알아보기

- 자, 혹시 화석이 우리 생활에 어떻게 이용되고 있는지 알고 있는 사람 있어요? – 석탄과 석유
- 네, 가장 대표적인 것이 석탄과 석유입니다.(석탄과 석유 설명)
- 그럼 석탄과 석유가 어디에 쓰이는지 자유롭게 발표해보세요. – 발표. 그런데 선생님이 이것을 공부하면서 안 놀라운 사실은 석유로 화학조미료도 만든다는 사실입니다.
- 오늘 화석이 어떻게 이용되고 있는지를 배웠습니다. 우리가 생각하는 것보다 화석은 우리 생활 깊숙이 그리고 가까이 와 있어요. 오늘 집에 가서 우리 집에 화석과 관련

	된 것이 무엇이 있나 한번 찾아보세요. • 자기평가
평가	화석이 과학적으로 어떻게 이용되는지와 우리 생활에 어떻게 활용되는지에 대해 알고 있는 것을 평가한다.

(5) 5~6차시 수업 지도안

단원	4. 화석을 찾아서		차시	5-6/6
학습목표	• 공룡에 대한 책을 읽고 새로 알게 된 것을 소개할 수 있다.			
주제	공룡에 대한 것 알기	학습자료	동영상, 공룡에 관련된 책	
단계	교수학습과정			
도입	◎ 분위기 조성하기 • 선생님이 어제 공룡에 관한 것을 찾아보다가 아주 흥미로운 공룡 멸종설을 보았어요. 이걸 보면서 '정말 그런가?' 하는 생각도 해봤는데요. 그것이 무엇인지 같이 보도록 하겠습니다.(동영상 보여주기) • 이렇게 지금까지 나온 공룡 멸종설과는 달리 아주 여러 가지의 공룡 멸종설이 나오고 있어요. 이렇게 여러 가지 공룡 멸종설이 나오는 것은 많은 사람들이 공룡이 왜 없어지게 되었나 하는 것에 관심을 가지고 있고, 아직 정확하게 없어진 원인이 밝혀지지 않은 것도 하나의 이유일 것이에요. 오늘은 여러분들이 공룡에 대한 책을 읽고 새롭게 알게 된 것을 친구들에게 발표해 보는 시간입니다. ◎ 학습목표 알아보기 - 공룡에 대한 책을 읽고 새로 알게 된 것을 친구들에게 소개할 수 있다.			
전개	◎ 공룡에 대한 책을 읽고 새로 알게 된 것 소개하기 • 먼저 각자가 읽은 책을 다시 한 번 살펴보고 새롭게 알게 된 점을 정리해보세요. - 정리하기 • 그러면 그 중에서 가장 신기했거나 이것을 꼭 친구들에게 알려주고 싶은 것을 골라서 친구들에게 알려줄 준비를 하세요. 준비가 다 되었으면 한 명씩 발표를 해보겠습니다. 발표할 때에는 책 제목과 지은이를 꼭 밝혀주세요. - 발표 • 네 다들 아주 흥미 있는 점을 알려주었어요. 친구들이 발표한 것들 중에서 새롭게 알게 된 것이 있지요? 어떤 것들이 있었나요? - 발표			

정리	◎ 가장 훌륭한 알림이 뽑기 • 지금까지 발표한 친구들이 다들 잘했지만 가장 훌륭한 알림이를 뽑아보도록 하겠습니다. 객관적으로 잘 생각하여 이건 정말 신기했던 사실이나 흥미로웠던 사실을 알려준 학생을 뽑도록 하세요. ◎ 오늘은 책을 통하여 공룡에 대해 궁금한 점을 알아보았습니다. 책뿐만 아니라 다양한 방법을 이용하여 공룡에 대해 조사해 봅시다.
평가	책을 이용하여 공룡에 대해 새로 발견한 점을 잘 설명할 수 있는지 평가한다.

2. 초등학교 4학년 5단원

차시	학습주제	수업전략	활동
1/6	열에 의한 금속선의 길이 변화	①-5 ①-3 ②-5	• 학습목표를 달성하기 위한 실험을 직접 설계하여 실험해보기(금속선의 길이 변화) • 제작한 기구를 이용하여 실험하기(금속선의 길이 변화)
2/6	열에 의한 금속의 부피 변화	②-5 ②-6 ③-4	• 주어진 준비물을 가지고 교과서의 방법을 보지 않고 직접 실험을 설계하여 실험해보기(쇠고리와 쇠구슬)
3/6	열에 의한 물의 부피 변화	①-1 ①-2 ②-10	• 실험할 때 주의할 점을 알려주고 왜 이런 주의사항을 지켜야 하는지 알아보기
4/6~5/6	열에 의한 공기의 부피 변화	①-7 ②-6 ③-2	• 짱구가 왜 오줌을 싸는지 생각해 보기(짱구인형) • 주어진 준비물을 보고 직접 실험 설계하기(풍선 달린 PET병) • 왜 색소물이 올라갈까?(손으로 잡으면 액체가 위로 올라가는 유리병)
6/6	우리 생활에서 열에 의한 물체의 부피 변화를 이용한 예	①-6 ②-11 ③-4	• 열에 의한 물체의 부피 변화의 예를 이용한 게임하기

* 수업 전략을 나타내는 기호는 앞의 수업 전략 부분에서 사용된 기호와 동일

3. 초등학교 4학년 6단원

차시	학습주제	수업전략	활동
1/5	용수철을 어디에 이용하는지 알아보기	①-3 ①-5 ①-6 ②-7	• 용수철을 이용한 도구 찾아서 가지고 오기 (생활 속의 물건들을 직접 관찰하기) • 용수철을 이용한 도구에서 용수철의 역할을 알아내고, 용수철의 역할을 설명하는 스피드 게임하기
2/5	용수철을 이용한 장난감 만들기	①-1 ②-6	• 용수철 장난감 만들기(세트를 구매하지 않고, 철사로 용수철을 직접 만들어 장난감 만들기 — 만들고 난 다음 자기 장난감에 대해 설명하고 친구의 장난감 감상하기)
3/5	용수철 길이의 변화에 대하여 알아보기	②-3 ②-5 ②-12	• 추의 개수에 따른 용수철의 길이를 예상하고 토의를 통해 역할 분담하여 실험하기
4/5	용수철의 성질을 이용하여 저울 만들기	①-2 ①-6 ②-6	• 용수철저울 만들기(세트를 구매하지 않고 용수철저울 만들기 : 용수철은 제공해 줌)
5/5	여러 가지 저울의 종류와 쓰임새	①-5 ③-4	• 불러주는 물체를 잴 때 가장 적합한 저울을 그림 카드에서 찾아 빨리 잡기 게임(짝 활동) • 탄성의 성질을 이해하고 탱탱볼 만들기

* 수업 전략을 나타내는 기호는 앞의 수업 전략 부분에서 사용된 기호와 동일

4. 초등학교 4학년 7단원

차시	학습주제	수업전략	활동
1/6～2/6	물을 가열할 때의 온도 변화와 상태 변화	(1)-1) (1)-4) (2)-3) (2)-4) (3)-5)	• 물질의 세 가지 상태에 대해서 게임을 통해 알아본 다음, 물을 가열하는 실험을 통해 온도 변화와 상태 변화 알기
3/6～4/6	물을 냉각할 때의 온도 변화와 상태 변화	(1)-4) (1)-7) (2)-6)	• 얼음과 탄산음료, 소금을 이용하여 슬러시 만들기
5/6	물이 얼 때의 부피 변화	(1)-3) (1)-4)	• 물을 얼려 물의 부피 변화 관찰하기 (직접 가정에서 실험한 다음, 학급 홈페이지에 사진 올리도록)

		(1)-7) (2)-6) (2)-12)	• 얼음 가라앉혔다 띄우기 실험하기
6/6	물을 아껴 쓰는 지혜	(1)-5) (1)-6) (3)-5)	• 조별로 각 장소에서 물 절약하는 방법 찾기(각 조에서 하나씩 최고의 실천 방안 뽑아 체크리스트 만들어 실천하기) • 물 절약 아이디어 상품 보여주기(TV)

* 수업 전략을 나타내는 기호는 앞의 수업 전략 부분에서 사용된 기호와 동일

5. 초등학교 4학년 8단원

차시	학습주제	수업전략	활동
1/7	열을 얻는 경우와 잃는 경우	(1)-2) (1)-6) (2)-6)	• 열 사탕 주기 놀이(악수하여 손이 뜨거운 사람이 차가운 사람에게 사탕 한 개 주기) • 열의 이동에 대한 규칙성을 스스로 찾아보기
2/7	고체에서 열의 이동	(1)-6) (2)-6) (3)-2)	• 여러 가지 숟가락의 열의 이동속도 알아보는 실험 중계하기 • 고체에서 열이 이동하는 방법을 이용하여 사탕 옮기기 게임
3/7	물에서 열의 이동	(1)-4) (1)-6) (2)-6)	• 실험방법을 알아본 다음, 톱밥 대신 물의 움직임을 잘 나타낼 수 있는 물질 찾아본 뒤 물에 톱밥을 넣고 가열하여 톱밥의 움직임 관찰하기 • 물에서의 열이 이동하는 방법을 이용하여 사탕 전달하기 게임
4/7	공기에서 열의 이동	(1)-7) (2)-6) (3)-4)	• 다양한 바람개비를 직접 만들어 공기에서 열의 이동 관찰하기
5/7	빛과 열의 이동	(1)-7) (2)-4) (2)-6)	• 복사에 의한 물 데우기 실험 장치 꾸며 실험하고, 왜 그런 결과가 나오게 되었는지 생각해보고 발표해보기 • 햇빛, 돋보기를 이용하여 흰색 도화지와 검은색 도화지 중 어느 것이 더 잘 타는지 태워보기
6/7~7/7	보온병 만들기	(1)-1) (2)-6) (2)-11)	• 보온병 만들기 대회(조별로 직접 설계하고 만들어 물의 온도 재어 보기)

* 수업 전략을 나타내는 기호는 앞의 수업 전략 부분에서 사용된 기호와 동일

2.4 인간중심 대안적 과학교육 적용과 결과

김희숙(2007)은 초등학교 4학년 학생 65명을 대상으로 인간중심 대안적 과학활동이 초등학생의 과학 관련 정의적 태도 및 성취도에 끼치는 영향과 이 활동을 지도하는 교사의 과학수업에 대한 태도의 변화과정을 연구하였다. 그 결과 연구 기간이 짧긴 하였지만 인간중심 대안적 과학활동을 수행한 학생들의 과학 학업 성취도 점수 변화량의 평균값은 비교반에 비해 더 높게 나타났으나 통계적으로 유의미한 결과를 보이지는 않았다.

그러나 인간중심 대안적 과학활동이 학생들의 과학과 관련된 정의적 특성에 긍정적인 영향을 미쳤다. 특히, 과학수업의 즐거움, 과학자와 과학 직업에 대한 관심, 과학의 사회적 의의 부분에서 더욱 뚜렷한 효과를 나타내었다. 인간중심 대안적 과학활동은 학생들의 흥미를 만족시켜 학생들이 활동에 적극적으로 참여하도록 유도함으로써 과학수업을 즐겁고 재미있는 것으로 인식하게 하였고 과학에 대한 자신감도 향상시켰다.

다음은 관찰일지에서 많이 나온 행동이나 말이다.

- 지난 시간에 배운 내용을 다시 한 번 복습하고 어제 배운 내용이 담겨 있는 동영상을 보여주는 것으로 시작하였다. 그리고 어제 배운 것과 관련된 생활 속의 예를 찾아본 것을 발표하였다. 생각보다 찾아본 아이들이 많았다. 모두 다 발표를 할 수 없던 것이 아쉬움이다. 학생A와 학생B, 학생C, 그리고 다른 몇몇 아이들은 발표를 시켜달라고 계속 손을 든다. 안타까웠다. 다른 교과시간엔 발표하지 않던 학생D, 학생E, 학생F와 같은 아이들이 어제부터 손을 많이 든다. 특히 학생F의 생각은 교과서의 방법과는 다르다. 혼자만의 방법을 잘 생각해낸다.
- 아이들은 정말 나를 뚫어져라 쳐다봤다. 궁금한가 보다. 과연 통과할 것인지 안 할 것인지. 드디어 결과를 확인할 시간이다. 쇠구슬이 통과했다. 아이들은 함성을 질렀다.
- 학생G가 2교시 끝나고 와서 나에게 물었다. “선생님 3교시 과학 계속할 거예요? 아니면 읽기 할 거예요?” 뭐 했으면 좋겠냐고 물었다. 그랬더니 “과학이요!”라고 대답했다. 과학이 끝날 때쯤 앞에 앉은 아이들이 “오늘 과학 많이 해서 좋아요.”라고 했다. 그래서 “선생님 과학 좋아해~”라고 했더니 아이들이 여기저기서 자기도 과학이 재미있다고 한다.
- 수업이 끝나고 한 아이(학생H)에게 “과학 시간 어때?”라고 조심스럽게 물어보았다. 그랬더니 “재미있어요. 예전에는 그냥 지나갔던 일도 왜 그런지 생각하게 됐어요.”라

고 대답하였다.

- 학생I가 이런 말을 했다. “선생님! 지금 생각난 거 발표해도 되나요?” “그럼. 지금 생각한 것 발표해도 좋지요. 지금 이 순간에도 계속 생각하고 있다는 거니까. 아주 좋아요.” 이렇게 시작된 발표는 이제 점점 꼬리에 꼬리를 문다. 점점 발표를 하는 아이들이 많아진다.
- 아이들이 5교시에 무엇을 할 것이냐고 묻는다. 그래서 사회시험 아니면 과학시험이라고 말했더니 아이들이 과학시험을 보자고 한다.
- 원래는 오늘 2교시에 과학을 하려고 했었다. 그런데 손가락화석 만들기 재료가 아직 도착하지 않은 우리 반 아이들에게 과학을 못 한다고 했더니 왜 안하냐고 난리다. 선생님이 주문한 것이 아직 안 왔다고 그랬더니 그래도 하자면서 학생J는 공룡에 관한 책을 들어 보이며 자기가 이렇게 많이 준비를 했는데 안 하면 안 된다고 말했다. 그래도 어쩔 수 없지 뭐. 어떤 아이는 오늘도 하고 내일도 하자고 한다. 그 재료가 급식시간 시작할 때 도착했다. 그 때 학생K가 “선생님 이것 왔으니까 우리 5교시에 과학해요.”라고 하였다. 난 시간이 부족하니 내일 하자고 하였다. 신기하다. 과학을 안 한다고 하니 이렇게 난리가 날 줄은 생각을 못했다.
- 오늘 아침에는 학생L이 화석에 관한 책을 보고 있었다.
- 체육시간에 밖에 나갔는데 교실로 들어오면서 학생M이 나에게 이런 말을 했다. “선생님, 저 급식실 옆 계단에서 조개화석 발견한 것 같아요.” “그거 조개화석 맞아요?” 화석에 대해 잘 이해하고 있지는 않지만 일상생활에서 화석에 관심을 많이 갖게 된 것 같다. 그리고 아침에 독서시간에도 공룡이나 화석에 관한 책을 읽는 아이들이 부쩍 늘었다.
- 아이들이 생각보다 차분하게 그리고 진지하게 실험을 하는 모습을 볼 수 있었다.
- 수업이 끝났는데도 아이들은 나에게 와서 팝콘과 군밤을 이용한 무기 아이디어를 쏟아낸다. 아주 흥미로워하는 아이들이 많았다.
- 용수철 마지막 수업을 끝내고 점심시간에 학생N이 다가와 묻는다.(원래 학생N은 나에게 잘 다가오지 않는 아이이다.) “선생님 과학 안 해요?”, “과학 했잖아~”, “과학 또 해요~네?”, “내일 할 거야!” 잠시 후 학생O가 온다. “선생님 과학해요.~” 오늘따라 아이들이 왜 이러지?

이를 통해 짐작할 수 있듯이 학생들은 인간중심 대안적 과학활동을 하는 동안 발표 하는 횟수가 증가하였다. 예전에는 몇몇 아이들을 제외하고는 수업내용에 대해 생각을 하지 않았거나, 생각을 하고 있었다 하더라도 소극적인 태도로 수업에 임했던 학생들이 대부분이었는데 이 활동을 하는 동안 활동주제에 대해 열심히 생각하고 자신의 생각을 적극적으로 표현하는 학생들이 늘어났다. 또한 수업시간이 끝난 후라고 하더라도 계속해서 활동을 지속하려는 학생들도 늘어났다. 예전에는 수업 끝나는 종이 치고 난 다음엔 교사가 아무리 집중시키려 노력하여도 안 되었다. 그런데 인간중심 대안적 과학활동 중 특히, 손가락화석 만들기 활동을 했을 때에는 점심시간이 20분이 훨씬 지났는데에도 학생들은 계속 활동을 하고 있었다. 오히려 교사가 그만하자고 할 정도였다. 활동들을 해나가면서 학생들은 과학수업의 내용을 실생활에서 찾아보려는 노력을 하였다. 수업시간이 아니더라도 자기가 관심 있는 내용은 책을 통하여 더 알아보려고 하는 모습도 보였다. 이런 활동들이 학생들로 하여금 다음 시간에는 어떤 활동을 할 것인지에 대해 궁금하게 만들고 나아가서는 과학수업을 더 하고 싶게 하는 과학수업에 대해 적극적인 태도를 갖게 하였다. 이러한 적극적인 태도는 수업에서뿐만 아니라 학생들이 일상생활에서도 나타났다. 생활 주변에서 과학을 찾으려고 하는 모습이 그 예이다. 이렇게 인간중심 대안적 과학활동을 하는 동안의 학생들의 행동에서 김석중(2006)이 말한 학습이나 활동에 자진해서 참여하려는 자진성과 지식을 적용하여 새로운 현상을 설명하는 적용성, 학습결과를 계속 추구하여 더욱 발전시키는 계속성을 찾아볼 수 있다. 이와 같이 학생들이 인간중심 대안적 과학활동에 적극적이고 능동적으로 참여하는 모습을 통해 인간중심 대안적 과학활동이 학생들에게 과학에 대한 긍정적인 인식을 갖게 한다고 볼 수 있다.

1. 수업을 실시한 교사

수업은 몇 가지 변인들의 상호 과정이라고 하였다(박준영, 1997). 그 변인 중에는 학생과 교사가 포함되어 있다. 이처럼 학생과 교사의 상호 과정을 통해 이루어지는 수업에서 교사가 과학에 대한 긍정적인 태도를 지니고 있지 않다면 학생들 또한 긍정적인 태도를 갖기가 힘들 것이다. 가정에서 자식이 부모를 닮듯, 학교에서 학생들은 교사를 닮는다. 따라서 교사는 과학에 대해 긍정적인 태도를 가지고 있어야 한다.

인간중심 대안적 과학활동이 교사의 과학에 대한 정의적 특성에 어떤 영향을 미치는지를 알아보기 위해 인간중심 대안적 과학활동을 전개해 나가는 실험반 교사가 매시간 수업 후 쓴 일기를 통해 알아본 결과, 인간중심 대안적 과학활동은 교사의 과학 수업에 대한 태도를 긍정적으로 변화시키는 데 효과가 있었다. 과학 및 과학수업에 대해 두려움을 가지고 있었던 교사가 활동 지도를 진행하면서 과학수업에 자신감을 갖게 되었으며 일상생활에서 학습 소재를 찾아 스스로 학습활동을 구성할 수 있게 되었다.

다음은 활동을 준비하기 전→ 활동을 준비하는 동안→ 활동을 전개하는 동안→ 활동을 마치고 난 후의 순서로 정리하고 과학에 대한 교사의 태도가 집중적으로 나타나 있는 부분을 발췌하였다.

(1) 활동을 준비하기 전

- 어제까지 나에 대해서 많은 생각을 했다. 나란 사람은 과학과 대학원생이다. 하지만 과학을 잘하지도 과학에 그렇게 흥미가 있지도 않았던 그런 사람이다. 어떤 때는 '왜 과학과에 왔을까?' 하는 생각도 해 본 적이 있는 그런 사람이다. 잘할 수 있을까?
- 아직까지는 과학이란 나에게 어려운 것, 부담스러운 것으로 받아들여지고 있다. 하지만 언젠가 과학에 열정적인 태도를 갖고 자신감을 가질 수 있는 그런 날을 상상해본다.
- 이제 시작이네. 솔직히 엄청 겁나고 두렵고 걱정이 된다.

(2) 활동을 준비하는 동안

- 시나브로 내 머릿속엔 온통 과학으로 가득 찼구나. 과학이란 과목으로 가득 차다니 참으로 신기한 일이다.
- 오늘은 지학 실험 실습하는 날이다. 지학 선생님을 만나서 이런저런 이야기도 하고 실험도 했다. 어제까지만 해도 '이 실험을 과연 아이들에게 적용할 수 있을까?' 그리고 '과연 그렇게 재미있을까?' 반신반의 했었는데 직접해보니 재미있다. 그리고 아이들도 재미있어 할 것 같다. 그래, 이런 실험 하나만으로도 아이들은 과학을 재미있어 할 것 같다는 생각이 들었다. 음…… 괜찮군. 아무튼 실험은 재미있게 끝이 났다. 실험이란 게 이런 것이구나. 재미있다는 생각을 갖게 만드는 것!! 아직도 머리는 무겁고 아프긴 하지만 실험에 대한 느낌은 좋~다!!

(3) 활동을 전개하는 동안

- 드디어 처음 수업을 하는 날이다. 수업을 해야 하는데 마냥 두려웠다.
- 두 번의 수업을 끝내고 나서 정말 준비를 많이 해야겠다는 생각을 했다. 그리고 실생활과 관련된 것을 많이 다루거나 너무 당연한 것보다 약간은 아이들에게 생각을 할 수 있는 문제를 내면 아이들이 호기심을 갖는다는 것도 실제로 체험하게 되었다. 하지만 힘든 점은 우리반 아이들 모두를 나에게 집중시키는 것이 가능할까 하는 문제이다. 그 아이들을 모두 충족시킬 수 있을까?

- 이번 세 번째 수업이 정말 중요한 것 같다. 1차시와 2차시는 거의 비슷한 형태의 수업이었다. 만약 3차시까지 비슷하다면 오히려 아이들이 이런 형식에 익숙해져 지루해질 수 있을 것 같다. 그래서 3차시에는 뭔가 다른 방법이 필요한데 그것이 무엇인지 좀더 생각을 해봐야겠다.
- 예전에는 수업지도안을 짜는 것이 두렵고 힘들고 고달플 것이라는 생각만 했었는데 지금은 어떤 활동을 할지 기대도 되고, 재미있기도 하다. 1차시에 보여준 아이들의 반응이 나에게 힘을 준 것 같다.
- 열심히 생각하자. 액체의 부피 변화와 관련된 것이 온도계밖에 없을까? 아닐 것 같은데, 찾아봐야겠다.
- 이번에 수업해야 할 것은 공기의 부피 변화이다. 그리고 이것을 뭐라고 해야 하지? '액체시계'라고 할까? '액체시계'는 아이들이 이것을 보고 공기의 부피 변화인 것을 알까? 아이들은 이것을 액체의 부피 변화라고 말할 것 같은데 어떻게 이것을 공기의 부피 변화라고 설명해 줄지 고민이다. 이런 고민을 하고 토요일 밤에 '액체시계'를 책상 위에 올려놓고 일요일 아침을 맞았다. 오늘도 여전히 지도안에 대해서 고민을 하고 컴퓨터 앞에 앉아 있는데 책상 위에 올려진 '액체시계'에서 액체가 거의 3분의 2 높이까지 올라와 있는 것을 확인하였다. 앗! 이거다! 사진기로 연신 찍었다. 방 안의 공기가 데워져 '액체시계' 안의 공기를 데웠다. 그래서 그 안의 액체가 올라갔다. 오케이! '액체시계'에 아무 짓도 안 하고 그냥 따뜻한 방 안에 두었을 뿐인데 그 안의 액체가 올라간 것은(물론 그 액체에도 조금의 영향은 있을 수도 있으나 액체를 데우기엔 부족한 열이고) 공기가 가열되어 공기의 부피가 팽창하여 그 액체를 밀어 올린 것이다. 그 다음 창문을 열었다. 그랬더니 조금 후 그 액체는 조금씩 내려왔다. 앗싸~ 또 사진을 찍었다. 사진자료 확보했다. 계속 생각하니 그것만 보이는구나 하는 생각을 했다. 이제 어떻게 잘 조합을 할 것인가가 관건! 사소한 것인데 아주 큰 것을 발견한 것처럼 기뻤다.
- 수업에서 중요한 것이 교사이다. 교사가 힘들어하면 아이들은 두 배로 힘들어한다. 교사가 즐거우면 아이들도 즐겁다. 첫 차시에 비해서 나의 열정이 줄어든 것이 아닌지 반성해본다.
- 나름대로 준비한 수업인데 만족도는 그다지 높지 않다. 그 이유는 무엇일까? 수업설계 자체에 문제가 있는 것일까? 오늘은 너무 산만한 수업이 아니었나 싶다. 솔직히 잘 모르겠다. 정말 공개 수업처럼 아이들 긴장시키고 짜여진 대로, 정해진 대로 해야 하는지, 아니면 곁다리로 좀 빠져도 되는 건지, 그러면 산만할 것 같고, 그렇다고 딱

짜여진 대로 하자니, 너무 딱딱할 것 같다. 하면 할수록 힘든 것 같다. 점점 자신도 없어지고, 교사가 중요함은 확실한데, 용두사미가 되지 않을까 심히 걱정이다.

- 드디어 5단원의 마지막 차시이다. 오늘도 나름대로 재미있는 과학수업이었다고 생각한다. 그런데 항상 이렇게 수업하는 목적이 무엇인지를 잊어버리면 안 된다. 왜 이렇게 수업을 하고 있는가?
- 그런데 이런 수업을 하면서 신기한 것은 다른 수업을 할 때에는 나도 아이들도 조금 힘들어함을 느꼈는데 과학시간은 오히려 기대가 된다는 것이다. 어제 수업 준비를 하면서 '이렇게 하면 어떨까? 많이 떠들겠지? 내가 좀 힘들거야.'라고 생각하면서도 그렇게 하면 어떨까 하면서 기대를 했었다. 아이들도 나랑 같은 마음일까? 물론 그랬으면 하는 바람이다. 기대 반, 두려움 반 마음을 가지고 학교에 도착했다.
- 이번 시간에 가장 확실하게 깨달은 것은 실제로 보여주는 것이 얼마나 좋은가 하는 것이다. 지금도 아이들이 화석을 보며 좋아하고 신기해하는 모습이 잊혀지지 않는다. 이번 단원은 실험이 없어서 자칫 아이들에게 지루한 수업일 수 있지만 이런 실물 자료라든지 아이들의 호기심을 자극하는 읽기 자료를 이용한다면 충분히 재미있는 과학수업이 될 수 있을 것 같다. 어른인 나도 삼엽충이나 암모나이트 화석을 사진으로만 보았지 실제로는 본 적이 없었다. 실제로 보니 너무나도 신기하였다. 아이들은 오죽할까? 그런데 왜 학교에는 화석자료가 없을까 하는 생각을 해보았다.
- 매 차시 시작할 때마다 떨리지만, '그래 해보자.'라는 마음으로 시작한다. 여느 때보다도 더욱더 두려웠던 6단원 1차시는 나름 괜찮았다는 생각이 든다. 아이들은 말로 하는 것보다 실물이 있으면 더욱 좋아한다는 것을 또 확인하였다. 학생A가 완력기를 가지고 오자 학생B는 내일 더욱더 강한 것을 가지고 오겠다고 하였다. 학생A의 완력기가 오늘 아주 재미있는 장난감이 되었다. 교사의 마음가짐이 바로 아이들에게 전달이 된다는 것, 그리고 역시나 게임을 좋아한다는 것을 또 한번 알게 되었다. 물론 오늘의 활동이 오늘의 목표를 달성하기에는 조금 무리가 있다 하더라고 교사가 느끼는 수업의 만족감은 괜찮았다. 오늘은 누구 할 것 없이 다들 열심히 참여한 날이었던 것 같다.
- 지금까지 수업을 하면서 재미있었다. 물론 하나하나 해나가면서 힘든 점도 많았지만 그래도 이것을 선택한 것을 후회하지는 않는다. 논문이 잘 나오건 못 나오건 나도 그 시간 동안 즐겼고 보람을 느꼈기에.
- 이제 과학시간이 조금은 익숙해졌다고나 할까? 익숙하다는 표현이 맞을는지…… 아니, 어떻게 하면 아이들이 좋아하겠다, 어느 정도로 해야 학습량이 적당하겠다가 조

금은 눈에 들어오는 듯하다. 이번 단원은 아이들이 좋아할 만한 실험이 많아서 특히나 아이들이 관심을 더 보였다.

- 과학시간에는 왜 이렇게 시간이 빨리 가는지, 아이들도 그런 말을 했다.

(4) 활동을 마치고 난 후

- 학년 말이 되면 아이들과 선생님과의 관계가 조금은 소홀해질 수 있다. 4학년 말이면 여자 아이들이 무리 짓기도 한다. 그런데 과학 수업을 하면서 아이들과 나와의 거리가 좁혀진 듯한 느낌이 든다. 과학에 대한 이야기를 함으로써 아이들과 나와 대화를 하게 되고 자연스럽게 공감대를 형성하게 되면서 아이들과 나와 더 친밀해진 듯한 느낌을 받았다. 다른 해 같으면 친구 문제이거나 아니면 선생님 뒷말을 한다거나 다른 좋지 않은 말 때문에 속상한 일이 생길 수도 있는 때인데 지금은 거의 그런 것이 없다. 과학시간을 즐기면서 나와 그렇게 문제 생길 것이 없어졌다. 이렇게 과학은 나와 아이들의 관계까지도 좋게 만들었다.
- 중간에 그만두고 싶었던 적, 아이들의 반응이 좋지 않아 우울했었던 일, 이것저것 생각이 많이 난다. 지금은 아이들이 과학을 좋아하는 것 같다. 물론 나의 느낌이긴 하지만.
- 끝났는데 시원섭섭하네. 준비하면서 힘들었던 점도 많았지만, 이 수업이 과학을 친숙하게 만들어 주었다. '나 같은 사람도 과학을 할 수 있구나.'라는 생각을 갖게 해주었던 수업이다. 섭섭하다. 개학하고 나서 어떤 재밌는 실험을 해볼까 벌써 기대된다.

처음 교사의 과학에 대한 태도는 두려움이었다. 과학을 잘하지 못한다는 자신감 결여와 과학에 대한 낮은 흥미도가 과학을 두려운 것으로 받아들이게 만들었을 것이다. 하지만 활동을 준비하면서 과학을 생각하는 시간이 많아지게 되고, 사전 실험을 통하여 실험에 대한 재미를 느끼기 시작한다. 활동이 전개되면서부터는 과학에 대해 단순히 재미를 느끼는 것에서 발전되어 과학에 대한 기대감이 커졌다는 것을 알 수 있다. 그리고 과학을 생활 속에서 찾으려는 노력도 엿보인다. 물론 활동 중간 중간에 의도대로 되지 않아 힘들어하는 모습도 보였지만 포기하지 않고 더 나은 수업을 위해 반성을 하여 과학수업에 보람을 느끼는 모습도 볼 수 있었다.

수업을 진행하면서 이론으로만 알고 있었던 학습전략을 실제로 체험함으로써 수업을 조직하는 데 자신감을 갖게 되었다. 이는 앞으로 과학수업의 전문성을 기르는 데 중요한 토대가 될 것이다. 학생뿐만 아니라 교사 스스로도 활동에 흥미를 느꼈고 과학시간을 즐기는 수준에까지 이르렀다.

활동이 끝난 후에는 과학이 하나의 학문으로서의 역할뿐만 아니라 교사에게 중요한 과제인 학생과의 관계에 있어서도 아주 긍정적인 역할을 했다고 생각하고 있다. 그리고 처음의 교사의 태도와는 달리 과학을 친숙하게 생각하고 있었고, 과학에 대한 자신감도 가지고 있는 것으로 보인다. 더 나아가 교과서 진도가 끝났음에도 새로운 활동을 해보려는 의지를 통해 의무이기 때문이 아니라 교사 스스로 내면에서 과학을 즐기고 있음을 볼 수 있다. 이렇게 인간중심 대안적 과학활동은 이 활동을 전개해 나가는 교사의 과학에 대한 정의적 특성 변화에 긍정적으로 영향을 끼쳤음을 알 수 있었다.

참고문헌

권재술, 김범기, 우종옥, 정완호, 정진우, 최병순 (1998). 과학교육론. 교육과학사.

교육부 (2005). 초등학교 교사용 지도서(과학4-2), 한국교육과정평가원.

김미희 (2006). 과학마술을 통한 동기유발이 초등학생의 과학적 태도와 과학 탐구 능력에 미치는 영향. 서울교육대학교 교육대학원 석사학위논문.

김병식 (2005). 정서지능 교육 프로그램을 적용한 수업이 초등학교 5학년 학생의 과학관련 정의적 영역에 미치는 효과. 한국교원대학교 교육대학원 석사학위논문.

김석중 (2006). 초등과학 교육론. 형설출판사.

김용권, 이충형, 이석희 (2004). 과학 놀이 활동이 아동들의 과학적 태도와 탐구 능력에 미치는 효과. 초등과학교육학회지, 23(1), 17-26.

김효남, 정완호, 정진우 (1998). 국가수준의 과학에 관련된 정의적 특성의 평가체제 개발. 한국과학교육학회지, 18(3), 357-369.

박승재 (2002). 초중등 학생의 과학선호도 증진 정책 연구. 한국과학교육단체총연합회.

박준영 (1992). 교육의 이론적 이해. 학지사.

송진웅 (2006). 맥락 중심 접근법을 통한 인간주의적 과학교육. 초등과학교육학회지, 25(4), 383-395.

송해덕 (1998). 구성주의적 학습환경설계 모델들의 특성과 차이점 비교분석연구. 교육학연구.

이영미 (1997). 초등학교 고학년 학생들의 과학과 관련된 정의적 특성 평가 도구 개발, 한국교원대학교 석사학위논문.

이영아, 임채성 (2001). 초등학교 과학과 심화학습에서 다중지능을 활용한 과학활동이 초등학생의 과학 탐구능력과 흥미에 미치는 영향. 초등과학교육학회지, 20(2), 239-254.

이인순 (2001). 초등학교 컴퓨터 교육에서 상황학습과 전통적 학습의 비교분석. 인천교육대학교 대학원 석사학위논문.

임의도, 고종열, 신세호 공역 (1983). 교육목표 분류학-교육목표의 분류 및 평가의 실제(I) 지적 영역. 교육과학사.[원전 : Bloom, B. S., Engelhaut, M. D., Furst, E. J. Hill, W. H., & Krathwohl, D. R.(Eds.) (1956). Taxonomy of Educational Objectives, Handbook Ⅰ: Cognitive Domain, New York: Makay]

최정임 (1997). 상황학습 이론에 따른 학습 내용의 구성, 교사의 역할, 평가 원리에 대한 고찰. 교육학 연구.

하병권, 최병록, 최영재, 권치순 (1992). 과학과 교육. 형설출판사

한찬수 (2001). ICT를 활용한 초등 과학과 수업이 학업 성취도, 실험능력 및 과학태도에 미치는 영향. 서울교육대학교 석사학위 논문.

허창범 (1993). 구성주의 수업의 학습효과 분석. 박사학위 논문. 고려대학교.

홍미영, 정은영, 맹희주 (2002). 초등학교 과학과 교수 · 학습 방법과 자료 개발 연구. 한국교육과정평가원

홍미영, 정은영, 맹희주 (2002). 과학수업이 어렵다구요? – 왕신참 선생님의 좌충우돌 수업기, 한국교육과정평가원

황정규 (1995). 학교학습과 교육평가. 교육과학사.

Kempa, R. (1986). Assessment in Science. Cambridge University Press.

Klopfer, L. E. (1971). Evaluation of Learning in Science. In B. S. Bloom J. T. Hasting, & G. F. Madaus (Eds.), Handbook on Formative and Summative Evaluation of Student Learning. New York: McGraw-Hill.

Krathwohl, D. R., Bloom, B. S., & Masia, B. B. (1964). Taxonomy of Educational Objectives, Handbook II: Affective Domain. Longman.

Song, J. (1999). The Process of the Quickening and Development of Science-Technology-Society Education in the United Kingdom (1) — Between the Beginning of the 19th Century and the Middle of the 20th Century. Journal of the Korean Association for Research in Science Education, 19, 409-427.

Turner, D. M. (1927). History of Science in England. London: Chaptman & Hall.

Tyler, R. W. (1973). Assessing Educational Achivement in the Affective Domain, Measurement in Education, 4(3), 1-8.

Mclellan,H (1993). Situated learning in focus: Introduction to special Issue Educational Technology, 33(3).

3 HASA 프로그램 적용(중등)

3.1 들어가기

포괄적인 의미로서 과학의 본성은 과학적 개념 체계, 과학적 탐구 방법, 사회와의 유기성을 포함한다. 1980년대 이후 과학 교육계에서는 과학적 소양(scientific literacy)의 함양을 강조해오고 있다. '모든 이를 위한 과학(science for all)' 등으로 표현되는 일련의 흐름이 현재에도 여전히 계속 나타나고 있으며 앞으로도 나타날 것이다. 이러한 과학교육의 경향은 학생 모두를 과학자로 양성하는 것이 아니라 장차 과학을 전공하지 않을 많은 대다수의 학생들에게 일상생활에서 야기될 수 있는 과학과 관련된 문제에 대한 해결 능력을 고양시켜줄 필요성과 어느 정도 맥을 같이 한다고 볼 수 있다. 그러나 현실적으로 학교 현장을 보면 학생들은 점차 과학에 대해 흥미를 잃어가고, 과학을 점차 어려운 과목으로 인식하는 경향이 많아지고 있는 것이 현실이다(김효남 등, 1998, 박승재 등, 2003). 특히 TIMSS나 PISA와 같은 국제간 비교에서 우리나라 학생들의 과학 학습에 대한 자신감이나 흥미와 같은 정의적 영역에서 하위권에 머문다는 것은 문제가 아닐 수 없다(Mullis et. al., 2000, OECD, 2001).

사실 이러한 진단은 어제 오늘의 문제는 아니다. 다양한 방법의 개선 노력들이 있어 왔으며, 특히 제7차 교육과정의 과학에서는 학생중심의 다양한 탐구활동을 통해 개선시키고자 하는 노력을 기울이고 있다(교육부, 1998). 또한 학교 현장에서도 과학 놀이활동이나 체험활동을 통해서(김용권 등, 2004, 김은진과 임채성, 2003, 김재근 등, 2004, 김현재와 정은주, 1985), 실생활 소재를 이용하여(김수경과 김중복, 2005), 그리고 과학 연극이나 이동과학교실 등을 이용하여(나지연과 장병기, 2005, 황성원 등, 2005) 나름대로 노력을 기울이고 있다.

이처럼 다양한 방식들이 시도되고 학생의 선택과 자율성을 강조하는 7차 교육과정이 실시되고 있는 현재에도 여전히 교사중심의 전통적 수업이 주류를 이루고 있고, 과학교육의 세계적 흐름에 부응하고 있지 못한 측면이 많다. 과학 교사들이 탐구 실험 중심의 과학교육을 실행하기에는 과다한 수업시수, 다인수 학급 등 몇 가지 난제가 있지만 교사만이 수업 준비가 되고 학생들은 일방적으로 듣기만 하는 전통적인 방식의 권위적인 교과서 내용과는 달리 학생 활동중심의 수업을 진행시켜 학생이 스스로 체험하고 개념과 원리를 이해하고 과학에 대한 흥미를 갖도록 하는 것이 시급한 문제이다.

과학과 과학지식에 관해 귀로 듣거나(ears-on science; hearing science), 몇 가지 모형이나 표본을 보거나 교사의 시범을 보는 방식(eyes-on science; seeing science)은 과학의 본성을 제대로 이해하고 습득한 과학 지식·기능을 활용하여 문제를 효과적으로 해결하는데 별로 기여하지 못한다는 사실이 반복적으로 밝혀졌다(송진웅과 조숙경, 2004). 이에 대한 대안적 접근법으로 학생들이 과학을 직접 경험해보게 하는 방식(hands-on science; doing science)이 도입되었으나, 이 역시 학교에서 교과서를 통해 경험하는 이러한 활동들이 본질적으로 요리책을 보고 요리하는 것과 크게 다르지 않아 학생들의 과학능력 향상에 별로 도움이 되지 않은 것으로 실망을 안겨주었다(Bell et al., 2003, Germann et al., 1996).

과학교육 연구 분야에서는 이에 대한 반성으로, 학생들이 자연물이나 자연 현상으로부터 의문점을 찾아내고 그 의문점을 해결하기 위한 방안을 직접 모색하며, 나타난 결과의 의미를 생각하여 심층적으로 이해하는 접근법(heads-on, hearts-on, minds-on science; thinking science)이 제안되었다(송진웅과 조숙경, 2004). 그러나 국가중심의 교육과정을 모두 이수해야 하는 학교 내의 교실이나 과학실 수업에서는 이러한 활동이 제한적으로 이루어질 수밖에 없다. 따라서 규모와 수준은 다르더라도 교육과정과 정확하게 일치하지 않더라도 실제 과학자가 하는 것과 비슷한 방식의 실제적 과학(authentic science) 접근법을 적용한 프로그램의 도입이 절실히 요구되고 있다고 볼 수 있다.

이상의 점들을 고려하여 과학에 대한 흥미와 관심을 증진시키기 위해 실생활과 관련된 체험중심의, 그리고 즐거운 과학 학습을 위한 과학활동 프로그램을 개발하는 것이 필요하다. 이에 본 연구에서는 학생들의 과학 개념과 과학 태도에 긍정적으로 영향을 미칠 수 있는 '학생들의 조작적 활동 위주이면서 일상에서 쉽게 접할 수 있는 재료를 이용한 과학활동 프로그램(이하 HASA 프로그램[1])'을 개발하고, 이를 적용한 후 효과를 탐색하는 것

1) HASA program은 3H at Science Activity의 약어로 3H는 Hands(조작적 탐구의 상징어 - 관찰, 조작, 체험), Head(지식의 상징어 - 추론, 창의적 발상), Heart(태도의 상징어 - 호기심, 관심 유발)를 의미함.

을 목적으로 하였다.

3.2 적용 방법

전체적인 연구 과정은 〈그림 II-1〉과 같이, HASA 프로그램 개발원칙을 설정한 다음 그에 맞춰 압력과 부피의 관계, 부력과 부피와의 관계 등에 대한 내용을 담은 활동을 개발하고, 이것을 적용한 후 프로그램에 대한 평가를 하는 것이 주된 과정이다. 이 과정에서 학생들의 과학적 태도, 과학 지식, 탐구 능력을 분석하려 했다.

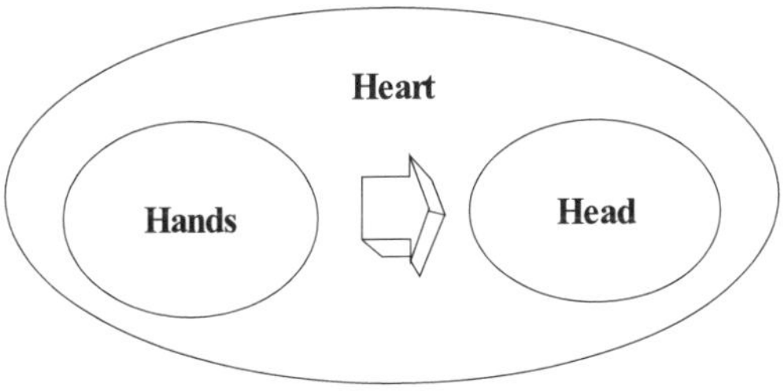

▶▶ **그림 II-1** HASA 프로그램의 지향점

1. HASA 프로그램 개발 과정

HASA 프로그램은 '수공적 기능이 강조된 활동을 통해, 과학교육의 기본 목표인 과학적 태도, 탐구 기능, 과학적 지식의 향상'이라는 HASA 활동목표를 설정했고, 그에 따른 개발 원칙을 설정하여 개발하였다(그림 II-2). 즉, HASA 프로그램은 과학에 대한 관심과 흥미를 통해 과학에 대한 긍정적인 생각을 갖도록 하며, 이를 바탕으로 과학적 탐구 기능과 과학적 지식의 향상을 추구하도록 하는 전략을 가지고 있다.

HASA 프로그램에서는 저학년 혹은 초보적인 단계는 손으로 조작하는 활동, 즉 관찰, 조작, 체험 중심의 활동을 주로 구성하고, 고학년 혹은 심화 단계는 머리로 생각하는 활동, 즉 추론, 창의적 발상 등의 활동이 중심이 되는 프로그램을 개발하였다. 또한, HASA 활동 프로그램은 과학에 대한 호기심과 흥미를 유발하여 과학에 대한 지속적인 관심을 갖도록 하였다. 이러한 개발 원칙을 바탕으로 개발된 HASA 프로그램의 전체적인 목표는

〈표 II-14〉와 같이 수공적 기능을 바탕으로 탐구와 지식, 그리고 과학적 태도 향상을 도모하고 있다.

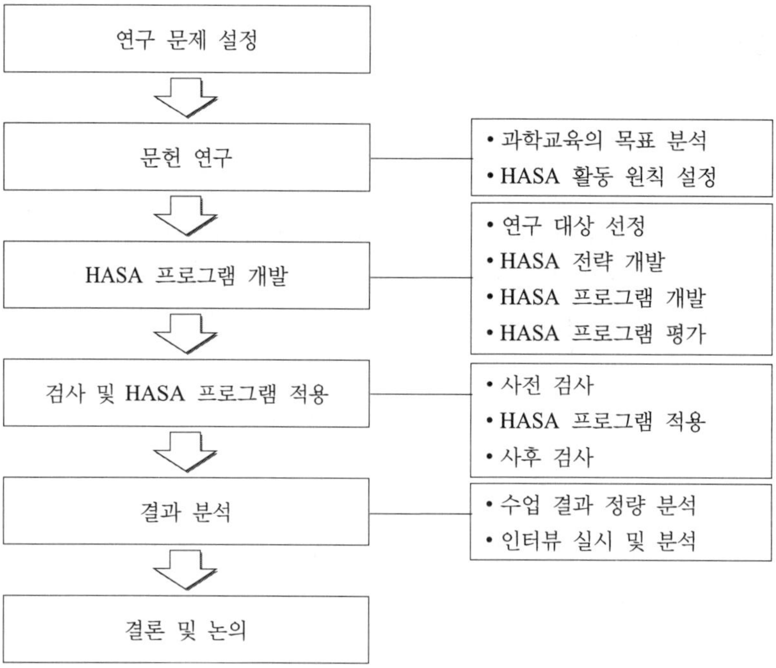

▶▶ 그림 II-2 연구 절차

| 표 II-14 | 수공적 기능(hands operated skills)이 강조된 과학활동(HASA)의 목표

	수공적 기능 (hands operated skill)		탐구(hands)	지식(head)	태도(heart)
I	해보기	⇨	단순	사실	호기심
II	만들기		복합	개념	즐김
III	응용		창의	원리 및 법칙	열정

수업에 적용한 HASA 프로그램은 본 연구진이 개발한 'HASA 프로그램 점검틀'을 이용하여 목표 설정을 명료화했고, 목표에 따른 과정, 학생들에 대한 질문의 적절성, 제시된 참고 자료의 과학적 적합성, 현장적용 가능성 등을 분석하여 80 % 이상의 높은 점수를 받을 수 있도록 수정을 한 후 현장에 투입되었다. 'HASA 프로그램 점검틀'은 문헌 조사를 통하여 개발한 후, 안면타당도를 구하고 예비검사를 실시하여 수정 보완하였다. 타당도 검사결과는 0.88로 나타났다. 수정보완을 위하여 과학교육 박사학위를 가진 고등학교

교사 3명이 연구 검토작업을 수행했다. 본 연구에 투입된 4개의 프로그램은 몇 차례의 수정과정을 거친 후 'HASA 프로그램 점검틀'로 점검한 결과, 5점 만점에 평균 4.175의 높은 점수를 나타냈다.

2. HASA 프로그램의 효과 탐색 방법

학생들의 조작적 활동 위주이면서 일상에서 쉽게 접할 수 있는 재료를 이용한 과학활동 프로그램인 HASA 프로그램은 학생들의 과학적 태도의 함양과 탐구능력 및 과학적 지식을 향상시키기 위한 목적으로 개발된 것이다. 따라서 HASA 프로그램 수업, 실험수업, 강의수업에 따른 차이를 보고자 하였다.

이를 위해 서울 S 여자중학교 1학년 여학생 162명을 선정하였으며, 이들 학생들의 특기적성 시간을 활용하여 연구를 진행하였다[2]. 이들 연구 대상에게는 동일한 주제를 가지고 각각 10차시씩 HASA 프로그램 수업을 적용한 집단(58명), 종래의 교과서 중심의 실험수업을 적용한 집단(45명), 강의식 수업만을 적용한 집단(59명)으로 각각 나누어 수업을 실시하였다. 수업 내용은 압력과 부피의 관계, 부력과 부피와의 관계 등에 대한 것이었다.

HASA 프로그램의 효과를 알아보기 위해서 과학적 태도, 과학 지식, 탐구 능력에 대해 사전 사후 검사를 실시하였다. 과학 지식 검사는 본 연구진이 개발한 문항을 사용하였는데 5지 선다형 15문항으로 구성되어 있으며 내적 신뢰도는 0.83이었다. 과학 탐구능력 검사는 권재술과 김범기(1994)가 개발한 검사지를 사용하였는데 내적 신뢰도가 0.79로 나타났다. 과학 태도 검사지는 김효남 등(1998)이 개발한 것을 이용하였으며 내적 신뢰도는 0.78이었다. 정량적 통계 분석은 SPSSWIN 12.0을 사용하였다.

정량적 분석이 이루어진 후에 정성적 분석을 위해 심층면담을 실시하였다. 면담은 3집단의 학생 중에서 사전 검사와 사후 검사를 비교하여 탐구 능력, 과학적 지식, 과학적 태도 검사 결과 큰 변화를 나타낸 학생 2명씩을 추출하여 실시하였다. 면담에서 이루어진 질문은 '활동의 어떤 측면이 재미있었는가?' '어떤 지식을 이해하는 데 도움이 되었는가?' '탐구활동 중 기억에 남는 활동은 무엇인가?' 등이었다.

---

2) 본 프로그램의 콘텐츠는 초등학교 교육과정을 모두 마친 학생들이 수행 가능하도록 구성된 것으로 프로그램의 내용에 따라서는 초등학생 대상으로 적용할 수 있다. 본 연구에서는 모든 프로그램의 효과를 효율적으로 파악하고자 초등학교를 막 졸업한 7학년 학생들을 대상으로 적용하였다.

3.3 결과 논의

본 연구에서는 학생들의 조작적 활동을 위주로 한 HASA 프로그램이 학생들의 과학적 태도, 탐구능력 및 과학적 지식에 어느 정도의 효과가 있는지를 알아보기 위하여 HASA 프로그램 수업, 실험수업, 강의수업에 따른 차이를 분석하였다.

1. 수업 방식에 따른 학생들의 과학적 태도

수업 방식에 따른 학생들의 과학적 태도의 평균은 〈표 II-15〉와 같다.

|표 II-15| 수업 방식에 따른 과학적 태도 검사 결과

구 분	HASA(N = 58)			실험(N = 45)			강의(N = 59)		
	평균	표준 편차	교정 평균	평균	표준 편차	교정 평균	평균	표준 편차	교정 평균
과학적 태도	68.97	8.72	68.96	66.24	10.23	66.27	67.02	8.57	67.00

HASA 프로그램 적용 집단의 과학적 태도의 평균 점수가 가장 높게 나타났다. HASA 프로그램을 적용한 수업이 실험수업, 강의수업과 비교하여 학생들의 과학적 태도에 미치는 영향을 알아보기 위하여 사전 검사를 공변량으로 처리하여 공변량 분석(ANCOVA)을 실시하였다. 통계 분석결과는 〈표 II-16〉과 같다.

|표 II-16| 과학적 태도에 대한 공변량 분석

Source	SS	df	MS	F	p
처치전	8.839	1	8.839	.106	.745
주효과	205.715	2	102.857	1.232	.295
수정 모형	218.114	3	72.705	.870	.458
Intercept	15559.152	1	15559.152	186.289	.000
합계	751527.000	162			

HASA 프로그램 적용 수업이 실험과 강의 수업 집단에 비해 과학적 태도가 많이 향상된 것은 사실이나 공변량 분석 결과에 따르면 HASA 프로그램, 실험, 강의 수업 집단 사

이에는 p = .295로 통계적으로 유의한 차이가 없는 것으로 나타났다. 이러한 결과는 과학 시간에서의 탐구활동, 과학 실험 시간에서의 활동, 학교 내에서의 활동 그리고 학교 밖에서의 활동이 많은 학생들의 과학 태도를 향상시켰다고 하는 선행 연구(Blosser, 1984, Coble & Koballa, 1996), 또한 실생활 중심의 소재를 활용한 탐구활동이 과학적 태도의 향상에 효과적이라는 연구결과와 정확히 일치하지 않지만 같은 맥락이라고 볼 수 있다(김수경과 김중복, 2005).

2. 수업 방식에 따른 학생들의 과학 지식

수업 방식에 따른 학생들의 과학 지식의 평균은 〈표 II-17〉과 같다.

|표 II-17| 수업 방식에 따른 과학 지식 검사 결과

구 분	HASA(N = 58)			실험(N = 45)			강의(N = 59)		
	평균	표준 편차	교정 평균	평균	표준 편차	교정 평균	평균	표준 편차	교정 평균
과학지식	7.36	3.90	7.36	7.00	4.23	6.99	10.80	4.26	10.80

과학 지식 검사 결과를 보면 강의 수업 적용 집단의 평균이 다른 집단에 비해 높게 나타났다. HASA 프로그램을 적용한 수업이 실험수업, 강의수업과 비교하여 학생들의 과학 지식에 미치는 영향을 알아보기 위하여 사전 검사에서의 차이를 보정하기 위하여 사전 검사를 공변량으로 처리하고 공변량 분석을 실시한 결과는 〈표 II-18〉과 같다.

|표 II-18| 과학 지식에 대한 공변량 분석

Source	SS	df	MS	F	p
처치전	1.755E-03	1	1.755E-03	.000	.992
주효과	487.307	2	243.654	15.771	.000
수정 모형	487.521	3	162.507	10.519	.000
Intercept	1523.452	1	1523.452	98.611	.000
합계	14667.000	162			

공변량 분석 결과에 따르면 HASA 프로그램, 실험, 강의 수업 집단 사이에는 p < .000으로 통계적으로 유의한 차이가 있는 것으로 나타났다. 강의식 수업이 학생들의 과학 지

식 획득에 효과적이라는 연구결과는 많다. 이 연구에서도 강의 수업 집단의 과학 지식은 HASA 프로그램, 실험 집단보다 더 높게 나타나고 있다. 이러한 이유는 강의식 집단의 경우 과학 지식에 초점을 맞추어 수업을 하였고, 검사도구가 과학 지식 위주로 되어 있기 때문에 나타난 것이라고 할 수 있다. 이것은 과학교육의 목표가 지식습득이 목표라면 강의를 위주로 하는 수업방식이 적합하다고 해석할 수 있다.

3. 수업 방식에 따른 학생들의 과학 탐구 능력

수업 방식에 따른 학생들의 과학 탐구 능력의 평균은 〈표 II-19〉와 같다.

|표 II-19| 수업 방식에 따른 과학 탐구 능력 검사 결과

구 분	HASA(N = 58)			실험(N = 45)			강의(N = 59)		
	평균	표준 편차	교정 평균	평균	표준 편차	교정 평균	평균	표준 편차	교정 평균
과학지식	14.60	5.38	14.93	15.30	4.95	15.30	15.96	5.07	15.64

강의 수업 적용 집단의 탐구 능력이 가장 높고, 다음으로 실험 집단이 높게 나타난 반면 HASA 프로그램 적용 집단의 평균은 낮게 나타났다. 세 수업 방식이 학생들의 과학 탐구 능력에 미치는 영향을 알아보기 위하여 사전 검사를 공변량으로 하여 공변량 분석을 실시한 결과는 〈표 II-20〉과 같다.

|표 II-20| 과학 탐구 능력에 대한 공변량 분석

Source	SS	df	MS	F	p
처치전	871.910	1	871.910	41.107	.000
주효과	14.385	2	7.193	.339	.713
수정 모형	925.551	3	308.517	14.545	.000
Intercept	913.564	1	913.564	43.071	.000
합계	42150.500	162			

공변량 분석 결과에 따르면 HASA 프로그램, 실험, 강의 수업 집단 사이에는 p = .713으로 통계적으로 유의한 차이가 없는 것으로 나타났다. 이러한 결과는 실생활 소재를 이

용한 과학 탐구활동 프로그램을 개발하여 적용했을 때 과학 탐구 능력에 있어 효과적이라는 김수경과 김중복(2005)의 연구결과와 다른 결과를 보이고 있다. 그렇지만 HASA 프로그램을 사용해도 다른 프로그램에 비해 과학 탐구 능력이 크게 미진할 수도 있다는 우려를 불식시켜줄 수 있다고 해석할 수 있다.

4. 수업 방식별 심층 면담 결과

HASA 프로그램 수업을 받은 학생들은 인터뷰 결과 모두 활동을 통해 매우 좋은 기억을 가진 것으로 나타났다. 이것은 과학적 태도에 대한 통계분석 결과에서 통계적으로 유의한 차이가 없었다는 결과와 매우 대조적인 반응을 볼 수 있었다.

"탁구공이 원래 튀어야 하는데 간단한 실험 하나로 튀지 않아서 신기했다."
"궁금했던 사실을 실험으로 배워서 쉽게 이해할 수 있어서 재미있었다."
"일상에서도 쉽게 체험할 수 있는 실험이어서 좋았다."
"아무래도 실험으로 직접해보고 다음에 선생님의 설명을 들어서 이해도 더 잘된 것 같습니다."
"전에 TV에서 한번 봤었는데 직접 해보니까 더 신기했어요."
"직접 활동을 할 수 있어서 교과서를 보고 공부하는 것보다 더 재미있고, 즐거웠다. 수업이 끝나고 듣는 선생님의 설명이 좋았다."
"아이들과 함께 신기한 실험도 하고 맛있는 것을 나누어 먹어서 재미있었다."
"마시멜로, 젤리 등에 직접 압력을 변화시켜 부풀어 오르게 하는 활동을 통해 몰랐던 과학적 사실을 알게 되어 좋았고, 신기했다."

HASA 프로그램을 수행한 학생 중 과학적 태도가 향상된 학생들은 직접 실험을 하고, 평소에 하지 못하던 신기한 실험, 주위에서 볼 수 있는 소재를 활용한 것이 흥미를 유발하고 기억에 남는다는 답변이 주를 이루었다. 이에 비해 교과서에 제시된 실험 수업을 받은 학생들의 수업 내용에 대한 평가는

"손으로 만드는 실험을 하는 것이 재미있었어요."
"피스톤 실험이 왠지 신기했다."
"종이를 접어서 버티게 하는 것은 너무 재미없었다."

"꾸미고, 만들고, 실험해보고, 결과를 보고 직접할 수 있어서 좋았어요."

이러한 반응은 HASA 프로그램에서의 반응과 약간의 차이를 보이는데, 실험이 신기하거나 흥미를 유발할 만한 것은 아니어서 재미없었다고 말하지만, 자신들이 직접 조작하는 활동을 한 것이 흥미를 유발했음을 보여주고 있다. 이에 비해 강의 수업을 받은 학생들은 사전 사후 검사의 향상 혹은 하락에 관계없이 수업 내용에 대해서 다음과 같이 평가하고 있었다.

"만드는 것(과 같은 활동 혹은 실험)이 없고 너무 문제만 풀어서 재미없었다."
"수업시간이 지루하고 무슨 말인지 잘 모르겠다."
"실험을 하지 않아서 재미없었다."

실험이 없어 개념을 다루는 문제 풀이 중심의 수업이 재미가 없고 지루했으며, 단지 간단하고, 쉬운 문제를 풀었을 때 재미를 느꼈다고 말하고 있다. 또한 수업을 진행하는 교사가 친절하게 문제를 풀어서 보일의 법칙, 샤를의 법칙 등을 이해하는 데 도움이 되었다고 했다.

HASA 프로그램을 적용한 학생들의 인터뷰 결과 중 탐구활동에 대한 반응을 보면, 교과서에 제시된 실험 수업이 이루어진 집단과 마찬가지로 탐구활동 중에서 관찰이 가장 재미있고 좋았으며, 자료 해석, 결론 도출 등이 가장 어려웠다고 설명하고 있다.

특이할 만한 것으로 탐구활동의 내용 중에서 다음과 같은 학생들의 평가이다.

"관찰활동이 가장 기억에 남고 유익했어요."
"측정, 자료 해석, 결론 도출이 어려워요."
"예상을 하고 맞추었을 때 재미있었어요."
"실험하면서 관찰하면 변화를 알 수 있어서 재미있었어요."

이러한 평가는 수업 방식에 관계없이 대부분의 학생들에게서 나타났는데, 공통적으로 관찰활동에 대해 매우 친근하며 재미있게 생각하고 있었으나, 실험결과를 분석하고 종합하여 결론을 내리는 것을 어려워하고 있음을 알 수 있었다. 이것은 신기한 대상에 대한 간단한 탐구활동은 흥미를 유발하고 있으나 복잡하게 상관관계를 해석하거나 의미를 부여해야 하는 분석, 종합, 결론 도출에 대해서는 매우 불편해하고 흥미를 이끌어내지 못하는 것으로 해석할 수 있다.

3.4 결론과 제언

이상의 검사결과와 연구결과를 종합해 보면, 수업 방식에 따라 과학적 태도에 있어서 통계적으로 집단별 차이를 나타내지 않았지만, 과학 지식의 성취도, 과학 탐구 능력에서는 큰 차이를 발견할 수 없었다.

첫째, 과학적 태도의 향상이라는 측면에서 실험 수업 집단과 HASA 프로그램을 적용한 집단, 교과서에 제시된 실험 수업을 받은 집단, 그리고 강의식 수업을 받은 집단 간에 통계적으로 유의한 차이는 나타나지 않았다. 그러나 실생활 소재를 이용하여 학생들의 조작활동이 강조되도록 개발한 HASA 프로그램을 적용한 집단이 다른 집단에 비해 과학적 태도가 높게 나타났다. 이것은 평소에 접하는 소재로 신기하고 재미있는 여러 가지 상황을 제공하고, 학생들이 직접 조작하거나 제작하는 활동을 중심으로 수업이 이루어졌을 때 학생들의 흥미를 유발하였고 그것으로 인해 과학에 대한 기본적인 흥미가 생겨나고 과학에 대한 긍정적인 태도를 가져올 수 있다는 것을 보여주었다.

둘째, 과학적 지식의 성취 면에서 보면, 교과서를 중심으로 한 실험 수업 집단은 성취도가 낮아졌고, HASA 프로그램을 적용한 수업 집단과 강의식 수업을 받은 집단에서는 성취도가 낮게 나왔으나, 통계처리 결과 학습지를 이용하여 이루어진 개념 중심의 강의식 수업은 과학적 개념의 향상에 효과적이었다.

셋째, 실험 수업을 받은 집단, HASA 프로그램을 적용한 집단, 강의식 수업을 받은 집단들 모두 과학적 탐구 능력의 향상은 볼 수 없었다. 이러한 결과는 일반적인 연구결과와 상이한 것이었다.

넷째, 수업 후 면담을 통해 얻은 결과를 보면 학생들은 탐구활동에서 관찰과 같은 기초 탐구활동에서 흥미를 많이 느끼고 있었으나 결과 해석이나 결론 도출과 같은 약간 복잡한 활동에 대해서는 어려워하는 경향을 나타냈다. 이것은 HASA 프로그램을 개발할 때 탐구 능력 향상을 도모하려 한다면 어떤 상황을 시작점으로 할 것인지에 대한 중요한 시사점을 제공하고 있다.

이상의 연구결과를 정리하면, 학생들에게 과학에 흥미를 주기 위해서는 생활 주변의 소재를 활용하여 직접 조작하는 실험을 하고, 특이한 활동을 하는 것이 도움을 줄 수 있으며, HASA 프로그램을 사용하여도 과학 지식이나 탐구 능력 향상에 큰 우려를 불러일으킬 만한 것은 아니라고 할 수 있다. 그러나 HASA 프로그램이 더 한층 발전하기 위해서는 HASA 프로그램에서 갖게 된 흥미를 과학적 탐구 능력과 과학 지식의 향상에까지 이어줄 수 있도록 활동 프로그램을 보완할 필요가 있다.

왕 초코파이

– 기체 압력과 부피의 관계 –

영화 <토탈리콜>(아놀드 슈왈제너거 주연)에서 주인공이 공기가 없는 화성에 떨어졌을 때, 두 눈이 튀어나오고 얼굴이 부풀어 오르는 장면이 있다. 다시 공기가 만들어지면서 주인공의 얼굴은 원래 모습을 되찾는데, 여기서 기압이 낮으면 왜 눈이 튀어나오고 살갗이 부풀어 오를까? 기체의 압력과 부피의 관계를 재미있는 실험으로 알아보자.

이 활동을 하면

진공 용기의 압력을 변화시키는 활동을 통해서

(탐구) • 압력의 변화에 따른 초코파이의 모양 변화와 물의 끓는점의 변화를 살펴볼 수 있다.

(지식) • 압력이 작아지면 기체의 부피는 커지고 용해도는 감소함을 설명할 수 있다.

• 압력이 낮아지면 끓는점이 낮아지는 이유를 설명할 수 있다.

(태도) • 주변에서 흔하게 보던 물질들이 외부의 압력에 따라 부피가 달라짐을 이용하여 공기가 들어 있는 물질에 관심을 가진다.

무엇이 필요한가?

진공용기(온도계 포함), 초코파이, 자, 100 mL 비커, 알코올램프, 삼발이, 철망, 목장갑, 사이다 1.5 L, 종이컵(소), 핸드폰, 소음기(또는 줄자), 무스, 가압계, 1.5 L 페트병

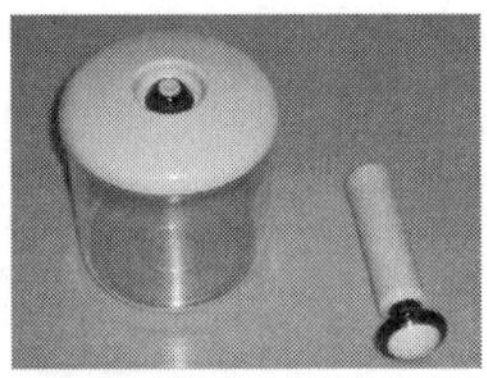

어떻게 할까?

1. 초코파이가 얼마나 커질까? (보일의 법칙)

① 진공용기 안에 초코가 묻지 않도록 알루미늄 호일을 깔고 초코파이 3개를 넣자.

② 피스톤을 상하로 당겨 용기 안의 압력을 줄이자.

③ 초코파이의 크기 변화를 눈으로 관찰하자.

④ 피스톤을 당긴 횟수가 많을수록 용기 안의 압력이 비례하여 낮아진다고 가정하고 용기 안의 압력과 초코파이의 높이를 비교하여 정리해보자.
(우선 다른 종이에 횟수와 높이를 적어둔 후 5칸의 표에 들어갈 수 있도록 처음, 중간 3개, 마지막 1개의 데이터만 적어 넣자).

피스톤의 횟수(회)	높이(cm)	〈그래프〉

2. 끓는점이 얼마나 낮아질까?

① 100 mL 비커에 물을 반쯤 넣자.
② 알코올램프로 물을 끓이자.
③ 용기 안의 흰색 받침대를 꺼내고 미니 온도계를 벽면 아래에 붙이자.
④ 불을 끄고 물이 끓지 않으면 목장갑을 끼고 뜨거운 물을 진공용기에 붓자.
⑤ 뚜껑을 닫고 진공용기 안의 압력을 줄이자.
⑥ 용기의 압력이 얼마나 줄어야 물이 다시 끓는지 알아보자. 그리고 온도가 낮아져 물이 또다시 끓을 때까지의 피스톤의 왕복 횟수를 측정하여 오른쪽 그래프를 통해 각각의 경우 통 속의 압력을 추정하여 보자.

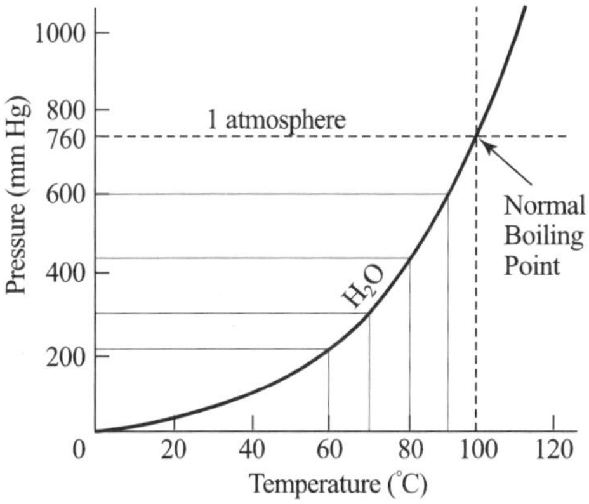

피스톤의 횟수(회)	물의 온도(℃)	압력(mmHg)	〈그래프〉

3. 온도가 떨어질까? (단열 팽창)

① 밖에서 볼 수 있도록 용기 벽면에 온도계를 붙인다.

② 작은 삼각 플라스크에 에탄올을 5~10 mL 넣고 고무마개로 뚜껑을 닫는다.

③ 삼각 플라스크를 진공용기 안에 넣고 뚜껑을 닫는다.

④ 피스톤으로 압력을 줄이면서 삼각 플라스크 안에 어떤 현상이 생기는지 관찰하자.

⑤ 진공용기 대신에 가압계(pizz keeper)를 이용할 수 있다.

⑤-1. 1.5 L 페트병에 물을 넣어 흔들어 준 후 버린다.

⑤-2. 가압을 한다.

⑤-3. 뚜껑을 열어 압력을 줄일 때 어떤 현상이 생기는지 관찰하자.

4. 기체의 용해도가 얼마나 낮아질까? (헨리의 법칙)

① 사이다를 100 mL 비커와 작은 종이컵에 반쯤 붓고 두 개를 모두 진공용기에 넣는다.

② 뚜껑을 닫고 피스톤을 움직여 압력을 줄인다.

③ 압력을 어느 정도 줄인 후, 사이다에서 기포가 발생하는 현상을 관찰한다.

④ 기포 발생이 멈추면 다시 압력을 줄이고 기포 발생을 관찰한다.

⑤ 내부 압력이 어느 정도가 될 때까지 기포가 발생하는지 알아보자.

⑥ 압력을 원래 상태로 늘리고 사이다의 맛이 어떻게 바뀌었는지 맛을 보자.

5. 소리가 얼마나 줄어들까?

① 핸드폰을 벨소리로 전환시켜 진공용기 안에 넣고 전화를 걸어 벨소리를 들어보자.

② 피스톤을 이용하여 용기의 압력을 줄여가면서 전화벨 소리 크기를 비교하여보자.

③ 소리 크기를 확인할 수 있는 소음기를 이용하면 좀더 정밀하게 실험할 수 있다.

④ 소음기가 없다면 소리를 들을 수 있는 진공용기와의 거리로 나타내보자.

피스톤의 횟수(회)	소리크기(dB)	〈그래프〉

생각해 보기

(탐구) • 압력이 줄어들면 초코파이의 크기가 어떻게 될까?

• 압력이 줄어들면 물의 끓는점이 어떻게 될까?

- 압력이 줄어들면 공기의 온도가 어떻게 될까?
- 압력이 줄어들면 기체의 용해도가 어떻게 될까?
- 압력이 줄어들면 소리의 크기는 어떻게 될까?

(지식)
- 압력이 줄어들면 초코파이의 크기가 늘어나는 이유가 무엇일까?
- 압력이 줄어들면 물의 끓는점이 내려가는 그 이유가 무엇일까?
- 압력이 줄어들면 공기의 온도가 내려가는 그 이유가 무엇일까?
- 압력이 줄어들면 기체의 용해도가 감소하는 이유가 무엇일까?
- 압력이 줄어들면 소리의 크기는 어떻게 되며 그 이유가 무엇일까?

HASA 퍼즐

무스를 손바닥에 올려놓고 보면 공기가 들어 있는 거품이 포함되어 있다. 무스를 알루미늄 호일에 살짝 뿌리고 진공용기 안에서 공기를 빼면 무스의 모양과 크기가 어떻게 변할까?

활동 평가

● 활동에 대한 평가 ●
가. 기체 압력에 따라 부피가 달라지는 활동을 탐구할 수 있다. 나. 기체의 압력이 줄어들면 부피가 커지고 용해도가 줄어드는 사실을 설명할 수 있었다. 다. 기체의 압력에 따라 부피가 달라지는 탐구활동에서 적어도 3개 이상 의 데이터를 얻으며 실험하였다.

참고문헌

교육부 (1998). 과학과 교육과정. 서울:대한교과서.

권재술, 김범기 (1994). 초·중학생들의 과학탐구능력 측정도구의 개발. 한국과학교육학회지, 14(3), 251-264.

김수경, 김중복 (2005). 실생활 소재 과학 탐구 모듈이 중학생의 과학 탐구 능력과 실험 활동에 대한 태도에 미치는 효과. 한국과학교육학회지, 25(7), 811-819.

김용권, 이충형, 이석기 (2004). 과학놀이 활동이 아동들의 과학적 태도와 탐구 능력에 미치는 효과, 초등과학교육, 23(1), 17-26.

김은진, 임채성 (2003). 제7차 교육과정기의 초등 과학교과서 생명 영역에서 현장체험학습의 실태에 대한 연구. 한국생물교육학회지, 31(2), 139-146.

김재근, 황세영, 한미희, 김남일 (2004). 개발된 놀이, 체험 및 관찰 실험 활동 프로그램과 과학(생물) 교과 내용과의 연계성 검토. 한국생물교육학회지, 32(4), 276-286.

김현재, 정은주 (1985). 국민학교 저학년을 위한 과학 놀이 활동 지도 자료 개발 연구. 한국과학교육학회지, 5(2), 113-137.

김효남, 정완호, 정진우 (1998). 국가 수준의 과학에 관련된 정의적 특성의 평가 체제 개발. 한국과학교육학회지, 18(3), 357-369.

나지연, 장병기 (2005). 과학 연극 수업이 과학 본성에 대한 초등학생의 인식에 미치는 영향. 초등과학교육, 24(5), 558-570.

박승재, 임성민, 박종호, 유준희, 이용복, 정은숙, 홍준의 (2003). 서울특별시 탐구・실험 중심 과학교육 활성화 방안, 서울특별시 교육청, 87-94.

송진웅, 조숙경 (2004). Yet Another Paradigm Shift?: From Minds-on to Hearts-on, 한국과학교육학회지, 24(1), 129-145.

황성원, 최정훈, 황북기 (2005). 청소년을 위한 "이동과학교실" 사례 연구를 통한 재미있는 과학의 특성 연구. 초등과학교육, 24(5), 602-611.

Bell, R. L., Blair, L. M., Crawford, B. A., & Lederman, N. G. (2003). Just do it? Impact of science apprenticeship program on high school students' understanding of the nature of science and scientific inquiry. Journal of Research in Science Teaching, 40(5), 487-509.

Blosser, P. E. (1984). Attitude research in Science education. Information bulletin, No. 1.(ERIC Document Reproduction Service No. ED249941).

Coble, C. R. & Koballa, T. r. Jr. (1996). Science education. In Huston, J., Buttery, T., & Guytom, E.(Eds.), Handbook on research in teacher education. New York. Macmillan.

Germann, P. J., Haskins, S. & Auls, S. (1996). Analysis of nine high school biology laboratory manuals: Promoting scientific inquiry. Journal of Research in Science Teaching, 33(5), 475-499.

Mullis, I. V., Martin, M. O., Fierros, E. G., Goldberg, A. L., & Stemler, S. E. (2000). Gender difference in achievement; IEA's third international mathematics and science study(TIMSS). MA: International Study Center.

OECD (2001). Knowledge and Skills for Life: First Result from PISA2000. Paris. OECD Publication.

4 HASA 과학교육연구센터 운영 모형

4.1 일본의 과학교육 협력체제

일본의 과학교육 협력 프로그램에서는 국가 차원의 '과학기술 · 과학과목 너무 좋아 계획' 지원활동과 과학 교육계와 자원봉사자가 주로 참가하는 민간 차원의 과학 교사 동아리 활동을 들 수 있다.

1. 일본 문부과학성의 '과학기술 · 과학과목 너무 좋아 계획'

일본은 과학기술의 진흥을 통하여 풍부한 국민 생활과 사회 경제의 발전 및 산업경쟁력의 강화를 실현하는 '과학기술창조입국'을 지향하고 있다. 이를 위해 국가 전체가 과학기술에 관심과 이해를 깊게 함과 동시에, 다음 세대를 책임질 청소년이 과학기술에 꿈과 희망을 갖고 과학기술을 지향하도록 하는 것에 정책의 중점을 두고 있다. 최근 일본에서는 청소년을 비롯하여 국민의 '과학기술 기피'와 '과학과목 기피'가 지적되고 있다. 이러한 상황에 대처하여 과학을 좋아하고, 과학과목을 좋아하는 학생을 늘이기 위해 문부과학성에서는 2002년부터 '과학기술 · 과학과목 너무 좋아 계획'을 실시하고 있다.

'과학기술 · 과학과목 너무 좋아 계획'에서는 과학기술 · 과학교육을 충실하게 하기 위해 다음과 같은 시책을 종합적이고 통합적으로 추진한다. 이를 통해 학생들의 과학기술 · 과학과목에 대한 관심을 높이고, 학습 의욕을 향상시키고, 창조성, 지적 호기심, 탐구심을 육성하는 것을 그 목적으로 하고 있다.

과학기술 · 과학과목 너무 좋아 계획 및 관련 시책

-기술 혁신과 산업경쟁력을 책임질 미래를 위한 과학기술계 인재의 육성-

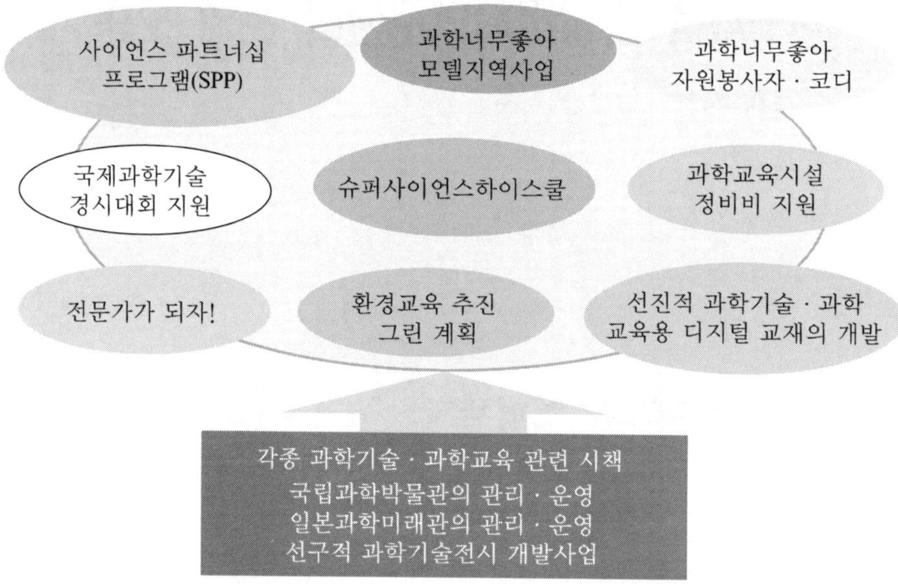

이 프로그램에서 주안점을 두고 있는 내용은 다음과 같다.

- 사이언스 파트너십 프로그램 : 대학, 연구기관, 민간 기업 등과 중등학교를 연결시켜 학생들의 과학, 기술 수학 분야의 관심과 지적 탐구심을 증진시키는 프로그램
- 과학 너무 좋아 모델지역사업 : 지역과의 연대를 통한 관찰 실험 중시. 과학 수학 분야의 흥미와 관심을 높이는 지도법의 연구 및 교재 개발
- 과학 너무 좋아 자원봉사자 · 코디 : 지역 인재를 활용하는 과학기술 분야의 이해 증진 프로그램 실시
- 슈퍼사이언스하이스쿨 : 선진 과학기술, 과학, 수학에 관한 교육과정 개발. 필요 기자재 및 소모품의 정비
- 과학교육시설 정비비 지원 : 중학교와 고등학교의 과학교육 시설의 정비에 대한 보조
- 전문가가 되자! : 첨단기술, 기능 등을 도입한 교육활동 지원. 대학 산업, 연구기관 등과의 효과적인 연계
- 환경교육 추진 그린 계획 : 학교에서의 환경교육 추진
- 선진적 과학기술 · 과학교육용 디지털 교재의 개발 : 최첨단의 연구 성과 등을 활용한 과학 · 기술 교육용 멀티미디어 교재를 연구, 개발. 전국 중고등학교에 배포

(1) 사이언스 파트너십 프로그램(SPP)

1) 개요

사이언스 파트너십 프로그램은 문부과학성이 2002년도부터 프로젝트 심사 방법으로 실시하는 예산 166억 원의 중고교 과학교육 지원 활동으로, '과학기술 · 과학과목 너무 좋아' 계획의 일부이다. '과학이 너무 좋아' 프로그램은 과학교육의 내실화를 위해 마련된 것으로 다음 활동들로 구성된다.

사이언스 파트너십 프로그램은 대학, 연구기관, 민간 기업 등과 중학교 고등학교를 연결시켜 학생들의 과학, 기술 수학 분야의 관심과 지적 탐구심을 증진시키는 데 그 목적이 있다. 그 내용은 다음과 같다.

사이언스 파트너십 프로그램 사업(이하 SPP사업)은 대학 연구기관, 민간 기업 등(이하 대학, 연구기관 등이라고 함)과 중학교, 고등학교 등을 연계하여 학생들의 과학, 기술, 수학에 관한 흥미와 관심, 지적 탐구심을 높이는 기회를 주기 위해 실시하는 것이다. SPP 사업은 대학, 연구기관 등의 인재, 시설, 설비 등을 학교의 과학, 기술, 수학 교육에 활용하기 위해 다음과 같은 사업을 지원한다.

- **연구자 초청 강좌** : 중고등학교나 교육위원회 등이 주체가 되어 대학, 연구기관 등의 연구자, 기술자를 초청하여 실시하는 과학, 기술, 수학에 관한 관찰, 실험 실습 등의 학습을 하는 강좌
- **교육 연계 강좌** : 대학 연구기관 등이 주체가 되어 중고등학교나 교육위원회와 연계하여, 해당 대학, 연구기관 등에서 실시하는 과학기술, 과학, 수학에 관한 관찰, 실험, 실습 등의 학습을 하는 강좌
- **교원 연수** : 각 시도의 교육위원회, 지정 시도 교육위원회나 대학, 연구기관 등이 주체가 되어 중학교 및 고등학교 교원을 대상으로 실시하는 과학기술, 과학, 수학에 관한 연수

이 밖의 사이언스 파트너십 프로그램으로는 연구자의 업적 소개, 최신의 연구 성과를 활용한 과학 · 기술 교육용 교재의 연구개발 등이 있다.

〈그림 II-3〉은 사이언스 파트너십 프로그램의 신청 및 선정 절차이다.

SPP 사업의 실시를 희망하는 기관은 먼저 문부과학성에 신청서를 작성하여 제출해야 한다. 이때 학교 및 대학, 연구기관 등이 신청하는 사업의 수에는 상한선이 없지만, 적

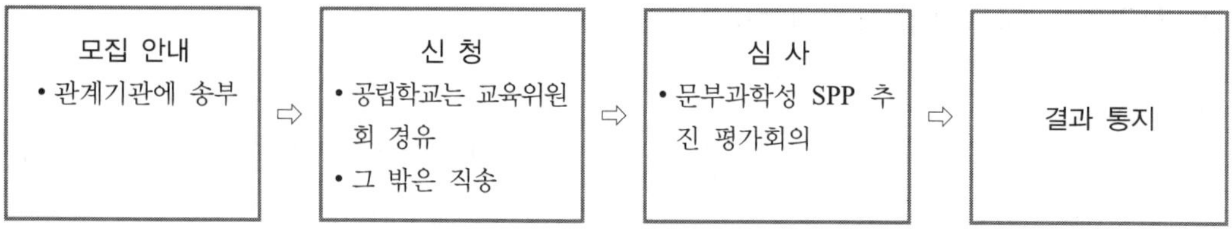

▶▶ **그림 II-3** 신청 절차

절한 실시가 가능한 범위 내에서 신청해야 한다. 문부과학성은 신청서를 기초로 내부에 설치한 사이언스 파트너십 프로그램 사업추진평가위원회의 심사를 걸쳐 적절하다고 인정되는 사업을 선정한다. 그 다음 결과를 관계 기관에 통지하는 것과 함께 필요한 조치를 취한다. 이때 필요한 경우 사업 내용을 조정할 수 있다.

SPP 프로그램의 구체적인 지원 대상은 다음과 같다.

- 강사비, 강사 여비
- 실험 소모품비
- 실험 보조원(TA)의 수당
- 학생들의 이동에 따르는 버스 대여료 등의 비용
- 학생들의 보험료
- 교재 및 보고서 작성에 필요한 인쇄 제본비

단, 지원대상은 사전 모임이나 예비실험 등에 필요한 경비를 제외하고 강좌실시 당일에 발생하는 경비에 한정하며, 연계 프로그램을 실시할 때는 실시 기관이 직접 지출하는 것이 아니라, 실시 기관이 정리한 경비 서류에 기초하여 문부과학성에서 지정한 사업 수탁기관이 경비 지출을 한다.

〈그림 II-4〉는 선정된 사업의 실시 순서이다.

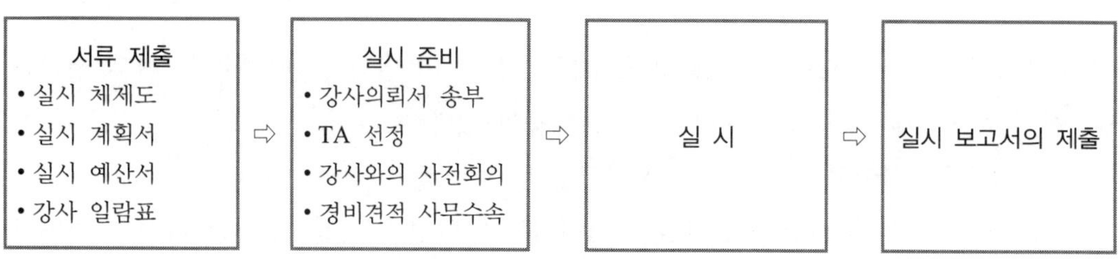

▶▶ **그림 II-4** 사업 실시 순서

사이언스 파트너십 프로그램을 실시하는 기관은 매 사업을 실시한 직후, 스스로 정한 평가기준에 의거하여 사업을 평가하고 그 보고서를 제출하여야 한다.

연구자 초청 강좌에서는 학교 또는 교육위원회가 주체가 되어, 대학, 연구기관 등의 연구자를 특별 강사로 학교에 초대하여 그 연구내용에 관한 학습을 지도한다. 특히 스스로 학습하고자 하는 욕구나 사고력, 표현력, 판단력을 증가시키기 위해 실험 관찰 등 체험적이고 문제해결적인 학습을 다루기를 권장한다.

교육 연계 강좌에서는 대학이나 연구기관 등이 주체가 되어 학교 또는 그 관리기관(학교법인, 교육위원회, 부속학교의 설치 대학)과 연계하여 강좌를 실시하는데, 과학·기술 및 수학에 관한 특정 주제에 기초하며 기본적으로 여러 번의 학습으로 구성된다.

학교에서는 먼저 목적을 명확히 한 후에 초청 강좌를 실시하거나 연계 강좌에 참여하며 실시 후에는 학생들에게 의견 발표나, 토론, 보고서 작성 등을 하게 하여 초청 강좌의 성과를 살릴 수 있도록 계획해야 한다.

다음은 연구자 초청 강좌 및 교육 연계 강좌의 성공적인 실시를 위한 문부과학성의 권고 사항이다.

- 강사와 학교는 학습지도안에 대하여 사전에 협의 및 조정 작업을 충분히 한다.
- 강사를 초청한 교원이 실시 과정에 적극적으로 관여한다.
- 실험이나 관찰 등 체험적이고 문제해결적인 학습을 중시한다.
- 강좌의 마지막에 학생이 강좌를 분석하여 정리하는 시간을 가진다.
- 강사와 학생 사이의 긴밀한 유대를 위해 가능한 한 수차례에 걸쳐서 실시한다.
- 학생의 수는 강사 및 TA와 의사소통이 가능할 수 있도록 적절히 선택한다.
- 준비 단계에서부터 학생들을 참여시킨다.

교원 연수에서는 시도 교육위원회 등이 대학, 연구기관 등의 연구자, 기술자를 강사로 초빙하여 초·중등학교의 교원을 대상으로, 과학·기술 및 수학에 대한 강의 등을 하거나 대학, 연구기관 등이 시도 교육위원회 등과 연계하여, 초·중등학교 등의 교원을 대상으로 과학기술, 과학, 수학에 관한 연수 프로그램을 실시한다. 특히 과학기술 과학, 수학에 관한 특정의 주제에 대한 깊은 이해를 위해, 강의, 관찰, 실험 등으로 구성하고, 여러 번에 걸쳐 하는 것도 가능하다.

다음은 교원연수의 성공적인 실시를 위한 문부과학성의 권고 사항이다.

• 참가 교원의 일정 조정을 위해 사전에 충분한 여유를 두고 공고한다.
• 실험을 병행하며, 학교에서 교사가 실시 가능한 내용으로 선정한다.
• 일회성이 아니라 지속적으로 실시되도록 한다.

2) 사이언스 파트너십 프로그램(SPP)의 실시 사례 및 성과

SPP 프로그램의 운영 사례 수는 〈표 II-21〉과 같다. 해가 지날수록 각 프로그램별로 실시하는 횟수가 증가하고 있다는 사실을 알 수 있다.

|표 II-21| 사이언스 파트너십 프로그램 운영 횟수

프로그램 \ 실시연도	2002년	2003년	2004년	누계
연구자 초청 강좌	174회	208회	315회	697회
교육 연계 강좌	49회	80회	110회	239회
교원연수	58회	110회	140회	308회
합계	281건	398회	565회	1,244회

한편 2004년의 경우, 신청 대비 선정 건수는 〈표 II-22〉와 같으며, 신청한 프로그램이 모두 실시되는 것이 아니라 심사를 통해 선별적으로 실시되고 있다는 것을 알 수 있다.

|표 II-22| 사이언스 파트너십 프로그램 응모 및 채택 현황

프로그램 종류	신청	채택
연구자 초대 강좌	384건	315건
교육 연계 강좌	134건	110건
교원연수	160건	140건
합계	678건	565건

각 프로그램별로 실시 사례를 살펴보면 다음과 같다.

◎ 연구자 초청 강좌

• 실시 : 교토 소재 모모야마 고등학교와 교토대학 헤이다케 조교수
• 주제 : 제1선의 연구자를 강사로 맞아하여 최첨단의 과학을 접한다. 보고 만지고 냄새 맡으며 몸으로 배우는 화학의 원점

• 내용 : 교토대학 화학연구소의 헤이다케 교수를 강사로 초빙하여 유기화학의 본질을 직접 체험하는 강좌가 행해졌다. 먼저, 근처의 레몬, 유자, 광물, 노린재 등에서 취한 유기 화합물의 냄새나 맛, 촉감, 겉보기 등을 조사하였다. 이어서 유기 화합물의 이름이나 구조식, 분자의 입체 구조, 극성과 물성 등을 배우고 나서, 다시 한 번 냄새나 맛, 손으로 느끼는 온도, 점성, 분자 모형의 모양 등을 체험함으로써 유기 화학의 본질에 다가서도록 하였다.

◎ 교육 연계 강좌

• 실시 : 우주항공 연구 개발기구와 군마 현립 다카사키 공고
• 주제 : 선진 연구시설을 이용한 교육 연계 "우주는 이렇게 재미있다"
• 내용 : 인류는 왜 우주를 향할까? 우주 개발이 일상 사회나 지구환경 보전에 어떤 역할을 하고 있을까? 보통의 생활에서는 좀처럼 이미지를 얻을 수 없는 주제에 대하여 물로켓의 제작과 발사 실험, 모의 무중력 장치와 생물실험 등 직접 만든 실험 장치에 의한 체험학습을 통해 생각해 볼 수 있는 기회를 제공하였다. 또 국립환경연구소의 협력을 얻어 우주 개발의 활동을 다각적으로 배웠다.

◎ 교원연수

• 실시 : 야마가타 대학 의학부와 야마가타현 교육위원회
• 주제 : "새로운 교육 테마에 도전하는 조직적 대응: 과학 교사를 위한 DNA 조작 실험연수"
• 내용 : 고등학교 수업에 유전자 조작 실험을 도입하기 위하여 실험 연수를 실시하였다. 유전자 진단, 치료 등의 새로운 응용기술, DNA 조작 실험 지침에 관한 강의가 있었고, 인체에 영향이 없는 특수한 대장균을 이용하여 항생물질을 분해하거나 자외선을 받으면 빛을 내는 물질을 생성하는 유전자를 대장균에 넣는 실험을 실시하였다. 참가자들은 연수의 내용을 수업에 적용하고 싶다며 적극적으로 연수에 참여하였다.

SPP 프로그램을 실시하는 측에서는 다음과 같은 긍정적 효과가 있다고 보고하였다.

• 살아 있는 지식을 접하고 직접 실험해 볼 수 있고, 과학 기술의 제일선에서 활약하고 있는 과학자의 얼굴을 볼 수 있다.
• 과학, 기술 및 수학에 관한 흥미와 이해가 높아진다.
• 교육 및 연구 현장의 지역사회 네트워크가 구축되어 연계가 촉진된다.
• 강좌를 실시하면서 얻은 아이디어 및 경험이 축적되어 이후의 교육활동에 활용된다.

• 연구자와 기술자를 가까이 대함으로써 과학기술을 친근하게 느낄 수 있다.

한편, SPP 프로그램에 대하여 참가자들은 다음과 같이 반응하였다.

• 수업시간에 배웠던 지식의 배경을 알게 되었다.
• 이러한 수업을 정기적으로 받았으면 좋겠다.
• 처음에는 어렵다고 느꼈지만 실험 등을 직접 하면서 잘 알게 되었다.
• 제일선에 서서 연구하는 것이 어렵다는 것과 또 이를 능가하는 즐거움도 있다는 것을 알았다.
• 지식을 축적하는 형태가 아니라 실천하고 시행착오 하는 것이 재미있었다.
• 전문적인 내용을 알기 쉽게 가르치는 데는 얼마나 깊은 지식이 필요한지 알게 되었다.
• 우리 지역사회에 이러한 첨단의 연구가 실행되고 있다는 것을 알게 되어 신선하였다.

(2) '과학 너무 좋아' 프로그램의 자원봉사자와 코디네이터 지원

각 지역에서의 과학 기술에 대한 이해 증진을 위해 과학 기술 이해 증진 활동에 대한 지역 인재의 네트워크를 구축함과 동시에 '과학 너무 좋아 학교'를 중심으로 하여 학교와의 연대 등과 같은 활동을 추진한다.

1) '과학 너무 좋아' 자원봉사자 지원

많은 학생들에게 과학기술, 과학 실험, 공작 교실, 야외 관찰 등의 체험의 장을 제공하는 활동은 학생의 과학기술에 대한 관심과 이해를 깊게 하는 데 도움이 된다. 최근 이러한 체험학습활동의 범위는 넓어지고 있으나, 대부분이 자원봉사활동에 의한 것이다. 현재 지역에서 과학기술 이해 증진활동에 종사하고 있는 자원봉사자의 대부분이 각각의 지역에서 경비 지원도 없이 열의로만 자원봉사활동을 하고 있는 것이 실태이다. 따라서 이러한 청소년 대상의 체험학습활동 등을 추진하는 자원봉사활동을 지원 사업으로, 자원봉사자 개인 및 지역 그룹으로 행하는 과학기술 이해 증진활동에 대하여 지원을 한다.

2) '과학 너무 좋아' 코디네이터 지원

관찰, 실험, 야외활동 등의 장을 제공하는 활동은 많은 학생들이 과학기술의 즐거움을 체험하는 기회를 제공하고, 학생의 과학기술에 대한 관심과 이해를 깊게 할 수 있다. 현재 이러한 체험학습활동은 폭넓게 실시되고 있으나, 각 지역에서의 활동을 활발하게 하기 위해서는 각 지역에 네트워크와 기획력 있는 인재에 의한 활동 추진이 필요하다. 이에 이러한 역량이 있는 인재를 '과학 너무 좋아' 코디네이터로 정하고 각 지역의 과학기술 이해 증진의 중심핵으로서 주체적, 연속적, 계통적으로 실시하도록 하고, 그 활동을 지원한다.

2. 과학교육 연구 모임

(1) 일본 과학교육 연구 모임의 개요

일본은 과학교육 관련 교사들의 연구 모임활동이 활성화되어 있다. 한국에 비해 연구 모임의 수도 많으며, 그 활동의 폭과 깊이도 넓고 깊다. 한국의 과학 교사 연구 모임에 비해 특기할 만한 점이 있다면 다양한 분야의 인사들이 연구 모임에 참여하고 있다는 것이다. 예를 들어 도쿄의 과학 교사 모임인 갈릴레오 공방에는 과학 교사뿐만 아니라 대학원생, 방송국 프로듀서, 경찰 산하 연구소의 연구원 등이 참여하고 있으며 오사카 지역을 중심으로 하는 온센(ONSEN)에는 과학교구 회사의 직원, 학원 강사, 회사원 등이 참여하며 도야마의 과학 교사 모임에는 치과의사, 은퇴한 초등학교 교사, 꽃꽂이 강사 등도 참여하고 있다. 과학 교사뿐만 아니라 지역의 인사가 함께 참여함으로써 교사와 학부모 사이의 교류가 자연스럽게 이어지고, 이를 교육 활동에 받아들이는 점이 인상적이라 할 수 있을 것이다.

과학교육 연구 모임의 주된 활동은 생활 주변의 소재를 이용하여 간단하고 값싸게 실시할 수 있는 실험활동을 개발하는 일이다. 각 연구 모임에서 개발된 자료는 소식지나 도쿄의 청소년과학축전을 비롯한 각 지역의 청소년과학축전 등의 과학 대중화 행사를 통해 공유하고 있다. 특히 일본의 과학 교사 모임은 한국에도 영향을 끼쳐 과학 교사 모임을 결성하고 활동을 시작하는 데 큰 자극이 되었으며, 일본 과학 교사 모임에서 개발된 활동이 도쿄의 청소년과학축전 등의 교류활동을 통해 국내에 소개되어 초·중등학교에서도 활용되고 있다.

(2) 일본 과학교육 연구 모임의 실제 사례

과학교육 연구 모임의 사례로 오사카 지역을 거점으로 하는 연구 모임인 '온센'을 들고자 한다. 다음은 온센에 대한 모임 참여 교사[3)]의 설명이다.

'Onsen'은 Online Natural Science Education Network의 약자로 인터넷의 메일링 리스

3) 신지 단조. 오사카의 시텐노지 고등학교 물리교사

트를 통한 자연과학 교육의 연구실천 단체이다[4]. 회원은 초·중·고·대학의 교원, 과학관이나 천문대의 직원, 학원의 관계자, 교재 관계자, 기업의 연구원, 주부, 학생, 대학원생 등 다채롭고, 가입자는 현재 130명을 넘어선다. 모임에서는 교육연구, 교육실천의 교류, 실험교재의 개발 등을 행하고, '온센 라보[5]'라는 과학교육진흥을 위한 특별 팀을 편성하여, 간사이 지방[6]을 중심으로 실험교실, 사이언스 쇼 등을 활발히 실시하고 있다. 또한 인터넷 홈페이지[7]에서 활동 소개, 질문 코너, 과학 교실의 의뢰 접수 등을 행하고 있다.

'온센'의 대부분의 활동은 메일링 리스트를 통한 상호 정보 교환이며, 정기 모임은 2개월에 한 차례 정도 실시한다. 메일링 리스트의 이메일을 통한 의사소통은 언제든지 편하게 연락할 수 있다는 이점이 있지만, 직접 만남을 통한 모임보다는 의사소통에 한계가 있을 수밖에 없다. 이런 점을 보충하기 위해 오프라인 모임을 실시한다. 평소에 얼굴을 마주하는 것이 드문 회원들 사이에서 오프라인 모임은 마음이 통할 수 있는 즐거운 행사의 하나이다. 회원의 대부분은 과학 실험을 매우 좋아해서 '정기 모임'에서는 새로운 실험이나 아이디어가 줄줄이 소개되어 언제나 신선한 감동을 느낄 수 있다. 정기 모임에서 발표된 실험은 전부 홈페이지에 올린다. '온센'은 기관지는 없지만, 홈페이지가 그 역할을 대신하고 있다. 비용뿐 아니라 인쇄나 발송 등의 번잡한 작업이 없어서 편리하다.

1997년 2월 오사카에서 에너지 절약센터 주최로 갈릴레오 공방[8]의 '사이언스 쇼'가 행해졌다. 이때 온센의 메일링 리스트의 회원도 협력하게 되었다. 쇼는 너무 멋지고 성공적으로 끝났으며, 이때의 경험이 다음으로 이어지게 되었다. 같은 해 여름방학에 오사카 교통과학박물관에서 40일간 열린 특별전 '철도 과학의 깜짝 상자'에서의 전시·강연에 협력 의뢰가 들어왔다. 그때까지 운영되던 메일링 리스트는 구성 회원이 유동적이며, 간사만 있고 책임자가 명확하지 않았기 때문에 사업을 책임질 주체로서의 체제가 정비되어 있지 않았다. 이에 따라 과학교육진흥사업에 대한 책임을 질 수 있는 조직으로서 온센 메일링 리스트의 하부 조직으로 통칭 '온센 라보'라고 하는 실험 조직을 만들게 되었다. '온센 라보'에는 대표나 사무국장 등 명확한 책임을 가진 역할과 사업체로서의 기능이 있다. 이렇게 해서 온센 메일링 리스트에 온센 라보라는 과학교육진흥의 실행 조직을 가지고 있는 현재의 온센이 완성되었다.

온센 라보의 두 번째 사업은 97년 12월 지구온난화방지 교토회의 때 행해진 '에너지

---

4) 온센은 온천(溫泉)의 일본어 발음이기도 하다.
5) Laboratory
6) 오사카, 나라 교토 지역
7) http://www.nep.chubu.ac.jp/onsen/
8) 도쿄의 과학교육 연구 모임

절약 심포지움'에서 과학 실험 쇼를 기획하고 실행하는 일이었다. 갈릴레오 공방의 지원도 있어서 준비 기간이 짧았음에도 불구하고 무사히 해내게 되었다. 이때 교토의 회원으로부터 '온센의 O가 오사카라면 좋지 않다'는 의견이 나왔다. 활동이 오사카에 머물지 않았기 때문이다. 그래서 오사카를 '온라인'으로 변경하게 되었다. 이에 따라 온센 메일링 리스트의 범위가 간사이 지역에서부터 전국 네트로 확대, 간사이를 중심으로 홋카이도에서 큐슈, 그리고 국회에까지 회원이 늘어났다. 라보의 활동 범위도 확대되어, 최근에는 시코쿠, 중부, 칸토 지역에서도 의뢰가 오고 있다.

한편, '온센 라보'는 나카야마 재단의 지원으로 '배달 과학의 제전'이라는 사업을 수행하고 있다. '배달 과학의 제전'이란 과학관이 없는 지역에 가서 아이들과 실험교실을 행하는 것이다. 또 과학기술진흥사업단의 파견 실험 강사 프로그램인 '사이언스 레인저(ranger)'에도 온센의 회원 중 많은 사람들이 선발되었다. 이러한 활동을 통해 온센의 활동이 일본 내에서 널리 알려지게 되어 현재는 요청이 많아져 온센 라보는 거의 모든 휴일에 긴키 일원에서 과학 실험 교실을 행하는 상황이 되었다. 작년 한 해 동안에도 연간 50회 이상의 과학 실험 교실을 수행하였다.

온센 실험 교실의 가장 큰 매력은 학교교육에서 할 수 없는 것들이 가능하다는 점이다. 온센 라보에서는 주로 참가자 경험형의 실험을 소개하고 있다. 가까운 공원에서의 야외 활동이나, 천문대에서의 합숙 등, 야외에 나가서 관찰하고 체험하는 형태의 교실도 시작하고 있다. 또한 온센에서는 출판 부문도 만들어 활동을 개시하고 있다. 올해에서부터 오사카시립과학관의 월간지에 릴레이 형식으로 재미있는 실험을 소개하고 있다. 또 전국적인 요청에 응하여 '온센 과학 실험 교실 매뉴얼'이나 '실험 활동지' 등을 중심으로 하는 가족 지향의 홈페이지를 기획하고 있다.

4.2 과학 교사 모임을 통한 교사의 전문성 신장

1. 들어가며

교육의 질은 교사의 질을 능가할 수 없다는 말이 있다. 이는 학교교육의 과정에서 무엇보다도 중요한 것은 교사의 역할임을 의미한다. 교사의 역할 수행을 원활하게 하기 위해서는 교사의 전문성이 우선되어야 할 과제이다.

사회의 급속한 변화와 급속히 증가하는 지식의 양 그리고 새로이 밀려오는 정보 사회에 대처하기 위해서는 교사 역시 전문화의 심화 없이는 효과적인 교육을 할 수 없을 것이므로 교육의 성패는 교사의 전문성이 얼마나 심화되어 있느냐에 달려 있다고 보인다.

임청환(1999)도 과학 교사의 자질에 관한 문헌 연구를 통해 과학 교사의 자질을 과학 내용에 관한 지식, 탐구 과정에 대한 절차적 지식, 과학교육 과정에 대한 지식, 일반적인 교육학에 관련된 지식, 학습자에 대한 지식, 학급 경영 능력, 의사 소통 능력, 교수-학습에 대한 지식, 과학적 성향, 과학의 사회적 · 기술적 맥락의 이해, 바람직한 학습 환경의 조성, 평가에 관한 지식, 교수 기술에 관한 지식, 직업적 책무성 등으로 정리했으며 여기에 더하여 과학 교수 내용 지식을 과학 교사의 자질 중에서 가장 필수적인 사항으로 보았다. 관점에 따라서는 과학 교수 내용 지식이 앞에 언급된 과학 교사의 자질 모두를 포함한다고 볼 수 있다고 할 정도로 과학 교수 내용 지식의 중요성을 강조했다.

임찬빈 외(2004)의 연구에서도 과학 교사의 전문성 구성 요소로 과학 교수 내용 지식, 과학과의 평가에 관한 지식, 학생들에 대한 지식, 융통성을 제시했으며, 이 중에서도 과학 교수 내용 지식을 갖춘 전문가는 교과 내용학적 전문성만 갖추고 있는 내용 전문가와는 차별되어야 한다고 강조하였다.

심재호(2006)는 과학 교사의 전문성을 구성하는 요소로 과학 내용에 관한 지식, 탐구 과정에 대한 절차적 지식, 과학교육 과정에 대한 지식, 일반적인 교육학에 관련된 지식, 학습자에 대한 지식, 의사소통 능력, 교수-학습에 대한 지식, 과학적 성향, 과학의 사회적 · 기술적 맥락의 이해, 평가에 관한 지식, 직업적 책무성, 과학 교수 내용 지식 등을 제시하였다.

과학 교사들은 대부분 자신을 어느 정도 과학 교과의 전문가라고 생각하지만 과학 교과에 정통한 전문가로 확신하지는 못하고 있음을 알 수 있었다. 하지만 교과 모임활동 경력이 증가할수록 과학 교사의 전문성이 증진되었다고 인식하였다. 이는 과학 교사로서의 전문성이 부족함을 스스로 느끼고 있는 교사들은 과학 교과 모임을 계속하여 전문성을 향상시키고 있으며, 과학 교과 모임 경력이 많은 교사들의 경우에는 교과 모임에서 지도 자로서의 역할을 수행하면서 과학 교과 전문성을 갖춘 교사로 인식하고 있다. 과학 교과 모임 활동은 1년에 1회 실시되는 것이 아니라 자율적으로 매주 또는 격주로 실시되는 것이며, 현장에서 과학 교과 지도에 어려움을 느끼는 부분을 해소하기 위한 활동이 주목적이기 때문에 과학 교사 전문성을 향상시킬 수 있는 적절한 매개체가 된 것으로 추측하였다(심재호, 2006).

이상과 같이 교사의 전문성에 대한 논의와 교과 모임을 통한 교사의 전문성 신장에 관한 연구는 있었지만 과학 교사 모임을 통한 교사의 전문성 신장 과정에 대한 연구는 이루어지지 않았다.

따라서 본 연구는 과학 교사 모임이 교사의 전문성 신장에 긍정적인 영향을 미친다는 전제하에 과학 교사 모임에서 전문성 신장이 어떻게 이루어지고 있는지, 과학 교사 모임에서 활동하는 교사들은 모임 활동으로부터 어떤 영향을 받고 있는지 알아보고, 과학 교사 모임에서 활동 중인 과학 교사가 생각하는 모임의 문제점을 알아보고 개선 방안을 모색해 보고자 한다.

이러한 연구결과는 기존 과학 교사 모임뿐 아니라 시작 단계에 있는 과학 교사 모임의 방향 설정에 도움이 될 것이다.

2. 연구 방법 및 내용

(1) 연구 대상

본 연구는 전국 여러 개의 자발적인 과학 교사 모임 중 연구자가 연구회원으로 소속되어 활동하고 있는 '신나는 과학을 만드는 사람들(이하 신과람)'을 대상으로 하였다.

| 표 II-23 | 신과람 소개

- 신과람의 시작 : 1992년 서울 · 경기 지역의 초 · 중 · 고등학교 교사들이 중심이 되어 자발적으로 조직되어 주로 초 · 중 · 고등학교의 과학교육 방법의 개선을 목표로 활동을 하여 왔던 "신나는 과학 실험 교사 모임"과 과학의 대중화를 위한 행사를 진행하던 "보람 과학 교사 모임"이 통합되어 1993년 7월에 결성되었다.
- 신과람의 목적 : "신과람"은 신나는 과학, 정확한 과학, 모든 이를 위한 과학을 주창하며 과학의 대중화에 기여함을 목적으로 하고 있다.

• 신과람 정기 연구 모임 및 홈페이지 운영 : 현재 연구회원으로 등록된 100여 명의 교사들이 매주 화요일 18:30분에 한양대학교 자연과학대학 과학교육연구센터(119호)에서 과학을 흥미롭게 접근할 수 있는 실험과 수업활동자료 및 수업 방법들을 연구 개발하고 있으며, 신과람 홈페이지를 운영하여 정기 연구 모임의 활동 내용과 개발된 자료를 탑재하며 비연구회원에게도 정보를 제공하고 있다.

▶▶ 그림 II-5 신과람 홈페이지 메인 화면

(2) 연구 내용

본 연구의 목적은 과학 교사 모임이 교사의 전문성 신장에 영향을 미친다는 전제하에 과학 교사 모임을 통한 전문성 신장 과정과 과학 교사 모임활동의 영향, 교사 모임의 문제점을 알아보고 개선 방안을 모색하고자 한다. 이러한 목적을 위해 연구 문제를 구체화하면 다음과 같다.

첫째, 과학 교사 모임에서 교사의 전문성 신장이 어떻게 이루어지고 있는가?

둘째, 과학 교사 모임에서 활동하는 교사들은 모임활동으로부터 어떤 영향을 받는가?

셋째, 과학 교사 모임에서 활동 중인 교사가 생각하는 모임의 문제점과 개선 방안은 무엇인가?

(3) 연구 방법

본 연구를 수행하기 위해서 신과람 홈페이지를 비롯하여 자료집 및 회지 등을 이용하여 신과람 내부에서 이루어지는 활동을 조사하였다. 그리고 본 연구의 주요 내용을 구성하는 것은 사례 연구이므로 이를 위해 필요한 경우 신과람 교사 중 무작위 25명(표 II-24)을 대상으로 일화 기록법 형식의 개방형 설문지를 이용하였다.

|표 II-24| 설문지에 응답한 중등 교사

	경력				학교급		전공 교과			
경력	1~5년	6~10년	11~15년	16~20년	중	고	물리	화학	생물	지구
남	1	2	2	1	2	4	2	2	1	0
여	11	3	4	1	10	9	4	8	3	5
계	12	5	6	2	12	13	6	10	4	5

(4) 연구의 제한점

본 연구는 전국 여러 개의 과학 교사 모임 중 '신과람'이라는 하나의 사례만 다루었기 때문에 과학 교사 모임에 관한 일반적인 결론을 도출하는 데에는 제한점을 갖는다.

3. 결과 및 논의

(1) 과학 교사 모임을 통한 전문성 신장 과정

이선숙(2005)은 전국역사교사 모임의 전문성 개발 방법을 지식 습득형 전문성 개발, 비판적 전문성 개발, 실천적 전문성 개발, 성찰적 전문성 개발의 4가지 유형으로 분류하였다.

- 지식 습득형 - 교과 직무 연수, 대학원 학습 소모임에서의 공동학습, 책이나 기타 자료를 통한 개별학습, 수업 참관, 강좌나 세미나 등에 참여
- 비판형 - 수업 장학, 대학원, 학습 소모임에서의 토론, 교과서나 교육과정, 기존의 교과 관련 서적을 읽고 평가하는 작업, 수업 참관
- 실천형 - 수업 연구, 시범 수업, 지도안 작성, 수업 계획 작성, 수업 자료 제작, 교과서 및 교육과정 출한, 대안적 수업 방법 고안

◎ **성찰형** – 자기 수업 평가, 수업 공개, 학습 성과 공개, 학습 성과 평가, 글쓰기, 발표하기

위 전문성 개발 유형들은 신과람 활동에서도 나타난다. 따라서 본 연구에서는 교사의 자발적인 모임인 신과람 활동이 교사의 전문성 신장에 긍정적인 영향을 미친다는 전제하에 신과람 활동을 통한 전문성 신장 과정을 신과람의 주요 활동을 토대로 정리하였다.

신과람의 주요 활동은 〈표 II-25〉와 같이 정기 연구 모임을 비롯하여 소모임 활동, 온라인 활동, 신과람이 주관하는 과학행사로 사이언스 잼버리와 신나는 과학 놀이마당 운영, 자료집과 회지 발행 및 기타 활동을 들 수 있다.

|표 II-25| 신과람 주요 활동

- **정기 연구 모임** : 연구회원으로 등록된 교사들이 매주 화요일 18:30분에 한양대학교 자연과학대학 과학교육연구센터(119호)에서 과학을 흥미롭게 접근할 수 있는 실험과 수업활동자료 및 수업 방법들을 연구 개발
- **소모임 활동** : 2002년부터 매월 마지막 주 화요일 정기 연구 모임 후 소모임 활동을 시작하였으며 매년 상황에 따라 소모임이 지속되기도 하고 형태가 달라지기도 함
- **온라인 활동** : 연구 모임의 활동은 홈페이지가 구축되기 전인 1999년까지는 오프라인 활동 위주였음. 하지만 2000년부터는 홈페이지가 구축되어 사용되면서 오프라인 활동 못지않게 온라인 활동도 활발하여 매주 화요일 정기 모임에 출석하지 못하는 교사들도 온라인으로 활동
- **사이언스 잼버리** : 여름방학을 이용하여 각 학교의 과학을 좋아하는 학생들과 함께 야영을 하면서 과학활동을 함. 주로 야외에서 할 수 있는 활동을 위주로 프로그램이 운영
- **신나는 과학 놀이마당** : 겨울방학을 이용하여 한양대학교에서 각 학교의 과학반 학생들이 지도하고, 학생들과 일반인이 직접 참여하여 여러 가지 실험활동을 함으로써 과학의 재미를 만끽하는 행사
- **자료집 및 회지 발행** : 신과람이 진행하는 모든 행사의 자료집을 발간하고, 매주 연구모임에서 발표하는 실험들을 모아 연 4회 '신나는 과학'을 발행
- **과학 이벤트, 방송 프로그램, 출판 등 기획** : 과학 이벤트의 기획 및 진행, 방송 프로그램 제작 기획 및 출연, 도서 번역 및 출판, 정기 간행물의 원고 기고
- **국제 교류 활동** : 일본의 과학 교사 단체들과 교류하며 일본 동경 및 도야마 과학행사에 참여, 과학 교사들의 해외 연수를 기획하고 있으며 미국과 영국의 과학 교사 단체들과의 교류를 계획
- **학회 발표** : 연구활동에서 개발된 실험들을 포함하여 연구 결과물을 학회에서 발표

1) 정기 연구 모임

매주 화요일 두 명의 연구 회원들이 돌아가면서 실험활동 또는 수업활동 자료, 수업 방법 등을 발표한 후 토의 시간을 갖는다. 실험활동을 발표하는 경우에는 50여 분 동안 연구 회원들이 실험을 직접 해보기 때문에 실험 후 활동에 대한 깊이 있는 토의를 하기에는 시간이 부족한 편이다. 이와 같이 정기 연구 모임에서 논의되지 못했거나 해결되지 못한 부분들은 〈그림 II-26〉과 같이 홈페이지를 통한 온라인 활동으로 계속 논의되거나 수정 보완 작업이 이루어진다.

정기 연구 모임을 통해 발표 교사는 발표 내용을 준비하면서 활동에 대한 많은 고민을 하며 대안적인 과학활동을 고안함으로써 과학 교사로서의 전문성을 신장시킬 수 있다. 그리고 정기 연구 모임에 참여한 교사들 중 신규 교사들은 새로운 활동을 습득하는 기회가

5월 29일 발표후기

1. 비스무스 결정만들기. 박영희쌤

* 도가니에 넣고 가열하면 회색이었던 비스무스 알갱이가 푸른빛이 도는 붉은 색으로 바뀌고 계속 가열하면 황이 산화되어 노란색도 나타난다. 가열하는 온도에 따라서 녹아나오는 성분이 다르므로 색깔이 바뀌게 된다.
* 도가니에 비스무스를 넣고 가열한 후 겉이 살짝 응고되었을 때 가열된 냄비에 부어야 한다. 부어놓고 나서 냄비를 살살 흔들어 주면서 자극을 준다.->결정이 잘 생기게 하기 위해서 . 냉각시킬 때의 온도가 매우 중요하다.
* 실험을 해본 결과..결정이 자라는 것을 보기가 매우 어렵다. 결정을 잘 자라게 하기 위해서 도가니에 많은 양의 비스무스를 넣고 가열한 후 따뜻한 냄비에 조금씩 부어서 용융된 상태의 비스무스가 넓게 퍼지지 않고 위로 쌓이도록 해보았는데 이것도 잘 되지 않았다. 그래서 도가니에 넣고 가열했다가 그 상태로 서서히 냉각시켜서 도가니를 깨뜨리고 관찰해보았는데 이것 역시도 잘 보이지는 않았다. 또 너무 오래 식혔다 가열했다를 반복하면 산화되어서 비스무스가 가루처럼 변해버린다. 이 때는 재가열해도 액체상태로 녹지 않기 때문에 더 이상 실험을 할 수가 없다.
* 가격이 매우 비싸다. (500g에 10만원이라고 함)
* 찬물에 부었더니 온도 차이로 인해 물이 주위로 튀어서 매우 위험했다. 또한 가열된 도가니를 찬물에 넣으면 깨지므로 이것도 주의해야 한다. 꼭!! 면장갑, 보안경, 실험복을 착용하고 실험을 해야한다.
* 전석천 선생님의 제언..비스무스를 가열할 때 활성탄으로 위를 덮고 가열하면 산화가 방지되므로 가루처럼 변하는 것을 막을 수 있다. 또 휴대용버너를 사용하지 않고 알콜램프로 가열해도 충분히 녹일 수 있다.

박영희
2007-05-30 06:46

약간 수정을 드립니다
노란색은 황이라고 단정할 수 없습니다. 아마도 산화되서 나오는 물질이라 생각됩니다. 그리고 도가니를 사용했는데 계속 재활용하려면 철캔(음료수캔 잘라서)을 사용하면 좋을 것같습니다
그리고 숯을 넣으면 산화되는 것을 방지할 수 있으나 99.9%비스무스만으로 실험하는 것이 좋습니다. 어제 실험을 한 결과 넓은 냄비보단 표면적이 좁은 오목한 곳이 많은 양이 비스무스를 녹여붓습니다 그리고 흔들어주면서 막이 뒤집어질 정도로 흔들어주면서 결정을 만듭니다. 좋은 결정사진을 다시 올리도록 하겠습니다. 위에 것은 어제 마지막에 나온것에 비하면 결정이 너무 작습니다.
그리고 혜숙쌤의 독창적아이디어 너무 훌륭해요 도가니를 통째로 깨서 단면을 본거 말이예요. 하지만 이 방법도 너무 오래 굳힌 뒤에는 잘 깨기 어렵고 색이 덜 화려한데요 ..어제 류쌤이 한 방법으로 하면 (많은 양을 오목한 곳에서 흔들어주며 결정만든다) 크고 화려한 결정성장을 볼 수있었습니다. 위에 나온 결정을 닦으니까 창연한 빛깔이 나오더군요.. 이 비스무스가 원래 이름이 창연이기도 합니다. 270도 정도의 녹는점이라 알콜램프를 사용하시면 시간이 좀 걸리구요 시험관이 깨질 염려도 있는 것같습니다. 철캔을 잘라서 녹이구 녹인 것을 다른 곳에 꼭 옮겨야합니다 옮길때 약간 고체화 겉이 될때 옮겨주어야합니다. 그 과정을 두번 정도 하면 결정이 잘 나오더군요
제가 미흡해서 어제 결정을 잘 못보신분들 송구합니다. 그리고 제가 부족한 부분을 신과람쌤들이 채워줄거라 믿었는데 역시 기대를 져버리지 않으시더군요.대단해요!

박영희
2007-05-30 06:55

과학반 당 500g 1통이면 될것 같은데요..10만원 비싼가요? 비싸긴 하죠 ^^

↳ 박영희 5/30 06:58
개인이 아니라 조별 실험를 해서 협동해서 하면 결정를 볼수있을 것같아요.. 그리 비싸지 않게. 보통 한키트당 3000원 정도 할때는 10만원 가까이도 쓸때가 있으니까요
저도 쿨 학교아이들과 해봐야겠어요

▶▶ **그림 II-26 정기 연구 모임 후 계속되는 수정 보완 작업**

되고 기존 교사들은 발표 내용이 당장 수업에 활용되지는 않더라도 보다 나은 과학 수업을 만들어가기 위한 노력이라는 점에서 교사 전문성 신장 과정의 한 형태라고 해석할 수 있다.

> … 별 것 아닌 내용이라도 발표를 통해 하나의 문제로 새롭게 던져지고 다듬어지는 과정을 통해 또 주위를 집중하여 발표된 실험에 대해 열심히 머리를 조아리고 더 나은 방향으로 개선해 가는 모습을 통해 어떻게 과학을 탐구하고 가르쳐야 할지에 대한 방안을 새삼 새로 배우는 것 같다. … '이것은 해봐야 뻔하다, 그게 그렇게 되겠지, 아마도 그렇게 될 것이다.'라고 머릿속으로만 단정 짓고 성급한 결론을 내리기보다는 실천하는 자세로 끊임없이 시도해보고, 문제점을 찾아내고, 이유를 묻고, 해결하려고 하는 노력에서부터 우리의 과학교육은 뿌리를 내리게 되고 결실을 맺게 될 것이다. 이것이 바로 내가 과학에 매력을 느끼고 신과람에 매력을 느끼게 되는 부분인 것 같다.
>
> (정기 연구 모임 첫 발표 후 소감 중, 신나는 과학 49호 p.25)

2) 소모임 활동

교사들의 장기적이고 지속적인 학습을 방해하는 요소를 최소화하고, 학습 부담이 없으면서 폭넓게 그리고 큰 목적을 가지고 수행해 나가는 데에 효과적인 것이 소모임 활동을 통한 협력 학습이다. 교사들이 소모임을 형성하여 팀 단위로 활동하면서 자신에게 부족한 부분을 다른 사람으로부터 배우고, 그 반대로 자신이 잘 알고 있는 부분을 다른 사람에게 가르쳐 주면서 학습의 시너지 효과를 노릴 수 있는 것이다.

신과람에서는 매월 마지막 정기 연구 모임 후 과학논술팀, 맛있는 책읽기팀, 산악회 등 신과람 내 소모임을 조직하여 운영하고 있다. 본 연구에서는 과학 교과와 밀접한 관계가 있는 소모임인 과학논술팀과 맛있는 책읽기팀 활동 중심으로 살펴보고자 한다.

두 소모임의 활동 방법을 보면 발제자를 중심으로 각자 읽고 준비해 온 자료들을 바탕으로 공동 토론을 통해 비판적 전문성 신장의 기회를 가지게 된다.

① 과학논술팀

최근 교육인적자원부에서 '논술교육 추진방안'을 발표한 바 있다. 이는 현재 교사들에게 논술 지도 역량을 요구하고 있다. 따라서 신과람에서는 시대 흐름에 발맞춰 2006년 후반기에 과학논술에 관심을 가지고 뜻이 있는 교사들로 과학논술팀 소모임을 구성하였다. 소모임 활동을 보면 논술 관련 서적 및 기타 자료를 공유하며 공동으로 학습도 하며 논술 관련 자료도 개발하면서 교사의 전문성을 신장시키고 있다.

과학논술

게시판형 블로그형 웹진형 앨범 목록

N	제목	글쓴이	작성일	조회	추천
9	오늘,,논술소모임에서는... 1	한문정	2007-05-29	47	0
8	논술연수 같이 갈 사람 없나요? 8+1	한문정	2007-05-16	66	0
7	논술팀 여러분~ 4	한문정	2007-05-08	38	0
6	오늘 논술소모임은... 1	한문정	2007-04-24	50	0
5	논술팀 여러부운~~ 6+2	한문정	2007-04-18	59	0
4	논술프로젝트 회의 결과 5	한문정	2007-03-24	70	0
3	서울대모의논술문항 3	한문정	2007-02-25	69	0
2	연세대모의논술문항 2	한문정	2007-02-25	50	0
1	논술관련 싸이트 하나 소개합니다. 1	노형재	2007-01-30	62	0

▶▶ 그림 II-27 신과람 홈페이지 내 과학논술방 메인 화면

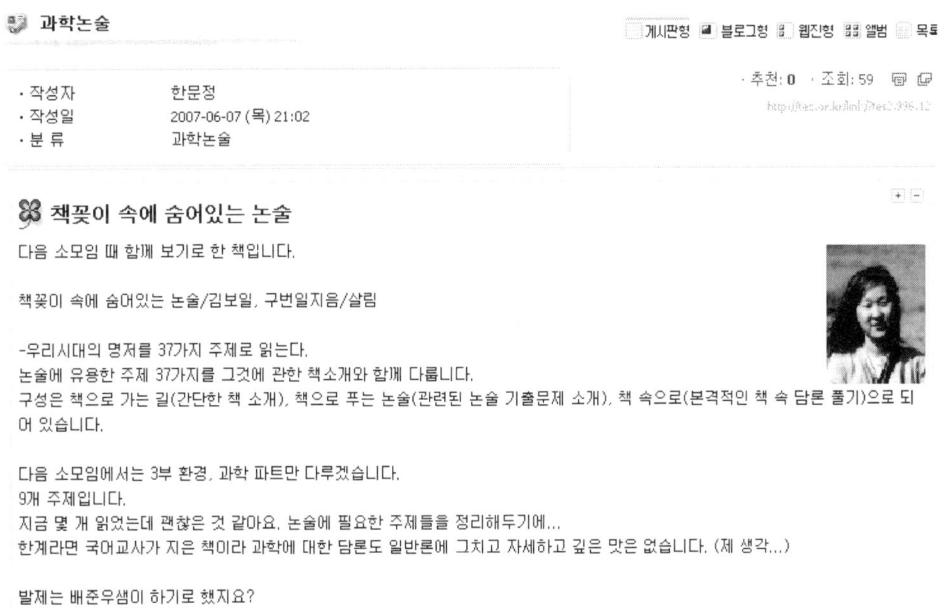
과학논술

게시판형 블로그형 웹진형 앨범 목록

· 작성자 한문정
· 작성일 2007-06-07 (목) 21:02
· 분 류 과학논술

· 추천: 0 · 조회: 59

책꽂이 속에 숨어있는 논술

다음 소모임 때 함께 보기로 한 책입니다.

책꽂이 속에 숨어있는 논술/김보일, 구번일지음/살림

-우리시대의 명저를 37가지 주제로 읽는다.
논술에 유용한 주제 37가지를 그것에 관한 책소개와 함께 다룹니다.
구성은 책으로 가는 길(간단한 책 소개), 책으로 푸는 논술(관련된 논술 기출문제 소개), 책 속으로(본격적인 책 속 담론 풀기)으로 되어 있습니다.

다음 소모임에서는 3부 환경, 과학 파트만 다루겠습니다.
9개 주제입니다.
지금 몇 개 읽었는데 괜찮은 것 같아요. 논술에 필요한 주제들을 정리해두기에...
한계라면 국어교사가 지은 책이라 과학에 대한 담론도 일반론에 그치고 자세하고 깊은 맛은 없습니다. (제 생각...)

발제는 배준우샘이 하기로 했지요?

▶▶ 그림 II-28 홈페이지를 통한 과학논술팀 활동

② 맛있는 책읽기팀

과학논술팀과 마찬가지로 통합 논술을 대비하여 기본적으로 교사들의 비판적인 사고를 길러야 한다. 따라서 과학 관련 도서뿐 아니라 기타 도서를 매월 1~2권 선정하여 소모임 회원들이 돌아가면서 발제하고 독서퀴즈 문제도 개발하여 공유하고 있다. 이는 다른 교사 연수 못지않게 교사들의 전문성 신장에 긍정적인 결과를 가져오리라 생각한다.

맛있는 책읽기

게시판형 블로그형 웹진형 앨범 목록

N	제목	글쓴이	작성일	조회	추천
15	20070529 마농레스꼬에서.. 5+1	김덕희	2007-05-30	53	0
14	5월 책읽기 준비..	배예준	2007-05-28	39	0
13	추가로.. 3	배예준	2007-05-27	38	0
12	5월 책읽기와 관련된.. 8	배예준	2007-05-27	37	0
11	추천도서 5	홍준의	2007-05-03	86	0
10	20070424 소모임후기 9+3	김덕희	2007-04-25	69	0
9	사고뭉치아인슈타인 빛을 뒤쫓다.(발제)	강선남	2007-04-24	51	0
8	맛있는 책읽기 준비ㅋㅋ 3+1	김덕희	2007-04-24	46	0
7	오카방고의 숲속학교 2	배예준	2007-04-08	63	0
6	과학해서 행복한 사람들 8+2	배예준	2007-04-08	80	0
5	[추천] 화학으로 이루어진 세상 2	정승륜	2007-04-04	61	0
4	20070327 소모임후기 9+1	김덕희	2007-03-28	88	0
3	[책]추천과자, 내 아이를 해치는 달콤한 유혹 6	정승륜	2007-02-16	83	0
2	여기는 꼭 모임멤버만 글써야 하나요? 1	손정우	2007-02-04	57	0
1	드뎌 방이 생겼군요.	한문정	2007-01-27	28	0

▶▶ 그림 II-29 신과람 홈페이지 내 맛있는 책읽기방 주요 화면

맛있는 책읽기

게시판형 블로그형 웹진형 앨범 목록

· 작성자 김덕희
· 작성일 2007-04-25 (수) 10:34
· 분 류 맛있는 책읽기
· 첨부#1 l9788981337612.jpg (37KB) (Down:0)

· 추천: 0 · 조회: 73

20070424 소모임후기

한 테이블에 앉아서 맛있는 저녁과 함께 강선남샘께서
꼼꼼하게 정리해 주신 내용에 대해 설명듣고 이야기를 나누었습니다.
조명도 한 몫했지만 조촐하되 훈훈한 분위기였죠?
예준샘이 사진기를 꺼냈는지 찍지도 못했네.

독서퀴즈대회 문제는 출제자가 쉽다고 하셨는데 한 번 읽은 게 부족했던지
1개 틀렸어요 ㅠㅠ 이 책은 보다 쉽게 특수 상대성 이론을 설명하고 있습니다.
생각 순서대로 따라 읽어가다보면 두리뭉실 알고 있었던 부분이 좀 명확해집니다.

5월의 책은 "고마운 미생물 얄미운 미생물"(천종식, 솔)입니다.
발제는 한마음샘이 해 주시겠습니다.
어제 모임에 못오신 분들 꼭 확인하시길 바랍니다. 짧은 답글 달아보는 적극성!^^
구은정,김수진, 김진숙,박상희,양소영,유지연,정해련(이상 7명)
혹 다른 소모임에 가입하시지 않은 분들도 환영합니다.

답 변 수정삭제 추 천 신 고 목 록 쓰 기

김경은
2007-04-25 10:58

제가 천종식 교수님의 강의를 한번 들은 적이 있는데요.
수려하신 외모(ㅋㅋ) 만큼이나 멋있는 강의였답니다~
그 이후로도 칼럼쓰신 것을 눈여겨 읽고 있는데요, 말솜씨 뿐 아니라 글솜씨도 대단하신 것 같습니다.
저도 이 책 읽어야지 하면서 깜빡깜빡 하는데 이번에 읽어야 겠어요...
글구 혹시 기회가 된다면 모임에 교수님을 초청해서 강연을 듣는 것도 좋을 것 같습니다.
미생물에 대한 화려한 PPT 영상이 아직도 기억에 남아있어요.
많은 선생님들께서도 감동을 받을실 것 같습니다~~~^^

▶▶ 그림 II-30 홈페이지를 통한 맛있는 책읽기팀 활동

3) 온라인 활동

2000년부터는 홈페이지가 구축되어 사용되면서 오프라인 활동 못지않게 시·공간의 제약을 적게 받는 온라인 활동도 활발하다. 매주 화요일 정기 모임에 출석하지 못하는 교사들도 온라인을 통해 신과람 활동에 참여하고 있다.

① 묻고 답하기

학교에서 수업을 하면서 수시로 생길 수 있는 의문을 홈페이지 묻고 답하기 코너를 이용하여 많은 교사들이 문제점을 해결하는 것을 볼 수 있다. 쉽게 해결되지 않는 문제에 대해서는 많은 교사들이 댓글을 통하여 의견을 주고받으며 문제를 해결해 나간다(그림 II-31).

과학 교사의 경우, 실험실 수업을 하기 위해서는 수업 전 실험 기구를 확인하고 기구가 없는 경우에는 기구를 구입해야 하며, 사전 실험은 필수이다. 이런 경우에도 묻고 답하기 코너를 통해 〈그림 II-32〉와 같이 다른 교사들의 조언을 구해 실험 기구를 구입하기도 하고, 〈그림 II-33〉과 같이 사전 실험을 하기 전 노하우를 전수받기도 한다. 이뿐 아니라 수업에 필요한 자료가 급하게 필요할 때에도 신과람 온라인 활동은 활발한 편이어서 다른 교사들로부터 쉽게 도움을 받을 수 있다(그림 II-34). 신과람 온라인 활동은 신규 교사들뿐 아니라 많은 교사들이 학교 현장에서 수시로 겪는 문제를 즉각적으로 해결해 나가는 데 큰 역할을 하고 있다.

② 신나는 과학 수업을 위한 공개자료실

신과람 홈페이지의 신나는 과학 수업을 위한 공개자료실을 통해 학년별·전공별 학습자료를 탑재하여 과학 교사들이 공유하고 있다. 자신이 만든 자료를 탑재함으로써 끝나는 것이 아니라 댓글을 통해 다른 교사들의 조언을 바탕으로 수정 보완 작업이 계속 이루어진다. 이러한 과정에서 자신의 자료를 보다 업그레이드시킬 수 있으며 자신의 능력을 더욱 신장시킬 수 있는 계기가 된다(그림 II-35, 36 참조).

물고답하기

게시판형 블로그형 웹진형 앨범 목록

· 작성자 손유미
· 작성일 2007-05-25 (금) 13:10
· 분 류 묻고답하기

· 추천: 0 · 조회: 41

돌턴의 원자설 수정에 관한 질문입니다~~

돌턴의 원자설 중에 수정되어야 할 것들이 있잖아요
1. 모든 물질은 더 이상 쪼갤 수 없는 원자로 이루어져 있다.
2. 같은 종류의 원자는 크기와 질량이 같고 다른 종류의 원자는 크기와 질량이 다르다.
이거 잖아요~~
그런데 어떤 분들께서
3. 화학 반응시 원자는 없어지거나 새로 생기지 않으며, 다른 종류의 원자로 변하지 않는다.
도 수정되어야 한다고 하시더라구요~
핵융합이나 핵분열을 통해서 다른 원자로 변한다고...
그런데 또 어떤 분들은 핵융합이나 핵분열은 화학 변화의 범주에 들어가지 않아서 포함이 안되기때문에 수정사항에 포함이 안된다고 하고...
어떤 것이 맞는 것인가요??

안종제 2007-05-25 16:32

돌턴의 원자설은 보통의 조건에서 화학반응할 경우에 그렇다는 말로 이해해야하지 않을까 싶습니다. 돌턴이 원자를 쪼개려는 시도를 하다하다 안되기 때문에 안쪼개진다고 한 것으로 보긴 어렵고요.
즉, 일반적인 화학반응에선 돌턴의 원자설에 입각해서 실험을 하면 된다는 것이지요. 틀렸다는 표현은 구시대적인 표현인것 같습니다. 원자의 구조가 문제가 되는 장비로 실험을 할 때에는 그보다 발전된 정의를 사용해야하겠지요. 그렇다고 그러한 '발전된 정의'가 화학반응을 다룸에 있어서 그 전의 정의보다 더 유용하지는 않은 것 같습니다.
과학자들은 '사용하는 장비의 능력이나 작업 내용의 한계 내에서 맞는 법칙'을 알아내고, 표현한다는 생각이 드는군요.
(결론: 1-평범한 화학실험을 할 때에는 돌턴의 원자설에 입각하여 실시하고 이해한다.
2-동위원소가 문제가 되는 화학반응은 두번째를 수정한 돌턴의 원자설에 입각한다.
3-원자로처럼 핵반응과 관련된 작업을 할 때에는 보어의 원자모델 정도를 염두에 두고 실시한다.
기타-과학적 연구 결과(법칙)들은 모두 나름의 한계 조건 하에 있을 때에만 맞는 것이 보장된다. 이러한 결과(법칙)들을 그 연구자가 제안하는 '모델'이라고 한다. 한계 범위가 넓을수록 더 멋있는(?) 모델이당.)

-'원자의 크기'라는 것조차 정확하게 정의된것이라기 보다, 합의된 (복잡한) 약속인데, 그 단어가 사용된 문장이 정말 맞느냐를 학생에게 따지도록하는 것은 대단히 가혹한 일이란 생각이 드네요. 나름의 방식으로 법칙을 발견-사용하는 과학자들의 '과학하는 방식'을 이해하도록 하는 것이 오히려 진실에 가까운 것을 가르치는 것이며, 모두가 반드시 배워야할 내용이 그것이 아닐까라는 주장이 존재합니다. 저는 거기에 동의합니다.
참고- 검색어 'knowledge structure of physics ', 'modeling theory'.

(저 요즘 이상해졌어요. 약간 사이코가 된 것 같아요. ^^;)

↳ 한재영 답글의 어디서부터 사이코라고 생각하시나요? 5/26 06:01
↳ 원진아 ㅎㅎㅎ 두분 재밌어요~ 5/27 22:14

전화영 2007-05-27 21:22

핵분열이나 핵융합이 화학변화가 아니면 그럼 물리변화인가요?^^. 돌턴의 원자설에 대해 틀린점을 자꾸 부각시키는 것은 그리 좋은 방식이 아닌 것 같습니다. 안종제샘의 말대로 일상적인 실험실 상황에서는 그대로 적용할 수 있잖아요. 1번은 이온 때문에 쉽게 지적할 수 있겠지만요. 틀린점이라기 보다는 '한계'라는 표현이 더 맞는다고 생각합니다. 틀린 이론을 왜 배우냐고 하는 아이들이 분명 있을 거거든요. 엄밀하게 말하면 뉴턴식 고전 역학도 상대론적 관점에서는 틀린 것 아닌가요?

원진아 2007-05-27 22:14

그리고 돌턴의 원자설이 '원자론'으로 바뀌었더라구요.
언제 무슨 계기로 그리 된걸까요?

손유미 2007-05-28 06:21

그럼 아이들에게는 한계라고 가르쳐야 되겠네요... 답변 감사합니다^^

안종제 2007-05-29 01:04

예전에는 '학설'이라고 하면 매우 믿음직하고 근거있는 (거의 맞는) 이론이라는 인식이 보편적이었던 것 같습니다. 요즘은 '학설'은 학자가 학문적으로 '제시된 제한 조건 안에서 맞다고 보는 주장이나 이론체계'라고 보는 분위기라고 느낍니다(이것도 학설? ^^;).
다른 말로 그것을 '(~에 대한 ~의)모델'이라고도 이야기하는 것으로 생각되구요. 저만해도 과거엔 학생들에게 과학을 공부하는 이유가 위대한 발견을 하기 위한 것이라는 전제를 은연중에 깔았더랬습니다. 앞으로는 '현실적으로 과학계에 종사하는 대다수의 사람들이 무엇을 하고 있는지'를 가르치는 것이 더 좋다는 궁리를 하는 중이고요.
아마 대다수의 과학 종사자들은 누군가의 모델을 분석하고 자신의 모델을 세우고, 적용하며 '지식을 생산'하고있을 거라는 생각을 하구요(이게 지식 생산자의 삶에 대한 저의 모델이겠지요.).

▶▶ 그림 II-31 묻고 답하기 코너를 통한 문제 해결 사례

묻고답하기

게시판형 블로그형 웹진형 앨범 목록

· 작성자 김태일
· 작성일 2007-05-29 (화) 14:09
· 분 류 묻고답하기
· 첨부#1 ksa010039.jpg (100KB) (Down:0)

· 추천: 0 · 조회: 45

스테인리스 알코올램프의 성능은?

오늘 학교에서 유리 알코올램프로 실험하다가 눈썹을 살짝 태워먹었습니다.
그러고보니 삼발이와 알코올램프가 너무 부실하고, 위험하다는 생각이 들었습니다.

1. 스테인리스제 알코올램프의 장점과 단점은 무엇인가요? 사용해보신 분, 추천할만 한가요?
2. 위 그림의 안전삼발이를 사용해 보신 분, 추천할만 한가요?

답 변 수정삭제 추 천 신 고 목 록 쓰 기

전화영 2007-05-29 14:21

스테인리스제 알코올 램프의 장점은 잘 깨지지 않는다는 것. 심지 관리만 잘하면 비교적 파란 불꽃을 볼 수 있다는 것, 단점은 불 붙이는데 시간이 오래 걸린다는 것, 불꽃이 잘 안보일 수 있다는 것, 불꽃의 크기가 좀 작을 수도 있다는 것, 내부가 안보이기 때문에 남아있는 알코올의 양을 가늠하기 어렵다는 것.
저는 두 종류 다 씁니다.
안전삼발이는 안 써보아서 뭐라 얘기하기 어렵네요. 눈썹은 괜찮은가요, Mr. 모나리자? ^^

↳ 김태일 다행히 끝부분만 살짝 탔습니다. 5/29 23:26
눈썹은 모자리가 되지 못했지만 미소는 모나리자를 닮고 싶다는...

그림 II-32 묻고 답하기 코너를 통한 실험 기구 구입 시 정보 공유

[실험] 손난로 만들기에 관한

우중충 비내리는 날....
학교에서는 각종 신경질나는 일들이 끊이지 않고,
아침부터 중간고사 성적 확인 꼬리표 - 수행평가 미기재 - 2차확인 - 확인서 제출에 관한
많은 일이 있었습니다. 휴휴휴휴휴.

화학2 수업과 관련하여 발열반응 실험을 하려고 하는데... 손난로 만들기를 하려고요.
예비실험을 해보고 몇가지 문의드려요. 실험해보신 분들의 조언을 구합니다.

1. 아세트산나트륨 70g + 물 10ml 정도를 넣었는데, 물중탕으로 모두 용해시킬때까지
시간이 꽤 걸립니다. 용량은 괜찮은지요.

2. 용액을 만든 후 식힐 때 찬물을 이용하면 안되나요. 넣으니 바로 결정화가 시작됩니다.

3. 암튼 45분안에 실험을 다 할 수 없을것 같아서 어떤 뾰족한 수가 없을까요?

이진영 2007-05-18 13:12
참.. 굳이 녹이려고 하지 말고...그냥 레토르트 파우치(한약봉지)에 넣고 잘 밀봉합니다.(일단 만드는 건 여기서 끝)
통짜로 뜨거운 물에 넣고 녹인 후 꺼내서 살살 식힙니다.
다 식으면 자극을 가해서 다시 발열과정이 일어나게 합니다.
근데 .. 더워지는 날씨에 별로.. 이건 추운날 해야 제격이니다.

김경숙 2007-05-18 13:39
글쎄.. 좀 오래된 일이라서 기억은 잘 안나지만..
물을 굳이 넣어야 하나요..
그냥 아세트산 나트륨만 넣으면 바로... 결정수가 나와서... 녹지 않나요?
물 안넣었던것 같은데요..

안종제 2007-05-18 14:05
중탕 전에 데워놓은 물 10ml를 넣으면 시간이 절약되지 않나요?

유지연 2007-05-18 19:40
하이포만 중탕가열했던거 같은데... 그리고 중탕가열할 물은 정수기 더운물 빼다 썼어요. 그러면 금방 녹아서 중학생들도 45분안에 실험 끝났습니다.

전화영 2007-05-18 19:43
시간, 충분합니다. 남아돌아요. 70g 과 물 10g, 비율 맞습니다. 아세트산나트륨 3수염 사용하면 되구요.
자연 냉각 시키는 게 젤 좋은데, 여의치않으면 처음에만 좀 자연 냉각시키고 좀 지나고나면 수도물 받은 데다 파우치 째로 넣어두면 OK

▶▶ **그림 II-33** 묻고 답하기 코너를 통한 실험 노하우 전수 받기

▶▶ 그림 II-34 묻고 답하기 코너를 통한 자료 요청 및 제공

신나는 과학 수업을 위한 공개자료실

포럼목록	주제	내용	마지막 등록 글
7학년 수업 7학년 수업에 대한 정보 교환	83	240	2006/12/06(수),21:29 조지연
8학년 수업 8학년 수업에 관한 정보 교환	48	143	2006/01/06(금),12:32 허희정
9학년 수업 9학년 수업에 대한 정보 교환	59	133	2006/05/17(수),11:00 백종민
10학년 수업 10학년 수업에 대한 정보 교환	12	46	2006/12/18(월),09:21 한문정
물리 물리와 관련된 정보 교환	25	76	2006/09/20(수),17:03 김영학
화학 화학과 관련된 정보교환	136	590	2007/01/28(일),21:53 조지연
생물 생물과 관련된 정보 교환	19	52	2006/05/26(금),17:10 한마음
지구과학 지구과학과 관련된 정보교환	30	73	2006/09/15(금),11:54 김현빈

▶▶ 그림 II-35 홈페이지의 학년별 · 전공별 공개자료실 메인 화면

▶▶ 그림 II-36 댓글을 통한 아이디어 공유

4) 과학 행사 운영

신과람 교사들 사이에서 학교 방학은 신과람 개학이라는 말이 붙을 정도로 신과람 교사들의 방학은 바쁜 일정으로 짜여져 있다. 매년 신과람이 주관하는 행사로 여름방학에는 사이언스 잼버리를, 겨울방학에는 신나는 과학놀이마당을 실시한다. 그리고 외부 행사로는 열려라 화학세상, 대한민국과학축전, 과학싹잔치, 일본 동경과학축전, 도야마과학축전 등에 자유롭게 학생들과 함께 참여하고 있다.

① 사이언스 잼버리

사이언스 잼버리는 서울·경기 지역 중·고등학교 과학 교사들이 과학 동아리 학생들과 함께 준비하여 여름방학 동안 실시되는 과학캠프로, 매년 20여 개 학교가 함께 참여한다.

사이언스 잼버리는 〈표 II-26〉과 같은 일정으로 매년 학기 초부터 준비를 시작하여 여름방학 행사가 시작되기 전까지 많은 시행착오를 거치면서 발표활동 내용의 완성도를 높여 나간다.

|표 II-26| 사이언스 잼버리 추진 일정 및 내용(2004년 예시)

일정	추진 내용
3월 30일	사이언스 잼버리 지도교사 연수 (학생들의 실험 발표를 전제로 실시되는 과학캠프의 효율적인 진행을 위해 행사의 성격과 진행상 주의사항 안내) * 지도교사들은 연수를 받은 후 사이언스 잼버리에서 발표할 학생을 모집하고 학생들과 함께 발표할 활동 주제 선정 및 활동 발표 준비를 지속적으로 준비
6월 10일	학교별 신청
7월 1일	활동 원고 첨부 및 활동 설명 작성(학교별 신청 사이트 이용)
7월 10일	야영장 답사
7월 17일	최종 리허설(한양대 자연대학 강의실)
7월 21일	활동 자료 피드백
8월 10일 ~12일	사이언스 잼버리 실시
8월 12일 ~20일	학생 소감문 작성 및 평가
8월 31일	보고서 작성 및 평가회

사이언스 잼버리가 학생들을 대상으로 만든 행사이지만 그 행사를 주관하는 교사의 입장에서 발전을 기대할 수 있을 때 교사의 행사에 대한 노력이 증가할 것이라 생각하여 사이언스 잼버리를 통해 지도교사에게 기대할 수 있는 다음 네 가지 목표를 설정하였다.

목표 1. 동료 교사와의 공동 작업으로 전문성을 향상시킬 수 있다.

목표 2. 보다 나은 과학교수전략을 개발할 수 있다.

목표 3. 학생과의 상호 작용으로 그들을 더 잘 이해할 수 있다.
목표 4. 과학학습 주제, 자료를 개발할 수 있는 능력이 향상된다.

행사 후 지도교사들에게 네 가지 목표에 대한 성취 정도를 리커트 척도로 답한 결과를 분석해 보면, 네 가지 목표에 대해 모두 긍정적인 반응(3.8 이상)을 보이고 있다. 이는 잼버리 활동 자료를 개발 또는 선정하고 발표 학생들을 사전 지도하면서 교사의 전문성 향상, 교수전략 개발, 학생 이해, 자료 개발 능력에서 향상을 가져올 것으로 기대해 볼 수 있다(신나는 과학 51호).

② 신나는 과학놀이마당

신나는 과학놀이마당은 신과람 교사들이 소속해 있는 학교의 과학반 학생들을 지도하여 그 학생들이 발표학생이 되어 행사 시 활동을 진행한다. 놀이마당을 진행하기 위해 발표학생들과 지도교사들은 활동 주제를 정하고 사전 실험을 수행하며 참여 학생들의 수준과 주어진 시간에 맞게 진행을 하기 위해 수십수백여 시간 동안 준비를 한다. 이 과정 속에서 지도교사는 다음과 같은 목표를 가지고 활동한다.

목표 1. 동료 교사와의 공동 작업 및 토론을 통하여 교사 전문성을 향상시키는 기회를 가진다.
목표 2. 혁신적인 과학 교수 전략을 개발하는 기회를 가진다.
목표 3. 학생들과의 상호 작용을 통해 이들을 더 잘 이해하는 기회를 가진다.
목표 4. 과학학습 주제 및 자료를 공동으로 개발하는 기회를 가진다.
목표 5. 다양한 분야의 정보를 교환하여 지식을 확장시키는 기회를 가진다.

행사 몇 주 전에 발표학생들이 활동에 대한 포스터 발표를 하고, 다른 교사들로부터 사전 평가를 받는 과정을 통해 발표 내용을 수정 보완하여 활동 내용의 완성도를 높여 나간다. 그리고 놀이마당 활동 원고에 대한 다른 교사들의 검토 작업을 통해 활동 원고의 수정 보완 작업도 이루어진다.

언제나 고수님들의 멘트에 귀기울여야...[놀이마당 원고]

글쓴이	내용
노기종 가입일: 1998/03/01 내용: 1132 접속상태: **오프라인**	제목: 언제나 고수님들의 멘트에 귀기울여야...[놀이마당 원고] 글 작성시간 : 2007/01/08(월),20:19 인용 신고 놀이마당 원고 엉터리로 만들어 보냈다가 혼났습니다. 저와 같은 처지에 계신분들 많겠죠? 반성하는 의미로 여러가지 보완한다고 했는데 여전히 또 돌아보면 부족한거 투성이네요. 서로 반성하고 더욱 노력하자는 의미에서 제 원고를 수정전과 수정후 그리고 전영석 선생님의 멘트 원고를 올립니다. 한번 봐주세요. 넋두리 : 마지막해라 기획하면서도 아이들 발표시키는데 이녀석들 내가 아쉬워서 부탁하는 꼴처럼 되어 버렸네요. 학원간다고 몇놈 안나타나기 일쑤고.... 갑자기 봉사활동 안한다고 빠지고... 에궁. 그래도 끝까지 지켜주는 두녀석때문에 위안을 삼고 저도 끝까지 인내하고 있습니다. 놀이마당 지도 하시는 선생님들 힘내시라.. 쓰는 김에 좋은 소식(?)을 전하겠습니다. 신청 내역을 보셔서 알겠지만 3일동안 12반에 24명씩 99.9% 신청이 완료되었습니다. 재료비의 정산이 어느정도 확인되면 지도교사비 10만원과 학생들 교통비 3000/1일을 지급할 수 있을꺼 같습니다. 아직 확정은 아닙니다만..... 마지막 수정일 - nohsong On - 2007/01/10(수),17:59, 수정횟수 1 번 **07-편광마술상자-신목고-최종.hwp** 설명: 수정보완 원고입니다. 파일명: 07-편광마술상자-신목고-최종.hwp 파일크기: 1.32 MB 다운로드수: 12 번 다운로드 **07-편광마술상자-신목고-수정의견.hwp**

▶▶ 그림 II-37 온라인 활동을 통한 놀이마당 활동 원고 수정 보완 작업

5) 자료집과 회지 발행 및 기타 활동

신과람에서 이루어지는 활동들은 자료집과 회지 형태로 정기적으로 발행된다. 이뿐 아니라 기타 신과람의 협력적인 연구활동으로 과학 이벤트 및 과학 관련 방송 프로그램에 참여하거나 과학 관련 도서 출판, 국제 교류 활동, 학회 발표 등의 활동을 통해 기존의 자료를 이용하는 차원에서 머무는 것이 아니라 개인이나 모임 차원에서 자료를 개발하고 제작하여 이를 다른 교사들에게 배포함으로써 자신들의 전문성을 신장시키고 있다.

(2) 과학 교사 모임활동의 영향

교사들이 수업 진행 시 겪는 어려움 해결 방법을 개방형 설문지를 통해 조사하여 교사 모임을 통해 어려움이 어느 정도 해결되고 있는지 알아보았다. 그리고 교사들의 신과람 활동이 과학교육에서 겪는 어려움과 학교에서 교사 생활 및 학교 밖 과학활동 수행에 미치는 영향을 개방형 설문지를 통해 알아보았다.

1) 과학수업을 진행하면서 겪는 어려움 해결 방법

선행 연구에 따르면, 중등 과학 교사가 과학수업에서 겪는 어려움은 크게 전문 지식 영역(39.0 %), 실험 실습 영역(35.6 %), 수업 지도 영역(27.1 %)으로 나타났으며, 그 원인으로는 교사의 수업 준비 시간 부족, 과학 교과에 대한 전문적 지식 향상의 기회 부족 등을 지적하였다(이수아 외, 2007).

본 연구에서도 설문지를 이용하여 조사한 결과, 중등 과학 교사가 과학수업을 진행하면서 겪는 많은 갈등 및 문제점 등의 어려움은 전문 지식 영역, 실험 실습 영역, 수업 지도 영역으로 나타났다. 본 연구에서는 이러한 어려움을 겪는 교사들이 어려움을 해결하는 방법에 초점을 두고 설문 자료를 분석하였다.

|표 II-27| 과학 수업을 진행하면서 겪는 어려움 해결 방법

해결 방법	사례 수(n = 23)
동료 교사 및 교사 모임을 통한 정보 교류	12 (52.2 %)
관련 문헌 및 인터넷 검색을 통한 지식 습득	6 (26.1 %)
자료 제작 및 개선	3 (13.0 %)
기타	2 (8.7 %)

수집된 설문 자료에서 해결 방법의 수는 설문에 응한 교사에 따라 해결 방법을 서술하지 않은 경우가 있고 중복 서술한 경우가 있기 때문에, 설문지에 응답한 교사의 수와 일치하지 않는다.

설문 결과를 보면, 과학수업을 진행하면서 겪는 어려움을 동료 교사 및 교사 모임을 통한 정보 교류를 통해 해결하는 경우(52.2 %)가 가장 높고, 관련 문헌 및 인터넷 검색을 통한 지식 습득을 통해 해결하는 경우(26.1 %), 수업 자료를 제작하거나 개선하여 해결하는 경우(13.0 %)의 순으로 나타났다. 이러한 응답결과를 통해 교사 모임을 통한 활동뿐 아니라 동료 교사들과의 협력적인 연구활동은 과학 교사들이 과학수업에서 겪는 어려움을 해결할 수 있음은 물론이고, 교사들이 과학교육에 있어서 직면하는 문제를 해결하기 위한 개별적인 노력의 한계를 극복할 수 있는 좋은 방안임을 알 수 있다.

2) 과학교육의 어려움 해결에 도움 정도와 사례

과학 교사가 과학교육에서의 어려움을 해결하는 데 교사 모임이 도움을 주는 정도를 리커트 척도를 통해 알아보았다(평균 4.7). 대부분 교사들이 과학 교사 모임을 통해 학교

현장에서 겪게 되는 어려움의 많은 부분을 해결하고 있음을 알 수 있다.

〈표 II-27〉은 과학 교사 모임을 통해 어려움을 해결한 사례 수를 과학수업을 진행하면서 겪는 어려움을 분류한 영역과 동일하게 분류하여 나타낸 것이다. 〈표 II-28〉은 어려움을 해결한 구체적인 사례를 영역별로 나열한 것이다.

|표 II-27| 과학 교사 모임을 통해 어려움을 해결한 사례 수

영역	사례 수(n = 34)
수업 지도(교수 학습 방법 등)	16 (47.1 %)
실험 실습(실험 실습 방법 및 지도 시 유의점 등)	13 (38.2 %)
전문 지식(과학 내용 지식, 학생들에 대한 지식 등)	3 (8.8 %)
기타	2 (5.9 %)

|표 II-28| 어려움을 해결한 구체적인 사례

- **수업 지도 영역** : 개념 설명 시 어려운 부분을 각 교사들이 사용하고 있는 설명 방법을 서로 공유하여 자신의 설명 방법을 수정 보완함으로써 더 좋은 방법을 고안해 냄, 실험 수업에 필요한 수업의 기술들을 많은 선생님들과 공유, 이론만으로는 아이들의 주의력을 끌기 어려운데 동기 유발을 일으킬 수 있는 시범 실험을 많이 접해 봄으로써 수업에 적극 활용, 다양한 활동들을 우리 학생들에게 맞게 단원에 맞게 수정·보완하여 활용, 많은 교사들로부터 받은 조언이 많은 도움이 됨, 흥미 유발 관련 실험활동을 많이 체험, 실험을 할 때 필수인 노하우를 얻음
- **실험 실습 영역** : 대안적인 실험들은 많이 경험하여 새로운 실험 아이디어나 대안 실험을 구상하는 데 많은 도움을 받음, 직접 실험활동을 하면서 학생들 입장에서 생각, 동료 과학 교사와의 교류를 통해 많은 간접 경험, 신과람에서 다양한 실험활동을 접하다 보니 타전공 실험도 많이 알 수 있고 실험에 관한 노하우도 미리 얻을 수 있어 실수를 줄일 수 있음, 특기적성교육으로 과학탐구반을 개설하여 실험 위주의 수업을 한다는 것이 두렵고 막막했었는데 신과람 활동 후 어느 정도 자신감이 생김, 알고 있던 실험이더라고 다시 학생들에게 적용할 때 좀더 효과적으로 전달하거나 실험을 실패하지 않도록 도움을 얻음. 예를 들어 불꽃반응 실험의 다양한 방법 중 아이들에게 좀더 극적 효과를 낼 수 있는 방법이나 실험 시 주의점 그리고 이론과 달리 실험 결과가 나오는 경우 해야 하는지 등 조언을 얻음, 과학반 활동에서 새로운 실험뿐 아니라 과학 관련 행사 진행 시 노하우에 관한 정보도 제공 받음
- **전문 지식 영역** : 찾기 어렵거나 잘 모르고 있던 자료를 알게 되는 기회, 내가 잘못 알고 있던 지식이나 혹은 생각지도 못했던 아이들의 생각, 또 몰랐던 실험 등에 대해서 배울 수 있는 기회
- **기타** : 학교에서 다른 교사와의 의견 차이가 생길 때 신과람 교사의 의견이 나의 의견을 정리하는 데 도움이 됨, 각종 정보 교류

3) 학교에서 교사 생활의 영향

일반적으로 교사들은 변화보다 안정적인 것을 선호하는 편이며, 새로운 수업 방법을 시도하는 것을 부담스러운 일로 생각한다. 그리고 교사로서의 능력을 개발하는 것은 교사 개인의 일로 생각하는 경향이 비교적 높으며, 다른 교사의 수업, 생활지도, 학급 경영 등에 관여하지 않으려는 성향을 나타낸다. 그러나 신과람 교사들은 학교에서의 일상적인 업무에서 벗어나 새로운 활동을 통해 새로운 수업 방법을 연구하고 이를 실제 자신의 수업에 활용하려는 의지가 매우 높다. 또한 다른 교사들과의 공동의 학습활동과 선배 교사들이나 동료 교사들의 수업 사례를 보고 배움으로써 학교생활을 보다 충실하게 수행할 수 있는 에너지를 얻는다고 느낀다. 이는 학교 밖에서 같은 생각을 가지고 함께 일을 하고, 같은 목적을 가진 사람들이기 때문에 서로 다른 여러 종류의 사람들이 모여 있는 학교에서보다 이 모임에서 서로 더 위하고 친해질 수 있기 때문이다. 무엇보다도 학교 환경은 다르지만 같은 교과를 가르치는 사람들이라는 점에서 서로 많은 것을 공유하고 이해해 줄 뿐 아니라 친밀한 유대감을 유지할 수 있는 것으로 볼 수 있다.

과학 교사 모임활동이 교사들의 학교생활에 미치는 영향을 알아보기 위해 신과람 활동이 교사 생활에 영향을 주고 있는지 여부와 신과람 활동에 참여하기 전과 후 변화된 점을 서술하도록 개방형 설문지를 구성하여 알아보았다.

그 결과 신과람 활동 전과 후를 비교할 수 없는, 신규 발령을 받자마자 신과람 활동을 시작한 교사들을 제외한 모든 교사들은 신과람 활동이 교사 생활에 영향을 주고 있다고 답하였다. 〈표 II-29〉는 신과람 활동이 학교에서 교사 생활에 미친 영향에 대해 구체적으로 서술한 내용을 범주화하여 정리한 것이다.

|표 II-29| 교사 생활의 영향

교사 생활의 영향	사례 수(n = 26)
생활 자세의 변화 (적극적인 자세, 노력하는 자세, 실험 수업 적극 활용 등)	13 (50.0 %)
과학 교사로서의 자신감 (수업, 학생 지도 등)	10 (38.5 %)
기타	3 (11.5 %)

나는 신과람에서 많은 것을 얻은 것 같다. 열심히 공부하고 애쓰는 순수한 선생님들의 열정과 사랑, 많은 수업 아이디어, 학습 자료, 인간애……, 나도 이제는 이런 것들을 나누고 느끼게 해야 하는 주체

가 되어야 하는 것이 아닌지(신나는 과학, 49호 p.16).

4) 학교 밖 과학활동 수행의 영향

교사가 과학 관련 도서를 집필하거나 과학 관련 연수 등을 실시할 때 신과람에서 활동한 경력이 어떤 점에서 도움을 받았는지에 대해 설문에 응답한 결과를 정리하면 다음과 같다.

신과람 활동을 통한 다양한 경험이 다른 사람보다 많은 경험을 갖게 하여 과학 교사로서 자신감을 가지도록 하고, 과학 관련 도서를 집필하거나 과학 관련 연수 강의를 할 때 개인적인 차원이 아니라 신과람 모임의 차원에서 이루어지는 경우 공동 작업으로 이루어지기 때문에 활동을 하면서 더 많은 것을 배울 수 있는 계기가 되었다고 한다.

(3) 과학 교사 모임의 문제점 및 개선 방안

신과람에서 활동 중인 교사가 생각하는 신과람이 가지고 있는 문제점을 개방형 설문 문항에 응답한 결과를 바탕으로 정리하면 다음 네 가지로 요약할 수 있는데, 이러한 문제점을 개선하기 위한 방안을 생각해 보았다.

첫째, 학년 초에는 많은 교사들이 정기 연구 모임에 참여하지만 학년 말까지 지속적으로 모임에 참여하는 교사가 10명 내외로 신입 회원들이 모임에 지속적으로 적응할 수 있도록 기존 교사들의 배려가 필요하다고 지적하였다(34.8 %). 이는 참여하는 교사의 문제도 있겠지만 모임 차원에서 그 원인을 파악하여 신입 회원을 관리할 수 있는 시스템 구축이 필요하리라 생각한다.

둘째, 현재 연구 회원이 100명 남짓으로 모임의 규모가 커져 교사 간 의사소통의 어려움과 모임 장소가 협소하여 모임 장소 환경의 불편함을 지적하였다(30.4 %). 신과람 홈페이지가 구축되면서 교사 간 의사소통의 어려움은 많은 부분이 해소되었지만 매년 조금씩 모임의 규모가 커지는 것에 대한 문제는 여러 명의 교사들이 느끼고 있다. 앞으로 회원들 간의 깊이 있는 논의를 통해 모임의 규모가 커지는 것에 비례하여 신과람 활동이 보다 체계적이고 과학 교사로서의 전문성을 신장시킬 수 있는 장이 될 수 있도록 하기 위한 노력을 해야 할 것이다.

셋째, 연구 회원들이 전문 분야를 지속적으로 개발 또는 연구하는 부분이 부족하여 연구 발표 주제의 참신성이 떨어지고 발표 내용이 겹치는 경우가 있다는 것을 지적하였다(26.1 %). 이는 신과람 활동이 과거에 비해 다른 과학 교사 모임과 차별성이 크게 줄어들고 있다고 느끼는 교사들의 생각과 일치함을 알 수 있다.

이를 위해서는 정기 연구 모임에서 발표하기 전 발표자가 연구하고 있는 활동 주제를 미리 홈페이지를 통해 공지하여 사전에 다른 교사들의 조언을 구한다면 활동 주제가 중복되는 것도 피할 수 있으며 과거 기존의 교사들이 겪었던 시행착오를 줄여 같은 시간에 보다 완성도가 높은 활동 자료를 개발할 수 있을 것이다. 이를 통해 발표를 준비하는 과정에서 발표자의 과학 교사로서의 전문성은 더욱 신장될 수 있으리라 생각한다. 정기 연구 모임에서 발표는 발표자의 일회성 발표로 끝나는 것이 아니라 그 후에 온라인 활동을 통해 많은 교사들의 의견을 반영하여 끊임없이 수정 보완함으로써 자신만의 독창적인 활동 자료를 개발하는 데 더욱더 노력해야 할 것이다.

넷째, 모임의 가입과 출석이 자유로워 연구 회원이 유동적이어서, 모임에 적극적으로 활동하는 사람들 중심으로 정기 연구 모임에서 발표가 이루어지고, 책임감 있고 성실한 사람들의 많은 희생으로 신과람의 여러 가지 행사가 진행되는 경우가 있다고 지적하였다(17.4 %). 이에 대한 문제는 오래전부터 신과람 교사들이 피부로 느껴오던 바 이를 해결하기 위해 2000년부터는 신과람이 주관하는 행사별로 운영팀을 구성하여 교사들 간의 모임에서 역할을 분산시키며 행사 운영에 대한 노하우를 다른 교사들에게 전수하는 형태로 운영되고 있다. 그러므로 신과람의 다양한 활동을 통해 얻어만 가려는 짧은 생각보다 함께 고민하고 나누며 모임에서 책임감을 가지고 참여할 수 있는 다음 세대의 많은 교사들의 적극적인 참여가 필요하다.

|표 II-30| 신과람의 문제점

문제점	빈도 수(n = 23)
신입 회원들 적응의 어려움	8 (34.8 %)
모임 규모가 커짐에 따른 의사소통의 어려움	7 (30.4 %)
전문 분야의 지속적인 연구 활동 부족	6 (26.1 %)
책임감을 가지고 참여하는 사람 부족	4 (17.4 %)

4. 결론 및 제언

본 연구에서는 전국 여러 개의 자발적인 과학 교사 모임 중 신과람이 교사의 전문성 신장에 긍정적인 영향을 미친다는 전제하에 신과람 활동을 통한 과학 교사 전문성 신장 과정과 신과람 활동이 학교에서 교사의 생활에 미치는 영향, 신과람 교사가 생각하는 모임의 문제점을 알아보고 개선 방안을 모색한 결과 다음과 같은 결론을 얻을 수 있다.

1992년 서울 · 경기 지역의 중 · 고등학교 교사들이 중심이 되어 자발적으로 조직된 신과람은 매주 화요일 정기 연구 모임과 매월 소모임 활동, 홈페이지를 이용한 온라인 활동, 사이언스 잼버리와 신나는 과학놀이마당과 같은 과학 행사 주관, 행사 관련 자료집 및 매년 분기별 회지 발행 등과 같은 활동을 주로 하였다. 이러한 신과람 활동은 과학교육에 있어 신과람 교사들이 어려움을 해결하는 데 많은 도움이 된다(평균 4.7)고 느끼고 있었다. 어려움을 해결한 사례로는 수업 지도 영역의 어려움을 해결한 사례(47.1 %)가 가장 많았고, 실험 실습 영역(38.2 %)과 전문지식 영역(8.8 %)의 어려움을 해결한 사례도 있었다. 그리고 신과람 활동을 통해 신과람 교사들은 과학 교사로서 교과에 대한 확실한 자신감을 얻으며(38.5 %), 보다 적극적이며 노력하는 생활 자세의 변화(50.0 %)를 통해 과학 교사로서의 전문성을 더욱 신장시키고 있다는 것을 알 수 있었다.

신과람 교사가 신과람 활동을 하면서 느끼고 있는 가장 큰 문제점으로 신입 회원들의 적응의 어려움(34.8 %)이었으며, 모임의 규모가 커짐에 따른 의사소통의 어려움(30.4 %), 전문 분야의 지속적인 연구활동의 부족(26.1 %), 책임감을 가지고 참여하는 사람의 부족(17.4 %)을 지적하였다. 이러한 문제점을 개선하기 위한 방안으로는 신입 회원을 관리할 수 있는 시스템이 필요하며, 신과람 홈페이지를 이용한 온라인 활동을 더욱 활성화시켜 교사들 간의 의사소통의 문제를 해결하고 상호협력적인 분위기 속에서 전문 분야의 지속적인 연구활동을 서로 장려함으로써 신과람이 과학 교사의 전문성 신장을 위한 모임으로 거듭날 수 있도록 신과람 교사 한 명 한 명이 책임감을 가지고 노력하는 자세가 필요하다.

이러한 개선 방안은 기존의 과학 교사 모임이 변화를 시도하거나 시작 단계에 있는 과학 교사 모임이 방향을 설정할 때 도움이 될 것이다.

본 연구에서는 전국 여러 개의 과학 교사 모임 중 규모가 비교적 큰 신과람을 대상으로 신과람 홈페이지와 자료집 및 회지를 중심으로 과학 교사의 전문성 신장 과정을 분석하였다. 앞으로 과학 교사 모임을 통해 과학 교사의 전문성을 체계적으로 신장시키기 위해서는 각 지역의 크고 작은 과학 교사 모임의 활동도 충분히 분석하여 각 지역에서 크고 작은 과학 교사 모임을 통한 과학 교사의 전문성 신장 방안을 제시할 수 있는 연구가 계속되어야 할 것이다.

참고문헌

신나는 과학을 만드는 사람들(2000). 신나는 과학 49호

신나는 과학을 만드는 사람들(2001). 신나는 과학 51호

신나는 과학을 만드는 사람들(2004). 신나는 과학 57호

심재호(2006). 과학 교사 전문성 실험 연수에 대한 중등 과학 교사의 인식. 한국생물교육학회지 34(1). 27-37.

이수아 외(2007). 초등 교사들이 과학 수업에서 겪는 어려움 분석. 한국초등과학교육학회지 26(1).

이선숙(2005). 교과별 교사모임을 통한 교사의 전문성 개발에 관한 연구. 서울대학교 대학원 석사학위논문.

임찬빈, 이화진, 곽영순, 강대현(2004). 수업평가 기준 개발 연구(I) — 일반 기준 및 교과(사회, 과학, 영어) 기준 개발 — 한국교육과정평가원 연구 보고 RRI 2004-5.

임청환(1999). 과학 교사의 자질에 관한 문헌 연구. 과학・수학 교육 연구 22. 대구대학교 51-82.

Part III

과학 교사의 전문성 신장 연구

세부과제 책임자 : 한 재 영
공동연구원 : 심 재 호 · 류 성 철 · 임 혁

1 과학 교사 전문성

1.1 과학 교사의 전문성에 대한 과학 교사의 인식

1. 과학 교사의 전문성

교과 교사의 전문성에 대해서 한국교원대학교 부설 교과교육공동연구소(2003)는 다음과 같이 정의하고 있다. 교과 교사의 전문성은 고도의 전문 지식과 기술을 갖고 있으며, 그 지식과 기술을 사용하여 학생을 지도하는 것이라 볼 수 있다. 두 번째는 능력에 기초한 전문성이다. 능력에 기초한 전문성은 전문 지식과 기술을 포함하면서, 그것 못지않게 교사 자신의 인간적·도덕적·감성적·지각적 능력도 중시하는 것이다. 따라서 이 개념에 의한 교사 전문성은 지식과 기술뿐만 아니라 가치, 태도, 동기, 상상력 등의 여러 개념을 포괄하는 것이다. 세 번째는 상대적 가치의 중요성이 부각함에 따른 탐구와 안내 중심의 능력을 강조하는 것이다.

교과 교사의 전문성에 대한 이와 같은 세 가지 관점 중에서 어떤 것을 배타적으로 선택할 수 있는 것은 아니다. 교과 교사의 전문성은 전문 지식과 기술, 인간적 도덕적 감성, 탐구와 안내를 할 수 있는 전문성을 모두 포괄해야 할 것이다.

한편 Wenning(1998)은 물리 교사가 갖추어야 할 기본적인 자질을 다음과 같이 제시하였다.

- 과학 내용에 관한 지식(content knowledge)
- 탐구 과정에 대한 절차적 지식(procedural knowledge)

- 과학교육과정에 대한 지식(science curricular knowledge)
- 일반적인 교육학에 관련된 지식(pedagogical knowledge)
- 학습자에 대한 지식(understanding students)
- 학급 경영 능력(classroom management skills)
- 의사 소통 능력(communication skills)
- 교수와 학습의 관련성에 관한 지식(knowledge of the relationship between teaching and learning)
- 과학적이고 철학적인 성향(scientific and philosophical dispositions)
- 과학의 사회적 기술적 맥락의 이해(social and technological context)
- 바람직한 학습 환경의 조성(learning environment)
- 평가에 관한 지식(student assessment)
- 자기 평가와 반성적 실행(self-assessment and reflective practice)
- 교수 기술에 관한 지식(technology of teaching)
- 직업적 책무성(professional responsibilities)

또한 NRC(1996)에서는 과학 교수 기준, 과학 교사 전문성 개발 기준, 과학교육 평가 기준, 과학 내용 기준, 과학교육 프로그램 기준, 과학교육 체제 기준을 설정하고, 자질 있는 과학 교사는 최소한 학생을 위하여 설정해 놓은 이러한 기준보다 높은 수준의 능력을 갖추어야 할 것을 시사하고 있다.

임청환(1999)도 과학 교사의 자질에 관한 문헌 연구를 통해 과학 교사의 자질을 과학 내용에 관한 지식, 탐구 과정에 대한 절차적 지식, 과학교육 과정에 대한 지식, 일반적인 교육학에 관련된 지식, 학습자에 대한 지식, 학급 경영 능력, 의사소통 능력, 교수-학습에 대한 지식, 과학적 성향, 과학의 사회적·기술적 맥락의 이해, 바람직한 학습 환경의 조성, 평가에 관한 지식, 교수 기술에 관한 지식, 직업적 책무성 등으로 정리했으며 여기에 더하여 과학 교수 내용 지식(Science PCK)을 과학 교사의 자질 중에서 가장 필수적인 사항으로 보았다. 관점에 따라서는 과학 교수 내용 지식이 앞에 언급된 과학 교사의 자질 모두를 포함한다고 볼 수도 있다고 할 정도로 과학 교수 내용 지식의 중요성을 강조했다.

임찬빈 등(2004)의 연구에서도 과학 교사의 전문성 구성 요소로 과학 교수 내용 지식(Science Pedagogical Content Knowledge), 과학과의 평가에 관한 지식(Knowledge about science assessment), 학생들에 대한 지식(Knowledge about learners), 융통성(Flexibility)을 제시했으며, 이 중에서도 과학 교수 내용 지식을 갖춘 전문가는 교과 내용학적 전문성

(science content knowledge)만 갖추고 있는 내용 전문가와는 차별되어야 한다고 강조하였다.

이상의 논의들을 정리하면, 과학 교사의 전문성을 구성하는 요소로 과학 내용에 관한 지식, 탐구 과정에 대한 절차적 지식, 과학교육 과정에 대한 지식, 일반적인 교육학에 관련된 지식, 학습자에 대한 지식, 의사 소통 능력, 교수-학습에 대한 지식, 과학적 성향, 과학의 사회적 · 기술적 맥락의 이해, 평가에 관한 지식, 직업적 책무성, 과학 교수 내용 지식(Science PCK) 등을 들 수 있겠다.

과학 교사의 질과 수준을 향상시키기 위해 각국에서는 전문성 기준을 설정하거나 현직 교사 연수 체제를 강화하거나 교사 양성 체제를 수정 · 보완해오고 있다. 미국의 경우에도 과학 교사의 질적 수준을 향상시키기 위해 교사 교육 프로그램 입학 심사 시험, 교사 교육을 양성하는 대학 평가, 교사 교육 프로그램 졸업생들의 자격증 부여, 초임 교사 수업 평가 등을 실시하고 있다(강호선 등, 2005). 우리나라의 경우에도 교과교육학을 강화한 교사 양성 체제의 개선, 교사의 요구를 반영한 현직 연수 체제의 보완 및 교사 평가를 통해 교사의 질을 향상시키고자 시도하고 있다. 이러한 노력 가운데 교사 평가 부분은 매우 조심스럽게 접근되어야 할 필요성이 있다. 교사 평가를 하기 위해서는 과학 교사로서 갖추어야 할 전문성에 대한 기준 마련이 우선되어야 한다. 과학 교사로서 갖추어야 할 전문성 기준에는 어떤 요소들이 포함되어야 할 것인가에 대한 과학교육 단체와 전문가들의 협의 및 합의가 필요할 것이다. 미국의 경우, 과학 교사 전문성 기준이 제시되어 있지만 이러한 기준을 우리나라에 그대로 적용하는 데는 무리가 있다. 우리의 교육 풍토와 여건은 미국과 여러 가지 측면에서 차이가 있기 때문이다. 일단 현장 교사들이 생각하는 과학 교사의 전문성 기준에 포함시켜야 할 요소들에 대한 인식 조사, 과학 교사 전문성 기준을 저해하는 요인들, 과학 교사 전문성 기준을 신장시키기 위한 조건에 대한 인식 조사가 필요하리라고 본다.

한편 과학 교사의 전문성을 신장시키기 위한 현직 과학 교사 연수는 과학 교사의 필요성에 기초하고 현장의 적용 가능성이 커야 한다. 하지만 김정곤 등(1991)의 연구결과에 의하면, 과학 교사들이 현직 연수 교육의 필요성은 많이 느끼고 있으나 연수를 통해서 현장에서 도움이 된다는 만족도에 있어서는 낮은 반응을 보이고 있으며, 연수 교육 내용과 수준이 중등학교 현장에서 필요로 하는 과학교육과는 상당한 거리가 있다고 한다. 또한 곽대오 등(1997)의 연구에서도 연수가 교실 현장의 과학교육과 연계된 내용의 선정과 교육 내용의 적절한 수준의 설정이 시급하다고 지적하고 있다. 현직 연수 교육은 교사들이 그들의 전문적 지식과 기능을 신장시킴으로써 교사로서의 직무를 잘 수행하도록 하는 하나의 기본적 활동 요소이다(Orlich, 1983). 또한 과학 교사의 양성교육만으로는 변화하는 교육 환경에 적절히 대처하기 어렵기 때문에 과학 교사의 전문성을 지속적으로 유지・발전시키기 위한 현직 연수 교육의 필요성과 중요성이 대내외적으로 강조되어 왔다(김정곤 등, 1991; 김창식, 1987; 이학동 등, 1996).

현재 현직 연수를 개발하고 주관하는 곳은 시도 교육과학연구원, 교원연수원, 사범대학 부설 중등교원연수원, 과학 전시관, 한국교육개발원 등이 있다. 이들 연수 기관에서 실시하는 실험 연수 교육 프로그램도 나름대로 의미는 있지만 이들과는 별개로 학교 단위별로 또는 소지역별로 교사들의 자발적인 참여하에 이루어질 수 있는 학교 또는 지역 중심 현직 연수 교육에 관한 연구와 프로그램의 개발에 관심을 가져야 할 때라고 본다.

교대, 사범대학, 그것 외에 교사를 양성하는 대학 교육 기관이 담당하는 역할은 교사로서의 최소한의 자질을 갖추게 하는 것인 반면에, 교원 연수는 교사들의 자질을 향상시키고 심화시키는 교육을 담당한다고 할 수 있다. 전 교직 과정을 통해서 교사가 완성되어 간다고 할 때, 지속적으로 이루어지는 질 높은 연수는 절대적으로 필요한 요소가 아닐 수 없다(노종희, 1997).

과학 교사의 전문성에 대한 논의는 많이 이루어져 왔으나 전문성을 확보하기 위한 방법들을 모색하기 위한 기초 연구는 제대로 이루어지지 못하고 있다(김호권, 1996; 노종희, 1997; 여성희 등, 2003; 허혜경, 2000).

2. 과학 교사의 전문성에 대한 과학 교사의 인식

과학 교사의 전문성에 대한 인식 조사 및 과학 교사의 전문성 기준으로 개념, 탐구, 과학교육 과정, 과학의 본성, 과학적 소양에 대한 인식, 과학 교사가 전문성을 향상시키기 위해서 필요한 조건과 전문성 저해 요인, 과학 교사의 전문성 향상을 위한 실험 연수는 어떤 형태로 추구되어야 할 것인지에 대한 조사결과는 다음과 같다.

(1) 과학 교사는 과학 교과의 전문가인가에 대한 반응

'과학 교사는 과학 교과의 전문가인가?'라는 설문에 대한 응답결과를 보면, 대부분의 과학 교사가 '그러하다'라고 응답하였다. 특이한 점은 성별, 교직 경력에 따른 과학 교사로서의 전문성 인식 정도에는 차이가 거의 없었지만, 과학 교과 모임 경력이 5년 이상인 교사들이 과학 교과 모임 경력이 없는 교사들과 과학 교과 모임 경력이 5년 이하인 교사들보다 과학 교사로서의 전문성 인식 정도가 더 높았다. 이는 과학 교과 모임 경력 5년

이내인 교사들의 경우 스스로 과학 교사로서의 전문성이 부족함을 느끼고 있기 때문에 과학 교과 모임을 계속하여 전문성을 향상시키고 있는 것으로 볼 수 있으며, 과학 교과 모임 경력이 5년 이상인 교사들의 경우에는 이제 과학 교과 모임에서 지도자로서의 역할을 수행하고 있기 때문에 자신을 과학 교과의 전문성을 갖춘 교사로 인식하고 있다고 볼 수 있다. 이러한 결과는 성별, 교직 경력보다 교과 모임활동 경력이 과학 교사로서의 전문성을 더 향상시킬 수 있는 요인이 된다는 것을 나타낸다.

또한 이와 같은 결과가 나온 이유는 5년 이상 과학 교과 모임을 지속한 교사들의 과학 교과 모임의 특징에서 드러난다. '신나는 과학을 만드는 사람들'의 과학 교과 모임활동은 1회성의 교사 연수가 아닌 자율적으로 매주 또는 격주로 실시되는 교사 연수 모임이다. 이 모임은 현장에서 과학 교과 지도에 어려움을 느끼는 부분을 해소하기 위한 활동이 주 목적이기 때문에 과학 교사의 전문성을 향상시킬 수 있는 적절한 매개체가 되고 있다. 이러한 설문 결과를 고려할 때 전국의 교육과학연구원이나 서울의 과학 전시관에서 실시하는 현직 과학 교사 실험 연수도 과학 교사의 요구를 반영하여 연수 프로그램을 구성하고 교사의 자율성에 기초하여 운영된다면 과학 교사의 전문성을 보다 더 높일 수 있는 연수가 될 것으로 본다.

(2) 과학 교사가 갖추어야 할 능력에 대한 반응

과학 교사가 갖추어야 할 능력에 대하여 과학 교사는 개념 지도 능력(24.5 %)과 과학에 대한 관심과 호기심을 증진시키는 능력(24.5 %)이 가장 우선시되어야 한다고 하였고, 그 다음으로 과학적 소양 함양 능력(20.0 %)과 실험, 탐구 지도 능력(18.7 %), 창의력 증진 능력(8.4 %), 입시 지도 능력(3.7 %)으로 응답하였다(그림 III-1). 특이한 점은 입시 지도 능력(3.7 %)은 학교 현장에서 학부모 및 학생들의 요구 정도는 높은 데 비하여 과학 교사는 과학 교사가 갖추어야 할 능력 중에서 매우 낮게 평가를 하고 있음을 알 수 있는데, 이는 학부모, 학생이 교사에게 요구하는 능력과 과학 교사가 전문가로서 갖추어야 할 능

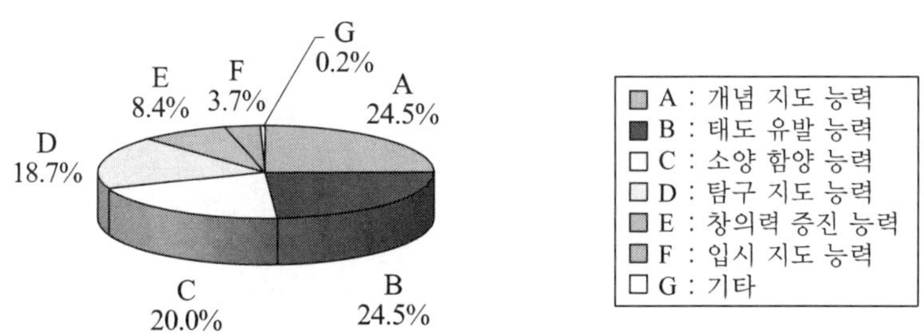

그림 III-1 과학 교사가 전문가로서 갖추어야 할 능력은?

력에 대한 인식이 서로 불일치하고 있음을 나타내고 있으며, 과학 교사들이 기계적인 입시 지도에 대해 커다란 거부감을 가지고 있음을 나타낸다. 또한 창의력을 증진시키기 위한 영재교육의 중요성을 강조함에도 불구하고 과학 교사들은 창의력을 증진시키기 위한 능력은 비교적 낮게 인식하고 있음을 알 수 있다.

(3) 과학 교사의 전문성 기준에 포함되어야 할 항목에 대한 반응

과학 교사의 전문성 기준에는 어떤 요소들이 포함되어야 할 것인가에 대해 실험, 탐구 이해 및 수행 수준(24.5 %), 과학적 개념 이해 수준(21.9 %), 여러 가지 수업 모형을 적용할 수 있는 교수 기술 수준(20.0 %)은 과학 교사의 전문성 기준에 포함시켜야 할 요소임을 인식하고 있는 반면, 교육과정 이해 및 적용 수준(12.7 %), 적절한 평가 방법 수행 수준(11.0 %)을 과학 교사의 전문성 기준에 포함시켜야 한다는 인식은 비교적 낮았다. 과학의 본성 이해 수준(9.0 %)은 과학 교사의 전문성 기준에 포함시켜야 한다는 점에는 가장 낮은 인식을 보였다. 이러한 결과는 교육과정, 평가 방법과 과학의 본성에 대한 교사 교육이 제대로 이루어지지 못하고 있다는 노태희 외(2000)의 연구결과와 일맥상통한다. 노태희 외의 연구결과는 6차 과학과 교육과정 때 실시된 연구이고, 본 연구는 7차 과학과 교육과정이 실시되고 있는 시점에서 연구된 것인데 비슷한 결과가 나온 것은 7차 과학과 교육과정이 현장에서 제대로 구현되지 못하고 있다는 의미이기도 하다. 또한 설문 조사결과에서 보듯이 과학 교사들의 과학교육 과정에 대한 인식이 비교적 낮다면 초·중등 학년 간의 내용 연계의 적절성, 각 학년의 지도에 적합한 핵심 개념의 선택 및 학생들의 수준 이해 등의 수준이 비교적 낮다고 볼 수밖에 없다. 또한 평가 방법의 인식이 비교적 낮은 것은 객관식 평가뿐만 아니라 수행 평가나 주관식 평가의 적절성에 대한 문제가 남아 있을 것이다. 마지막으로 과학의 본성에 대한 인식은 가장 낮은데 현대 사회를 살아가기 위해 필요한 과학적 소양이 중요시되는 것에 비하여 학교 현장에서는 미래 사회를 대비할 수 있는 능력이 떨어진다고 볼 수 있다.

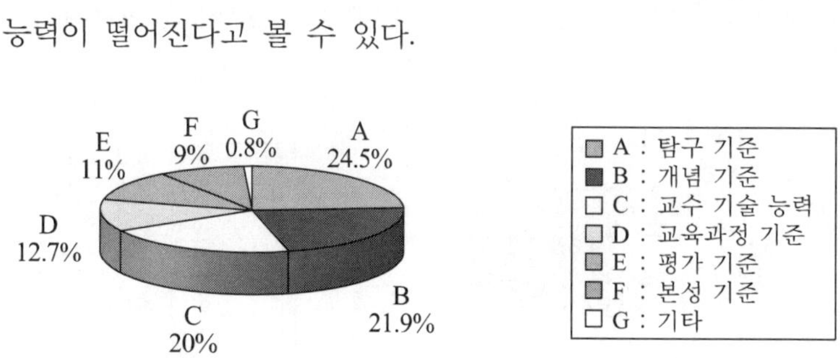

그림 III-2 과학 교사 전문성 기준에 포함시켜야 할 요소는?

(4) 과학 교사가 전문성을 확보하기 위한 조건에 대한 반응

과학 교사가 전문성을 확보하기 위해서는 어떤 조건들이 갖추어져야 할 것인지에 대하여 지속적인 과학 교사 연수 프로그램의 개발이 필요(33.5 %)하다는 응답이 가장 높았고, 그 다음으로 체계적인 대학의 교사 양성 체제의 개선(22.5 %)을 들었다. 그에 비해 자격연수(9.0 %), 교사 선발 체제(7.5 %), 입시제도(6.0 %)는 과학 교사의 전문성 확보에는 미미한 영향을 미친다고 인식하고 있음을 알 수 있다. 현재의 연수가 일회적이며 현장과의 계속적인 피드백 과정이 없는 것이 문제이며, 교사 양성 체제도 과학 교사의 전문성을 확보하기에 미흡하다는 인식이 큼을 알 수 있다. 미국의 경우, 과학 교사의 전문성 개발과 관련하여 1996년 National Research Council에 의해 마련된 National Science Education Standards에서는 현직 교육과 관련된 4가지 표준을 다음과 같이 제시하고 있다.

- 과학 교사의 전문성 개발은 연속적이고 평생 교육과정이어야 함
- 현직 교육에 있어서 교육자, 피교육자, 보조자 및 지원자의 전통적 구분은 인위적인 것에 불과함. 이 진술은 현직 연수 교육에서 교사가 수동적 입장에서 교육받는 것이 아니라 오히려 교육의 제공자, 교육 지원자로서의 역할을 하고, 능동적 입장에서 현장에 적절한 교육 기회를 갖는 방향으로 바뀌어야 함을 의미함
- 교사의 전문성 개발에 대한 견해는 특별한 수업 기술 훈련으로부터 지적 전문성 성장으로 바뀌어야 함
- 학교를 변화시키는 과정은 현직 교육이 학교의 맥락에서 교사들의 업무와 분명히, 그리고 적절하게 연계되어야 함

과학 교사가 과학 교과의 전문성을 갖추도록 하기 위해서는 교사 양성 체제와 현직 연수를 현재 상황에서 보완하고 강화할 필요성이 있다. 현재의 교사 양성 체제로는 과학 교사가 될 사람들의 교과에 대한 전문성을 부여하는 데는 미흡한 점이 있다. 교사의 전문성

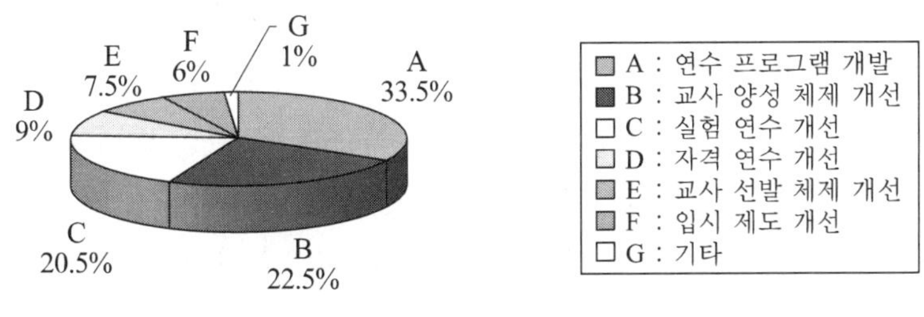

▶▶ 그림 III-3 과학 교사 전문성 확보 조건은?

은 크게 교과 전문성과 교육 전문성으로 나눌 수 있다(한국교원대학교 부설 교과교육공동연구소, 2003). 그런데 사범대학의 교육과정에서 교사가 되기 위해 필요한 필수 이수 과목들은 대부분 교직 과목과 전공 과목의 두 가지이다. 하지만 예비 교사들이 현장에서 학생들을 가르치는 데 매우 필요한 과학 교과 과목은 두 세 과목에 불과하다.

과학 교과교육을 과학이라는 '내용'과 교육학과 같은 '방법'의 결합으로 보는 이원적 구조는 오랫동안 우리 교육계에 강한 뿌리를 내려 왔다. 이런 잘못된 인식이 고쳐지지 않는 한, 과학 교과교육의 학문의 정체성 확립뿐만 아니라 현장에서의 과학 교사로서의 전문성 확보에도 어려움이 있을 것이다.

(5) 과학 교사의 전문성 향상을 저해하는 요인에 대한 반응

과학 교사의 전문성 향상을 저해하는 가장 큰 걸림돌로 입시 위주의 교육 풍토(41.2 %), 체계적 연수 프로그램의 부재(19.0 %), 체계적 교사 양성 과정(17.6 %)의 부재순으로 응답하고 있다. 과학 교사의 전문성을 향상시키기 위해서는 입시 위주의 교육 풍토에 대한 매우 개혁적인 변화가 필요하며, 체계적인 연수 프로그램의 구성하는 것과 교사 양성 체제의 문제점을 개선하고자 하는 노력이 필요하다고 볼 수 있다.

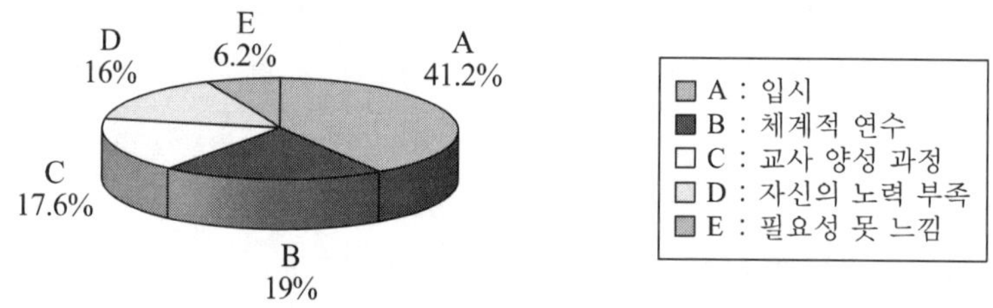

▶▶ 그림 III-4 과학 교사 전문성 저해 요인

(6) 과학 교사 연수 프로그램에 포함시켜야 할 내용 요소들에 대한 반응

과학 교사 연수 프로그램에 포함시켜야 할 내용 요소들에는 어떤 것들이 포함되어야 할 것인지에 대하여 과학에 대한 관심과 호기심 증진 방법(27.7 %), 탐구활동 지도 방법(26.1 %), 과학 개념 획득 방법(16.5 %)의 순으로 응답하였다. 이러한 결과는 과학 교사들은 학생들이 과학을 싫어하고 어려워하는 것을 극복시킬 수 있는 방법에 많은 관심을 가지고 있으며, 탐구활동을 적절하게 지도할 수 있는 방법에 대해서도 비슷하게 관심을 가지고 있음을 나타낸다. 그에 비하여 창의력 증진(16.2 %), 과학적 소양(12.9 %)에 대한 필요는 비교적 낮음을 알 수 있다.

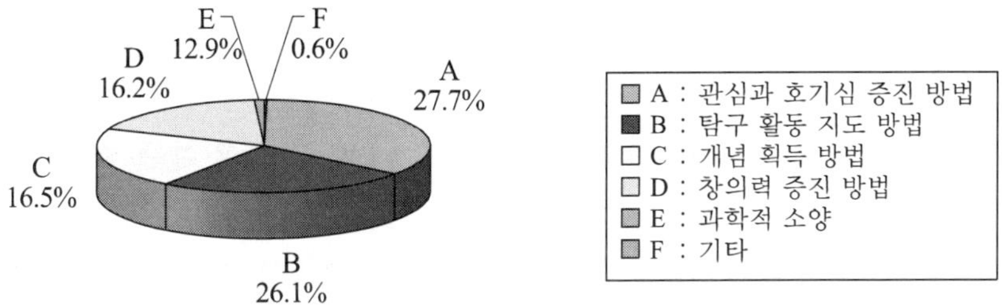

▶▶ **그림 III-5** 과학 교사 연수 프로그램에 포함시켜야 할 영역은?

(7) 실험활동을 자주 하지 못하는 이유에 대한 반응

과학 교사들이 실험활동을 자주 하지 못하는 이유에 대하여 과학 교사들은 다른 교과의 교사들과 수업 시수는 비슷하지만, 실험을 준비하고 정리하는 데 많은 시간이 소요되는, 시간(49.6 %)에 대한 부담을 가장 많이 느끼고 있으며, 그 다음으로 기구 부실(23.7 %), 입시 중심의 교육(15.2 %) 때문이라고 응답하고 있다. 현장에서 과학 교사가 실험 수업을 할 때 소요되는 시간은 강의식 수업보다 더 필요함에도 불구하고 과학 교사가 가르쳐야 할 수업 시수는 타 과목 교사의 수업 시수와 다르지 않다. 이러한 결과는 이양락 등(2004)의 연구에서 실험 수업을 할 때 소요되는 실제 소요 시간에 대한 부담 때문에 실험활동 수업보다는 강의식 수업 위주로 진행된다는 것과 일치한다. 학생들이 현장에서 실험활동을 강화하기 위해서는 과학 교사에 대한 실제 수업 시수에 대한 고려가 있어야 할 것으로 보인다.

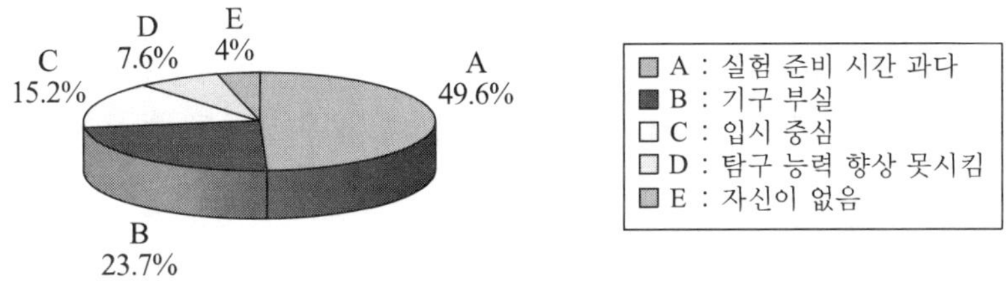

▶▶ **그림 III-6** 실험활동을 자주 하지 못하는 요인은?

(8) 실험 및 탐구 지도 능력에 대한 반응

과학 교사의 경력에 따른 실험 기구 조작 능력, 약품, 현미경, 전기 회로 조작 능력 등에 대하여 경력에 관계없이 이러한 능력들을 보통 수준이라고 인식하고 있었다. 하지만 과학 교과 모임 경력이 오래될수록 이러한 능력들을 더 많이 갖추고 있다고 응답하였다. 이러한 결과를 볼 때 과학 교사로서 전문성 향상에 과학 교과 모임의 활성화가 도움이 될 것임을 추측할 수 있다.

3. 결 론

중등 과학 교사들의 과학 교과 전문성 및 실험 연수에 대한 인식을 조사한 결과, 다음과 같은 결론을 얻을 수 있었다.

첫째, 과학 교사들은 대부분 자신을 어느 정도 과학 교과의 전문가라고 생각하지만 과학 교과에 정통한 전문가로 확신하지는 못하고 있음을 알 수 있었다. 과학 교사들이 과학 교과에 대한 확실한 자신감이 없다면 과학 교과를 배우는 학생들 또한 과학적 개념 이해나 과학에 대한 관심과 호기심을 가질 수 없을 것이다. 과학 교사들이 과학 교과의 전문성에 대한 확신을 가질 수 있도록 교사 양성 체제와 연수 체제의 수정 보완이 필요하리라고 본다.

둘째, 과학 교사로서의 전문성을 저해하는 가장 큰 요인은 입시제도를 들고 있다. 입시 중심의 수업으로 인하여 실험활동 중심의 수업, 호기심과 관심을 유도하는 수업, 토론과 자료 수집 등을 중시하는 수업들이 모두 외면당할 수밖에 없다. 따라서 입시제도가 과학 교사의 전문성 신장과 구현을 저해할 수 없도록 하는 방안의 강구가 필요하다고 하겠다.

셋째, 교직 경력, 성별, 전공에 따른 전문성 인식의 차이는 거의 없으며, 교과 모임활동 경력이 증가할수록 과학 교과의 전문성이 증진되었다고 인식하였다. 이 결과를 보면 교과 모임의 활성화가 전문성 향상에 도움을 줄 수 있다고 볼 수 있다.

넷째, 과학 교과의 전문성 기준에 포함시킬 요소로 개념에 대한 이해 수준, 탐구 방법에 대한 이해 수준, 과학 교수법에 대한 수준에 대한 인식은 높으나 과학교육 과정, 과학교육 평가, 과학의 본성을 과학 교과의 전문성 기준에 포함시키는 것에 대해서는 비교적 낮은 인식을 나타내는 것으로 보아 이 영역에 대한 현장과 연계한 연수의 필요성이 요구된다고 할 수 있다.

다섯째, 과학 교사로서의 전문성을 확보하기 위해서 지속적인 연수 프로그램의 개발과 교사 양성 체제의 개선이 필요하다는 인식이 비교적 높았다. 이러한 결과를 비추어 볼 때 현재와 같이 1회성 연수 또는 교사의 요구와 필요성이 적극 반영되지 않는 연수 형태보다 교사의 요구에 기초한 지속적이고 피드백될 수 있는 연수 체제의 확립이 필요하리라고 본다. 또한 현재 교사 양성 체제는 과학 교과에 대한 이수 과목이 과학 자체에 대한 이수 과목에 비해 매우 낮기 때문에 현장에서 교사들이 탐구 지도 능력, 과학 교수법, 과학 평가 방법, 교육과정에 대한 이해가 매우 낮은 것을 심각하게 고려하지 않을 수 없다.

여섯째, 과학 교사가 실험활동을 부담 없이 수행할 수 있도록 하기 위해서는 실험활동 시간에 대한 실제적인 시수를 고려하여야 하며, 쉽게 준비하고 실험할 수 있는 실험 프로그램의 개발이 요구된다고 하겠다.

일곱째, 실험활동 능력은 교과 모임 경력에 비례하므로 교과 모임에 적극 참여할 수 있도록 하는 유인책이 필요하다고 본다.

1.2 미국의 과학교육 혁신 노력

1. AAAS(American Association for the Advancement of Science)

AAAS는 미국과학진흥협회로서 학생들의 과학적 소양을 함양하기 위해 프로젝트 2061을 시작한다. 이 프로젝트의 첫 결과물은 Science for All Americans(Rutherford & Ahlgren, 1989)이었고 그 이후 여러 번의 개정·리뷰 등을 통해 갱신되었다. Science for All Americans(SFAA)는 오늘날 널리 언급되는 과학 소양과 같은 과학 교수 학습에 관한 주요한 생각을 제시하고 있다. SFAA는 과학적 소양을 가진 사람이란 "과학, 수학, 기술이 가지는 장점과 한계점을 인식하며 인간 번영에 상호 의존적으로 이들이 작용한다는 것을 자각하는 사람이라고 제안한다. 즉 과학적 소양을 가진 사람이란 과학의 주요 개념과 원리를 이해하며, 자연 세계에 친숙해지고, 자연의 다양성과 통합성을 인식하며, 개인적 사회적 목적을 위해 과학 지식과 사고하는 방법을 사용하는 사람이다." SFAA는 과학은 "학생들의 사회적 환경, 직업적 포부에 관계없이" 모든 학생들을 위한 것이라는 사실을 표방한다. 최근에 SFAA가 주장하는 것은 "less is more(적은 것이 많다.)"이다. "학교는 더욱더 많은 내용을 가르칠 필요가 없다. 더 잘 가르치기 위해서는 적게 가르쳐야 한다." 더 적은 주제에 집중함으로써 더 많은 주제를 다룸으로써 얻는 것보다 학생들은 더 풍부한 안목과 더 깊은 이해를 가지게 될 것이다. SFAA는 과학, 수학, 기술의 개념, 원리, 사고 행태, 적용에서 중요한 주제를 기술하고, 교수 학습과 정책에서 효과적인 접근을 제시한다.

SFAA가 출간된 후 10년이 지났고, 프로젝트 2061은 과학 소양을 위한 교수 학습을 지원할 일련의 문서들을 출간하였다. Benchmarks for Science Literacy(AAAS, 1993)는 SFAA에서 제시한 각 학년에 적합한 과학 주제들의 학습에 기여하도록 되어 있다.

Resources for Science Literacy: Professional Development(AAAS, 1997)는 교사, 학부모, 그 외 사람들의 과학 이해, Benchmarks에 기초한 인지 연구의 기록들, SFAA에 따른

대학 선택 과정을 위한 요강, Benchmarks와 National Science Education Standards의 비교를 업데이트할 수 있도록 하는 최신의 책 목록들을 제시한다(National Research Council, 1996). 프로젝트 2061은 혁신의 청사진을 내놓게(AAAS, 1998) 되는데, 이것은 과학교육 혁신에서 12가지 주요한 영역에 대한 논의를 포함한다. 이어서 3가지 추가 간행물을 내놓았다. 그 중의 하나는 The Atlas of Scientific Literacy로, 초등학교부터 고등학교까지 과학 분야에서 다룰 여러 주제들의 연관성과 위계를 일련의 개념도를 통해 제시하고 있다. 또한 이 책에는 각기 다른 학년에서 제시된 과학 주제가 교육과정과 학생 이해 수준을 고려하여 서로 어떻게 관련이 되고 영향을 주는지를 개념도로 제시하고 있다. Designs for Science Literacy and Resources for Scientific Literacy : Curriculum Materials Evaluation 또한 출간되었다. 결국 프로젝트 2061은 전문성 육성 프로그램을 개시했으며, 이러한 프로그램은 다양한 사람들을 위한 고객 맞춤 워크숍을 제공할 것이다.

2. NSES(The National Science Education Standards)

1991년에 교육 기준과 시험에 대한 국가 협의회가 의회에 의해 설립되었고, 이것은 미국에서 범국가적 교육 기준을 증진시키기 위한 것이다. 1992년 초에 미국과학교사협회(NSTA), 미국과학아카데미(NAS), 미국재원회의(NRC) 회장의 요청에 따라 과학교육을 위한 기준을 개발하는 것에 협력할 것을 동의하였다. 1996년에 과학교육 혁신을 위한 비전과 준거를 기술한 미국과학교육기준(NSES)이 출간되었다. NSES는 과학 내용, 교수, 평가 등의 기준들을 포함한다. NSES는 모든 학생들이 탐구를 통한 과학에서, 핵심적이고 유용한 사고를 획득할 수 있도록 하는 기준을 제시한다. 따라서 NSES는 전문성 개발, 과학 프로그램, 과학 시스템을 위한 기준을 포함한다.

3. NBPTS(National Board for Professional Teaching Standards)

NBPTS는 과학 교사가 무엇을 알아야 하고 무엇을 할 수 있을 것인지에 대해 관심을 갖는다. 1987년에 설립된 전문적 교수 기준을 위한 국가위원회(NBPTS)는 교수 전문성을 높이기 위한 기준을 설정하고 평가 체계를 설계했다. NBPTS는 다음과 같은 다섯 가지 핵심 명제를 제시하고 교사는 이것을 알고, 알아야만 한다고 정의한다.

- 교사들은 학생들과 학생들의 학습에 전념한다.

- 교사들은 가르칠 과목의 내용을 알고 이들 과목을 학생들에게 어떻게 가르칠 것인지를 안다.
- 교사들은 학생들의 학습을 운영하고 모니터링하는 데 책임을 진다.
- 교사들은 실행하는 것에 대해 체계적으로 생각하고 경험으로부터 배운다.
- 교사들은 학습 공동체의 구성원이다.

가르치는 것은 상황 의존적이라는 인식하에 NBPTS는 교사들에게 여러 과목들과 여러 학년 수준에 따른 자격증을 주는 것을 결정한다. 14~18세 또는 그 이상의 나이에 해당하는 학생을 가르칠 교사를 위해 Adolescence and Young Adulthood/Science Standards for National Certification(NBPTS, 1997)이 1997년 11월에 발간되었다. 그리고 1998년 초에 11~15세 학생들을 가르치는 교사를 위한 Early Adolescence/Science Standards(NBPTS, 1998)가 발간되었다. 위에서 제시한 5가지 핵심 명제를 확장하여 과학 교사를 위한 13가지 확장된 기준을 다음과 같이 제시하였다. 1. 학생들을 이해하기, 2. 과학 지식, 3. 가르칠 재원, 4. 직업, 5. 학습 환경, 6. 공정한 참여, 7. 과학 탐구, 8. 개념의 이해, 9. 과학 상황, 10. 평가, 11. 가족과 공동체, 12. 동료와의 협력과 리더십, 13. 반성적 사고.

포트폴리오는 6가지 장부로 구성된다. 1. 시간에 따른 주요 아이디어 가르치기, 2. 학생들의 학습 평가, 3. hands-on 과학, 4. 과학에 대한 논의, 5. 문서화된 성취에 관한 두 가지 장부.

NBPTS는 과학교육의 다른 혁신운동과 분리된 것이 아니다. 예를 들면 고등학교 교사가 NBPTS의 포트폴리오 과정의 참여를 지원할 때, 처음 시작하는 정보는 NSES의 내용 기준을 포함한다. 더욱이 과학 교사를 위한 NBPTS 기준은 NSES의 교수 기준과 매우 유사하다.

4. INTASC(The Interstate New Teacher Assessment and Support Consortium)

NBPTS가 교수를 위한 5가지 핵심 명제를 도입한 후에 여러 주의 학교 관리자들 협회는 NBPTS에 의해 완성된 교수의 자격을 어떻게 하면 초보 교사들의 자격에 영향을 줄 수 있을지에 대해 논의하기 시작했다. 1992년에 여러 주 사이의 합동으로 신임 교사 평가와 지원 협회(INTASC)가 생겼고, 이제는 30개주 이상이 참여한다. 이 협회는 Model Standards for Beginning Teacher Licensing and Development: a Resource for State Dialogue(INTASC, 1992)를 발간한다. 여기서 10가지 원리를 제안한다. 10가지 주제들은 다음과 같다.

- 중심 개념, 탐구 도구, 가르칠 과목의 구조를 이해하기
- 학생들이 어떻게 배우고 발달하는지 이해하기
- 학생들이 학습에 접근하는 방법에 차이가 있음을 이해하기
- 여러 가지 교수 전략 사용하기
- 개인과 집단의 동기 이해하기
- 공동체의 정의적인 언어와 비언어적 지식 사용하기
- 효과적인 과학 교수 계획하기
- 형식적, 비형식적 평가 전략 사용하기
- 반성적 수행가가 되기
- 학교 공동체 내외의 연대 키우기

1998년에 INTASC는 Model Standards for Science for Beginning Teacher Licensing and Development: a Resource for State Dialogue(1998)를 발간한다. 원리는 같지만 그들이 과학을 어떻게 가르칠 것인지에 대해 설명하고 있다. 또한 각 원리는 NSES에 제시된 내용과 상호 참조하도록 구성되어 있다. INTASC는 초보 교사들을 위한 4단계의 평가 과정을 제안한다. 일반 지식의 시험, 전공 지식의 시험, 일반적으로 교수 지식의 시험, 2년 또는 3년 동안 가르치면서 포트폴리오의 개발. INTASC는 1998년에서 1999년 사이에 과학 교사 포트폴리오 과정의 야외 시험을 개발하였다. 이 포트폴리오는 비디오테이프에 기초하고, 학생이 수행한 샘플들, 반성, 설명 등 3개의 장부로 조직된다. 먼저, '단계 설정'은 가르치는 상황과 초점에 관한 정보를 포함한다. 두 번째 장부는 '수업 설계와 수행'인데 매일 수업하는 것의 기록, 과학 탐구와 이해를 위한 수업, 학생들이 하는 활동 샘플에서 수업 비디오테이프를 포함한다. 마지막 장부는 '활동과 공동체 학습을 위한 관계성의 분석'에 초점을 둔다.

위의 4가지 혁신 기구들—AAAS, NSES, NBPTS, INTASC—은 모두 공통적인 주제가 있다. 하나는 중요한 과학 아이디어의 깊은 이해를 성취할 수 있도록 학생(모든 학생)을 강조한다는 것이다. 또 다른 것은 과학을 이해하는 것은 과학 탐구를 이해하고 여기에 참가할 수 있도록 하는 것이다. 세 번째는 과학은 수업과 실험뿐만 아니라 일상적인 상황에서도 중요하다는 것이다. 이들 모든 혁신 시도들은 이론적 실질적 지식을 모두 가진 전문적 과학 교사들이 그들이 가르치는 상황에 적합하게 설계할 수 있게 한다는 것이다.

가르치는 것이 고독한 활동이라는 것은 잘못된 생각이다. 과학 교사가 교실에 들어갈 때 그들은 부모, 교육 심리학자, 교육과정 설계자, 평가 전문가, 과학자, 정책 결정자, 다른 교사들도 데리고 들어간다. 과학 교사는 전문성의 요구를 자각하고, 이들 혁신 조직들을 사용하고, 그들 자신의 전문성 개발을 계획하며, 교육 정책의 변화에 영향을 주어야 한다.

5. 그 외의 과학교육 혁신 노력

앞에서 거론한 단체 외에도 the American Association of Physics Teachers(AAPT), the American Chemical Society(ACS), the National Association of Biology Teachers(NABT), the Earth Sciences Education Coalition(ESEC), the Council of State Science Supervisors (CSSS)가 있으며 이것들 모두는 국가과학교육리더십연합(NSELA)이다.

과학교육에서 자격과 인정(CASE)은 놀라울 것도 없이 과학 교사를 준비하는 대학생과 대학원 학생의 프로그램에 영향을 주는 기준으로 채택되었다. NSTA와 협력하여 the Association for the Educaton of Teachers of Science(AETS)와 National Council for the Accreditation of Teacher Education(NCATE), CASE는 내용, 과학의 본성, 탐구, 과학 상황, 교수법, 과학교육과정, 사회적 상황, 전문성 수행, 학습 환경, 평가의 10가지 기준을 제시한다. AETS는 과학 교사를 준비하는 대학과 대학 기구에 기준을 제시하였다. 그 기준은 과학 지식, 과학 교수법, 교육과정, 교수, 평가, 학습과 인지 지식, 연구/학자 활동, 전문성 육성활동으로 구분할 수 있다.

1.3 미국 과학교사협의회의 과학 교사 기준

1996년 미국연구위원회 National Reseach Council이 공개한 미국과학교육기준(National Science Education Standards)에서 현직 교육과 관련된 4가지 기준을 다음과 같이 제시하고 있다.

- 과학 교사의 전문성 개발은 연속적이고 평생 교육과정이어야 한다.
- 현직 교육에 있어서 교육자, 피교육자, 보조자 및 지원자의 전통적 구분은 인위적인

것에 불과하다. 이 진술은 현직 연수 교육에서 교사가 수동적 입장에서 교육받는 것이 아니라 오히려 교육의 제공자, 교육 지원자로서의 역할을 하고 능동적 입장에서 현장에 적절한 교육 기회를 갖는 방향으로 바뀌어야 함을 의미한다.

- 교사의 전문성 개발에 대한 견해는 특별한 수업기술훈련으로부터 지적 전문성 성장으로 바뀌어야 한다.
- 학교를 변화시키는 과정은 현직 교육이 학교의 맥락에서 교사들의 업무와 분명히, 그리고 적절하게 연계되어야 한다.

미국의 경우 국가과학교사협의회에서 과학 교사의 전문성 기준으로 과학 학습 내용, 과학의 본성, 탐구, 과학적 상황, 교수 기술, 교육과정, 사회적 상황, 평가, 학습 환경, 전문적 수행의 10가지 지침을 제시하고 있다. 우리나라와 상황은 다르지만 이러한 전문성 기준은 우리나라의 경우도 비슷하리라고 본다. 그렇다면 이들 영역에서 제시된 전문가 기준에 도달해야 과학 교사로서 전문성을 갖추었다고 할 수 있을 것이다.

미국의 과학 교사 기준의 내용에 과학 교사의 전문성과 관련하여 언급된 몇 가지 시사점을 제시해 보면 다음과 같다.

- 예비 과학 교사들은 과학교육에 대한 통합되고 안정된 지식 구조가 결핍되어 있다. 또한 학생이 과학수업에서 요구하는 것과 예비 과학 교사의 교수 방법이 불일치하여 이러한 지식 구조 결핍이 일어난다. 특히 초등학교 교사들은 대학 교육과정에서 과학 전공 과목을 깊이 있게 다루지 않았기 때문에 이러한 경향은 더욱 심하게 나타난다.
- 문제는 과학 전공 과목에 대한 학습의 깊이는 얕으면서 통합되지 않은 방대한 양의 학습을 짧은 시간에 한다는 것이다. 중요한 과학 개념들이 덜 중요한 과학 개념들로부터 이끌어지고, 깊이가 얕은 과학 개념들이 학습된다.
- 과학을 물리, 화학, 생물, 지구과학과 같이 편의성에 의해 네 개의 과목으로 나누어 가르치다 보니 과학 지식이 분절된다. 이러한 분절은 과학의 각 분야들을 관련짓는 개념들이 연결되어 발달되는 것을 제한할 수 있으며, 통합된 인지 모델의 발달을 방해한다.
- 경험이 많은 과학 교사들은 가르치는 것보다는 의미 해석에 더 치중한다.
- 과학 탐구와 과학적인 연구를 해보지 못한 교사들은 결코 학생들에게 탐구적인 태도에 대한 모델을 제시할 수 없다.

- 과학 탐구는 몇 가지 규칙에 기초한 움직임의 순서화된 세트로 축소될 수 있는 체스처럼 '과학적 방법'이라는 일련의 단계로 축소될 수 없다.
- 과제에 대한 너무 많은 구조화—즉, 설계할 때 나쁜 구조화—를 제공하는 교사는 탐구 목적을 상실하게 할 수 있다.
- 과학 탐구는 탐구하는 사람과 탐구되는 것 사이에 변증법의 관계이며, 이 관계는 "역동적 객체"이다.
- 학생들의 학교에서 성취한 과학 등급과 점수만 가지고 학생들이 무엇을 배웠는지, 무엇을 습득했는지 혹은 얼마나 잘 학습했는지에 관한 아무런 증거를 제공하지 못한다고 평가자들은 지적한다.
- 참 평가 과정의 핵심은 적정 배치의 개념이다. 적정 배치는 목표와 활동, 평가의 일관성을 말한다. 수업이 정해진 목표에 도달할 수 있도록 되어 있는가? 만약 그렇다면, 선택되어진 평가 방식은 타당한가? 그것은 정말로 측정하고자 목표한 것을 측정하고 있는가?

1. 과학 교사로서의 기준 : 과학 내용

이 프로그램은 전문가가 될 과학 교사들이 국가 과학교육 과정에 의해 정의된 각 전공 영역에서 과학교사협의회에 의해 개발된 학생들의 학습을 증진시키는 데 필요한 개념들, 아이디어들과 과학의 연관성을 이해하고 정립할 수 있도록 준비시키는 것이다. 과학 내용은 다음과 같은 네 가지 영역을 포함한다.

- 과학 영역에서 이해해야 할 개념들과 원리들
- 과학 영역을 통합하는 개념들과 연관성들
- 과학 교과에서 탐구 과정
- 과학 연구에서 수학의 응용

지침의 예시

수준 영역	1.1 예비 교사의 수준	1.2 초보 교사의 수준	1.3 전문 교사의 수준
A	국가과학교육 기준과 과학교사협회가 권고하는 과학 내용과 과학 평가에 부합하는 전공 영역의 주요 개념을 확실하게 이해하고 있음을 나타내기	전공의 모든 분야에서 개념적으로 이해하고 있음을 표현하고, 주요 개념들을 조직하고 연결시키며 명료화시킬 수 있는 점진적인 능력을 기술하기	전공 영역 내에서 상호 내적 관계에 있는 개념들을 분명하고도 유연하게 이해하고 있음을 나타내기. 최근의 과학 영역에서 중요한 변화들을 알고 있으며, 이러한 이해를 수업 계획과 수업에 적용하기
B	국가과학교육 기준 내에서 전통적 과학 교과를 망라하는 통합된 개념틀을 개발할 수 있는 능력을 기술하기	서로 다른 전통적 과학 교과들로부터 비교적 적절한 방식으로 개념들을 통합하기	다양한 과학 교과들로부터 과학 개념들을 빈번하게 통합하기. 과학의 간학문적 이해의 발달을 촉진하기
C	제한적이긴 하지만 기본적인 과학 탐구를 유도하고, 한두 개 과학 교과를 내용으로 개방된 탐구를 설계하고 유도하고 결과를 보고하는 능력을 보이기	교실 수업의 내용으로 문제해결과 탐구의 설계 및 이용을 의미 있게 통합하기. 학생들을 연구 프로젝터에 참여시키기	교실 수업의 내용으로 문제해결, 탐구의 설계 및 이용을 자주 통합하기. 학생들을 연구 프로젝터에 참여시키기
D	과학 자료를 해석하고 분석하기 위해 수학과 통계를 이용할 능력이 있다는 증거를 제시하기	과학의 기본적 개념들을 개발하고, 가르치는 영역과 학생 수준에 적절하게 자료를 설명하고 분석하기 위해 수학과 통계를 적용하는 활동을 이용하기	과학의 기본적 개념들을 개발하고, 자료를 분석하고 설명하고, 과학의 본성을 학생들에게 전달하기 위해 적극적이고 규칙적으로 수학과 통계를 적용하기

2. 과학 교사로서의 기준 : 과학의 본성

이 프로그램은 교사들이 학생들로 하여금 과학 공동체 내에서 과학 지식의 창의성에 내재한 가치, 신념, 그리고 가정을 정의하기 위한 활동에 참여하도록 준비시키는 것이다. 과학의 본성은 다음과 같은 것을 다룬다.

- 과학이 다른 형태의 지식과 구분되는 특징들

- 기초 과학, 응용 과학과 기술을 구분하는 특징들
- 전문가 활동으로서 과학의 과정들과 과학 협의들
- 수용할 수 있는 증거들과 과학적 설명을 정의하는 기준들

지침의 예시

수준 / 영역	2.1 예비 교사의 수준	2.2 초보 교사의 수준	2.3 전문 교사의 수준
A	과학적 지식을 창안할 다양한 방법들, 지적인 가설, 경험적 증거에 기초한 창의성을 포함하여 기초 및 응용 과학의 본성을 수행할 활동을 계획한다.	과학적 지식을 창안할 다양한 방법들, 지적인 가설, 경험적 증거에 기초한 창의성을 포함하여 기초 및 응용과학의 본성을 수행하기 위해 설계된 활동과 수업을 사용한다.	과학적 지식을 창안할 다양한 방법들, 지적인 가설, 경험적 증거에 기초한 창의성을 포함하여 기초 및 응용과학의 본성을 수행하기 위해 설계된 활동들과 수업들을 지속적으로 통합한다.
B	증거의 규칙들을 비교하고 대조하여, 과학 지식의 특징들을 다른 분야에서의 규칙들, 지식들과는 구분한다.	학생들을 규칙적으로 과학 및 비과학적 지식 획득 방법을 비교하고 대조하는 활동에 참여시킨다. 탐구와 사례 연구들에서 과학 준거를 통합한다.	과학과 비과학을 구분하는 효과적인 수업을 설계하고, 증거를 위한 준거의 연속성을 언급한다. 학생들이 과학주의에 반하는 지식과 활동을 분석하도록 허용하는 사례 연구들을 제공한다.
C	법칙, 이론과 가설을 구분하는 연구, 증거 및 설명을 위한 협의 사례들을 설명하고 제시한다.	연구 문제와 설계, 자료 해석이 어떻게 현대 과학의 협의와 지식 본성의 개념에 의해 안내되는지 보여준다.	연구 문제와 설계, 자료 해석이 어떻게 현대의 과학 협의 및 지식의 본성 개념에 의해 안내되는지 보여주는 수업을 설계한다.
D	교수 분야에서 기본적인 개념들의 역사적 발달을 언급하면서 시대에 따른 과학 지식 변화의 사례를 제시한다.	일시적인 지적 특징이 아니고 영속적인 지식을 포함하는 과학의 본성의 기본적인 측면을 설명하는 역사적인 사건을 규칙적으로 언급한다.	지식과 사건의 사회적 해석과 결과적 지식의 형태를 갖추게 하는 역사적, 철학적 변화를 포함하는 과학 본성에 속하는 탐구에 학생들을 체계적으로 참여시킨다.

3. 과학 교사로서의 기준 : 탐구

이 프로그램은 학생들이 규칙적이고 효과적으로 과학 탐구에 참여하도록 예비 교사들

을 준비시키며, 과학 지식의 발달에서 탐구가 하는 역할의 이해를 촉진시키는 것이다. 탐구는 다음과 같은 것을 다룬다.

- 해결할 문제들을 형식화하고 문제화하기
- 자료에 의한 지식을 성찰하고 구성하기
- 해결책을 구하는 동안 협동하고 정보 교환하기
- 경험으로부터 관계성과 개념들을 발달시키기

지침의 예시

수준 / 영역	3.1 예비 교사의 수준	3.2 초보 교사의 수준	3.3 전문 교사의 수준
A	학생들이 그들의 발견을 성찰하거나 추론하고, 기존의 지식에 새로운 생각을 연결하는 데 요구되는 자료에 기초한 활동들을 계획하고 도구화한다.	자료를 수집하고, 성찰하고, 자료 해석하고, 연구결과를 기록하고 탐구를 위한 새로운 문제들을 설정하기를 학생들에게 규칙적으로 요구한다.	지속적으로 학생들을 그들의 탐구 결과, 결과 해석, 결론의 암시와 가능한 새로운 문제들에 대한 비평적 논의에 참여시킨다.
B	귀납적(탐색)·상관적이고 연역적인 실험 연구들을 포함하여 탐구를 위한 다른 구조들을 가지고 활동들을 계획하고 도구화한다.	학생들을 다양한 탐구들, 탐구적인 구조를 분석하기, 결과물을 분석하기 위한 준거의 논의에 참여시킨다.	체계적으로 학급 활동에서 서로 다른 형식을 가지고 탐구를 탐색한다. 학생이 여러 가지 과학을 전형화하는 연구 전통에 연결시킨다.
C	학생의 질문과 적절한 때 질문과 함께 반응하는 것을 격려하면서 학생의 탐구를 격려하기 위하여 문제를 사용하고, 다양한 학생의 반응을 추적한다.	문제를 정의하고 성찰을 자극하기 위해 자극하는 다양한 문제들을 규칙적으로 사용한다. 주어진 영역 내에서 탐구를 위한 적절한 문제를 개발하도록 학생들을 이끈다.	질문과 성찰, 아이디어를 비판적으로 분석하기, 탐구 그 자체에 대한 더 깊은 이해로 학생을 이끌어나가는 것을 통해 학급 토의를 능숙하게 촉진시킨다. 문제와 잠정적인 해결을 정의하기 위해 질문을 한다.
D	생산적인 동료 상호 작용을 격려하고 탐구를 촉진하기 위해 개인적, 작은 집단 활동을 격려한다.	체계적으로 학생들이 다양한 형식들을 사용하여 동료들과 더불어 탐구에 참여할 기회를 제공한다.	협동적인 상황에서 탐구자로서 개인의 역할에 대한 비평적 반성을 가지고 과학과 연관된 탐구를 할 기회를 능숙하게 조화시킨다.

4. 과학 교사로서의 기준 : 과학적 상황

이 프로그램은 일상생활과 학생들의 흥미를 과학과 관련시켜주고, 인간의 노력과 이해의 구조를 확장시키는 것을 지원한다. 과학적 상황은 다음과 같다.

- 과학기술을 포함한 과학기술의 산물과의 관계
- 과학적인, 기술적인, 개인적인, 사회적인 그리고 문화적인 가치와의 관계
- 학생 개인적인 삶에서 과학과의 유관성 및 중요성

지침의 예시

수준 / 영역	4.1 예비 교사의 수준	4.2 초보 교사의 수준	4.3 전문 교사의 수준
A	학생들이 교과과정과 관련하여 중요한 사회적 또는 기술적 이슈들을 실행하는 데 있어서 행동과 프로젝트에 관련시킨다.	과학적이고 기술적인 지식의 응용 분야와 관련된 이슈들을 시험에 규칙적으로 관련시킨다.	과학적인 강의와 기술적 논리적 개념과 진행을 위한 배경으로서 사회적이고 국가적인 문제, 이슈 및 관심 분야를 실질적이고 지속적으로 사용한다.
B	과학과 기술적 논리적 이슈와 응용 분야에 대해서 의사 결정 단계와 가치를 분석한다.	과학적 지식과 기술, 사회의 응용 분야에 어떤 가치의 영향을 주는지 토론을 통하여 학생들을 끌어들인다.	과정을 통하여 개념과 관련시켜 주제를 만들기 위해 과학, 기술, 개인 및 사회와 관련된 가치를 토론을 통하여 통합한다.
C	학생들의 개인적인 삶과 흥미를 그들 영역의 지식과 잠재적인 경력을 위하여 과학과 관련시킨다.	교과지침의 행동을 통합시키기 위하여 사회적 과학과 기술교육을 포함하여 그들의 분야로부터 적절하고 함께 학습할 수 있는 과학을 개인화시킨다.	학습을 위한 이해적이고 교육적인 교과를 만들기 위해 학생들 개인적인 지식을 포함하여 과학의 배경을 만들 수 있는 기술을 보인다.

5. 과학 교사로서의 기준 : 교수법

이 프로그램은 과학 교사들에게 과학적 경험으로부터 의미를 구성하고, 심화 탐구와 학습을 하려는 성향을 가지고 있는 다양한 학습자들의 공동체를 만들도록 준비시킨다. 교

수법은 다음과 같은 항목을 포함한다.

- 과학 교수 활동, 전략, 방법론
- 학습과 성취를 촉진하기 위한 학생과의 상호 작용
- 교실 수업의 효과적 조직
- 학습을 확장시키고 향상시키는 최신 기술의 사용
- 새로운 학습을 촉진하기 위한 학생들의 흥미와 선개념의 사용

지침의 예시

영역＼수준	5.1 예비 교사의 수준	5.2 초보 교사의 수준	5.3 전문 교사의 수준
A	다양한 배경과 학습양식을 가지고 있는 학습자들에게 적합한 과학 교수 전략을 계획하고 구체화하기	동일 개념을 가르치기 위한 대안적 활동을 포함하며, 학습자들 간의 주요한 차이점을 알아낼 수 있는 계획을 지속적이고 정기적으로 세우기	여러 가지 요구 상황에서 대안적인 전략을 구사하고, 그런 상황에서 활동을 조직화하기
B	여러 종류의 개별, 공동 작업에서 과학을 학습하는 학생들이 효과적으로 참여할 수 있게 하는 능력을 보여주기	과학을 가르칠 때 규칙적으로 집단 및 개별 활동을 포함하며, 학생들의 나이, 배경에 따라 집단을 조직하여 학습자의 범위를 참작하기	개념 학습과 탐구의 기초로써 사회적·집단적 상호 작용의 역할을 전달하고, 그들 자신의 집단을 구성하고 조직할 수 있는 학생들의 능력을 증진시킬 수 있는 전략을 사용하기
C	목표를 알고, 학생들의 필요에 기초하여 특정한 과학 교수 전략을 선택하기 위한 논리 정연한 이론을 제공하기	교수 전략을 계획하고 적용함에 있어 유연성을 보이고, 후속 활동을 결정하기 위한 지속적인 관찰과 평가 방법을 사용하기	활동에 대한 합리적 이유를 쉽게 표현할 수 있고, “가르칠 수 있는 순간”과 갑작스런 통찰의 장점을 재빨리 취할 수 있도록 전략을 바꿀 수 있기
D	과학수업을 준비하기 위해 컴퓨터를 포함한 적절한 기술을 사용하기	사용 가능한 기술을 수업에 정기적으로 짜 넣기. 탐구 과정에 관련된 기술 — 조사, 정보 검색, 결과 처리 — 사용에 학생을 포함시키기	정보 기술을 교수, 학습, 과학 실행의 기본 요소로 이해하고, 학생들로 하여금 기술을 사용하도록 하고 과학과 학습에 있어 기술의 사용을 이해하도록 끌어들이기

E	중요한 개념을 여러 관점에서 전달하기 위한 다양한 교수 방법을 사용하며, 어떤 수업에서는 순환 학습법을 사용하기	교수 교재의 목록을 작성하고, 여러 가지 관점에서 개념을 전달할 수 있는 순환 학습 만들기	주제에 관계된 교재를 포함하는 잘 만들어진 세트를 가지고 있으며, 여러 관점에서 개념을 가르치는 데 사용되는 순환 학습을 가지고 있기
F	가르치는 분야에 있어 학생들의 일반적인 오개념, 다듬어지지 않은 개념과 그 근원을 파악하고, 적절한 교수 응답을 알기	학생들의 오개념, 다듬어지지 않은 개념을 조직적으로 파악하고 예상하기 시작하며, 그것들을 전달하고 교정할 수 있는 토론이나 활동을 계획하기	정기적으로 학생들의 오개념, 다듬어지지 않은 개념을 예상하고, 좀더 과학적으로 받아들여질 수 있는 개념, 상호관계를 구성하기 위한 기초로 평가를 사용하기

6. 과학 교사로서의 기준 : 교육과정

이 프로그램은 예비 교사들에게 주정부와 국가의 과학교육 기준에 일치되는 일관되고 집중된 과학교육과정을 적용하고 개발하도록 준비시키며 학생들의 흥미와 능력, 요구에 적절히 대처하도록 준비시킨다.

- 과학교육과정은 다음과 같은 항목을 포함한다.
- 교육을 위한 목적, 계획, 재료와 자원의 확장된 틀
- 교수법이 내재된 학교 내외의 교육 상황

지침의 예시

수준 / 영역	6.1 예비 교사의 수준	6.2 초보 교사의 수준	6.3 전문 교사의 수준
A	특정 수업 상황에서 강점과 약점을 분석하여 국가 과학교육 기준에 부합하는 교육 목적, 자료와 활동 등을 관련시키기	주정부와 국가 과학교육의 기준에 부합하는 교육 목적, 자료, 활동을 위한 틀을 규칙적으로 개발하기	주정부와 국가 과학교육의 기준과 학생의 성취와 관련된 교육 목적, 자료 및 활동을 위한 잘 정선된 이론을 만들기

B	인터넷상의 정보 공간을 포함한 여러 교육 분야 내의 잠재되어 있는 유용하고 다양한 교육용 재료 모으기	교류 회의, 전문 자료, 회의, 문서, 동료들을 통해 교육 분야 내에 잠재되어 있는 유용한 재료를 계속해서 찾기	학교와 과학교육 공동체에서 동료를 위한 새롭고 독특한 자원을 개발하는 데 참여하기
C	분명한 이론과 목적, 방법, 자원과 평가를 가진 폭넓은 단위 계획을 개발하고 발달시키기	가르치는 분야에서 잘 정선된 목적과 주제 요소들을 가지고 교과과정들을 만들어 내기 위한 단위들 사이의 개념들과 경험들을 연관시키기	학급 내의 경험을 더 넓은 세계와 연관시키기. 흥미 있는 사건과 주제의 장점을 취하기. 목적을 능숙하게 재정의할 수 있기
D	교육에서 과학기술의 역할을 이해하고 과학교육에 과학적 기술을 포함하기 위한 이론과 폭넓은 전략을 정의 내릴 수 있기	과학교육에 기술을 결합하기 위한 장기적인 전략과 계획을 세우고 발달시키기	탐구나 학습 동안에 관심과 흥미를 효과적으로 개발하기 위하여 이미 개발된 과학 기술의 도구를 가지기. 과학과 기술과의 관계를 학생이 이해할 수 있도록 기술을 사용하기
E	다른 학교 교과와 공동사회의 원천을 과학과 연관시키는 학습활동을 설계하고 개발하기	학습활동을 체계적이고 지속적으로 적응시키기. 조직적으로 연결된 과학을 배움으로 적응시키기	과학을 배우기 위해 다른 분야에서의 강점과 관심의 장점을 학생들이 취할 수 있도록 여러 교과목과 공동체의 개념, 아이디어, 기술을 통합하는 교과과정 만들기

7. 과학 교사로서의 기준 : 사회적 상황

이 프로그램은 예비 교사들에게 과학을 공동체, 학생들의 과학교육을 진전시키기 위한 공동체의 제도적 자원과 인적 자원의 활용에 관련시킬 수 있게 준비시킨다. 과학교육에서 사회적 상황은 다음의 것들을 언급한다.

- 과학의 교수 학습에서 사회적 공동체 지원망
- 과학 교수학습과 공동체의 가치 및 요구와의 상호관계
- 과학 교수에 공동체로부터 사람과 조직의 참여

지침의 예시

수준 영역	7.1 예비 교사의 수준	7.2 초보 교사의 수준	7.3 전문 교사의 수준
A	어떤 주제와 관련하여 기꺼이 지원하려고 하는 공동체에서 사람과 조직을 찾아내고, 교수에서 그들의 참여 계획을 규명하기	과학교육에 적절한 전문가 또는 사회의 구성원과 단체를 포함시키기	과학교육에 관해 도움을 청할 수 있는 공동체 구성원과 기관망 개발
B	그 사회의 문화와 자료에 관한 자료를 사용하여 과학수업이 그들의 학생에게 적절하고 어울리게 계획하기	실험에 사용되는 사회의 자원을 수집하여 학생들에게 가장 적당한 과학수업을 계획하기	사회의 자원 정보를 이용하여 학생에게 적당한 과학교육을 규칙적으로 계획하기
C	과학 교수, 학습 진행에 가족들을 포함시키고, 학생들 가족의 효과적인 의사소통을 위한 활동 계획하기	가족과 보호자가 과학학습에 참여할 수 있고 체계적이고 효과적인 의사소통을 할 수 있는 활동을 계획하거나 선택하기	과학교육 지원에서 부모와 관계를 개선시킬 수 있는 범위의 활동을 계획하고 사용하기

8. 과학 교사로서의 기준 : 평가

이 프로그램은 전문가가 될 과학 교사들이 과학의 모든 영역에서 학습자들의 지적, 사회적, 개인적 발전을 평가할 수 있는 다양하고 현대적인 평가 전략을 사용할 수 있도록 준비시키는 것이다. 평가는 다음과 같은 영역을 포함한다.

- 목표, 수업 내용, 수업 결과의 일관성
- 다양한 차원으로 학생들의 학습에 대한 측정과 평가
- 교수 방법을 이끌고 변화시키는 데 있어서의 결과 자료의 사용

지침의 예시

수준 / 영역	8.1 예비 교사의 수준	8.2 초보 교사의 수준	8.3 전문 교사의 수준
A	학생의 요구와 특징, 수업의 목표에 근거하여 학생들의 학습에 대한 정보를 수집하는 데 가장 적절한 방법을 찾고 이용하기	다양한 방법으로 학생들의 요구, 능력, 이해력에 관한 총체적 결과를 모으고 교수 목표에 반영하기	학생들이 지식을 구현하는 것을 도울 수 있는 새로운 방법을 창안하기. 대안적 교수방법에 결과를 사용하기
B	목표에 맞게 평가방법을 정하고 실행하며 대안적 교수방법에 결과를 사용하기	학생들이 자가 평가를 하고 특정한 학습의 결과에 각각의 도구를 관련시킬 수 있도록 안내하기	학생들에게 정기적으로 또 지속적으로 개인적인 학습능력을 실제로 나타내 보일 수 있는 다양한 기회를 제공하기
C	교수와 학습을 진실로 평가하는 데 다양한 전략을 사용할 수 있는 능력을 나타내 보이기. 이때 이것은 과학교육에 있어서의 국가적 지표 및 목표와 일치시키기	평가에 다양한 자료를 이용하기. 그리고 평가로 인해 야기된 실행상의 변화를 나열하기	문헌 속에서 제안된 평가방법을 포함하여 계속적으로 새로운 평가 기술을 시도하기. 그리고 그것의 결과와 의미를 다른 실행과 시행에 반영하기
D	반성적 자가 평가에 참여하고 현직 교사로서의 자가 평가에 요구되는 시스템을 개발하기	반성적 자가 평가에 참여하고 요구되어진 측정 시스템과 실행방법을 수정하며 자가 평가에 시스템을 이용하기	다양한 자가 평가 지표를 통해 정기적으로 교수방법을 수정하고 새로운 정보를 찾기

9. 과학 교사로서의 기준 : 학습 환경

이 프로그램은 과학 교사가 되려는 사람들에게 모든 학생들의 성공에 대한 높은 가능성을 반영하는 안전하고 협력적인 학습 환경을 설계하고 운영할 수 있도록 준비시킨다. 학습 환경이란 다음과 같은 것들을 말한다.

- 과학 학습이 일어나는 물리적 공간
- 과학 학습에 참여하고 있는 학생들의 심리적·사회적 환경
- 살아 있는 생물들의 처리와 윤리적인 사용
- 과학 수업과 관련된 모든 영역에서의 안전

지침의 예시

수준 영역	9.1 예비 교사의 수준	9.2 초보 교사의 수준	9.3 전문 교사의 수준
A	신나고 자극을 주는 과학 학습 환경 요소의 확인 및 촉진. 학생들이 자원, 사건, 환경 내 전시물로부터 학습할 수 있는 기회의 계획, 개발	과학 탐구 및 학습에 전념할 수 있으며, 학생들이 스스로 학습할 기회를 제공하는 수업 만들기	학습 센터, 전시, 유인물, 포스터, 수족관, 동물 사육장 등을 통해 학생들이 다양한 방법으로 탐구에 참여할 수 있는 기회 제공하기
B	화학 약품, 전기 장치를 안전하게 다루고 분류하며, 보관할 수 있는 과정을 이해하고 구성하기. 위급한 상황을 막거나 보고하기 위해 취할 행동 알기	교실 및 실험 물품 보관 장소에서의 안전 활동 연습하기, 과학 및 다른 활동 영역에서 안전이 최우선이라는 것을 보여주기. 긴급 상황에 적절한 행동 취하기	모든 영역에서 안전을 체계적으로 확보하기. 학교 과학 프로그램이 안전하게 수행될 수 있도록 보증하기 위해 어떠한 단계가 필요하든 이를 취하기
C	특히 과학 교수에 해당되며, 잠재적인 문제를 방지하기 위해 취할 수 있는 자유와 방임에 대해 이해하기	위협을 방지하기 위한 행동 취하기. 가능한 문제점 및 요구에 대해 관리자와 의사소통하기	알고 있거나 가능한 위협을 억제하기. 잠재적인 문제로부터 학교 환경이 자유로울 수 있도록 다른 교사들과 의사소통하기
D	과학 교수를 위한 동물의 안전하고 윤리적인 사용과 돌봄에 대해 과학교육 집단의 기준 및 권고 사항 알기	동물들의 윤리적인 돌봄과 사용하기 위한 과학교육집단의 기준 지키기. 표본 생물이나 살아 있는 동물들을 학생들의 연령 및 그러한 재료에 대한 요구에 적절하게 사용하기	동물들의 윤리적인 돌봄과 사용에 대한 과학교육 집단의 기준 지키기. 표본 생물이나 살아 있는 동물들을 학생들의 연령 및 그러한 재료에 대한 요구에 적절하게 사용하기

10. 과학 교사로서의 기준 : 전문적 수행

이 프로그램은 예비 과학 교사들에게 개인적인 행동, 교육, 개발을 통해서 전문가 공동체에 참여할 수 있도록 해 줄 것이다. 전문적 수행은 다음 사항을 포함한다.

- 전문가 공동체의 지식, 참여, 활동
- 학생, 공동체의 최대 관심사와 일치하는 윤리적 행동
- 질 높은 과학 교수를 함양할 수 있도록 끊임없는 노력과 전문적 수행

• 전문가가 되기 위해 학생들과 새로운 동료들과 기꺼이 함께 일하기

지침의 예시

수준 영역	10.1 예비 교사의 수준	10.2 초보 교사의 수준	10.2 전문 교사의 수준
A	개인적인 목표와 연구에 기초한 과학교육 공동체의 연구 및 현대의 가치에 근거한 교육 철학을 개발하고 진술하기	철학과 목표, 실제적인 교육 수행과의 관련성을 일상적으로 고려하고 그것들을 적절히 배치하기 위해 필요하다면 활동을 조정하기	최근의 교육 연구와 과학교육에서의 효과적인 수행을 일치하는 잘 발달된 철학을 가지기
B	학습자들의 공동체의 개념을 이해하고 그런 공동체의 일원으로서 교육자들과 동료들과 상호 작용하기	학습자 공동체의 개념을 학교 환경에서 과학 교수 학습에 적용하기	직업 교육 공동체의 멤버로서 끊임없는 배움에 대한 기회를 발전시키기 위해 다른 과학 전문가들과 일하기
C	개인적 장단점을 기록하고 과학을 가르치기 위해 자신들의 준비를 향상시키려는 기회를 찾기	과학을 가르칠 능력을 향상시키기 위해 형식적이거나 비형식적인 배움의 기회를 추구하거나 증거를 제공하기	전문적 성장과 발전의 기록을 보이고 과학 교수 수행을 향상시키기 위해 진행 중인 헌신을 기술하기
D	성장과 과학을 가르치기 위해 준비하는 사람들을 돕기 위한 개인적 책무성 가지기	할당된 수업과 학생에 대한 책임을 가지고 과학에 대한 질 높은 학습 경험을 발전시키기 위해 다른 교사들과 함께 일하기	신임 과학 교사와 교생, 실습 학생에 대한 책무성 가지기. 그들이 전문성에 입문하고 성장을 도우기 위해 협력적으로 그들과 함께 일하기
E	문제와 긴장을 조용히 효과적으로 다루고 완전하게 동료와 상급자와 감독 교사와 관련된 능력을 증명하기	문제를 해결하기 위해 관련된 동료와 학생, 감독자들을 존경심으로 대하고 조처를 취하기	직업의 고결함과 동료와 행정가와 학생에 대한 존경에 대한 기록을 증명하기
F	과학 교수와 관련된 학생 연합, 워크숍 활동에 참가하고 그 분야의 전문가 협회의 저널을 읽기	과학 교사를 위한 주와 국가 전문가 협회에 가입하고 규칙적으로 교수를 향상시키기 위한 간행물을 읽고 그 분야에 현재 활동을 이해하기	과학교육 분야에 관한 지역, 주 그리고 어떤 국가적 컨벤션, 컨퍼런스과 워크숍에 참가하고 그런 모임에서 추천인으로서 리더십을 기르거나 참가하기

이상에서 보듯이 미국의 과학교사협의회에서 제시한 기준들은 매우 상세화되어 있어서 과학 교사의 전문성을 향상시키기 위해 도움이 될 수 있는 지침이 되고 있다. 우리나라의 경우 이러한 지침을 찾아볼 수 없는 것은 매우 아쉬운 일이며, 지침 개발을 위한 지원과 연구가 수행될 필요가 있다.

1.4 츄타콰 교사연수 모형 : 과학 교사 연수 프로그램의 사례

1. 교사 연수의 개념 변화

미국 아이오와 대학에서 실시되어온 Iowa Chautauqua Program(과학, 기술, 사회 맥락에서의 과학 교수법과 구성주의 접근에 초점을 맞추고 연수 체제는 교사가 현장에서 배운 대로 시도하면서 새로운 교수법을 정착시킬 수 있도록 지속적으로 지원하는 것임)은 우리의 과학 교사 연수 체제가 어떤 방향으로 나아가야 할지를 제시하는 지표가 될 수 있다. Iowa Chautauqua Program의 강점은 1983년부터 지금까지 이 프로그램이 진행되어오면서 겪은 끊임없는 시행착오와 개선, 연수의 지속성, 확대 재생산의 과정, 교육 현장과의 밀접한 연계성에 있다고 할 것이다. 단지 이 프로그램이 구성주의와 STS를 중심으로 접근한다고 하여 HASA 과학 교사 연수 프로그램도 이를 따라야 하는 것은 아니다. 외국의 제도와 프로그램을 모방하여 우리의 현실에서는 외면당한 사례들은 얼마든지 있기 때문이다.

미국의 아이오와 대학 과학교육연구센터에서는 과학 교사의 전문성을 향상시키기 위해 과학 교사 연수 프로그램을 지속적으로 실시해오고 있다. 이 연수의 특징은 일회적이고 단기적인 연수가 아니라 장기적인 관점을 가진 연수이며 참여 교사들의 실천과 변화를 강조하는 데 그 특징이 있다. 또한 교육청이나 연수 강사에 의한 상향식의 연수가 아니라 자발적인 참여와 적극적인 활동을 전제로 하는 하향식 연수 체제를 갖는다. 이러한 연수를 실시하게 된 동기는 교실 변화의 중심은 교사에 있다는 교사 교육의 중요성 증대와 맞물려 있다.

츄타콰 모형은 1983년 아이오와 대학교 Robert Yager 교수를 중심으로 National Science Teachers Association(NSTA)/NSF의 지원을 받아 수행되었다. 미국의 10여 개의 주가 이 프로그램에 참여하고 있으며 한해 평균 200명 이상의 교사가 참여하고 지금까지 수천 명의 아이오와 교사가 참여해 왔다.

츄타콰 모형의 목적 및 중요성은 다음과 같다.

첫째, 과학 교사들이 과학을 가르치는 데 자신감을 갖도록 한다.

둘째, 과학 교사들의 관심과 수업에서의 주안점이 지식의 전달에서 과학의 모습을 그려낼 수 있는 것으로 옮겨갈 수 있게 돕는다.

셋째, 현직 과학 교사 연수가 아니라 과학 교수 학습의 전문가를 육성하는 데 있다. 이 모형에서 규정한 6가지 영역의 과학교육의 목적을 고루 실현할 수 있고 이에 노력을 아끼지 않는 교사가 될 수 있도록 한다.

츄타콰 모형의 특징은 다음과 같다.

- 츄타콰 프로그램은 구성주의와 상호 작용을 중요시하며, SS & C(Scope, Sequence, & Coordination) 프로젝터, 프로젝터 2061, STS의 이해를 습득할 수 있도록 한다. 미국의 대부분 혁신 노력들은 기술, 수학, 사회 과학과의 통합과 어우러짐을 향해 나아가고 있다.

  실생활 관련 학습을 강조한다. 일반적으로 학교에서 이루어지는 수업은 개념 중심의 수업이다. 과학 개념을 강의식, 개념 전달식으로 하고, 학생들은 배운 지식을 실생활에서 응용하게 된다. 츄타콰 모형에서는 개념보다는 실생활에서 경험하는 것을 중요시한다. 따라서 학습은 학생 주변의 생활 상황에서 이루어지며, 이 경험을 토대로 과학 개념을 획득해 나간다. 예를 들면 자전거 타는 법은 자전거의 구성과 기능, 물리의 법칙, 몸의 기능 등을 배운 후에 배우지 않는다. 많은 시행착오를 통하여 자전거 타는 법을 배우게 되는 것이다. 일단 자전거 타는 법을 배운 후에 왜 쓰러지지 않는지, 자전거가 어떻게 앞으로 나아갈 수 있는지, 변속은 어떤 원리로 이루어지는지를 배우게 되면 자전거와 관련된 많은 개념들을 보다 쉽게 익힐 수 있을 것이다. 이와 같은 특징은 STS와 관련이 있다. 우리는 사회 속에서 생활하고 있으며, 이 사회 속에서 많은 경험을 하고 있다. 이러한 경험은 바로 과학 개념과 원리가 응용된 상황이다. 이렇게 응용된 상황을 먼저 경험하고 그것을 바탕으로 과학 개념, 과학적인 탐구를 수행해 나간다. 이러한 교수 학습을 통해서 창의성과 과학적 태도를 증진시킬 수 있는 것이다.
- 교사 연수도 교사 중심으로 이루어진다. 교사들에게 바로 교수 학습 방법들을 강의하는 것이 아니라 교사의 생활, 즉 교실 활동 속에서 교수 학습 방법들을 다루게 된다.
- 일회성 과학 교사 연수보다는 장기적인 관점에서 과학 교사를 전문가로 키우기 위한

연수라는 관점을 가지고 연수를 수행하고 있다.

• 개별 과제 중심에서 협동학습의 형태를 강조하는데 이 연수 프로그램에서는 공동 프로젝트 진행 및 토의를 통한 서로의 수업에 대한 반성의 기회 마련을 중요시한다.
• 과학자들과의 연계 프로젝트를 수행한다.
• 우수 교사들의 수업 방문 및 상담을 통해 연수가 이루어진다.
• 과학 교사 연수의 결과는 교실에 나타나야 함을 강조하므로 교실에서 연수받은 결과가 수행될 수 있도록 계속적인 연수 참여자, 지도 교사의 모임과 연계가 이루어진다.
• 미국의 과학교육에서의 혁신 프로젝터를 경험하게 한다.
• 교사 자신이 STS 맥락하에서 구성주의를 기초로 수업 모듈을 개발하도록 한다.
• 성인 교육 이론을 반영하고 있다. 연수가 강의 위주의 프로그램 구성에서 직접 해보고 체험하는 형태로의 변화, 충분한 변화에의 동기 부여를 강조한다.
• 연수의 결과에 영향을 미치는 사람들이 교사, 학생뿐 아니라 교육 행정가, 교장 및 교감, 과학 외 분야의 교사들, 지역사회의 단체들, 방송, 사업가, 참여 과학자들 등 매우 다양하다. 실제 아이오와 연수의 경우 수천 명의 이러한 비과학 교육자들에 영향을 미친 것으로 보고되고 있다.

2. 츄타콰 모형의 개관

츄타콰 프로그램은 보통 다음 순서로 이루어진다.

1) 연수 지도 교사들이 2주간 워크숍을 통해 새로이 진행되는 프로그램을 기획한다. 이 계획은 여름방학과 학기 중에 진행할 내용을 포함하며, 워크숍을 통해 연수 지도 교사의 교수 전략, 평가 전략의 역량을 높이고 지도자로서의 리더십 기술을 높인다.
2) 여름방학 동안에 3주간 집중 연수를 실시한다. 연수의 구성은 3~4명의 연수 지도 교사, 연수를 조직할 대학교수, 과학자들, 각 지역에서 워크숍을 진행할 장소와 여건을 조성할 교사 등으로 이루어진다. 연수 참여자들은 STS 상황에서 구성주의적 방식을 배우게 된다. 연수 참여자들은 4개 과학 과목을 통합한 야외에서 활동적인 통합 과학을 경험하게 된다. 또한 과학, 기술, 사회의 연관성을 경험하게 되고, 대기의 질, 토양의 질, 수질 등을 다루게 된다.
3) 연수 참여자들은 5일 동안 현장 수업을 하면서 연수에서 새로 접한 내용을 접목시켜본다. STS 맥락에서 구성주의 관점으로 가르치고 평가한다.
4) 집중 연수 기간이 끝나도 학기 중에 연수 참여들은 연수에서 새로 접한 내용을 현장

에 적용시키기 위해 계속 모임을 지속한다. 이때 연수 참여자들은 자신의 수업 모듈을 기획하고 심도 있는 평가가 이루어진다. 이 연수의 구성은 3~4명의 연수 지도 교사, 연수를 조직할 대학교수, 과학자들, 여름 연수 참여자, 새로운 교사 등으로 이루어진다.

5) 연수의 핵심 연구진들과 계속적인 연계를 통해 자신의 수업을 꾸준히 발전시킨다.

3. 츄타콰 연수의 효과

아이오와 츄타콰 연수를 받은 교사와 연수를 받지 않는 교사의 비교연구 결과를 보면 츄타콰 연수를 받은 교사들이 과학을 가르치는 데 대한 교사들의 자신감이 유의미하게 높았다. 기본적인 과학의 본성에 대한 이해에 있어서 츄타콰 교사들이 유의미하게 높았다. 츄타콰 교사들을 대상으로 한 교사 행태 연구결과를 보면 다음과 같다.

- 교사들이 질문을 더 많이 한다.
- 교사들이 단순한 정보 전달을 지양한다.
- 교사들은 논의를 이끌어 가는 과정에서 학생들의 질문을 적절히 사용한다.
- 교사들이 학생들에게 보다 덜 권위적이다.

2 HASA 과학 교사 연수

2.1 HASA 과학 교사 교육의 등장 배경

HASA에는 3H가 포함되어 있다. 3H란 조작활동(Hands), 탐구 능력(Head), 태도(Heart)를 지칭하며, 이 3H를 증진시키기 위한 과학활동을 HASA(Hearts-on Alternative Science Activities)라고 한다. 그러면 hands-on, minds-on, hearts-on이란 무슨 뜻일까?

다음은 과학교육의 흐름을 인체에 비유하여 설명한 것이다.

|표 III-1| 인체에 비유한 과학교육의 흐름

시기	구분	내용
18세기까지	ears-on	자연 철학, 귀납주의, 논리, 사고, 철학적 논의, 프린키피아, 대화 중시
19~20세기 중반	eyes-on	학교 교육, 경험주의, 지식과 활용, 유용성의 논의, 사물 교육
1960~70년대	hands-on	탐구활동, 발견 학습, 개념 구조, 과학적 탐구 중시
1980~90년대	minds-on	개인적 구성주의, 구성주의, 사전 개념, 인지 갈등

18세기까지는 과학을 공부하고 과학적인 내용을 교육함에 있어 철학적 논의, 대화와 논리를 중시하였다. 따라서 이 시기의 과학교육은 듣는 것을 중시한다고 하여 'ears-on'에 비유한다.

19세기부터는 귀로만 듣는 과학교육이 아닌 눈으로 보는 활동과 경험을 중시하는 실생활과 관련한 과학교육을 강조하게 된다. 듀이의 사상이 반영된 것이라고 할 수 있다. 따

라서 이 시기의 과학교육을 눈으로 보는 것을 중시한다고 하여 'eyes-on'에 비유한다.

1960년대는 미국보다 러시아가 먼저 무인 우주선 스푸트니크를 발사하게 된다. 이러한 사실은 서방 세계에 큰 충격을 주었고 서방 선진국은 더 이상 학생들의 흥미와 관심만을 중시하고 그에 따라 교육을 하는 것은 학생들의 지식의 깊이를 심화시키고 지식을 체계화시키지 못하게 된다는 자각을 하게 된다. 이에 따라 탐구 학습, 발견 학습을 강조하게 된다. 즉, 체계화된 학문 구조를 중시하고 과학자가 하는 탐구활동을 학교에서도 수행할 것을 강조하게 된다. 이 시기를 손으로 직접 조작하고, 탐구하는 활동을 강조하는 시기라고 보고 'hands-on'에 비유하고 있다. 이 시기에 영국에서는 여러 가지 탐구활동을 수행할 수 있는 자료들이 많이 개발되었고 보급되었다.

하지만 오늘날 과학이 발달하면 할수록 과학자와 과학의 전문성은 깊어지고 있지만, 학생들은 점점 더 과학으로부터 멀어지고 있다(표 III-2와 표 III-3). 이러한 현실은 과학교육을 하는 교사나 교수의 입장에서 보면 과학교육에서 새로운 패러다임이 필요하다고 판단할 수 있는 충분한 동기가 된다.

|표 III-2| 과학수업 내용의 난이도에 대한 학생의 반응(%)

학교급 \ 난이도	쉽다	보통이다	어렵다	계
초등학교	37.3	43.3	19.4	100.0
중학교	16.6	35.7	47.6	100.0
고교 1학년	9.9	26.3	63.9	100.0

* 자료 출처 : 이양락 외(2004)

|표 III-3| 과학수업 내용에 대한 학생의 흥미도에 대한 학생 반응

학교 \ 흥미도	매우 재미	약간 재미	보통	별로 재미없음	전혀 재미없음	계
초등학교	27.1	31.9	26.2	8.9	4.8	100.0
중학교	11.8	31.6	25.4	16.9	14.2	100.0
고교 1학년	5.6	26.6	25.2	22.5	20.2	100.0

* 자료 출처 : 이양락 외(2004)

설문 조사 결과, 조사 대상 학생들의 53 %가 이공계 진학을 꺼리는 이유로 '취업과 장래 전망'(29.9 %)보다는 '어려운 전공 공부'(53.0 %)라고 응답하였다. 또한 국제 학업 성

취도 평가 결과, 우리나라 학생들의 과학 학습에 대한 자신감, 가치 인식 수준, 과학 학습의 즐거움 등이 국제적으로 최하 수준이며, 과학 학습에 대한 즐거움에서 국제 평균 77 %가 즐거운 것으로 인식하나 우리나라 학생의 38 %만이 즐거운 것으로 인식하고 있다.

이러한 문제점을 극복하기 위하여 새로운 패러다임으로 몇몇의 과학교육 연구가들은 'heart-on'을 논의하게 된다. 과학을 문화의 일부로서 학생들에게 접근해야 학생들의 관심을 끌어낼 수 있으며, 탐구 능력을 기르고 실생활과 관련하여 과학의 유용성을 인식시킬 수 있다고 본 것이다. 과학의 문화를 논의하고, 과학적 인간주의, 인지, 감정, 태도, 과학과 과학 학습의 맥락 중시, 맥락이 풍부한 접근, 야외 조사활동을 중시하는 것이 'heart-on'이다. 여기서 맥락(context)이라는 것은 과학 내용(text)과는 좀 다른 과학의 의미, 과학과 사회와의 연관성, 과학의 본성을 포함하는 내용이다.

현재 학교에서 교사가 수업하는 장면을 연상해 보자. 위 분류 중 어느 것에 더 치중해서 수업이 진행되고 있을까?

ears-on?

eyes-on?

hands-on?

minds-on?

아니면 heart-on?

이 방식들 중 어느 것이 과연 최선일까?

〈그림 III-7〉은 과학교육의 흐름을 인체에 비유하여 개념도로 나타낸 것이다.

한편 HASA 과학 교사 연수에서 추구하고 있는 궁극적인 목적은 무엇일까? 궁극적인 목적은 heart-on이다. 여기서 사용하는 heart-on은 앞서 몇몇 과학교육학자들이 주장하는 것과는 약간 다르다. HASA 과학 교사 연수에서 사용하는 heart-on은 학생들에게 과학에 대한 관심, 흥미, 열정을 가질 수 있도록 하는 과학 교사를 양성하는 것이다. 여기서는 과학 교사의 전문성을 향상시키는 방법들 중 하나로 과학 실험 분야의 전문가를 양성하는 것을 목표로 한다. 그리고 이러한 목표를 달성하기 위한 기초는 hands-on 중심의 활동을 실시하는 것이다. 여기서 hands-on도 탐구 실험과는 다른 의미이다. 학문 중심 교육과정에서는 탐구 과정을 중시한다. 이러한 관점은 학교에서 과학자가 하는 모습을 모방할 수 있다는 전제가 반영된 것이다. 하지만 탐구활동을 지도하는 교사도 탐구활동을 제대로 경험해 보지 못했기 때문에 대부분의 실험활동은 실험 매뉴얼에 나와 있는 과정을 한 번 따라해 보고 이미 나와 있는 결과를 확인해 보는 요리 제법식 실험으로 흘러가거나 단지 개념을 확인하는 수단에 불과하게 되었다. 이러한 실험활동의 한계를 극복하기 위해서

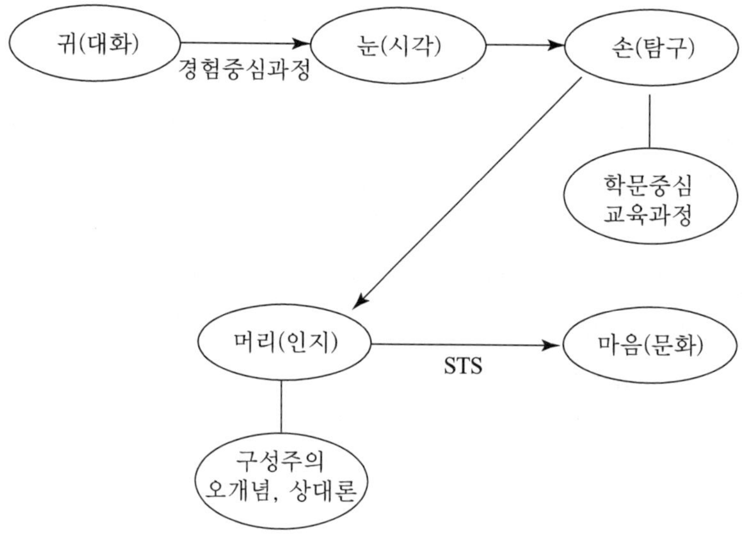

▶▶ **그림 III-7** 과학교육의 흐름을 인체에 비유하여 나타낸 개념도

여러 나라에서 진정한 탐구활동에 대한 방안들이 제시되고 있다. 진정한 탐구활동으로 학생들이 탐구 주제를 정하고, 실험활동을 설계하며 결론을 이끌어내고 자신 또는 집단이 이끌어낸 결론들을 발표하여 논의의 공감대를 형성하는 탐구활동이 제시되고 있다. 하지만 실제적으로는 학교 현장에서 50분이라는 한정된 시간 내에 진정한 탐구활동을 하는 것은 쉬운 문제가 아니다.

HASA 과학 교사 연수에서 추구하는 것은 요리 제법식 탐구활동을 벗어나 진정한 탐구활동을 할 수 있는 대안을 만들어내는 것은 아니다. 현실을 도외시하고 이상만 추구했을 때 현장 교사들에게 외면당할 것은 뻔한 일이기 때문이다.

과학 교육학자들은 탐구활동을 흔히 Hands-on activity라고 표현하고 있지만 탐구활동 그 자체가 조작이라는 의미와 동일한 개념은 아니다.

HASA 과학 교사 연수에서는 탐구활동 중에서도 조작활동 그 자체에 가장 큰 의미를 부여하고 있다. 학생들이 손으로 직접 조작하는 탐구활동을 바탕으로 과학 탐구 능력 증진, 과학의 개념 증진, 과학에 대한 관심과 흥미를 증진시키는 것이다. 여기서 직접 조작한다는 것은 실험활동을 그냥 따라해 본다는 의미가 아니다. 실험과 관련한 자료나 실험 장치를 직접 만들어가는 과정을 포함하는 것이다. 〈그림 III-8〉은 HASA의 관점을 보여주고 있다.

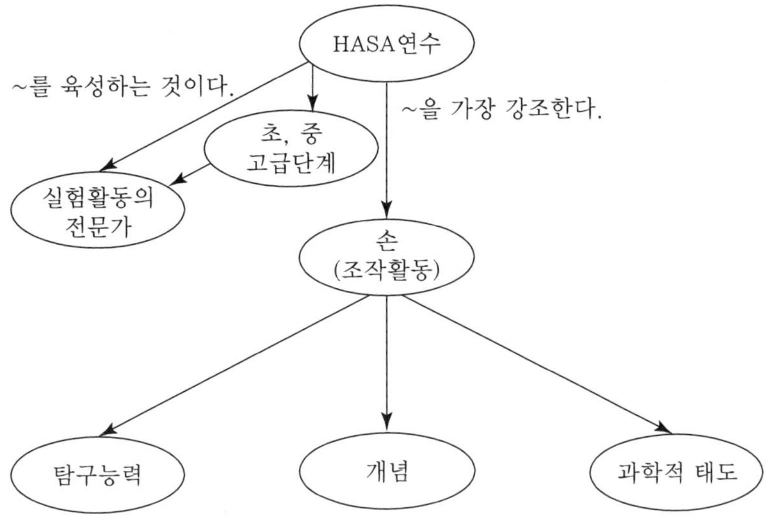

▶▶ 그림 III-8 HASA 교사 교육의 관점

2.2 HASA 과학 교사 연수 소개

1. 과학 교사의 조작 활동 전문성이란?

HASA 과학 교사 연수를 수행하는 가장 큰 이유는 HASA 과학 교사 연수에 참여하는 과학 교사들이 조작활동(Hands-on activity)의 전문가가 될 수 있도록 돕는 것에 있다. 조작활동을 기초로 하는 연수에 참여하는 교사들은 다음 항목에 대하여 전문가가 될 수 있도록 노력한다.

(1) 실험 자료의 조작 및 설계

- 과학 실험과 관련된 실험 자료의 조작, 설치, 운용 등을 능숙하게 할 수 있는 능력 획득하기
- 어떤 소재, 어떤 주제에 관계없이 조작 실험활동을 개발할 수 있는 능력 배양하기
- 같은 조작활동이더라도 학생들의 수준, 학생들의 관심에 따라 실험 내용을 재구성할 수 있는 능력 배양하기

(2) 조작활동과 과학 개념

조작활동의 과정과 결과를 과학적 내용이나 결과와 연결시킬 수 있는 능력 배양하기

(3) 조작활동과 탐구

조작활동을 통해 탐구 능력을 배양할 수 있도록 하기

(4) 조작활동과 과학적 태도

조작활동을 통하여 과학적 태도를 향상시킬 수 있도록 하기

2. 현행 과학 교사 실험 연수의 문제점 제고

대부분의 과학교육 연수 기관에서 실시하는 연수들을 보면 사전 워크숍과 사후 워크숍을 실시하고 있지 않다. 사전 워크숍을 실시하더라도 워크숍은 지도할 항목과 내용에 대한 역할 배분 정도에 머물고 있다. 즉, 연수 지도 교사들, 연수 진행자들, 먼저 연수받은 사람들이 참여한 상태에서 이루어지는 워크숍이 없다. 따라서 수행했던 이전의 실험 연수의 문제점이나 한계에 대한 철저한 반성이나 고찰이 없다.

실시하고 있는 실험 연수의 이론, 체계성, 철학이 부재하다. 따라서 어떤 연수가 실시되면 그 연수 모델이 왜 필요한지, 어떤 커리큘럼으로 운영되어야 할지, 어떤 특징이 있는지에 대한 공감대가 형성되지 않는다.

연수가 보통 일회성 연수에 그쳐 연수를 받은 교사들이 학교에서 지속적으로 연수를 받은 효과가 달성될 수 있도록 하는 지원책이 없다. 따라서 연수를 받고 나서 연수의 내용을 적용하는 것은 교사 자율에 맡겨지고 계속적인 지원이 없다 보니 연수 효과가 아주 미미한 수준에 머물게 된다.

연수 전문 강사를 선발하고 훈련하여 연수를 진행한 것이 아니라 일회성으로 강사를 선발한다. 이에 따라 연수 내용이 강사 편의에 따라 내용이 선정되고 내용의 일관성이 없다.

철저하고 적극적인 연수 참여 분위기를 형성하는 데 실패함으로써 연수받은 교사의 전문성 신장에 대한 만족도가 낮다.

3. HASA 과학 교사 연수 프로그램의 특징

현직 교사 연수 프로그램이 강사 중심인 것에 반하여 본 연수는 참여 교사의 적극적인 참여 및 아이디어 제안, 프로그램의 개선활동, 탐구활동의 재조직화 등 활동을 중시한다. HASA 과학 교사 연수 프로그램은 위계적인 커리큘럼을 갖추고 있다 이러한 커리큘럼에 따라 초급, 중급, 고급 과정을 개설하여 운용한다. 초급의 경우 과학 교사의 전공과 상관없이 실험실에서 수행되는 기초 조작활동을 다룬다. 중급의 경우에는 연수 수요자의 요구에 따라 다양한 내용으로 구성된 프로그램을 경험하게 한다. 고급 과정의 경우에는 1회성이 아닌 장기적인 연수의 관점으로 운용한다. 이에 따라 학기 중에 지속적으로 소수의 과학 교사를 지도하고 수시로 워크숍을 실시하여 실험활동 분야에서 전문가를 육성한다.

HASA 과학 교사 연수를 실시하는 처음 단계로 HASA가 추구하는 철학을 공유하는 시간을 갖는다. 이 시간을 통해서 조작활동 중심이 과학 탐구 능력 증진, 과학 개념 증진, 과학적 태도 증진을 위한 기초적인 토대가 된다는 인식을 갖게 한다. 이 시간에 듀이에서 시작된 생활 중심의 교육과정이 실패했던 경험을 충분히 고려하도록 한다. 즉, HASA에서 수행하는 조작활동이 단순히 학생들이 좋아하는 탐구활동, 한 번 경험해보는 탐구활동에 그치지 않도록 하는 것을 주지시킨다. 앞서 논의했던 츄타콰 프로그램과 같이 STS와 구성주의를 기반으로 하는 연수 모델을 적용할 수도 있지만 HASA 프로그램은 STS나 구성주의에 전적으로 기초하지 않는다. 본 프로그램이 가장 중요시하는 것은 Hands-on이다. 하지만 경우에 따라 STS 관점을 도입할 수는 있다.

Hands-on activity가 과학 개념의 획득을 전제로 하지 않는 단순한 과학 체험활동에 그치지 않도록 과학교과의 핵심 내용과 반드시 연관될 수 있도록 한다. 이러한 측면은 개념 수준이 높은 학생들로 갈수록 점차 심화된 내용이 제공될 수 있도록 구성한다.

자발적인 참여하에 연수받은 사람들 중에 강사 요원이 육성될 수 있도록 한다. 따라서 연수가 지속 가능한 연수 프로그램의 모델로 정착될 수 있도록 한다.

연수를 이미 받은 사람들도 다음과 같은 내용의 연수에 참여할 수 있다. 기경험자들은 처음 연수에 참여하는 교사들에게 기경험자로서 도움이 될 수 있도록 한다. 이렇게 함으로써 1명의 연수 강사에 의존하여 실시하고 있는 연수에서 흔히 볼 수 있는 연수 내용의 인지 부족, 새로운 제안 부재, 연수 과정에서 발생하는 돌발적인 문제점 등을 극복할 수 있다.

4. HASA 과학 교사 연수의 목표

과학 현상을 수공적으로 다루는 활동을 통해, 과학에 대한 지속적인 관심을 가지고, 실생활에 적용 가능한 문제 해결 능력을 기르며, 자연 현상을 과학적으로 설명할 수 있다.

◎ 과학 현상을 수공적으로 다루는 활동을 통해

- 호기심과 흥미를 유발하여 과학에 대한 지속적인 관심을 가진다.
- 자연 현상을 과학적으로 탐구하는 능력을 기르고 실생활에서 접하는 문제를 과학적으로 해결할 수 있는 능력을 기른다.
- 기본적인 과학 지식을 이해하고 자연 현상을 설명할 수 있다.
- 과학 대중화와 과학영재교육에 기여한다.

5. HASA 과학 교사 연수 프로그램의 구성

가. 초급 과정, 중급 과정, 고급 과정의 총 3단계의 연수 과정으로 구성한다.

나. 중급 과정의 경우, 과목과 내용에 따라 여러 커리큘럼을 만든다. 연수 단계와 관계없이 연수들 중 이미 습득하고 있는 지식과 기술이 포함된 연수 과정은 건너뛸 수도 있다.

다. 기본적으로 단계별 과정을 거쳐야 다음 단계의 과정을 이수할 수 있으나, 연수자의 필요나 능력에 따라 중급이나 고급으로 바로 신청할 수 있다.

라. 과정별 주요 내용은 다음과 같다.

- **초급 과정** : 실험의 기초 습득, 실험과 관련된 직접적인 조작 기술 습득 과정
- **중급 과정** : 실험활동과 관련된 교수학습이론의 연계와 여러 형태의 실험활동 습득, 실험활동의 요령 등의 습득 과정
- **고급 과정** : 워크숍 형태로 운영, 실험활동의 현장 적용과 개선, 실험활동 프로그램의 개발과 적용, 우수 교사는 연수 강사로 선발

6. 연수 방법

- 연수 활동은 연수 강사에 의한 일방적인 top-down 방식이 아닌 연수 참여 교사들이 주도적으로 활동하는 bottom-up 방식으로 이루어질 수 있도록 한다.

• 연수 과정에서 연수생들 간의 개별화 전략보다는 협동화 전략을 추구한다.
• 연수 과정이 연수 내용과 과정을 이수했다는 업적 지향이 아닌, 연수 내용을 충분히 공감하고 공유하는 내용 지향이 되도록 한다.
• 연수 강사의 시범 실험을 지양하고, 연수 참여 교사들이 직접 체험을 할 수 있는 체험 중심으로 이루어지도록 한다.
• 강의 교재에 소개된 활동에 대한 완전한 이해를 추구한다.
• 학생의 입장에서 연수 내용을 이해하는 데 머물지 않고, 교사의 입장에서 각 과학활동을 위한 팁이나 노하우에 대한 이해를 지향하도록 한다.
• 각 활동들에 대한 이해도를 높이는 데 있어서 실험 재료 준비부터 학생용 활동지에 이르기까지 일목요연하게 접근하여 이해할 수 있도록 구성한다.
• 연수가 일회성으로 끝나지 않도록 계속 연수 교사들 간의 상호 작용이 일어나도록 커뮤니티 구축을 장려한다.
• 교사를 대상으로 하는 연수는 교사들의 기존 경험을 최대한 살려 서로가 그 경험을 공유하며 이를 바탕으로 새로운 지식 체계를 구축하도록 유도하는 것이 바람직하다. 따라서 연수의 기본 모형으로 문제 제기(발제) → 분임 토의 → 의견 공유의 3단계로 하는 것을 구안한다.

7. 과정별 세부 내용

(1) 초급 과정

• 3일 15시간으로 구성한다.
• 연수 내용 : HASA 프로그램의 소개, 실험과 관련된 직접적인 기술 습득 과정, 드릴 등 전동공구 다루기, 전기 납땜, 실험 기구 다루기, 화학 약품에 대해 알기, 폐시약 처리하기, 위험물 다루기, 실험 기구 만들기, 전기회로 제작 등
• 위의 내용은 실험활동을 하면서 그 활동 내용 속에서 이루어지도록 구성한다. 실험활동 내용에 따라서 시간은 조정한다.
• 연수 프로그램 개발 과정에서 필요하다면 위의 연수 내용을 여러 개의 과정으로 개설하는 것도 고려할 수 있다.

(2) 중급 과정

- 대상 : 중학교 교사, 고등학교 1학년 수업 실험 연수 과정, 또는 고등학교 교사
- 한 과정당 3일 15시간으로 구성하고, 필요에 따라 여러 과정을 구성한다.
- 연수 내용 : 통합적 과학 내용이나 과목별 내용을 중심으로 활동을 구성한다. HASA 프로그램에 대한 소개 및 강의, 실험활동의 적용 사례 중심으로 운영한다.

(3) 고급 과정(연수 강사 지도자 선발 과정)

- 중급 과정을 이수한 교사 중에서 우수한 교사나 지원자를 대상으로 구성한다.
- 3개월 이상 총 45~60시간으로 운영하며, 학교 수업에서 적용 시간, 수시 워크숍, 인터넷을 통한 지도활동 등을 포함한다.
- 실험활동을 실제 자신의 수업에 적용하고, 자신의 수업 성향에 맞는 형태로 실험활동을 개선한다. 커뮤니티를 구성하여 매주 3시간 정도의 워크숍 운영. 30시간은 프로그램의 적용과 개선으로 원격연수 형태로 운영하고, 30시간은 실제 수업에 대한 발표를 하면서 워크숍으로 운영한다.
- 고급 과정을 거친 교사는 전문 연수 강사의 역할을 할 수 있도록 한다.

8. HASA 과학 교사 연수 프로그램의 적정화 모델 개발

개발된 각각의 탐구 및 실험 주제들에 대하여 수업 아이디어 구안. 즉, 탐구활동을 하는 이유, 언제, 얼마만큼 할 것인지, 어디서 할 것인지, 어떻게 할 것인지, 테크닉 등을 결정하여 모델화한다.

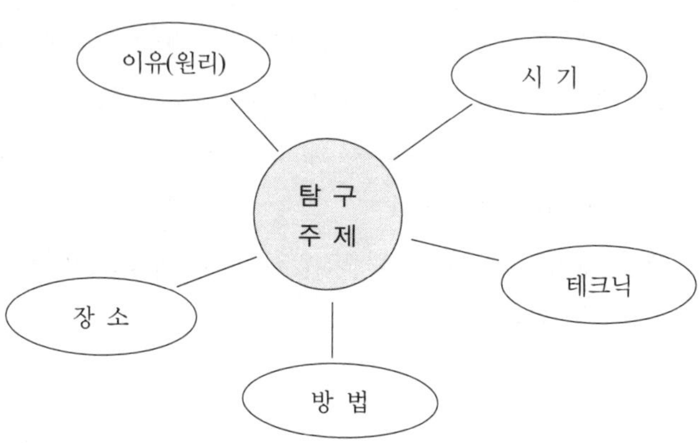

9. HASA 과학 교사 연수의 실시 현황

HASA 과학 교사 연수는 2003년 8월부터 2008년까지 진행되었으며, 이후에도 계속 진행될 것이다. 5차 연도까지 실시된 현황과 결과는 다음과 같다.

(1) 1차 연도 : 2003년 8월~2004년 6월

◎ 초급 1기

- 2004년 8월 16~18일 실시(1차 연도 지나 방학 중 실시하게 됨)
- 공작, 물리, 화학, 생물, 지구과학 분야에서 각각 hands-on이 주가 되는 기초 실험활동
- 연수 인원 : 28명

(2) 2차 연도 : 2004년 7월~2005년 6월

◎ 초급 2기

- 2005년 1월 24~26일 실시
- 공작, 실험 시 주의 사항, 약품 다루기, 기구 다루기 등 기초 실험 실시
- 연수 인원 : 31명

◎ 중급 1기

- 2005년 7월 25~27일 실시
- 물리, 화학
- 연수 인원 : 29명

(3) 3차 연도 : 2005년 7월~2006년 6월

◎ 초급 3기

- 2006년 3월 25~26일 실시
- 공작 및 실험의 기초
- 연수 인원 : 13명

◎ 중급 2기

- 2006년 3월 25~26일 실시
- 물리, 화학, 생물 통합과정으로 운영
- 연수 인원 : 24명

(4) 4차 연도 : 2006년 7월~2007년 6월

◎ 고급 연수 1기

- 2006년 9~12월까지 30시간 연수로 실시
- 연수자가 실험 선택, 코티칭의 형태

◎ 중급 연수 3기

- 2007년 1월 4~5일 실시
- 물리, 화학, 생물 구분 없이 코너별로 실시(참여 인원수가 적었음)
- 연수 인원 : 16명

(5) 5차 연도 : 겨울 초급 연수 및 컨퍼런스

◎ 초급 연수

- 2008년 1월

◎ 컨퍼런스

- 2007년 12월 15일 실시
- 놀이마당 기간 중 실시
- 형식 : 1년 동안 신나는 과학을 만드는 사람들에서 발표한 실험활동을 보다 정교하게 수정하여 부스 형태 발표. hands-on의 형식 강조
- 신과람 교사 중심 : 모든 발표자가 발표하고, 모든 신과람 교사가 참여할 수 있도록 격려함
- 신과람 외 전국과학교사협의회 홈페이지에 홍보

2.3 HASA 과학 교사 연수 초급 과정 방향과 내용

1. 초급 연수의 개발 방향

초급 연수에 대한 개발 방향은 다음과 같다.

(1) 전문성 신장에 도움이 될 수 있는 연수

- 새로운 지식이나 기술 제공

- 상호 토론이나 문제 제기 권장
- 해결책을 찾아가는 노력 권장
- 메모, 기록을 통하여 전문성 축적

(2) 수업(실험) 활용 가능성이 높은 주제 및 내용 선정

- 교과 내용(핵심 개념)에 포함되어 있어야 함
- 학생들의 수준과 맞아야 함
- 도전적인 실험활동 권장
- 학생의 관심을 끌 수 있는 실험 권장
- 학생들의 평가 도구로 적절한 실험
- 실험 준비가 간편한 실험 권장
- 수업 시간에 간단하게 보여줄 수 있는 실험활동 권장

(3) HASA 목적 구현을 위해

- 기초적인 실험 조작 능력을 키워줄 수 있는 연수
- 재료, 기구의 선택, 적절한 탐구 내용의 선정 및 방법을 깨닫게 해주는 연수
- 과학에 대한 관심과 흥미를 촉진시킬 수 있는 연수
- 과학적 개념, 원리를 깨닫게 해주는 연수

2. 초급 과학 교사 연수 내용

(1) HASA 연수 소개 및 설문지 안내

- HASA 프로그램의 특성
- 우리의 현실과 과학교육의 경향성
- 탐구의 예시들
- 연수에 대한 주제, 내용 논의
- 설문 및 응답 방법 안내
  (먼저 설문이나 기초 조사를 통해서 문제 제기되는 것을 모아서 해결하는 방법 구상)

(2) 화학의 기초 내용

- 어떤 약품이 냄새를 풍기는가?
- 냄새는 맡아도 좋은가?
- 냄새를 제거하는 방법
- 손에 닿으면 위험한 약품
- 약품을 덜어낼 때 플라스틱, 스테인레스 제품?
- 만들어둔 지 오래되면 사용하지 못하는 약품은?
- 피부에 닿았을 때 처리 방법은?
- 폭발 가능성, 화재의 위험성이 있는 약품의 실험은?
- 그냥 버리면 안 되는 폐수는?
- pH가 다른 용액 만들기
- 지시약 만들기
- 시약 만들기
- 간단한 기구 또는 약품을 이용한 탐구활동

(3) 물리의 기초 내용

- 실험실에 있는 기구들의 사용법 알아보기
- 실험 기구들의 원리 알아보기
- 수업에 활용할 수 있는 기구들
- 직렬과 병렬 전기 회로 만들기
- 잘못할 수 있는 실험들. 그 이유는?
- 간단한 기구를 이용한 탐구활동

3. 초급 과학 교사 실험 보고서 틀

1) 주제

2) 목표

조작, 개념, 탐구, 과학적 태도를 증진시킬 수 있는 요소를 포함할 수 있도록 함

3) 준비물

4) 내용

박스 처리(구체적인 안내, 팁), 사진이나 그림 제시

5) 논의할 사항

6) 차후 논의의 지속성을 위한 방안

4. 2004년 여름 하계 직무로 실시한 초급 연수 프로그램의 특징

(1) 각 교과 영역의 기초적인 과정을 다룸

- 생물 : 루페로 자신의 몸 관찰, 현미경 기초 조작법 3시간
- 공작 : 공작기구 다루기 3시간
- 물리 : 전기회로와 테스터기 다루기, 저항 연결 방법, 납땜 연습
- 화학 : 여러 가지 용액 만들기, 실험실 안전, 여러 가지 실험 기구 다루기
- 지구과학 : Starrynight 프로그램 소개, 망원경 다루기

(2) 연수 자료의 목차

연수 일정표

HASA 과학 교사 전문가 양성 연수 과정 소개

▸공작활동 : 과학 실험 소품 제작하기

▸지구과학 분야 기초 : 별이 빛나는 교실, 망원경 다루기

▸생물 분야 기초 : 루페를 이용한 내 몸 친구 몸 관찰?

다양한 모습과 크기의 머리카락

▸화학 분야 기초

비커로 부피재기?

내 실험대 위의 독약

조심! 조심!

▸물리 분야 기초

납이 굳어질 때까지

모방은 창조의 어머니다!

과학 교사 연수 설문지

(3) 연수 진행의 특성

아래와 같은 예를 통해 연수를 지도하는 사람과 연수를 받는 사람의 상호 작용을 극대화시키는 방향으로 연수 프로그램의 구성하였다.

왜 그럴까?

질문을 직접 작성해 보세요.

한 걸음 더

프로그램이 학교 수업에 어떻게 적용될 수 있을지 논의해 보자.

연수 프로그램의 목표와 도달 정도, 평가를 일치시키는 방향으로 각 활동의 마지막에 다음과 같은 항목 부여

활동 평가

1. '이 활동을 하면'의 목표에 도달하였습니까? (　　)
2. '이 활동을 하면'의 목표를 달성하는 데 이 활동이 적합합니까? (　　)
3. 이 활동이 연수자의 능력 향상에 도움이 되었습니까? (　　)
4. 이 활동이 학생들을 가르치는 데 얼마나 도움이 되겠습니까? (　　)
5. 이 활동의 강사의 강의 능력에 몇 점을 주시겠습니까? (　　)
6. 이 활동을 하면서 아쉬운 점이나 부족한 점이 있다면 기록을 남겨 주시기 바랍니다.

---

5. 초급 연수 내용 예시

비커로 부피 재기?

– 기본적인 실험기구 사용법 –

화학실험이라고 하면 여러 가지 유리 기구와 약품이 먼저 생각날 것이다. 그러나 전공자가 아닐 경우 그

많은 유리 기구 종류들을 어디에 사용하는지조차 잘 모를 수 있다. 더군다나 학생들은 아무 기구나 아무 용도로 사용하기 일쑤다. 학생들이 기구를 바르게 사용하게 하기 위해서 어떤 점들을 주의해야 할까? 또 학생들은 거의 사용하지 않지만 실험을 준비하면서 교사가 반드시 사용해야 하거나 사용하면 편리한 도구들이 있다.

이 활동을 하면

화학 실험실에서 흔히 사용하는 기구들의 종류와 사용법을 알 수 있다.
많이 사용하는 용액들에 대해 알아보고 표준용액을 만들 수 있다.

무엇이 필요한가?

대표적 유리 기구(비커, 삼각 플라스크, 눈금실린더, 눈금플라스크, 피펫, 피펫 필러, 스포이트, 시험관, 가지 달린 플라스크, 뷰렛 등), 알코올램프, 온도계, 저울(전자저울), 거름종이, 깔때기, 유리막대, 분별 깔때기, 증류수통

어떻게 할까?

◎ 측정용 기구

1. 부피 측정 기구
   ① 부피를 측정하는 데 사용할 수 있는 기구와 사용할 수 없는 기구의 구별
   사용 가능한 기구 : 눈금실린더, 뷰렛, 피펫, 눈금플라스크 등
   사용할 수 없는 기구 : 비커, 삼각 플라스크 등
   ② 부피 측정용 기구에 써 있는 TC와 TD의 구별
   ③ 모든 부피 측정용 유리 기구는 가열하지 않는다.(투명, 갈색, 플라스틱)

2. 눈금 읽기
   ① 눈과 눈금의 위치를 일치시킨다.
   ② 모든 눈금은 1/10까지 읽는다.
   ③ 메니스커스

3. 피펫(TD) 사용법
   ① 피펫의 종류 - Volumetric pipet(홀피펫), Mohr pipet(눈금피펫)
   ② 피펫으로 액체의 부피 측정(액체 옮기기)
   ③ 피펫 필러의 종류 및 사용법

4. 뷰렛
   ① 적정 시 주로 사용

② 콕 조절 잘하기
③ 사용 후 세척하기

5. 눈금플라스크(TC)
① 일정한 농도의 용액을 만들 때 사용
② 눈금은 목선에 하나

6. 전자저울 사용법
① 마지막 자리는 정확한 값이 아니다.
② 사용 범위를 확인한다(비커를 올려놓을 수 있는지 여부 확인).
③ On – 영점 – 용기 – 측정
④ 유산지 접기, 시약 덜기
⑤ 약품을 저울에 흘리지 않는다.

◎ 기타 기구

1. 가열해도 되는 기구 – 플라스크, 연결 부분이 없는 것

2. 스포이트 사용
① 뒤집지 않는다.
② 기본적으로 측정용 기구는 아니다.

3. 거름종이와 깔때기

4. 리트머스 종이, pH 종이 사용
용액에 담그지 않는다.

5. 분별 깔때기
콕과 마개 열 때 주의

6. 온도계

7. 유리 기구 세척
① 솔을 사용한다.
② 약품의 종류에 따라 녹일 수 있는 용매를 사용한다. 잘 모를 때.

8. 알코올램프
① 스테인리스 스틸로 된 것이 좋다.

왜 그럴까?

직접 질문을 적어보세요.

한 걸음 더

새로운 대안적인 기구들에 대한 정보를 교환하자.

참고 자료

http://www.howe.k12.ok.us/~jimaskew/labeq.htm

활동 평가

1. '이 활동을 하면'의 목표에 도달하였습니까? (　　)
2. '이 활동을 하면'의 목표를 달성하는 데 이 활동이 적합합니까? (　　)
3. 이 활동이 연수자의 능력 향상에 도움이 되었습니까? (　　)
4. 이 활동이 학생들을 가르치는 데 얼마나 도움이 되겠습니까? (　　)
5. 이 활동의 강사의 강의 능력에 몇 점을 주시겠습니까? (　　)
6. 이 활동을 하면서 아쉬운 점이나 부족한 점이 있다면 기록을 남겨 주시기 바랍니다.

---

6. 초급 연수 프로그램의 장점

SERC에서 개발한 과학 교사 실험 연수는 기존의 연수와 달리 다음과 같은 장점을 가질 수 있도록 하였다.

1) 연수가 현장의 요구 및 필요를 적극 반영할 수 있는 구조를 갖추도록 함
2) 연수 후 학교 밖의 논쟁점이나 사건들을 학습의 동기 부여나 수업의 소재로 활용할 수 있으며, 학생들이 실험활동에 적극 참여함으로써 학생들의 아이디어를 실험활동에 활용할 수 있게 됨
3) 실험 연수 자체를 현장에 바로 이용할 수 있음
4) 단순히 실험이나 과학의 내용을 전달하는 것이 아니라 손으로 직접 조작해보고(체험 중시), 머리로 생각해보고(관찰과 이론의 조화), 가슴으로 느끼는 과학(호기심과 관

심 유발) 하는 방법을 연수하는 계기를 부여함으로써 과학 교사의 전문성을 신장할 수 있음

2.4 HASA 과학 교사 연수 중급 과정 방향과 내용

HASA 과학 교사 연수 중급 프로그램은 물리, 화학, 생물 분야에서 개발되었는데, 여기서는 물리 분야를 예로 기술한다.

1. 중급 물리 내용 목차

연수 일정표
과학 교사 전문성 향상을 위하여
레이저 별 만들기(반사의 법칙)
손에 손을 잡아 몸 전선(전기 저항)
에디슨 전구 만들기(전류의 열작용)
무지개 만들기(빛의 분산)
종이컵으로 소리를 마시자!(전류에 의한 자기장)
모든 것을 끌 수 있는 스위치(저항의 연결)
고가도로와 지하차도 무엇이 더 빠른가?(역학적 에너지의 전환과 보존)

2. 중급 물리 연수 프로그램의 개발 과정과 결과

(1) 실험 연수 자료의 개발

과학 교사 실험 연수 자료의 개발은 2004년 6월부터 2005년 7월까지이다. 실험활동 자료의 연구 개발진들은 과학교육 전문가 3인과 초중등학교 과학 교사 13인으로 구성되었으며, 물리 분야 연수 자료의 개발을 진행하였다. 연수 자료의 초안 자료는 '신나는 과학을 만드는 사람들'이라는 과학 교사 모임에서 만든 실험활동 자료를 활용하였다. 이 모임에서 만든 물리 분야 실험활동 자료를 Hands-on이 기초되면서 탐구, 태도를 강화시킬 수

있는 자료로 변환시키기 위해 노력하였다.

(2) 실험 연수 프로그램의 특징 및 주제

실험 연수 자료의 개발 과정에서 개발할 실험 연수 프로그램의 성격과 관련하여 연구진과 개발진은 다음과 같은 의문을 제시하였다. "본 연구에서 개발할 실험 연수 프로그램은 다른 기관 또는 단체에서 실시하고 있는 실험 연수 프로그램과 어떤 차이가 있는가?", "실험 연수에서 개발진들이 최우선으로 고려하여 개발할 기준은 무엇인가?", "조작활동을 통해서 탐구 능력이나 태도를 증진시킬 수 있는가?", "조작활동은 탐구활동과 어떻게 다른가?" 이러한 논의의 쟁점들에 대해서 연구진과 개발진은 워크숍을 통하여 개발할 연수 프로그램에 대해 다음과 같이 정리하였다.

"모든 실험 주제는 조작적 활동을 가장 우선적으로 고려하여 개발한다. 개발할 실험 주제에서 공통으로 구현하고자 하는 것은 물리의 특정 핵심 개념을 이해하기 쉽도록 탐구활동에 필요한 도구나 모형물을 제작해 보는 데 있다. 이러한 과정을 통하여 물리 개념을 시각화하거나, 자신이 직접 만든 도구나 모형물을 작동시켜봄으로써 물리 개념을 확인할 수 있도록 하는 것이다. 개발된 프로그램으로 실험 수업을 하게 될 학생들이나 연수에 참여한 교사들이나 물리 개념을 잘 설명할 수 있는 성공적인 도구나 모형물을 제작하는 과정을 통하여 실험 재료의 선정 및 개선, 실험 도구가 제대로 작동하기 위해 미치는 변인 통제, 도구 제작 과정에서 발생하는 예상치 못한 결과에 대한 문제 인식을 경험하게 된다. 또한 실험에서 예상치 못한 결과의 발생, 변인 통제 방법, 제작한 실험 도구의 개선과 관련하여 연수에 참여한 교사들 사이에 토의가 이루어짐으로써 탐구활동 시 토론과 사회적 과정의 유용성을 경험하게 된다. 이러한 경험은 단지 지식이나 새로운 자료를 습득하기 위해 교사 연수에서 참가하는 수동적 참관자로서가 아닌 적극적인 수행자로서 과학교사를 변모시킬 것이다. 조작활동(hands-on)은 탐구(inquiry)와 분명히 다르며, 조작활동을 클로퍼(Klopfer)가 행동 차원으로 분류한 것처럼(Kloper, 1971) 단순히 기구 조작과 같은 수공적 실험 기능으로 한정되지 않고 될 수 있으면 간단하고 쉽게 제작할 수 있고, 실험의 성공률을 보다 높이는 활동 자료, 실험 도구나 모형물을 정교하게 만드는 과정으로 정의하였다."

워크숍과 현장 적용을 통한 실험활동 프로그램의 개선을 통하여 물리 분야 실험 연수 자료의 주제로 "고가도로와 지하차도 무엇이 더 빠른가?, 레이저 별 만들기, 모든 것을 끌 수 있는 스위치, 무지개 만들기, 손에 손을 잡아 몸 전선, 에디슨 전구 만들기, 종이컵

|표 III-4| 물리 분야 연수 주제와 특징

주제	핵심 개념	주된 조작 활동	주된 탐구활동
고가도로와 지하차도 무엇이 더 빠른가?	역학적 에너지의 전환과 보존	역학적 에너지 보존 법칙을 이해할 수 있는 도구 만들기	실험 설계, 추리
레이저 별 만들기	반사의 법칙	반사의 법칙을 잘 구현하기 위한 실험활동 자료의 선택과 제작	실험 설계, 변인 통제, 추리, 실험 자료의 개선
모든 것을 끌 수 있는 스위치	저항의 연결	저항의 직렬·병렬 연결의 특성을 이해할 수 있는 전기 회로 구성하기	문제 인식
무지개 만들기	빛의 분산	빛의 분산을 알아보기 위한 CD 분광기 만들기	문제 인식, 실험 설계
손에 손을 잡아 몸 전선	전기 저항	전기 저항을 시각적으로 확인하기 위한 러브미터 만들기	추리, 예상
에디슨 전구 만들기	전류의 열작용	전류의 열작용을 이용한 에디슨 전구 만들기	문제의 인식, 실험 설계, 변인 통제, 실험 자료의 개선
종이컵으로 소리를 마시자	전류에 의한 자기장	종이컵으로 스피커 만들기	실험 설계

으로 소리를 마시자"가 개발되었으며, 각 주제와 각 주제에 포함된 핵심 개념, 주된 조작 활동 및 탐구활동은 〈표 III-4〉에 제시하였다.

(3) 실험 연수에 대한 설문 조사 결과

1) 현장 적용 가능성

과학 교사 모임에서 개발된 실험 자료 중 중학교 과학 관련 수업에서의 활용 가능성을 알아본 결과는 〈표 III-5〉와 같다. '레이저별', '모든 것을 끌 수 있는 스위치'는 응답자의 75 %가 정규 실험에서 활용해도 좋을 것이라고 응답하였고, '고가도로'는 43.75 %가 정규 실험에서 활용해도 좋을 것이라고 응답하였다. 그 다음으로 '에디슨 전구'의 경우 31.25 %가, '종이컵으로 소리를 마시자'의 경우는 25 %가 정규 실험에 활용해도 좋을 것이라고 응답하였다. '고가도로', '에디슨 전구', '종이컵으로 소리를 마시자'의 경우는 정규 실험에 활용하기 위해서 실험활동의 수정 및 보완이 필요함을 알 수 있다. '무지개 만들기'와 '손에 손'의 경우는 정규 실험에의 활용 가능성이 0 %였는데, 응답자들이 7개의

|표 III-5| 현장 활용 가능성

응답자 수(%)

	고가도로와 지하차도	레이저별	모든 것을 끌 수 있는 스위치	무지개 만들기	손에 손	에디슨 전구	종이컵으로 소리
정규 실험	7(43.75)	12(75)	12(75)	0(0)	0(0)	5(31.25)	4(25)
특별활동	2(12.5)	5(31.25)	3(18.75)	2(12.5)	6(37.5)	8(50)	6(37.5)
체험활동	2(12.5)	0(0)	0(0)	0(0)	7(43.75)	3(18.75)	5(31.25)

실험 주제에 대해 상대 평가한 것에 그 이유가 있는 것으로 판단된다. 또한 이러한 결과에 대해서는 각 주제별로 응답자의 평가결과를 분석한 것에서 설명할 것이다. '에디슨 전구'의 경우, 정규 수업에서는 활용 가능성이 낮게 나왔으나 특별활동에 활용하면 좋겠다는 응답이 50 %로 가장 높게 나왔다. 그 다음으로 '손에 손', '종이컵으로 소리를 마시자', '레이저별'의 순서로 나왔다. '손에 손'의 경우는 정규 수업에서는 활용할 수 없다고 했지만 특별활동과 체험활동에서는 활용 가능성이 높게 나왔다. 이에 대해서는 각 활동에 대한 구체적인 평가에서 알아보고자 한다. '손에 손'이 체험활동으로 활용하면 좋겠다는 응답이 43.75 %로 나왔고, 그 외의 실험에 대해서는 활용 가능성이 낮거나 없다고 응답하였다.

2) 연수 프로그램의 목표 달성도

연수 프로그램에서 목표로 하고 있는 Hands-on을 기초하여 개념, 과학적 태도, 탐구 능력 증진 효과에 대한 응답결과를 보면 〈표 III-6〉과 같다. '모든 것을 끌 수 있는 스위치'의 경우 개념을 증진시킬 수 있다는 응답이 50 %로 가장 높았고, 그 다음으로 '고가도로', '레이저별'의 순서로 각각 31.25 %, 25 %로 나왔다. '무지개 만들기', '손에 손'의 경우, 과학적 태도를 증진시킬 수 있다는 응답이 둘 다 50 %로 가장 높게 나왔고, 그 다음으로

|표 III-6| 연수 프로그램 목표 달성도

응답자 수(%)

	고가도로와 지하차도	레이저별	모든 것을 끌 수 있는 스위치	무지개 만들기	손에 손	에디슨 전구	종이컵으로 소리
개념	5(31.25)	4(25)	8(50)	6(37.5)	2(12.5)	3(18.75)	1(6.25)
과학적 태도	0(0)	5(31.25)	0(0)	8(50)	8(50)	1(6.25)	4(25)
탐구 능력	3(18.75)	3(18.75)	3(18.75)	2(12.5)	1(6.25)	5(31.25)	8(50)

'레이저별', '종이컵으로 소리를 마시자'가 각각 31.25 %, 25 %로 나왔다. '종이컵으로 소리를 마시자'의 경우, 탐구 능력을 증진시킬 수 있다는 응답이 50 %로 가장 높게 나왔고, '에디슨 전구'가 31.25 %로 그 다음으로 나왔다.

3) 비디오 활용한 실험 연수의 장단점

비디오를 활용한 실험 연수에 대해 연수에 참가한 교사들은 다음과 같이 긍정적인 응답을 하였다.

- 나의 수업과 비교가 되어서 좋았다.
- 실제 수업의 어려움이나 상황에 대한 설명을 들을 수 있어서 좋다.
- 실제 적용 장면을 볼 수 있어 실험 연수를 현장에 활용할 가능성을 높여 주었다.
- 수업 구성에 대한 아이디어를 제공해 준다.
- 실험 수업의 실제를 볼 수 있어서 좋다.
- 실험활동 수업 시 피해야 할 사례를 볼 수 있어서 좋다.
- 현장 적용에 자신감을 갖게 되었다.
- 다른 형태의 수업방법을 연구하는 계기가 되었다.

이와 같은 긍정적인 반응에 비해 다음과 같은 부정적인 응답도 있었다.

- 비디오 실험 수업의 일부분만 봐서는 잘 모르겠다.
- 현장 적용성보다 학생들의 반응을 본 것에 그쳤다.
- 수업지도안과 대조하며 구체적으로 토론하는 시간이 필요하다.

대체적으로 비디오를 활용한 실험 연수는 부정적인 측면보다 긍정적인 측면이 더 많다고 볼 수 있다. 강사가 실험할 내용을 미리 현장 수업에 적용하여 비디오로 녹화하고, 이 녹화한 실험활동을 실험 연수에 참가한 과학 교사들에게 보여줌으로써, 이 연수에 참가한 교사들이 실제 수업을 할 때 발생할 수 있는 어려움을 알게 되고, 수업 구성에 대한 아이디어를 얻게 되며, 현장 적용에 대한 자신감 등을 얻을 수 있다는 것이다. 그에 반해 실험 연수 프로그램의 일정과 제한된 시간을 고려하여 실험 연수에서 현장 수업 장면에 대한 비디오를 상영한 시간을 10분 내외로 한정했기 때문에 전체 실험활동을 보지 못해서 잘 모르겠다는 응답, 현장 적용의 가능성에 대해 비디오를 통해서는 구체적으로 확인해 볼 수 없다는 반응, 현장 적용 시 발생할 수 있는 문제점에 대해 수업 지도안과 대조하여 구체적인 토론이 필요하다는 응답 등이 있었다.

4) 연수 프로그램의 수정 및 보완 요구 사항

실험 연수 프로그램의 수정 및 보완에 대한 응답으로 "개념 및 이론의 보강, 연수의 목적이 명확하게 전달될 수 있도록 강사가 연수활동을 전개할 필요성, 주제별로 진행하는 방식 시도, 각 주제별로 활동 시간의 안배가 다른데 적당하게 할애할 필요가 있음, 조원과 충분하게 토론할 시간 부족, 교과서 실험에 대한 수정보완 요구, 실험 도구나 모형을 완성할 제작 시간의 여유 부족, 가르치는 기술의 공유, 더 많은 실험에 대한 요청" 등이 있었다. 실험활동에서 개념 및 이론의 보강에 대해서는 실험 연수 프로그램의 개발 당시의 워크숍 과정에 논의되었으나, 실험 연수를 통하여 개념, 탐구 능력, 태도를 모두 증진시킬 수 없다는 의견을 수렴한 바 있다. 물리 개념이나 이론을 증진시키기 위해서는 강의 위주의 연수가 필요할 것이다.

연수 프로그램의 일정, 시간, 장소에 대한 요구 사항으로는 "연수 주제의 수와 일정을 더 늘려 달라, 물리와 화학 분야 연수에 동시 참가 가능하도록 구성해 달라, 지방에서도 연수 프로그램을 개설해 달라, 연수 주제를 선택하여 들을 수 있도록 해 달라" 등의 의견이 있었다. 이와 같은 요구를 고려해 볼 때 연수에 참가한 교사들은 연수 프로그램에 대해 비교적 긍정적으로 받아들이고 있으며 연수 프로그램의 수나 지역적인 확장을 요구한다고 볼 수 있다.

5) 연수 프로그램에 포함된 각 주제별 평가 결과

연수를 통해 수행된 각 실험 주제에 대해 현장 적용 가능성, 강사 연수의 적절성, 활동 목표의 적합성, 목표 도달 정도를 5점 리커드 척도로 알아보았다. 7개의 주제 모두 현장

|표 III-7| 각 주제별 평가 결과

* 5점 척도

구분	현장 적용 가능성	강사 연수의 적절성	활동 목표의 적합성	목표 도달 정도(개념)	목표 도달 정도(탐구)	목표 도달 정도(태도)
고가도로와 지하차도	4.56	4.56	4.56	3.73	4.13	4.67
손에 손	4.38	4.63	4.50	4.40	4.40	4.93
레이저별	5.00	4.69	4.40	3.46	4.15	4.77
모든 것을 끌 수 있는 스위치	4.94	5.00	4.56	4.53	4.60	4.67
무지개 만들기	4.79	5.00	4.79	4.29	4.57	5.00
에디슨 전구	4.69	4.06	4.40	4.00	4.07	4.67
종이컵으로 소리	4.80	4.67	4.64	3.93	4.86	4.93

적용 가능성이 높다고 응답하였다. 강사 연수의 적절성의 경우에도 강사들이 모두 열심히 준비하고 설명하거나 지도하였다고 응답하였다. 활동 목표의 적합성도 모든 주제에 대해 높은 응답을 보였다. 개념, 탐구, 태도 도달 정도에 대한 응답은 모두 높게 나왔으나 개념에 대한 도달 정도는 탐구나 태도에 비하여 낮게 나왔다.

6) 개발된 모듈의 예시와 특징

개발된 여러 실험활동 자료 중 "고가도로와 지하차도 무엇이 더 빠를까?"에 대해 다른 연수와의 차이점을 소개하면 다음과 같다. 제시된 내용에서 알 수 있듯이 이 활동의 제목인 "고가도로와 지하차도 무엇이 더 빠를까?"는 탐구 상황, 문제 해결력, 흥미, 관심, 실생활적인 배경을 포함하고 있다. 또한 이러한 제목이 학교에서 배우는 교과 내용과 어떤 관련이 있는지 나타내기 위하여 부제목으로 "역학적 에너지의 전환과 보존"이라고 명시하고 있다. 즉 본 실험 연수 모듈은 교과 지식 전달 또는 실험활동 내용 전달보다는 탐구, 실생활, 흥미를 더 강조하고 있음을 알 수 있다. 또한 활동에서 얻고자 하는 목표도 탐구, 지식, 태도로 구분하여 일반적으로 연수 기관의 책자에서 제시된 과학적 내용 습득 중심의 실험 목표와는 차이가 있음을 알 수 있다.

고가도로와 지하차도 중 어느 쪽이 더 빠를까?

– 역학적 에너지의 전환과 보존 –

교차로에서 여러 가지 이유로 교통의 흐름을 원활하게 하기 위해서 고가도로나 지하차도를 만들어 사용하고 있다. 고가도로와 지하차도 중 교통의 흐름을 더 원활하게 하고, 자동차의 적은 에너지 소모를 만드는 것은 무엇일까?

이 활동을 하면

고가도로와 지하차도의 모형을 만들어 활동해봄으로써

(탐구) • 도로에서의 속도의 변화를 예상할 수 있다.

(지식) • 도로에서의 역학적 에너지 전환 과정을 설명할 수 있다.

(태도) • 실생활의 문제에 대한 호기심을 갖고, 호기심 해결을 위해 과학활동에 즐겁게 참여한다.

〈실험활동 자료 예시 : 도로〉

본 연구에서 개발된 실험 모듈의 가장 큰 특징은 실험 재료와 실험 설계 과정에 있다. 실험의 주재료는 일상생활에서 볼 수 있는 것들이다. 즉 이 활동에서는 쫄대가 주재료이다. 또한 실험 설계에서 쫄대, 투명테이프, 순간접착제 등을 이용하여 그림에 제시된 대로 고가도로와 지하차도의 모형을 만들게 되는데, 이 과정이 Hands-on activity의 핵심이다. 실험 설계를 어떻게 하고, 어떻게 실험 장치를 만드는지에 따라 쇠구슬을 굴릴 때의 처음 높이, 쇠구슬이 굴러가는 기울기 등이 달라진다. 즉, 이 모듈은 실험 설계에 작용할 수 있는 많은 조작활동이 실험 결과에 영향을 미치게 된다. 따라서 끊임없는 조작 능력, 변인 통제, 실험 설계 변경, 과학적 사고활동, 토론, 실험 재료의 수정 등의 활동이 수반되는 것이다. 이에 따라 연수에 참여한 교사들은 이 연수를 통해서 단순히 과학적 지식이나 실험활동 과정을 터득하는 것보다 조작활동을 통한 탐구활동 자체를 경험하게 된다.

연수를 통해 이 활동을 경험한 교사들의 긍정적인 반응은 다음과 같았다.

- 새로운 접근 방식이면서 흥미를 유발한 탐구임

무엇이 필요한가?

쫄대 4개(길이 1.5 m), 가위, 칼, 순간접착제, 나무상자 2개, 쇠구슬 직경 15 mm 2개, 줄자 3 m 이상, 투명 플라스틱 자 30 cm, 스탠드 1개, 투명 테이프(폭 1 cm), 양면테이프(폭 1 cm)

어떻게 할까?

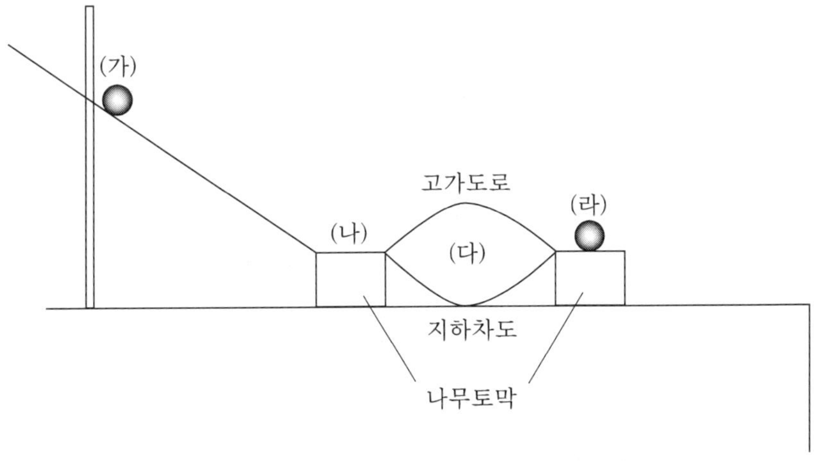

〈실험활동 재료 및 방법 예시 : 도로〉

- 에너지 보존과 관련되어 적용 가능, 눈으로 직접 개념 확인 가능
- 재미있다. 실생활과 연관 지어 설명한 것이 좋음
- 학생들의 흥미를 끄는 소재를 가지고 갈등 상황을 제시해 줌

이에 반하여 다음과 같은 수정 및 보완을 요구하는 반응도 있었다.

- 중학교 3학년 학생들이 이해하기 좀 어려움
- 활동에 대한 이론적인 설명을 학생들의 관점에서 더 구체적으로 해줘야 할 듯. 정리 5분으로는 부족한 것 같다.
- 역학적인 과정의 시각적 효과가 아이들에게 많은 흥미를 일으키기에는 실험 연수 프로그램의 다른 주제보다는 힘든 것 같다.
- 역학적 에너지 전환 과정까지 생각해 내기엔 벅차다.

이러한 진술을 참고로 할 때 이 연수 주제의 경우 흥미, 현장 활용 가능성, 실생활 강조, 갈등 상황 제공 등에서 장점을 가지고 있으나 현장 적용 가능성을 더 높이기 위해서는 중학교 3학년 학생들의 수준에 맞게 내용을 쉽게 구성할 필요가 있음을 알 수 있다.

"손에 손을 잡아 몸 전선"의 경우 연수에 참여한 교사들의 응답을 분석한 결과, 제작이 편리하고, 저항의 개념, 실생활 관련, 전기 다룰 때 조심해야 할 점, 오개념 수정 등 현장에서 적용하는 데 여러 가지 장점이 있음을 알 수 있다. 반면에 회로 연결의 생소함, 시간이 많이 걸림, 실험 재료의 구입의 어려움 등에서 단점도 있었다. 이러한 응답결과는 앞서 알아보았듯이 이 실험 주제가 과학적 태도를 높이는 데는 효과가 있지만 정규 수업에서 활용 가능성이 매우 낮다는 반응과 관련이 있음을 알 수 있다. 정규 수업에서의 활용 가능성을 높이기 위해서는 45분 내에 실험이 이루어질 수 있도록 재구성할 필요가 있으며, 교사가 실험에 사용된 장치의 원리나 의문점들을 이해할 필요가 있음을 알 수 있다.

손에 손을 잡아 몸 전선

– 전기저항 –

이 활동을 하면

(탐구) • 러브미터를 통하여 건조한 손과 젖은 손의 차이를 발견할 수 있다.

(지식) • 물에 젖으면 피부 저항이 감소하여 인체에 많은 전류가 흐르게 된다.

(태도) • 가정에서 전기기구를 사용할 때 피부가 젖은 상태로 사용하면 위험하므로 전기안전 수칙을 생활화한다.

무엇이 필요한가?

러브미터 세트(모둠별 2개), 송곳(사용 주의), 니퍼, 스카치테이프, 테스트 기

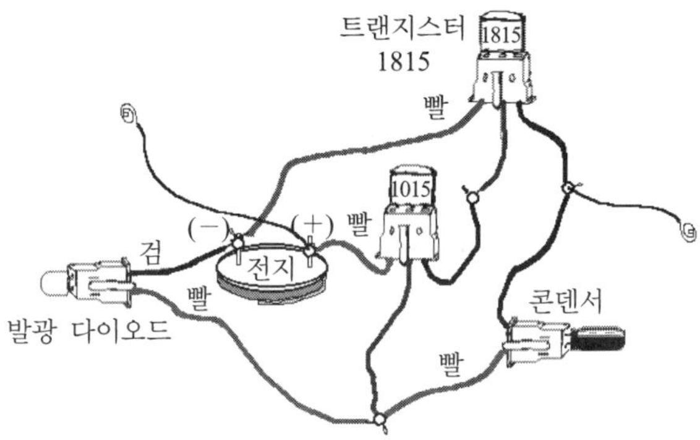

회로 설계

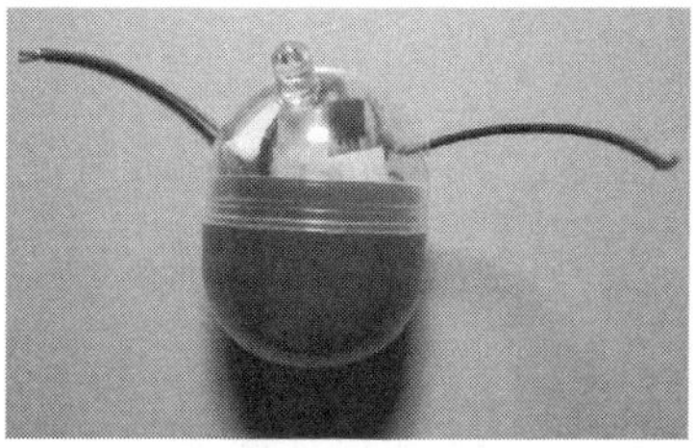

만들어진 결과물

〈실험활동 자료 예시 : 손〉

(4) 결론 및 제언

HASA 과학 교사 연수 프로그램 개발 연구원들은 hands-on에 기초하고, 이를 토대로 개념, 탐구 능력, 태도를 향상시킬 수 있는 실험 프로그램 자료 및 실험 연수 자료를 개발하고자 하였다. 이를 위하여 '신나는 과학을 만드는 사람들'이라는 과학 교사 모임에서 개발한 수많은 실험활동 자료 중에서 현장 적합 가능성을 검토하여 물리 분야에서 7가지 실험 주제를 선정하고 이를 실험 수업에 적용하여 실험 프로그램을 수정 보완하였으며, 과학 교사 실험 연수에의 적용을 통하여 그 타당성을 알아보았다.

Hands-on을 강조하여 개발된 7가지 물리 분야의 실험 모듈은 연수 참여자들의 설문 조사 결과 모두 현장 적합성이 비교적 높음을 알 수 있었다. 또한 개발된 각 주제들은 실험활동의 내용 및 실험활동에 포함된 세부 특성에 따라 정규 수업, 특별활동, 체험 학습에 적용되었을 때 그 효과가 다를 것으로 응답하였다. '레이저별', '모든 것을 끌 수 있는 스위치'는 정규 실험에서 활용해도 좋을 것이라고 응답하였고, '에디슨 전구'의 경우 정규 수업에서는 활용 가능성이 낮게 나왔으나 특별활동에 활용하면 좋겠다는 응답이 가장 높

게 나왔다. '손에 손'의 경우는 정규 수업에서는 활용할 수 없다고 했지만 특별활동과 체험활동에서는 활용 가능성이 높게 나왔다.

연수 모듈에서 목표로 하고 있는 hands-on을 기초하여 개념, 과학적 태도, 탐구 능력 증진 효과에 대한 응답 결과를 보면 '모든 것을 끌 수 있는 스위치'의 경우 개념을 증진시킬 수 있다는 응답이 가장 높았고, '무지개 만들기'와 '손에 손'의 경우 과학적 태도를 증진시킬 수 있다는 응답이 둘 다 가장 높게 나왔고, '종이컵으로 소리를 마시자'의 경우 탐구 능력을 증진시킬 수 있다는 응답이 가장 높게 나왔다. 이와 같은 결과를 참고로 할 때 교사가 과학 실험 수업을 통하여 개념, 탐구, 태도 향상 중 어떤 것을 주로 증진시킬 것인지에 따라 탐구활동도 달리 선정될 수 있음을 알 수 있다. 또한 '에디슨 전구'와 '종이컵으로 소리를 마시자'의 경우 탐구 증진에 효과적이라고 응답하였는데, 앞서 설문 응답에서 보았듯이, 이 실험들이 실패 가능성을 가지고 있고 실험에 미치는 다양한 변인들을 포함하고 있기 때문이다. 따라서 항상 성공 가능성이 큰 실험들보다 실패 가능성도 높은 실험 주제들이 탐구 능력의 증진에는 더 효과적일 수 있음을 보여준다.

대체적으로 비디오를 활용한 실험 연수는 부정적인 측면보다 긍정적인 측면이 더 많다고 볼 수 있다. 강사가 실험할 내용을 미리 현장 수업에 적용하여 비디오로 녹화하고, 이 녹화한 실험활동을 실험 연수에 참가한 과학 교사들에게 보여줌으로써, 이 연수에 참가한 교사들이 실제 수업을 할 때 발생할 수 있는 어려움을 알게 되고, 수업 구성에 대한 아이디어를 얻게 되며, 현장 적용에 대한 자신감 등을 얻을 수 있다는 것이다.

Hands-on을 강조한 실험 연수 프로그램에 포함된 각 주제별 평가를 알아본 결과, 대부분 "실생활 관련, 제작이 편리함, 흥미 유발, 개념을 쉽게 시각적으로 보여준다." 등의 장점을 제시하였고, 단점으로 "일부 주제의 경우 교육과정을 벗어나는 내용, 학생들 수준에 비하여 어렵다, 재료를 구하기 쉽지 않다."는 지적들이 있었다. 따라서 현장 적합성을 높이기 위해서는 이러한 지적들을 수정 보완할 필요성이 있다.

현재 실시되고 있는 많은 실험 연수의 주제들은 현장 적합성에 대한 검토나 평가가 제대로 수행되지 않고 있다. 본 연구에 포함된 실험 연수 프로그램의 특징 중 하나는 연수 참가자들이 연수를 받는 대상이면서 실험활동을 개선하고 수정하며, 의문을 자유롭게 논의하는 적극적이고 능동적인 참가자라는 점이다. 과학 교사 실험 연수는 학교 현장에서 적용 가능하고, 과학의 여러 가지 목표에 따라 실험 주제들이 선정되고 활용될 수 있는 실험의 장이 되어야 한다. 본 연구는 기존의 과학 실험 연수에 대한 사고의 전환점 구실을 할 것으로 본다.

본 연구에서 hands-on을 강조하여 개발된 실험 자료들이 학교 현장 및 실험 연수에서 효과적임을 알아보기 위해서는 보다 많은 수의 과학 교사가 참여한 실험 연수를 통한 연구뿐만 아니라, 이 실험 프로그램을 적용함으로써 학생들의 개념, 탐구 능력, 태도를 증진시킬 수 있는지에 대한 정량적인 분석이 필요할 것이다.

2.5 HASA 과학 교사 연수 고급 과정 방향과 내용

1. 고급 과정 연수의 필요성

현재 이루어지고 있는 많은 현직 과학 교사 교육은 의무적인 교육 참여의 문제와 교육 내용의 비현실성이 주로 지적된다. 기존의 연수 프로그램은 참여하는 교사나 강사의 요구와는 무관하게 준비·계획되며, 교사의 전문성 개발에 효율적이지 못하다는 비판을 많이 받는다(김정곤 등, 1991). 따라서 교사가 자발적으로 참여하는 연수 프로그램을 개발할 필요가 있다.

현직 교사를 위한 연수 프로그램은 실제 상황과 깊게 연결되어야 한다. 최근 많은 현장 교사들이 교사 교육 프로그램의 강사로 초청되고 있으며, 현직 교사들은 실제 교육 상황에 적합한 내용을 강의할 것으로 기대된다. 그러나 현직 교사가 연수 강의를 준비하는 것은 쉽지 않으며, 본인들도 자신의 전문성을 계속 개발하기를 원한다.

이러한 점들을 고려하여 새로운 형태의 현직 교사 연수 프로그램을 개발하고 실시하였다. 연구진들은 협동적으로 수차례 논의를 거쳐 프로그램을 고안·설계하였다. 연수 프로그램을 진행하면서 일어나는 일을 관찰하고 기록하였으며, 다음에 할 일을 논의하고 반성하였다. 연수 프로그램의 일부 단계는 비디오 촬영을 하고, 교사의 실제 수업도 촬영하였다. 교사의 수업 지도안, 학생들의 활동지, 논의 과정에 대한 녹음, 현장 노트 기록 등의 자료도 수집하였다.

2. 고급 과정 연수 프로그램의 과정과 결과

고급 과정 연수는 모두 10개의 단계로 이루어져 있다. 첫째, HASA 의미 공유, 둘째, 과학 실험 선정, 셋째, 실험의 1차 적용, 넷째, 1차 적용에 대한 논의, 다섯째, 동영상 클립 편집 방법 배우기, 여섯째, 실험의 2차 적용, 일곱째, 2차 적용에 대한 심층 논의, 여덟째, 실험 패키지 개발, 아홉째, 중급 연수에서 다른 교사들에게 강의, 열 번째 고급 과정 연수 평가. 다음에 이 각각의 과정에 대하여 사례와 함께 논의를 한다.

(1) HASA 의미 공유

고급 연수에 참여한 지원자들은 HASA의 의미를 공유하기 위해 2시간의 강의를 들었다(2006년 9월 21일). HASA는 'Hearts-on Alternative Science Activities'를 의미하며, 한양대학교 과학교육연구센터의 기본 철학이다. 여기서 개발된 과학활동은 학생들의 탐구 기능을 증진시키고(hands), 과학 지식(head)과 과학적 태도(heart)도 동시에 높이는 것을 목표로 한다. 그러나 HASA 실험은 일단 hands-on 활동에 기반하고 있다.

(a)

(b)

강사 : HASA에 따라 개발된 과학활동은 hands-on에서 출발합니다. 과학활동은 지식, 탐구, 태도를 모두 강조하는 활동이어야 합니다.

교사 : 실제로 해보면, 정말 재미있으면 학생 스스로 찾아서 합니다.

그림 III-9 강사가 HASA 철학을 설명하는 동안(a),
참여 교사들이 경청하거나 자신의 의견을 말한다(b).

〈그림 III-9a〉의 강사는 과학활동이 학생들의 지식, 탐구, 태도를 동시에 증진시켜야 함을 강조하였다. 그러나 한 교사는 그의 경험에 비추어 과학활동은 우선 재미있어야 한다고 말하였다.

(2) 과학 실험 선정

참여 교사들은 자신이 해 보지 않은 과학 실험을 골랐다. 〈그림 III-10〉의 강사는 현직 교사이며, 이 고급 과정 프로그램 개발에 핵심적인 역할을 하였다. 그는 이 프로그램의 장점을 설명하였다(2006년 9월 21일, 2시간). 교사는 자신이 담당한 학년을 고려하여 실험을 선정하고 그것을 실제 교육 상황에 적용하도록 안내받았다.

강사 : 여러분은 중급 과정에서 과학 교사들에게 강의를 할 것입니다. 자기가 개발한 실험을 가지고 교사 연수를 하는 게 아니고, 안 해본 것을 직접 적용한 것을 가지고 실용적인 정보를 주기 위한 연수가 고급 과정 연수입니다.

▶▶ 그림 III-10 참여자들이 새로운 실험을 선택하도록 강사가 안내한다.

(3) 실험의 1차 적용

참여 교사들은 선정한 실험을 자신의 수업에 적용하였다. 1차 실험 적용은 2006년 9월부터 10월까지 수행되었다(4시간). 일부 수업은 비디오로 촬영되었으며, 참여자들은 학생들의 응답과 보고서를 수집하고, 수업에 대한 반성을 기록하였다.

(4) 1차 적용에 대한 논의

참여자들은 실험의 1차 적용에 대해 다른 참여자와 과학교육 전문가와 논의하는 시간을 가졌다(2006년 10월 26일 4시간). 이 과정에서 교환되는 정보에는 실험 방법, 학급 운영 팁, 실험 재료 구입 방법 등이 있다. 예로, 〈그림 III-11〉에서 교사는 학생들의 실험을 안내한 방법을 보여주고 있다.

〈그림 III-11〉의 실험 내용은 소형 전동기 만들기였다. 학생들에게 실험 과정을 알려주었지만 학생들은 전선을 감지 못하여, 〈그림 III-11〉의 교사는 시범을 보였다고 말하였다. 다른 교사도 자신의 경험을 언급하면서 이러한 실험 진행 방식에 동의를 표하였다.

교사 : 학생들에게 가서 이렇게 감으라고 직접 보여줘야지 그대로 따라합니다.
다른 교사 : 나도 학생들과 같이 감았습니다.

▶▶ 그림 III-11 실험 적용을 보여주는 교사

(5) 동영상 클립 편집 방법 배우기

참여자들은 동영상 클립 편집 방법을 배우고, 수업을 촬영할 때 주의점을 배웠다. 〈그림 III-12〉와 같이 강사가 컴퓨터에서 동영상을 편집하는 과정을 시연하였다(2006년 10월 26일, 1시간). 동영상 편집 프로그램은 배우고 사용하기 쉬운 간단한 것이었다. 그는 동영상 파일을 열어 자르고 붙이며 크기를 바꾸는 등의 내용을 설명하였다.

▶▶ 그림 III-12 강사가 편집 과정을 시연한다.

(6) 실험의 2차 적용

참여자들은 1차 적용 후 개선된 실험을 다른 학급에 다시 적용하고 수업을 촬영하였다. 2차 적용은 2006년 11월에서 12월까지 수행되었다.

(7) 2차 적용에 대한 심층 논의

참여자들은 자신의 수업을 편집하고 다시 한 번 다른 참여자와 과학교육 연구자와 심도 있는 논의를 하였다. 한 명의 참여자 수업에 대하여 논의하는 데 약 1시간이 소요되었다. 따라서 8명의 참여자 수업에 대한 논의는 이틀에 걸쳐 수행되었다(2006년 12월 7일과 18일, 8시간 이상). 논의 내용에는 실험의 어려움, 학생들의 특성에 대한 정보, 자기반성, 실험에 대한 학생들의 반응 등이 포함되어 있다.

〈그림 III-13〉의 교사는 정전기 발생 실험에 사용하고 난 풍선을 모두 터트림으로써 학생들을 통제할 수 있었다고 말하였다. 1차 적용에 대한 논의에서 학생들이 풍선 때문에 집중을 하지 않았다고 말을 했었다. 다른 참여자는 풍선 자체가 학생들의 주의를 빼앗기 때문에 사용하고 난 뒤에는 치워야 한다고 말하였다. 그래서 〈그림 III-13〉의 교사는 이 충고를 받아들여 2차 적용에서는 동일한 문제를 피할 수 있었다.

교사 : 풍선은 다 터뜨렸습니다. 지난번에 얘기했던 것처럼.

▶▶ 그림 III-13 교사가 문제상황을 논의하고 있다.

(8) 실험 패키지 개발

참여자들은 중급 과정 연수에 사용할 실험 패키지를 개발하였다. 두 번의 토론에서 얻은 내용을 반영하여 학생들의 활동지나 교사 지침서 등을 개발하였다. 또한 필요한 경우 동영상을 재편집하기도 하였다. 이러한 작업은 개별적으로 2006년 12월에 행해졌다(2시간).

(9) 중급 연수에서 다른 교사들에게 강의

참여자들은 개발한 실험 패키지를 가지고 중급 과정 연수에서 강의를 하였다. 중급 과정은 한양대학교 자연과학대학 실험실에서 2007년 1월 4일과 5일에 진행되었다(1인당 2시간). 대부분의 강의는 다음의 내용을 포함하였다. 실험의 목적과 방법 설명, 편집된 동영상 시청, 학급 운영 방안 안내, 적용의 결과 제시, 실험에 대한 반성 공유.

〈그림 III-14〉에서 소눈 해부 실험을 한 교사가 자신의 경험을 제시하고 있다. '결과를 너무 자세히 제시하지 말라'는 정보는 강사 자신이 비디오 클립을 보면서 반성한 내용이다(그림 III-14).

교사 : 실험결과를 너무 자세히 주는 것이 오히려 안 좋지 않은가요. 학교에서 수업만 했다면 반성할 기회를 갖지 못했을 텐데 연수를 준비하면서 다시 보니까 허점이 보였습니다.

그림 III-14 중급 과정 연수에서 강의를 하는 교사

(10) 고급 과정 연수 평가

모든 참여자와 과학교육 전문가는 고급 과정 연수의 전 단계를 평가하였다(2007년 1월 5일, 2시간). 모두가 돌아가면서 프로그램의 장단점을 이야기하고 개선할 점을 논의하였다. 모든 참여자들은 이 프로그램, 특히 실험 적용에 대한 논의 단계에서 정말 많은 것을 배웠다는 사실에 동의하였다. 대부분의 참여자들은 비디오 촬영을 통해 자신의 수업 실행을 반성할 수 있어서 좋았다고 말하였다.

이 프로그램에서 가장 어려웠던 점은 학기 중에 이 연수를 위해 시간을 내는 것이었다.

몇몇 참여자들은 좀더 깊은 논의가 이루어지지 않은 것에 대해 불평을 하였다. 연구자도 수업 비평을 계획했지만 제대로 하지 못했음을 인정하였다(그림 III-19a).

〈그림 III-19b〉의 교사는 전체 프로그램을 기획하고 진행하였다. 그는 공문을 작성하고, 대학 강의실과 실험실을 대여하고, 저녁 식사를 마련하고, 디지털 캠코더를 관리하는 등의 일을 하였다. 그 또한 현직 교사였으며, 앞으로 이러한 일은 전담 보조원이 해야 할 것으로 제안하였다.

(a)

(b)

연구자 : 처음 계획에서는 수업비평을 좀더 자세히 하려고 했는데 못 했어요. 1개 수업 평하는 데 4시간 걸렸습니다.

기획, 진행자 : 힘들었죠? 이러한 형태로 계속 연수를 하려면 전담 인력이 있어야 합니다.

▶▶ 그림 III-19 참여자들이 프로그램을 평가한다.

2.6 HASA 과학 교사 연수의 평가

1. HASA 과학 교사 연수 프로그램의 평가

초급 HASA 과학 교사 연수 프로그램은 총 3회에 걸쳐 실시되었으며, 연수받은 사람들의 반응은 대체로 긍정적이었다.

- 초급, 중급, 고급의 과정이 위계 관계가 아니라 자발적, 선택적 참여로 이루어져 전문가 육성에 한계를 드러내었다.

- 초급, 고급은 타 기관의 연수와 차별성이 있지만 중급 연수는 타 기관 연수와 별로 차별성이 없는 것으로 나타났다.
- 연수는 지속되어야 한다는 측면(컨퍼런스의 형태)을 공감하였다. 초급 연수 지속, 중급 연수는 컨퍼런스 형태로, 고급 연수는 SERC 외의 프로젝터를 통해 지속적으로 실시하기로 하였다.
- 고급 과정 연수에서 HASA 강의, 비디오 촬영/편집 시간을 삭제하고, 교수가 각 학교에 찾아가 수업 장면을 촬영하며, 세미나를 실시한다. 코티칭의 형태로 지속하며, 지도할 수 있는 능력에 비추어 고급 연수 희망자는 4~5명이 적합하다.

2. HASA 과학 교사 초급 연수 프로그램의 평가

현재 시도 교육청에서 실시하는 연수 가운데 과학 교사를 위한 초급 연수는 개설되어 있지 않다. 하지만 이러한 형태의 연수를 경험하지 못한 많은 과학 교사들은 현장에서 수행하고 있는 실험활동 과정에 많은 시행착오를 유발하게 된다. 또한 여러 가지 기구의 올바른 사용법을 제대로 알지 못하여 크고 작은 실험실 사고가 발생하고 있다. 초급 연수를 제대로 받지 못해서 일어날 수 있는 문제점은 다음과 같다.

- 실험 수행에서 안전사고의 위험성이 높다.
- 실험결과에 대한 신뢰성이 떨어진다.
- 일관된 실험결과를 얻을 수 없다.
- 폐시약 등을 처리하는 방법이 미숙하여 대기, 수질, 토양 오염 등의 위험성이 커진다.
- 과학 교사가 실험 기구의 사용법이 미숙함으로 인하여 실험실 활동을 기피하게 된다.
- 교사가 독창적으로 실험 설계를 하지 못하고 교과서에 제시된 실험만 따라하는 요리제법식 실험만 수행할 가능성이 높아진다.
- 학생들이 자신 있게 실험을 수행하도록 지도할 가능성이 낮아진다.

이상에서 보듯이 과학 실험의 기초는 모든 과학 교사와 과학 교사는 아니지만 과학을 지도하는 교사가 반드시 이수해야 할 과정 또는 연수임을 알 수 있다. 이에 따라 HASA 초급 연수 프로그램을 3년차에 걸쳐 수행해왔으며 어떤 경우에도 이러한 실험 형태는 지속되어야 한다.

1차 연도에는 초급 연수로 공작활동, 물리, 화학, 생물, 지구과학의 기초를 각각 다루었으나 2차 연도 이후에는 공작활동, 물리, 화학 분야만 실시하고 있다. 그 이유는 과학 교사들이 실험에 필요한 자료를 직접 만들어보는 공작활동은 꼭 필요하며, 모든 실험에 공통으로 사용되는 기구들은 대부분 물리나 화학 기구들이기 때문에 초급 과정에 포함될 내용을 이와 같이 한정하였다.

또한 1차 연도에는 초급 연수가 강사 중심의 설명으로 이루어졌다. 그 이유는 기초 분야에 해당하므로 강사가 보다 큰 역할을 할 수밖에 없고 수많은 기구의 사용에 대해서는 사용법과 주의 사항이 거의 대부분이기 때문이었다. 하지만 1차 연도에서 초급 연수를 실시한 결과 강의식 연수는 너무 지루하고 재미가 없다는 지적이 있었다. 이에 따라 2차 연도에는 가능한 부분에서는 실험활동으로 구성하여 초급 실험 과정에 대한 흥미가 유발될 수 있도록 하였으며, 실험활동에 필요한 많은 TIP을 제공하였다.

3. HASA 과학 교사 중급 연수 프로그램의 평가

중급 연수 프로그램은 개발된 HASA 과학활동 프로그램을 교사에게 소개하고, 연수를 통하여 보급하면서 현장 적용을 높이고자 하는 목적을 가지고 있다. 100여 개의 프로그램을 모두 연수할 수 있는 시간과 물리적 여건의 어려움과 연수의 필요성에 대한 연구를 위하여 HASA 과학활동 프로그램을 현장에 가장 잘 적용할 수 있는 것을 골라 중급 연수 프로그램을 실시하였다.

HASA 과학 교사 중급 연수와 시도 교육청 과학 교사 연수는 주제에서 별 차이가 없다. 하지만 본 연수 모델을 개발하고 수행한 결과, 다음과 같은 장점을 발견할 수 있었다.

- Hands-on activity(조작활동)를 가장 강조한다는 것이다.
- 조작활동을 통하여 개념, 탐구, 과학적 태도를 증진시키는 목적을 수행하고 있다.
- 연수가 진행되는 동안 참여 교사들이 자유롭게 문제를 토론하고 새로운 제안을 하고, 답을 하는 과정이 자연스럽게 이루어진다. 즉 연수자와 연수 강사의 엄격한 구분이 없다. 따라서 자연스런 탐구활동, 브레인스토밍, 실험활동의 개선 등이 활발하게 일어난다.
- 실험활동은 주로 실생활과 관련된 것들이 많다.
- 실험 자료는 주변에서 쉽게 구할 수 있는 자료들을 이용하는 경우가 많다.
- 실험에 필요한 도구를 만드는 활동이 포함되어 있다.
- 실험에 필요한 도구를 만드는 과정 그 자체가 탐구활동의 주요한 부분이 된다.

이에 반해 다음과 같은 단점도 노출되었다.

- 과학에 대한 흥미, 관심을 증진시키는 것이 궁극적인 목표가 되다 보니 과학 개념 증진이 상대적으로 약화되는 점이 있다.
- 다양한 요구 수준을 가진 연수 참여자들을 만족시킬 수 있도록 하는 연수의 체계성이 다소 부족하다.

HASA 과학 교사 중급 연수의 현장 적용성을 높이기 위해 강사들이 직접 수업 장면을 촬영하고, 연수에 자신의 수업 장면을 소개하고 문제점을 토의하면서 수업 적용 사례를 직접 보여주어 연수자들에게 긍정적인 평가를 받았지만 수업 동영상 촬영의 기술적 문제 ― 촬영 자체의 어려움, 카메라가 일정한 곳만 촬영한다는 점 등 ― 로 인하여 강사들이 촬영한 동영상이 제대로 활용되지 못하였다. 수업 동영상을 촬영할 전문적인 보조자가 있어야 하며, 연수를 위해 강사가 동영상을 편집할 수 있는 능력이 전제되어야 한다는 것을 알게 되었다.

적절한 수준의 연수 참가 인원을 확보하는 것이 중급 연수의 중요한 문제로 대두되었다. 실험활동 자체가 각 시도 교육청에서 실시하는 실험 연수와의 차별성을 인식시키는 데 실패하였다. 특히 서울의 경우, 중급 연수 강사가 시교육청의 연수 강사로 참여하는 경우가 많아 연수 프로그램 중복의 문제도 일부 있었다.

그리고 연수 참가자의 각 활동에 대한 인식 수준과 요구 수준이 다양하여 연수 프로그램의 적절성에 문제가 있었다. 그래서 3차 연도부터는 교과 구분 없이 통합과정을 운영하게 되었으며, 연수 참가자가 정해진 기간 동안 연수활동을 선택하여 연수받는 형태를 시도하게 되었다.

이러한 연수 형태에 대해 교사들은 높은 만족도를 나타냈으며, 좀더 긴 시간 동안 다양한 활동 프로그램이 소개되기를 원했다. 그래서 신나는 과학 교사 한마당이라는 형태의 중급 과정 프로그램을 제안하고 실시하게 되었다.

4. HASA 과학 교사 고급 연수 프로그램의 평가

고급 과정 연수는 현직 과학 교사의 전문성을 신장시키기 위한 새로운 모형을 개발하고 실제 상황에 적용하였다는 데 의의가 있다. 참여자는 소수였으나 그 교사들은 자신의 수업을 개선하고 수업에 대해 반성적으로 사고하는 경험을 가질 수 있었다. 고급 연수에 참여한 교사와 그 과정에 포함된 중급 연수에 포함된 교사들은 연수를 통해 수업의 질을 높일 수 있을 것으로 기대된다.

고급 과정 연수 프로그램은 현직 교사 연수의 가장 큰 문제점으로 지적되는 연수 내용의 비현실성 문제를 상당 부분 극복하였다고 생각된다. 앞으로 현직 교사 연수를 계획하는 기관이나 연구소에서는 고급 과정 연수의 특징, 즉 실험의 사전 적용, 수업 적용에 대한 논의, 수업 비디오 촬영 등을 적극 참고할 필요가 있다.

그러나 이 고급 과정 연수는 매우 어려운 과정이었다. 현직 교사가 학기 중에 시간을 내기가 쉽지 않으며, 그것을 진행하고 관리하는 것도 쉬운 일이 아니었다. 즉, 한양대학교 과학교육연구센터에서 이 연수를 지원하지 않았다면 이 연수는 이루어질 수 없었다. 현직 교사와 과학교육 연구자, 대학 교수가 협동적으로 작업을 하여, 실질적인 교육 내용으로 교사의 전문성을 향상시킬 수 있는 고급 과정 연수가 계속되기 위해서는 계속적인 행정적 재정적 지원이 요구된다.

참고문헌

강호선, 곽영순, 오필석, 전영석 (2005). 과학과 수업장학 연수(Ⅱ). 한국교육과정평가원 연구자료 ORM 2005-34-3.

곽대오, 문영인, 성민웅 (1997). 중등 과학(생물) 교사들의 현직 연수교육에 대한 인식에 관한 조사 연구. 한국생물교육학회지, 25(2), 183-193.

김수경, 차희영, 김중복 (2005). 과학 탐구능력 향상을 위한 실생활 소재 모듈의 개발. 한국과학교육학회지, 25(7), 754-764.

김정곤, 김인호, 정계준, 김봉곤, 구인선 (1991). 과학 교사 재교육의 개선 방안. 한국과학교육학회지, 11(1), 97-115.

김창식 (1987). 과학 교사 일반연수의 현황과 한 방안. 과학교육, 11, 118-122.

김혜심, 이은경, 강성주 (2006). 실생활 소재 탐구 실험 형태에 따른 학생-학생 언어적 상호 작용에서의 학습 접근 수준 분석, 한국과학교육학회지, 26(1), 16-24.

김호권 (1996). 한국 교원 연수체제의 회고와 전망. 교육 이론과 실천, 6(1), 7-8.

노종희 (1997). 한국 교사교육정책의 현황과 과제. 교육행정학 연구, 15(3), 42-62.

노태희, 권혁순, 김혜경, 박승재 (2000). 제6차 고등학교 과학교육과정과 실천에 대한 과학 교사의 인식 조사. 한국과학교육학회지, 20(1), 20-28.

여성희, 강순자, 심규철 (2003). 중등과학교사 교원연수 실태 및 인식 조사 연구. 한국과학교육학회지, 31(4), 339-346.

이범홍, 김주훈, 이양락, 홍미영, 이미경, 이창훈, 신일용, 곽영순, 김동영, 장재현, 심재호, 최승언, 노태희(2005). 과학과 교육과정 개선 방안 연구. 한국교육과정평가원 연구보고 RRC 2005-7.

이양락, 박재근, 이봉우, 박순경, 정영근(2004). 과학과 교육내용 적정성 분석 및 평가. 한국교육과정평가원 연구보고 RRC 2004-1-6.

이양락, 이범홍, 김주훈, 신일용, 이미경, 정은영, 곽영순(2004). 과학과 교육과정 실태 분석 및 개선 방향 연구. 한국교육과정평가원 연구보고 CRC 2004-4-7.

이학동, 손연아, 노경임, 송진웅(1996). 과학 교사의 양성, 임용, 재교육에 대한 개선 방안. 한국과학교육학회지, 16(1), 103-120.

임찬빈, 이화진, 곽영순, 강대현(2004). 수업평가 기준 개발 연구(I) — 일반 기준 및 교과(사회, 과학, 영어) 기준 개발 — 한국교육과정평가원 연구보고 RRI 2004-5.

임청환(1999). 과학 교사의 자질에 관한 문헌 연구. 과학·수학 교육연구, 22, 대구대학교, 51-82.

장남기, 임영득, 강호감, 김영수, 김희백(1994). 탐구과학교육론. 서울: 교육과학사

조희형, 최경희(2007). 과학교육의 이론과 실재. 서울: 교육과학사

한국교원대학교 부설 교과교육공동연구소(2003). 교과 교육 전문성 신장을 위한 방안 탐색. 3-21.

최선영, 강호감(2002). 제6차와 7차 초등학교 교과서에 제시된 탐구기능과 교수-학습 방법의 비교 분석. 한국과학교육학회지, 22(4), 706-716.

허혜경(2000). 수요자 중심 교육에 대한 인지발달 심리학적 고찰. 교육과정 연구, 18(2), 159-177.

홍미영, 김주훈, 정은영, 심재호, 신일용, 동효관, 최원호, 김희백, 노태희(2006). 과학과 선택과목(화학·생물) 교육과정 개정 시안 연구 개발 연구 보고 CRC 2006-23.

홍준의, 한문정, 정지숙, 최정훈, 신영준(2006). HASA 프로그램이 학생들의 과학적 태도 및 과학 지식, 과학 탐구 능력에 미치는 효과. 초등과학교육, 25(2), 206-216.

Gott, R., & Duggan, S. (1995). Investigative work in the science curriculum. Buckingham: Open University Press.

Jorgenson, O. (2005). What K-8 principals should know about hands-on science. Principal, 85(2), 49-52.

Jones, A, T., Simon, S. A., Black, P. J., Fairbrother, R. W., & Watson., R. (1992). Open work in science: Development of investigations in schools. Hatfield: Association for Science Education.

Kloper, L. E. (1971). Evaluation of learning in science. In B. S. Bloom, J. T. Hastings, & G. F. Madaus (Eds.). Handbook on formative and summative evaluation of student learning. New York: McGraw-Hill.

Kyle, Jr. W. C. (1980). The distinction between inquiry and scientific inquiry and why high school students should be cognizant of the distinction. Journal of Research in Science

Teaching, 17(2), 123-130.

Llewellyn, D. (2005). Teaching high school science through inquiry. California: Corwin Press.

National Research Council (1996). National science education standards. Washington, DC: National Academy Press.

National Science Teachers Association (1998). Standards for Science Teacher Preparation.

Orlich, D. C. (1983). Some considerations for effective in-service education. Clearing house, 56, 197-202.

Roychouldhury, A., & Roth, W.-M. (1996). Interaction in an open-inquiry physics laboratory. International Journal of Science Education. 18(4), 423-445.

Schwab, J. (1962). The teaching of science as inquiry. In The teaching of science (pp.1-103). Cambridge, MA: Harvard University Press.

Wenning, C. J. (1998). Knowledge base for prospective secondary level physics teachers. http://www.phy.ilstu. edu/profiles/studkb.html.

Part Ⅳ

과학영재의 체계적 발굴 · 육성 연구

세부과제 책임자 : 손 정 우
공동연구원 : 이 봉 우·이 인 호·최 원 호

1 과학영재 판별도구

1.1 판별의 과정

본 연구의 목적은 HASA 과학교육 프로그램을 경험한 학생들을 대상으로 영재성을 발견하여 판별하고자 하는 것이다. 이는 현재 대부분의 영재교육기관에서 이뤄지고 있는 교육 대상자 선발에서 벗어나 학생의 특성 파악에 기반한 판별을 위한 것이다. 매년 되풀이되고 있는 소모적인 선발문항 개발을 지양하고, 보다 객관적으로 학생의 특성을 파악할 수 있는 판별도구를 개발함으로써 판별에 관한 어려움과 문제점을 해소할 수 있으리라 본다. 판별도구의 표준화는 학교교육 내의 성취에서부터 출발하여 학생들의 영재 특성을 밝혀내는 과정으로 진행되어야 한다. 아울러 이에 대한 체계적인 연구와 구체적인 도구를 개발할 필요가 있다.

1. 판별의 원칙

과학영재 판별도구 개발을 위해서는 먼저 원칙을 세워야 한다. 각 영재교육기관마다 나름의 원칙을 가지고 있겠지만, 기존의 여러 학자들이 주장해 온 영재 판별에 관한 일반적인 원칙은 과학영재의 판별에 많은 시사점을 줄 수 있다.

◎ 과학영재성에 대한 정의로부터 판별의 방법을 결정한다

과학영재를 어떻게 정의하는가에 따라 어떤 학생들을 영재로 판별할 것인지가 결정되며, 판별된 학생을 대상으로 어떤 교육 프로그램을 제공할 것인지가 결정되기 때문이다.

◎ 다양한 방법으로 다단계 판별 방법을 적용한다

학생들의 과학영재성은 다양한 활동을 통해 나타나므로 한 가지 방법이나 검사만으로 과학영재를 판별하기보다는 여러 단계에 걸쳐 학생에 대한 자료를 수집하고 이를 토대로 학생의 과학영재성을 판단하는 절차를 거쳐야 한다.

◎ 과학영재교육 프로그램이 제공할 학습 내용과 목표를 반영해야 한다

교육 프로그램의 학습 내용이 과학 창의성의 향상을 목표로 한다면, 판별 단계에서도 창의적인 문제 해결력을 측정할 수 있어야 한다.

◎ 과학영재교육 프로그램을 제공하면서 지속적인 과학영재 판별이 수행되어야 한다

과학영재교육 프로그램에서 요구되는 능력과 길러질 능력에 관한 측정이 이뤄져야 한다. 이는 선발 이후 교육에 유용한 정보로 활용될 수 있다.

2. 다단계 판별 과정

국내와 국외의 유명 과학영재학교와 영재교육원의 판별 과정을 보면 대부분 다단계 전형을 하고 있다.

국내의 경우 한국과학영재학교는 1단계로 서류 전형, 2단계로 창의적 문제 해결력 검사, 3단계로 캠프/면접을 선발 과정으로 하고 있다. 그리고 서울특별시교육청 산하 과학고등학교 중학생 영재교육원 선발 과정을 보면, 1단계로 서류 추천, 2단계로 창의적 문제 해결력 검사, 3단계로 과제수행능력평가, 4단계로 심층면접 및 구술고사로 진행되고 있다.

미국의 경우 여러 수학과학고등학교에서는 조금은 차이가 있지만, 대체로 1단계로 서류 전형, 2단계로 실기시험(대체로 생략), 3단계로 인터뷰를 실시하고 있다.

이스라엘의 예술과학고등학교는 1단계로 지능검사 등 각종 검사, 2단계로 인터뷰 및 과제물 제출, 3단계로 워크숍으로 선발 과정을 거치고 있다.

국내외의 각종 선발 단계를 보면 매우 유사해 보이지만, 구체적 내용을 보면 차이가 많다. 특히 서류전형의 경우 국내는 거의 형식적인 자격 여부를 결정하는 것이고, 국외는 그 서류전형 속에 영재성 보유 여부에 대한 구체적인 정보를 담고 있다. 한국과학영재학교의 1단계 서류 전형에는 학교 성적, 자기소개서, 추천서, 수상실적 등이 포함되어 있고, 미국의 경우에는 각종 표준화 검사(IQ, 수학적 · 과학적 논리적 사고력 등), 학교 성적, 공인된 자격시험(SAT, ACT), 교사 추천서, 자기소개서 등이 포함되어 있어, 별 차이가 없어 보인다. 하지만 교사 추천서의 경우 미국의 과학고등학교에서는 교과교사 또는 상담교사의 영재행동 특성 평가서 등의 형태로 제시되고, 학부모의 소견을 포함하기도 한다. 결

국 차이점은 우리의 경우 수치상으로 나타나는 객관적인 수상실적과 학교 성적을 중요시하지만, 미국의 경우는 영재아의 특성을 나타내는지에 대한 정보가 판별의 자료로 사용된다는 점이다.

(1) 대학부설 영재교육원

다음 표는 2007년 기준 25개 대학부설 과학영재교육원의 다단계 전형을 요약한 것이다.

| 표 IV-1 | 대학부설 과학영재교육원의 다단계 전형 과정

서울대학교	서류, 창의적 문제 해결, 면접
인천대학교	서류, 과학적 탐구능력검사, 전공 창의적 문제 해결력 검사, 심층면접
아주대학교	서류, 시험, 과학 창의성 검사, 심층면접
경남대학교	서류, 창의적 문제 해결, 면접, 수행평가(탐구문제 중심 학생 발표)
전남대학교	서류, 창의적 문제 해결력, 실험실습평가
전북대학교	서류, 문제 해결력과 과학적 사고력(과학, 수학, 창의력), 논술, 면접
청주교대	서류, 기본 탐구 능력과 논리적 사고력(단답, 단문주관식), 주관식 서술형 지필, 실기평가
강원대학교	서류, 지필고사, 심층면접
부산대학교	서류, 문제 해결형 필기, 과학적 사고력 평가, 면접(창의력, 논리력)
연세대학교	서류, 지필고사, 면접
제주대학교	서류, 영재성 검사, 창의적 문제 해결력 검사(서술), 과학적 탐구 능력 검사(단답/선다)
강릉대학교	서류, 지필, 면접
공주대학교	서류, 지필고사(탐구/창의/과학 탐구 능력 검사), 지필2(문제 해결형/창의력), 면접, 실험평가
서울교대	서류, 선다형 지필(지식, 문제 해결력), 수행평가방식의 논술형 지필, 면접(인성 등 평가)
순천대학교	지필(수학, 과학), 지필2(과학적 사고력, 창의성), 면접
안동대학교	서류, 지필[문제 해결력 평가, 영재성 평가(논리력, 과학적 사고력 및 창의성 평가)], 심층면접
울산대학교	서류, 지필(전공, 영재성), 면접
경원대학교	서류, 지필(객관/단답), 지필(창의적 문제 해결력), 수행평가, 면접
대진대학교	서류, 지필(단답), 지필(창의적 문제 해결력), 면접
경상대학교	서류, 지필(창의 문제 해결), 심층면접 및 수행평가
목포대학교	서류, 지필(수학/과학 개념, 논리사고력), 심층면접(과학적 사고력, 창의성 등)
군산대학교	서류, 지필(창의력 및 문제 해결력), 심층면접
창원대학교	서류, 지필(창의력 문제 해결 능력), 심층면접

표에 나타난 바와 같이 2단계 전형을 하는 곳이 1곳, 3단계 전형을 하는 곳이 17곳, 4단계 전형을 하는 곳이 5곳이다. 또한 3가지의 평가방식을 적용한 곳이 11곳, 4가지는 9곳, 5가지는 3곳이다. 각 대학부설 영재교육원의 입시요강을 분석한 결과, 서류전형은 추천이 15곳, 자율지원이 7곳으로 형식적인 절차에 그친 경우가 많았다. 판별 과정에서 가장 많은 학생들을 탈락시키는 지필고사는 단답형, 서술형 등의 2단계 평가가 다수를 이루고 있었고, 탐구 능력 검사를 실시하는 곳도 3군데나 있었다. 서술형 평가인 창의적 문제해결은 14곳에서 실시하고 있으며, 실기능력을 알아보는 실험실습-수행평가는 4곳에서 실시하고 있었다. 판별 과정의 마지막 단계인 심층면접은 19곳이 실시하고 있었다.

이렇듯 통일되지 못한 각 영재교육원의 판별 과정은 차이점보다는 공통점이 많아, 이를 적극 반영하면 표준화된 판별 과정을 만들어낼 수 있다.

(2) HASA 과학영재 판별 과정

한국교육개발원이 제안한 판별 과정은 4단계로 서류, 표준화 검사, 수행평가, 교육 후 평가로 요약할 수 있다.

◎ 1 단계 – 학업성취도 누가 기록 및 관찰에 의한 추천

학생의 특성을 나타낼 수 있는 기록과 교사의 관찰을 통해 영재성이 있는 학생을 추천하는 단계이다. 오랜 기간 동안의 관찰 결과는 한 번에 이루어지는 검사결과보다 정확할 수 있다. 현재 과학고등학교 입학 전형이나 영재학급 교육대상자 선정에 적용되고 있는 방식이다. 학업성취도에 대한 누가 기록, 교사의 관찰 내용, 경시대회 입상 결과 등이 이 단계에서 참조된다.

◎ 2 단계 – 표준화된 검사를 통한 판별

1단계를 통해 추천된 학생들을 대상으로 표준화된 검사를 실시한다. 표준화된 검사는 주로 지능이나 적성, 흥미, 창의성 및 학력을 측정하기 위해 많이 사용된다. 표준화된 검사는 최고점 수준이 낮아서 매우 우수한 학생과 우수한 학생을 구별하기 어렵다는 문제가 있으며 보통 학생과 다른 깊은 통찰에서 나온 영재학생의 답변이 엉뚱하게 처리되어 잘못된 검사결과가 나올 수도 있다.

◎ 3단계 – 문제 해결 과정의 관찰과 평가

표준화된 검사를 통해 판별된 학생들을 문제 해결 과정에 투입하여 학생들이 문제를 해결하는 과정을 전문가들이 직접 관찰하고 평가하는 단계이다. 이러한 관찰 평가의 장점은 실제 문제 해결 과정을 평가할 수 있고 검사를 통해 발견할 수 없는 성격이나 학습 태

도 등을 평가할 수 있다는 점이다. 이 단계에서는 각 분야의 전문가가 학생들이 만들어낸 작품이나 실험 과정 등을 관찰하고 창의적 문제 해결력을 측정할 수 있다.

◎ 4단계 – 교육 프로그램 적용 후 관찰

3단계에서 판별된 학생에게 영재교육 프로그램을 제공하고 프로그램 과정에서 영재성이 나타나는 정도나 앞으로의 성취 가능성을 관찰하는 단계이다.

이를 바탕으로 HASA 과학영재 판별 과정은 다음과 같이 정리할 수 있다.

- **1단계 – 과학영재 자원집단 구성**
  과학 성취(과학재능장부)와 다양한 추천서를 바탕으로 과학영재 자원집단 구성
- **2단계 – 과학 지식 수준과 적성 판별**
  지식 축적 정도를 확인하는 지식 검사, 탐구 능력 검사, 창의력 검사 형태의 표준화 검사와 과학재능장부를 이용한 적성 판별
- **3단계 – 과학활동 및 탐구 능력의 영재성 판별**
  과학캠프를 통해 산출물 및 탐구 능력 판별

이와 같은 3단계를 제시한 주된 이유는 정규 교육과정 내에서 모든 학생들을 대상으로 개개인의 흥미와 적성에 따라 주제를 선정하고 개인별 학습양식을 고려하여 프로젝트를 수행할 수 없기 때문이다. 따라서 1단계에서는 영재 선발이라기보다는 영재의 가능성을 가진 영재자원집단을 구성한다는 의미에서 성취 수준이나 교사의 추천서, 학부모나 자기 추천에 의한 선발이 바람직하다. 이 단계의 교육은 단위학교 영재학급에서 담당하며, 과학 관련 심화활동을 수행하면서 과학 관련 흥미와 재능을 신장시키고 과학에서 뛰어난 성취를 할 잠재성이 있는지 확인하게 된다.

서혜애(2004)에 의하면 과학영재의 선발 과정 및 선발도구는 과학 분야의 지적능력과 과학적 창의성, 과제 집착력, 흥미 등의 개인적 성향을 모두 반영하는 것이 바람직하다. 이러한 과학영재 선발 요소들은 각각을 나누어 측정하는 것보다는 과학 탐구를 수행하면서 학생이 탐구를 진행하는 과정과 탐구결과로 얻은 산출물로 평가하는 것이 바람직하다. 부분적인 검사도구를 통해 나타난 학생의 능력이 과학 탐구의 전체 진행 과정에서 나타나지 않는다면 유의미하게 볼 수 없기 때문이다. 따라서 2단계에서는 학생들의 과학 지식, 탐구 능력, 창의력을 측정함과 동시에 그동안 수행했던 과학재능장부에 대한 평가를 병행하여야 한다. 즉 과학적 산출의 기반이 되는 과학 지식, 탐구 능력, 창의력과 산출물에 관한 과학재능장부에 대한 평가를 바탕으로 2단계 판별을 실시하고, 이들을 대상으로

교육청의 영재교육원과 대학 영재교육센터에서 본격적인 교육을 실시한다.

마지막으로 과학을 실제 수행하는 과학캠프를 통해 과학에 대한 학생의 흥미와 적성을 판단하고, 실제 문제상황에서 지식과 기능을 활용하는지, 창의적 해결 방안을 제시할 수 있는지, 정교한 과학적 탐구를 수행하는지 등을 종합적으로 평가한다.

3. 판별 과정과 과학영재교육기관의 연계

수월성 교육 방안을 실현하기 위해서는 영재교육의 대상자 확대뿐만 아니라, 교육의 지속성과 상급 기관과의 연계가 잘 이루어져야 한다. 또한 일선 학교에서 이러한 체제를 뒷받침할 수 있어야 하며, 나아가 영재교육의 운영 방향이 일반 공교육을 정상화하고 수준을 높일 수 있는 체제가 마련되어야 한다.

앞서 제시한 HASA 과학영재 판별 과정을 단기간에 적용할 수도 있지만, 근본적으로 학년 진급에 따른 위계적 연관성과 더불어 적용할 수 있다.

현재 국내의 영재교육은 교육청 산하 지정 학교에서 운영하는 영재학급과 교육청에서 운영하는 영재교육원, 대학부설 영재교육원, 영재학교로 구성된다. 그러나 현재는 지역교육청과 시도교육청 영재교육원의 차별화나, 교육청과 대학부설 영재교육원의 역할 분담은 이뤄지지 않고 있다. 즉 동일한 학년과 수준의 학생을 대상으로 지역 교육청과 시도교육청이, 교육청과 대학이 각각 영재교육을 하고 있지만 각 기관의 장점을 살리고 효율적인 영재교육을 실시할 수 있는 역할 분담은 이뤄지지 않고 있다. 이에 연구결과로 학생의 학년 진급에 따른 교육기관의 위계적 연관성을 제시하였다.

초등 5~중 1 학생들을 대상으로 1단계 성취 검사와 다양한 추천서를 통해 영재자원집단(talent pool)을 구성하고, 단위 학교 영재학급에서 다양한 주제와 영역에 대해 심화학습을 받는다. 영재학급에서 과학 관련 지식과 기능을 학습하고 이를 활용하는 프로젝트를 수행하여 과학재능장부에 반영한다. 중 2가 되면 영재학급에서의 과학재능장부와 표준화된 지식 검사를 통해 교육청 영재교육원과 대학부설 영재교육원의 교육대상자를 선발하게 된다. 이 단계에서의 교육대상자는 이미 영재학급에서 과학에 흥미와 적성이 있고, 기본적인 탐구 수행 능력을 갖춘 학생들이므로 실제 문제 해결 활동을 중심으로 하게 된다. 중 3이 되면서 다시 과학캠프 활동을 통해 사사 교육과 수준 높은 과학 관련 프로그램의 대상이 되는 학생들을 선발하게 된다.

| 표 IV-2 | 과학영재교육기관의 위계

<table>
<tr><th>학교</th><th>초 5–6 중 1</th><th>중 2</th><th>중 3</th><th>고등학교</th></tr>
<tr><td rowspan="2">과정</td><td rowspan="2">영재학급</td><td>지역교육청
영재교육원</td><td>시 · 도교육청
영재교육원</td><td rowspan="2">영재학교
과학고</td></tr>
<tr><td colspan="2">대학 부설 영재교육원</td></tr>
<tr><td>지원활동</td><td>• 기능 중심의 소집단 심화활동
• 특별활동
• 주말 프로그램</td><td colspan="2">• 문제 해결 중심의 심화 프로그램
• 과학전람회, 경시대회
• 인성 및 봉사활동
• 창의성 계발 훈련 프로그램
• 사사 프로그램, 과학캠프</td><td>• 전문 지식 및 기능 습득
• 과제연구 프로그램</td></tr>
</table>

1.2 서류 검사

영재의 판별은 1회성이나 단기간에 이뤄질 경우, 아동이 자신의 재능을 충분히 발휘할 기회를 얻지 못하여 판별의 오류나 재능을 가진 아동들이 누락될 가능성이 있으며, 다방면에 재능을 가진 학생들이 자신의 재능을 충분히 발휘할 수 있는 영역을 잘못 찾게 될 수 있다. 특히 영재를 바라보는 기존의 지적 능력 중심의 관점에서 벗어나, 학습에 대한 흥미나 끈기, 과제집착력 등은 쉽게 측정하기 어렵기 때문에, 교사가 아동을 지도하고 관찰하면서 재능을 파악하고 이를 개발시키기 위한 제언을 기록하는 종합재능장부가 필요하다. 이러한 종합재능장부는 영재 판별을 위한 도구로서뿐만 아니라 아동의 재능 신장을 위한 정보와 제언을 담고 있기 때문에 학년이 바뀌더라도 다음 교사가 아동을 위한 교육활동을 준비하는 데 중요 자료로 활용될 수 있다. 본 연구에서는 현장에서 교사들의 부담을 줄이면서도 영재 판별에 필요한 아동의 특성을 나타낼 수 있는 종합재능장부의 양식을 개발하기 위하여, 먼저 Renzulli의 종합재능 포트폴리오에 관해 검토한 후, 국내 실정에 맞는 종합재능장부 제안을 모색하였다.

1. 종합재능장부(TTP)에 대한 검토

Renzulli의 종합재능 포트폴리오(TTP)는 '학교 전체 심화학습 모형(SEM)'을 바탕으로 심화학습을 경험하는 학생들을 대상으로 작성하게 된다(Renzulli et al., 1997, 김홍원 역, 2003). 즉 성취 검사, 교사 추천, 창의성 평가, 자기 지명이나 학부모 평가 등을 통해 전체의 10~15%에 이르는 영재자원집단(talent pool)이 구성되고, 여기에 속하는 학생들을 대상으로 심화학습을 제공하고 종합재능 포트폴리오를 작성하면서 학생들의 다양한 재능을 개발하는 한편 영재로서의 특성을 관찰하게 된다.

TTP는 심화활동을 하기 이전에 학생의 상태에 관한 정보와 심화활동을 통해 나타나는 행동 정보로 구성된다. 상태 정보는 학생의 능력과 흥미, 학습 관련 선호도의 세 범주로 구성되어 있다. 능력은 정규 시험과 같이 표준화된 검사결과뿐만 아니라 비정규적인 수행평가, 비교적 덜 구조화된 상황에서의 성취를 보여주는 수행평가, 그리고 행동 특성에 대한 평정 등으로 구성된다. 흥미는 다양한 영역 중에서 학생이 어떤 영역에 재능을 갖고 있는지 확인하기 위한 것으로 검사도구를 이용하거나 면담, 평소의 관찰을 반영하여 기록한다. 이때 학생의 흥미는 여러 가지 영역에서 나타날 수 있으며 시간에 따라 변할 수 있기 때문에 정기적인 조사와 기록이 필요하다. 학습 관련 선호도는 수업 양식, 학습 환경, 사고 양식, 표현 양식에 대한 선호도 등 네 가지 하위 범주로 나누어진다. 수업 양식 선호도는 강의나 시범 실험과 같이 교사 주도적인 활동에서부터 프로젝트 학습이나 독립연구와 같이 학생 주도적인 활동에 이르기까지 다양한 형태의 수업 양식 가운데 학생이 선호하는 수업 양식을 기록하는 것이다. 학습 환경 선호도는 학생이 혼자 학습하기를 좋아하는지 소집단 혹은 대집단 학습을 선호하는지를 나타낸다. 사고 양식 선호도는 새로운 것을 계획하고 만들어 내는 것을 좋아하는지, 기존의 것을 정교화하고 명료화하기를 좋아하는지, 아니면 평가와 가치 판단하기를 좋아하는지 나타내는 것으로, 스턴버그는 각각 입법적 사고, 행정적 사고, 사법적 사고라 명명하였다. 표현 양식 선호도는 산출물을 표현할 때 선호하는 방식으로, 쓰기와 말하기뿐만 아니라 연극과 같이 수행을 통해 표현하거나 다양한 멀티미디어의 사용 등을 포함한다.

행동 정보는 학습 과정에서 드러나는 학생의 특성과 학생의 재능 개발을 위한 고차적인 학습 경험, 학생들이 수행한 심화활동의 산출물을 기록한다. 산출물을 기록할 때에는 학생 스스로 자신의 산출물 가운데 다양성을 고려하여 포함시킬 것을 선택하며, 일상적인 과제들을 기록하지 않도록 유의하여야 한다.

Renzulli의 종합재능 포트폴리오는 과학뿐만 아니라 수학, 언어, 예·체능 분야 등 다방면에 걸친 학생의 흥미와 재능 영역을 조사하여 구성된다. 이러한 특성은 학생의 특성에 대해 어느 영역에서 더 큰 재능을 발휘할 수 있는가를 알 수 있게 해 준다. 그러나 과학이라는 특정 영역에 흥미를 나타내는 학생들 가운데 어떤 학생이 뛰어난 성취를 남길 잠재성을 갖고 있는가에 대한 상세한 정보를 주기에는 한계가 있다. 특히 종합재능 포트폴리오를 작성할 때에는 학생의 다양한 방면에서의 흥미와 재능을 반영하게 되므로 과학 이외의 성취도 많은 비중을 차지하게 된다. 따라서 초등학교 저학년 때에는 종합재능장부를 활용하여 아동의 재능과 흥미 분야를 폭넓게 알아보는 것이 필요하지만, 과학에 흥미와 재능을 보이는 학생들을 대상으로 관련 심화학습을 경험하게 하면서 과학 분야에서의 성취 잠재성을 알아볼 수 있기 위해서는 과학재능장부로의 전환이 필요하다. 즉 과학에 흥미와 재능을 보이는 학생들을 대상으로 학업 성취, 종합재능장부, 교사 추천, 자기 추천과 학부모 추천 등을 병행해 영재자원집단(talent pool)을 형성하고, 심화학습을 경험하면서 과학 창의적 산출물을 기록하는 과학재능장부를 작성하게 하는 것이 바람직하다. Renzulli의 '학교전체심화학습 모형'에서는 영재자원집단을 구성하는 학생들이 특정 영역에 재능을 보이는 학생들이 아니다. 즉 다양한 흥미와 재능을 가진 학생들이 3부 심화학습 모형에 따라 다양한 분야의 지식과 정보들을 접하면서 자신의 흥미와 적성에 맞는 분야를 선택하고 기능 습득 및 탐구를 수행하게 되는데, 이때 종합재능장부가 유용하게 사용될 수 있다. 즉 초기 학생의 능력과 흥미와 재능, 학습 관련 선호양식 등에 따라 지식과 정보들이 제공되며, 이러한 지식과의 상호 작용과 탐구 수행 과정에서 나타나는 흥미와 능력의 변화를 교사가 감지할 수 있으며 재능 개발을 위한 제언을 할 수 있다. 그러나 현재의 정규 교과과정을 통해서는 이러한 심화학습 과정을 거치지 않기 때문에 교사가 학생의 능력과 흥미에 대한 자세한 정보를 얻기 힘들다.

Renzulli의 종합재능 포트폴리오가 그대로 적용되기 힘든 또 다른 이유로는 학생의 흥미와 학습 관련 선호도를 조사하기 위하여 다른 검사도구를 사용해야 한다는 것이다. 즉 학생의 능력을 알아보기 위해 '우수 학생의 행동특성 평정 척도(SRBCSS)나 흥미 조사를 위해 Interest-A-Lyzer, 학습방식검사도구(Learning Style Inventory) 등을 이용하게 되는데, 이러한 검사를 정규 교육과정에서 정기적으로 실시하기도 힘들 뿐더러 국내에서 표준화과정을 거치지 않았기 때문에 타당성을 확보하기 힘들다.

이상에서 살펴본 바에 의하면 특정 영역을 제한하지 않고 평균적으로 우수한 상위 학생들을 대상으로 다양한 주제를 경험하고 심화학습을 하는 경우에는 학생의 흥미와 재능을 찾는 종합재능 포트폴리오가 유용하게 사용될 수 있지만, 현재 정규 교육과정에서 학생의 흥미와 재능에 관한 새로운 정보를 얻어내기는 힘들다. 오히려 성취 검사나 교사의 추천에 의해 과학에 재능이 있다고 보이는 학생들이 과학에 관련된 심화학습을 수행하면서 작성하는 과학재능장부(STP; Science Talent Portfolio)가 더욱 적절하다고 판단된다.

2. 과학재능장부(STP)의 제안

과학재능장부는 1단계 선발을 통해 과학영재자원집단에 해당하는 학생들이 과학 관련 지식과 기능을 익히고 이를 활용하여 직접 과학 프로젝트를 수행하는 과정과 산출물을 담는 데 이용된다. 또한 과학재능장부를 2단계 선발에 이용하기 위해서는 그 밖에도 학생의 과학 관련 흥미와 적성을 나타낼 수 있어야 한다. 이러한 목적을 위해서 과학재능장부에 포함되어야 할 항목들로는 학생이 수행한 탐구일지, 산출물, 교사의 산출물 평가와 제언, 학생의 탐구수행 소감 등이 있다. 탐구일지는 특별한 양식에 얽매이기보다 날짜, 제목, 내용을 포함하여 자유로운 형식으로 기술하되, 정해진 탐구 수행에 관한 내용뿐만 아니라 새롭게 알게 된 사실이나 흥미로운 사실, 궁금한 과학 문제 등을 기록한다. 이는 학생의 탐구 과정에 대한 정보와 과학에 흥미와 적성을 나타내는 동시에 이를 신장시키는 역할을 하며(남경운 등, 2004), 학생의 탐구수행 소감도 유사한 역할을 한다. 산출물과 이에 대한 교사의 평가는 지식과 기능의 활용 능력에 대한 정보를 제공한다. 각각에 대한 기록 양식은 다음과 같다.

|표 IV-3| 탐구일지 양식

탐구 일지

날짜	월 일/ 물리교과교육실/ ○○○○중학교/ ○○○조/ 이름: ○○○
제목	
내용	

|표 IV-4| 산출물 평가 양식(Besemer, 1998 참고하여 재구성)

산출물 평가 양식

평가 교사 : ____________

평가 항목	1	2	3	4	5
독창성					
발전 가능성					
가치로움					
이해 가능성					
표현력					
논리성					
기능적 솜씨					
유기성					
적절성					
완성도					
전체적 평가와 제언 :					

3. 추천서 양식

(1) 교사 추천

교사 추천은 비형식적인 언어 전달이나 형식적인 양식으로 모두 이뤄질 수 있다. 그러나 교사의 추천은 학생에 대한 선호 경향에 영향을 많이 받게 된다. 그래서 이를 조금이라도 줄일 수 있는 방향으로 교사 추천 양식을 만드는 것이 바람직하다. 물론 다양한 영재 행동 특성 체크리스트의 점수를 포함해야 한다. 다음은 Renzulli의 SEM 프로그램에 사용된 교사 추천서 양식을 참조하여 작성한 예이다.

|표 IV-5| 과학영재 교사 추천서

과학영재 교사 추천서

1. 학생의 이름 ________________ 2. 교사의 이름 ______________________

3. 작성일 ____________________ 4. 학교명 __________________________

5. 학년 ______________________ 6. 생년월일 ________________________

7. 학교 성적 (개인성적/전체평균)

국어 ____/____ 수학 ____/____ 과학 ____/____ 사회 ____/____

8. 학부모 추천서 : 있음 / 없음

9. 행동특성 평정척도 점수 : _________

10. 이 학생이 과학영재교육 프로그램에 참여해야 하는 이유를 구체적 사례를 들어 제시하시오.

____

____

____

____

11. 이 학생이 이번 해에 당신의 수업 시간에 관심을 표현한 영역과 그 정도는 어떠하였는지 표시하시오.

	높음	평균	낮음		높음	평균	낮음		높음	평균	낮음
물리	☐	☐	☐	화학	☐	☐	☐	생물	☐	☐	☐
우주	☐	☐	☐	지구	☐	☐	☐	환경	☐	☐	☐

12. 이 학생이 현재 교육과정의 내용보다 심화학습을 해야 한다고 생각되는 영역은 어떤 것들이 있을지 표시하시오.

1단원 ☐ 2단원 ☐ 3단원 ☐ 4단원 ☐ 5단원 ☐ 6단원 ☐ 7단원 ☐ 8단원 ☐

(2) 학부모 추천

과학영재를 판별하고 교수하기 위해서는 영재학생 개개인에 대한 많은 정보가 필요하다. 영재학생의 유아기와 청소년기를 학부모보다 잘 아는 사람은 없다. 따라서 학부모가 교사에게 정보를 정확히 전달하는 것은 중요하다. 학부모가 교사에게 전달해야 하는 정보로는 다음과 같은 것들이 있다(Davis, 1998).

- 특별한 관심과 취미
- 즐겨 읽은 최근의 책
- 독서 이상 특별한 관심을 가지는 것
- 비범한 성취
- 특별한 재능
- 특별했던 기회
- 혼자일 때 좋아하는 행동
- 인간관계
- 특별한 문제점이나 요구사항

실제 학부모가 이러한 정보를 자유스런 형식으로 쓰는 것은 아주 어려우므로, 반드시 추천양식으로 제공되어야 한다. 그 속에는 학부모가 관찰한 인지발달 과정, 창의성, 리더십, 인내심, 협동심 등 영재 특성이 구체적 사실로 기술될 수 있게 해야 한다. 다음은 학부모 추천서로 사용되는 양식들에 사용된 질문들의 예들로서, Tongue(1976)와 Renzulli(1997)가 제시하였다.

- 뛰어난 어휘력과 자기표현력이 뛰어나다.
- 쉽게 과거를 기억해 낸다.
- 물건들이 어떻게 동작하는지를 알기 원한다.
- 유치원 가기 전부터 읽을 줄 안다.
- 거의 모든 것에 대해 질문한다.
- 호기심과 모험심이 강하다.
- 생각하기 전에 충동적으로 행동한다.
- 신체 조건이 좋고, 자기 자신의 몸을 제어할 수 있다.
- 관심 있는 일에 대부분의 시간과 정력을 소비한다.
- 혼자 있을 때 자발적으로 공부를 시작한다.
- 어떤 결과가 나타날 때까지 일이나 놀이를 끝까지 한다.
- 무언가를 말할 때 평범하지 않은 표현을 사용한다.
- 스스로 프로젝트를 시작하고 결과물을 만들어낸다.
- 새로운 방법으로 주어진 자료를 활용한다.
- 또래에 비해 자주 유머와 이벤트를 만들어 낸다.
- 문제에 접근하는 방식이 새롭다.

(3) 동료 추천

학급의 친구는 영재학생들의 행동을 가장 많이 접하는 이들이다. 따라서 동료에 의한 추천은 훌륭한 판별자료로 활용할 수 있다. 동료 추천은 한 학급 내에서 그들 스스로 어떤 질문에 대해 가장 적합한 인물을 기록하여 그 결과로부터 영재학생을 찾아낼 수 있는 방법이다. 그러나 어떤 추천서 양식으로 작성된다면 학생들은 부담을 느끼고 또한 그것을 제대로 이해하기 어려워 영재학생들을 거론하기 힘들다. 이런 어려움을 피하는 요령으로는 “Let’s Make Believe(Jenkins, 1979)”가 있다. 이 방법은 학생들에게 배로 수학여행을 가다가 좌초하여 무인도로 가게 되었을 때, 학급 구성원 중 누가 지도자, 수리공, 예술가, 발명가, 판관, 연예인의 역할을 하면 좋을지를 적게 하는 것이다. 따라서 다양하게 학생들의 눈높이에서 질문을 만들어 학생들이 생각하는 영재는 누구인지 확인해 볼 수 있다.

(4) 자기 추천

일부 학생들은 강한 욕구가 있어 스스로 특별 프로그램에 참여하기를 원한다. 이런 학생들의 재능과 창조성에 대해서 교사가 인지하지 못하고 있는 경우이다. 사실 자기 추천은 고등학교 학생의 경우에 적합하다. 왜냐하면 친구들과의 관계 때문에 자신의 재능을 숨기고 있는 학생들에게 스스로 영재성을 판별할 수 있게 해주는 유일한 방법이기 때문이다(Renzulli, 1987).

1.3 표준화 검사

과학의 과정과 지식의 통합을 강조하기 이전에 학문으로서 과학적 개념을 정확히 이해하는 것은 무엇보다도 중요하다. 이를 위한 도구로 학생의 과학 학습 평가 시 지적능력을 측정하기 위해 표준화 검사를 실시할 수 있다.

표준화된 검사지가 선다형의 형태로 주어지면 지식/기억 범주 평가에 매우 유용하고 시험 시간당 지식의 평가 범위가 매우 넓으며 평가 대상 학생 수를 많이 선정할 수 있고, 이후에도 검사 문항을 재이용할 수 있으며 채점 시 객관성이 보장되므로 몇 가지 단점에도 불구하고 현실적으로 유용하게 사용된다. 검사지에 측정 가능한 행동적 특성이 유도될 수 있도록 제작된다면 학생이 가지고 있는 과학 지식을 평가할 수 있는 중요한 수단을 제공받을 수 있다. 선다형 문항을 이용하더라도 문항을 작성하기에 따라 분석력이나 종합력 등과 같은 고등정신 기능의 평가도 가능하다.

7차 교육과정에서는 과학의 내용 영역을 지식과 탐구로 구분하고 있다. 지식 영역은 에너지, 물질, 생명, 지구의 네 영역으로 나누어 각 학년마다 3~4개의 작은 단원이 포함되도록 구성되어 있다. 탐구 영역은 탐구 과정과 탐구활동으로 구분하였으며, 탐구 과정은 기초 탐구 과정인 '관찰, 분류, 측정, 예상, 추리'와 복합 탐구 과정인 '문제 인식, 가설 설정, 변인 통제, 자료 변환, 자료 해석, 결론 도출, 일반화'로 구성되어 있고, 탐구활동은 '토의, 실험, 조사, 견학, 과제 연구'로 구성되어 있다.

개발된 표준화 검사도구는 문제은행식으로 축적되어 있으므로, 앞으로 계속 개발된다면 충분히 문제은행으로서의 역할을 할 수 있다. 또한 영재 판별뿐만 아니라 정규 교육과정에서도 학생들의 지식수준을 검사할 수 있는 도구로도 활용 가능하다. 연도별 개발문항은 다음과 같다.

영역	지식 영역			탐구 영역			창의 영역		
학년	4-6	7-8	9-10	4-6	7-8	9-10	4-6	7-8	9-10
1차년		257							
2차년	240			78					
3차년					54		27	14	
4차년			155			32			24
합계	652			164			65		

1. 지식 검사 형태의 표준화 검사

학생들이 이해해야 할 목표에 대한 기준은 교육부에서 개발한 '제7차 교육과정에 따른 성취 기준과 평가 기준'을 참고하였다.

(1) 4-6학년 문항의 예

문 항 카 드				
내용요소	학교급	초등 4	예상 정답률	60 %
	단 원	수평잡기		
평가목표	여러 가지 물체를 수평으로 만들 수 있다.			

[문제 1] 그림에서 오른쪽 끝의 줄에는 추가 하나밖에 없다. 수평이 되게 하려면 오른쪽 끝의 줄에는 추를 몇 개 더 달아야 할까?

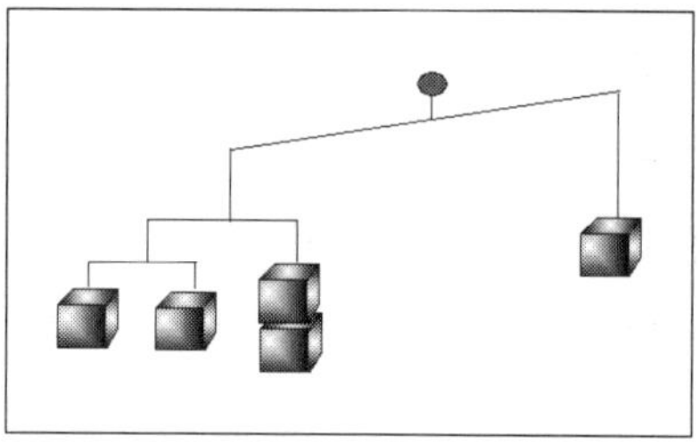

① 1개 ② 2개
③ 3개 ④ 4개
⑤ 5개

정답 ③

해설 좌우에 매달린 추의 개수가 같아야 수평이 된다. 왼쪽의 추들은 모두 수평을 이루고 있으므로, 왼쪽의 추들이 한곳에 모인 것과 같은 효과를 나타낸다.

문 항 카 드				
내용요소	학교급	초등 5	예상 정답률	50 %
	단 원	물의 여행		
평가목표	습도계의 원리를 안다.			

[문제 67] 공기 중의 수증기가 많은 습한 날의 건습구습도계에 대한 설명으로 옳은 것은?

① 습구의 물이 많이 증발한다.
② 건구와 습구의 온도 차이가 크다.
③ 건조한 날보다 물이 증발하면서 열을 많이 빼앗아 간다.
④ 건구와 습구의 온도 차이가 작다.
⑤ 건조한 날보다 습한 날은 습도가 낮다.

정답 ④

해설 습한 날은 공기 중의 수증기가 많아서 증발이 잘 안 되어 습구와 건구의 온도차가 작다.

문 항 카 드				
내용요소	학교급	초등 6	예상 정답률	30 %
	단 원	여러 가지 기체		
평가목표	이산화탄소의 성질을 알 수 있다.			

* 다음 그림은 이산화탄소 발생 장치이다. 물음에 답하시오.

[문제 29] 다음 중 이산화탄소를 발생시킬 때 필요 없는 것은 무엇인가?

① 달걀껍데기 또는 조개껍데기
② 묽은 염산 또는 묽은 황산
③ 고무관
④ 깔때기
⑤ 이산화망간

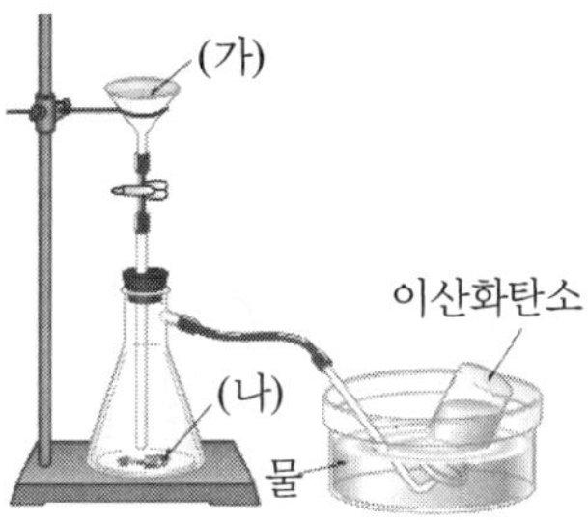

정답 ⑤

해설 이산화망간은 산소 발생 실험 시 필요한 물질이다.

[문제 30] 실험에서 발생한 이산화탄소를 확인하기 위한 방법으로 옳은 것을 모두 고르면?

① 색깔을 확인한다.
② 냄새를 맡아 본다.
③ 공기와 섞어, 어느 것이 무거운지 본다.
④ 석회수를 통과시켜 본다.
⑤ 이산화탄소가 모아진 집기병에 타고 있는 촛불을 넣어 본다.

정답 ④, ⑤

해설 이산화탄소는 석회수를 뿌옇게 흐리는 성질과, 불을 끄게 하는 성질을 가지고 있다.

(2) 7-8학년 문항의 예

<table>
<tr><th colspan="5">문 항 카 드</th></tr>
<tr><td rowspan="2">내용요소</td><td>학교급</td><td>중 1</td><td rowspan="2">예상
정답률</td><td rowspan="2">70 %</td></tr>
<tr><td>단 원</td><td>힘</td></tr>
<tr><td>평가목표</td><td colspan="4">여러 가지 힘의 종류를 안다.</td></tr>
</table>

※ [문제 10~12]는 다음 [보기]와 관련이 있다. 각 문제에 가장 적합한 것을 [보기]에서 골라 답안지에 표시하라.

[보기]

(A) 마찰력 (B) 중력 (C) 탄성력 (D) 전기력 (E) 자기력

[문제 10] 책상 위의 물체를 끌 때 물체의 운동을 방해하는 힘

[문제 11] 늘어난 고무줄이 원래의 모양으로 되돌아가려고 하는 힘

[문제 12] 마찰한 두 물체 사이에 작용하는 힘

정답 1. A 2. C 3. D

<table>
<tr><th colspan="5">문 항 카 드</th></tr>
<tr><td rowspan="2">내용요소</td><td>학교급</td><td>중 2</td><td rowspan="2">예상
정답률</td><td rowspan="2">50 %</td></tr>
<tr><td>단 원</td><td>전기</td></tr>
<tr><td>평가목표</td><td colspan="4">저항의 병렬연결을 이해한다.</td></tr>
</table>

[문제 27] 3 Ω과 6 Ω의 두 개의 저항이 6 V의 전원에 병렬로 연결되어 있다. 세 개의 전류계와 두 개의 전압계가 그림과 같이 연결되어 있다.

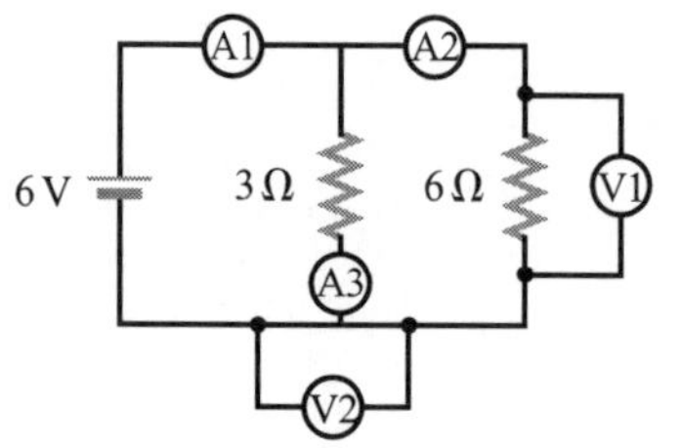

다음 중 옳은 것은?

(A) 전압계1과 전압계2의 전압은 같다.

(B) 전압계1은 6 V이다.

(C) 전압계2는 6 V이다.

(D) 전압계2의 전압은 3 Ω의 저항의 양단의 전압을 정확하게 측정한 것이다

(E) 두 전압계 모두 6 Ω의 저항의 양단의 전압을 정확하게 측정한 것이다.

정답 B

(3) 9–10학년 문항의 예

문 항 카 드				
내용요소	학교급	중 3	예상 정답률	70 %
	단 원	물질 변화의 규칙성		
평가목표	혼합물과 화합물의 특징에 대해 설명할 수 있다.			

[문제 31] 다음은 철가루와 황가루를 섞어 황화철을 생성하는 그림이다. 다음 설명 중 옳지 않은 것은?

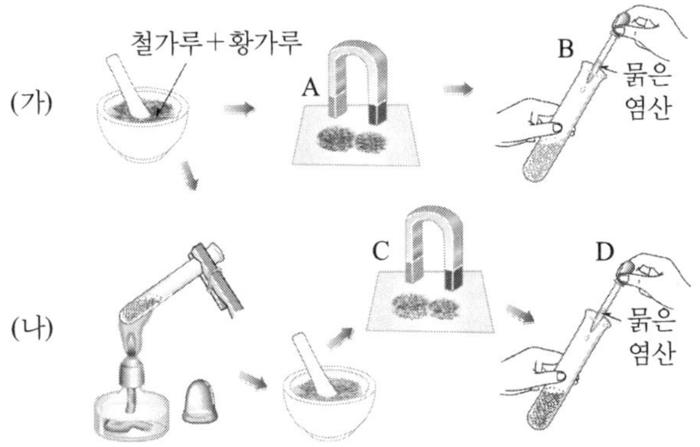

① (가) 과정의 물질은 철과 황의 성질을 그대로 가지고 있는 혼합물이다.

② (나) 과정의 물질은 철과 황이 화학 변화하여 생성된 화합물이다.

③ (가) 과정의 물질에 묽은 염산을 떨어뜨리면 수소 기체가 생긴다.

④ (나) 과정의 물질에 자석을 가까이 하면 달라붙는다.

⑤ (나) 과정의 물질은 흑갈색을 띤다.

정답 ④

해설 (가)는 철과 황의 혼합물이고, (나)는 화합물인 황화철이다.

물질	혼합물(철+황)	화합물(황화철)
색깔	노란 회색	흑갈색
묽은 염산과의 반응	수소 발생	황화수소 발생
자석을 가까이 했을 때	철가루가 끌려옴	끌려오지 않음

문 항 카 드				
내용요소	학교급	고 1	예상 정답률	40 %
	단 원	물질대사		
평가목표	효소의 특성에 대하여 안다.			

[문제 42] 다음 그림은 열쇠로 자물쇠를 여는 모양과 소화 기관에서 엿당이 말타아제라는 효소의 작용을 받아 포도당으로 분해되는 모습을 나타낸 것이다. 이 그림에서는 효소의 어떤 특성을 말하는 것인가?

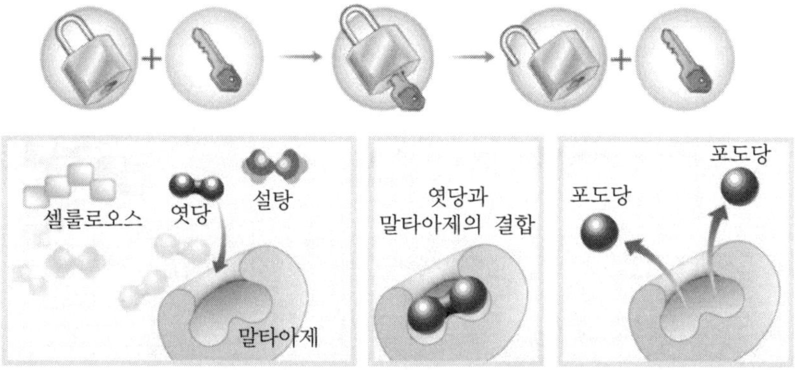

① 효소는 자신과 반응할 수 있는 특정한 한 가지 물질과 반응한다.
② 효소는 특정한 모양을 가지고 있다.
③ 효소는 복사할 수 없으면 다시 만들어지지 않는다.
④ 모든 효소는 한 가지 종류로 만들어져 있기 때문에 그 구조는 기본적으로 같다.
⑤ 효소를 분해하기 위해서는 특정한 열쇠 역할을 하는 물질이 필요하다.

정답 ①

해설 효소가 갖는 특징으로 효소는 자신과 반응할 수 있는 특정한 한 가지 물질과 반응한다.

2. 탐구 검사 형태의 표준화 검사

과학적 탐구란 과학자들이 자연 세계를 연구하고 자신들의 활동을 통해 얻어진 증거를 토대로 설명을 제안하는 다양한 방법을 뜻한다. 탐구는 또한, 자연 세계에 대한 과학자들의 연구 방법을 이해하고 과학적인 아이디어에 대한 지식과 이해를 증진시키기 위한 학생들의 활동을 의미한다. 탐구는 관찰, 문제 제기, 책이나 다른 정보원을 통해 이미 알려진 지식의 확인, 탐구의 설계, 실험적 증거에 따른 기존 지식에 대한 재고, 도구를 사용한 자료의 수집과 분석 및 해석, 해답의 제안, 설명, 예측, 결과에 대한 의사소통과 같은 다양한 활동들을 수반하고 있는 다면적인 활동이다. 탐구는 가정의 확인, 비판적이고 논리적인 사고, 대안적인 설명에 대한 고려를 요구한다.

제7차 교육과정에서는 앞에서 밝힌 바와 같이 기본적 탐구 과정, 통합적 탐구 과정, 탐구활동 등으로 탐구에 대하여 규정하고 있는데, 이에 대한 정의는 다음과 같다.

기본적 탐구 과정

- **관찰** : 보기, 듣기, 만지기, 냄새 맡기, 맛보기의 오감으로 사물, 현상, 사건에 관한 정성적 정보를 수집하는 기능. 도구를 사용하여 정성적 자료를 수집하는 어림(estimation)
- **분류** : 유사점에 따른 장소, 사물, 관념 등의 범주화. 준거속성(criterial attributes)에 따라 나누고, 나눈 것을 더욱 세분화하여 개체를 확인할 수 있을 때까지 나누어 사물들 사이의 위계적 단계를 체계화하는 활동
- **측정** : 도구나 기계를 사용하여 길이, 넓이, 부피, 무게 등 단위를 붙여야 하는 정량적 자료를 모으는 활동. 도구나 기계를 사용하지 않고 정량적 자료를 수집하는 어림
- **예상** : 차후에 관찰해야 할 사실에 대한 예언(forecast). 몇 가지 변인들 사이의 상관관계, 독립변인과 종속변인 사이의 인과관계, 외삽·내삽 등에 대하여 진술하는 과정
- **추리** : 관찰자료나 이미 알고 있는 몇 가지의 구체적인 지식으로부터 포괄적인 결론을 이끌어 내는 귀납적 일반화 과정, 또는 과학적 법칙이나 이론으로부터 특정한 사실이나 법칙을 도출하는 연역적 정신 활동

통합적 탐구 과정

- **문제 인식** : 연구의 주제를 결정하고 그에 따라 해결할 문제를 확인하여 조작적으로 진술하는 과정
- **가설 설정** : 자연 현상에 나타나는 규칙성, 그 현상들 사이의 관계, 이미 일어났거나 앞으로 일어날 행동과 사건 등에 대한 잠정적 설명으로 진술하는 과정

- **변인 통제** : 변인을 모두 확인하여 완벽하게 통제하고, 자세하게 조절하는 활동
- **자료 변환** : 한 형태의 자료를 다른 형태로 표현하는 행위
- **자료 해석** : 자료를 이해하여 다른 형태와 자신의 말로 표현하는 과정
- **결론 도출** : 연구에서 던진 질문 또는 검증하기 위해 설정된 가설에 대한 확정적 언급인 결론을 도출하는 과정
- **일반화** : 귀납적 과정을 통해 포괄적인 진술을 이끌어 내는 과정

탐구활동

- **토의** : 집단 구성원들 사이의 상호 작용과 의견 교환
- **실험** : 문제를 진술하고 그 문제의 답을 예상하여 가설의 형태로 제시한 다음, 그 가설을 검증하기 위하여 변인을 통제 · 조절하며, 관찰과 측정을 통해 자료를 수집하며, 자료를 정리 · 분석하여 그 결과를 설명하거나 결론을 이끌어내는 등의 단계에 따라 이루어지는 과정. 변인 사이의 인과관계를 찾는 과정
- **조사** : 자연을 이해하고 자연에 관한 법칙을 발견하거나 그것을 설명하는 이론을 구성하기 위해 자연의 현상 · 사건 · 사물을 탐색하고 조사하는 과정. 변인 사이의 인과관계나 상관관계, 또는 실태를 조사하는 과정
- **견학** : 지역의 자연 · 기관 · 조직 · 시설 등의 계획된 직접적 방문
- **과제 연구** : 학생 스스로 계획 · 구안하여 문제를 해결하는 과정

(1) 4–6학년

본 연구에서는 초등학생들의 기본적인 탐구 기능을 평가하기 위하여 기본적 탐구 과정의 5개 영역인 관찰, 분류, 측정, 예상, 추리와 의사소통을 위한 그래프 항목에 문항을 개발하였다. 탐구 기능을 평가하는 문항들은 내용에 대한 선지식이 없어도 가능하기 때문에 초등학교 4학년부터 6학년까지 공통으로 사용할 수 있도록 구성되어 있다. 각 평가항목에 대한 문항 수는 다음과 같다.

평가항목	문항 수	평가항목	문항 수
관찰	17	예상	9
분류	10	추리	16
측정	17	그래프	9

문 항 카 드			
평가항목	관찰	예상 정답률	50 %

[문제 6] 철수는 비커에 담긴 성질이 다른 두 용액을 섞었다. 그 결과가 아래 그림과 같다. 이 실험에서 관찰한 사실 중 맞는 것은 어느 것인가?

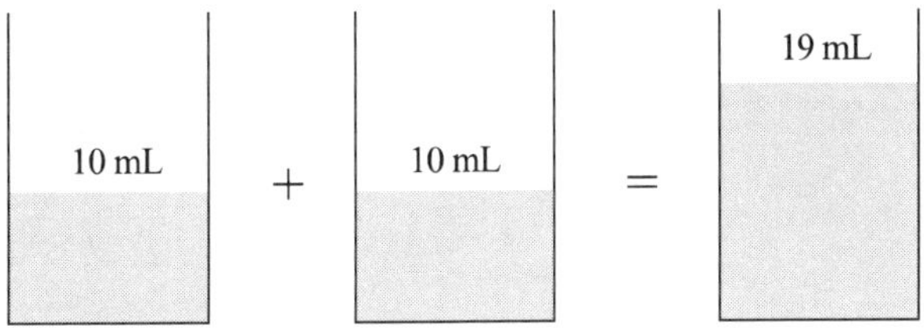

① 액체를 섞는 과정에서 증발이 일어나 부피가 줄어들었다.
② 성질이 다른 액체를 섞었더니 부피가 1 mL 줄어들었다.
③ 두 액체의 분자 간의 간격이 다르기 때문에 부피가 줄어들었다.
④ 만약 두 용액을 20 mL씩 섞는다면 섞은 후의 부피는 38 mL가 될 것이다.
⑤ 실험의 결과로 미루어 보아 두 액체는 물과 알코올일 것이다.

정답 ②
해설 추론과 예상으로 알 수 있는 것과 관찰한 것은 다르기 때문에 위 보기에서 관찰한 것은 ②뿐이다.

문 항 카 드			
평가항목	분류	예상 정답률	70 %

[문제 23] 다음은 여러 학생들의 옷 색깔과 신발 색깔을 적은 표이다.

	철수	영희	선용	민아	강호
옷 색깔	회색	빨간색	흰색	파란색	검정색
신발 색깔	검정색	노란색	빨간색	흰색	녹색

아래의 분류표에서 A에 들어갈 학생은 누구인가?

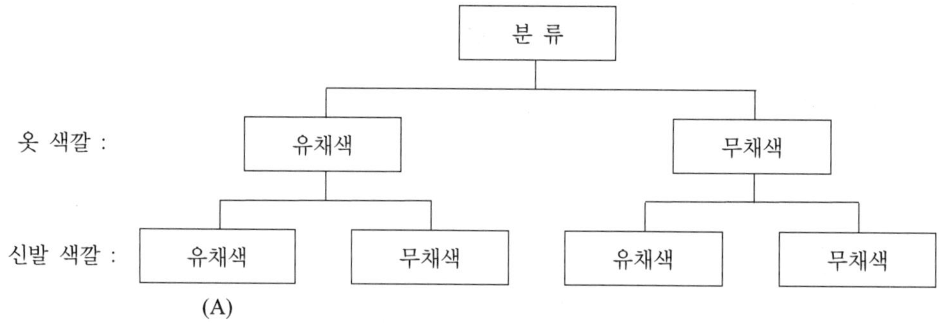

① 철수　　② 영희　　③ 선용
④ 민아　　⑤ 강호

정답 ②

문 항 카 드			
평가항목	그래프	예상 정답률	60 %

[문제 77] 철수는 물의 온도를 높여 가며 물에 최대로 녹일 수 있는 설탕의 양을 측정하여, 오른쪽과 같은 그래프를 얻었다.

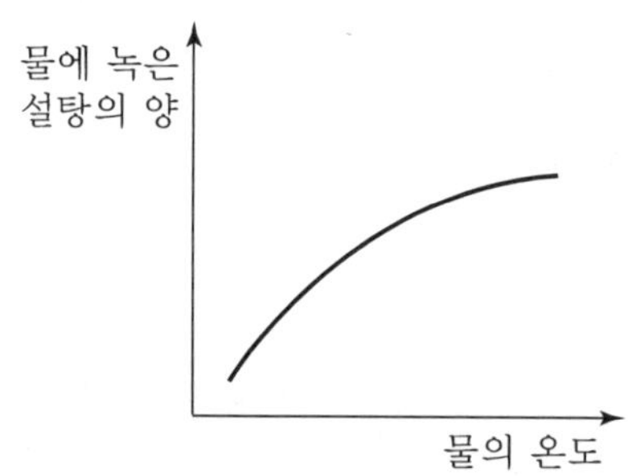

이 그래프로부터 알 수 있는 것은?

① 물의 온도는 녹일 수 있는 설탕의 양에 큰 영향을 주지 않는다.
② 물의 온도를 계속 높이면 녹일 수 있는 설탕의 양도 계속 증가할 것이다.
③ 물이 중간 정도의 온도일 때 설탕이 가장 많이 녹는다.
④ 물의 온도가 낮을 때보다는 높을 때 더 많은 설탕을 녹일 수 있다.
⑤ 설탕을 물에 넣고 세게 저어주면 더 많이 녹일 수 있다.

정답 ④

(2) 7-8학년

7-8학년은 기초탐구를 포함하여 복합탐구 능력에 해당하는 문항을 개발하였다. 기초 및 복합탐구 능력의 하위 영역은 7차 교육과정 해설서를 참고하였다. 개발된 문항의 평가항목 및 문항 수는 다음과 같다.

평가항목	문항 수	평가항목	문항 수
관찰	4	문제 인식 및 가설 설정	7
분류	4	변인 통제	6
측정	4	자료 해석	7
예상	4	자료 변환	7
추리	3	결론 도출 및 일반화	8

문 항 카 드			
평가항목	변인 통제	예상 정답률	70 %

[문제 21] 마라톤은 “올림픽의 꽃”이라 불리기도 하고 “인간 한계에 대한 도전”이라 불리기도 한다. 사람이 2시간 동안 자동차 등 다른 기구를 이용하지 않고 신체의 능력으로 얼마나 빨리 달릴 수 있는가를 겨루는 경기이다. 그런데 곰곰이 생각해 보면 신체 능력의 차이에 따라 등수가 결정되는 것만은 아닌 것을 알 수 있다. 다음 중 신체 능력의 차이 이외에 마라톤 기록을 변화시킬 수 있는 것으로 가장 먼 것은?

① 신발 바닥의 탄력성

② 운동복의 색깔

③ 달리는 중에 마시는 음료수

④ 손목 시계의 사용

⑤ 운동복의 땀 흡수 능력

정답 ②

문 항 카 드			
평가항목	자료 해석	예상 정답률	60 %

[문제] 두 개의 샤프심 A, B에 대해 아래 그림과 같이 전압과 전류를 측정하여, 각 샤프심에서의 전압과 전류 그래프를 그렸다. 샤프심의 저항 값은 전압 값을 전류 값으로 나눈 값이다. 두 그래프를 보고 옳지 않은 설명을 골라라.

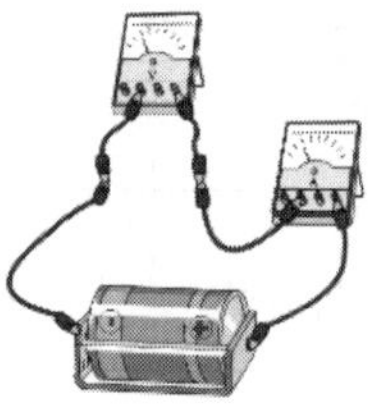

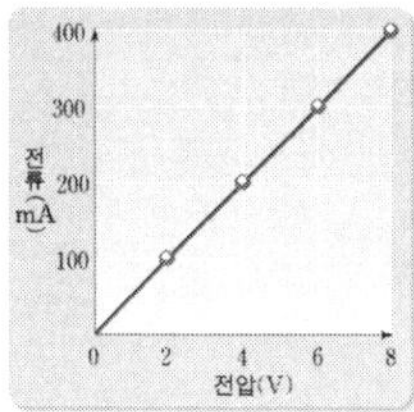

샤프심 A의 그래프

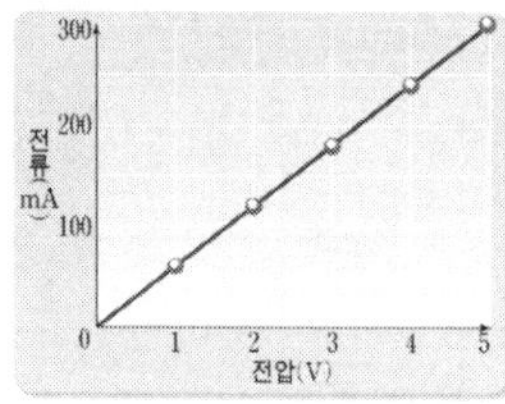

샤프심 B의 그래프

① 샤프심 A의 저항은 20 Ω이다.
② 샤프심 B의 저항은 약 16.7 Ω이다.
③ 샤프심 A와 B에 같은 전압을 걸어주면 샤프심 B에 더 많은 전류가 흐른다.
④ 샤프심 A와 B는 서로 다른 종류의 샤프심이다.
⑤ 샤프심 A와 B에 같은 전류가 흐르게 하려면 샤프심 B에 더 많은 전압을 걸어주어야 한다.

정답 ⑤

문 항 카 드			
평가항목	결론 도출 및 일반화	예상 정답률	60 %

[문제 51] 다음은 신문지 위에 버스 토큰을 두고, 버스 토큰의 중앙에 뚫린 부분에 물을 조금 부어 찍은 사진이다. 이 사진에 대한 설명으로 옳은 것을 [보기]에서 모두 고른 것은?

(가)

(나)

[보기]

가. (가)보다 (나) 사진의 토큰 속에 물을 더 많이 넣었다.
나. 물이 렌즈 역할을 해서 글씨가 커 보이기도 하고 작아 보이기도 한다.
다. (가) 사진의 토큰 속에는 물이 볼록하게 올라오도록 물을 부었다.
라. (나) 사진에서는 토큰 속 물 때문에 신문의 글씨 크기가 작아 보인다.

① 가, 나, 다 ② 가, 나, 라 ③ 가, 다, 라
④ 나, 다, 라 ⑤ 가, 나, 다, 라

정답 ④

(3) 9-10학년

본 연구에서는 중학교 3학년과 고등학교 1학년 학생들의 기본적인 탐구 기능과 통합적 탐구 기능을 평가하기 위한 탐구 문항을 개발하였다. 탐구 문항은 가능한 모든 영역에 골고루 배분하여 개발하고자 하였다. 그러나 탐구 기능 사이의 관계가 완전히 독립적이지 않기 때문에 문항을 특정한 탐구 기능에 해당하는 문항으로 분류하기가 어려워 탐구 문항의 평가 내용을 대표할 수 있는 탐구 기능으로 분류하였다. 이러한 이유로 특정한 영역의 문항 수가 매우 적게 나타났다. 탐구 문항은 모두 32문항을 개발하였다.

평가항목	문항 수	평가항목	문항 수
관찰	4	문제 인식 및 가설 설정	2
측정	6	변인 통제	3
예상	3	자료 해석	6
추리	5	자료 변환	1
실험설계	1	결론 도출 및 일반화	1

문 항 카 드			
평가항목	관찰	예상 정답률	60 %

[문제 3] 다음은 달의 표면을 찍은 사진으로, 왼쪽부터 차례로 상현달, 보름달, 하현달이다. 다음 설명 중 옳은 것으로 바르게 짝지은 것은?

[보기]

가. 위 사진의 상현달과 보름달은 달의 같은 면이다.
나. 위 사진의 상현달과 하현달은 달의 같은 면이다.
다. 어두운 부분은 표면보다 움푹 들어가 있을 것이다.
라. 사진으로 보아 달에는 건축물이 없음을 알 수 있다.
마. 달도 지구처럼 구형이다.

① 가, 다, 마 ② 가, 다, 라 ③ 가, 라, 마
④ 가, 나, 다, 마 ⑤ 가, 나, 다, 라

정답 ④

문 항 카 드			
평가항목	측정	예상 정답률	40 %

[문제 10] 지구상에서 소리의 속도는 보통 340 m/s라고 한다. 그러나 이 값은 실험 당시의 공기 상태와 시간과 거리 측정값의 정확도에 따라 다르다. 바람이 잔잔한 날 운동장에서 소리의 속도를 알아보기 위해, 초시계를 이용하여 150 m 떨어진 곳까지 소리가 도착하는 데 걸리는 시간을 경수네 모둠과 상희네 모둠은 5회씩, 미화네 모둠은 2회 측정하였고, 그 결과는 다음과 같았다.

	1회	2회	3회	4회	5회	평균
경수네 모둠(초)	2.45	2.32	2.18	2.20	2.30	2.29
상희네 모둠(초)	2.37	2.38	2.40	2.35	2.42	2.38
미화네 모둠(초)	2.20	2.38				2.29

만약 실험하던 상황에서 소리가 150 m를 가는 데 걸리는 시간의 참값이 2.30초라면, 다음 중 3개조의 실험결과에 대한 평가로 바른 것은?

① 상희네 모둠과 비교할 때 평균값이 참값과 더 가까운 경수네 모둠이 측정을 더 잘한 것이다.

② 평균값이 같으므로 미화네 모둠과 경수네 모둠의 실험결과의 신뢰성은 같다.

③ 경수네 모둠이 가장 믿을 만한 실험값을 얻었다.

④ 상희네 모둠과 비교할 때 평균값이 참값과 더 가까운 미화네 모둠이 측정을 더 잘 한 것이다.

⑤ 실험할 때 발생한 오차의 원인을 찾아 수정하기 쉬운 조는 상희네 모둠이다.

정답 ⑤

문 항 카 드			
평가항목	자료 해석	예상 정답률	50 %

[문제 30] 자극의 전달 속도를 알아보기 위하여 아래 그림과 같이 초시계를 든 한 사람과 손을 잡은 남녀 합하여 7명의 학생이 실험을 하였다. 초시계를 든 사람이 초시계를 누르면서 깃발을 내리면, 첫 번째 사람이 그것을 보고 왼손을 꼭 잡아 신호를 전달하고 그 신호를 받은 두 번째 사람 역시 왼손을 꼭 잡아 신호를 전달한다. 이런 방법으로 진행하여 마지막 사람은 신호를 느꼈을 때 "끝" 하고 외치고, 이 소리를 듣고 초시계를 눌러 시간을 측정한다. 이와 같은 실험을 5번 했을 때 결과가 다음 표와 같았다.

실험 횟수	1	2	3	4	5
걸린 시간(초)	2.4	2.2	1.5	1.4	1.5

다음 중 이 실험에 대한 해석으로 옳은 것은?

① 5회 실험값을 평균하여 평균적인 전달 속도라고 하는 것은 타당하다.

② 이 실험에서 측정한 시간은 신호가 7명을 지나는 데 걸린 시간이다.

③ 팔을 옆으로 길게 펴서 손을 잡고 실험하면 시간이 더 오래 걸릴 것이다.

④ 실험결과를 남자들에게서 신호가 전달되는 시간이라고 볼 수 있다.

⑤ 이 실험에서 측정한 시간에는 시각, 촉각, 청각의 3가지 감각에 걸리는 시간이 포함되어 있다.

정답 ⑤

3. 창의 검사 형태의 표준화 검사

국내에서는 창의성과 관련되어 두 가지의 과학영재의 판별 준거가 제시되었다. 하나는, 박종원(2004)이 제시한 과학적 창의성의 인지적 모델(CMSC; Cognitive Model of Scientific Creativity)이고, 다른 하나는 신지은 등(2002)이 개발한 과학에서의 창의적 문제 해결력 및 문제 발견력 검사(CPSF; the test of Creative Problem Solving and Finding in science)이다.

CMSC는 과학적 창의성을 창의적 사고와 과학적 지식 내용, 과학적 탐구 기능의 공집합으로 정의한다. 특정 영역에서의 지식 내용은 창의적 활동에 필수적 요소라는 보고(Walberg and Stariha, 1992, Feldhusen, 1995)를 바탕으로 과학적 지식 내용을 고려했으며, 과학적 창의성은 구체적인 과학 탐구활동에서 발현되기 마련이라는 직관에 의거하여 과학적 탐구 기능을 고려했다.

- 발산적 사고(divergent thinking) : 유창성, 융통성, 비관습적 사고
- 수렴적 사고(convergent thinking) : 정합성, 통합성, 단순성
- 연관적 사고(associational thinking) : 유사성 사고(비유/은유/귀추), 비유사성 사고(결합/조합/연결)

많은 용도를(유창성) 다양하게(융통성), 남들이 미처 생각지 못한 용도를(독창성), 가능하면 구체적이고 자세하게 진술(정교성).

독창성과 정교성은 위 3가지 사고유형에 모두 해당된다고 하였음.

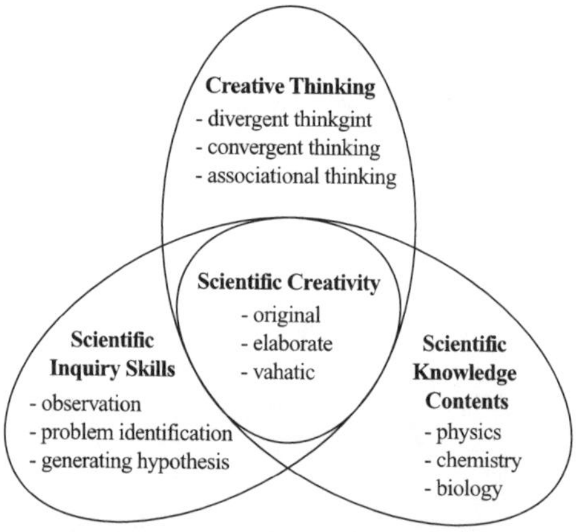

Fig. 1. Cognitive model of scientific creativity(CMSC)

정합성은 구성물(ex, 개념이나 지식)들이 논리적이고 합리적이며 일관성 있게 연결되어 모순이 없음을 의미. 통합성은 구조를 이루고 있는 구성물들의 수가 얼마나 많은가를 의미. 단순성은 하나의 커다란 구조로 묶이면서도 그 구조 속에 질서가 내재되어 있어 복잡하지 않음을 의미.

과학적 탐구 기능이 어떤 과학 탐구활동에서 발휘되는가를 이야기하기 위해, 그는 과학활동의 유형을 크게 3가지로 요약하기도 했다.

- 자연 현상에 대한 관찰을 통해 가설이 제안되면 실험적 검증을 통해 과학 이론으로 만들어지는 과정
- 관찰을 통해 특정 사실이나 규칙성을 찾아내거나 일반화된 법칙을 제안하는 과정
- 과학 이론과 법칙을 이용하여 자연 현상이나 또 다른 이론과 법칙을 설명하거나 예측하는 과정 그리고 과학 법칙들을 여러 상황에 적용하거나, 새로운 것을 개발하는 과정, 그리고 의미론적으로 재해석하고 형식화된 형태로 구조화하는 과정

다음은 CMSC에서 기반하여 개발한 과학적 창의성 평가문항 예시이다.

(2) 전자기파의 편광

- 과학 내용 : 전자기파, 편광
- 과학적 탐구 기능 : (인과적) 질문하기
- 창의성 : 수렴적(정합적) 사고, 발산적 사고

다음은 전자기파에 대한 그림과 빛이 수직 편광판을 통과해서 수직으로 편광되는 것을 나타낸 그림이다.

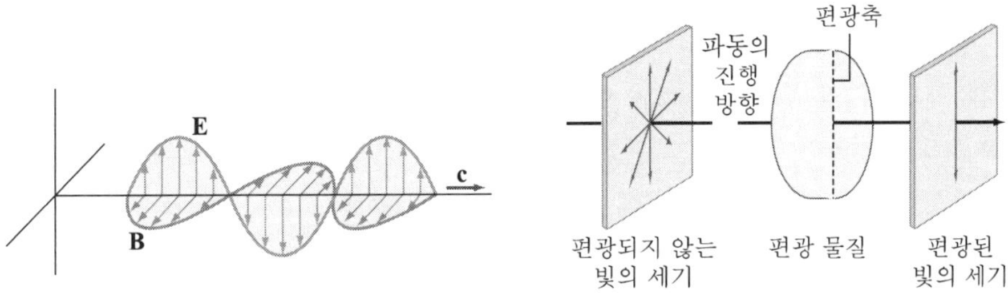

두 그림들로부터 알아볼 가치가 있다고 생각되는 질문을 있는 대로 만들어 보아라. 이때 질문을 제안한 근거를 가능하면 과학적으로 제시하여라.

한편 과학에서의 창의적 문제 해결력 및 문제 발견력 검사(CPSF; the test of Creative Problem Solving and Finding in science)의 경우는, 기존 연구보고들을 바탕으로 과학적 창의성을 설정했다. 즉, 과학의 경우 창의성은 관찰을 통해 문제를 발견하는 과정, 관찰결과를 설명할 수 있는 다양한 가설을 발전시키는 과정(Lipps, 1999), 현상을 새로운 방식으로 해석하는 과정(Standler, 1998), 그리고 새로운 기술을 발명하는 과정(Standler, 1998) 등에서 효과적으로 나타날 수 있다는 연구를 종합하여, 과학 창의성의 측정을 위해 과학에서의 문제 발견력과 과학적 추론 능력, 가설 설정 능력, 실험 설계 능력, 기구 고안 능

력의 5가지 하위 영역을 설정하였다. 각 영역별로 1문항씩 개발하였는데, 다음은 문항 예시이다.

| 평가 영역 : 과학적 추론 능력(유창성, 독창성) |

2. 다음은 어떤 미지의 행성을 탐사한 결과 얻은 자료들입니다.

- 행성의 중력은 지구 중력의 8배이다.
- 행성의 평균 기온은 20 °C 정도이고, 일교차는 10 °C 정도로 약간 큰 편이다.
- 행성 전체의 대기 중 80 %가 산소로, 산소가 매우 풍부한 편이다.

- 참고1 : 지표 부근에 있는 물체를 행성의 중심 방향으로 끌어당기는 힘을 중력이라 한다.
- 참고2 : 지구의 평균 기온은 약 15 °C이다.
- 참고3 : 기후학자 마르톤은 연평균 기온 20 °C 이상을 열대 기후라고 했고, 쾨펜이란 사람은 최한월 평균 기온 18 °C 이상의 기후를 열대 기후라고 했다.
- 참고4 : 지구의 대기는 질소 79 %, 산소 20 %, 그 밖의 기체 1 %로 구성되어 있다.

지구상의 따뜻한 곳에 사는 여우는 열을 많이 발산하기 위해 귀가 큰 반면, 추운 곳에 사는 여우는 열의 손실을 막기 위해 귀가 작습니다. 이처럼 다양한 환경에 의해 동물의 각 신체적 부분의 특징은 달라질 수 있답니다. 그렇다면 이 행성에서 살고 있을 동물의 모습은 어떠할까요? 위의 주어진 자료와 여러분의 과학적 지식 및 상상력을 바탕으로 이 행성에서 살고 있을 동물의 모습을 그려보세요. 그리고 여러분이 그린 동물의 각 신체적 부분의 특징이 그렇게 나타난다고 생각한 과학적 근거도 함께 써 보세요.

CPSF의 5가지 하위 영역들이 독립적인 영역인지는 밝히지 않았으며, 창의적 사고 유형도 발산적 사고에 한정되어 있다. 또, CMSC와 비교할 때, CPSF에서는 과학 내용(지식)이 빠졌으며, 과학의 모든 탐구 기능이 아니라 창의성이 드러난다고 생각되는 탐구 기능을 준거로 삼았다.

본 연구에서 창의 영역 표준화 문항 개발은 기본적으로 3차원 평가틀에 의거했다. 각 축은 과학 지식/클로퍼의 과학교육목표/창의성으로 한다. 이때 클로퍼의 과학교육목표에서는 탐구에 해당되는 하위 항목들(B−E)만 추출하여 사용한다.

창의성의 하위 영역은 다음과 같다.

- **발산적 사고** − 유창성, 융통성, 비관습적 사고
- **수렴적 사고** − 정합성, 통합성, 단순성

• **연관적 사고** – 유사성 사고(비유/은유/귀추), 비유사성 사고(결합/조합/연결)

많은 용도를(유창성) 다양하게(융통성), 남들이 미처 생각지 못한 용도를(독창성), 가능하면 구체적이고 자세하게 진술(정교성)하는 것이 창의적인 것이다. 한편, 정합성은 구성물(ex, 개념이나 지식)들이 논리적이고 합리적이며 일관성 있게 연결되어 모순이 없음을 의미하며, 통합성은 구조를 이루고 있는 구성물들의 수가 얼마나 많은가를 의미한다. 단순성은 하나의 커다란 구조로 묶이면서도 그 구조 속에 질서가 내재되어 있어 복잡하지 않음을 의미한다. 독창성과 정교성은 위 3가지 사고 유형에 모두 해당된다.

한편 클로퍼의 과학교육목표에서 탐구에 해당되는 하위 항목들(B–E)은 다음과 같다.

- B.0 과학 탐구 과정 I – 관찰과 측정
  - B.1 사물과 현상의 관찰
  - B.2 관찰한 내용을 적합한 언어로 표현
  - B.3 물체와 변화의 측정
  - B.4 적합한 측정 도구의 선택
  - B.5 측정의 어림과 정확성 한계의 인식
- C.0 과학적 탐구 과정 II – 문제 인식과 해결 방법의 모색
  - C.1 문제의 인식
  - C.2 적절한 가설의 설정
  - C.3 적합한 가설 검정 방법의 선택
  - C.4 적합한 실험 과정의 설계(기구 고안 능력은 여기에 포함될 듯)
- D.0 과학 탐구 과정 III – 자료의 해석과 일반화
  - D.1 실험 자료의 처리
  - D.2 자료를 함수 관계의 형태로 제시함
  - D.3 실험 자료와 관찰 내용의 해석
  - D.4 외삽과 내삽
  - D.5 수집한 자료에 근거해서 가설을 평가함
  - D.6 일반화
- E.0 과학 탐구 과정 IV – 이론적 모델의 형성, 검증 및 수정
  - E.1 이론적 모델의 필요에 대한 인식
  - E.2 알려진 현상과 원리를 수용하는 이론적 모델의 형성

E.3 이론적 모델로 설명되는 현상과 원리의 열거
E.4 이론적 모델로부터 새로운 가설의 연역적 추론
E.5 이론적 모델 검증을 위한 시험 결과의 해석과 평가
E.6 수정, 보완, 세련된 이론적 모델의 형성

(1) 4–6학년 문항의 예

문 항 카 드			
평가항목	발산적 사고(유창성, 융통성)	예상 정답률	40 %

[문제 27] 친구 세 명이 자신의 몸무게를 재어 누가 가장 가벼운지 알아보기로 하였다. 그런데 집에 있는 저울은 불과 20 kg까지밖에 잴 수 없는 것이었다. 누가 가장 가벼운지 어떻게 알 수 있을까? 가능한 방법을 고안해 보자.

[예시답안]

1. (저울을 이용하는 방법) 긴 널빤지를 지렛대로 생각해서 한쪽 끝을 저울 위에 걸쳐 놓고 다른 한쪽을 바닥이나 다른 받침대에 걸친 후 올라서면 올라서는 사람의 몸무게가 분산이 된다. 세 명이 각각 널빤지의 '같은 위치에 올라서서' 저울의 눈금을 보면 몸무게를 비교할 수 있다.
2. (저울을 이용하지 않는 방법) 가장 쉽게 생각할 수 있는 것은 넓은 널빤지를 구해 널빤지를 받침점 위에 놓고 균형을 맞춘 후에 양팔저울과 같이 비교하는 방법이 가능하다.

[채점기준] 예시답안 이외에 합리적이라고 생각하는 답안에 대해서는 점수를 부여한다. 예시답안 2번과 같이 너무나 일반적인 경우에 대해서는 1/3만 인정한다.

(2) 7–8학년 문항의 예

문 항 카 드			
평가항목	수렴적 사고(정교성), 독창적 사고	예상 정답률	60 %

[문제 8] 다음은 "식물이 없어지면 어떻게 될까?"라는 제목으로 쓴 중학교 2학년 어느 학생의 글이다.

식물이 없다면 우리도 없다. 그 이유 식물이 있을 때 인간도 있고 동물도 있다. 식물이 먼저 태어난 후 인간과 동물이 생겨났기 때문이다. 요즘에는 식물을 하찮

> 게 생각하지만 식물도 인간들에게 꼭 필요한 것이다. 식물은 우리에게 양식도 주고 공기도 주기 때문이다. 그렇기 때문에 인간에게 식물이 없다는 것은 공기가 없다는 것과 같은 것이다. 공기를 만들 수 있는 것이 식물이기 때문이다. 그래서 식물이 없으면 인간과 동물도 없어지게 된다.

위 글의 내용을 과학적 시각에서 평가하시오.

[예시답안] 식물이 공기를 만든다는 것은 정확하지 않다. 현재 지구의 공기에는 질소가 약 80 %, 산소가 약 20 %, 나머지 기체가 약간 섞여 있다. 이 중에서 식물이 만들어 내는 것은 산소이다. 광합성을 통해서 산소를 만들어 내며, 이것은 사람을 포함한 동물, 식물의 호흡에 사용된다. 따라서 식물이 없으면 호흡할 수 없으므로 동식물이 죽는다는 것은 옳지만 공기가 없어진다는 것은 옳지 않다.

[채점기준] 위 예시답안 이외에도 옳은 과학적 내용을 사용하여 논리적으로 평가한 것이 한 가지 이상 있으면 만점을 부여한다. 일부 불충분한 경우에는 채점자가 재량껏 부분 점수를 부여한다.

(3) 9-10학년 문항의 예

문 항 카 드			
평가항목	발산적 사고(유창성, 융통성, 독창성), 수렴적 사고(정교성)	예상 정답률	80 %

[문제 10] 다음 ● 표시와 × 표시를 이용하여 눈의 맹점에 대해 알아보는 실험을 하였다. 그 결과 알아낸 사실을 아래 네모 안에 적어 놓았다.

> 가. 왼쪽 눈만 뜨고 ● 표시를 보면 × 표시가 항상 보인다.
> 나. 왼쪽 눈만 뜨고 × 표시를 보면 ● 표시가 보이지 않는 때가 있다.
> 다. ● 표시와 × 표시 사이의 간격이 클수록 눈을 종이에서 멀리 해야 한다.

(가) 다른 실험 4가지를 추가로 더 수행하여 알아낸 것들을 기록하시오.

(나) 그 결과 눈의 맹점에 대해 알아낸 사실을 자세히 기록하시오.

[예시답안]

(가) • 오른쪽 눈만 뜨고 ● 표시를 보면 × 표시가 보이지 않는 때가 있다.
• 오른쪽 눈만 뜨고 × 표시를 보면 ● 표시가 항상 보인다.
• 하나가 보이지 않을 때 얼굴을 시계 방향 또는 반시계 방향으로 돌리면 보이게 된다.
• 두 표시 사이의 간격이 작을수록 눈을 종이에 더 가까이 해야 한다.

(나) 맹점은 눈알의 정면 뒤쪽이 아니라 정면 뒤쪽에서 반대편 눈 쪽으로 치우친 곳에 있다.

[채점기준]

(가)의 답안 : 추가로 알아낸 각각에 대하여 만점의 10 %의 점수 부여
독창성이나 정교성이 탁월하면 10 %를 추가로 부여
(최대 50 %를 넘지 않도록 한다.)

(나)의 답안 : "가"를 근거로 바르게 결론 내린 내용이면 만점의 40 % 부여
독창성이나 정교성이 탁월하면 10 %를 추가로 부여

1.4 과학캠프 검사

영재의 판별은 영재교육의 목표와 영재 대상 프로그램의 목표의 성취 여부로써 판별이 가능하다. 그러므로 영재교육의 목표를 성취하기 위한 준거를 이용하여 판별도구를 개발할 수 있다. 영재집단의 경우, 지식, 지능, 과학에 대한 태도 등의 세 검사가 매우 낮은 상관을 보이고 있기 때문에, 일반적으로 영재 선발의 주요 준거로 활용되는 지능과 창의성 검사와 같은 인지 능력 검사만으로는 영재들의 다양한 측면을 판별하기 어렵다(양태연 등, 2003). 그래서 영재성을 구성하는 여러 가지 요인을 이용하여 영재성의 판별에 이용할 필요가 있다. Nicholls(1972)는 창의적 결과물의 분석이 창의적 잠재력을 잘 예언할 수 있으며, Wallach(1976)도 창의적 성취에 관한 학생의 자기-보고가 유용한 방법이라고 하였듯이 영재아를 선발하기 위해서 산출물을 평가하는 방법이 필요하다. 하지만 일반적으로 탐구 능력을 확인하기 위해 실시하는 보고서 형태의 평가는 지적 영역 중 창의적인 영역과 정의적인 영역의 과학에 대한 태도 등을 고려할 수 없고, 한번 사용하면 재사용하기 어려운 단점이 있다. 그래서 실제 영재아의 선발 과정에서 영재의 특성을 모두 고려하지 못하고 인지 능력 검사에 의존하는 것이 현실이다. 이렇게 교육과 판별을 분리하면서 생기는 영재교육 목표의 불일치를 극복하기 위해 교육이 진행되는 과정에 평가할 수 있는 교육과 판별의 일체화 모형이 필요하며, 최근 이러한 선발과 교육에서의 문제를 해결하는

방법 중 하나로 과학캠프가 도입되어 과학영재학교에서는 신입생 선발 전형에서 과학캠프를 통한 과학적 문제 해결력과 창의성, 인성 등을 평가하고 있다.

1. 과학영재아를 위한 과학캠프의 목표

영재교육의 목표 및 영재교육 프로그램의 방향에 관한 이론적 연구를 바탕으로 과학영재교육의 목표 설정을 위한 기초를 마련하였다. 그리고 중·고등학교의 과학 동아리에 참여하는 학생들의 과학에 대한 흥미와 지적인 능력은 중고생 평균적인 학생들보다 높은 경향이 있고(최원호, 2005), 과학마니아인 중고등학교 과학 동아리를 대상으로 실시하는 과학캠프와 유사한 형태로 진행되는 본 과학캠프 프로그램의 목표 진술방식을 사이언스 잼버리의 목표 진술방식을 참고하여 완성하였다.

목표 1. 자율적 탐구에서 얻는 구조화된 지식을 통해 창의적 문제 해결력을 키운다.
목표 2. 동일한 흥미를 갖는 학생들 사이의 협동적 활동으로 의사소통 능력을 향상시킨다.
목표 3. 과학활동에 능동적으로 참여하면서 자기 주도적 학습 능력과 지도력을 향상시킨다.
목표 4. 탐구적 사고를 자극하여 과학 현상 및 원리를 올바로 이해하고 설명할 수 있다.

2. 과학캠프 검사도구

과학캠프 검사도구를 만들기 위해 먼저 검사도구 개발 지침을 마련하였다. 과학캠프 검사도구는 활동 자료에 근거한 학생들의 다양한 활동을 평가하는 것으로, 활동 자료의 준거에 따른 개발 지침이 만들어진다. 과학캠프 검사도구의 개발 지침은 〈표 Ⅳ-6〉과 같다.

(1) 검사도구의 선정

활동자료의 준거를 이용하여 중학교 수준의 과학영재아들이 수행하기에 적당하다고 판단된 8개의 과학활동은 '페트병과 링거줄을 이용한 사이펀 타이머 만들기', '필름통을 이용하여 물온도계 만들기', '밀도에 관한 여러 실험과 밀도 측정기 만들기', '구리관을 이용한 증기 보트 만들기', '작은 유리병과 페트병을 이용하여 갈릴레이 온도계 만들기', '소금과 얼음을 이용하여 아이스바 만들기', '우드락을 이용하여 손바닥 부메랑 만들기', '기체가 발생하는 화학반응을 이용한 오르락내리락 움직이는 타이타닉 만들기'였다. 선정된 과학활동은 목표를 구성하는 준거 중 최소한 하나의 준거가 최고 점수를 받으며, 모든

|표 IV-6| 과학영재아를 위한 과학활동 자료 준거 및 검사도구 개발 지침

목표	활동 자료의 준거	검사도구 개발 지침
기초 자료	활동 영역의 관련 과학 과목은?	이 활동 자료는 어떤 과목의 특성으로 개발할지 정하라.
	활동 영역의 수준은?	참가자들의 학교급 교육과정을 넘지 않도록 활동 내용의 수준을 일관성 있게 유지하라.
	생각 모으기의 수준은?	내용적인 면이 아닌 탐구적인 측면에서 활동 영역의 수준을 넘도록 구성하라.
목표 1	해당 분야에 관한 흥미 있는 소재를 이용하였나?	해당 과목과 분야에서 학생들의 흥미를 끌 만한 최근 내용을 포함시켜라.
	한 주제를 이해하기 위한 체계적인 방법을 취하고 있나?	이 활동에서 원하는 목표를 성취하기 위한 방법 이외의 군더더기 활동은 최소화하라.
	도출된 결과가 또 다른 활동을 유발할 수 있는가?	활동 후 새로운 의문을 갖거나 활동욕구를 가질 수 있도록 구성하라.
	활동 자료에 실험자가 창의적 문제를 발견할 수 있도록 유도하는가?	참가자들이 활동 영역보다 더 높은 수준에서 새로운 문제를 창의적으로 발견할 수 있도록 상황을 제한하여 문제를 제시하라.
목표 2	활동에서 토론이나 논쟁의 여지가 있는 문제를 가지고 있는가?	논쟁의 여지가 있는 실험적 요소를 포함하라.
	협동을 해야만 가능한 활동요소를 포함하고 있는가?	물리적으로 개별적 활동으로는 해결할 수 없도록 방법적인 면을 고려하라.
목표 3	학생들이 활동이 유용하다고 생각할 요소가 있는가?	학생들의 입장에서 축제, 진로, 공부에 이용될 수 있는 유익한 정보가 포함되도록 구성하라.
	활동목표가 명료하게 서술되는가?	목표에 애매한 표현이 없도록 구성하라.
	자료집에 제시된 표현이 명확하고 구체적인가?	명확하고 구체적인 표현으로 활동을 전개하라.
	발표 학생들이 주도적으로 활동을 이끌어 나갈 수 있는 수준의 내용과 소재를 이용하였나?	발표자의 학교급 수준을 무리하게 뛰어넘는 내용이나 소재는 피하고 도전적인 과제를 포함하라.
목표 4	실험자에 의해 좌우되는 탐구요소를 가지고 있는가?	심화탐구요소를 가지고 있어야 하며, 참가학생들의 활동이 결과에 영향을 줄 수 있도록 구성하라.
	목표와 활동내용이 부합하는가?	개발할 활동의 목표와 일관성 있는 활동이 되도록 하라.
	새로운 실험 설계의 요소를 포함하고 있는가?	새로운 실험을 정교하게 설계해 보는 경험을 제공하라.
	자율적인 탐구가 가능한 부분이 포함되었는가?	제한된 범위이지만 참가학생이 자율적으로 탐구할 수 있도록 문제를 제시하거나 그러한 여지가 있도록 활동을 구성하라.

항목이 보통(5점 척도 중 3점) 이상이 되도록 활동지를 변형하였다.

(2) 검사도구의 타당성(수행 용이성, 성취 정도, 개발지침 만족도)

개발한 검사도구들이 중학교 수준의 과학영재아들이 수행하기에 적당한가를 물어본 설문에서는 모든 검사도구가 3.9~4.6 사이의 점수를 받았다. 즉 과학영재용으로 개발된 과학활동은 중학교 수준의 과학영재아들이 수행하기에 적당함을 알 수 있다.

그리고 각 검사도구들이 중학교 수준의 과학영재아들이 각 목표를 성취할 정도로 잘 개발되었는지를 물은 항목에서는 목표 1의 경우는 5점 척도의 평균이 3.9~4.4 사이였고, 목표 2는 4~4.6 사이, 목표 3은 4.1~4.9 사이, 목표 4는 4.3~4.9 사이로 모든 검사도구들이 목표 1~4를 성취하는 데 긍정적일 것이라 예상하였다.

또한 개발된 검사도구들이 개발지침을 잘 준수하는지를 물은 항목에서는 목표 1의 경우는 5점 척도의 평균이 3.8~4.9 사이, 목표 2는 3.5~4.9 사이, 목표 3은 3.5~4.5 사이, 목표 4는 3.6~4.8 사이로 모든 활동들이 각 목표를 성취하는 데 보통 이상의 수준으로 만족하고 있음을 알 수 있다.

(3) 검사도구의 영재아 평가 기준

과학영재아 대상의 과학캠프에서 영재성을 판별하기 위한 평가기준은 발표학생과 참가학생용 각각으로 제작하였다.

- 발표학생에 대한 평가

자신이 연구한 내용을 남에게 전하고 지도하는 능력은 현재 과학적 능력을 평가하는 훌륭한 방법이다. 남에게 설명할 수 있기 위해서는 완벽하게 알아야만 가능하다. 그리고 남에게 설명해보는 경험은 그 분야의 과학을 더 열심히 공부할 수 있는 기회가 되기 때문에 이런 유형의 평가 방법이 공개되더라도 학생들이 긍정적인 방향으로 시험 준비를 하도록 유도할 수 있기 때문에 교육적으로 유익하다.

영재 대상 과학캠프에서 학생이 직접 실험을 진행하게 되면 실험 주제와 관련된 창의적 문제를 발견하고 그 해결과정을 미리 생각해볼 수 있다. 그리고 그 결과를 비슷한 관심을 가진 학생들 앞에서 발표하면서 발표 학생들은 1) 실험목적에 맞게 탐구를 했거나 진행하고 있는지, 2) 실험을 완전히 이해하고 발표 및 진행하는지, 3) 그 실험에 관련된 창의적 문제를 발견하거나 해결했는지, 4) 발표학생들 사이에 협동적 의사소통이 이루어지는지를 평가받을 수 있다.

참가학생에 대한 평가

비슷한 흥미를 가진 학생들이 진행하는 실험에 참가하면서 학생들은 비슷한 또래의 학생들이 진행하기 때문에 좀더 적극적으로 토론하며 실험에 참가할 수 있다. 비슷한 수준의 또래 영재학생들과 협동적으로 실험에 참여할 때 1) 의사소통의 수준과 질문의 수준을 통해 참가한 학생들이 얼마나 주도적으로 참여하며, 2) 주어진 시간 동안에 실험의 완성도를 통해 그 실험에 관해 얼마나 이해했는지를 평가받을 수 있다. 다른 사람이 준비한 실험에 참가하는 형태의 실험은 학생들이 학교에서 흔하게 경험하는 형태의 실험이지만 다른 사람이 준비한 실험에 참가하는 성실한 태도는 과학을 하는 중요한 자세이다.

발표와 참가 학생에 대한 평가 기준은 공통적으로 〈표 Ⅳ-7〉의 평가 기준에 따라 만들어졌다. 그리고 〈표 Ⅳ-8〉은 검사도구 중 '사이펀 만들기'의 평가 기준이다.

|표 Ⅳ-7| 과학영재아를 위한 평가 기준

목표	평가 기준	점수
목표 1	활동에 필요한 핵심 내용을 구조화하여 이해하고 있는가?	
	핵심 내용을 구조화하여 표현하는가?	
	창의적으로 문제를 발견하고, 해결 방법을 아는가?	
	창의적으로 문제를 해결하는가?	
목표 2	새로운 문제를 제기하고 논쟁이나 토론을 유도하는가?	
	조원들과 정보의 교류가 있는가?	
	협동하여 활동을 구성하는가?	
목표 3	발표나 활동 참가에 열정이 보이는가?	
	활동의 목표를 정확히 알거나 전달하는가?	
	정해진 시간 내에 목표에 이르렀는가?	
	활동에 자발적 참여와 집중을 하였는가?	
목표 4	새로운 문제상황의 원리를 이해하고 있는가?	
	새로운 문제상황의 실험을 해결하였는가?	
	새로운 문제상황의 해결이 과학적 원리에 근거한 것인가?	

|표 IV-8| '사이펀 만들기' 발표 및 참가 학생들에 대한 평가 기준

목표	활동준거	활동 기준		활동 세부 기준		
		사이펀 발표	사이펀 참가	1단계	2단계	3단계
목표 1	활동에 필요한 핵심 내용을 구조화하여 이해하고 있는가?		데이터 처리	연속적 주기 측정 안 함	2주기 관찰	2주기 이상 측정해야 하는 이유를 앎
	핵심 내용을 구조화하여 표현하는가?		데이터 표현	규칙 없이 기록함	주기를 나름대로의 형식으로 나타냄	평균에서 벗어나는 데이터는 버리고 평균 주기를 사용함
	창의적으로 문제를 발견하고, 해결 방법을 아는가?		물 빠지는 시간을 줄이는 요인	요인 말하기(빨대 길이/빨대 각도)	요인이 어떻게 영향을 주는가(빨대가 짧을수록 빨리/각도가 클수록 빨리)	요인을 어떻게 실험하나(자르거나 끼워 길게 하기/각도 조절하여 테이프로 다시 고정)
	창의적으로 문제를 해결하는가?		물 빠지는 요인 조절하기	교사의 힌트를 따르거나 옆 조의 방법을 따름	자신이 생각한 대로 해봄	시행착오를 인정하여 다시 시도/잘 수행했더라도 개선을 위해 다시 시도
	창의적으로 문제를 발견하고, 해결 방법을 아는가?		물 채워지는 시간을 줄이는 요인	요인 말하기(분별 깔때기에서 물 떨어지는 속도 또는 휘어진 빨대 길이)	요인이 어떻게 영향을 주는가(빠를수록 빨리 또는 짧을수록 빨리)	요인을 어떻게 실험하나(콕 조절 또는 자름)
	창의적으로 문제를 해결하는가?		물 채워지는 요인 조절하기	교사의 힌트를 따르거나 옆 조의 방법을 따름	자신이 생각한 대로 해봄	시행착오를 인정하여 다시 시도/잘 수행했더라도 개선을 위해 다시 시도
	창의적으로 문제를 발견하고, 해결 방법을 아는가?		빨대 꼭대기까지 물이 안 차는 이유	현상 발견과 의문 가짐(기포가 차서)	논리적 이유 제시(물과 빨대의 응집력/물의 결합력이 커서)	해결 방법 제시(기름을 넣어 응집력 줄여/물 온도 높여 결합력 줄여)
목표 2	새로운 문제를 제기하고 논쟁이나 토론을 유도하는가?	발표자의 역할이 실험 참가자들의 목표 성취를 이끄는 것임을 이해하여 문제 해결을 유도		실험의 목표는 이해하나 발표자의 역할을 이해하지 못하고 답을 제시하는 등 실험과정에 자주 개입함	실험의 목표와 발표자의 역할을 이해하나 참가자에게 실험의 힌트를 자주 제공함	실험의 목표가 참가학생들이 변인 통제 과정을 거쳐 사이펀의 주기를 맞추는 것임을 깨닫고 문제 해결을 유도할 뿐, 활동에는 직접 개입하지 않음
	조원들과 정보의 교류가 있는가?		문제 해결을 위해 토론	일방적으로 한 사람이 말하고 나머지 조원은 듣기만 하기	조원은 예/아니오 등의 간단한 대답만 하기	조원의 의사를 적극적으로 묻거나 서로 상호 작용

	협동하여 활동을 구성하는가?		협동실험	지시하고 따름	역할은 협조적이나 돌발적 상황에서 역할 변경이 안 이뤄짐	자발적 역할 변경이 수시로 발생하나 조화로움
목표 3	발표나 활동 참가에 열정이 보이는가?	참가자들의 활동을 눈여겨봄		가끔 가까이에서 함께 관찰함	가끔 멀리서 보며, 대부분 가까이에서 지켜봄	참가자들의 활동을 가까이에서 눈여겨봄
	활동의 목표를 정확히 알거나 전달하는가?		목표 인식	주기 맞추기	원리를 이해하고 원리를 이용하여 주기 맞추기	주기를 맞추기 위해 탐구 요인을 찾아 조절
	활동의 목표를 정확히 알거나 전달하는가?	목표 제공		실험 초기에 교재의 목표를 그대로 읽었음	실험 초기에 교재의 목표를 그대로 읽고 실험 과정 소개	실험 초기에 교재의 목표를 실험 과정과 관련지어 소개하고 주의사항 안내
	정해진 시간 내에 목표에 이르렀는가?		시간 내 주기 맞추기	2시간 안에 주기는 맞추지 못했지만 활동지 작성을 끝냈는가?	2시간 안에 한 개의 주기를 맞추고 활동지 작성을 끝냈는가?	2시간 안에 감점 없이 두 개의 주기를 맞추고 활동지 작성을 끝냈는가?
	활동에 자발적 참여와 집중을 하였는가?		능동적 문제 해결	답을 요구하는 질문이 2회 이하	힌트 요구	힌트와 정답을 묻지 않고 스스로(조 내에서) 문제 해결 시도
목표 4	새로운 문제상황의 원리를 이해하고 있는가?		알코올의 사용	물질이 달라졌으므로 두 용액이 다름을 인식하는가?	달라지는 이유를 제시하는가?	달라지는 이유와 주기와의 관련성을 함께 제시하는가?
	새로운 문제상황의 실험을 해결하였는가?		알코올 사용 실험 실시 여부	알코올 사용 실험을 시도하지 않았다.	알코올 사용 실험을 시도하였는가?	알코올 사용 실험을 시도하여 예상과 비교하거나 예상대로 실험되었는가?
	새로운 문제상황의 해결이 과학적 원리에 근거한 것인가?		물의 자동 공급 창의적 해결	계속 수동으로 분별 깔때기에 물을 붓는다.	자동 공급 속도가 조절이 안 되어 가끔 비커로 물을 부음	완전 자동으로 물 공급(사이펀 원리 이용)

(4) 검사도구의 예

사이펀 만들기

역사소설 '상도(商道)'에 등장하는 묘한 술잔이 있다. 이 술잔은 따른 술이 잔의 70 %를 넘으면 술이 사라져 버린다. 이 술잔은 사이펀의 원리를 이용한 것으로 70 % 이상의 술이 차면 잔의 중앙에 있는 관으로 술이 밀려 올라갔다가 아래로 빠지도록 만들어져 있다.

백자구룡계영배

이 활동을 하면

(탐구) • 사이펀 타이머에서의 물이 떨어지는 시간과 그 주기(물이 떨어지는 시간 간격)를 조절할 수 있다.

(지식) • 사이펀의 원리를 이해할 수 있다.

(태도) • 주기를 조절하여 사이펀 타이머를 제작할 수 있다.

A. 사이펀은 무엇일까?

무엇이 필요한가?

수조 2개, 고무 호수와 핀치콕(또는 링거 줄), 칼

어떻게 할까?

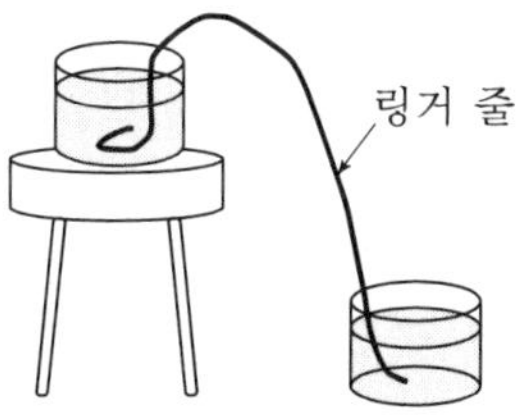

1. 그릇 한 개에 물을 넣고 높은 곳에 올려놓는다.
2. 이 그릇의 물속에 링거 줄의 한쪽을 담근다.
3. 낮은 곳에 빈 그릇을 놓는다.
4. 링거 줄의 반대쪽을 입으로 빨아 물이 아래로 내려오게 한 후 링거 줄을 빈 그릇에 넣어 물이 흘러내리도록 한다.

왜 그럴까?

높은 곳에 있는 액체를 용기를 기울이지 않고 낮은 곳으로 옮기는 데 쓰는 구부러진 관을 "사이펀(siphon)"이라고 부른다. 사이펀을 통하여 물이 떨어지는 이유가 무엇일까?

B. 사이펀 타이머 만들기

무엇이 필요한가?

분별 깔때기, 깔때기, 굽어지는 빨대, 투명 테이프, 고무찰흙, 칼, 초시계, 스탠드, 링클램프 2, 식용색소, 수조

어떻게 할까?

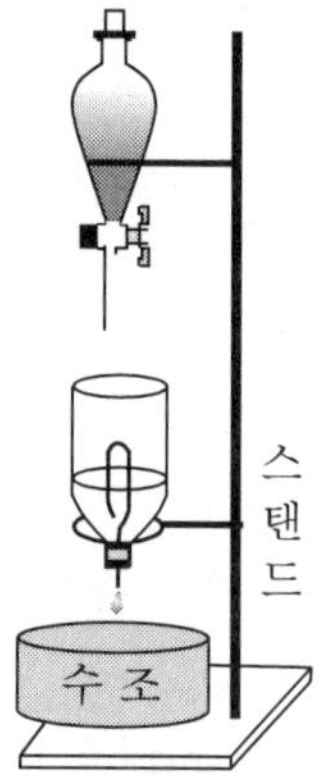

1. 2인 1조로 나눈다.
2. 분별 깔때기에 물을 넣고 스탠드의 링클램프 위에 올려놓는다.
3. 페트병을 깔때기처럼 만들거나 실제 깔때기에 빨대를 휘어 넣는다.
4. 휜 빨대가 다시 펴지지 않도록 테이프로 고정하고 깔때기에서 물이 빠지지 않도록 고무찰흙으로 막는다.
5. 분별 깔때기에서 물이 나오게 한다.
6. 처음 주기의 시간은 버리고 아래쪽의 깔때기에서 물이 빠지는 시간과 물이 차오르는 시간을 측정한다.
7. 사이펀 타이머의 주기를 원하는 시간에 맞추기 위해 여러 요인을 조절해 보자.

왜 그럴까?

1. 타이머로 쓰이는 아래의 깔때기에 물이 빠지는 시간과 물이 차오르는 시간을 측정해 보자.

2. 측정한 시간이 아래의 기준에 맞춰지는지 확인해 보자.

기준점수 10점	기준시간	채점기준	평균시간	감점	점수
물이 빠지는 시간	30초	±5초에 −1점			
주기	30초	±5초에 −1점			

3. 처음 주기의 시간을 버리는 이유가 무엇인가?
4. 물이 빠지는 시간과 차오르는 시간에 영향을 주는 요인이 무엇이며 그 요인이 어떻게 영향 주는지 말해 보자.

한 걸음 더

1. 물 대신 50 % 알코올 수용액을 사용하여 만든 사이펀 타이머의 주기가 어떻게 달라지는지 알아보고 싶다. 어떻게 실험할지 설계해 보자.

2. 설계한 대로 실험하여 알코올 수용액이 빠지거나 차오르는 주기를 정해 보자.
3. 알코올 수용액이 빠지거나 차오르는 시간이 물과 어떻게 달라졌으며 그 이유는 무엇인가?

(5) 검사도구의 활용

영재아와 일반아에 대한 '사이펀 만들기'에 대한 평가 점수를 비교한 결과, 18개 항목 중 7개가 일치하여 일치도가 39 %였다. 즉 개발한 평가기준은 중학생 수준의 과학영재아와 일반아를 판별하는 데 이용 가능하다.

이 평가기준은 과학영재아를 대상으로 실시하는 과학캠프의 4가지 목표(창의적 문제 해결력, 의사소통 능력, 자기 주도적 학습 능력, 과학 현상의 올바른 이해)의 성취 여부에 관한 정보를 제공할 수 있다. 이 평가기준을 통해 과학캠프 실험활동에 참여한 과학영재아들의 교육적 성취 여부의 확인과 함께 의미 있는 과학활동의 수행 여부, 그리고 의미 있는 과학활동의 수준을 판별하여 과학영재아들을 이해하는 정보를 제공할 수 있다.

2 활동 위주 과학영재교육 프로그램

2.1 과학영재교육 프로그램

영재 학생들을 대상으로 하는 과학영재교육 프로그램은 무엇보다도 학생들이 과학적인 연구 경험을 가질 수 있도록 구성되어야 한다. 그동안 각종 프로그램들은 영재교육 과정에 대한 여러 외국 학자들의 연구결과를 기반으로 우리나라 실정에 맞게 수정된 활동 위주의 프로젝트 학습 위주로 구성되어 왔다. 특히 산출물을 생성하는 프로그램이 주를 이루었는데, 이들을 구분해 보면 크게 세 가지로 나누어 볼 수 있다. 그러나 처음부터 과제 연구를 시킨다든가 프로젝트 수업을 진행한다면, 시행착오를 거칠 뿐만 아니라 성공적으로 문제 해결력을 향상시킬 수 없다. 문제 해결력을 체계적으로 키우기 위해서는 〈표 Ⅳ-9〉와 같은 세 가지 교육 프로그램을 순차적으로 수업해야 한다.

|표 Ⅳ-9| 과학영재교육 프로그램의 분류

차원	탐구 (Inquiry)	PBL (Problem-based Learning)	창의적인 문제 해결 (Creative Problem-solving)
문제의 성격	퍼즐	비구조화된 문제	혼란스러움
교사의 역할	문제 출제	통찰력(사고 과정) 지도	과정 촉진
학생의 역할	질문, 데이터 수집, 분석	초인지, 과학적인 발견	아이디어의 산출
활용	개념적 이해	실생활 방책	행동의 계획

1. 과학영재교육 프로그램

(1) 탐 구

좁은 의미의 탐구는 해결 과정과 정답이 이미 나와 있는 문제에 대해 학습자가 그 과정과 해답을 찾는 학습 방법이다. 탐구를 통해 학습자는 개념에 대한 폭넓은 이해와 활용도를 높이게 된다.

예 전기회로

[퀴즈 1] 건전지 하나와 전구 한 개, 전선 한 개가 있습니다. 이것들을 이용해서 전구에 불이 들어오게 하려고 합니다. 어떻게 연결하면 될까요? 몇 가지 방법이 있을까요?

[퀴즈 2] 다음 중 전구에 불이 들어오지 않는 회로는 어느 것입니까? 그들의 공통점은 무엇인가요?

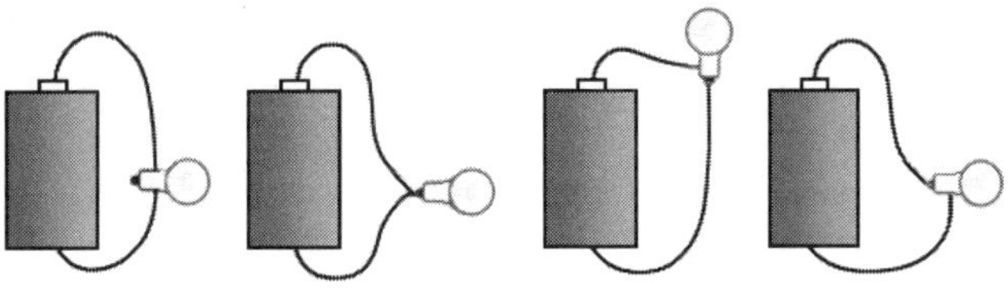

(1) (2) (3) (4)

[퀴즈 3] 다음의 회로는 같은 것이라 말할 수 있습니까? 그 이유도 설명해 보세요.

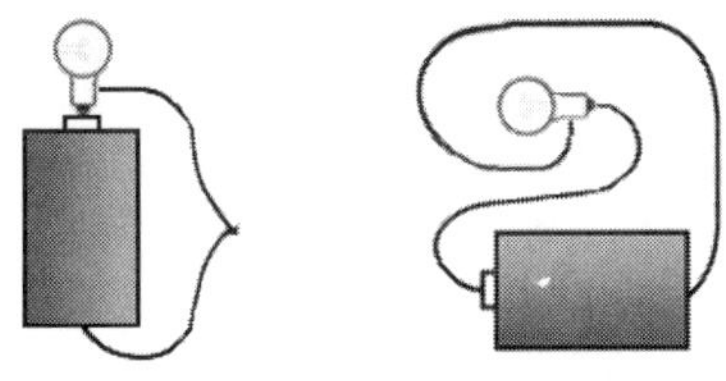

(2) PBL

문제중심 학습은 일반 교육에서 이루어지는, 잘 정의되고 통제된 상황 속에서 나타나는 과학적 현상을 다루기보다는 복잡한 실제 세계에서 나타나는 현상을 비구조화된 문제의 형태로 제시하여 학생 스스로 의미 있는 해결 방법을 찾아내게 함으로써 교과 지식과 과정 지식뿐만 아니라 문제 해결 전략을 동시에 가르치는 구성주의적 접근 방법을 적용한 교수전략이다. PBL 단계에서는 〈표 Ⅳ-10〉과 같은 4가지 훈련 기능이 포함된다(Renzulli, 1985).

| 표 Ⅳ-10 | PBL에서의 훈련 기능

훈련 기능	내용	훈련 기능	내용
사고력 훈련	창의력	연구 기능 훈련	도서관 기술
	문제 해결 및 의사 결정력		커뮤니티 자원
	비판적, 논리적 사고력		
학습 기능 훈련	듣기, 관찰, 지각하기	의사소통 훈련	서면
	읽기, 필기, 요약		언어
	면담, 조사		시각
	데이터 분석, 구성		

예 전기 도시

당신은 전력회사에 새로 고용된 직원이다. 오리엔테이션 훈련을 마친 후 당신의 첫 번째 임무는 도시 중앙에 전용 레크리에이션 건물을 개발하는 팀에서 일하는 것이다. 이것은 큰 프로젝트로 국가 및 지방자치단체의 예산지원을 받고 있다. 당신의 역할은 전력 수요가 적절한지 확인하는 것이다. 당신은 주민들과 특별한 요구를 가진 개인들을 포함한 모든 사회 그룹들의 요구를 채워주는 이 시설에 대한 세부 계획들이 유효하고 적절한지 확인할 책임을 지고 있다.

[교수 과정]

문제 소개 → 시스템 소개 → 청사진/지도 → 전기 중요지식 → 회로 실험 → 발전 → 전기 전문가와의 자문 → 모형과 축척 → 도표 및 회로 그리기 → 모형 건설 → 레크리에이션 건물 고안 → 건물

(3) 창의적 문제 해결

창의적 문제 해결은 문제, 과정, 해답이 모두 개방되어 있으며, 어떤 누구도 그 해결책을 제시하지 못한 것을 나름대로 새로운 해결 과정을 만들어 보는 수업활동이다. 전문가의 도움을 받으면서, 최종적으로는 해결 과정에 대한 경험을 높이게 된다. 즉 연구 능력을 향상시킨다.

예 축구경기장

축구경기장을 탐방하여 경기장과 관련된 적절한 연구 문제를 정하고, 이에 대한 결과를 제시한다.

[연구 문제]

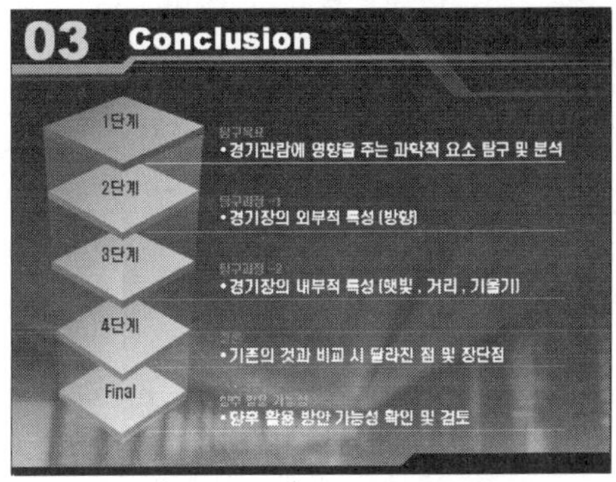

2. 과학영재교육 프로그램의 구성요소

과학영재를 위한 교육 프로그램은 4가지의 전통적인 구성요소인 프로그램 철학과 목적, 정의와 판별, 수업, 평가로 이뤄져 있다.

(1) 프로그램 철학과 목적

교육 프로그램에 대한 목적과 그에 따른 철학이 없으면, 그저 시간 보내기에 적합한 활동 위주의 수업만 하게 된다. 또한 각 차시마다의 연계성을 고려하지 않게 되어, 영재학생들은 다양한 과학적 경험 이외에는 아무런 잠재 능력 계발을 하지 못하게 된다. 따라서 교육 프로그램이 철학과 목적을 가지는 것은 매우 중요하다.

프로그램이 어떤 철학과 목적을 가지고 있는가를 분석하기 위해서는 다음의 몇 가지 질문에 대한 답을 해봄으로써 구체화할 수 있다.

- 영재학생들의 어떤 태도에 초점을 맞추고 있는가?
- 학생들의 어떤 잠재 능력을 일깨우고 있는가?
- 교육을 통해 이루고자 하는 목표는 무엇인가?
- 프로그램의 철학과 목적을 설득할 수 있는 논리가 있는가?

예를 들어, 위 질문에 대해 다음과 같은 답을 얻었다고 가정하자.

“영재학생들은 과학을 즐기고 싫어하고(태도), 학생들의 과학적 사고력을 키워서(능력) 과학적인 주장을 할 수 있게 하고 있다(목표). 그리고 이에 대한 과학적 태도와 과학적 주장에 대한 다양한 이론을 가지고 있다.”

위와 같은 답변으로부터 어떤 프로그램 철학을 가지고 있다고 분석할 수 있을까?

일반적인 영재교육 프로그램의 철학은 ‘영재들의 재능을 최대한 계발시켜 줄 수 있는 교육 기회를 제공한다.’이다. 이를 바탕으로 분석해 보면, ‘영재들의 과학적 사고력을 키우고, 과학을 즐길 수 있는 교육 기회를 제공한다.’로 할 수 있다.

(2) 정의와 판별

영재성에 대한 정의에 따라 프로그램의 성격도 달라질 수 있다. Renzulli가 주장하는 대로 영재의 범위를 상위 15~20 % 이내로 할 경우 교육 프로그램을 통해 각 학생들의 영재성을 검토하여 또다시 범위를 축소시켜야 하므로, 프로그램은 판별의 기능까지 지녀야 한다. 즉 영재성의 정의는 그에 따른 판별 과정과 교육 프로그램에 연계가 된다. 모든 입학시험이 그러하듯이, 영재 판별 역시 입학 이후 받게 될 교육 프로그램을 얼마나 소화해낼 수 있는가에 초점이 맞춰져야 한다. 하지만 다른 입학시험과 달리 영재 판별은 교육 프로그램이 진행되는 과정 속에서도 다시 판별을 실시할 수 있다. 이러한 역할이 교육 프로그램에 포함되어 있는지를 확인하는 것도 프로그램을 분석하는 데 있어 중요한 부분이다.

(3) 수 업

프로그램을 구현하는 실제 수업에 있어 고려되어야 하는 사항인 학생의 요구, 수업의 형태(소집단 vs 개별, 속진 vs 심화 등), 인적 구성(교사, 보조교사 등), 장소(교실, 실험실 등), 시기(방과 후, 주말 등) 등이 적절하게 반영되어 있는지를 검토해야 한다.

1) 학생

학생의 요구는 선정된 주제나 문제에서 찾아볼 수 있다. 무작정 교사가 제시하는 주제나 문제를 다룰 경우에는 학생의 참여도와 동기 수준을 높이기 어렵다. 학생의 요구를 흥미 조사나 주제 탐색 등으로 조사하여 주제를 선정하였는지를 검토해야 한다. 또한 학생의 요구에 부합하는 충분한 자원이 마련되었는지에 대한 검토도 필요하다.

2) 수업의 형태

① 소집단 vs 개별

현재 대부분의 영재 수업을 비롯한 과학수업은 소집단 형태의 실험 수업을 진행하고 있다. 그러나 개인적인 맞춤교육이 필요한 경우는 개별 형태로 진행되기도 한다. 아니면 이 두 가지 형태를 혼합한 협동학습을 진행할 수도 있다. 협동학습은 소집단과 달리 각 개인에게 특정 역할을 부여함으로써 개인적인 활동을 바탕으로 팀 전체의 결과를 완성하게 한다. 소집단 수업을 할 경우 우선적으로 고려해야 하는 것은 비용과 집단의 편성이다. 특히 영재 수업에서는 학생들이 학교에서 경험하지 못하는 다양한 실험활동을 하게 되는데, 이에 필요한 소모품과 재료비를 고려하지 않을 수 없다. 그래서 교사는 다양한 자원 목록과 다양한 실험활동에 대해 숙지하고 있어야 한다. 준비물과 비용 면에서 효과적으로 아끼면서 같은 개념과 탐구력을 키울 수 있는 실험활동(Hands-on Activity)이 있기 때문이다. 대부분의 핸즈온 실험활동은 개별적인 활동을 가능하게 하므로, 소집단 수업의 단점을 충분히 보완할 수 있다. 따라서 프로그램을 분석하는 데 있어 고비용의 실험보다는 저비용으로 같은 효과를 낼 수 있는 실험 수업에 대한 검토가 필요하다.

② 심화 vs 속진

영재교육을 담당한 교사들이 실제 프로그램을 분석하면서 어려워하는 부분이 바로 심화와 속진의 구분이다. 사실 심화가 시작되면, 자연스럽게 속진이 일어날 수밖에 없다. 무엇이 바람직하다고 단정 지을 수는 없지만, 전체 프로그램에서 자연스럽게 녹아들어가게 적용되어 있으면 무리가 없다. 예를 들어, Renzulli가 제시한 3부 심화학습 모형에서는 학생들의 결과 산출을 위해 수업에서 다양한 심화활동을 하도록 2부 단계에서 제시하고 있다. 다음 페이지 상단에 있는 표는 집단별 훈련활동을 위한 계획서로 그 단계에서 기르고자 하는 능력과 그에 해당하는 내용으로 구성되어 있다. 따라서 프로그램에 이러한 훈련기능을 키우는 과정이 골고루 포함되어 있는지에 대한 검토가 필요하다.

③ 인적 구성

교육 프로그램을 진행하는 교사의 구성은 매우 중요하다. 단순하게 2~3명의 교사가 전체 수업시간을 똑같이 나누어 맡는 형태의 교육을 실시한다면, 개인의 역량에 맡겨지기 때문에 교사의 구성을 문제 삼을 필요는 없다. 하지만 프로그램을 3개월 이상의 단위로 진행할 경우, 교사의 구성에 따라 프로그램의 성격이 달라질 수 있다. 교사의 전공 분야가 동일한 경우에는 특정 분야의 심화가 이뤄질 수 있는 프로그램으로 구성되었을 것이고, 전공 분야가 다양할 경우에는 간학문적인 분야나 다양한 관점에서 심화가 이뤄질 수

집단별 훈련활동 계획서

주제 : ______________________ 평가 교사 : ______________________

훈련 기능		활동 내용	자원	
			종류	제공자
사고력 훈련	창의력			
	문제 해결 및 의사 결정력			
	비판적, 논리적 사고력			
학습 기능 훈련	듣기, 관찰, 지각하기			
	읽기, 필기, 요약			
	면담, 조사			
	데이터 분석, 구성			
연구 기능 훈련	도서관 기술			
	커뮤니티 자원			
의사 소통 훈련	서면			
	언어			
	시각			

있는 프로그램으로 구성되었을 것이다. 다음 표는 전공 분야가 다양한 교사로 구성되었을 때 만들어진 예시 프로그램의 차시별 제목이다. 이 경우는 주제만 일치할 뿐 모든 면에서 부적절한 프로그램이다.

주제	물	공기
1차시	물 위를 걷는다.	공기의 흐름과 역학
2차시	물의 수소 결합과 밀도	열기구의 원리
3차시	물에는 어떤 물질이 잘 녹을까?	몸으로 느끼는 대기압
4차시	우리 몸을 흐르는 물줄기	우리가 마시는 공기의 성분은?
5차시	해수에는 어떤 성분이 들어 있을까?	식물은 어떤 기체를 흡수할까?
6차시	금붕어는 소금물에서도 살 수 있을까?	잠수함의 원리
7차시	식물의 증산작용 1	비행기의 조정 원리 1
8차시	식물의 증산작용 2	비행기의 조정 원리 2

④ 장소

교육이 실시되는 장소가 대체로 실험실이지만, 수업 내용에 따라서는 일반 교실이나 야외가 될 수 있다. 프로그램의 진행에 있어 장소가 제한점으로 작용하는지에 대한 검토가 있어야 한다.

⑤ 시기

수업이 최소 단위인 1차시만으로 진행되는 경우보다는 2~3차시 연속으로 이뤄지는 경우가 대부분이다. 어떤 수업의 경우에는 집중적으로 전일제로 6차시 이상 연속으로 해야 하는 경우도 있다. 또한 프로젝트 수업을 할 경우 학생들이 어떻게 시간을 낼 수 있을지에 대한 고려도 함께 이뤄져야 한다.

(4) 평 가

교사들은 자신이 개발한 프로그램의 성공 여부나 프로그램 구성요소들의 효과성을 평가해야 한다. 이는 프로그램의 연속성과 발전을 위해 반드시 필요한 과정이다. 프로그램의 평가는 마무리 시점에서 행해지는 총괄평가도 있지만, 프로그램의 각 단계에서 평가할 필요가 있다. 이러한 평가가 프로그램 내에 포함되어 있는지를 검토해야 한다.

1) 단계별 평가

학생들에게는 다음의 항목들에 대해 평가를 받아야 한다.

- 흥미로운가?
- 즐겼는가?
- 내용이 주제와 일치하는가?
- 심화학습에 도움이 되는가?
- 가장 좋았던 점은?
- 수정되어야 할 점은?

교사 자신은 다음의 항목들에 대해 평가를 내려야 한다.

- 자원의 질적 수준
- 학생들의 반응 정도
- 학생들에게 적합한 정도
- 자원의 수정 요구 정도
- 내년에 다시 사용할 것인가?
- 학생들에게 적합한 내용인가?
- 학생들의 규모가 적합한가?
- 학생들의 배경 지식이 충분한가?
- 강의 환경은 충분했는가?
- 내년에도 다시 제공할 것인가?
- 제안할 사항은?

2) 총괄평가

프로그램이 마무리되는 시점에는 학생들을 대상으로, '프로그램 내용 및 수준, 프로그램의 조직과 운영, 프로그램 적용의 효과' 등에 대해 5점 척도로 평가를 받아야 한다.

3. Renzulli의 3부 심화 프로그램

Renzulli의 심화학습 3단계 모형은 Renzulli의 세 고리 영재 개념(The Three-Ring Conception of Giftedness)에 기초하여 개발된 것으로 이전까지 영재교육 발전을 저해하던 문제점들을 개선하고 소수 영재들만을 대상으로 하던 영재교육 개념에서 벗어나 대다수의 학생들을 대상으로 학교 전체 교육의 질 향상을 꾀하고 있다. 그런 점에서 Renzulli의 심화학습 3단계 모형은 높이 평가되고 있으며, 여러 영재교육 과정 모형 중 가장 널리 활용되고 있다. 이 모형은 학생 개개인의 흥미 개발의 기회 부여, 학습 선택의 자율성 존중, 그리고 개별화 교수 학습의 환경 제공 등을 그 기본 원리로 하고 있다.

(1) SEM(Schoolwide Enrichment Model)

3부 심화학습 프로그램은 SEM이라는 큰 모형 속의 일부분이다(Renzulli, 1997).

- **제1단계 종합재능장부**(The Total Talent Portfolio) : 일선 학교에서 학생들의 종합적인 재능을 포트폴리오 형식으로 기록해 놓은 장부로서 '영재 행동 특성을 보이는 학생'을 선발하는 근거 자료가 된다.
- **제2단계 교육과정 압축**(Curriculum Modification Techniques) : 영재로 선발된 학생들에 대해서는 정규 교육과정 내용 중 하급 학년에서 이미 배운 적이 있거나 알고 있는 내용을 제거함으로써 교육과정을 압축(Curriculum Compacting)하여 줄인다.
- **제3단계 3부 심화학습**(Enrichment Learning & Teaching) : 줄어든 교육과정으로 인해 남게 된 여분의 시간 동안에 개별 학생들의 흥미와 관심 분야에 대해서 3단계로 구성된 심화학습 프로그램을 제공하여 각 개인의 영재성을 최대한 발현시킨다.

결국 이러한 과정은 어떤 하나의 학교급에서만 적용되는 것이 아니라 초등학교부터 TTP가 작성되어 중학교, 고등학교에 이르기까지 연속적으로 이루어져야 함을 의미하고, 지역 단위 학교 교육과정 내에서 이뤄져야 함을 의미한다.

그러나 한국의 실정에서는 TTP는 가능할 수 있으나 교육과정 압축은 쉽지 않다. 따라서 지역의 영재교육원에서 선발의 과정과 수료 과정에서 TTP를 활용하고, 교육 프로그램을 3부 심화학습으로 진행하는 것이 바람직하다고 볼 수 있다.

(2) 일반적인 탐색 경험

3부 심화학습 모형에서 첫 단계로 학생들이 앞으로 독자적인 탐구과제를 수행할 수 있도록 주제와 관련된 여러 가지 경험을 하게 해주어 그 주제에 대해 기본적인 이해를 하고, 흥미와 관심을 불러일으키며, 나아가 학생들의 아이디어를 내면화시켜 주는 과정이다. 이 단계에서는 특정 주제에 대해 여러 가지 읽기 자료 제공, 견학, 비디오, 감상, 초청강연, 강의 등의 방법을 통하여 학생의 이해와 흥미, 열의를 북돋는다.

학생들의 주제 탐색 활동에 도움을 줄 수 있는 방법으로 창조적이며 문제 해결에 주력하는 사람들인 예술가, 엔지니어링, 박물관장, 과학자 등과 접촉할 수 있는 현장 학습의 기회를 부여하는 것이 있다. 이 단계에서는 교사들 역시 제2, 3부 심화 단계에서 다루어야 할 주제에 관해, 또 학생들의 관심을 고취시키기 위한 방법을 연구, 논의하는 일도 중요하다. 교사들은 컴퓨터 통신, 도서관, 전문 잡지, 교사들 고유의 경험, 특정 분야의 전문가와의 만남이나 토론, 스크랩 등을 평소에 잘 관리해 두는 것도 학생들의 주제 탐색에 도움을 줄 수 있다. 교사들은 다양하고 전문적인 영역에 종사하고 있는 개인, 기업, 학교, 박물관, 단체 등의 목록을 정리한 다음, 학생들에게 제공하도록 한다.

(3) 집단별 훈련활동

3부 심화학습의 두 번째 단계로 학생들은 제1부 과정에서 주제를 선택한 후 참여하게 되는 활동 과정이다. 이 단계에서는 집단별로 제3부 심화학습 단계에서 탐구해야 할 과제와 관련된 사고 기능, 태도, 탐구 기능과 기술, 방법들을 습득하고 훈련하는 단계이다. 예를 들어 제3부 심화학습 단계에서 '신문'을 만들어야 한다면, 신문을 만드는 데 필요한 사고 기능이나 태도, 기술/기능 등을 익히는 단계이다. 이 단계에서 학생들은 다양한 활동을 통해 사고력 훈련, 학습 기능 및 연구 기능, 참고자료 활용하기, 의사소통 기능 등을 배우게 된다. 교사들은 학생들을 지도하면서 학생들의 흥미, 창의성, 과제집착력, 교과에서의 비범한 능력을 계속적으로 관찰한 후 제3부 심화 과정에 투입될 학생들을 찾아낸다.

(4) 개인별, 소집단 연구

3부 심화학습 모형의 마지막 단계로 학생들은 개인 또는 소집단별로 스스로 선택한 실제 문제를 중심으로 전문가가 문제를 해결해 나가는 과정을 그대로 적용하여 개인 연구 프로젝트를 수행하여 산출물을 생산해 내는 활동이다. 연구 기간은 2~3일의 단기적인 것일 수도 있지만 2~3개월의 장기적인 것이 될 수도 있다.

제3부 활동에 참여하고자 결정한 학생들은 자신이 스스로 개별 연구 과제를 계획해야 한다. 관심 있는 문제를 체계화하고 연구 방법을 설계하고, 결과의 활용 방법을 수립하는 전 과정은 학생 스스로 주관한다. 이때 학생들의 연구방식은 지식을 소비하기보다는 생산하는 방식이 되어야 한다. 즉 백과사전이나 교과서, 이미 정리된 자료를 참고하여 보고서를 작성하거나 다른 사람의 결론을 요약하는 식의 방법은 채택되어서는 안 되고, 학생들이 직접 조사하고, 실험하고, 설계하고, 구안하고, 만들어보고, 보고서를 작성하는 등의 활동을 통해서 창의적인 산출물을 만들어내야 한다. 이때 교사는 안내자로서 문제를 명료화하고, 연구 방법을 고안, 재료와 장비의 선정을 도와주며, 참고 자료의 소재를 알려주고, 전문가를 학생에게 연결시켜 주는 일을 해야 한다.

4. 활동 위주 과학영재교육 프로그램

본 연구에서 개발한 활동 위주의 과학영재교육 프로그램은 'HASA 과학영재교육 프로그램'이다. HASA 과학교육 프로그램과 3부 심화 프로그램 형식을 결합한 프로그램이다. HASA 과학교육 프로그램의 기본 틀을 바탕으로 각 영역 주제별 학습이 가능하도록 영재교육 프로그램을 개발하였다. 1부 심화 단계에서는 기본적인 개념학습을 위한 조작 과정과 실험활동, 2부 심화 단계에서는 심화학습을 위한 깊이 있는 탐구, 도전적인 과제를 통한 심층적인 과학 개념 이해가 가능하게 하였다. 3부 심화 단계에서는 소그룹 활동, 산출물의 정리나 발표, 새로운 과제에 도전, 창작물 만들기 등 자신의 학습결과물을 전시하거나 표현할 수 있는 기회를 가지도록 하였다.

(1) 필요성

현재 대부분의 영재 수업을 비롯한 과학수업은 소집단 형태의 실험 수업을 진행하고 있다. 그러나 개인적인 맞춤교육이 필요한 경우는 개별 형태로 진행되기도 한다. 아니면 이 두 가지 형태를 혼합한 협동 학습을 진행할 수도 있다. 협동 학습은 소집단과 달리 각 개인에게 특정 역할을 부여함으로써 개인적인 활동을 바탕으로 팀 전체의 결과를 완성하게 한다. 소집단 수업을 할 경우 우선적으로 고려해야 하는 것은 비용과 집단의 편성이다. 특히 영재 수업은 학생들이 학교에서 경험하지 못하는 다양한 실험활동을 하게 되는데, 이에 필요한 소모품과 재료비를 고려하지 않을 수 없다. 그래서 교사는 다양한 자원

목록과 다양한 실험활동에 대해 숙지하고 있어야 한다. 준비물과 비용 면에서 효과적으로 아끼면서 같은 개념과 탐구력을 키울 수 있는 실험활동이 있기 때문이다. 대부분의 핸즈온 실험활동(Hands-on Activity)은 개별적인 활동을 가능하게 하므로, 소집단 수업의 단점을 충분히 보완할 수 있다.

(2) HASA 과학교육 프로그램의 구조

HASA는 수공적 기능을 중심으로 과학 지식(Head), 과학적 탐구 능력(Hands), 과학 태도(Heart)의 과학교육 3대 목표 영역을 함양하는 것이다. 단순히 해 보는 과정에서 만드는 과정으로, 그리고 이를 응용하여 새로운 것을 창출해내는 수공적 활동을 바탕으로 한다. 지식 영역에서는 사실을 이해하고 개념을 익히며 과학적 원리와 법칙을 이해하는 3가지 단계를 거치게 된다. 탐구 영역에서는 관찰, 측정, 예상, 분류, 추리 등의 기초 탐구 영역에서 문제 인식, 가설 설정, 변인 통제, 자료 변환, 자료 해석, 결론 도출, 일반화 등의 통합 탐구 영역의 능력을 익히고 이를 통하여 창의성을 바탕으로 복합적인 탐구 능력을 과학적 문제 해결에 활용하는 것이 그 목표이다. 과학적 태도에서는 과학에 대한 단순 호기심에서 출발하여 과학을 즐기고 최종적으로는 열정적으로 과학활동에 참여하게 된다. 이를 간단히 표로 나타내면 〈표 Ⅳ-11〉과 같고, 이에 대한 예시활동은 〈표 Ⅳ-12〉와 같다.

(3) HASA 과학영재교육 프로그램의 구성

HASA 과학영재교육 프로그램은 Renzulli의 3부 심화학습 모형을 기본 틀로 그 모델 속에서 HASA 과학교육 철학이 포함되도록 개발하였다.

|표 Ⅳ-11| HASA의 기본 구조

	수공적 기능 (hand operated skill)		탐구(hands)	지식(head)	태도(heart)
I	해보기	⇨	단순	사실	호기심
II	만들기	⇨	복합	개념	즐김
III	응용		창의	원리 및 법칙	열정

|표 IV-12| HASA 기본 구조의 설명

대범주	소범주	설명
수공적 기능	해보기	간단하게 조립하거나 완성품을 작동해 보는 활동(예 : 비행기 만들어 날리기, 물에 설탕을 녹여 밀도가 서로 다른 용액 만들기)
	만들기	실험 과정을 교사의 도움을 받거나 혼자서 수행하는 활동(예 : 롤러코스터 만들기, 밀도 차를 이용한 물탑 쌓기, 관절의 원리 알기)
	응용	기존의 활동을 발전시켜 스스로 새로운 완성품을 만들어 내는 활동(예 : 로렌츠 힘으로 가는 배를 빠르고 튼튼하고 멋있게 만들기)
탐구	단순 탐구	관찰, 측정, 예상, 분류, 추리 등 단순한 개개의 탐구활동
	복합 탐구	문제 인식, 가설 설정, 변인 통제, 자료 변환, 자료 해석, 결론 도출, 일반화 등
	창의 탐구	발산적 사고, 비유적 사고, 창발적 사고 등이 요구되는 연구활동
지식	사실	관찰, 측정, 실험 등을 통해 수집된 정보
	개념	사건, 사물, 현상 등의 공통적 특성
	원리 및 법칙	설명 또는 판단의 근거가 되는 진리, 개념들 사이의 관계나 자연 현상의 규칙성을 진술한 것
태도	호기심	과학에 대한 관심과 흥미를 가짐
	즐김	과학활동에 즐겁게 참여함
	열정	과학을 좋아함과 동시에 연구하는 차원까지 발전함

1) 학생들에게 친숙한 상황 제시

일반적으로 현재 진행되고 있는 영재 프로그램들은 심화학습보다는 속진학습이 많이 이루어지고 있다. 따라서 학생들이 현재 경험할 수 있는 것이 아닌 상위 학년, 학교에서 받아들이게 되는 내용들로 구성되기 때문에 많은 학생들이 흥미를 잃게 되는 경우를 많이 목격하게 된다. 이를 위하여 제목과 도입에서 다음과 같은 형식을 따른다.

① 제목 : HASA 영재 프로그램은 학생들이 흥미를 느낄 수 있는 재미있는 것으로 하여 제목을 구성하고 부제로 실험 원리나 개념이 들어가는 표현을 통하여 흥미와 함께 정확한 내용을 동시에 알 수 있도록 구성한다.

예 HASA **프로그램의 제목**

학생용 3차시

시간을 잡아라! (학생용)

− 단진자의 주기와 중력 가속도와의 관계 −

② **도입** : 학생들을 활동으로 잘 안내하기 위해서는 학생들에게 익숙하고 친숙한 상황을 제시하는 것이 가장 필요하다. 이는 학생들이 실제로 경험할 수 있는 생활 속 문제나 텔레비전이나 인터넷 등의 매체 등에서 쉽게 접할 수 있는 것으로 한다. HASA 영재 프로그램에서는 5줄 이내로 다음과 같은 내용 중 하나를 선택하여 제시하고, 사진 혹은 삽화를 1개 이상 반드시 첨부하도록 한다.

- 학생이 경험할 수 있는 생활 속의 문제상황 제시
- 실생활에서 접할 수 있는 상황 예시
- TV 혹은 잡지, 영화, 소설 등 과학과 관련된 내용을 다루는 대중 매체(과학 저널리즘)에서 이 실험과 관련 있는 내용을 발췌하여 제시

예 HASA 프로그램의 도입

1671년 프랑스 천문학자 리셰는 북위 48.5°인 파리에서 북위 5°인 카이엔 섬으로 갔을 때, 파리에서 잘 맞던 진자시계가 카이엔 섬에서 하루에 2분 30초씩 늦어짐을 발견했습니다. 그는 추시계의 주기가 장소에 따라 달라진다고 생각했고, 주기가 달라지는 이유에 대해서는 지구의 적도반경이 극반경보다 크기 때문에 중력 값이 작아서 나타난 결과라고 생각했습니다. 그럼 우리가 살고 있는 지역의 중력 가속도 값은 얼마일까요? 9.8 m/s^2? 더 클까요, 아니면 더 작을까요? 단진자의 주기를 측정해서 우리가 살고 있는 지역의 중력 가속도 값을 알아봅시다!

2) HASA의 3H의 적용

HASA 프로그램의 핵심은 지식의 Head, 탐구의 Hands, 태도의 Heart가 적절하고 조화롭게 프로그램 속에 제시되는 것이다. 영재학생들이 과학적 원리와 법칙(Head)을 창의적으로 행하며(Hands), 열정적으로 참여할 수 있도록 하는 것이 필요하다. HASA 영재 프로그램에서는 목표 제시와 학생들의 활동에서 3H 내용을 포함하도록 제시하고 있다.

① **목표 제시** : 수공적 활동을 통한 탐구, 지식, 태도의 향상 등 실험을 통해 얻고자 하는 내용을 3H에 따라 행동목표로 진술한다.

예 HASA 프로그램의 목표 제시

이 활동을 하면

(탐구) • MBL 실험도구를 이용해서 단진자의 주기를 측정할 수 있다.
(지식) • 단진자의 주기와 중력 가속도의 관계를 알 수 있다.
(태도) • MBL이라는 새로운 실험도구에 대해, 그리고 시계추의 주기가 장소에 따라 다르

게 나타나는 것에 대해 흥미와 호기심을 갖는다.

---

② **생각해 보기** : 활동 목표에 따라 활동을 한 결과, 학생들이 생각해 볼 문제 혹은 학생에게 확인해 볼 내용을 3H에 따라 적게 한다.

예 HASA 프로그램의 '생각해 보기'

생각해 보기

(탐구) • 사람이 걸어갈 때 가속도의 변화는 어떻게 되는가? 변화가 큰 구간에서 설명하여 보자.

• 중력 가속도 측정에 이용할 수 있는 센서들을 찾아보자.

(지식) • 사람의 걸음걸이의 주기를 알아보고 걸음의 속도와 어떤 관계에 있나?

• 자유낙하 운동에서 시간을 측정하면 중력 가속도를 어떻게 구할 수 있는가?

(태도) • 자신의 신체 속에서 과학적 지식을 찾아내는 데 흥미를 가질 수 있다.

• 짧은 시간을 구해 내는 감각의 확장에 대한 훈련을 습득할 수 있다.

---

③ **활동 평가** : 활동이 끝난 후 학생들의 평가를 통하여 프로그램의 효과를 평가한다. 이때 3H의 세 영역에 대한 평가를 실시한다.

예 HASA 프로그램의 '활동 평가'

활동 평가

● 활동에 대한 평가 ●
(탐구) • 가속도 측정 장치를 설계하여 실험하였는가?
(지식) • 가속도를 구하여 힘과 속도 관계를 알아낸다.
(태도) • 주변 세계의 운동에 대해 센서를 사용하는 데 관심이 높아졌다.

2.2 HASA 과학영재교육 프로그램

HASA 과학영재교육 프로그램은 4년에 걸쳐 개발되었다.

1. 연구 개발 진행 과정

(1) 제1차 연도 개발

1) 기초 연구(2003년 12월~2004년 4월)

HASA 과학교육 프로그램에 대한 이해, 영재 프로그램 개발을 위한 렌줄리 3부 심화 프로그램에 대한 이해와 훈련, 그리고 HASA 과학교육 프로그램과 이를 3부 심화 프로그램 개발 형식과 맞추는 개발 틀, 표준 형식을 마련하였다.

2) 프로그램 개발(2004년 5월~2004년 9월)

개발팀 구성과 주제 설정, 프로그램 개발, 검토, 수정 과정을 거쳐서 프로그램 개발을 완성하였다. 물리 2주제, 화학 2주제, 생물 1주제 총 5주제를 개발하였다.

(2) 제2차 연도 개발

1) 기초 연구(2004년 10월~2005년 1월)

HASA 과학교육 프로그램에 대한 이해의 폭을 넓히고, 관련 주제들을 폭넓고 다양하게 마련하였고, 이를 3부 심화 프로그램 형식과 결합하였다.

2) 프로그램 개발(2005년 2월~2005년 5월)

개발팀을 구성하고, '힘과 가속도, 전자회로, 편광, 화학전지, 산과 염기'로 주제를 정하고 HASA 3부 심화 프로그램을 개발하였다. 실험활동에 MBL 장비를 이용한 활동으로 프로그램을 개발하였다. 여러 기종의 MBL을 사용하여 프로그램을 구성하였으며, 다른 장비의 사용에 대한 안내도 함께 소개하여 프로그램의 활용성을 높였다.

(3) 제3차 연도 개발

1) 기초 연구(2005년 9월~2005년 12월)

HASA 과학교육 프로그램의 표준안을 마련하고, 주제를 다양화하는 3부 심화 프로그램 형식을 결합하였다.

2) 프로그램 개발(2006년 1월~2006년 2월)

이미 개발된 주제 외에 열과 에너지, 공명, 역학적 에너지 관련 부분을 추가하였고, 물리 영역을 중심으로 3부 심화 프로그램을 개발하였으며, 생물 1주제를 추가하였다.

(4) 제4차 연도 개발

1) 기초 연구(2006년 9월~2006년 12월)

기존에 개발된 HASA 과학교육 프로그램을 검토하고 그 장단점을 분석하여 차기 개발 프로그램에의 시사점을 마련하였다.

2) 프로그램 개발(2006년 12월~2007년 4월)

개발팀을 구성하고, '운동량과 충격량, 유체의 운동, 물, 부력의 이해'로 주제를 정하고 HASA 과학영재교육 프로그램을 개발하였다.

2. 개발자료 목록 - 차시별 지도 계획 및 학습활동

해당 연도	물리	화학	생물	개발 주제 수
1차 연도(2004)	3	1	1	5
	소리의 이해 거울 사이펀	지시약	현미경	
2차 연도(2005)	3	2	–	5
	힘과 가속도 전자회로 편광*	화학전지* 산과 염기	–	
3차 연도(2006)	5	–	1	6
	역학적 에너지 집과 에너지 전자기 유도 열의 이동* 공명의 이해*	–	눈	
4차 연도(2007)	3	1	–	4
	운동량과 충격량 유체의 운동 부력의 이해*	물	–	
합 계	14	4	2	20

(1) 물 리

소리의 이해

단계	단계별 주제	차시	학습 내용	지도 활동	학습 형태
1부 심화	간단한 악기 만들기	1차시 (50분)	**[탐구1]** 필름통에 소리를!	· 필름통으로 피리를 만들어 봄으로 인해 흥미를 유발한다. · 간단한 곡을 연주해 본다.	개별 탐구 실험
2부 심화	컴퓨터를 이용한 소리 분석	2차시 (100분)	**[탐구2]** 소리를 보자! – cool edit를 이용하여 소리를 분석한다.	· 사람의 작은 소리, 큰 소리, 낮은 소리, 높은 소리를 컴퓨터를 통해 분석한다. · 프로그램을 이용하여 작은 소리, 큰 소리, 낮은 소리, 높은 소리를 컴퓨터로 분석한다.	조별 (2인 1조) 탐구 실험 활동
	현악기 탐구	3차시 (100분)	**[탐구3]** 전자 기타와 고무줄 가야금! : 현악기 만들기 – 현악기를 만들어 보고 현악기가 어떻게 소리가 나는지 프로그램을 통해 다양하게 분석한다.	· 전자 기타와 고무줄 가야금을 만든다. · 만든 악기로 현악기에서 소리가 어떻게 나는지 탐구한다.	조별 (2인 1조) 탐구 실험 활동
	관악기 탐구	4차시 (100분)	**[탐구4]** 팬파이프! : 관악기 만들기 – 관악기를 만들어 보고 관악기가 어떻게 소리가 나는지 프로그램을 통해 다양하게 분석한다.	· 플라스틱 관과 빨대를 이용하여 팬파이프를 만든다. · 만든 악기로 관악기에서 소리가 어떻게 나는지 탐구한다.	조별 (2인 1조) 탐구 실험 활동
	소리분리기	5차시 (100분)	**[탐구5]** 음계 맞춰 춤추는 선 : 소리분리기 만들기	· 공명 현상을 이용하여 소리 분리기를 만든다.	조별 (2인 1조) 탐구 실험 활동
3부 심화	악기와 소리분리기	6차시 (100분)	**[탐구6]** 내 맘대로 더듬이 : 악기와 소리분리기 – 최종 산출물 발표	· 최종 산출물 –원하는 음에 진동하는 소리 분리기를 만든다.	개인별 과제학습

거울 탐구

단계	단계별 주제	차시	학습 내용	지도 활동	학습 형태
1부 심화	생활 속에서 거울의 역할 발견하기	1차시	· 영화 〈거울 속으로〉 감상하기 · 영화 속에서 거울의 역할 알아내기	· 단원 및 탐구주제 제시 · 〈거울 속으로〉 영화 속에서 거울의 역할 확인	토론
	거울의 성질 확인하기	2차시	· 거울의 성질을 확인 · 거울 보면서 그림 그리기 · 두 장의 거울로 각도에 따른 상의 수 확인해 보기	· 반사에 관한 학습 확인 · 거울로 풀 수 있는 문제 풀기 · 거울로 바로 보이는 글씨 쓰기 · 두 장의 거울이 이루는 각도와 상의 수와의 관계	2인 1조 실험 탐구
2부 심화	원통거울	3차시	· 날씬하게 보이는 다이어트 거울	· 개인별로 원통형 거울을 이용하여 바로 보이는 그림을 그려 본다.	개인별 탐구
	만화경 만들기 1	4차시	· 원형의 만화경 만들기 (원조 만화경)	· 키트를 이용하는 것이 아니라 직접 아크릴 거울과 원통을 이용해서 만든다. · 기본형이 되는 만화경으로부터 새로운 모습의 만화경으로 볼 수 있는 모습을 예상한다.	개인별 탐구
	만화경 만들기 2	5차시	· 정육면체 만화경 · 다면체 만화경	· 정육면체 만화경과 다면체가 보이는 만화경을 만든다. · 새로운 모습의 만화경으로 보일 모습을 예상한다.	개인별 탐구
3부 심화	내가 만드는 만화경	6차시	· 만화경을 설계하고 예상하여 구형이 보이는 만화경을 만든다.	· 2부 심화에서 만들었던 만화경을 바탕으로 만화경 속에서 구가 보이는 만화경을 설계하고 제작한다.	개인별 탐구

사이펀

단계	단계별 주제	차시	학습 내용	지도 활동	학습 형태
1부 심화	모형 계영배 만들기	1차시 (100분)	· 단원 소개 및 탐구주제 제시 · 수세식 변기의 구조와 과학적 원리 · 계영배 소개/드라마 속	· 수세식 변기에 대하여 탐구할 수 있도록 사전에 자료를 준비하여 오도록 한다. · 계영배를 관찰하고 그 구조	토론 및 탐구 실험 학습

			이야기 [탐구1] 모형 계영배 만들기 −계영배의 구조 관찰 −계영배의 원리 탐구 −모형 계영배 만들기(플라스틱 컵, 구부러진 빨대, 원형 송곳, 고무찰흙 약간, 스카치테이프, 물, 색소 등)	를 예측할 수 있도록 한다. · 간단한 계영배 모형을 만들어 본다.	
2부 심화	사이펀 실험 /원리 탐구	2차시 (100분)	[탐구2] 간단한 사이펀 실험(투명 호스, 수조 2개, 색소, 물, 받침대) −높은 곳에 있는 물을 낮은 곳으로 이동시키는 방법 찾기 −사이펀을 작동시키는 다양한 방법 찾기 −물을 가장 빨리 옮기거나 가장 느리게 옮기는 방법 탐구 −물의 속도에 영향을 끼치는 것은? [탐구3] 사이펀의 원리 탐구 −액체에 작용하는 중력 −액체의 위치 에너지 −사이펀 높이에 따른 압력 차이 계산 −사이펀을 빠져나온 액체 속력 구하기	· 사이펀의 원리를 이용한 도구를 살펴본다. · 계영배의 원리를 사이펀의 원리를 이용해서 토론해 본다. · 액체에 작용하는 힘을 계산식 형태로 나타내 본다. $\rho_1 gh = \rho_2 gh$	조별 탐구 실험활동 /조별 토론 및 협동 학습 (2인 1조)
	사이펀 분수	3차시 (100분)	[탐구4] 사이펀 분수 만들기 −액체와 기체의 압력 차이를 이용한 분수 만들기 −분수가 작동하는 원리 탐구	· 분수의 원리를 탐구하고 토론해 본다. · 조별로 토론한 원리를 발표하여 다른 학생들과 논의의 시간을 갖는다.	조별 탐구 실험활동 /조별 토론 및 협동 학습 (2인 1조)
3부 심화	사이펀 물시계 만들기	4차시 (100분)	[탐구5] 사이펀 물시계 만들기 −액체의 양 조절 여부 −일정한 액체가 주기적으로 떨어지게 하는 방법	· 액체 조절 나사를 조작하여 사이펀 타이머를 제작해 봄으로써 사이펀의 원리를 이용한 발명품을 창작할 수 있	조별 탐구 학습 (2인 1조)

			-이를 이용한 물시계 만들기 **[탐구6]** 다단계 무지개 사이펀 만들기 -지시약의 색깔 변화에 따른 다단계 무지개 사이펀 만들기	도록 돕는다. · 학생의 제작 과정에 필요한 설계도를 작성하게 한다. · **유의점**: 학생의 수준 차를 고려하여 시범 장치 및 참고자료를 준비하고 필요시 제공한다.	

힘과 가속도

단계	단계별 주제	차시	학습 내용	지도 활동	학습 형태
1부 심화	MBL 센서를 이용한 측정	1차시 (100분)	· 단원 소개 및 탐구주제 제시 · MBL의 구성: 인터페이스와 센서, 소프트웨어 **[탐구1]** 센서 사용법 익히기 -여러 가지 힘의 측정 -짧은 시간 간격과 회전수 측정 -이동거리의 측정	· MBL을 컴퓨터에 직접 연결해보면서, MBL을 구성하는 인터페이스와 센서, 소프트웨어의 역할을 생각해 볼 수 있도록 지도한다. · 힘 센서로 줄에 걸리는 힘을 측정해 보도록 지도한다. · 빛 센서로 진동수를 측정해 보도록 지도한다. · 운동 센서로 이동거리를 측정해 보도록 지도한다.	조별 탐구 학습
2부 심화	힘과 가속도를 잡아라!	2차시 (100분)	**[탐구2]** 등가속도 운동의 해석 -떨어지는 물체에 작용하는 힘 측정 -빛 차단막을 이용한 빗면 가속도 측정	· 안전사고에 유의하도록 지도한다. · 기록된 그래프 해석을 통해 유의미성을 찾을 수 있도록 지도한다. · 초음파 센서를 어느 위치에 놓았을 때 정교한 실험을 할 수 있는지 찾아보도록 지도한다.	조별 탐구 학습
	시간을 잡아라!	3차시 (100분)	**[탐구3]** PD조도 센서를 이용한 중력 가속도 측정 -센서 사이를 진동하는 단진자의 ½ 주기를 측정하여 단진자의 주기를 측정 -단진자의 주기와 중력 가	· 레이저포인터와 PD조도 센서가 정확히 단진동의 중심에 위치하도록 설치한 후 측정하도록 지도한다. · 단진자의 주기 $T=2\pi\sqrt{\frac{l}{g}}$	조별 탐구 학습

			속도의 관계로부터 중력 가속도를 측정	는 학생들에게 실험 전 간단히 요약 설명한다. · 줄의 길이, 단진자의 주기, 중력 가속도 간의 관계 이해에 있어 변인 통제에 유의하도록 지도한다.	
	누구세요?	4차시 (100분)	**[탐구4]** 포토게이트 센서를 이용한 중력 가속도 측정 －포토게이트 3개 사이를 자유 낙하하는 물체의 속력 변화	· 포토게이트 센서를 스탠드에 설치 시 port A, B에 유의하여 설치하도록 지도한다. · 낙하한 물체가 반발하여 튀어 오르지 않도록 빗면을 설치하도록 지도한다. · 포토게이트를 통해 얻은 데이터를 분석하여 속력과 가속도를 구하는 데 있어 특히, 가속도의 계산 시 속력의 시간변화율을 정할 때 유의하도록 지도한다.	조별 탐구 학습
3부 심화	내가 고안한 장치	5차시 (100분)	**[탐구5]** 운동의 분석과 실험의 설계 －광스트로보를 이용하여 실험 설계 －운동 센서 이용하여 실험 설계	· 다양한 센서를 이용하여 운동을 분석할 수 있는 독창적인 실험을 설계할 수 있도록 지도한다.	조별 과제 학습

전자 회로

단계	단계별 주제	차시	학습 내용	지도 활동	학습 형태
1부 심화	기본 전자부품의 이해	1차시 (100분)	· 단원 소개 및 활동주제 제시 · 주변 전자제품 속의 여러 전자부품들의 이해 · 주변에 센서를 활용한 예들을 찾아보자.	· 여러 가지 전자부품의 이해와 작동원리를 탐구하는 소그룹 모둠별 활동이다.	
	기본 전자부품의 이해	1차시 (100분)	**[활동]** －회로실습에 이용되는 빵판의 기본 연결 구조를 LED를 활용하여 알아내	· LED가 켜지거나 모터가 돌아가거나 작동이 되는 것을 확인하는 과정을 통하여 빵판의 원리나 부품 이해에 접	소그룹 모둠별

			도록 한다. –가변저항기를 변화시킬 때 발광 다이오드의 밝기를 알아본다. –자석을 리드스위치에 가까이 하여 회로작동으로 리드스위치 작동을 이해한다. –충전된 콘덴서가 불을 밝힐 수 있는 활동을 통해 충전하는 콘덴서를 이해한다. –밝기에 따라 저항값이 변하는 부품소자들의 저항을 직접 테스트기로 측정하는 활동이다.	근하도록 스스로 탐구하는 시간을 주도록 한다. · 학생 스스로 전기적 반응의 이유를 찾아서 해결할 수 있도록 교사가 도와준다. · 다음 차시활동들을 위한 기본적인 이해활동이므로 교사는 부품의 기본적 이론에 대한 준비가 필요하다.	학생활동지를 통한 실험과 탐구활동으로 진행한다.
2부 심화	전자 회로의 이해	2차시 (100분)	· 전기 이론의 기본 법칙 이해 **[활동]** –가변저항기 양쪽에 LED를 달고 돌리면서 밝기 변화를 관찰하여 전하량 보존의 법칙을 이해한다. –몇 개 저항이 직렬연결, 병렬연결된 회로를 만들어 합성 전기저항을 측정해서 밝기의 차이를 비교한다. –저항에 따른 밝기를 알 수 있는 회로를 학생들이 직접 제작하고 이를 조작하면서 전압과 전류의 관계를 해석해 낼 수 있다.	· LED와 가변저항이 직렬과 병렬로 연결된 회로에서 저항 값의 변화를 통하여 밝기 변화를 알아본다. 이를 통하여 직렬, 병렬연결의 특징을 이해하도록 하자. · 저항을 지나기 전과 후의 밝기 변화를 관찰하여 전하량이 보존된다는 사실을 확인할 수 있도록 한다. · 학생들이 배운 내용을 적용시켜서 직접 해결할 수 있도록 활동3의 작동 원리를 해석할 수 있게 과제를 제시한다.	모둠별 활동
	다양한 회로 꾸미기	3차시 (100분)	· 회로를 보고 각 부품을 연결시켜서 센서로서의 작동 여부를 확인한다. **[활동1]** –장애물이 포토인터럽트 사	· 작동하는 실제 회로 제작을 모방함으로써 부품소자들이 결합되어 회로가 작동한다는 것을 알게 한다. · 포토인터럽트의 제작을 돕고	모둠별 모방 제작활동

			이를 지날 때 경보음이 울리도록 회로를 만든다. −소리 대신에 빛 신호를 발생하도록 만들어 본다. **[활동2]** −회로도를 보고 빵판에 기본 경보기를 완성한다. −가는 전선을 잘랐을 때 소리가 발생하는 원리를 생각하면서 트랜지스터의 작동 원리를 해석할 수 있다.	장애물이 있을 때 경보가 울리는 것과 이의 응용방법에 대하여 생각해 보도록 한다. · 기본 경보기 회로를 다양하게 변형시키는 활동이 다음 차시에 있으니 기초 활동을 잘 하도록 한다. · 트랜지스터 작동 원리를 지도한다.	
	회로의 완성도 높이기	4차시 (100분)	**[활동3]** −타이머 회로를 보고 빵판에 회로를 완성해야 한다. −축전기의 용량을 변화시키면서 불꽃이 켜지는 주기를 관찰하여 축전기용량의 의미를 이해한다. **[활동4]** 실제 완성품 만들기 −러브미터 조립도를 보면서 회로를 완성한다. −러브미터 세트를 이용하여 완성하고 활동에 적용한다. 이를 통하여 젖을 때와 건조할 때 인체에 흐르는 전류의 차이를 발견할 수 있도록 한다.	· 일정한 시간이 지난 뒤에 회로가 작동하는 타이머임을 알리고 제작하도록 한다. · 학생들에게 용량이 다른 여러 콘덴서를 제시하고 이를 통하여 용량에 따라 시간 지체가 달라지는 것을 발견하도록 지도한다. · 러브미터를 빵판에 끼우고 테스트 하는 활동 → 직접 세트를 제작하여 완성도를 높이는 활동 → 이를 과학실험에 활용하는 활동으로 발전시켜 회로 제작에 흥미를 높이도록 한다.	모둠별 활동 후 개별 제작 탐구활동
3부 심화	회로의 변형	5차시 (100분)	· 기본 경보기 회로를 다시 빵판에 완성한다. 이를 바탕으로 절단, 자석 감지, 빛, 어둠에 소리나 빛으로 반응하여 침입 사실을 알 수 있도록 회로를 변형한다. **[활동]** −감각 센서를 활용한 실용적인 회로를 계획하고 제	· 학생들에게 회로 변형의 가능성을 미리 한 가지 정도 알려준다. · 학생들이 모둠활동을 통하여 여러 가지 감각에 반응하는 경보기를 직접 생각해 낼 수 있는 시간을 준다. **[활동]** · 지금까지를 간단히 활용하여 새로운 회로를 제작하도록	모둠 및 개별활동

			작한다.	한다. · 빵판을 많이 활용하여 실패에 대한 두려움을 없앤다. · 글이나 그림으로 계획을 세우도록 하고 과제물이나 발표회를 위해 개별 또는 공동 제작을 준비시킨다.	

편광

단계	단계별 주제	차시	학습 내용	지도 활동	학습 형태
1부 심화	편광 선글라스, 편광 필터를 사용한 풍경 관찰 편광 마술상자 만들기	1차시 (100분)	· 단원 소개 및 탐구주제 제시 · 빛의 다양한 성질을 간단하게 알아보고 그 개념을 이해하고 있는지 확인한다. · 편광 선글라스와 편광 필터를 사용했을 때의 반사광의 차이 · 편광의 원리를 이용한 생활 속의 유용한 물건을 찾아보자. **[탐구1]** 편광 선글라스로 본 세상 **[탐구2]** 편광 필름으로 반사광을 차단하라 **[탐구3]** 편광 필름을 겹쳐 보면 어떻게 될까? －편광 시트를 이용한 간단한 빛의 편광 실험 －편광 마술 상자 만들기	· 빛의 다양한 성질에 대하여 탐구할 수 있도록 사전에 자료를 준비하여 오도록 한다. · 편광 시트를 겹쳐서 돌려보았을 때 나타나는 현상에 궁금증을 품고 그 원인을 숙고하도록 지도한다. · 편광 마술 상자를 만들도록 지도한다.	토론 및 탐구 실험 학습
2부 심화	액정 및 창살 모형 관찰 및 편광 스테인드 글라스 만들기/ 원리 탐구	2차시 (100분)	**[탐구1]** 빛의 편광에 대한 모형 만들기 **[탐구2]** 편광 스테인드글라스 만들기 －편광 창살 모형을 보고 빛의 성질 중 편광을 이해할 수 있다.	· 빛의 다양한 성질 중 편광에 대하여 탐구할 수 있도록 사전에 자료를 준비하여 오도록 한다. · 빛의 파동성에 대한 이해를 할 수 있고 훌륭한 모형을 만들 수 있도록 지도하	개인별 실험활동 /탐구 학습

			-OPP 필름을 여러 장 겹쳤을 때 나타나는 색깔을 비교하고 이를 예상하여 편광 스테인드글라스를 제작한다. -OPP 필름을 한 장 붙였을 때와 여러 장 붙였을 때 나타나는 색깔은? **[탐구3]** 편광 미술품 만들기 -OPP 필름의 사용 방법에 따른 색깔 변화 -다양한 색깔을 연출하도록 한다.	고 플래시 등을 보여주어 그 이해를 돕도록 한다. · OPP 필름을 이용한 색깔 변화를 이용하여 개인별 예술적인 창작품을 만들 수 있도록 돕는다. · **유의점**: 지나치게 예술적 측면을 강조할 경우, 과학적 효과가 떨어질 수 있으므로 주의한다.	
	편광 만화경 만들기	3차시 (100분)	**[탐구1]** 거울의 각도와 보이는 상과의 관계 **[탐구2]** 만화경 만들기 **[탐구3]** 편광 만화경 만들기 -편광 시트와 OPP 필름을 활용한 편광 만화경 제작	· 거울의 벌어진 각도와 상과의 관계를 탐구하도록 한다. · 기본적인 만화경을 제작하는 법을 알고 편광 필름을 이용하여 만화경을 제작하는 방법을 탐구하도록 한다.	조별 탐구 실험활동 /조별 토론 및 협동학습 (2인 1조)
	회전하는 무지개	4차시 (100분)	**[탐구1]** 편광 필름 사이에 투명한 플라스틱을 넣었을 때 나타나는 현상 **[탐구2]** 편광 필름 사이로 설탕물을 비췄을 때 나타나는 현상	· 투명한 플라스틱 물체가 편광 필름 사이에서 나타나는 변화를 보고 활용하는 분야를 생각하도록 지도한다. · 설탕물의 성질에 대해 호기심을 갖도록 한다. · **유의점**: 학생의 수준에 비해 어려운 내용이 될 수 있으므로 학생의 이해 정도에 따라 수업의 깊이를 조절하도록 주의한다.	조별 탐구 실험활동 /조별 토론 및 협동 학습 (2인 1조)
3부 심화	3D 안경으로 보는 입체 사진	5차시 (100분)	**[탐구1]** 셀로판지로 2D 안경 만들기 **[탐구2]** 편광 필름으로 3D 안경 만들기	· 우리의 눈의 구조를 이해하고 2D 안경을 만들 수 있도록 지도한다. · 위의 방법을 이용하여 3D 갤러리를 보면서 입체 영상으로 볼 수 있는 3D 안경을 만들 수 있도록 지도한다.	개인별 실험활동 /탐구 학습

역학적 에너지

단계	단계별 주제	차시	학습 내용	지도 활동	학습 형태
1부 심화	에너지의 실재 –위치 에너지 –운동 에너지 –회전운동 에너지	1차시 (100분)	· 단원 소개 및 탐구주제 제시 · 일과 에너지의 관계를 환기시키고 다양한 에너지의 종류를 알아보도록 한다. · 쇠구슬을 이용한 위치 에너지 · 쇠구슬을 이용한 운동 에너지 · 사탕통을 이용한 회전운동 에너지 **[탐구1]** 쇠구슬이 밀고 간 컵의 거리 측정 **[탐구2]** 레일 위의 쇠구슬의 운동 관찰 **[탐구3]** 레일 위 쇠구슬의 충돌 **[탐구4]** 경사면에서 사탕통 굴리기	· 다양한 종류의 에너지에 대해 조사하도록 사전에 준비시킨다. · 쇠구슬의 높이에 따른 컵의 이동 거리와의 관계를 측정하도록 한다. · 레일 위에서 쇠구슬의 충돌을 보고 어떤 일이 일어났는지 유추하도록 한다. · 사탕통이 경사면을 내려오는데 영향을 끼친 요인이 무엇이며 어떤 상관관계가 있는지 밝히도록 한다.	토론 및 탐구 실험 학습
2부 심화	역학적 에너지 보존 –운동 에너지와 위치 에너지의 전환	2차시 (100분)	· 지하차도와 고가차도에서 운동 에너지와 위치 에너지 사이의 전환에 대하여 생각해본다. **[탐구1]** 지하차도와 고가차도에서의 에너지 전환	· 지하차도와 고가차도에서 운동 에너지와 위치 에너지에 대하여 토론을 통해 결론을 도출하도록 유도한다.	토론
		3차시 (100분)	**[탐구2]** 진자 운동에서의 위치 에너지, 운동 에너지	· 진자 운동 실험을 통해 위치 에너지와 운동 에너지 값을 얻어내고, 그 결과를 해석하여 결론을 도출하도록 한다.	탐구 실험 학습
		4차시 (100분)	**[탐구3]** 1회전 미니 롤러코스터 제작	· 롤러코스터 제작 시 역학적 에너지 보존을 고려하도록 한다.	탐구 실험 학습
3부 심화	롤러코스터 만들기	5차시	· 수직 회전과 고가도로, 지하도로를 포함하는 롤러코스터 모형을 제작한다.	· 롤러코스터를 제작하기 전에 설계도를 간단히 그리도록 한다.	조별 탐구 실험 학습

			[탐구1] 롤러코스터 모형 제작하기	· 쇠구슬이 롤러코스터의 도착 지점에 닿을 때 도착을 알리는 다양한 방법을 고안하도록 한다.	

집과 에너지

단계	단계별 주제	차시	학습 내용	지도 활동	학습 형태
1부 심화	21세기는 에너지 전쟁 시대	1차시 (100분)	· 단원 소개 및 탐구주제 제시 · 표로 주어진 우리나라의 에너지 소비량, 자체 생산량, 수입 에너지량을 그래프로 가시화하여 우리나라 에너지 수급상의 문제를 좀더 분명하게 인식한다. · 주어진 기사문을 해석하여 우리나라의 에너지 문제 및 대안책을 생각해 본다. **[활동1]** 우리나라의 에너지 소비량 및 생산량, 수입량을 그래프로 나타내어 보기 **[활동2]** 에너지 문제 관련 기사 읽고 해석하기 1 **[활동3]** 에너지 문제 관련 기사 읽고 해석하기 2	· 다양한 형태의 자료를 제시하고 학생들이 스스로 해석해 보게 함으로써 에너지 문제에 대한 의식을 내면화할 수 있도록 한다. · 학생이 논점을 잘 찾지 못할 경우 바로 답을 알려 주지 말고, 교사용에 주어진 다른 형태의 추가 자료를 제시하여 학생 스스로 논점을 찾아 나갈 수 있도록 도와준다.	자료 변환 및 자료 해석
2부 심화	열의 이동-전도	2차시 (100분)	**[탐구1]** 국자 손잡이는 왜 다른 물질로 만들었을까요? -전도의 과정을 이해하는 실험으로 쇠젓가락에 일정한 간격으로 떨어뜨린 촛농이 녹는 순서를 보고 전도로 열이 이동하는 방향을 확인할 수 있다. **[탐구2]** 어디에 앉아야 할까요? -두 물체의 온도차가 클수록 이동되는 열의 양이 많	· 열의 이동 방법 중 전도에 대해서 탐구할 수 있도록 사전에 자료를 준비한다. · 실험 전후 통제 변인에 대한 확실한 이해가 되도록 지도한다. · 탐구2의 경우, 개인이 직접 체험을 해서 온도 차이를 느끼게 한다.	개인별 실험활동/탐구 학습

			고 온도차가 같더라도 접촉하고 있는 물질의 종류에 따라 이동하는 열의 양이 다름을 이해할 수 있다.		
	틈새를 통해 빠져나가는 열	3차시 (100분)	**[탐구1]** 실험 1. 우리집 구석구석에 숨어 있는 블랙홀을 찾아라. –실제로 우리집에서 열이 많이 빠져나가는 곳을 간접적으로 알아볼 수 있다. **[탐구2]** 틈새를 통해 빠져나가는 열은 어느 정도? –틈새를 통해 빠져나가는 열의 양을 직접 계산해 봄으로써 탐구1에서 정성적으로 확인한 것을 정량적으로 재확인할 수 있다.	· 탐구1의 경우, 빠져나가는 열과 셀로판의 움직임의 관계를 실험 전에 충분히 설명해야 한다. · 실험 전에 MBL 사용에 대한 사전 교육이 이루어지도록 한다.	조별 탐구 실험활동 /조별 토론 및 협동 학습 (2인 1조)
	단열재의 효과와 역할	4차시 (100분)	**[탐구1]** 누가 빠져나가는 열을 잡을 것인가? –두 물질 사이의 온도차가 같더라도 물질의 종류에 따라서 이동하는 열의 양이 다름을 확인할 수 있다. **[탐구2]** 열손실에 관여하는 요인들 –단열재의 역할을 이해하고 이동하는 열의 양에 영향을 주는 요인들을 알 수 있다. **[탐구3]** 간이 보온병과 보온 도시락통 만들기 –단열재의 효과를 이용하여 일상생활에서 손실되는 열의 양을 최소화할 수 있는 방안을 모색할 수 있다.	· 탐구1에서 통제 변인을 확실하게 해주어야 실험결과의 오차를 줄일 수 있다. · 열손실에 영향을 주는 요인들을 다양한 각도에서 생각할 수 있도록 하고 정보 수집을 위한 여러 매체에 대한 자료를 사전에 제시해 주어야 한다. · 단열재의 효용을 일생생활에서 적용해 볼 수 있도록 하며 이것과 에너지 절약을 연결해서 생각할 수 있도록 지도한다.	조별 탐구 실험 활동 /조별 토론 및 협동 학습 (2인 1조)
3부 심화	에너지 효율적인 집	5차시 (100분)	**[활동1]** 어디를 손봐야 할까? (집 수리하기!)	· 집을 설계하는 데 있어서 2·3·4차시의 활동을 토대로	조별 토론 및 회의를

	설계하기		[활동2] 에너지 효율적으로 방 배치하기! [활동3] 전기기구 배치하기! [활동4] 에너지 효율적으로 가전 사용하기!	하여 창의적이고 과학적인 접근을 할 수 있도록 유도한다. · 에너지 효율적으로 전기기구를 사용하고, 꼭 필요한 전기기구를 정할 때 자유로운 토의를 통해 실천 가능한 공공의 약속을 정해 문제 해결의 방법을 체험해 갈 수 있도록 한다.	통한 의사결정 활동

전자기 유도

단계	단계별 주제	차시	학습 내용	지도 활동	학습 형태
1부 심화	전기와 자기의 만남 –자석 자이로 드롭 –건전지 없이도 불이 켜지는 손전등 (과학완구) –동전 분리기	1차시 (100분)	· 단원 소개 및 활동주제 제시 · 자석을 갖고 놀기 · 전기와 자기의 만남 · 유도 전류의 개념에 접근 · 전자기 유도 현상에 접근 [활동] –구리관과 플라스틱관에서의 자석 낙하를 체험한다. –역학적 에너지가 발전을 일으키는 손발전기를 체험한다. –건전지 없이 전류가 생기는 까닭에 접근한다. –자석 주위를 움직이는 동전의 구성 성분비에 따른 차이를 체험한다.	· 여러 가지 전자기 유도 현상을 경험하고 탐구하는 모둠별 활동이다. · 자석의 낙하 속력이 변화하는 까닭에 대하여 탐구하도록 한다. · 자기장 속에서 움직이는 도선에 발생하는 유도 전류의 개념에 접근한다. · 자기력선의 변화에 따른 유도 기전력이 어떻게 작용하는가 접근한다.	모둠별 학생활동지를 통한 실험과 탐구활동으로 진행한다.
2부 심화	전자기 유도의 이해 –유도 전류 이용 발광 다이오드 켜기	2차시 (100분)	· 모터에 의한 유도 전류 이해 [활동] –꼬마 발전기를 응용한다. –발광 다이오드와 연결한 모터의 축을 손으로 돌려 불이 켜지는 것을 만들어 본다. –발광 다이오드와 연결한	· 꼬마 발전기의 원리를 설명한다. · 꼬마 발전기는 2인 1개씩 제작하도록 한다. · 감도가 좋은 모터를 구입하여 실험한다. · 모터가 회전하는 것은 자기장 속에서 흐르는 전류가 전	모둠별 활동

		모터의 축에 프로펠러를 부착한 다음, 바람을 세게 불어 불이 켜지는 것을 만들어 본다. -모터에 의한 전자기 유도를 확인해 본다.	자기력을 받기 때문임을 알게 한다. · 자기장 속에서 움직이는 도선에 전류가 발생하는데 이것이 모터에 의한 유도 전류임을 알게 한다.	
전자기 유도의 이해 -빨대 이어폰과 종이컵 스피커 만들기	3차시 (100분)	· 빨대 이어폰을 만들어 보면서 이어폰의 원리를 이해한다. **[활동1]** 빨대 이어폰 제작 -빨대의 굵기보다 조금 작은 자석을 이용하여 빨대의 끝부분에 붙인다. -도선을 자석 주변에 수십 번 감고 이어폰을 만들어 본다. -빨대 이어폰에 이어폰 잭을 연결하거나 멜로디 키트를 연결하여 음악을 들어본다.	· 이어폰의 구조에 대해 설명한다. · 빨대 이어폰은 각자 1개씩 제작하도록 한다. · 빨대 이어폰을 만들 때 더 큰 소리를 들을 수 있으려면 어떻게 만드는 것이 좋은가 생각해 보도록 지도한다. · 이어폰의 구조가 코일과 자석으로 이루어져 있고 코일에 전류가 흐르면 자석을 움직이게 하여 주변의 공기가 진동하면서 소리가 나게 되는 것임을 알게 한다.	개인별 제작활동
		[활동2] 종이컵 스피커 제작 -도선을 수십 번 감아서 종이컵 밑바닥에 고정시킨다. -도선 중앙에 자석을 붙인다. -종이컵과 종이접시를 접착시킨다. -종이컵 스피커로 멜로디를 들어본다. -이어폰과 스피커의 차이점에 대하여 생각해 본다.	· 스피커의 구조에 대해 설명한다. · 종이컵 스피커를 만들 때 자석이 코일에 닿지 않도록 지도한다. · 자석의 크기는 코일보다 작은 것을 사용하도록 지도한다. · 코일에 의한 자기장의 크기가 변하게 되어 자석이 떨리는 정도를 변화시켜 다양한 소리가 나게 되는 스피커의 원리를 알게 한다. · 이어폰과 스피커의 원리에 대하여 어떤 차이가 있는가 탐구하도록 지도한다.	개인별 제작활동
		[활동1] 무선 스피커 코일	· 패러데이 유도 법칙으로 무	

	전자기 유도의 이해 -무선 스피커로 멜로디 듣기	4차시 (100분)	만들기 -지름 3~4 cm 정도의 코일 을 2개 만든다. **[활동2]** 멜로디 키트 만들기 -커넥터와 멜로디 트랜지스터를 연결하여 만들어 본다. **[활동3]** 무선 스피커로 멜로디 듣기 -코일 하나의 양 끝에 스피커를 연결하고 나머지 코일 하나의 양 끝 부분은 멜로디 키트의 연결단자에 꽂는다. -멜로디 소리가 가장 크게 들리는 두 코일의 위치를 알아본다.	선 스피커의 원리를 설명한다. · 멜로디 트랜지스터에 의해 출력되는 전류가 직류가 아닌 시간에 따라 크기가 변하는 전류라는 것을 설명한다. · 코일 양 끝의 에나멜선은 10 cm 정도 남기도록 한다. · 멜로디 키트는 전압이 2 V 정도면 소리가 나기 시작하므로 3 V 전지를 이용하도록 한다. · 멜로디가 크게 들리는 코일의 위치를 잘 찾는지 평가한다. · 자체 유도와 상호유도에 대하여 알게 한다.	모둠별 제작활동 (2인 1조로 제작)
3부 심화	전자기 유도의 응용 -버스카드와 금속 탐지기의 원리	5차시 (100분)	· 전자기 유도 원리를 이해하고 응용한 사례를 탐구하기 · 버스카드 탐구 **[활동]** 금속 탐지기 제작 · 전송 코일과 검출 코일을 만들어 만능기판에 트랜지스터와 전지소켓과 연결한 후 금속 탐지기를 만들어 본다.	· 신용카드와 버스카드의 차이점에서 전자기 유도 원리를 어떻게 이용하는가 알게 한다. · 금속 탐지기는 두 개의 코일을 서로 수직으로 장치한 것으로 금속 탐지기가 제대로 작동하는지 확인한다. · 금속 탐지기의 원리가 전자기 유도를 응용한 것임을 알게 한다.	개인별 제작활동

열의 이동

단계	단계별 주제	차시	학습 내용	지도 활동	학습 형태
1부 심화	대류 -불 위에서 도는 바람개비 -찬물과 더운	1차시 (100분)	· 열과 관련된 개념 소개 · 찬 공기와 더운 공기의 차이 · 밀도 차이에 의한 대류현상 **[활동]** -종이를 나선형 고리로 잘라서 실로 고정시킨 후 촛	· 열의 대류현상에 대한 이해를 위하여 소그룹 모둠별로 하는 실험활동이다. · 주변에서 대류현상과 관련되는 자료들을 제시하거나 실제 생활 주변에서 관찰할 수	소그룹 모둠별 학생활동지를 통한 실험과 탐구활동

	물의 혼합실험		불이나 알코올램프 위에 올려 돌아가는 모습 관찰 –뜨거운 공기가 위쪽으로 이동하고 있음을 직접 관찰하고 확인하는 활동이다. –찬물을 위쪽에 위치시켜 더운물과 섞이는 과정을 알아본다. 반대로 더운물을 위쪽에 위치시키고 찬물이 아래에 있는 상태에서 막을 제거할 때 섞이는 과정을 눈으로 확인한다.	있는 현상을 찾도록 하고 이런 원인을 탐구하는 수업활동임을 소개한다. · 각자가 만든 나선형 종이를 불 위에 매달아 어떻게 되는지 관찰하고 결과를 기록하여 공기의 움직임을 느끼도록 한다. · 더운물과 찬물을 분리하였다가 막을 제거할 때 섞여지는 과정을 자세하게 관찰하여 대류로 인한 결과를 파악하도록 한다.	
2부 심화	대류 –태양이 돌리는 열바람개비	2차시 (100분)	· 공기의 대류현상 원리 이해 **[활동]** –공기 대류를 이용하여 바람개비를 돌게 하는 장치를 만드는 활동이다. –마찰이 아주 적고 가벼운 재질의 알루미늄 포일 날개를 제작하고 이를 바늘 위에 올려놓았을 때 작은 공기의 흐름에 따라 돌아가는 모습을 관찰할 수 있는 장치를 만들도록 한다. –장치가 외부 공기 흐름에 영향을 받지 않도록 하기 위해서 환기구가 있는 페트병으로 씌워 장치를 만들게 한다. –공기의 대류현상에 의한 바람개비 회전을 확인하도록 한다.	· 이전 실험을 통해서 얻은 공기와 물의 온도에 따른 밀도 변화가 대류현상과 관련됨을 알아본다. · 장치는 2~4인에 1개씩 제작하도록 한다. · 미리 만들어진 장치가 작동하는 모습을 보여주고 활동을 시작한다. · 작은 기류에 의해 열바람개비가 돌아가는 것을 확인할 수 있도록 한다. · 따뜻한 공기는 위로, 찬 공기는 아래로 이동하여 공기의 대류현상이 일어나는 것을 발견하도록 한다.	모둠별 활동
	전도 –벙어리 장갑은 왜 따뜻할까?	3차시 (100분)	· 벙어리장갑을 끼면 왜 따뜻한지를 알아본다. **[활동]** 여러 가지 물체들의 온도 측정하기	· 열의 평형 상태와 열 전도현상에 대하여 설명한다. · 실험실 내부의 온도와 실험실에 놓여 있는 여러 가지	개인별 예상 측정 결과

			-손으로 만졌을 때 금속과 장갑 중에 어느 것이 차게 느껴지는지 경험하고 직접 온도를 재어 본다. -온도계를 사용하여 주변 물체들의 온도를 직접 측정해 보자. **[활동]** 벙어리장갑 속의 온도 측정 -실내 온도와 벙어리장갑 속의 온도를 예상하고 직접 측정하여 결과를 비교하도록 한다. -장갑을 끼운 채 온도를 측정하여 주변과 비교한다.	물체들의 온도를 예상하게 한 후, 직접 측정하고 기록한다. · 장갑을 끼면 따뜻한 이유를 직접 온도를 측정하여 주변과 비교하여 알 수 있도록 한다.	비교활동
	복사 -열을 멀리 보내는 장치, 수집하는 장치 만들기	4차시 (100분)	**[활동1]** 알루미늄 포일과 대야를 이용한 포물면경 만들기 -포물면경을 2개 제작하여 열 전달기와 수집기 역할을 하도록 한다. **[활동2]** 선풍기형 히터를 이용하여 열이 멀리까지 전달되는지 확인한다. -열원으로 선풍기형 히터를 사용하여 열을 보내고 이것을 포물면경이나 열 수집기를 이용하여 열이 전달 가능한지를 확인한다.	· 오목 거울을 이용하여 빛이 모이는 포물면경의 원리를 설명한다. · 포물면경을 가지고 태양 빛을 모아 김을 굽거나 온도를 올릴 수 있음을 보여준다. · 대야에 알루미늄 포일을 둥글게 덮고 공기를 뽑아내어 포물면경을 2개 제작한다. · 2개를 이용하여 김을 굽거나 온도계를 사용하여 열이 전달되는 것을 확인하게 한다. · 주변에서 응용한 사례들을 조사하거나 발표하도록 한다.	모둠별 제작활동 (4인 1조로 제작)
3부 심화	복사 -태양열로 익히는 마시멜로	5차시 (100분)	· 열복사를 이용한 태양열 조리기 조리활동 **[활동]** 태양열로 익히는 마시멜로 -거울 역할을 하는 포일의 역할 이해하기 -태양열에 구워 먹기 활동	· 태양열발전소나 태양열 조리기의 원리를 알아본다. · 조리기 제작활동 지도 · 완성된 조리기를 이용하여 태양 아래 장치 설치하기, 어떤 위치에 놓아야 더 많은 태양열을 모을 수 있는지 알아보도록 한다.	소모둠별 제작활동 /장치 이용하여 조리하기

공명의 이해

단계	단계별 주제	차시	학습 내용	지도 활동	학습 형태
1부 심화	다양한 공명 현상 관찰	1차시 (150분)	· 단원 소개 및 탐구주제 제시 · 다양한 공명 현상을 실험을 통해 알아보고 그 개념을 이해하고 확인한다. **[탐구1]** 스티로폼 벽 쌓기 **[탐구2]** 도레미 무늬 만들기 **[탐구3]** 두드리지 않고 실로폰 연주하기 **[탐구4]** 염력 진동기 **[탐구5]** 휴대폰 불 켜기	· 파동과 공명에 대하여 탐구할 수 있도록 사전에 자료를 준비하여 오도록 한다. · 실로폰 연주하기 부분에 소리굽쇠 공명시범 실험으로 도입 · 전자기 공명에 대하여 탐구할 수 있도록 사전에 자료를 준비하여 오도록 한다. · **유의점**: 전자기공명은 학생의 수준에 비해 어려운 내용이 될 수 있으므로 학생의 이해 정도에 따라 수업의 깊이를 조절하도록 주의한다.	조별 탐구 실험 학습 (2인 1조)
2부 심화	소리와 진동으로 도는 바람개비 만들기	2차시 (100분)	· 공명으로 회전운동 만들기 **[탐구1]** 소리로 돌리는 바람개비 만들기(음파로 회전운동 만들기) **[탐구2]** 진동바람개비 만들기(빠른 진동으로 회전운동 만들기)	· 교사가 전동칫솔을 보여주고 진동바람개비 만들기를 통해 원리를 탐구해 보도록 지도한다. · 홈을 파는 데 다치지 않도록 유의하고 규칙적으로 홈을 만들도록 지도한다. · 회전운동이 잘 일어날 조건들을 탐구하도록 지도한다.	조별 실험활동 /탐구 학습 (2인 1조)
	공명을 이용하여 유리잔 깨뜨리기	3차시 (100분)	· 공명 현상을 이용하여 유리잔을 깨뜨리자 **[탐구]** 음파로 유리잔 깨뜨리기	· 유리잔을 깨뜨릴 때 안전장치를 설치해 안전에 유의하며 귀를 다치지 않게 사전에 주의를 준다. · 고유 진동수를 제대로 찾을 수 있는 조건들을 탐구하도록 지도한다. · **유의점**: 오실레이터와 오실로스코프 사용법을 미리 주지시킨다.	조별 실험활동/ 탐구 학습 (2인 1조)
3부 심화	공명 현상에 의한 피해와	4차시 (150분)	생활 속의 공명 현상 조사 및 발표	· 학습한 공명의 개념을 실생활 현상과 연관시켜 사회 발	조별 토론 및

	대책방안 조사/공명 현상의 기술적 활용방법 조사		**[탐구1]** 공명 현상에 의한 피해와 대책방안 **[탐구2]** 공명 현상의 효과적인 활용 조사	전에 미치는 영향을 생각하도록 한다. · 사전에 미리 조를 편성하여 주제를 정한다. · 조사내용에 대한 흥미를 위해 동영상을 준비한다. · 발표시간을 정해 주고 모든 조원이 발표할 수 있도록 한다. · 발표평가를 통해 학생들의 이해와 관심도를 파악한다.	토의/소모임 연구 (4인 1조)

운동량과 충격량

단계	단계별 주제	차시	학습 내용	지도 활동	학습 형태
1부 심화	운동량과 충격량의 이해	1차시 (100분)	**[탐구]** 성냥개비로 신문지 뚫기 −해보기 : 계란 던지기	· 단원주제에 대해 안내한다. · 운동량과 충격량에 대해 설명한다. · 활동 시 주의사항과 탐구 시 유의사항을 지도한다.	조별 탐구활동
	운동량의 측정	1차시 (100분)	**[탐구]** 대롱 총 다트 −총알의 운동량 측정	· 속도를 측정하는 방법을 설명한다. · 활동 시 유의사항을 지도한다.	조별 탐구활동
2부 심화	운동량 보존	3차시 (100분)	**[탐구]** 탄성 충돌 그네 제작 −탄성 충돌 그네 탐구	· 탄성 충돌 그네 제작을 설명한다. · 탄성 충돌 그네를 이용한 탐구활동을 제시한다. · 탄성 충돌과 비탄성 충돌에 대해 설명한다.	개별 탐구활동
	충돌과 반발계수	4차시 (100분)	**[탐구]** 슬링샷 효과 −반발계수의 측정	· 활동 시 유의사항을 지도한다. · 반발계수를 계산하는 방법을 설명한다. · 슬링샷 효과에 대해 설명한다.	조별 탐구활동
3부 심화	안전 착륙	5차시 (100분)	**[탐구]** 안전 착륙 −충격 흡수 장치의 설계	· 활동 시 유의사항에 대해 지도한다. · 탐사선의 착륙 과정에 대해 설명한다.	

유체의 운동

단계	단계별 주제	차시	학습 내용	지도 활동	학습 형태
1부 심화	간단한 실험을 통한 공기 흐름 이해	1차시 (100분)	· 단원 소개 및 탐구주제 제시 · 유체의 압력, 부력 개념 소개 · 유체의 운동에 대한 소개 **[탐구1]** 종이 불어 보기, 매달린 두 탁구공 사이 바람 넣기, 흐르는 물 가까이 간 탁구공의 움직임 **[탐구2]** 종이 불어 보기, 떨어지는 물속의 달걀 관찰 **[탐구3]** 깔때기 속의 탁구공 불어 보기 활동	· 유체의 압력, 대기압의 작용에 대한 정지 유체에서 학습할 개념을 알아본다. · 각 탐구 실험에 대한 준비물을 점검한 후에 각 실험을 수행하도록 한다. 이때 자세하게 관찰하면서 각 탐구 실험에서의 변화 원인을 생각해 보도록 유도한다. · 유체의 흐름이 빠른 곳과 느린 곳의 차이를 탐구할 수 있도록 지도한다.	토론 및 탐구 실험 (조별 실험)
2부 심화	운동하는 물체가 유체를 만날 때	2차시 (100분)	· 유체가 운동할 때 물체와 만나면 어떤 일이 일어나는지 관찰할 수 있다. **[탐구1]** 물체의 모양에 따른 유체의 흐름 탐구 **[탐구2]** 회전하는 종이의 이동 경로 알아보기 **[탐구3]** 공기 펌프를 이용한 다양한 해보기 실험활동	· 장애물의 모양에 따라서 유체의 이동 방향이 달라지는 것을 촛불의 흔들림으로 관찰할 수 있다. · 회전하면서 이동하는 물체는 유체의 속도 차이를 가져오고 이로 인해서 경로가 휘어지게 된다. · 공기 펌프를 이용하여 화장지, 실 멀리 보내기, 공 띄우기 등 다양한 실험을 수행하도록 한다.	탐구 실험 활동 (조별 실험)
	비행기 날개 탐구	3차시 (150분)	**[탐구1]** 비행기 날개 탐구 **[탐구2]** 비행기 제작한 후 날개 원리 탐구	· 날개가 유선형일 때와 일반적 모양일 때 유체 속을 진행할 때 받는 양력의 차이를 실험으로 확인한다. · 비행기 각도를 다양하게 조절하면서 각도와 날개의 관계를 탐구할 수 있다.	탐구 실험 학습 (개별 실험)
3부 심화	커브에서 바나나킥 까지	4차시 (150분)	· 주변에서 일어나는 유체의 운동 현상을 해석할 수 있다.	· 각 현상들에 대한 이해를 바탕으로 조별 주제를 정한다. (활동지에 제시된 것 이외의	조별 발표수업

			·주변에서 발견되는 유체 운동 관련된 것을 주제로 심화된 내용을 발표한다. **[탐구1]** 스포츠나 건물 설계에 있어 유체 운동 대안 제시	활동도 가능하다.) ·건물 설계나 산업기술 응용 등 창의적인 아이디어나 구조물에 대한 설계 제시로 대안을 가진 발표회가 되도록 토론, 토의 의견을 주고받는 과정을 가지도록 한다.	

부력의 이해

단계	단계별 주제	차시	학습 내용	지도 활동	학습 형태
1부 심화	부력 관찰하기	1차시 (50분)	**[탐구1]** 달걀 잠수함 −밀도 −물체가 물속에서 차지하는 부피와 부력	·소금물과 달걀을 이용해 달걀 잠수함을 띄워 보도록 한다. ·풍선의 크기에 따른 부력의 차이를 느껴 보도록 한다.	조별 (2인 1조) 탐구 실험활동
2부 심화	공기에 의한 부력	2차시 (100분)	**[탐구2]** 미니 열기구 −열기구 만들기 −열기구의 원리	·열기구를 만들어 띄워 보도록 한다. ·열기구 내의 공기의 부피 팽창과 부력의 관계를 생각해 보도록 한다.	조별 (2인 1조) 탐구 실험활동
	물에 의한 부력	3차시 (100분)	**[탐구3]** 요술저울 −부력에 의한 수직항력의 변화 −부력에 의한 탄성력의 변화	·윗접시저울 위의 양쪽에 물이 든 비커를 올려놓고 한쪽에 손가락을 넣었을 때 평형의 변화를 관찰하고, 그 이유에 대하여 생각해 보도록 한다. ·용수철저울에 매단 물체를 물속에 넣었을 때 용수철저울의 눈금 변화를 관찰하고, 그 이유에 대하여 생각해 보도록 한다.	조별 (2인 1조) 탐구 실험활동
	압력과 부피의 관계	4차시 (100분)	**[탐구4]** 오르락내리락 잠수부 −기체의 압력과 부피의 변화 & 부력	·오르락내리락 잠수부를 만들어 보도록 한다. ·오르락내리락 잠수부의 운동과 압력, 부피와의 관계를 생각해 보도록 한다. ·스포이트의 부피 변화와 부력의 관계를 말해 보도록 한다.	개별 탐구 실험

3부 심화	유체에서 가속 운동하는 물체에 의한 질량중심 이동	5차시 (100분)	[탐구6] water elevator −유체 내에서 가속 운동하는 물체에 의한 계의 질량 중심 이동	· water elevator를 만들어 물체의 가속 운동을 관찰하도록 한다. · water elevator의 운동을 설명해 보도록 한다. · water elevator에서 저울의 눈금 변화를 설명해 보도록 한다. · water elevator의 개선방안을 찾아보도록 한다. · water elevator와 실제 elevator의 같은 점과 차이점을 조사해 보도록 한다.	조별 (2인 1조) 탐구 실험활동

(2) 화 학

지시약

단계	단계별 주제	차시	학습 내용	지도 활동	학습 형태
1부 심화	지시약? 알림약!	1차시 (100분)	· 단원 소개 및 탐구주제 제시 · 호기심천국 보기 : 파란 장미 만들기 · 지시약의 종류와 변색 범위 · 천연지시약 [탐구1] 지시약 만들기 −일반 지시약(페놀프탈레인, BTB, 메틸레드, 메틸오렌지) −천연지시약(양배추, 장미 등)	· 지시약이란 무엇이고 어떤 종류가 있는지 지도한다. · 천연지시약이 될 수 있는 재료를 미리 조사해 오도록 한다.	조별 탐구 학습
2부 심화	지시약 pH미터 만들기	2차시 (100분)	· 영화 〈단테스피크〉를 보고 산 염기와 pH 알아보기 [탐구2] 지시약 pH미터 만들기 −pH 1∼12 용액 만들기 −96홈판을 이용하여 8가지 지시약의 변색 범위 알아보기 −주변 물질의 pH 알아내기	· 산 염기의 정의와 pH에 대해 지도한다. · 0.1 M 염산과 0.1 M 수산화나트륨, 증류수를 이용하여 pH 1∼12까지 용액을 직접 만들도록 한다. · 이온 음료, 식초, 우유 등 다양한 주변 물질의 pH를 알아내고 결과를 조별로 비교해본다.	개인별 탐구 학습

	지시약의 환상적인 세계로	3차시 (100분)	**[탐구3]** 무지개용액 −드라이아이스와 만능 지시약을 이용하여 시간에 따라 색깔이 변하는 용액 만들기 **[탐구4]** 카멜레온 캡슐 만들기 −알긴산나트륨과 양배추 지시약을 이용해 액성에 따라 색이 변하는 카멜레온 캡슐을 만들어 본다.	· 지시약이 나타내는 환상적인 색채의 세계를 즐기면서 과학적 원리를 탐구할 수 있도록 한다.	조별 탐구 학습
	지시약으로 중화점을 찾아라!	4차시 (100분)	· 중화 반응 **[탐구5]** 지시약으로 중화점 찾기 −BTB가 녹색이 되는 지점을 찾아라 −미지 용액의 농도 맞추기	· 뷰렛을 이용하여 BTB가 녹색이 되는 지점을 찾도록 지도한다. · 중화점까지 들어간 용액의 부피를 이용하여 미지 용액의 농도를 맞추도록 한다. · **유의점**: 미리 방법을 제시하지 않고 진행 상황에 따라 힌트를 주도록 한다. 미지 용액의 농도는 정확한 답을 알아내는 것보다 과정이 얼마나 정확한지를 보도록 한다.	조별 탐구 학습
3부 심화	제산제의 정체를 밝혀라!	5차시 (100분)	· 우리 주변의 중화 반응 **[탐구6]** 제산제의 정체를 밝혀라! −약국에서 제산제를 구입하여 성분을 조사한다. −제산제의 역할을 알 수 있는 실험을 설계하고 수행한다.	· 다양한 제산제의 성분을 비교하도록 한다. · 제산제의 성분이 약염기라는 것과 위액과 중화 반응을 한다는 것을 알아낼 수 있도록 실험을 설계하도록 한다. · 주변에서 일어나는 중화 반응의 예를 더 찾아보도록 한다.	개인별 과제 학습

화학전지

단계	단계별 주제	차시	학습 내용	지도 활동	학습 형태
1부 심화	동물 전기	1차시 (50분)	· 단원 소개 및 탐구주제 제시 · 화학전지에 대해서 간단하게 알아본다. · 화학전지의 기원인 동물 전기를 통해 전지의 원리를 이해할 수 있다. **[탐구1]** 갈바니의 동물 전기 실험	· 갈바니의 동물 전기 실험에 대하여 사전에 자료를 준비하여 오도록 한다. · 갈바니와 볼타의 읽을거리를 통해서 화학전지의 원리를 이해할 수 있도록 지도한다.	조별 토론 학습
2부 심화	볼타전지 만들기	2차시 (50분)	· 볼타전지를 제작해 보고 화학전지의 원리를 이해한다. **[탐구2]** 볼타전지 만들기 - 아연판과 구리판을 이용하여 볼타전지를 만들어 보고 전압과 전류를 측정한다. - 전압이 (-)로 나타나는 경우는? - 같은 금속을 사용하였을 때 전압은? - 전극을 결정하고, 전극판의 크기, 사이의 거리, 염산 용액의 농도, 온도 등을 변화하여 전류를 높이는 방법을 찾아낸다.	· 구리판과 아연판으로 전지를 완성하기 위한 조건을 생각해 보도록 한다. · 볼타전지의 원리를 이해할 수 있도록 산화 환원 개념을 설명해 준다. · 실험군과 대조군을 두어 다양한 조건에서 전류를 높이는 방법을 고안하여 직접 설계하도록 한다.	조별 탐구 실험활동
	다양한 화학전지 만들기	3차시 (50분)	· 여러 가지 금속을 이용하여 화학전지를 만들어 보고 전압을 측정한다. · 금속의 반응성을 이해하고 가장 높은 전압을 얻는 금속 쌍을 찾을 수 있다. **[탐구3]** 가장 높은 전압을 얻으려면? - 여러 가지 금속을 이용하여 전압을 측정할 수 있도	· 여러 가지 금속을 이용하여 가장 높은 전압을 얻는 순서대로 나열하고 금속의 반응성을 이해하도록 한다. · 실험결과를 이용하여 금속의 반응성(이온화 경향)을 찾아내도록 지도한다.	조별 탐구 실험활동

			록 실험설계를 한 후, 실험한다. -(-)전극은 어떤 금속인가? -(+)전극은 어떤 금속인가?		
3부 심화	과일 전지 만들기	4차시 (100분)	· 각 과일의 성분, 특징에 대해 조사한다. **[탐구4]** 과일 전지 만들기 -조사한 내용을 바탕으로 여러 가지 과일을 선택하여 과일 전지로 제작한다. -건전지를 뺀 시계를 움직여 본다.	· 효율적인 과일 전지를 만들기 위해서 스스로 실험을 설계하고 제작하도록 지도한다. · **유의점** : 미리 방법을 제시하지 않고 진행상황에 따라 도움을 준다. · 시계를 움직이게 하기 위해서 전압과 전류도 중요하다.	조별 탐구 실험활동 /조사활동

산과 염기

단계	단계별 주제	차시	학습 내용	지도 활동	학습 형태
1부 심화	MBL이 뭐지?	1차시 (100분)	· 단원 소개 및 탐구주제 제시 · MBL의 구성 : 인터페이스와 센서, 소프트웨어 **[탐구1]** MBL 이해활동 -MBL이란 무엇인가? -여러 가지 센서 이해하기 -MBL 실험 맛보기	· MBL을 컴퓨터에 직접 연결해 보면서, MBL을 구성하는 인터페이스와 센서, 소프트웨어의 역할을 생각해 볼 수 있도록 지도한다. · MBL의 여러 가지 센서로 어떤 실험을 수행할 수 있을지 연결해 보도록 한다. · 온도 센서를 이용하여 마찰열을 측정해 본다.	조별 탐구 학습
2부 심화	산이랑 염기랑 놀아보자	2차시 (100분)	**[탐구2]** MBL로 알아보는 산, 염기와 pH -우리 주변의 산과 염기 -주변 물질의 pH 측정 -pH의 개념	· 산 염기의 정의와 pH에 대해 지도한다. · 이온 음료, 식초, 우유 등 다양한 주변 물질의 pH를 알아내고 결과를 조별로 비교해 본다.	조별 탐구 학습
	산과 염기가 만나면	3차시 (100분)	**[탐구3]** pH 센서를 이용한 중화 적정 -강산과 강염기 -중화점까지 들어간 산과 염기의 부피	· 중화 반응이 일어남에 따라 pH 적정 곡선이 어떤 형태를 가지는지 살펴볼 수 있도록 한다. · 중화 적정 곡선에서 중화점을 찾아내도록 지도한다.	조별 탐구 학습

				· 중화점까지 들어간 산과 염기의 부피에 어떤 관계가 있을지 생각해 보도록 한다.	
	중화 반응과 전류의 세기	4차시 (100분)	**[탐구4]** 전기 전도도 센서를 이용한 중화 적정 -중화 반응 시 전류의 세기 변화	· 중화점에서 이온의 수가 최소가 됨을 이해하고 전기 전도도가 최소가 되는 지점을 찾아내도록 지도한다.	조별 탐구 학습
3부 심화	하수구 세정제의 농도를 밝혀라!	5차시 (100분)	**[탐구5]** 미지 용액의 중화 적정 -미지 용액의 농도를 알아내기 위한 실험을 설계하고 MBL을 이용하여 용액의 농도를 알아내기	· 중화점까지 들어간 용액의 농도와 부피를 이용하여 미지 용액의 농도를 구하도록 지도한다. · **유의점**: 미리 방법을 제시하지 않고 진행 상황에 따라 힌트를 주도록 한다. · 미지 용액의 농도는 정확한 답을 알아내는 것보다 과정이 얼마나 정확한지를 보도록 한다.	조별 과제 학습

물

단계	단계별 주제	차시	학습 내용	지도 활동	학습 형태
1부 심화	물의 여러 가지 모습 -물의 상태 변화 이용하기	1차시 (100분)	· 단원 소개 및 탐구주제 제시 · 물의 세 가지 모습 사진 보기 · 시범실험 : 큰 깡통 찌그러뜨리기 **[탐구1]** 수증기로 불 붙이기 **[탐구2]** 깡통 찌그러뜨리기 **[탐구3]** 슬러시 만들기	· 물의 상태 변화와 에너지 관계를 간단한 실험을 통해 탐구할 수 있도록 한다. · 물의 상평형을 이해하고 실생활과 관계있는 것을 찾아 적용할 수 있도록 한다.	토론 및 탐구 실험 학습
2부 심화	물 분자 간의 인력 -수소 결합 -표면장력	2차시 (100분)	· 사이펀의 원리 탐구 · 모세관 현상의 원리 탐구 **[탐구1]** 간단한 계영배 만들기 **[탐구2]** 스스로 물 먹는 새 만들기	· 사이펀을 이용하여 물이 넘치지 않고, 어느 정도까지만 차오르는 계영배를 만든다. · 모세관 현상과 사이펀 현상을 이용하여 끄덕이면 스스로 물 먹는 새를 만든다.	탐구 실험 학습

	물 분자와 다른 분자와의 결합 -모세관 현상	3차시 (100분)	물의 극성 때문에 다른 유기 용매와 섞이지 않는 성질을 알고 이용한다. **[탐구1]** 100% 확률에 도전한다. **[탐구2]** 병 속에 담은 하늘과 바다	· 극성 물질인 물이 비극성 물질인 색연필 등과 섞이지 않는 성질을 확인한다. · 극성 물질과 비극성 물질을 적절히 이용하여 예쁜 장식품을 만든다.	탐구 실험 학습
		4차시 (100분)	**[탐구1]** 액체 방울의 모양 비교하기 **[탐구2]** 종이 프로펠러 돌리기 **[탐구3]** 소금쟁이 만들기	· 액체의 모양과 표면장력과의 관계를 관련지어 설명할 수 있도록 한다. · 소금쟁이가 물에 잘 뜰 수 있도록 실험을 설계하도록 한다. · 실생활에서 표면장력이 이용되는 예를 미리 조사해 오도록 한다.	탐구 실험 학습
3부 심화	물의 여러 가지 모양 찾아내기 -물의 순환	5차시 (100분)	지구상에 물이 어떻게 존재하는지 확인한다. **[탐구1]** 우리가 사용할 수 있는 물은 얼마나 될까? **[탐구2]** 물방울의 기행문 적기	· 지구상의 많은 물 중에서 우리가 사용할 수 있는 물의 양이 매우 적음을 체험한다. · 물이 끊임없이 순환하고 있다는 것을 표현하도록 한다.	조별 탐구 토론 학습

(3) 생물

현미경

단계	단계별 주제	차시	학습 내용	지도 활동	학습 형태
1부 심화	현미경에 대하여 알고 싶어요!	1차시 (100분)	· 단원 소개 및 탐구주제 제시 · 현미경의 역사와 종류 · 현미경의 원리 및 구조 · 현미경의 사용법 · 현미경을 사용하여 직접 관찰 **[탐구1]** 여러 가지 현미경(루페, 해부 현미경, 보통 현미경)을 직접 사용하여 간단하게 관찰	· "마이크로의 세계"를 보고 현미경으로 보는 미시세계에 대한 흥미를 유발한다. · 2인 1조 퀴즈대회를 통해 학습자의 현미경 지식 수준을 파악한다. · 여러 종류의 현미경을 직접 사용해본다.-실체현미경으로 초파리 암수를 관찰하여 차이점을 찾아본다.	조별 (2인 1조) 퀴즈 & 탐구 학습

2부 심화	현미경 vs 망원경	2차시 (100분)	**[탐구2]** 현미경과 망원경의 구조와 원리를 알아보자. –직접 망원경을 만들어본다.	· 망원경을 직접 만들어서 먼 곳의 물체를 가까이 보도록 한다. · 현미경과 망원경 구조의 유사점과 차이점을 찾아보도록 한다.	개인별 탐구 실험활동
	현미경 속의 놀라운 세계	3차시 (100분)	**[탐구3]** 해상도를 높여서 세포나 원생동물을 관찰 –현미경의 해상도를 높이는 방법 · 살아 있는 생물 관찰법 · 세포 염색법	· 현미경의 해상도를 높일 수 있는 방법을 생각해 보도록 한다. · 그 방법을 가지고 개인별로 자신의 흥미에 따라 자유롭게 프레파라트를 만들어 관찰한다. · 자신이 관찰한 것들을 스케치한다.	개인별 선택 탐구 학습
3부 심화	내가 만든 현미경!	4차시 (100분)	· 현미경의 원리를 이용하여 간단한 현미경을 직접 만들기 **[탐구5]** 해상도 높은 간이 현미경 만들기 –최종 산출물 발표	· 최종 산출물 –해상도 높은 현미경을 직접 고안 · 제작하여 제출하도록 한다.	개인별 과제 학습

눈의 탐구

단계	단계별 주제	차시	학습 내용	지도 활동	학습 형태
1부 심화	눈에 나타나는 현상 이해하기	1차시 (100분)	· 단원 소개 및 탐구주제 제시 · 착시현상을 직접 경험하며 그 원리를 알아본다. · 눈의 거리 감각 실험을 통해, 두 눈이 물체 사이의 거리와 방향을 감지하는데 어떻게 작용하는지 관찰한다. · 맹점을 확인하면서 눈의 구조와 관련해 설명해 본다. **[실험1]** 착시현상 그리기 –여러 원 위의 마름모	· 착시현상이 나타나는 생활의 예를 찾아보도록 한다. · 눈의 감각지수 실험 시, 한 눈을 정확히 가리고 할 수 있도록 지도한다. · 맹점 확인을 실패한 학생은 노란색 점 하나만을 바라보고 있었는지 다시 확인시켜 준다. · HASA 퍼즐을 통해 만화영화를 착시현상과 연관시켜 이해할 수 있도록 지도한다.	조별 토론 및 탐구 학습

			–평행성 비교하기 **[실험2]** 눈의 거리 감각 살펴보기 –연필 초점 맞추기 –나의 거리 감각 지수는? **[실험3]** 맹점 확인하기		
2부 심화	눈 종이 모형 만들기	2차시 (100분)	· 눈의 모형을 만들면서 시각이 성립되는 과정과 눈의 각 구조를 익힌다. **[실험1]** 눈 종이 모형 만들기 –각막을 투명 필름으로 표현한 이유는 무엇인가? –홍채는 무슨 색깔로 표현해야 할까? –시신경의 부분에는 상이 어떻게 맺힐까? **[실험2]** 눈과 사진기 비교하기 –눈과 사진기의 기능을 비교해 보자.	· 여러 장의 종이 모형을 순서대로 나열했는지 지도한다. · 각막과 동공의 표현을 위해 가운데 부분을 오린다. 각막의 오린 부분에는 투명 필름을 붙인다. · 완성된 모형을 보면서 시각이 성립되는 과정을 이해시킨다. · **유의점** : 눈의 각 구조를 자세히 관찰한다면, 오히려 흥미를 떨어뜨릴 수가 있다. 중요한 기관 몇 개를 중점적으로 탐구하도록 한다.	조별 탐구 실험활동
	소눈 해부하기	3차시 (200분)	· 직접 해부하면서 소눈을 구성하는 각 기관을 분류한다. · 눈의 구조와 명칭을 직접 확인하며 기능을 익힌다. **[실험1]** 소눈 해부하기 –소눈의 겉모습 관찰 시 무엇을 볼 수 있는가? –소눈의 각막, 홍채, 수정체, 유리체, 망막, 시신경 등 각 부위를 찾아 활동지에 올려놓자. –수정체는 어떤 모양인가? 수정체로 직접 글씨를 보면 어떻게 나타나는가? –안구 안쪽의 얇은 막은 어떤 색깔인가?	· 해부하기 전, 생명의 중요성에 대해 강조한다. · 눈에서 각막을 분리할 때, 칼날을 너무 깊이 넣어 홍채와 수정체까지 상처가 생기지 않도록 주의를 준다. · 학생들이 협동해서 함께 해부하도록 지도한다. · 해부활동을 통해 학생들이 생물의 구조에 대한 흥미와 호기심을 갖도록 한다. · **유의점** : 해부용 칼이 날카롭기 때문에 각별히 유의하도록 지도한다.	조별 탐구 실험활동

			-시신경이 모여 있는 부분의 맹점을 찾아보자.		
3부 심화	여러 가지 시력 교정법	4차시 (100분)	· 사물을 잘 못 보는 현상에 대한 이해와 시력 교정을 위한 방법을 생각해 본다. **[실험1]** 눈에 관한 수술의 원리 이해하기 -각막 이식 수술의 원리를 생각해 보자. 어떤 환자들이 받기에 적합한가? -라식 수술과 라섹 수술의 차이점과 장단점을 생각해 보자. -의안 시술 방법과 부작용을 줄이는 방법을 생각해 보자.	· 눈에 관한 연구에 대해 사전 조사를 해오도록 한다(시력 교정을 위한 여러 가지 방법과 수술의 장단점을 비교해 토론할 수 있도록 하고, 더 나은 방법을 직접 연구해 보도록 한다).	조별 탐구 조사활동

3. HASA 과학영재교육 프로그램의 예

운동량과 충격량-학생용 5차시

안전한 착륙 Contest

-충격 흡수 장치의 설계-

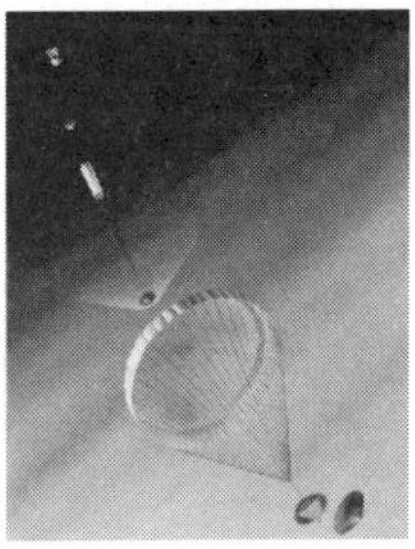

건물에 화재가 나서 떨어지는 사람을 보호하기 위해 커다란 공기매트를 사용한다. 달리는 자동차가 부딪치면 사람을 보호하기 위해 에어백이 부풀어 오르고, 자동차가 찌그러진다. 사람이 뛰어내릴 때도 발목과 무릎을 구부려 충격을 흡수한다. 그림처럼 화성탐사선이 화성 표면에 착륙하기 위해 사용한 낙하산도 충격을 줄이기 위한 것이다.

이 활동을 하면

계란 안전 착륙 장치를 만들어 실험해 보면서
(탐구) • 충격 흡수를 잘 할 수 있는 구조를 예상하고 설계해 본다.
(지식) • 충돌 시 작용하는 힘과 작용하는 시간과의 관계를 설명할 수 있다.
(태도) • 더 나은 충격 흡수 장치를 만들어 보려고 노력한다.

무엇이 필요한가?

신문지 등 필요한 종이, 칼, 가위, 투명테이프, 빨대, 나무젓가락, 계란, 고무줄

어떻게 할까?

1. 여러 가지 재료를 사용하여 충격을 줄일 수 있는 구조물을 설계하여 그림을 그린다.
2. 설계도에서 충격을 흡수하고 안전한 착륙을 위한 아이디어를 기술한다.
3. 적은 양의 재료를 사용하고 빨리 낙하할수록 우수한 작품이다.
4. 계란을 떨어뜨릴 높이를 정한다.
5. 계란이 떨어지는 지점에 비닐을 깔고 과녁을 종이로 표시한다.
6. 설계도와 설명서를 제출하고 정해진 높이에서 떨어뜨린다.
7. 성공한 이유나 실패한 이유를 작성하여 제출한다.

생각해 보기

충돌 시에 충격을 줄이려면, 어떤 요인들을 어떻게 조절해야 할까?

한 걸음 더

다음은 화성탐사선 패스파인더의 착륙 과정이다. 착륙 과정을 보고 충격을 줄이기 위해 조치한 일들을 정리해 보자.

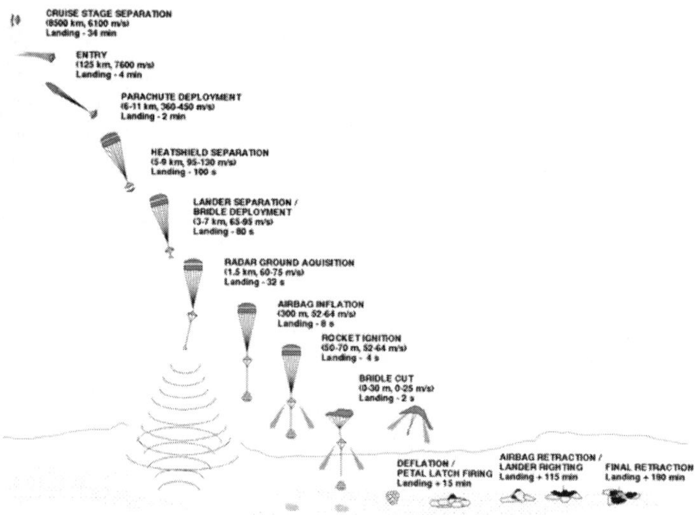

시간	상태	고도	속도
0	대기권 진입	130 km	7.3 km/s
64초	탐사선 가열됨	40 km	~6 km/s
163초	낙하산 펼침	8.6 km	400 m/s
183초	열 보호판 분리	6.5 km	100 m/s
208초	구속장치 해제	4.7 km	70 m/s
255초	고도 측정	1.5 km	65 m/s
274초	에어백 팽창 시작	300 m	62 m/s
278초	로켓 점화	50 m	60 m/s
280초	탐사선 떨어뜨림	12 m	0 m/s
282초	표면에 착륙	0 m	20 m/s

운동량과 충격량 - 교사용 5차시

안전한 착륙 Contest

- 충격 흡수 장치의 설계 -

탐구 활동 지도

충격을 줄일 수 있는 요소는 운동량을 감소시키는 방법, 충돌 시간을 길게 하는 방법, 충격을 분산하는 방법이 있다.

1. 운동량을 감소시키려면 낙하산을 이용하거나 표면적을 증가시켜 낙하하는 속력을 줄여야 한다.
2. 충돌 시간을 길게 하려면 완충장치가 있어야 한다. 완충장치로는 에어백(또는 풍선), 스펀지, 스프링 등이 있다.
3. 충격을 분산하려면 접촉 면적이 넓어야 압력을 분산시킬 수 있으며, 달걀에 직접 압력이 전달되지 않도록 봉지에 달걀을 넣고 매다는 것도 하나의 방법이다.
4. 구조물이 충격을 견디지 못하고 부서져 버리면 효과가 없으므로 구조물을 튼튼하게 만들어야 한다.

생각해 보기

충돌 시에 충격을 줄이려면, 어떤 요인들을 어떻게 조절해야 할까?

속력을 줄이고, 충돌 시간을 길게 하고, 힘을 분산시킨다.

한 걸음 더

착륙 과정을 보고 충격을 줄이기 위해 조치한 일들을 정리해 보자.

1. 속력을 줄이기 위하여 낙하산을 이용한다.
2. 안전한 높이인지 알기 위해 레이더를 이용하여 높이를 측정한다.
3. 로켓을 이용하여 완전히 정지시킨다.
4. 충격을 흡수할 수 있는 공기튜브로 착륙선을 완전히 보호한다.

활동 X파일

1. 달걀에 금이 간 것이 없는지 확인을 꼭 해야 한다.
2. 구조물을 만들 때 달걀이 쉽게 들어갈 수 있도록 제작해야 한다는 것을 상기시킨다.
3. 제작물에 대한 설명이 평가에서 더 중요하다는 것을 인식시킨다.

4. 높은 곳에서 물체를 낙하시키기 때문에 안전 문제를 세심하게 살피고 위험 요소가 있는 장소에서는 실험을 하지 않는다. 안전한 장소가 있는지를 먼저 확인한 후에 이 활동을 해야 한다.
5. 평가 시에는 성공의 여부를 떠나 가장 잘 설명한 조에 점수를 많이 줘야 한다. 어떤 이유로 성공을 했고, 왜 실패했는지를 정확하게 아는 것이 Contest를 하는 이유이기 때문이다. 다음은 우수한 작품들의 예이다.

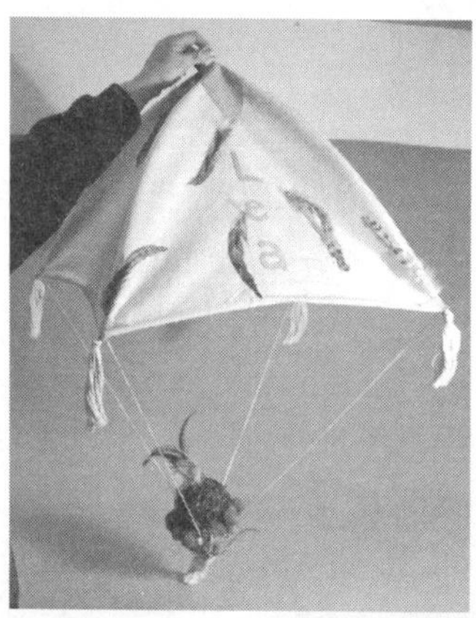
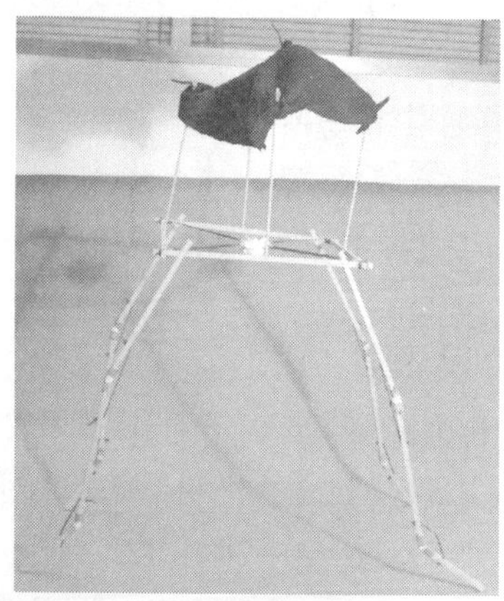

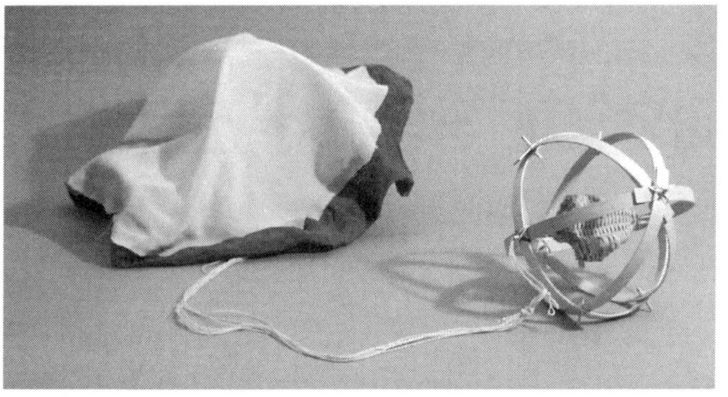

활동 평가

평가 기준	평가 척도	평가
충격 흡수 장치를 설계하고 구조를 타당하게 설명하는가?	구조를 타당하게 설명한다.	상
	구조를 타당하게 설명하지 못한다.	하
충격 흡수 장치가 달걀을 안전하게 보호하였는가?	달걀이 깨지지 않고 안전하다.	상
	달걀이 금이 가거나 깨졌다.	하

3 과학영재 담당교사 전문성 개발

3.1 과학영재 담당교사 연수

영재교육의 질적 재고를 위해 영재교육을 담당하는 교사의 전문성을 확보하는 일은 가장 효율적인 방안이다(서혜애 외, 2005). 또 영재의 특성에 맞는 프로그램의 개발도 중요한데, 특히 과학교육에서 기존의 인지적 측면을 강조한 학습에 대한 한계가 지적되고 있다(Pintrich, 1993, Fensham, 2001). 이에 수공적 해보기를 강조한 HASA 과학 프로그램들을 활용하여 영재교육을 담당하는 교사들에게 연수를 제공한다면 영재교육에 큰 도움이 될 것으로 예상된다.

1. 과학영재 담당교사의 자질

과학영재 담당교사의 연수 과정은 그 자질을 함양하고, 전문성을 개발하는 것이다. 그러므로 무엇보다 과학영재 담당교사의 자질에 대해 알아볼 필요가 있다.

과학영재 담당교사의 자질 및 특성에 관한 연구는 국외에서 활발히 전개되었고, 그 내용도 여러 가지이다. 우선 Maker(1982)는 영재교사의 자질을 크게 철학적, 전문적, 개인적 영역으로 나누었다. 철학적 자질은 영재아 대한 인식과 관련된 것이고, 전문적 자질은 강의와 수업 전략 및 지식과 관련된 것이다. 개인적 자질은 교사가 본래 타고난 특성으로 다른 사람과의 상호 작용인 유머, 인내심, 다양한 흥미, 사고의 융통성을 의미한다. Sisk(1989)는 영재교육 프로그램에 참가한 중등학생을 대상으로 영재교육 담당교사의 자질에 대한 설문 조사를 하여 그 결과를 발표했는데, 가장 중요한 것이 개인적인 특성과 태도보다는 학문에의 흥미와 능력과 담당과목에 대한 유능한 교수법이었다.

1) 영재 담당교사의 자질

국내에서 여러 연구자들에 의해 영재 담당교사의 자질을 여러 항목으로 제시하고 있는데, 교사 자신의 지적 우월성, 감정 이입, 영재성에 대한 긍정적인 태도, 준비성, 경험의 다양성, 수용적 자세, 자아 통찰력, 지각력, 융통성, 복잡한 문제를 처리할 수 있는 능력, 창의성, 인내심, 유머감각, 능률성을 필요 특성으로 두기도 한다(전경원, 2000). 또 다른 연구에서는 공감과 동정, 용인, 다재 다능성, 수용성, 자아 통찰, 통찰력, 복잡성을 다루는 능력, 창의성, 인내심, 능률성의 항목으로 정하고 있다(김은옥, 2001).

이 모든 항목들을 지닌 교사가 완벽한 영재 담당교사가 될 수 있겠지만, 현실적으로는 영재교육을 업무로서 진행할 수 있는 영재 담당교사의 역할을 충분히 소화해낼 수 있는 자가 담당교사가 되어야 할 것이다. 실제 현장에서 필요로 하는 영재 담당교사의 역할은 영재성에 대한 개념의 심층적 이해 및 판별이 가능하고, 영재아에 적합한 교수전략과 교육 프로그램을 개발하는 것이다. 또한 영재아의 고등정신 기능의 증진과 독립적인 연구 능력을 배양할 수 있고, 영재아의 사회-정서적 특성을 이해하고 상담에 응할 수 있어야 한다.

2) 전문성

영재 담당교사의 전문성 확보는 외국의 경우에는 교원임용 과정과 양성 과정에서 나타나 있다. 특히 미국의 OERI(1993)에서 발간한 '국가적 수월성: 미국인의 재능 개발 사례'에서는 미국 영재교육을 위한 7가지 핵심 원리를 제시했는데, 그 중 한 가지가 '교사의 전문성 개발'이다. 이와 관련하여 국내의 연구에서도 교사의 전문성을 개발하기 위해 별도의 교육과정을 사범대학이나 교육대학원에 설치하고, 교사 자격증을 발급하는 방안을 내놓기도 하였다. 이와는 별도로 교사의 연수시간을 자격연수에 해당하는 180시간 이상으로 늘여 전문상담교사나 사서교사처럼 자격증을 부여하는 방안을 내놓기도 하였다. 이것은 직무연수 60시간, 심화연수 120시간의 교육을 이수한 교사들에게 부전공 자격 혹은 제한적(3~5년 이후 재교육)으로 영재교육 전문 교사의 자격을 부여하는 방안이다.

현실적으로는 후자의 방안이 가장 바람직할 것이다. 왜냐하면 영재교육은 영역별로 진행되는 것이 바람직하므로, 지금처럼 수학과 과학에 집중되어 진행되고 있는 경우 대학에서 그런 교육과정은 이과계열 사범대 학생들에게 또 다른 부담으로 작용할 수 있기 때문이다. 또한 영재교육 담당교사의 자질은 교육이나 연수에 의해서 갑자기 생겨나는 것이 아니라 어느 정도 교직 경험으로 평범한 학생들에 대한 지도 경험이 밑바탕이 되어야 하기 때문이다. 따라서 후자의 방식처럼 자격증이 부여되는 방식의 연수 과정 개발이 바로 '과학영재 담당교사의 전문성'을 높이는 방안이라고 볼 수 있다.

한편 영재 담당교사에 대해서는 지속적이고 정기적인 연수가 있어야 하므로, 지금의 연수체계와 기존의 다른 자격 연수와도 다른 방식의 체제적 성격으로 진행될 필요가 있다.

2. 기존 연수의 현황

국내 영재 담당교사의 연수는 시도 교육청의 자체 연수, 대학 위탁 연수, 한국교육개발원 위탁 연수가 있다. 이들 연수의 관계는 다음과 같이 요약할 수 있다.

연수 과정	연수 기관	시간
심화 과정	한국교육개발원 영재교육센터	60시간 혹은 120시간
직무 연수 (기본 과정)	각 대학 과학영재교육원 / 시도 교육청	60시간

교육인적자원부의 영재 담당교사에 대한 연수 시간 부여 계획은 〈표 Ⅳ-13〉과 같다.

|표 IV-13| 교육인적자원부의 영재교육 담당교사 연수 시간 부여 계획

영재교육기관	시간	교원의 종류	연수 이수 의무화	비고
영재학교	120	초중등교육법상의 교원	○	
		강사	○	
		파견교원		방침으로 이수하도록 할 예정
영재학급	60	초중등교육법상의 교원	○	
		강사	○	
		파견교원		방침으로 이수하도록 할 예정
영재교육원	60	원장		
		강사	○	
		파견교원		방침으로 이수하도록 할 예정

여기서 60시간은 직무연수로서 기본 과정의 성격을 지니며, 120시간은 여기에 심화과정 60시간이 더해지는 것을 뜻한다. 따라서 현재 전국의 각급 영재교육원에 종사하는 교사들은 대부분 60시간 이상의 직무연수를 받은 상태이고, 나아가 120시간 또는 180시간까지 받은 교사도 일부 있다.

직무연수에서는 영재교육의 방향, 특성, 판별 방법, 교육과정, 교수-학습 방법, 산출물 평가방법 등을 심층적으로 이해하고, 몇 가지 판별도구와 교육 프로그램을 구성해보는 경험을 갖게 된다. 심화 과정에서는 기본 과정을 바탕으로 실제 자신이 소속된 영재교육원에 적용할 프로그램을 개발하고, 이를 적용한 결과를 종합 연찬회를 통해 발표하게 된다.

3. 연수의 새 방향

과학영재 담당교사는 일반적인 영재 담당교사가 지녀야 할 자질과 더불어 전공 분야에 대한 보다 깊은 지식과 경험을 갖고 있어야 한다.

(1) 형식의 다양화

현재는 공통된 연수 일정과 시간표에 따라 연수가 진행되고 있다. 연수의 전반부는 주로 영재에 관한 일반론을 배우게 되므로 연수생의 구분 없이 진행되고 있고, 후반부는 각 과목별, 학교급별로 반을 나눠 판별도구와 교육 프로그램을 구성해보는 실습을 주로 하고 있다. 그러나 실질적으로 연수생의 수준과 능력 차이가 나기 때문에 획일적인 형식의 연수 진행은 몇 가지 문제점을 야기할 수 있다. 소집단별 협동 학습을 위주로 하게 되는 실습의 경우, 특정인에 의해 그 집단의 성취가 좌우되기도 하고 구성원들의 다양한 욕구 정도에 따라 불만족을 보이기도 한다. 이는 60시간 이상의 연수를 할 경우, 평가라는 연수의 틀에 얽매여 있기 때문에 연수 운영의 효율을 보이지 못하고, 나아가 연수생들 간의 보이지 않는 경쟁과 반목이 생길 수도 있기 때문이다. 따라서 연수의 형식이 평가라는 틀을 자유롭게 뛰어넘을 수 있도록 하는 체제로 변화되어야 할 것이다. 또한 사이버 연수를 통해 전체 연수 시간의 1/4 정도를 진행하게 되는데, 이 역시 60시간이라는 틀을 현명하게 대처하기 위한 수단으로 여겨진다. 결국 현재의 교원 연수에 관한 여러 가지 제약으로 필요 이상의 시간을 낭비하거나 새로운 형식으로의 전환을 쉽게 꾀하지 못하고 있는 실정이다. 특히 직무연수 다음에 심화 과정이라는 연수체계가 더욱 이런 양상을 고착화시키고 있다. 따라서 체계가 아닌 체제적 성격이 강한 새로운 형식의 연수 방향을 제시하고자 한다.

1) 연수의 개요

새롭게 제시하는 연수는 기존의 연수체계를 바꾸자는 것이 아니라, 별개의 연수로 진행할 수도 있음을 전제로 한다. 따라서 기존의 직무연수와 심화 과정 연수의 연장선상에서 연수를 진행할 수도 있다. 이런 경우에는 직무연수 60시간, 심화 과정 60시간을 이수하고 난 교사를 대상으로 2년간 매년 30시간 연수를 받게 하면 총 180시간의 연수를 이수하게 되므로 '과학영재 담당교사 자격증'을 부여할 수도 있을 것이다. 이 경우는 기존의 연수체계에서 자격증 부여를 위해 한 단계를 더 늘인 것으로 과소평가될 수 있다. 하지만 새로 제안하는 연수의 형태는 기존의 연수체계와는 상관없이 체제적 접근이 가능한 형태이다. 즉 직무연수와 심화연수의 이수 여부와 상관없이 자유롭게 연수에 참가하여 그 이수시간만큼을 인정받고, 그 연수가 해를 거듭할수록 누적되어 결국 여러 해 참가한 경우 지속적인 연수와 재교육이 이뤄져 모든 연수 이수 시간을 채워 자격증을 받을 수 있다. 이렇게 자발적인 참여를 유도하기 위해서는 연수가 즐겁고 신나는 페스티벌 형태가 되도록 하는 방법이 최선이다.

|표 IV-14| 새 유형의 과학영재 담당교사 연수의 개요

연수종별	직무연수	연수과정	과학영재 담당교사 연수
이수시간	총 30시간	연수인원	500명가량
연수기간	4박 5일	연수기관	과학영재교육원
연수장소	연수 인원 수용이 가능한 강의실과 기숙사를 구비한 종합대학교		

2) 교육과정 운영

① 연수 내용

직무연수와 심화 과정 연수의 내용과 달리 실질적으로 현장에 바로 적용할 수 있는 프로그램을 중점으로 다룬다. 따라서 과학의 각 영역별 판별도구 개발 및 적용, 영역별 영재교육 프로그램 이수, 현장연구 결과 발표 및 토론 등으로 구성된다.

② 연수 과정 및 수업 방법

연수 과정은 연수 시작 전에 홈페이지나 우편물로 미리 배포된 강좌 시간표를 보고서 연수생이 직접 수강 신청을 하고, 이에 따라 연수 기간에 자신만의 연수 과정을 받게 된다. 이때 강좌 시간표는 하루 10시간 분량의 수업이 제공되지만, 연수생은 하루 6~8시간 정도를 선택할 수 있게 하여 4박 5일의 연수 기간 동안 30시간을 채우기만 하면 되는 구조이다. 수업은 영재교육 프로그램의 경우 한 강좌가 2시간으로 4일 연속으로 같은 시간

대에 진행이 되도록 하여 총 8시간의 수업이 가능하게 한다. 그 외 수업은 적절하게 시간을 안배하고, 같은 제목으로 여러 강의실에서 진행되도록 하여 인원 수용의 어려움을 해결한다.

③ **교육 일정**

4박 5일의 교육 일정은 다음과 같은 시간표로 생각해볼 수 있다.

<table>
<tr><th>시간</th><th>1일</th><th>2일</th><th>3일</th><th>4일</th><th>5일</th></tr>
<tr><td>09:00~10:00
10:00~11:00</td><td rowspan="2">도착 및
등록</td><td colspan="4">각 영역별 영재 판별 프로그램</td></tr>
<tr><td>11:00~12:00</td><td>활동B</td><td>활동D</td><td>활동F</td><td>활동H</td></tr>
<tr><td>12:00~13:00</td><td colspan="5">점심식사</td></tr>
<tr><td>13:00~14:00
14:00~15:00</td><td colspan="4">각 영역별 영재교육 프로그램</td><td rowspan="6">해산</td></tr>
<tr><td>15:00~16:00</td><td>활동A</td><td>활동C</td><td>활동E</td><td>활동G</td></tr>
<tr><td>16:00~17:00
17:00~18:00</td><td colspan="4">각 영역별 영재교육 프로그램</td></tr>
<tr><td>18:00~19:00</td><td colspan="3">저녁식사</td><td rowspan="2">페스티벌</td></tr>
<tr><td>19:00~20:00
20:00~21:00</td><td>현장연구 사례</td><td>현장연구 사례</td><td>현장연구 사례</td></tr>
<tr><td>21:00~</td><td>개인 시간
및 취침</td><td>개인 시간
및 취침</td><td>개인 시간
및 취침</td><td>개인 시간
및 취침</td></tr>
<tr><td>개인별 필수
이수 시간</td><td>5</td><td>8</td><td>8</td><td>6</td><td>3</td></tr>
<tr><td>연수원 제공
수업시간</td><td>7</td><td>10</td><td>10</td><td>8</td><td>3</td></tr>
</table>

위 교육 일정표에 따르면, 연수원에서 제공하는 총 38시간의 수업시간 중 30시간을 선택하도록 되어 있다. 물론 개인에 따라 30시간 이상의 수업을 이수할 수도 있지만 전체적으로 30시간의 연수 시간으로 인정한다.

또한 3대 연수 내용인 판별도구, 영재교육 프로그램, 현장연구 사이사이에 '활동'이란 수업이 있어 다양한 연수 내용을 제공할 수 있다. 여기서 '활동'이란 일시적인 동아리 모임이 될 수도 있고, 분임토의를 위한 활동일 수도 있고, 문화적인 활동일 수도 있다. 즉 연수 기간 동안 다양한 문화적 경험을 할 수 있는 기회를 제공하고, 이로부터 다양한 산출물을 만들어 4일차에 진행되는 페스티벌에 출품하도록 한다. 페스티벌은 저녁식사와 함께 그동안 연수 결과물을 발표하는 것으로 연수의 경험을 서로 나누고자 마련된 시간이다.

개인 시간은 대학의 도서관과 전산실을 개방하여 다양한 정보를 접하고, 수업시간에 제시된 과제나 문제들을 해결하는 시간을 말한다.

3) 연수 대상자 선발

연수 대상자는 심화 과정까지 이수한 과학영재 담당교사를 우선으로 하나, 직무연수를 통해 기본 과정을 이수한 교사도 대상자에 포함시킨다. 그러나 직무연수조차 받지 않은 경우는 신청자가 많을 경우 영재에 관한 전반적인 이론을 '활동'이란 수업에 투입하여 연수가 진행이 되도록 한다. 이는 연수의 혜택을 모든 과학 교사가 누릴 수 있도록 하고, 연수가 체제적으로 진행되기 위함이다.

(2) 프로그램의 다양화

새롭게 제시되는 연수의 프로그램은 크게 과학영재 판별 프로그램, 과학영재교육 프로그램, 현장연구 사례, 활동이다.

1) 판별 프로그램

'판별 프로그램'은 단순히 창의적 문제 해결력을 검사하는 문항을 개발하거나 이를 직접 풀어보는 시간뿐만 아니라 한양대학교 과학교육연구센터가 개발할 판별도구인 표준화 검사, 과학캠프 활동, 추천서 작성법 등을 익히는 시간이다.

2) 교육 프로그램

'교육 프로그램'은 한양대학교 과학교육연구센터가 개발하는 각종 영재교육 프로그램을 직접 연수생이 영재학생이 된 입장으로 그 과정을 경험해보는 시간이다. 연수 기간 중 개인별로 총 2종의 교육 프로그램을 이수할 수 있는데, 이 경우에는 특별히 교과 구분 없이 통합교과적인 교육 프로그램도 포함한다. 아울러 다음 해 연수에서는 다른 교육 프로그램을 이수할 수 있어 연수의 연속성을 기한다.

3) 현장연구

'현장연구'는 이전 연수에서 배우고 익혔던 영재교육 프로그램을 실제 현장에 적용해본 사례들을 발표하고, 토의 및 토론해보는 시간이다. 또한 각 영재교육원의 운영 사례들을 발표하여 서로 정보를 교환하고, 장단점을 비교 분석해본다. 아울러 새로운 교수법 등을 서로 소개하고 안내한다. 이를 위해서는 사전 연수 등록 시 이 수업을 신청한 연수생에게 미리 필요 자료를 마련해 오도록 해야 할 것이다.

4) 활동

'활동'은 영재아에 대한 이해와 인식의 폭을 넓히기 위해 교사가 다양한 경험을 직접 해보는 활동 시간이다. 이 시간에는 전문적인 상담기법을 배울 수도 있고, 예술 문화적 활동도 즐길 수 있다. 즉 교사도 인성적인 측면을 기를 수 있는 다양한 활동을 경험함으로써 영재아들에 대한 인성 지도가 원만하게 이뤄지도록 하기 위함이다.

3.2 HASA 영재 담당교사 연수 프로그램

연수는 프로그램의 특징과 구성 원리 등에 대한 추상적인 소개보다 실제 현장에서 영재를 지도하는 기본적인 교수-학습 방법을 연수 과정에서 그대로 적용하는, 즉 연수 참여 교사가 학생의 입장에서 프로그램을 경험해보고 자신의 지도 방법을 스스로 모색하게 하는 접근이 효과적이라는 기존 연구결과(서혜애 외, 2003; 조석희 외, 2004)에 따라, HASA 영재교육 프로그램 개발자들이 연수 참여 교사들을 대상으로 직접 프로그램을 적용하는 방식으로 진행되어야 한다.

1. HASA 영재 담당교사 연수 적용 결과

HASA 영재교사 연수는 HASA 과학 교사 컨퍼런스에서 'HASA 과학 교사 전문가 양성 영재 과정 1기' 강좌로 운영되었다. 구체적인 진행 일정은 다음과 같았다.

시간	2006년 3월 25일	2006년 3월 26일
09:00~10:30	등록/전체 강연	캠프 판별
10:40~12:10	전자회로	표준화 검사
12:10~13:30	점 심	
13:30~15:00	거울 속으로	힘과 가속도
15:10~16:40	편광	지시약의 모든 것

(1) 설문지의 구성

연수 평가를 위한 설문지는 응답자의 기초 자료를 조사하는 부분 이외에 크게 두 부분으로 구성되었다. 하나는 연수 과정 자체의 효과에 대한 부분으로, 연수가 영재교육 교사로서의 전문성 신장에 얼마나 도움이 되었는지 5단계 리커트 척도로 묻는 문항(서혜애 등, 2005. p.237)과 서술 문항으로 구성되었다. 다른 부분은 연수에서 소개된 프로그램이 영재교육 프로그램으로서 학생들의 인지적·정의적 측면을 계발하는 데 타당한지, 교사들이 현장에서 바로 활용하기에 적절하게 구성되었는지 5단계 리커트 척도로 묻는 문항으로 구성되었다.

HASA 영재 과정 연수 설문지

안녕하십니까?
본 설문지는 한양대학교 과학교육연구센터가 주관하는 2006년도 HASA 영재 과정 연수에 대한 설문지입니다. 선생님께서 응답해 주시는 내용은 향후 연수의 방향과 내용을 개선하고 보다 성공적으로 계획·운영하기 위한 자료로 사용되며, 다른 용도로는 사용되지 않습니다. 감사합니다.

한양대학교 과학교육연구센터

※ [1~5] 다음은 선생님들께서 받으신 HASA 영재 과정 연수 전반에 관한 문항입니다.

1. 연수를 통해 다음의 각 항목별로 얼마나 도움이 되었다고 생각하시는지 해당되는 곳에 체크해 주십시오.

		전혀 도움 안됨	도움 안됨	보통	도움 됨	매우 도움 됨
①	영재의 인지적·사회적 특성을 이해하는 데					
②	영재 판별 및 선발방법을 이해하는 데					
③	영재교육 프로그램 개발 능력을 신장하는 데					
④	전공 교과 전문 지식을 증진하는 데					
⑤	첨단 지식과 정보를 습득하는 데					
⑥	영재학생에게 적합한 교수 학습 방법 적용 능력을 신장하는 데					
⑦	영재교육 평가 방법을 이해하는 데					

⑧	영재교육 과정 편성 및 운영 능력을 신장하는 데					
⑨	영재학생과의 상담 능력을 개발하는 데					
⑩	교사의 연구 수행 능력을 개발하는 데					
⑪	영재교육의 철학 및 목적을 이해하는 데					
⑫	영재교육 관련 행정적 문제 해결 능력을 신장하는 데					
⑬	학부모, 지역사회와의 협력관계 구축을 신장하는 데					

2. 이번 연수는 크게 영재의 판별에 관한 내용과 영재교육 프로그램 소개로 구성되었습니다. 향후 추가되기를 바라는 내용이 있다면 무엇인지 적어주십시오.

3. 선생님의 필요에 가장 부합한 강의는 무엇입니까? 그 이유는 무엇입니까?

강의명 : ______________________

이유 : ____

____

4. 선생님의 필요에 가장 부합하지 않은 강의는 무엇입니까? 그 이유는 무엇입니까?

강의명 : ______________________

이유 : ____

____

5. 선생님께서 과거에 받으신 다른 연수와 비교하여 이번 연수의 좋았던 점과 나빴던 점을 자유롭게 적어주십시오.

6. 향후 더 나은 연수가 되기 위해 필요한 점들을 자유롭게 기술해 주십시오.

※ [7~10] 다음은 연수에서 소개한 영재교육 프로그램에 관한 문항입니다.
다음 질문에 대해 각 프로그램들이 얼마나 잘 구성되어 있는지를 평가해 주십시오.

7. 프로그램이 영재들의 창의적 문제 해결력을 자극하고 계발하는가?

영재교육 프로그램	전혀 아니다	아니다	보통이다	그렇다	매우 그렇다
편광, 사이펀	①	②	③	④	⑤
거울 속으로	①	②	③	④	⑤
힘과 가속도	①	②	③	④	⑤
지시약의 모든 것	①	②	③	④	⑤
전자회로	①	②	③	④	⑤

8. 프로그램이 영재들의 자기 주도적 학습 능력을 신장시키는가?

영재교육 프로그램	전혀 아니다	아니다	보통이다	그렇다	매우 그렇다
편광	①	②	③	④	⑤
거울 속으로	①	②	③	④	⑤
소리의 모든 것	①	②	③	④	⑤
지시약의 모든 것	①	②	③	④	⑤
전자회로	①	②	③	④	⑤

9. 프로그램이 주제나 교과에 대한 흥미와 호기심을 유발하고 긍정적인 태도를 함양하는가?

영재교육 프로그램	전혀 아니다	아니다	보통이다	그렇다	매우 그렇다
편광	①	②	③	④	⑤
거울 속으로	①	②	③	④	⑤
소리의 모든 것	①	②	③	④	⑤
지시약의 모든 것	①	②	③	④	⑤
전자회로	①	②	③	④	⑤

10. 프로그램이 현장에서 영재를 지도하는 교사들이 활용하기에 적절하고 용이하게 구성되었는가?

영재교육 프로그램	전혀 아니다	아니다	보통이다	그렇다	매우 그렇다
편광	①	②	③	④	⑤
거울 속으로	①	②	③	④	⑤
소리의 모든 것	①	②	③	④	⑤
지시약의 모든 것	①	②	③	④	⑤
전자회로	①	②	③	④	⑤

※ 다음은 설문 분석을 위해 기초 자료를 알아보는 문항입니다. 해당되는 곳에 체크(√)해 주십시오.

1. 성별 : ____ ① 남 ____ ② 여
2. 연령 : ____ ① 20대 ____ ② 30대 ____ ③ 40대 ____ ④ 50대 이상
3. 소속기관 : ____ ① 중학교 ____ ② 고등학교 ____ ③ 기타 (________)
4. 전공교과 : ____ ① 물리 ____ ② 화학 ____ ③ 생물
   ____ ④ 지구과학 ____ ⑤ 공통과학 ____ ⑥ 기타 (________)
5. 교직경력 : ____ ① 0~5년 ____ ② 6~10년 ____ ③ 11~15년
   ____ ④ 16~20년 ____ ⑤ 20년 이상
6. 영재지도 여부 : 현재 영재를 (___지도함 / ___지도하지 않음)
7. 연수 참여 계기 혹은 경로 :
   ① 주변의 소개로 알게 됨 ② 인터넷을 통해 알게 됨
   ③ 기타 : (   )

---

(2) 설문 분석 결과

교사들의 응답에서 나타난 내용들을 살펴보면 다음과 같았다.

연수 전반에 관한 응답에서 교사들은 먼저, 본 연수를 통해 영재교육 교사 전문성의 세 가지 요인(지식기반, 상황기반, (실행)능력기반; 서혜애 등, 2005. p.38) 가운데, 영재교육 프로그램 개발 능력 신장이나, 판별 및 선발 방법 이해, 영재학생에게 적합한 교수 학습 방법 적용 능력 신장 등 (실행)능력기반 전문성의 일부를 신장시키는 데 도움이 되는 것으로 응답하였다. 반면, 일부 프로그램의 경우 수공적 활동은 많이 강조되어 구성되었으나, 관련된 과학 개념과 설명이 깊이 있고 충분하게 제시되지 않아서 불만족스럽다는 지적이 있었다. 또한 각 활동이 과학 키트를 사용하여 단위화되어 있어 지도하기에 편리한 반면, 학생들이 창의성을 발휘할 수 있는 개방성은 부족할 것 같다는 응답이 있었다. 향후 개선에 대한 의견으로 좀더 많은 교사들이 참여할 수 있도록 홍보를 하고, 연수 일정을 방학 중에 하는 것이 좋겠다는 의견이 있었다.

연수에서 소개된 프로그램에 대한 평가에서는, 프로그램이 학생들의 흥미와 호기심을 유발하고 교사들이 현장에서 활용하기에 적절하게 구성되었다는 응답이 높게 나타났다. 반면 영재학생들의 창의적 문제 해결력을 자극하고 신장시키는 데에는 큰 도움이 되지 않는다고 응답하였는데, 이는 프로그램에서 제시된 최종 활동목표가 학생들이 도전할 만한 것으로 여기고 노력해서 해결하기에 약간 부적절한 것으로 여겨졌기 때문이다.

참고문헌

교육부 (2001). 제7차 교육과정에 따른 성취기준과 평가기준.

김은옥 (2001). 과학영재 교육 담당 교사의 전문성 양성에 관한 연구, 고려대학교 석사학위논문.

남경운, 이봉우, 이성묵 (2004). 과학일기쓰기가 과학영재의 과학에 관련된 정의적 특성에 미치는 영향, 한국과학교육학회지, 24(6), 1272-1282.

박종원 (2004). 과학적 창의성 모델의 제안 —인지적 측면을 중심으로— . 한국과학교육학회지, 24(2), pp.375-386.

양태연, 배미란, 한기순, 박인호 (2003). 과학영재의 과학 관련 태도와 지능 및 과학 탐구능력과의 관계. 한국과학교육학회지, 23(5), 531-543.

서혜애, 조석희, 김홍원, 정현철 (2003). 2003년 영재교육 담당교원 심화연수 결과 보고서, 한국교육개발원 기술보고 TR2003-11.

서혜애 (2004). 과학영재학교 신입생 선발체제 분석 연구, 한국교육개발원 수탁연구 CR 2004-46.

서혜애, 박경희, VanTassel-Baska, J. (2005). 영재교육 교원 전문성 계발 연구, 한국교육개발원, CR 2005-38.

신지은 등 (2002). 과학영재학생과 일반학생은 창의성에서 어떻게 다른가? —서울대학교 과학영재 교육센터 학생들을 중심으로—. 한국과학교육학회지, 22(1).

전경원 (2000), 한국의 새천년을 위한 영재교육학, pp.527-531, 서울, 학문사.

조석희, 김홍원, 구자억, 서혜애, 안영신, 장영숙, 정태희, 이덕난 (2001). 창의적 지식 생산자 양성을 위한 영재교육 자료집. 한국교육개발원.

조석희, 김홍원, 서혜애, 정현철 (2004). 제5기 영재교육 담당교원 직무연수 결과 보고서, 한국교육개발원 기술보고 TR2004-3.

최원호 (2005). 과학 동아리 대상 과학캠프 모형 개발. 서울대학교 박사학위논문.

Besemer, S. P. (1998). Creative product analysis matrix: Testing the model structure and a comparison among products-three novel chairs. Creativity Research Journal, 11(4), 333-346.

Davis G. A. Rimm S. B. (1998). Education of the Gifted and Talented. Allyn and Bacon.

Fensham, P. (2001). Science content as problematic — Issues for research. In H. Behrendt, H. Dahncke, R. Duit, W. Graber, M. Komorek, A. Kross & P. Reiska, Eds., Research in science education — Past, present, and future. Dordrecht, The Netherland: Kluwer Academic Publishers.

Jenkins, R. C. (1979). The identification of gifted and talented students through peer nomination. Dissertation Abstracts International, 40, 167A.

Maker, C. J. (1982). Curriculum development for the gifted, Rockville, MD: Aspen Systems Corporation.

Nicholls, J. C. (1972). Creativity in the person who will never produce anything original and useful: The concept of creativity as a normally distributed trait. American Psychologist, 27, 717-727. Renzulli(2002)에서 재인용.

Pintrich, P. R., Marx, R. W. & Boyle, R. A. (1993). Beyond cold conceptual change: The role of motivational beliefs and classroom contextual factors in the process of conceptual change. Review of Educational Research, 63, 167-199.

Renzulli, J. (1986). Systems and models for developing programs for the gifted and talented. Conn.: Creative Learning Press.

Renzulli, J. S. (1977). The enrichment triad model: A guide for developing defensible programs for the gifted and talented. Wethersfield, CT: Creative Learning Press.

Renzulli, J. S. (1978). What makes Gigftedness? Reexamining a Definition. Phi Delta Kappan, 60(3), 180-184, 261.

Renzulli, J. S., and Reis, S. M. (1985). The schoolwide enrichment model: A comprehensive plan for educational excellence. Mansfield Center, CT: Creative Learning Press.

Renzulli J. S. (1987). The triad/revolving door model. Workshop presented in Madison

Renzulli J. S. & Reis M. S. (1997). 'The Schoolwide Enrichment Model, A How-To Guide for Educational Excellence', 2nd ed. Creative Learning Press.

Renzulli J. S. (1997). 'Interest-A-Lyzer Family of Instruments, A Manual for Teachers'. Creative Learning Press.

Renzulli J. S. (2002). Scales for Rating Behavioral Characteristics of Superior Students Revised Edition. Creative Learning Press.

Sisk, D. (1989). Creative teaching of the gifted. N.Y.: McGraw-Hill.

Tongue C. & Sperling C. (1976). Parent nomination form. Raleigh, NC: North Carolina Department of Public Instruction.

Wallach, M. A. (1976). Tests tell us little about talent. American Scientist, 64, 57-63.

Part V

과학 대중화 프로그램 개발과 모델 제시

1. 청소년 과학 대중화 프로그램
2. 청소년 이공계 촉진 프로그램

세부과제 책임자 : 최 정 훈

공동연구원 : 황 북 기·차 정 호

1 청소년 과학 대중화 프로그램

1.1 과학 대중화 프로그램 개발의 의의

빠르게 발전하는 무한경쟁시대에서 살아남을 수 있는 유일한 길은 신기술 개발에 의해 국가 경쟁력을 키워나가야 하는 것이라는 사실에 대부분의 사람들이 동감하고 있는데도 불구하고 실제 대부분의 대중들이 현대 사회에서의 새로운 기술적 발전들을 따라가지 못하여 과학이 받아들이기 어렵고 이해하기가 난해하다고 생각하고 있으며, 환경공해나 오염 등 과학의 부정적인 면만을 본다거나, 첨단과학기술은 자신과는 상관없다고 생각하는 등 과학기술에 대해 올바른 이해를 하고 있지 못한 것이 사실이다. 특히 이런 것들의 매개체가 되어야 할 학교 현장에서의 교육은 실질적으로 전혀 이루어지고 있지를 못하므로 청소년이 성장하면서 이와 같은 과학과의 단절은 과학 과목에 대한 등한시로 이어지고 이공계 진로로의 선택을 기피하게 되며, 나아가 우리의 미래를 짊어질 우수한 과학기술 인력을 양성하는 데 차질이 생기게 될 것이다. 즉, 과학기술에 대한 대중의 올바른 이해를 바탕으로 과학기술의 부정적인 면과 함께 긍정적인 면을 받아들이고 더불어 과학기술의 중요성에 대한 대중의 지지 없이는 과학기술의 발전을 기대할 수 없을 것이다. 실제로 이것은 한국만의 문제점은 아니다. 선진국도 과학교육에서 이런 빠른 발전과 변화에 대처하는 데 어려움을 느끼고 있다. 따라서 세계 각국은 학생들에게 첨단과학기술을 이해시키기 위한 여러 프로그램 개발에 전력을 다하고 있다. 이에 과학을 음악, 미술이나 예술처럼 대중들이 가깝게 느끼고 대중들 속에 함께 하도록 하는 과학 대중화 프로그램이 정부기관이나 단체, 과학교육자들을 중심으로 하여 다양하게 시도되고 있으며 이러한 대중화 프로그램이 갖는 중요성과 의의는 파급효과가 매우 클 것이다.

본 센터의 과학 대중화 프로그램은 HASA 과학교육철학을 기본으로 하고 있으며, 해보기, 만들기, 응용 등의 수공적 기능을 통해 탐구하고 사실을 알게 되고, 개념을 배우게 되는 여러 가지 과학 대중화 운영모델을 제시함으로써 과학이 즐거워지고 나아가 창의력과 열정이 넘치는 과학기술 마니아를 만들고자 하는 전략이다. 과학 대중화라는 목표 달성을 위한 여러 사업은 다음의 3단계로 추진된다.

- 1단계 : 과학에 대한 호기심을 유발하기 위해 재미있게 구성된 과학강연극 등을 통해 학생들이 그 중 포함된 과학 내용을 알고 싶은 충동으로 이어지게 된다.
- 2단계 : 1단계에서 본 과학 내용의 일부를 모방하여 직접 그것을 해보는 행동으로 전이되어 과학활동을 즐기게 되며, 초보적인 과학 정보를 수집하고 처리하게 되며 개념을 파악할 수 있게 된다.
- 3단계 : 2단계의 기초적인 체험과학 실험의 모방에서 한 단계 더 나아간 응용된 것에 대한 모방이 이루어진다. 실험적으로도 더욱 정교해지고 자료 수집과 처리 능력에서 상당히 체계성을 이루게 되어 원리나 법칙 등을 이해하여 실험활동에 적용할 수 있게 된다. 이 단계는 과학에 대한 열정 수준에 도달하게 되어 자기만의 독창적이고, 창의적으로 새롭게 응용된 것을 창출하고자 하는 욕구가 생긴다. 즉 마니아 단계에 이른다. 본 센터의 최종 목표는 이런 학생들을 많이 만들어 보자는 것에 있다.

수공적 기능 (hand operated skill)
해보기
만들기
응용

⇨

단계	탐구(hands)	지식(head)	태도(heart)
1	단순	사실	호기심
2	복합	개념	즐김
3	창의	원리 및 법칙	열정

과학 대중화 프로그램 개발과 모델 제시를 목표로 수행한 소과제들을 소개하면 첫째, 청소년의 흥미 및 관심도를 제고할 수 있는 프로그램으로 청소년들에게 직접 찾아가는 이동과학교실 운영모델 개발과 과학강연극 개발 및 공연, 둘째, 직접 탐구하는 체험 프로그램인 첨단과학체험 프로그램 개발과 첨단과학 시연기기 개발, 셋째, 청소년에게 과학기술에 대한 지식 함양과 이공계에 대한 폭넓은 정보를 제공하는 학부모와 함께 하는 이공계열 진학진로 특강, 멘토링 운영, 과학경진대회 운영모델 개발 등의 사업들이다.

각 소과제는 HASA 과학교육철학에 의해 다음과 같이 분류가 가능하다.

	소주제	제4세부과제의 목표 달성을 위한 운영전략
청소년 과학적 흥미 및 관심도 제고	이동과학차로 찾아가는 과학교실	• HASA 1단계에 해당 • 다양한 과학 관련 내용을 주제로 과학실험시연, 과학강연, 첨단과학체험실험, 첨단과학기기시연, 과학영화 및 과학영상물 상영 등으로 운영
	대중문화에 과학을 접목한 과학강연극	• HASA 1단계에 해당 • 첨단과학실험 시연에 강연, 연극 형태를 도입하여 새로운 형태의 과학강연극 개발 및 시범 운영
청소년 과학탐구 체험 프로그램	첨단과학체험 실습 프로그램	• HASA 프로그램의 1, 2단계 • 학교 과학교육과 첨단과학기술을 연계할 수 있는 체험 실험활동 교재 개발
	첨단과학시연 기기 개발	• HASA 프로그램의 1, 2단계 • 학교 과학교육과 첨단과학기술을 연계하고 과학 수업 현장에 활용할 수 과학실험 시연기기 개발
청소년 과학기술 분야 진로지도	학부모과 함께하는 이공계열 진학 진로 특강 개최	• HASA 프로그램의 1, 2단계 • 이공계에 대한 정확하고 폭넓은 정보 제공
	멘토링 운영	• HASA 프로그램의 1, 2단계 전략 • 호기심 해결 및 전문 과학 지식 습득, 이공계 진로로의 동기 부여
	과학경진대회 운영모델 개발	• HASA 프로그램의 1, 2, 3단계 전략 • 열정을 가진 과학기술 마니아 양성

1.2 청소년 과학적 흥미 및 관심도 제고 프로그램

2006년에 치러진 PISA(Programme for International Student Assessment)와 같은 학업 성취도 국제비교 연구결과에 따르면, 우리나라 학생들의 과학 성적은 1위였던 6년 전에 비하여 7~13위로 크게 떨어졌다. 가장 큰 이유는 과학의 중요성을 학생들이 인식은 하지만 과학에 대해 흥미와 재미를 느끼지 못하고 있는 것이다. 학생들에게 흥미를 가지게 하고 관심도를 높이는 한 가지 방법은 획일화되고 점수화되는 학교 과학교육에서 벗어나면서 그 내용 또한 학교에서 접하지 못했던 실험시연과 체험 등을 통하여 자발적인 참여가 가능한 과학문화활동 기회를 제공하는 것이다. 그러나 좀더 깊이 있게 들여다보면 이동과학교실, 과학강연극 등을 통해 전달하는 내용은 학교 과학교육과정과 동떨어진 것이 아니라 실생활에서 신문이나 TV 등 방송매체 등을 통해 접하는 어렵다고만 느꼈던 첨단 과학기술의 원리가 실제 학교에서 배우는 과학교육과정과 연관 고리가 있음을 알려주는 것이다. 이를 통해 학생들이 과학 원리를 보다 쉽게 체득할 뿐만 아니라 자연스럽게 흥미를 느끼게 되고 과학기술의 중요성을 인지하게 되는 것이다.

1. 이동과학차로 찾아가는 과학교실

이동과학교실은 과학에 대한 호기심을 증가시키고자 하는 HASA 프로그램의 1단계 전략으로 각 학교 현장에 찾아가 재미있는 과학강연극 공연과 실험 체험을 통해서 자연스럽게 어렵게만 느끼던 과학 원리를 쉽고 재미있게 받아들이도록 하는 것이다. 또한 직접 찾아가는 이동과학교실은 과학캠프, 과학축제나 과학관 견학 등의 여러 가지 형태의 과학문화활동과 비교할 때 직접 찾아간다는 점에서 큰 장점을 지니고 있다. 학생이나 교사, 학부모 등 대중들의 과학문화활동에 대한 기대와 수요가 증가하고 있고 과학문화활동을 통해 과학에 대한 흥미 유발이나 새로운 것을 알게 되는 등 도움이 되고 있는 것이 분명하나, 실제 학생들의 시간 부족이나 정보 부족 등으로 과학문화활동에 대한 참여 실태는 극히 저조하여 과학문화활동에 전혀 참여한 적이 없는 학생들의 수도 상당수에 이르고 있다. 또한 과학문화 활동을 위해 먼 거리를 이동하는 것 또한 과학문화활동에의 참여를 저해하는 큰 요인으로 나타나고 있기 때문이다(한국과학문화재단 실태조사 자료, 2005).

이에 직접 학교 현장으로 청소년들을 찾아가 평소 접하지 못하는 과학 체험 기회를 제공하는 이동과학교실은 보다 많은 청소년들에게 과학기술전문가와 만날 기회를 제시하고 과학기술문화와 대중과의 소통을 가능하게 하는 과학문화활동 기회를 제공하는 적극적이고 효과적인 방법임에 틀림이 없다. 이에 본 과제에서 지난 몇 년간 수행해오면서 개선된 이동과학교실 운영 방식 및 적용 결과 등을 소개한다.

(1) 이동과학교실 운영 manual

1) 운영 기간

학사 운영에 맞추어 3월 말~12월 초 학기 중 실시함

2) 대상 학교

- 이동과학교실을 희망하는 학교 중 지역, 전교생 대비 참여 인원 수, 이동과학교실 신청 누적 횟수, 이동과학교실 기실시 여부 등을 고려하여 선정함

• 소외 지역 및 전국의 초·중·고등학교를 대상으로 함

3) 운영 인력

이공계 출신의 박사, 석사, 학사 등으로 구성된 10～12명 내외의 전문 인력으로 팀을 구성함

4) 대상 인원 및 학년, 시간 계획

• 인원 : 프로그램 및 학교 규모에 따라 유동적임(150～500명)
• 학년 : 초등학생의 경우, 3～6학년
중·고등학생의 경우 전 학년 대상

〈학교와의 협의에 의해 2개 또는 3개 프로그램 운영〉

시간	2개 프로그램 운영		3개 프로그램 운영	
40～50분간	과학강연극 공연	학교 규모에 따라 한 학년 또는 전 학년 대상으로 실시	과학강연극 공연	학교 규모에 따라 한 학년 또는 전 학년 대상으로 실시
80～90분간	과학체험실험	4개 반 대상으로 실시	과학체험실험	4개 반 대상으로 실시
80～90분간	–	–	과학강연 (또는 과학영화)	체험실험에 참여하지 않는 반 대상으로 실시

5) 이동과학차량 사양과 구성

• 우리나라 도로 사정에 맞게 대형 8톤 또는 9.5톤 트레일러로 구성함
• 실험 기자재 및 첨단실험장치 적재 가능하도록 내부 설계 변경함
• 과학강연극 공연을 위한 자동 무대설치[5.4 × 2.4 (m) 및 8 × 4 (m)] 기능 갖춤
• 10 kW 및 15 kW 이상의 자가 발전기 및 10 kW의 보조 발전기 탑재
• 필요시 115 kW의 발전기를 탑재한 발전차량과 함께 이동함
• 공연을 위한 방송, 음향장치 등 최첨단 시스템을 갖춤
• 과학실험에 필요한 급수 및 오·폐수 처리시설 보유함
• 각종 특수 화학가스 실린더를 장착, 다양한 실험 및 효과 연출 가능함
• 300～500명의 인원 수용이 가능한 초대형 그늘막 에어돔 보유함
• 대단위 야외 강연 및 공연을 위한 외부 고성능 음향장비 갖춤
• 공연장면 방송 및 관련 내용 자료 설명이 가능하도록 고휘도 빔프로젝터 또는 대형 LED 전광판을 사용하여 실시간으로 현장감 있고 생동감 있는 진행상황을 대단위 학생들에게 보여줄 수 있음

- 현미경 기능을 보유한 실물 화상기를 통해 세밀한 실험 진행 상황을 대형 스크린으로 투영함
- 필요시 이동천막과 포터블 실험테이블 및 의자를 보유하여 야외에서도 대단위 실험실습이 가능함
- 자동 대형 리프트에 의한 트러스트 설치에 의해 특수무대조명 효과 가능함

6) 교육 내용

- 학생들이 생활 속에서 접하지만 미처 그 원리를 학교에서 배우는 과학적 사실과 연관시키지 못했던 내용들을 과학강연극, 첨단과학실험체험, 과학강연 등을 통해 소개함
- 보다 큰 과학교육적 효과를 보기 위하여 과학강연극에서 보여준 실험내용과 연관된 체험실험 수업을 1개 이상 구성하도록 하며, 학교 담당교사와의 사전 협의 과정을 통해 되도록 과학강연극을 관람했던 학생이 체험실험에도 참여할 수 있도록 유도함

이동과학교실 프로그램 구성 예시

구분	영역	공연 및 실험 제목(예시)	탐구주제
초등학생	과학강연극	신밧드와 함께 하는 화학반응의 세계	화합물, 불꽃반응, 반응 속도 등
		우주소년 타키와 함께 하는 전자기의 세계	전자기력, 유도 전류, 정전기 등
	과학실험 체험	결정을 키워 정원을 만들어요	결정
		나는야, 천하장사 요리사	유압
		곤충화석 만들기	화석
		뜨거운 물과 찬 물로 전기를 만들어요	열전소자, 에너지
	과학영화	다이노사우르스의 세계	공룡
중학생	과학강연극	008, 고분자 원리로 미션을 해결하다.	고분자 합성, 물질의 성질 등
	과학실험 체험	스티로폼 시계 만들기	고분자
		입체 등고선 만들기	등고선
		라이트 형제 따라잡기	비행원리
		DNA야 놀자	DNA, 유전
	과학강연	영화 속 과학 이야기	신소재, 증기압 등
고등학생	과학강연극	하자 밴드 가입하기	맥놀이, 도플러 등
	과학실험 체험	간이 편광계 만들기	편광
		탄소 세 쌍동이	풀러렌, 나노 등
		유도 전류 손전등	유도 전류
		투명 스피커 만들기	전자기력, 스피커
	과학강연	부엌에서 코일건까지	전자기 유도, 전자기력 등

(2) 이동과학교실 적용 현황 및 결과

1) 적용 현황(2003년 12월~2007년 12월 현재)

이동과학교실 프로그램을 한양대학교 청소년과학기술진흥센터와 연계하여 이동과학차(전국 중·고등학교 및 과학축전 현장)와 이동화학차(전국 초등학교 및 과학축전 현장), 이동전자차(전국 초·중학교 및 과학축전 현장)를 이용, 전국의 학교 및 과학축전 현장에 찾아가 청소년 및 대중들에게 적용하였다.

분류		추진실적
시행 횟수	학교로 찾아가는 이동과학교실 1주에 2~3개교(초·중·고 방문)	• 전국 초·중·고 420여 개 학교에서 이동과학교실 개최
	과학 대중화를 위한 과학축전 등의 행사 참가	• 50여 회 과학축전 참여 • 대한민국과학축전, 가족과학축전 참여 • 서울, 대구, 부산, 창원, 광주, 울산, 경기, 대전, 경북 등의 지역 과학축전 참여 • 대한화학회, 세라믹학회, 나노 코리아 등의 과학축전에 학회 연계 행사 참여 • 미래 성장 동력박람회, 정부 국제혁신박람회, 교육 박람회 등의 공공기관 행사 참여 • 조선일보 청소년교실의 과학캠프, 애질런트 패밀리 사이언스 데이 등 참여
참여 인원	과학강연극 공연 관람	• 과학강연극 공연의 경우, 대상 1개교 학교 방문 시 약 300~500명 내외의 학생이 참여하여 학교 현장 방문 결과 약 150,000여 명의 학생이 참여함 • 과학축전 현장에서 적게는 5,000명에서 많게는 20만 명의 인원이 참가하여 약 100만 명 이상의 대중이 이동과학교실 행사를 경험함
	과학강연극 공연에 직접 참여	• 과학강연극 1회 공연 시 4~5명의 학생들이 직접 공연에 참가하여, 약, 2,500명의 학생 및 일반인이 공연에 직접 참가하였음
	과학실험체험 참여	• 학교당 약 150여 명의 학생들이 직접 과학실험체험에 참여함 • 과학축전의 경우, 1일 행사 시 1,000~2,500명 정도가 체험실험에 참여함 • 총 15만 명 이상의 학생들이 직접 만들어보는 체험실험에 참여하였음

● 이동과학교실 활동 모습

과학강연극 공연

과학실험체험(학교 현장)

과학실험체험(축전 현장)

과학강연

2) 적용 결과

한양대학교 이동과학차의 과학친화력 효과에 대한 결과 분석은 약 72 %의 학생이 이동과학교실 참여 후 과학과 더 친해지게 되었다고 응답하는 등 대체로 긍정적인 평가를 받고 있는 것으로 나타났다. 이는 청소년의 과학기술 흥미도에 대한 견해 조사 시(한국과학문화재단 실태조사, 2006). 흥미가 별로 없거나 거의 없다가 43.5 %로 절반에 가까운 학생이 과학기술에 대한 흥미도가 떨어지게 조사된 것을 비교해볼 때 매우 고무적인 결과이다.

이동과학교실이 전국에 있는 학교를 직접 방문하여 학교 현장에서는 하지 못했던 내용들이나 학생들이 관심 있는 내용 등 과학에 대한 지식을 새로운 방법으로 전달하여 학생들의 호기심을 해결해 주고 있는 것으로 나타났으며 이동과학교실 행사 후 과학에 대한 호기심이 증대되고 과학을 보다 쉽고 친근하게 생각하는 것으로 나타났다. 이는 나아가 청소년들의 이공계 진학, 진로 선택 결정에 긍정적인 방향으로 작용할 것이다.

이동과학교실 행사 후 설문지를 통해 학생들에게 조사한 결과는 다음과 같다.

● 설문 아동과학교실에 참여하고 난 후 과학과 더 친해지게 되었다고 생각합니까?

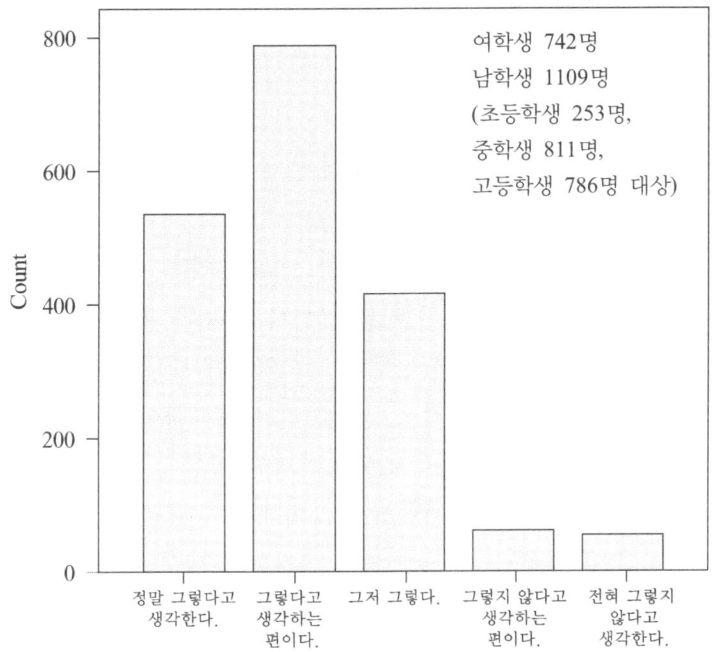

다음은 이동과학교실에서 진행되는 내용별 정성적 성과이다.

이동과학교실 내용	정성적 성과
과학강연극 공연	• 과학을 주제별로 분류하여 연극과 강연 형태를 접목시켜 과학에 대한 흥미를 유발함 • 생활 속의 과학을 소재로 하여 학생들에게 과학을 보다 가깝게 느끼고 과학에 대한 지식을 재미있게 전달함
과학실험체험	생활 속의 소재로 KIT화된 실험체험을 직접 해봄으로써 실험체험을 손쉽게 해 볼 뿐 아니라 과학 원리에 대한 이해를 쉽게 할 수 있음
	실험실 등 공간적 제약과 시간적 불충분, 담당교사의 업무 과다로 인해 제대로 이루어지지 못한 실험체험을 함으로써 과학에 대한 접근을 용이하게 함
과학강연	과학자가 학교에 직접 방문하여 과학의 미래에 대한 비전을 제시하고, 현재 연구 진행 중인 내용들을 소개하거나 영화 속의 과학 이야기 등 생활 속 과학 강연을 통해 과학에 대한 흥미를 유발함

과학영화 상영	이동과학차 내부에 있는 TV(56")와 VTR를 이용해, 또는 학교 내 방송 시설을 통해 친숙한 영화나 과학영상을 소개하여 과학에 대한 원리를 쉽게 이해하게 됨
첨단과학기기 시연	이론으로만 접했던 과학 원리들을 직접 체험하고 또한 앞으로 응용될 분야까지 소개함으로써 학생들의 호기심 진작과 함께 과학 미래의 비전을 보여줌

2. 대중문화에 과학을 접목한 과학강연극

과학을 잘 모르는 일반 대중들에게 과학의 재미를 느끼게 하고 쉽게 다가갈 수 있도록 하기 위하여 과학 원리를 잘 아는 과학자가 직접 강연자로 나서 과학기술을 소개하는 과학강연이나, 과학에는 익숙하지 않으나 연극 문화에는 익숙한 대중들에게 과학과 연극을 접목한 과학연극 등의 시도를 통해서 과학을 전파하려는 노력들이 시행되어 오고 있다. 그러나 과학강연의 경우, 원리나 이론 전달에는 효과적인 반면에 대중의 눈높이에 맞는 적절한 설명을 수반하기가 쉽지 않은 관계로 과학자의 강연 내용에 쉽게 대중들이 따라가지 못하고 지루해하는 경향이 있다. 과학연극은 줄거리가 있고 볼거리를 제공하는 등 대중들이 흥미롭게 참여하는 반면에 과학 원리 전달에는 효과적이지 못하다. 초등학생 같은 저학년을 대상으로 하는 과학연극의 경우, 과학 원리 등의 내용 전달보다는 음악이나 율동, 게임 등 놀이에 치우치는 경향이 있고 성인을 대상으로 하는 연극인 경우에는 과학 원리를 매개로 하지만 전체 주제가 과학이라기보다는 과학자나 과학활동이 주는 영향 등을 주로 다루고 있다. 이에 본 과제에서는 실생활과 관련된 실험 소재들을 발굴하여 실험 시연을 통해 직접 대중들의 눈앞에서 과학 현상을 보여주고 그 원리를 가르쳐주는 것을 줄거리가 있는 연극을 통해서 소개하는 과학강연극, 즉 과학강연과 과학연극이 접목된 과학강연극을 개발하였다.

(1) 과학강연극 시나리오 개발

1) 과학강연극 주제와 구성

- 스티로폼, 나일론 같은 고분자, 초인종이나 버스카드 같은 전자기력과 연관된 내용, 에밀레종이나 사이렌 등 맥놀이나 도플러 등을 소개할 수 있는 내용 등 생활 속에서 쉽게 접할 수 있는 내용들을 실험소재로 하여 시나리오를 구성함
- 한 개의 시나리오는 주제에 통일성을 가지고 실험과 원리를 소개할 수 있도록 구성

하며 기승전결의 내용을 가짐으로써 학생들이 자연스럽게 따라올 수 있도록 함

- 초등학생의 경우에는 신밧드나 피터팬 등 학생들이 많이 알고 쉽게 내용을 따라올 수 있는 줄거리를 사용하는 반면, 중·고등학생의 경우에는 눈높이에 맞추어 밴드 동아리나 첩보원 등을 활용하는 등 대상 학년에 따라 연극 내용을 달리 구성함
- 시나리오상에 조명, 음향, 효과 등의 내용뿐 아니라 원리 설명 시 사용할 PPT 자료도 함께 준비하여 내용 전달이 충실히 되고 공연의 완성도를 높일 수 있도록 시나리오를 구성함

2) 과학강연극 시나리오 분량

- 이동과학교실 등의 학교 현장으로 찾아가는 행사 시에 공연할 과학강연극의 소요 시간은 학교 수업시간을 고려하여 40~50분 내외로 구성하며 6~8개 정도의 실험시연이 함께 이루어짐
- 이동과학교실 외에 일반 대중을 대상으로 하는 과학강연극의 경우는 15~20개 정도의 보다 다양한 실험시연이 함께 이루어지는 1시간 30분 정도 분량의 시나리오를 개발함

3) 과학강연극 시나리오 개발 목록

학교 현장(이동과학교실)에서 활용하는 과학강연극 시나리오				
제목	내용	대상	소요 시간	실험
피터팬과 함께 하는 화학랜드 여행	피터팬이 후크 선장과 대결을 하게 되고 화학 원리를 이용해 대결에서 승리한다는 내용으로 구성됨	초등	40분	시계반응/과일전지/형상기억플라스틱 등
북극 에스키모 남매의 하루	북극에 사는 에스키모 남매가 파티를 준비하면서 저온 현상에서 볼 수 있는 여러 가지 과학실험을 보여주는 내용임	초등	40분	액체질소/드라이아이스 등
탐험가와 떠나는 밀림 속 여행	정글로 간 탐험가들이 겪게 되는 어려움을 화학반응으로 해결한다는 내용임	초등	40분	촉매반응/시계반응/은거울 반응 등
우주소년 타키와 함께 하는 전자기의 세계	지구에 불시착한 타키의 우주선을 지구소년 한돌이와 함께 고친다는 내용으로 구성함	초등	40분	검류계/프랭클린엔진/액정 등
신밧드와 함께 하는 화학랜드 여행	신밧드가 이상한 섬에서 물음물음왕을 만나게 되고 왕이 내는 과제를 화학 원리를 이용해 풀어간다는 내용임	초등	40분	은거울반응/매직샌드/불꽃반응 등

하자밴드 가입하기	HASA밴드에 가입하고자 하는 학생들이 소리에 대한 퀴즈를 풀어가면서 소리에 대해 배우게 된다는 내용으로 구성함	중등	50분	주파수/공명/맥놀이 등
어린 왕자의 소리 여행	어린왕자가 궁금했던 점을 별에서 만난 꽃, 여우 등이 과학 원리로 설명해 주는 내용임	중등	50분	진공/ 보강 및 상쇄/ 도플러 등
008, 고분자 원리로 미션을 해결하다	첩보원 008이 미션을 수행하기에 앞서 폴리머 박사에게 고분자와 관련된 여러 가지 장비를 얻어 미션을 수행하다는 내용임	중등	50분	폴리카프로락톤/라텍스/실리퍼티 등
009, 전자기 원리로 미션을 해결하다	첩보원 009가 미션을 수행하기에 앞서 일렉트론 박사에게 작전 수행에 필요한 전자장비를 얻게 되고 미션을 완수함	중등	50분	레이저/열전소자/압전소자 등

일반 대중을 대상으로 공연장에서 활용하는 과학강연극 시나리오				
제목	내용	대상	소요 시간	실험
오즈의 마법사	도로시가 소리를 찾아 여행을 떠난다는 내용으로 구성함	청소년 및 일반	90분 (4~5막으로 구성)	공명/도플러/맥놀이/소리의 간섭 등
이상한 나라의 앨리스	앨리스가 이상한 나라에서 여러 가지 이상한 일들을 겪게 되면서 빛과 색에 관한 내용을 배우게 된다는 내용임			빛의 합성/빛의 분산/형광/인광 등
알라딘의 요술램프	알라딘의 요술램프를 각색하여 여러 가지 화학반응을 이용하여 알라딘이 마술사를 물리친다는 내용임			형광/인공눈/지시약반응 등

(2) 과학강연극 시나리오 예시

시나리오 제목: 산타와 함께 하는 이상한 나라의 앨리스(빛과 색의 세계)

1) 대상 – 초등학생 및 학부모

2) 공연 시간 – 1시간 30분

3) 줄거리

토끼를 따라 이상한 나라로 여행을 가게 된 앨리스가 겪는 신기한 현상들에 관련된 빛과 색에 관한 과학 내용을 과학 실험 시연을 통해 보여주고 산타가 그 원리를 자료에 의해 설명하는 방식으로 구성

막	내용	실험
1	앨리스, 토끼를 만나다	
2	앨리스, 도마뱀과 쐐기벌레를 만나다	직진과 반사 등 빛의 성질 적외선, 가시광선, 자외선 등 빛의 종류 나비 무늬, 무지개, 노을 등 생활 속 현상
3	앨리스, 카드 정원사와 체셔 고양이를 만나다	색필터 실험을 통한 색이 생기는 이유, 액정 원리 등
4	앨리스, 재판장에 가다	인광, 형광, 화학발광 및 금속의 불꽃반응 등

4) 대본

1막 : 앨리스, 토끼를 만나다

대본	음악
(♬음악 : 루돌프 사슴코, 딸랑딸랑 종소리) 앨리스 책을 읽고 있는데 따분한지 하품을 함 마침 그때 시계를 계속 쳐다보며 조끼를 입고 지나가는 토끼 나타남 ♬음악 : 음악소리 작아짐(계속적으로 약하게 깔림)	루돌프 사슴코, 딸랑딸랑 종소리

앨리스 : (눈이 휘둥그레지며) 아니, 토끼가 옷도 입고 시계도 가졌네, 토끼야, 토끼야, 어디 가니?

토끼 : (앨리스를 본 척도 하지 않고 달려간다.)

앨리스 : (토끼를 따라간다) 토끼야, 토끼야 ~~
(앨리스가 퇴장하며 무대 위에 조명 꺼짐. 동시에 동영상 화면에 앨리스가 굴속으로 떨어지는 장면이 나옴(CG))

♬음악 : 루돌프 사슴코 음악소리 작아짐(계속적으로 약하게 깔림)

2막 : 앨리스, 도마뱀과 쐐기벌레를 만나다

대본	실험
(앨리스가 무대에 다시 등장, 주저앉아 있다가 몸을 매만지며 일어서고 이때 토끼가 저만치 지나간다.)	직진과 반사 (그림자)

토끼 : 정말 큰일이군, 늦었어 늦었어!(토끼 사라짐, 퇴장.)

앨리스 : 여기가 어디지?(주위를 살펴본다.)
(방 한가운데에 탁자가 놓여 있고 거기에 작은 물병이 놓여 있다. 물병 마개에는 '나를 마셔요'라고 쓴 꼬리표가 붙어 있다.)

앨리스 : 나를 마시라고? 마셔도 될까? 혹시 독약이 들어 있는 것은 아니겠지? 독약이라고 써 있지는 않네. 조금만 맛을 볼까?
(앨리스가 병을 이리저리 살펴본 후 살짝 맛을 본다.)
아, 초콜릿 맛도 나고 아이스크림 맛도 나고 내가 제일 좋아하는 딸기 맛도 나네~ 너무 맛있다!!(앨리스 물병의 약을 모두 마셔버림.)
(앨리스 키가 점점 커짐: 그림자로 조절.)

앨리스 : 어떻게 해! 난 몰라, 내 그림자가 점점 커지고 있어…(놀란 목소리로)
(이때 탁자 위에 있던 상자를 발견함. 상자에는 종과 종이가 들어 있고 거기에는 이렇게 쓰여 있음: 오늘은 크리스마스! 종을 울리세요~.)
종을 울리라고 쓰여 있네.(앨리스가 종을 울린다.)

잠시 조명 꺼지고(♬음악 : 신나는 크리스마스 캐럴) 조명이 켜짐 산타클로스가 굴뚝(벽난로)에서 등장(루돌프 함께) ♬음악 : 음악소리 작아짐(계속적으로 약하게 깔림)

산타클로스 : (벽난로에서 등장하며) 메리 크리스마스~ 여러분!! 그런데 종소리가 들렸는데 누가 날 찾지?
(앨리스를 발견하고) 네가 날 찾았구나, 앨리스~

앨리스 : 산타 할아버지 안녕하세요? 좀 도와주세요. 제 그림자가 이렇게 커져 버렸어요.

산타클로스 : 호호호~ 앨리스야, 걱정하지 말아라. 내가 원래대로 만들어주마(그림자를 원래 크기로 조절)

앨리스 : 어, 너무 신기해요~ 산타 할아버지 왜 이렇게 그림자가 커졌다 줄어들었다 하지요?

공연 모습

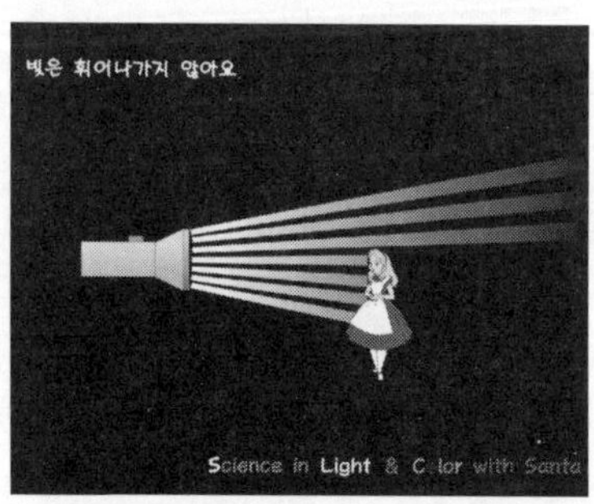

산타 설명 시 빛의 직진에 관한 자료 화면

산타클로스 : (그림자가 생기는 이유, 직진과 반사에 대해 설명)

앨리스 : 감사합니다. 산타 할아버지~

산타클로스 : 그래, 또 급한 일이 생기면 나를 찾으렴~(종소리 나면서 산타클로스 쪽 조명 어두워짐, 살짝 퇴장함.)

앨리스 : 그런데 여기가 어디지?
(이때 토끼가 지나간다.)

토끼 : (헐레벌떡 뛰어다니며) 공작부인을 그렇게 오래 기다리게 했으니 얼마나 화가 나셨을까?

앨리스 : (반가운 목소리로) 토끼님, 저를 도와주시지 않겠어요?
(토끼가 놀라서 도망간다.)

앨리스 : 어, 그냥 가 버렸네,
(이때 무엇인가 슥슥거리며 오는 소리가 나고) 이게 무슨 소리지? 숨어야겠다.(앨리스 탁자 밑으로 몸을 숨긴다.)
(이때 도마뱀이 나타난다.)

빛의 정체(적외선/가시광선/자외선) 및 사람 및 동물의 빛 감지 설명

도마뱀 : 거기 숨어 있는 게 누구지? 이리 나와 봐.

앨리스 : (떨리는 목소리로) 저예요. 어떻게 저를 찾으셨어요? 저는 깜깜한 곳에 숨어 있었는데…

도마뱀 : 너는 누구냐, 너는 왜 여기 있는 거지?

앨리스 : 저도 제가 왜 여기 있는지 모르겠어요.

도마뱀 : 이유를 모른다고? 네가 이유를 모르면 여왕님께 데려가서 재판을 해야 해, 자 어서 가자~(앨리스를 끌고 가려고 한다.)

앨리스 : 재판이라고요? 아, 산타 할아버지(앨리스 종을 흔든다.)
(산타가 등장해서 도마뱀을 쫓아준다: 산타 미리 나와 있고 조명을 비춰줌)

잠시 조명 꺼지고(♬음악 : 신나는 크리스마스 캐럴) ♬음악 : 음악소리 작아짐(계속적으로 약하게 깔림)

산타클로스 : 자, 내가 가르쳐주지.(사람이 빛을 어떻게 보는지 설명하고 도마뱀이 적외선 감지하는 것 설명)

공연 모습

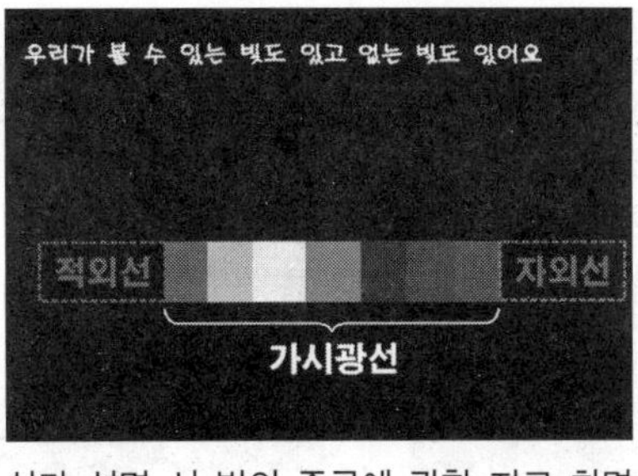

산타 설명 시 빛의 종류에 관한 자료 화면

앨리스 : 감사합니다. 산타 할아버지
(종소리 나면서 산타클로스 쪽 조명 어두워짐. 산타 살짝 퇴장함.)

앨리스 : 그래서 도마뱀이 날 찾았구나.(오른쪽으로 걸어가다가 큰 버섯 위에 앉아 있는 쐐기벌레를 만난다.)
아, 안녕하세요?

편광과 굴절실험, 무지개, 노을 등

쐐기벌레 : 넌 누구냐?

앨리스 : 저도 제가 누군지 모르겠어요. 아침에는 제가 누구인지 알았는데 지금은 그림자도 커졌다 작아졌다 하고 구구단도 생각이 잘 안나고… 2×1은 2, 2×2는 4, 2×3은 8, 아니아니 모르겠다.

쐐기벌레 : (짜증스러운 목소리로) 네가 누구냐니깐?

앨리스 : 그렇게 짜증을 내시면 저는 가버리겠어요.(돌아서서 가려고 한다.)

쐐기벌레 : (손을 내저으며) 가지 마, 정말 중요한 이야기가 있어.

앨리스 : 정말이요? (다시 쐐기벌레에게로 돌아온다.)

쐐기벌레 : (한숨을 내쉬으며) 너는 네가 변했다고 생각하니?

앨리스 : 네, 그래요. 여기 오기 전의 일들이 생각나지 않아요.

쐐기벌레 : (더 깊게 한숨을 내쉬으며) 나는 변하고 싶어. 이렇게 벌써 10년이나 계속 애벌레로 있다가 언제 예쁜 날개를 가진 나비가 될 수 있을지 모른단다.

앨리스 : 아, 정말 안 되었네요. 왜 나비가 되지 않으세요?

쐐기벌레 : 나비는 예쁜 색깔의 날개가 있지? 그런데 나는 그런 예쁜 색들이 어떻게 만들어지는지 모르겠어. 나는 정말 우울해~~

앨리스 : 잠깐, 기다려봐요. 해결해 주실 분이 계세요. (종을 흔들며) 산타 할아버지~(산타 등장함.)

잠시 조명 꺼지고(♬음악 : 신나는 크리스마스 캐럴) ♬음악 : 음악소리 작아짐(계속적으로 약하게 깔림)

산타클로스 : 자, 예쁜 나비 날개를 만들어볼까?

<u>**편광판 보여주며 편광에 대해 설명**</u>

공연 모습

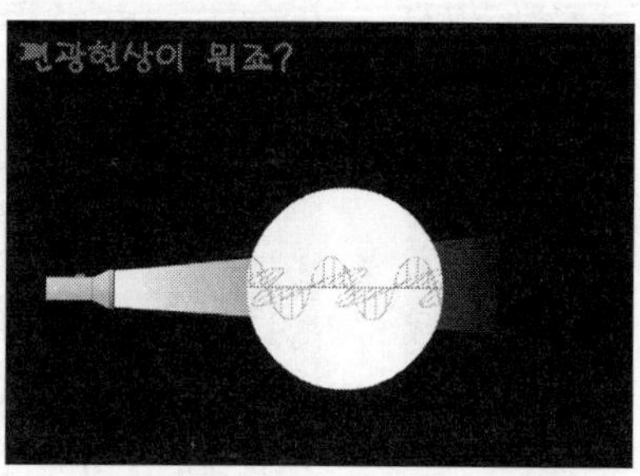

산타 설명 시 편광에 관한 자료 화면

쐐기벌레 : 어, 갑자기 몸이 근질근질해요. 아~아~! 날개가 나오려나 봐요.
(몸에서 형형색색 아름다운 날개가 나온다.)

앨리스와 쐐기벌레 : 정말 정말 감사합니다.
(나비가 된 쐐기벌레 날아가고, 종소리 울릴 때 산타클로스 쪽 조명 어두워지면서 산타 살짝 퇴장함.) (산타 쪽 조명 꺼짐.)

앨리스 : 이제 어디로 가야 하지? 저리로 가 볼까?(앨리스 퇴장하고 조명 꺼짐.)

3막 : 앨리스, 카드 정원사와 체셔 고양이를 만나다

대본 | 실험

잠시 조명 켜지며(♫음악 : 신나는 크리스마스 캐럴)
♫음악 : 음악소리 작아짐(계속적으로 약하게 깔림)

색필터

(무대 가운데에 하얀 장미들이 가득 핀 큰 장미 나무 있고 등 뒤에 카드 그림이 있는 정원사 2명이 열심히 장미에 빨간색을 칠하고 있다.(지시약 꽃 준비))

앨리스 : (눈이 휘둥그레지며) 아니, 토끼가 옷도 입고 시계도 가졌네, 토끼야, 토끼야, 어디 가니?

정원사 2번 : 조심해, 물감이 튀잖아.

정원사 5번 : 아니야. 내가 그런 게 아니야. 7번이 내 팔꿈치를 쳤다고?

정원사 7번 : 뭐라고? 넌 늘 남 탓만 하는구나.

앨리스 : 안녕하세요? (앨리스를 본 정원사들은 모두 고개 숙여 인사한다.)
(앨리스도 정중하게 인사한 후) 뭐하고 계세요?
(정원사들 서로 쳐다보며 어쩔 줄 몰라 하다가)

정원사 2번 : 사실은 여기에 빨간 장미가 피는 나무를 심어야 하는데 실수로 하얀 장미가 피는 나무를 심었어요. 여왕님이 이 사실을 아시면 우리는 당장 목이 달아나고 말 거예요. 그래서 여왕님이 오시기 전에 열심히 빨간 물감을 칠하고 있어요.(정원사 5번과 7번은 열심히 망을 보고 있다.)
(바로 그때)

정원사 5번 : 여왕님이시다! 여왕님이 오신다!!!
(정원사들 재빨리 땅에 엎드리며 고개를 숙임. 납작한 카드처럼 보임. 앨리스는 어디서 오는지 보려고 주위를 살핌.)
(발자국 소리 들림.)
(여왕과 왕, 하인 2명, 군사 4명 등장.)
(앨리스는 엎드려야 할지 몰라서 갈팡질팡하다가 여왕을 잘 보기 위해 엎드리지 않고 서 있음.)

여왕 : 너는 누구냐?

앨리스 : 저는 앨리스입니다.

여왕 : 그럼 이것들은 누구지?

앨리스 : 저는 모릅니다. 저와는 상관없는 일이거든요.
(여왕은 앨리스를 노려보다가)

여왕 : 이 아이의 목을 베어라, 당장!

왕 : 여보, 아직 어린 아이인데 너그럽게 봐 줘요.

여왕 : (마지못해 앨리스에게서 눈을 돌리고 바닥에 엎드려 있는 정원사들을 쳐다보며) 저 놈들을 뒤집어라!
(병사들이 재빨리 정원사를 뒤집어놓음.)

여왕 : 일어서라!
(일어선 정원사들은 모두를 향해 꾸벅꾸벅 정신없이 인사를 한다.)

여왕 : 그만해라! 여기서 무슨 짓을 하고 있었지?

정원사 2번 : 용서해 주세요. 여왕님. 사실은…
(여왕은 나무로 다가가 장미를 뚫어지게 살펴보다가)

여왕 : 이 놈들의 목을 베어라
(정원사들은 앨리스에게 매달려 살려달라고 애원함.)

앨리스 : 제가 도와드릴게요. (여왕을 쳐다보며) 제가 해결할 수 있어요. 여왕님
(앨리스 종을 울리고 산타 등장함)

잠시 조명 꺼지고(♫음악 : 신나는 크리스마스 캐럴) ♫음악 : 음악소리 작아짐(계속적으로 약하게 깔림)

산타클로스 : 앨리스 무슨 일이지?

앨리스 : 산타 할아버지, 이 장미색이 빨간색이어야 한답니다. 무슨 좋은 방법이 없을까요?

산타클로스 : 호호호~ 자, 그럼 내가 여기에 마법의 용액을 뿌려볼까?(염기 용액 뿌림.)
(모두들 신기해함.)

앨리스 : 너무 신기해요. 산타 할아버지 왜 우리 눈에는 빨간색, 파란색, 노란색 등 여러 가지 색이 보이나요?

산타클로스 : 그래, 내가 설명해주지.(색필터, 색의 혼합, 빛의 혼합, 색그림자 실험 등 설명.)

공연 모습

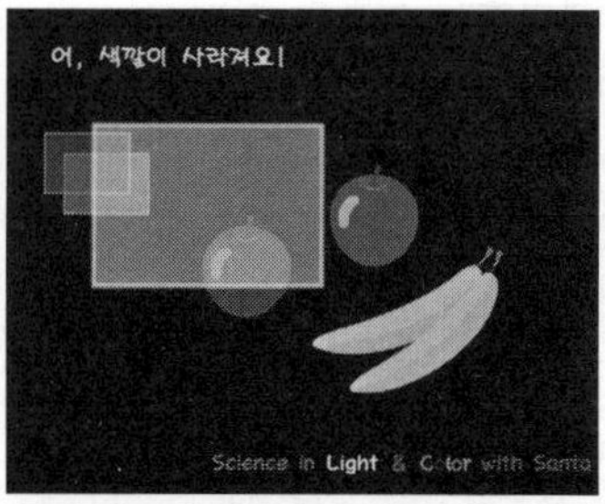

산타 설명 시 색필터에 관한 자료 화면

앨리스 : 감사합니다. 산타 할아버지.
(종소리 울릴 때 산타클로스 쪽 조명 어두워지면서 산타 살짝 퇴장함.)
(산타 쪽 조명 꺼짐.)

앨리스 : 여왕님, 이제 되었지요? 정원사들을 살려주세요. 액정실험
(여왕은 할 수 없다는 표정)

왕 : (앨리스에게 귓속말로) 앨리스, 여왕이 말만 그렇게 하지 실제로 목을 벤 적은 없어요~.
(이때 옆에 설치된 액정 화면에 이상한 물체가 나타남: 고양이의 웃는 입)

앨리스 : (깜짝 놀라며) 이게 뭐지?
(잠시 후 고양이 얼굴이 다시 나타남.) 너는 누구니?

체셔 : 나는 체셔 고양이야, 공작부인하고 같이 산단다.

앨리스 : 공작 부인은 어디 계셔?

체셔 : 공작부인은 감옥에 갇혀 있어.

앨리스 : 왜, 무슨 일로?

체셔 : 공작부인이 여왕의 뺨을 때렸거든.
(이때 왕이 고양이를 발견하고, 여왕은 다른 곳을 보고 있다.)

왕 : 기분 나쁜 고양이군. 생긴 것은 마음에 들지 않지만 원한다면 내 손에 입을 맞추게 해주마.

체셔 : 싫어요.

왕 : 건방진 고양이구나, 여왕, 여왕.(급하게 여왕을 찾는다.) 이 건방진 고양이에게 벌을 내려줘요.

여왕 : 당장 이 고양이의 목을 베어라.
(이때 체셔 고양이 사라진다.)

여왕 : (앨리스를 쳐다보며) 네가 고양이를 숨긴 것이지? 왜 이렇게 되었는지 이야기하지 않으면 네 목을 베겠다.

앨리스 : 아니에요. 제가 그러지 않았어요. (종을 울리며) 산타 할아버지~산타 할아버지~~

잠시 조명 꺼지고(♫음악 : 신나는 크리스마스 캐럴) 조명이 켜짐 ♫음악 : 음악소리 작아짐(계속적으로 약하게 깔림)

산타클로스 : 호호호! 앨리스 또 무슨 일이지?

앨리스 : 어떻게 고양이가 사라졌다 나타났다 하나요?

산타클로스 : 호호호~ 자, 그럼 내가 한 번 보여줄까? (산타, 액정 집으로 들어가서 액정화면을 껐다 켰다 한다.) (산타 액정에 대해 설명함.)

공연 모습

산타 설명 시 액정에 대한 자료 화면

앨리스 : 아, 그런 거구나, 감사합니다. (여왕을 쳐다보며) 여왕님 이제 되셨지요?
(종소리 울릴 때 산타클로스 쪽 조명 어두워지면서 산타 살짝 퇴장함.)
(산타 쪽 조명 꺼짐.)

여왕 : 할 수 없지. 하지만 저렇게 고양이가 건방진 것은 공작부인의 영향이 큰 것이 분명해. (분해하며 왕과 여왕, 신하들 한쪽으로 퇴장.)

앨리스 : 이제 나는 어디로 가야 하지?
(이때 체셔 고양이 또 나타남.)

체셔 : 앨리스, 너는 여왕이 마음에 드니?

앨리스 : 아니요. 전혀 마음에 들지 않아요. (누가 들을까 봐 주위를 살피며)
(그때 멀리서 소리가 들림: 재판이 열린다~ 재판이 열린다.)
(토끼가 급하게 뛰어나옴.)

토끼 : 빨리 재판이 열리는 곳으로 가야지.
(토끼 뛰어가고 앨리스도 따라간다.)
(조명 꺼지고 음악 나옴.)

4막 : 앨리스, 재판장에 가다

대본	실험
잠시 조명 켜지며(♬음악 : 신나는 크리스마스 캐럴) ♬음악 : 음악소리 작아짐(계속적으로 약하게 깔림) (무대에 왕과 여왕 앉아 있고 그 주위에 토끼(재판장 가발 쓰고 나옴.)와 신하들 서 있다. 하인1이 바닥에 엎드려 있다.)	인광 & back light/발광/금속불꽃/야광팔찌 등

토끼 : 이제부터 하트나라의 하인1이 성벽에 이와 같이(성벽에 하인의 그림자가 그려져 있는 장면 보임.) 낙서를 한 것에 대한 재판을 하도록 하겠습니다.

하인1 : 아닙니다. 제가 그러지 않았습니다.

토끼 : 피고는 조용히 하세요~. 첫 번째 증인으로 쐐기벌레 나오세요.

쐐기벌레 : (마지못해 앞으로 나온다.) 저는 단지…

여왕 : 단지, 뭐란 말이냐?

쐐기벌레 : 저 하인이 (하인을 가리키며) 저 벽 앞에서 팔짝 뛰는 모습만 보았을 뿐입니다.

왕 : 낙서를 하는 것을 보았느냐?

쐐기벌레 : 아니, 그것이… 봤는지 안 봤는지 잘 모르겠습니다.

여왕 : 아니, 뭐라고? 이 쐐기벌레의 목을 당장 베어라.

토끼 : 곤란한데요. 어디가 목인지 잘 모르겠습니다.
(이 틈을 타서 쐐기벌레 뒤로 가서 숨는다.)
(하인2가 편지를 가져온다.)

하인2 : 여왕님, 여기 벽 옆에 편지가 있습니다.

여왕 : 누가 보낸 편지냐?

하인2 : 모르겠습니다. 아무 이름도 쓰여 있지 않습니다.

토끼 : (편지를 건네받고 뜯어본다.) 이건 편지가 아니라 시네요.
(다들 웅성웅성 거린다.)

왕 : 다들 조용히 하시오. (하인1을 가리키며) 네가 쓴 것이지?

하인1 : 아닙니다. 제가 그 시를 썼다는 증거가 없잖아요. 게다가 그 시에는 이름도 없습니다.

왕 : 네가 떳떳하지 않았기 때문에 이름을 쓰지 않은 것이 아니냐? 만일 정직한 사람이라면 당연히 이름을 썼을 것이다.
(앨리스를 제외한 모든 사람들이 고개를 끄덕거리며 박수를 침.)

여왕 : 자, 이제 이 자가 죄인인 것을 알았으니 이자의 목을…

앨리스 : (주먹을 움켜쥐고 큰 소리로) 그것은 증거가 될 수 없어요. 시의 내용이 무엇인지도 모르잖아요.

왕 : (고민하다가) 그래, 그렇다면 시를 읽어 보아라.
(토끼가 큰 소리로 시를 읽고, 옆 자막에 시를 띄움.)

그녀는 마음대로 커지기도 하고 작아지기도 하는 마술사라네
그녀는 기분에 따라 옷을 색색가지로 바꿔 입는 변덕쟁이라네
그녀는 사라졌다가 나타나기도 하는 요술쟁이라네
그녀는 두 곳에서 동시에 보이기도 하는 신기한 존재라네
(사람들 웅성거림)

왕 : 그녀라니? 이 시는 여왕을 변덕쟁이니, 요술쟁이니 하면서 놀리는 시 아닌가?

앨리스 : 아니에요. (앨리스 앞으로 나서며) 제가 이 시를 해석하겠어요.
여기 와 있는 여러분들도 그녀가 누구인지 다 아실 거예요. 그녀는 빛이에요.
먼저, 그녀는 커지기도 하고 작아지기도 한다는 것은 빛에 의해서 생

긴 (관중을 바라보며 답을 유도함.) 그림자를 이야기하는 것이에요. (모두들 아하~ 하는 식으로 고개를 끄덕임.)
둘째, 기분에 따라 옷을 색색으로 바꿔 입는 것은 빛을 더하거나 빼서, 또는 굴절이나 편광 등에 의해 색이 달라지는 것을 나타냅니다. (모두들 아하~ 하는 식으로 더 크게 고개를 끄덕임.)
셋째, 사라졌다가 나타나는 것은… (관중을 바라보며) 여러분, 아까 체셔고양이가 나타났다 사라졌다 했지요? 그때 전기가 흐르면서 빛이 통과하게 되는 것을 무엇이라고 했지요?
(관중들 액정이라고 답함.)
맞아요. 액정이에요.
넷째, 두 곳에서 동시에 보이는 것은… 두 곳에서 동시에 보이는 것은… (목소리가 기어들어가며)

여왕 : 넷째는 뭐라고? 대답을 못하면 네 목을 베겠다.

앨리스 : 두 곳에서 보이는 것은… 아, 산타 할아버지에게 여쭈어봐야겠다. (종을 울린다.)

잠시 조명 꺼지고(♬음악 : 신나는 크리스마스 캐럴) 조명이 켜짐 ♬음악 : 음악소리 작아짐(계속적으로 약하게 깔림)

산타클로스 : 오호호~ 무슨 일이지?(산타가 나타나자 모두 놀란다.)
(앨리스 산타에게 어쩌고 저쩌고 설명하는 시늉을 하고 산타는 열심히 듣는다.)
알았어, 내가 설명해주마. 두 곳에서 보이는 신기한 존재라는 것은 인광이라는 현상이란다.
(인광에 대해 시범과 설명) 이제 알겠니? 그러니까 벽에 하인의 그림자가 남았던 것도 인광 때문이란다. (모두들 고개를 끄덕거리며 박수를 치고 엎드려 있던 하인1을 일으켜준다.)

공연 모습

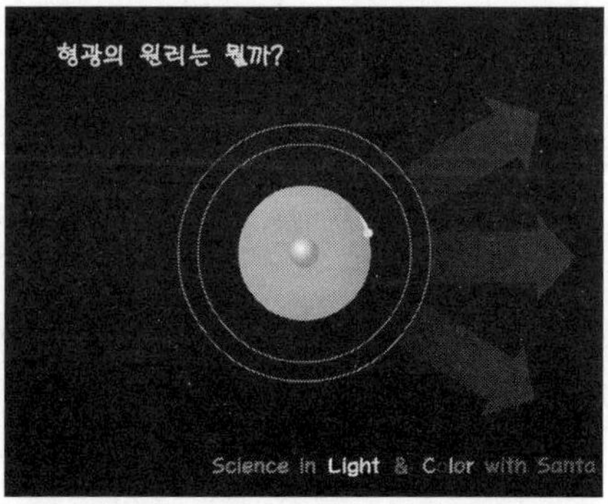

산타 설명 시 인광과 형광에 대한 자료 화면

여왕 : 알았어요. (마지못한 말투로) 산타, 그런데 여기는 웬일이세요?

산타클로스 : 오호호~ 오늘이 무슨 날이죠? (관중을 쳐다보며) (관중들 크리스마스 라고 대답함.)
그래요. 그래서 여러분들에게 선물을 주러 왔어요.

앨리스 : 선물이라고요. 와~ 기대돼요!

산타클로스 : 오호호~ 자 그럼 선물을 풀어볼까? 루돌프야!
(보조 산타 루돌프가 끄는 썰매 끌고 나옴.)

산타클로스 : 수고했다, 루돌프야, 오늘은 멋진 빛의 선물을 주마.
(black light, 루미놀 발광, 금속 불꽃, 레이저 등을 시범으로 보여주며 설명함.)

공연 모습

금속의 불꽃반응에 대한 자료 화면 설명 모습

여러분들, 지금 우리 보조 산타들이 모두 야광 팔찌를 나눠드릴 것입니다. 다같이 팔찌를 만들어 낍시다.
(야광팔찌 원리 설명.) 자, 그럼 우리 모두 야광 팔찌 흔들면서 루돌프 사슴코를 같이 불러볼까요?
(관중들과 함께 노래 부름. 모든 등장인물 무대로 나와 함께함.)

산타클로스 : 감사합니다. 여러분, 모두 빛에 대해서 잘 알게 되었지요?
자, 그러면 이것으로 앨리스와 함께 한 크리스마스 과학강연극을 마칩니다.
내년에 또 만나요. 안녕히 돌아가세요~. (폭죽과 에어샷, CO_2 gas 발사)

(3) 과학강연극 적용 현황 및 결과

1) 적용 현황

- 이동과학교실 행사 시(2004년 3월~2007년 12월 현재, 약 350회 실시)

대상	과학강연극 제목	실시 횟수(회)
초등	피터팬과 함께 하는 화학랜드 여행	~50
	북극에스키모 남매의 하루	~40
	탐험가와 떠나는 밀림 속 여행	~40
	우주소년 타키와 함께 하는 전자기의 세계	~50
	신밧드와 함께 하는 화학랜드 여행	~25
중등	하자밴드 가입하기	~40
	어린 왕자의 소리 여행	~20
	008, 고분자 원리로 미션을 해결하다	~50
	009, 전자기 원리로 미션을 해결하다	~35

• 청소년 및 일반 대중을 대상으로 하는 행사 시(6회 실시)

대상	과학강연극 제목	실시 횟수(회)
초등 및 학부모	이상한 나라의 앨리스	2
	알라딘의 요술램프	2
중등 및 학부모	오즈의 마법사	2

2) 적용 결과

이야기 전개와 실험시연, 원리 설명이 함께 하는 과학강연극의 새로운 형식에 대해 설문 조사를 실시하였으며 설문결과는 다음과 같다.

설문 과학강연극에서는 실험을 이야기 속에 삽입하여 이해를 돕고 있습니다. 이와 같이 실험시연에 이야기 줄거리를 도입함으로써 과학강연극에 대한 흥미가 증가되었습니까?

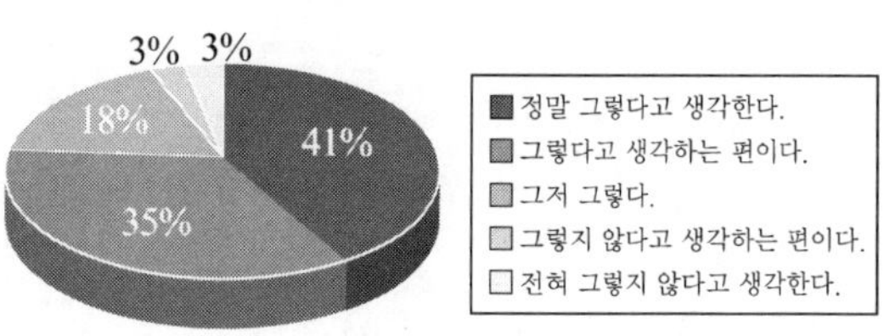

13개교, 1,224명 초·중생 대상

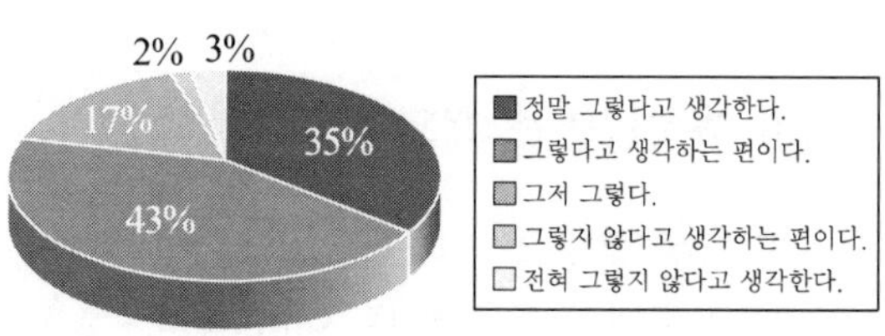

10개교, 2,170명 중·고생 대상

설문결과에서 보는 것처럼 이야기 전개 속에 실험시연과 원리 설명이 함께하는 새로운 구성의 과학강연극으로 인해 흥미가 증가되었느냐는 질문에 대해 초·중생은 76 %가, 중고생은 78 %가 그렇다고 답하였다. 이는 HASA 과학철학의 첫 단계인 흥미를 끌어내는 역할을 과학강연극이 하고 있다는 것을 나타낸다.

설문 과학강연극을 관람한 후, 과학을 더 많이 알게 되었다고 생각하십니까?

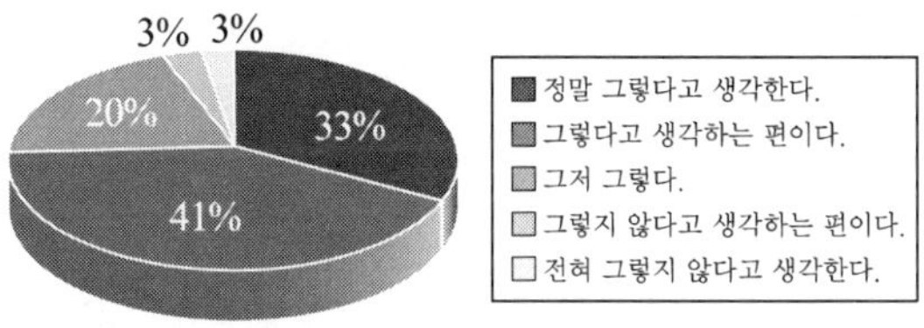

13개교, 1,224명 초·중생 대상

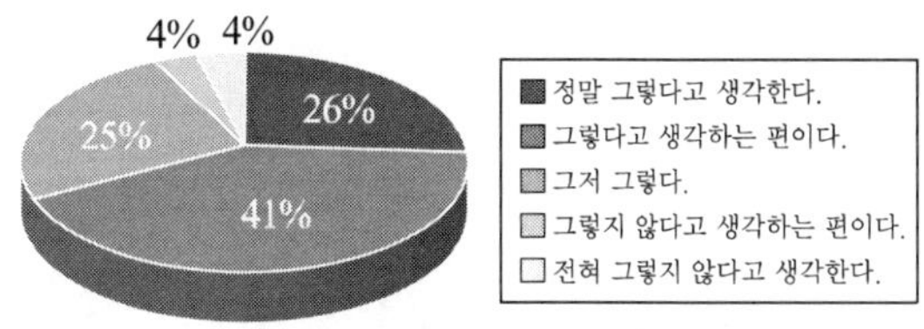

10개교, 2,170명 중·고생 대상

설문결과에서 보는 것처럼 과학강연극이 재미에만 그치는 것이 아니라 약 74 %의 초·중생과, 67 %의 중·고생이 과학강연극을 관람한 후 과학에 대해서 많이 알게 되었다고 응답하였으며, 이는 재미와 함께 과학 원리의 전달도 효율적으로 이루어졌음을 나타낸다.

설문 과학강연극을 관람한 후, 과학이 우리 생활 곳곳에 함께한다는 생각을 가지게 되셨습니까?

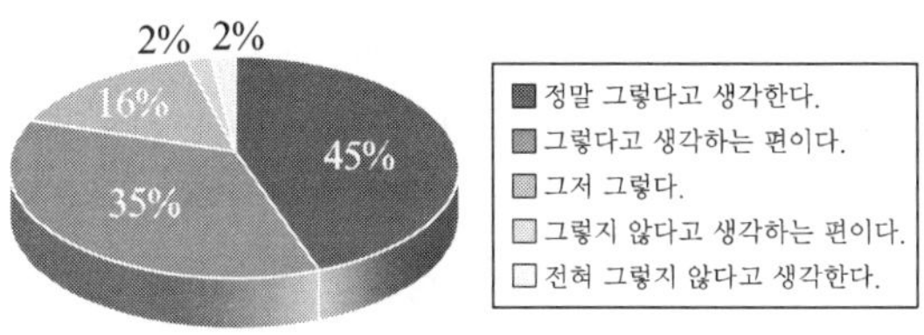

13개교, 1,224명 초·중생 대상

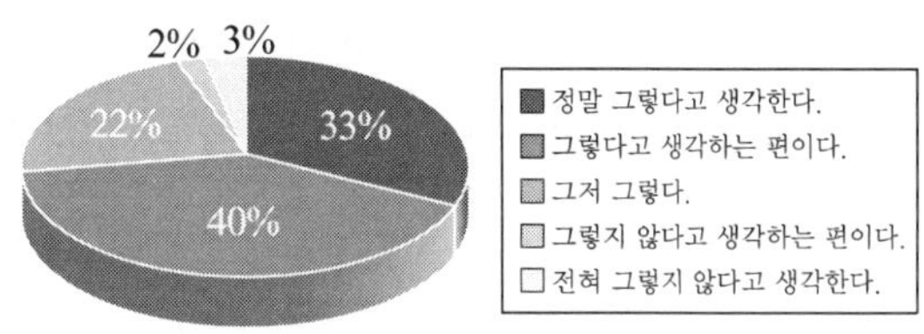

10개교, 2,170명 중·고생 대상

과학강연극 관람 후 생활 속에 과학이 함께한다는 생각을 약 80 %의 초·중생과, 73 %의 중·고생이 하게 되었다는 설문결과로부터 과학에 대한 새로운 인식에 기여하였음을 알 수 있다.

2 청소년 이공계 촉진 프로그램

2.1 청소년 과학탐구체험 프로그램

HASA 과학교육 프로그램의 기본 구조는 과학적 탐구 능력(Hands), 과학 지식(Head), 과학 태도(Heart)의 3가지 목표를 지향하고 있다. 해보기, 만들기, 응용 등의 수공적 기능을 통해 탐구하고 사실을 알게 되고, 개념을 배우게 되는 과정이야말로 과학이 즐거워지고 나아가 창의력과 열정이 넘치는 과학기술 마니아를 만들게 되는 것이다. 이에 본 센터의 HASA라는 과학교육철학을 바탕으로 개발된 과학탐구체험 프로그램은 반드시 학생들이 직접 참여하여 실험과 탐구를 통해 모든 과정이 이루어지도록 하였으며, 또한 이것들은 탄탄한 과학적 이론 및 원리와 체계적인 실험을 바탕으로 하고 있다. 특히 모든 과학탐구 프로그램이 첨단과학과 연계되도록 하였는데 이는 현재 발달하는 과학기술을 이해하는 데 일조하고 더 나아가 미래첨단과학에 대한 응용과 꿈을 키운다는 독자적인 과학교육철학을 갖고 개발 구성하였다.

1. 첨단과학체험 실습 프로그램

현대과학기술의 빠른 발전과 변화에 대해 청소년들이나 일반 대중들의 이해는 극히 부족할 뿐만 아니라 학교 현장에서도 첨단과학기술과 연계된 교육은 실질적으로 전혀 이루어지지 못하고 있다. 학생들이나 일반 대중들이 가지고 있는 잘못된 생각이 학교 과학교육과정에서의 내용과 첨단과학기술은 무관하다고 생각하는 것이다. 대부분의 교육 전문가들은 첨단과학을 초중고 학생들에게 이해시키는 것이 어렵다고 생각하고 있어서 엄두를 못 낸다는 이야기를 많이 듣고 있다.

그러나 대부분의 첨단과학은 교과서 수준에서 충분히 설명되고 이해시킬 수 있다. 즉, 실제적으로 첨단과학의 원리의 대부분은 초중고 과학교과서에 다 있다고 볼 수 있다. 따라서 본 팀에서는 2000년도 초반부터 이런 첨단과학기술 연계 프로그램을 개발하여 왔는데, 최근 영국 등 몇몇 선진 국가에서도 우리와 같은 과학교육철학을 갖고 이와 같은 프로그램의 개발을 착수하였으며, 이 점에서는 본 센터의 과학교육 프로그램 개발이 세계적으로 선도적이라고 볼 수 있다.

(1) 첨단과학체험 실험 프로그램 개발

1차~5차 연도에 걸쳐 매년 10개의 체험실험 프로그램을 개발하였다. 첨단과학 연구 경험이 있는 이공계 교수, 센터의 연구원, 편집 및 디자인과 kit 및 보조 기기 제작팀과의 유기적인 협동 작업에 의하여 프로그램이 개발되었으며, 현장 적용을 위한 보완 작업을 거쳐 계속적으로 개발하여 나갈 것이다. 전체 프로그램은 다음과 같이 교재에 대한 구성 개념도를 바탕으로 제작한다. 이 구성 개념도는 그동안 다년간의 첨단과학 연계 체험실험 개발 과정에서 적용과 피드백을 통해 최적화하였다.

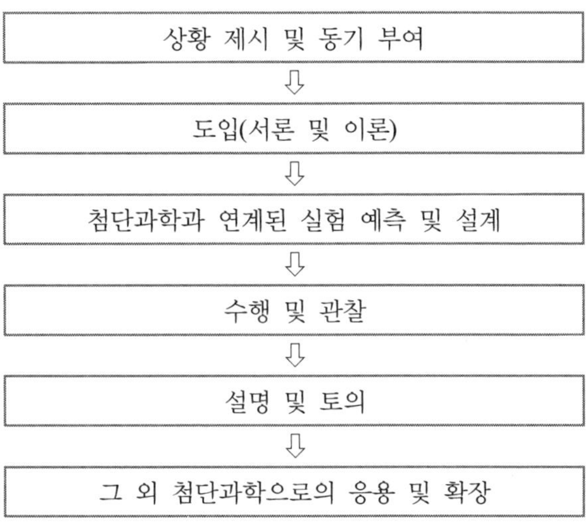

그림 V-1 프로그램 개발을 위한 구성 개념도

현재 50종의 첨단과학 연계 체험실험 프로그램이 개발되거나 개발 중에 있으며, 급변하는 새로운 과학기술의 발전에 따라 계속적으로 연구 개발되어야 할 것이다.

다음에 기개발된 프로그램 목록을 소개한다.

● 프로그램(첨단과학실험체험) 개발 목록

연도	제목	내용	교육과정
1차 연도	붕~떠가는 자기부상열차	자석을 이용한 자기부상열차를 만들고 저기 부상의 원리에 대해 이해하는 실험	3-1-2 자석놀이 6-1-7 전자석 물 1-2 전기와 자기
	빛을 좋아하는 카멜레온 꽃	빛 감응 물질을 이용한 꽃을 만들어 보고 빛 감응의 원리와 이용에 대해 알아보는 실험	3-2 식물의 잎과 줄기 5-1-5 꽃 8-4 식물의 구조와 기능
	빛의 마술	조명장치를 만들고 빛의 혼합을 알아보는 실험	3-2-2 빛의 나아감 4-1-3 전구에 불켜기 5-2-6 전기회로 꾸미기 7-2 빛 물 1-3 파동과 입자
	카메라로 쏘는 로켓	전기를 이용하여 로켓을 추진하는 방법에 대해 알아보고 전자기 유도 현상을 이해하는 실험	6-1-7 전자석 9-6 전류의 작용 10-2 에너지 물 1-2 전기와 자기 물 2-2 전기장과 자기장
	미니 정전기 모터 만들기	정전기로 도는 모터를 만들고 생활 속 정전기 현상과 이용에 대해 알아보는 실험	8-7 전기 물 1-2 전기와 자기 물 2-2 전기장과 자기장
	시계야, 소금물이 필요하니?	아연과 구리를 이용한 전지를 만들어보고 전해질과 전지에 대해 알아보는 실험	8-7 전기 물 1-2 전기와 자기 10-3 물질 화 2-3 화학반응
	영차 영차 이온줄다리기	이온 이동 실험에 의해 양이온과 음이온을 분리하고 분자와 원자, 이온에 대해 이해하는 실험	9-3 물질의 구성 10-3 물질
	나일론이 물레를 만났을 때	나일론을 직접 만들어보고, 원리 및 특성에 대해 알아보는 실험	3-1 우리 주위의 물질 8-2 물질의 특성 10-3 물질 화 1-2 화학과 인간 화 2-3 화학반응

연도	제목	내용	교육과정
	내 손으로 만드는 완충제	폴리우레탄폼을 만들어보고, 고분자의 특성과 활용에 대해 알아보는 실험	3-1 우리 주위의 물질 8-2 물질의 특성 10-3 물질 화1-2 화학과 인간
	내가 직접 만드는 스티로폼	스티로폼을 직접 만들어보고 처리와 재활용에 대해 알아보는 실험	8-2 물질의 특성 화1-2 화학과 인간
2차 연도	숨바꼭질 온도계 만들기	열감응 필름을 이용하여 예쁜 엽서를 만들어 온도에 따른 변화를 관찰해보는 실험	3-1-4 온도재기 5-1-3 기온과 바람 9-4 물의 순환과 날씨 변화 지 1-2-2 날씨의 변화
	해수전지보트 만들기	소금물에서 구리와 아연의 전지반응을 이용하여 프로펠러가 돌아가는 보트를 만들어보는 실험	6-2-1 물속에서의 무게와 압력 8-7 전기 10-3 물질 화 2-3 화학반응 화 2-8 산화·환원의 반응
	반짝반짝 빛나는 액자 만들기	광섬유와 LED를 이용하여 별자리 액자를 만들어보는 실험	3-2-2 빛의 나아감 5-2-6 전기회로 꾸미기 7-2 빛 물 1-3 파동과 입자
	라이트 형제 따라잡기	충전지를 이용하여 작동하는 초소형 비행기를 만들어 보는 실험	5-2-6 전기회로 꾸미기 7-10 힘 10-2 힘과 에너지 물 2-1 운동과 에너지 물 2-2 전기장과 자기장
	액정아 놀자!	액정판을 사용한 글자 디스플레이를 만들어보고, 액정의 원리에 대해 이해할 수 있는 실험	3-2-2 빛의 나아감 5-2-6 전기회로 꾸미기 7-4 물질의 세 가지 상태 물 1-3 파동과 입자
	달려라 리니어모터카	직선으로 직접 구동되는 리니어모터를 만들어 보고, 그 원리와 쓰임새에 대해 알아보는 실험	6-1-7 전자석 7-10 힘 9-6 전류의 작용 10-2 에너지 물 1-2 전기와 자기 물 2-2 전기장과 자기장

연도	제목	내용	교육과정
	프로펠러 없이 로렌츠의 힘으로 가는 선박	소금물에 작동되는 자석을 이용한 모형 선박을 만들어보고, 로렌츠 힘의 원리를 이해할 수 있는 실험	6-2-1 물속에서의 무게와 압력 6-1-7 전자석 7-10 힘 9-6 전류의 작용 물 1-2 전기와 자기
	날아라 호버크라프트	호버크라프트를 직접 만들어보고, 그 원리와 쓰임새에 대해 알아보는 실험	6-2-1 물속에서의 무게와 압력 7-10 힘 8-1 여러 가지 운동 10-2 에너지 물 1-1 힘과 에너지
	통통 튀는 고무공 만들기	천연고무인 라텍스를 이용하여 고무공을 만들어 보고, 고무의 성질 및 쓰임새에 대해 알아보는 실험	3-1 우리 주위의 물질화 1-2 화학과 인간
	투명 스피커 만들기	플라스틱 통을 이용하여 투명 스피커를 만들어보고, 소리의 특성 및 스피커의 원리에 대해 알아보는 실험	3-2-6 소리내기 6-1-7 전자석 7-12 파동 9-6 전류의 작용 물 1-3 파동과 입자
3차 연도	뜨거운 물과 찬물로 전기를 만들어 봐요	열에너지를 전기에너지로 바꿀 수 있는 열전소자에 대해 알아보는 실험	5-2-8 에너지 8-7 전기 9-2 일과 에너지 10-2 에너지 물 1-2 전기와 자기 물 2-1 운동과 에너지
	바이메탈을 이용한 경보기	열팽창의 원리와 바이메탈, 경보기 등에 알아보는 실험	4-2-5 열에 의한 물체의 부피 변화 9-6 전류의 작용
	풍차 발전기 만들기	풍차 발전기를 만들어 발전기의 원리에 대해 알아보는 실험	5-2-6 전기회로 꾸미기 5-2-8 에너지 8-7 전기 9-2 일과 에너지 9-6 전류의 작용 10-2 에너지 물 2-1 운동과 에너지

연도	제목	내용	교육과정
	간이 편광계 만들기	빛의 편광성질을 이용한 간이 편광계를 만들어 설탕물의 편광회전각을 측정해봄으로써 편광에 대해 알아보는 실험	7-2 빛 물 1-3 파동과 입자
	입체등고선 만들기	입체등고선을 만들어봄으로써 등고선을 이해하고 그 이용을 알아보는 실험	7-2 빛 8-6 지구의 역사와 지각 변동 지 1-1 지각의 변동
	자이로스코프를 알아보자	자이로스코프의 원리와 첨단과학에서의 이용을 알아보는 실험	8-1 여러 가지 운동 9-7 태양계의 운동
	나는야, 천하장사 요리사	유압장치의 원리에 대해 알아보고 유압프레스를 만들어보는 실험	7-10 힘 9-2 일과 에너지 10-2 에너지 물 1-1 힘과 에너지
	탄소 세 쌍둥이	탄소 동소체를 만들어보고 나노 소자 등 첨단과학에의 응용을 알아보는 실험	7-4 물질의 세 가지 상태 8-2 물질의 특성 10-3 물질 화 1-2 화학과 인간
	결정을 키워 정원을 만들어 봐요~	용해도 차이를 이용한 결정을 키워보고 순결정 등의 이용에 대해 알아보는 실험	7-4 물질의 세 가지 상태 8-2 물질의 특성 8-8 혼합물의 분리 화 1-2 화학과 인간
	선 없이도 통하는 통신 장비	유도 전류 원리를 이용한 소리 나는 카드를 만들어보고 무선통신에 대해 알아보는 실험	5-2-6 전기회로 꾸미기 8-7 전기 9-6 전류의 작용 물 1-2 전기와 자기
4차 연도	우주에서는 무슨 일이 일어날까요?	별의 탄생과 우주의 기원에 대해 알아보는 실험	8-3 지구와 별 9-7 태양계의 운동 10-5 지구
	DNA를 알아보자	DNA 모형을 만들어보고 DNA가 무엇이며 어디에 있는지 알아보는 실험	9-1 생식과 발생 생 1-8 사람의 유전 생 1-9 생명과학과 인간의 생활 생 2-5 생물학과 인간의 미래
	물에 녹는 비닐을 만들어 봐요	물에 녹는 비닐을 만들어보고 저절로 분해되는 생분해성과 생붕괴성 플라스틱에 대해 알아보는 실험	3-1 우리 주위의 물질 8-2 물질의 특성 10-3 물질 화 1-2 화학과 인간

연도	제목	내용	교육과정
	손가락 전자악기	전자소자를 이용하여 전자악기를 만들고 디지털 음이 나오는 원리를 이해하는 실험	5-2-6 전기회로 꾸미기 8-7 전기 9-6 전류의 작용 물 1-2 전기와 자기
	물 먹는 고흡수성 수지	고 흡수성 수지의 쓰임새와 원리에 대해 알아보는 실험	3-1 우리 주위의 물질 8-2 물질의 특성 10-3 물질 화 1-2 화학과 인간
	자석으로 더 멀리! 더 빠르게!	자석포를 만들고 운동량과 충격량, 운동량 보존법칙 등을 이해하고 입자가속기 등에의 이용을 알아보는 실험	8-1 여러 가지 운동 물 1-1 힘과 에너지 물 2-1 운동과 에너지
	물에 젖지 않는 마법의 모래	소수성 물질이 코팅된 모래를 이용한 모래시계를 만들고 친수성과 소수성이 무엇인지 어디에 이용하는지 알아보는 실험	3-1 우리 주위의 물질 8-2 물질의 특성 10-3 물질 화 1-2 화학과 인간
	내 손안의 복사기	빛에 반응하는 원리를 이용한 복사기를 만들어보고 복사기의 원리에 대해 알아보는 실험	7-2 빛 8-7 전기 물 2-2 전기장과 자기장
	내가 쓴 전기량, 어떻게 알 수 있을까?	맴돌이 전류의 원리를 이용한 적산전력계의 구조와 동작원리를 이해하는 실험	10-2 전기에너지 물 1-2 전기와 자기 물 2-2 전기장과 자기장
	저절로 도는 도르래	형상기억합금을 이용한 도르래를 만들고 형상기억합금의 원리와 응용에 대해 알아보는 실험	6-2-6 편리한 도구 9-2 일과 에너지
5차 연도	스터링 엔진 만들기	열에너지를 운동에너지로 바꿀 수 있는 스터링 엔진을 만들고 연소기관과 열효율에 대해 알아보는 실험	5-2-8 에너지 8-1 여러 가지 운동 9-2 일과 에너지 1-2 에너지 물 2-1 운동과 에너지
	우리 몸속 작은 방 이야기	세포의 구조를 이해하고 동물세포와 식물세포의 차이를 알아보고 줄기세포 등 세포에 대한 첨단과학 연구 분야에 대해 알아보는 실험	7-6 생물의 구성 생 1-9 생명과학과 인간의 생활
	오늘 밤 자정에는 무슨 별을 볼 수 있을까?	천구를 만들어봄으로써 시간별, 계절별 별자리를 알아보는 실험	4-1-8 별자리를 찾아서 8-3 지구와 별 9-7 태양계의 운동 10-4 지구

연도	제목	내용	교육과정
	할머니 이가 달라졌어요~	수지를 이용해 치아본을 떠보고 인공치아와 나아가 의공학에 대해 알아보는 실험	생 1-9 생명과학과 인간의 생활 생 2-5 생물학과 인간의 미래
	꼬리 치는 물고기배	꼬리로 움직이는 물고기 모양의 배를 만들어보고 생체 모방 공학 기술에 대해 알아보는 실험	6-2-1 물속에서의 무게와 압력 6-2-6 편리한 도구 8-1 여러 가지 운동 물 1-1 힘과 에너지 물 2-1 운동과 에너지
	반도체 고리 만들기	반도체 모양의 고리를 만들어 봄으로써 반도체의 제조공정을 알아보는 실험	8-2 물질의 특성 10-3 물질 화 1-2 화학과 인간 화 2-8 산화·환원의 반응
	빛나라~ 수지램프	수지로 원하는 모양의 램프를 성형해보는 실험으로 수지의 역사와 수지가 무엇인지, 어떻게 활용될지 알아보는 실험	3-1 우리 주위의 물질 8-2 물질의 특성 10-3 물질 화 1-2 화학과 인간
	연료전지로 울리는 멜로디	물과 탄소(흑연)전극을 이용한 간단한 연료전지를 만들어보고, 미래의 전지에 대해 알아보는 실험	8-7 전기 9-2 일과 에너지 화 2-8 산화·환원의 반응
	신비로운 액체자석	액체자석을 약물전달체계에 활용해보는 실험으로 액체자석의 활용에 대해 알아보는 실험	3-1-2 자석놀이 10-3 물질 화 1-2 화학과 인간
	멈춰라~선풍기	간단한 선풍기를 만들어보고 스트로보스코프가 무엇인지, 어떻게 활용할 수 있는지 알아보는 실험	6-2-6 편리한 도구 8-1 여러 가지 운동

(2) 첨단과학체험 실습 프로그램 예시

체험과학체험 실험 프로그램은 수업을 지도할 교사를 위한 교사용 지도안, 학생들에게 제시될 학생용 매뉴얼(탐구보고서 포함)과 프리젠테이션 자료 등으로 구성하였다.

교사용 지도안은 수업을 지도할 교사들이 수업 시 실제 활용할 수 있도록 구성하였다. 수업을 함으로써 학생들에게 무엇을 전달하여야 하는지 알려주는 '수업목표'와 함께 이 실험을 하기에 적당한 '대상학년', 개별 실험이 적당한지 아니면 조별 실험이 적당한지를 알려주는 '수업 형태', 실험에 있어서 필요한 준비물들을 알려주는 '수업 교재', 교사가 실험 지도 시 주의해야 할 점을 알려주는 '지도상의 유의점' 등을 제시한다. 또한 '수업지도안'에서 80분 동안 진행되는 수업에 있어서 시간 배분과 체계적으로 어떻게 수업을 유도하면 좋을지 가이드라인을 제시하여 수업이 적정 수준에 이르도록 도와준다. 그 다음으로 수업 전에 학생들에게 알려줘야 할 실험에 관련된 원리와 이론 등을 알려주는 '이론적 배경'을 소개하며 우리가 해 볼 실험이 무엇인지 '우리가 해 볼 실험은?'에서 제시한 후 실험에 들어가도록 한다. 실험 시 실험 조작에 있어서의 '실험목표'와 실험 전 주의사항을 알려주는 '실험 전 유의사항', 실험 방법을 자세히 알려주는 '실험 매뉴얼', 실험 후 실험의 목적과 실험에서 알게 된 원리 등을 되짚어보는 '생각해 볼까요?' 실험에서 배운 내용으로 유추 또는 창의력을 발휘하여 문제를 풀어볼 수 있는 '한 걸음 더', 그리고 뒷부분에 실험 속의 과학 원리와 연관되어 있는 첨단과학에 대한 읽을거리를 소개하여 학생들에게 학교과학교육과 첨단과학기술과의 연결고리를 보여줌으로써 학생들이 과학기술을 좀더 쉽게 받아들이고 나아가 과학기술 개발을 하는 것이 나와 동떨어진 일이 아니라는 것을 깨닫도록 한다. 학생용 매뉴얼은 학생들에게 실제 배부되는 매뉴얼로 생활 속에서 가질 수 있는 궁금증을 제시함으로써 학생들에게 이 실험에 대한 흥미를 갖도록 하는 도입부인 '생각해 봐요', 이 실험을 하게 되면 무엇을 배우게 될 것인지 알려주는 '이 활동을 하면', 실험 전 주의사항을 알려주는 '잠깐만요', 실험에 있어서 필요한 준비물들을 알려주는 '무엇이 필요한가', 실험 방법을 자세히 알려주는 '어떻게 할까요', 실험 후 실험의 목적과 실험에서 알게 된 원리 등을 되짚어보는 '생각해 볼까요', 실험에서 배운 내용으로 유추 또는 창의력을 발휘하여 문제를 풀어볼 수 있는 '한 걸음 더', 그리고 마지막으로 실험 조작 전에 교사용 지도안의 이론적 배경과 읽을거리에서 제시되었던 실험 관련 이론 및 관련 자료들을 실험 후에도 학생이 다시 볼 수 있도록 이론적 배경이 소개되어 있는 '참고자료'로 구성되어 있다. 프리젠테이션 자료는 영상매체에 익숙한 학생들에게 효과적으로 수업 내용을 전달하기 위해, 또한 지도교사가 누가 되든지 일정 수준 이상의 수업이 가능하도록 하기 위해 수업에서 교사가 이끌어나가야 할 기본적인 자료를 순서대로 모두 제작하여 수업에 활용할 수 있도록 하였다.

다음에는 기개발된 40개 교재 중 첨단과학기술을 대표하는 BT(biotech), IT(infotech), NT(nanaotech) 3분야에 대해 1가지씩 소개한다.

1) BT 분야 : DNA를 알아보자

DNA는 학교에서, 생활 속에서 이미 익숙해진 단어이다. 이 DNA가 실제 무엇이며, 어디에 있고, 어떤 역할을 하는지, 나아가 왜 DNA를 연구하고 어떻게 우리 생활에 응용될 수 있는지를 알아보는 실험이다.

즉, DNA 모형을 만들어봄으로써

(탐구) • DNA 구조에 대한 탐구와 함께 DNA칩 등 응용기술에 대해 유추가 가능하다.

(지식) • DNA 개념을 이해하고 설명할 수 있다.

(태도) • DNA의 기능에 대해 호기심과 흥미를 느낄 수 있다.

① 교사용 지도안

• 수업 형태에서 개별실험인지 조별실험인지 알려준다. 4과제에서 개발한 대부분의 실험이 학생 개인이 실험을 독자적으로 수행하여 개별 산출물을 얻을 수 있는 개별kit를 활용하는 개별 실험으로 구성되어 있으나 내용에 따라 예비 실험 중에서 조별 실험이 가능한 것은 조별로 실험을 진행하여 상호 의견 교환을 통한 공동 탐구 기회를 제공한다.

수업지도안을 보면, 총 수업시간은 80분이며, 도입부터 수업 전개, 마무리까지 수업 내용에 따라 지도교사에게 체계적인 흐름을 제시하고 있으며, 교사용 교재의 페이지 명시와 함께 수업에 활용할 프리젠테이션 자료의 활용 가능한 페이지도 함께 명시하여 일정 수준 이상의 수업 지도가 가능하도록 수업지도안을 제시한다.

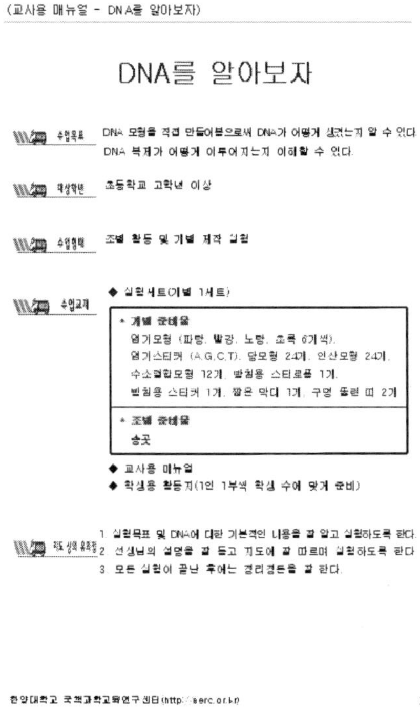

(교사용 매뉴얼 - DNA를 알아보자)

DNA를 알아보자

수업목표: DNA 모형을 직접 만들어봄으로써 DNA가 어떻게 생겼는지 알 수 있다.
DNA 복제가 어떻게 이루어지는지 이해할 수 있다.

대상학년: 초등학교 고학년 이상

수업형태: 조별 활동 및 개별 제작 실험

수업교재:
◆ 실험세트(개별 1세트)

* 개별 준비물
염기모형 (파랑, 빨강, 노랑, 초록 6개씩),
염기스티커 (A,G,C,T), 당모형 24개, 인산모형 24개,
수소결합모형 12개, 받침용 스티로폼 1개,
받침용 스티커 1개, 짧은 막대 1개, 구멍 뚫린 띠 2개

* 조별 준비물
송곳

◆ 교사용 매뉴얼
◆ 학생용 활동지(1인 1부씩 학생 수에 맞게 준비)

지도 상의 유의점:
1. 실험목표 및 DNA에 대한 기본적인 내용을 잘 알고 실험하도록 한다.
2. 선생님의 설명을 잘 듣고 지도에 잘 따르며 실험하도록 한다.
3. 모든 실험이 끝난 후에는 정리정돈을 잘 한다.

한양대학교 국책과학교육연구센터(http://serc.or.kr) 1

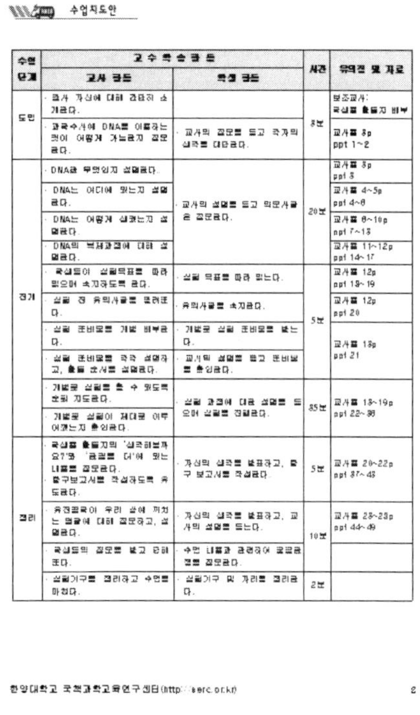

수업지도안

수업 단계	교수 학습 활동: 교사 활동	교수 학습 활동: 학생 활동	시간	유의점 및 자료
도입	· 교사 자신에 대해 간단히 소개한다.		3분	보조교사: 학생용 활동지 배부
	· 과학수사에 DNA를 이용하는 것이 어떻게 가능한지 질문한다.	· 교사의 질문을 듣고 각자의 생각을 대답한다.		교사용 3p ppt 1~2
전개	· DNA란 무엇인지 설명한다.	· 교사의 설명을 듣고 의문사항은 질문한다.	20분	교사용 3p ppt 3
	· DNA는 어디에 있는지 설명한다.			교사용 4~5p ppt 4~6
	· DNA는 어떻게 생겼는지 설명한다.			교사용 6~10p ppt 7~13
	· DNA의 복제과정에 대해 설명한다.			교사용 11~12p ppt 14~17
	· 학생들이 실험목표를 따라 읽으며 숙지하도록 한다.	· 실험 목표를 따라 읽는다.	5분	교사용 12p ppt 18~19
	· 실험 전 유의사항을 알려준다.	· 유의사항을 숙지한다.		교사용 12p ppt 20
	· 실험 준비물을 개별 배부한다.	· 개별로 실험 준비물을 받는다.		교사용 13p ppt 21
	· 실험 준비물을 각각 설명하고, 실험 순서를 설명한다.	· 교사의 설명을 듣고 준비물을 확인한다.		
	· 개별로 실험을 할 수 있도록 순회 지도한다.	· 실험 과정에 대한 설명을 들으며 실험을 진행한다.	35분	교사용 13~19p ppt 22~36
	· 개별로 실험이 제대로 이루어졌는지 확인한다.			
정리	· 학생용 활동지의 '생각해봅시다'와 '궁금해 더'에 있는 내용을 질문한다. · 탐구보고서를 작성하도록 유도한다.	· 자신의 생각을 발표하고, 탐구 보고서를 작성한다.	5분	교사용 20~22p ppt 37~43
	· 유전공학이 우리 삶에 미치는 영향에 대해 질문하고, 설명한다.	· 자신의 생각을 발표하고, 교사의 설명을 듣는다.	10분	교사용 23~23p ppt 44~49
	· 학생들의 질문을 받고 답해준다.	· 수업 내용과 관련하여 궁금한 점을 질문한다.		
	· 실험기구를 정리하고 수업을 마친다.	· 실험기구 및 자리를 정리한다.	2분	

한양대학교 국책과학교육연구센터(http://serc.or.kr) 2

• 이론적 배경에서는 도입부에서 딱딱한 과학 이론을 제시하기 전에 먼저 학생들에게 이 수업에 대한 흥미를 끌어내기 위하여 생활 속에서 쉽게 접하고 쉽게 생각해 볼 수 있는 현상들을 생각하도록 유도한 후에, 관련된 기본 이론, 이 주제 경우, DNA에 대해서 먼저 무엇이며, 어디에 존재하는지 어떻게 생겼는지 등을 알아보고 DNA 복제에 대한 기본 이론을 소개한다.

이론적 배경

DNA에는 사람마다 다른 정보가 저장되어 있어요!

1 DNA에 대해서 알아보아요.

1. DNA란 무엇일까요?

DNA는 유전물질의 가장 작은 단위로 생명체에 있어 핵심이 되는 열쇠라고 할 수 있어요.

이러한 DNA는 개인의 특성들에 관련된 모든 정보들을 함유하고 있답니다.

사람들의 모습이나 성격 등이 다른 이유는 DNA에 각기 다른 정보가 저장되어 있기 때문이에요.

참고!! DNA는 deoxyribonucleic acid의 약자예요. 디옥시리보오스를 가지고 있는 핵산이라는 뜻이랍니다.

한양대학교 국책과학교육연구센터(http://serc.or.kr) 3

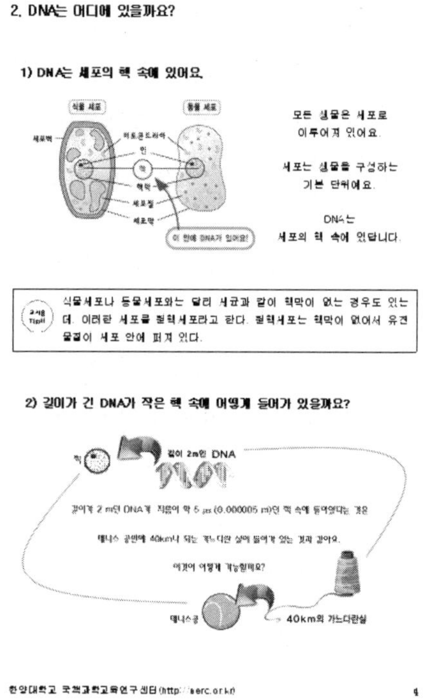
2. DNA는 어디에 있을까요?

1) DNA는 세포의 핵 속에 있어요.

모든 생물은 세포로 이루어져 있어요.

세포는 생물을 구성하는 기본 단위예요.

DNA는 세포의 핵 속에 있답니다.

식물세포나 동물세포와는 달리 세균과 같이 핵막이 없는 경우도 있는데. 이러한 세포를 원핵세포라고 한다. 원핵세포는 핵막이 없어서 유전물질이 세포 안에 퍼져 있다.

2) 길이가 긴 DNA가 작은 핵 속에 어떻게 들어가 있을까요?

한양대학교 국책과학교육연구센터(http://serc.or.kr) 4

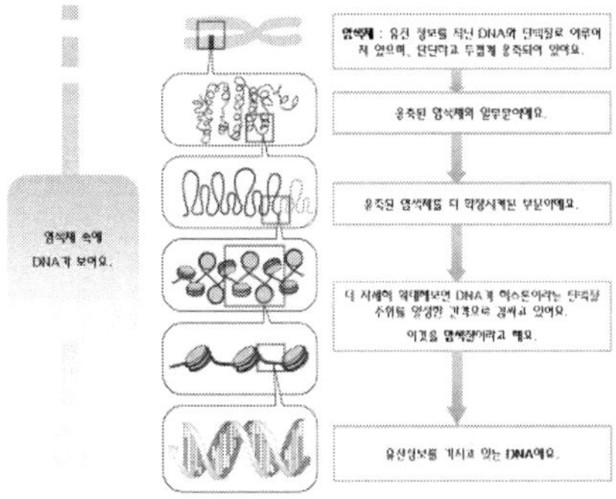

염색체에 대해 더 자세히 알아보아요.

염색체는 세포가 분열할 때 관찰된다. 핵 속에 풀린 상태로 있던 염색사가 세포 분열을 할 때 분리되기 쉽도록 더욱 꼬이고 응축되어 염색체가 되는 것이다. 다시 말해서 염색체는 세포 분열에서 유전자를 똑같이 분배하는 역할을 한다고 할 수 있다.

염색체의 수와 모양 및 크기는 생물의 종류에 따라 일정하다. 사람의 염색체 수는 46개(23쌍)로 이 중에서 2개는 성염색체(남자:XY, 여자:XX), 44개는 상염색체이다. (성 결정에 관여하는 염색체를 성염색체라고 하고 성 결정과 관련이 없는 염색체를 상염색체라고 한다.) 이와 같은 염색체에 이상이 생기면 돌연변이가 나타난다. (예를 들어, 다운 증후군은 21번 염색체가 3개일 때 나타난다.)

3. DNA는 어떻게 생겼을까요?

1) DNA의 기본단위는 당, 인산, 염기로 이루어진 뉴클레오티드에요.

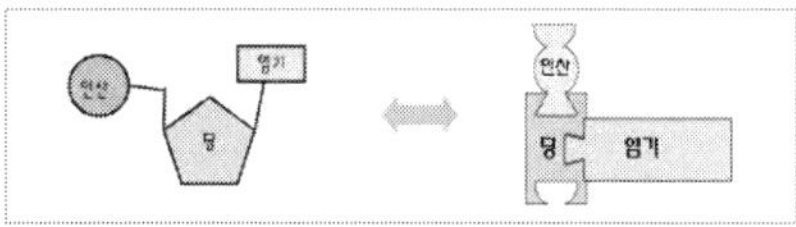

뉴클레오티드가 서로 연결되어 폴리뉴클레오티드를 형성해요!

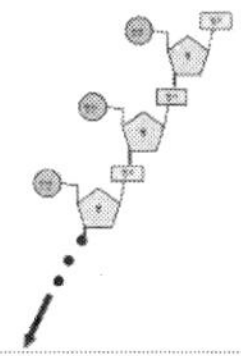

뉴클레오티드가 서로 연결되어
폴리뉴클레오티드를 형성할 때
뉴클레오티드는 일정한 방향으로 이어져요.
이렇게 만들어진 폴리뉴클레오티드를
DNA 사슬 또는 DNA 가닥이라고 해요.

2) DNA를 구성하는 염기는 짝이 있어요.

DNA를 구성하는 뉴클레오티드는 염기의 종류에 따라 네 종류에요.

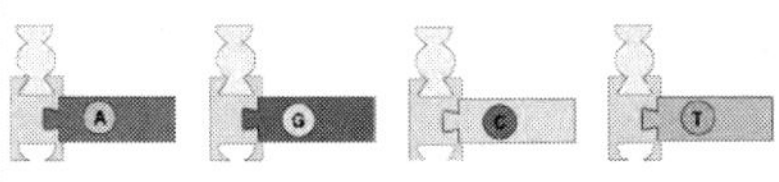

아데닌 뉴클레오티드 구아닌 뉴클레오티드 시토신 뉴클레오티드 티민 뉴클레오티드

아데닌(A)은 티민(T)하고만 결합해요! 구아닌(G)은 시토신(C)하고만 결합해요!

3) 염기의 짝들은 수소결합으로 연결되어요.

아데닌과 티민은 두 개의 수소결합을 해요.

구아닌과 시토신은 세 개의 수소결합을 해요.

염기의 분자 구조 및 수소결합 양상은 아래 그림과 같다.

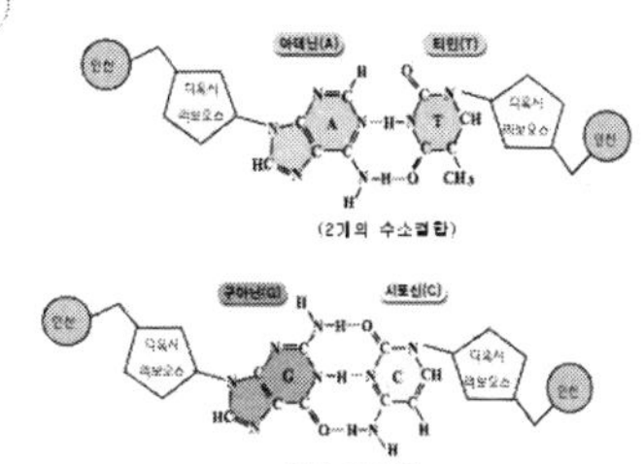

수소결합이란?

전자가 풍부한 F(플루오르), O(산소), N(질소) 원자와 다른 분자의 H(수소) 원자사이에 생기는 결합으로, 원자사이에 이루어지는 화학결합이 아니라 분자 사이에서 강하게 잡아당기는 힘(인력)이다.
폴리뉴클레오티드간의 결합 뿐 아니라,
물분자의 결합, 폴리펩티드 사이의 결합 등에서도 수소결합을 볼 수 있다.

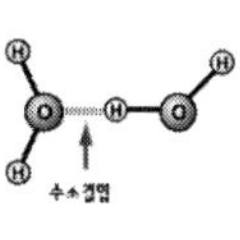

4) DNA는 두 가닥의 폴리뉴클레오티드 사슬로 이루어져 있어요.

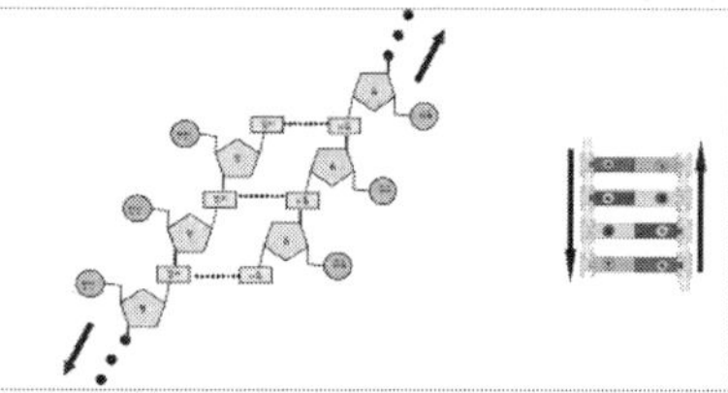

DNA는 일정한 간격을 유지해요.
두 가닥의 폴리뉴클레오티드 사슬은 반대 방향을 향해 있어요.

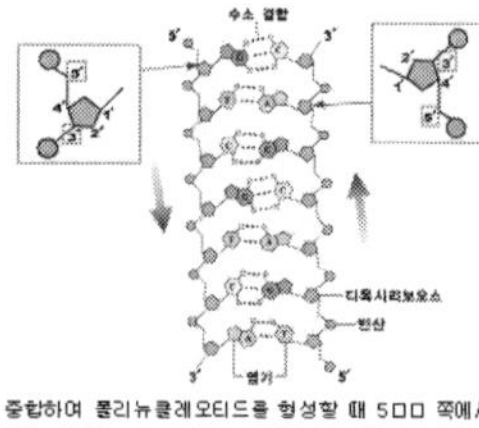

뉴클레오티드가 중합하여 폴리뉴클레오티드를 형성할 때 5□□ 쪽에서 3□□쪽으로 (5'→3') 형성된다. (참고 : □□부호는 5탄당 디옥시리보오스에서 탄소의 위치를 나타낸다.) 산이 하나의 디옥시리보스 분자의 3' 탄소와 다음 분자의 5' 탄소에 이어져서 연속해 있는 당을 결합한다.

5) DNA 이중가닥은 나선 모양으로 꼬여 있어요.

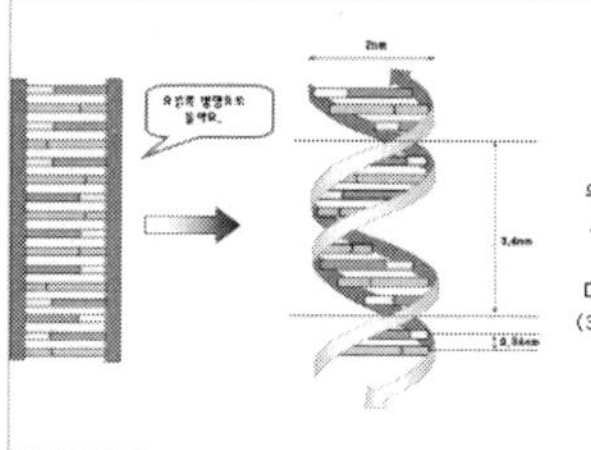

DNA 이중나선의 전체 폭과 간격은 일정해요.

두 폴리뉴클레오티드 사슬은 3.4 nm마다 한바퀴씩 돌고, DNA 나선의 한 회전(360°) 속에는 10쌍의 뉴클레오티드가 있어요.

우리 몸 안의 DNA가 모두 오른쪽으로 도는 것만은 아니예요.

DNA 이중 나선은 세 가지 종류가 있어요.

- B-DNA : 대부분의 DNA 구조로 꼬여 있는 방향이 오른쪽이다.
- A-DNA : 1회전에 11개의 염기쌍이 있는 구조로, 심한 탈수현상이 나타날 때나 염 농도가 높을 때 나타난다.
- Z-DNA : B-DNA와 달리 왼쪽 방향으로 돌며 불규칙적으로 꼬여있다.

DNA는 체내에서 대부분 B형이지만 일시적으로 긴 사슬 가닥의 중간 부분이 Z형으로 바뀌어 두 가지 형태가 만나는 부위가 생긴다. 이 결합부분의 입체구조는 Z형 DNA가 알려진 1979년 이후 오랫동안 풀리지 않았는데, 2005년 국내 연구진에 의해 그 구조가 밝혀졌다.

• 기본 이론을 소개한 후에 학생들에게 우리가 할 실험이 무엇인지 소개하고 실제 이 실험의 목표와 유의사항에 대해 소개한다. 실험 매뉴얼은 지도교사가 충분히 방법 습득이 가능하도록 단계 단계 그림 또는 사진으로 나타낸다.

2 DNA 복제에 대해 알아보아요.

1. DNA 복제란 무엇일까요?

생물은 체세포 분열을 통해 성장해요.

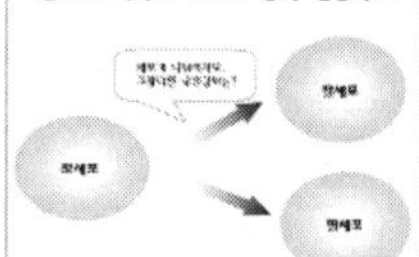

어 때

세포가 나뉘어지기 전과 나뉘어진 후의 유전정보는 서로 같아야겠죠? 그러기 위해서는 세포 분열이 일어나기 전에 원래의 DNA와 똑같은 DNA가 새로 만들어져야 하는데. 이러한 과정을 DNA 복제라고 해요.

2. DNA 복제는 어떻게 이루어질까요?

1) DNA 가닥이 분리되요.

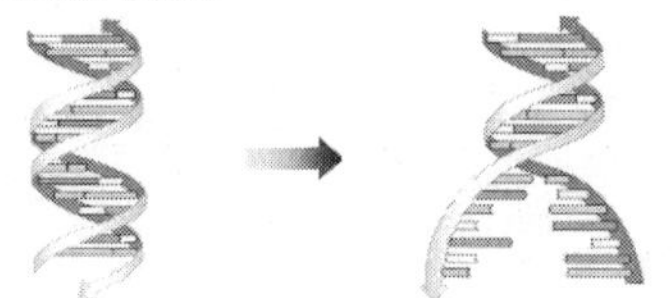

폴리뉴클레오티드 사슬간의 염기 결합이 풀어지고. DNA 이중가닥이 분리되요.

2) 새로운 뉴클레오티드가 결합하여 새로운 가닥이 만들어져요.

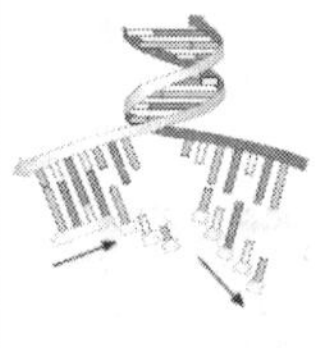

풀어진 각각의 사슬의 염기와 짝을 이루는 염기를 가진 뉴클레오티드 조각들이 차례대로 연결되어 새로운 뉴클레오티드 사슬이 만들어져요.

3) DNA가 복제 되어서 원래의 DNA와 똑같은 DNA 이중나선이 생겨요.

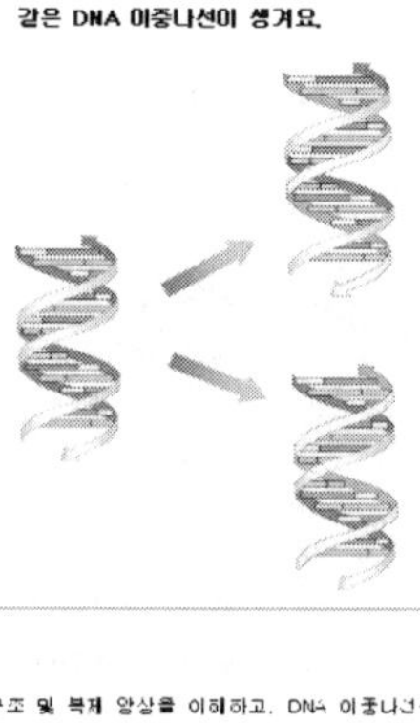

우리가 해 볼 실험은

모형을 이용하여 DNA의 기본 구조 및 복제 양상을 이해하고. DNA 이중나선구조를 직접 만들어본다.

실험목표

DNA 모형을 직접 만들어봄으로써 DNA가 어떻게 생겼는지 알 수 있다.
DNA 복제가 어떻게 이루어지는지 이해할 수 있다.

실험 전 유의사항

1. 실험목표 및 DNA에 대한 기본적인 내용을 잘 알고 실험하도록 한다.
2. 선생님의 설명을 잘 듣고 지도에 잘 따르며 실험하도록 한다.
3. 모든 실험이 끝난 후에는 정리정돈을 잘 한다.

실험매뉴얼

준 비 물

[개별]

(염기)	(염기스티커)		
6개	A 6개	16개 (당)	받침용 스티커
6개	G 6개	16개 (인산)	받침용 스티로폼
6개	C 6개	12개 (수소결합)	짧은 빨대
6개	T 6개		

[조별] 송곳

활동1) DNA 이중가닥을 만들어보아요.

1. 네 가지 색깔의 염기 모형에 염기 이름 스티커를 붙여보아요.

A ×6개	1) 파란색 모형에 A 스티커를 붙여요.
G ×6개	2) 빨간색 모형에 G 스티커를 붙여요
C ×6개	3) 노랑색 모형에 C 스티커를 붙여요.
T ×6개	4) 초록색 모형에 T 스티커를 붙여요.

2. 뉴클레오티드 모형을 만들어보아요.

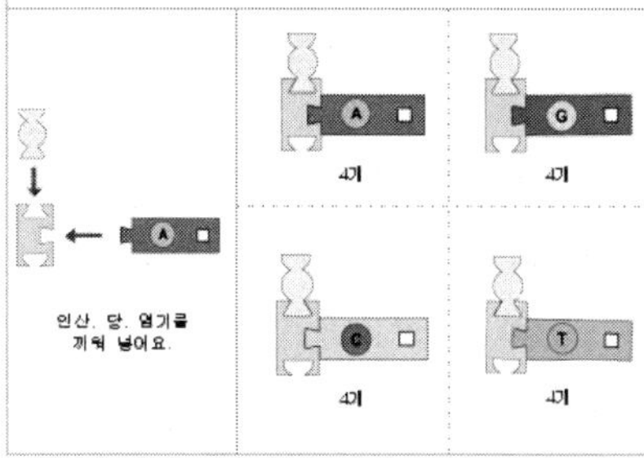

인산, 당, 염기를 끼워 넣어요.

3. 서로 짝을 짓는 염기를 연결해보아요.

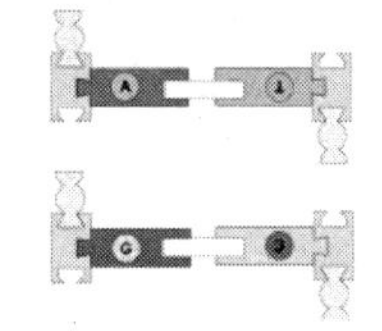

A는 T와, G는 C와 연결해요.

• 염기쌍 연결 방법

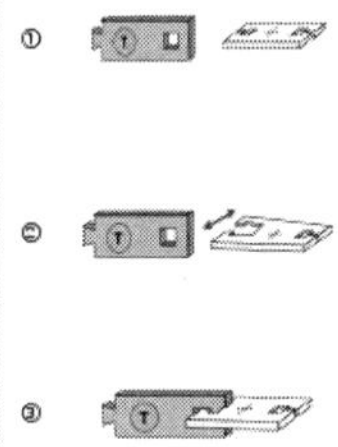

4. DNA 한 가닥의 염기서열이 -AGCT-인 DNA 이중가닥을 만들어보아요.

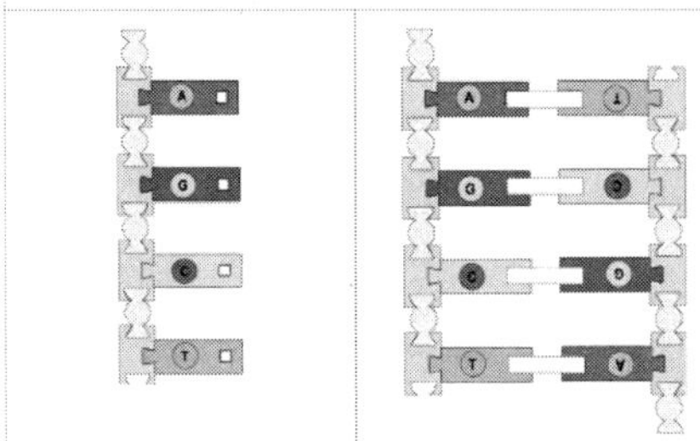

1. 염기서열이 -AGCT-인 DNA 가닥을 만들어요.
2. -AGCT-인 DNA 가닥과 짝을 짓는 뉴클레오티드를 연결해요.

활동2) DNA가 복제되는 과정을 표현해보아요.

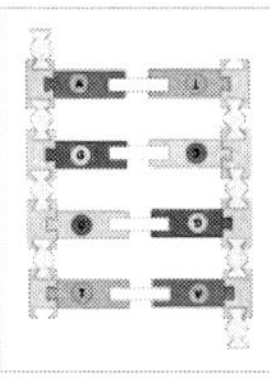

1. DNA 이중가닥을 두 개의 가닥으로 분리해요.

2. 풀어진 각각의 사슬에 짝인 염기를 가진 뉴클레오티드를 결합시켜요. (이 때, 각각의 사슬에 일정한 방향으로, 순서대로 연결시켜요.)

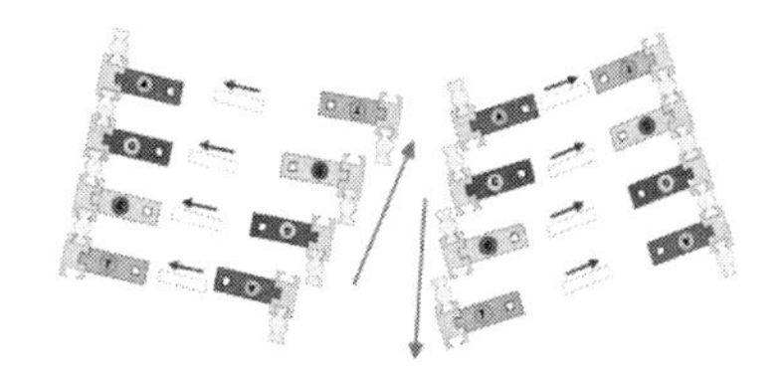

3. 처음과 똑같은 DNA가 두 개 만들어져요.

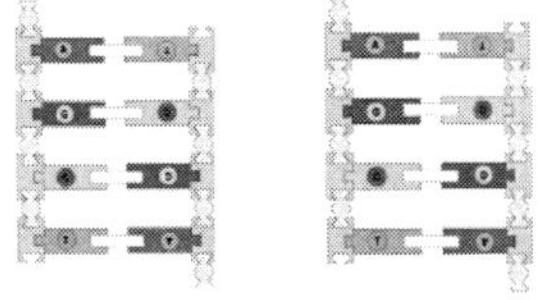

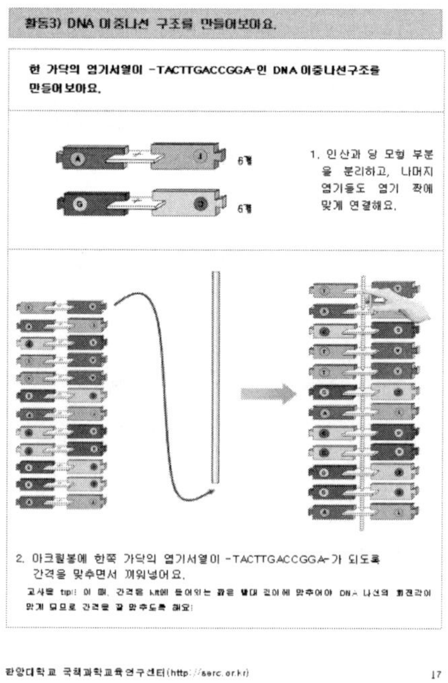
활동3) DNA 이중나선 구조를 만들어보아요.

한 가닥의 염기서열이 -TACTTGACCGGA-인 DNA 이중나선구조를 만들어보아요.

1. 인산과 당 모형 부분을 분리하고, 나머지 염기들도 염기 짝에 맞게 연결해요.

6개

6개

2. 아크릴봉에 한쪽 가닥의 염기서열이 -TACTTGACCGGA-가 되도록 간격을 맞추면서 끼워넣어요.

교사용 tip!: 이 때, 간격을 kit에 들어있는 끈을 빨대 길이에 맞추어야 DNA 나선의 회전각이 맞게 되므로 간격을 잘 맞추도록 해요!

한양대학교 국책과학교육연구센터(http://serc.or.kr) 17

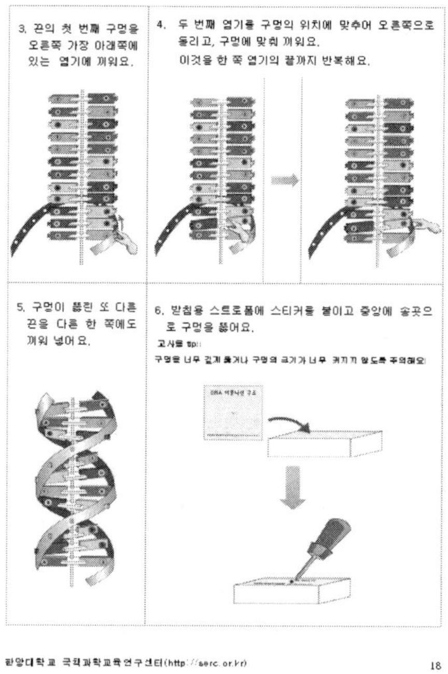
3. 끈의 첫 번째 구멍을 오른쪽 가장 아래쪽에 있는 염기에 끼워요.

4. 두 번째 염기를 구멍의 위치에 맞추어 오른쪽으로 돌리고, 구멍에 맞춰 끼워요.
이것을 한 쪽 염기의 끝까지 반복해요.

5. 구멍이 뚫린 또 다른 끈을 다른 한 쪽에도 끼워 넣어요.

6. 받침용 스트로폼에 스티커를 붙이고 중앙에 송곳으로 구멍을 뚫어요.

교사용 tip!:
구멍을 너무 깊게 뚫거나 구멍의 크기가 너무 커지지 않도록 주의해요!

한양대학교 국책과학교육연구센터(http://serc.or.kr) 18

• 실험을 완성한 후에는 학생들과 함께 탐구보고서('생각해 볼까요'와 '한 걸음 더')를 작성하도록 하여 실험을 통해 수업의 목적이 무엇이었는지 어떤 과학 이론을 습득하고 나아가 어떤 점들을 생각해볼 수 있는지 실험을 되짚어보는 시간을 가진다.

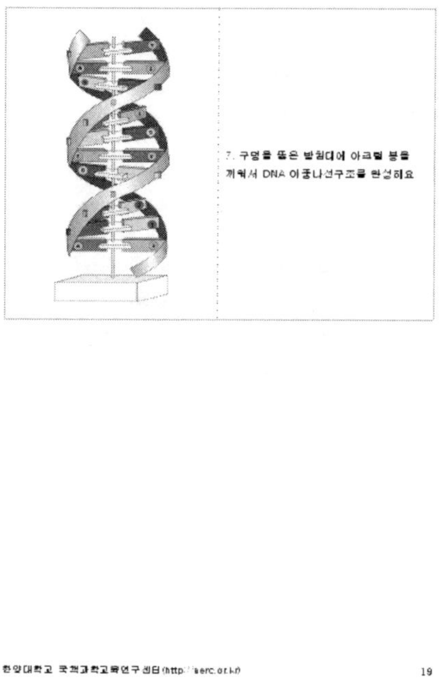
7. 구멍을 뚫은 받침대에 아크릴 봉을 끼워서 DNA 이중나선구조를 완성해요

한양대학교 국책과학교육연구센터(http://serc.or.kr) 19

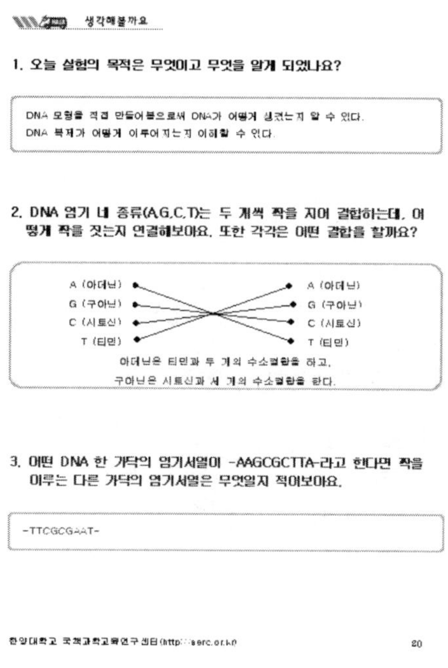
생각해볼까요

1. 오늘 실험의 목적은 무엇이고 무엇을 알게 되었나요?

DNA 모형을 직접 만들어봄으로써 DNA가 어떻게 생겼는지 알 수 있다.
DNA 복제가 어떻게 이루어지는지 이해할 수 있다.

2. DNA 염기 네 종류(A,G,C,T)는 두 개씩 짝을 지어 결합하는데, 어떻게 짝을 짓는지 연결해보아요. 또한 각각은 어떤 결합을 할까요?

A (아데닌) G (구아닌) C (시토신) T (티민)

A (아데닌) G (구아닌) C (시토신) T (티민)

아데닌은 티민과 두 개의 수소결합을 하고,
구아닌은 시토신과 세 개의 수소결합을 한다.

3. 어떤 DNA 한 가닥의 염기서열이 -AAGCGCTTA-라고 한다면 짝을 이루는 다른 가닥의 염기서열은 무엇일지 적어보아요.

-TTCGCGAAT-

한양대학교 국책과학교육연구센터(http://serc.or.kr) 20

4. 다음 중 DNA 복제 양상을 바르게 나타낸 것은 무엇일까요?

1) 원래의 이중가닥은 그대로 있고 새로운 이중가닥이 생겨요.

2) 원래의 이중가닥이 분리되고 각각에 새로운 가닥이 생겨요.

3) 각 사슬에 원래의 DNA와 새로운 DNA가 섞여 있는 형태로 생겨요.

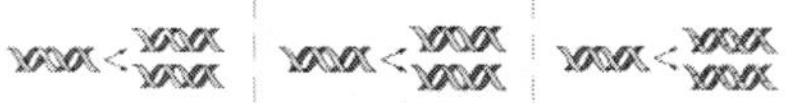

교사용 Tip!!

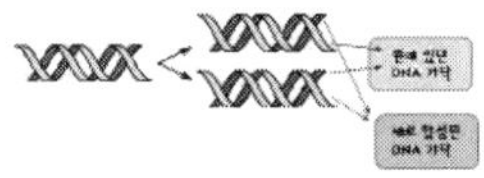

DNA는 원래의 이중가닥이 분리된 후 각각에 새로운 가닥이 합성되는 반보존적 복제를 한다.

한양대학교 국책과학교육연구센터(http://serc.or.kr) 21

한 걸음 더

1. 1995년 7월 5일에 다 자란 양의 젖샘 세포로 만들어진 최초의 복제동물(클론동물)인 '돌리'가 탄생했어요. 아래 그림은 복제양 돌리가 태어나게 된 과정이에요. 돌리는 그림 중 어떤 양과 유전적으로 같을까요?

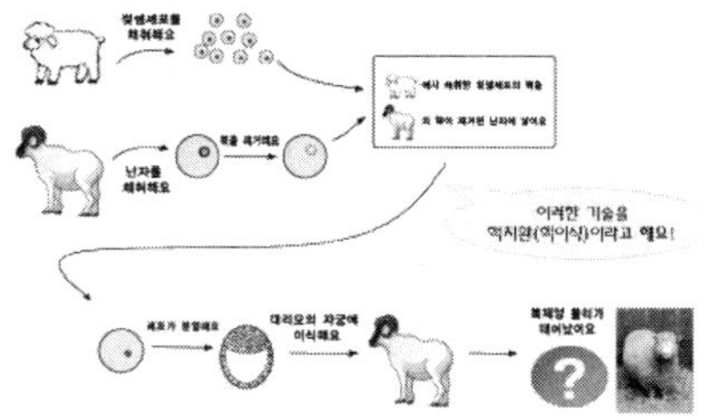

돌리의 유전자 정보는 핵을 제공한 양과 같아요.

교사용 Tip!!

수정란을 나누어 복제하는 방법으로는 이미 1981년부터 쥐, 양, 토끼 등의 복제에 성공했지만, 이렇게 완전히 자란 다른 포유 동물의 세포로부터 복제된 포유 동물은 돌리가 처음이었다. 돌리 복제 이후에도 소, 고양이, 쥐, 개, 돼지, 말, 소 등의 포유류가 복제되었으며, 복제된 동물의 유전자는 핵을 제공한 동물의 것과 같다.

한양대학교 국책과학교육연구센터(http://serc.or.kr) 22

• 탐구보고서를 작성한 후에는 이 실험 수업을 통해 배운 이론이 기본이 되어 응용되고 있는 첨단과학기술에 대해 알아보고 생각해보는 시간을 가짐으로써 기본 과학 이론을 과학기술에 접목하여 과학기술에 쉽게 접근할 수 있도록 한다.

참고자료

유전 공학은 우리 삶에 많은 영향을 끼쳐요.

생명 공학은 생물학적 지식을 가지고 우리 삶의 질을 향상시키기 위해 생물체를 활용하는 응용과학의 한 분야예요. 생명 공학 기술의 핵심은 유전자를 직접 다루는 유전 공학이라고 할 수 있는데, 이것은 우리의 삶에 많은 영향을 끼치고 있답니다. 이와 같은 유전 공학 기술을 이용한 몇 가지 예를 알아보아요.

1. 유전자 변형 생물의 탄생!

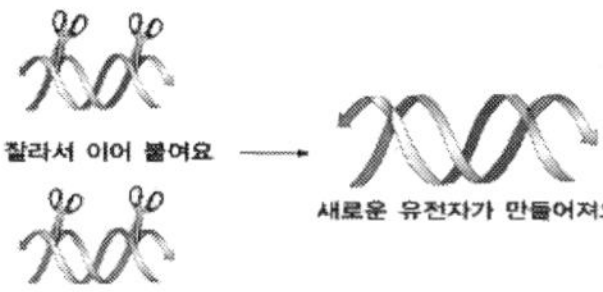

이와 같은 과정을 거쳐서 여러 가지 유전자 변형 생물을 만들 수 있어요.

1) 슈퍼 마우스를 만들어요.

한양대학교 국책과학교육연구센터(http://serc.or.kr) 23

1982년 말에 미국에서는 재조합 DNA 기술을 응용하여 최초의 유전자도입 동물을 만들어냈어요. 그것이 바로 보통의 마우스 보다 2배나 큰 슈퍼 마우스랍니다. 성장 호르몬의 유전자를 동물에 도입하여 성장 호르몬을 다량으로 생산하도록 하면 이처럼 큰 동물을 만들 수가 있어요.

반대로 성장호르몬의 유전자를 제거하면 큰 동물을 작은 동물로 만들어낼 수도 있답니다.

2) 더 달고 싱싱한 바이오 토마토를 만들어요.

토마토는 다 익고 나면 너무 부드러워서 다량으로 운반하다보면 중간에 쉽게 물러지기 때문에 다 익기도 전에 수확하는 경우가 많아요. 이렇다보니 토마토의 맛이 떨어지는 문제가 생기게 되지요.

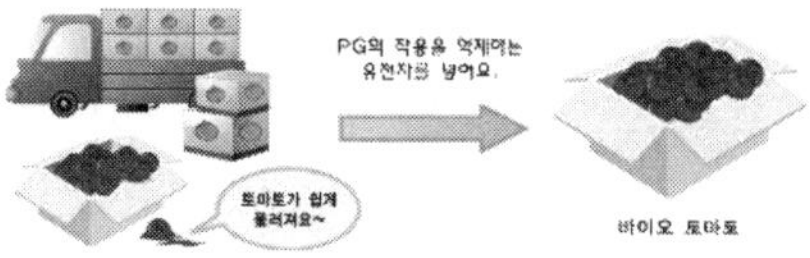

이와 같은 문제를 해결하기 위해 1994년 미국의 칼진사에서는 바이오 토마토를 개발하였어요. 토마토를 무르게 하는 폴리갈락투로나아제(PG)라는 효소를 만드는 PG 유전자의 작용을 억제하여 PG의 양을 적게 하는 것이죠. 이렇게 하면 잘 익은 후에 수확해도 물러지는데 오랜 시간이 걸리겠죠? 이렇게 개발된 바이오토마토가 최초의 유전자 재조합 식물이랍니다.

한양대학교 국책과학교육연구센터(http://serc.or.kr) 24

> 유전자 조작 생물을 만들 수 있게 되어 얻게 되는 유익이 많지만, 문제점도 있다는 것을 학생들에게 설명해주세요!
>
> 유전자 조작 생물의 가장 큰 문제점은 이것들이 사람이나 가축에게 미칠 영향이 제대로 검증되지 않았다는 것이다.
> 그리고 유전자 조작 농작물의 경우 그 생산과 재배가 편리하다는 장점이 있지만 계속해서 단일 품종의 유전자 조작 농작물만을 계속해서 재배하게 된다면 생물의 다양성이 파괴되고, 이러한 농작물에 대해 내성을 갖는 새로운 병충해가 생겨서 생태계가 파괴될 수도 있다.
> 또한 유전자 조작 동물을 만들어내는 기술을 사람에서도 이용하게 된다면 그 문제는 심각해질 수 있다. 우수한 유전자만을 선별하여 수정란에 넣어서 맞춤식 아기를 탄생시킬 수도 있다는 것에 대한 윤리적인 논란을 그 예로 들 수 있을 것이다.

2. 인공 장기를 만드는 인간 배아 복제!

인간 배아 복제란 사람의 체세포 핵을 이식해서 복제 배아를 만드는 것이에요. 우리는 정자와 난자가 수정된 후부터 8주 정도까지를 배아라고 하는데, 여기에서 배아 줄기세포를 얻을 수가 있어요. 이러한 배아 줄기세포는 모든 신체 기관으로 성장할 수 있답니다.

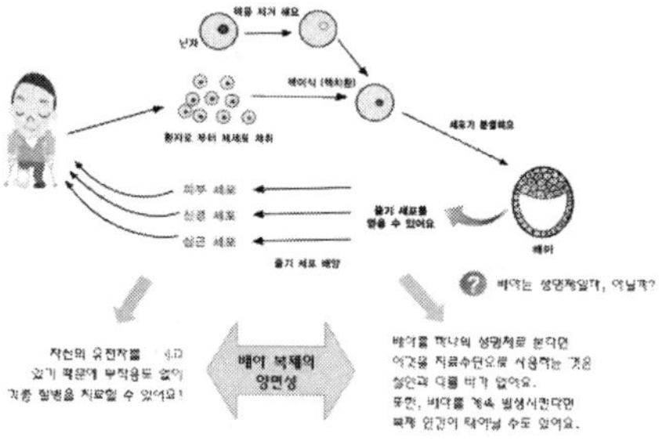

> 정자와 난자가 수정된 뒤 8주까지는 수정란이 분열하며 여러 개의 세포 덩어리를 이루는데, 이를 배아라고 한다. 8주가 지나면서 눈, 귀, 손가락, 발가락 등의 겉모습을 갖추며 대부분의 기관이 기본적인 구조를 형성하기 시작하는데, 이 때부터를 태아라고 부른다.
> 배아 줄기세포는 배아가 세포 분열을 시작해서 구체적인 장기를 형성하기 바로 전 단계의 세포를 말하는 것이다.

② 학생용 매뉴얼

(학생용 매뉴얼 - DNA를 알아보자)

DNA를 알아보자

DNA에는 사람마다 다른 정보가 저장되어 있어요!

생각해봐요

1. 사람들의 모습이나 성격이 다른 것은 DNA가 다르기 때문이라고 해요. DNA란 무엇이며, 어떻게 생긴 것일까요?
2. DNA 복제는 어떻게 일어나는 것일까요?

이활동을 하면

DNA 모형을 직접 만들어봄으로써 DNA가 어떻게 생겼는지 알 수 있어요.
DNA 복제가 어떻게 이루어지는지 이해할 수 있어요.

잠깐만요

1. 실험목표 및 DNA에 대한 기본적인 내용을 잘 알고 실험하도록 한다.
2. 선생님의 설명을 잘 듣고 지도에 잘 따르며 실험하도록 한다.
3. 모든 실험이 끝난 후에는 정리정돈을 잘 한다.

무엇이 필요할까?

준비물			
[개별]			
6기	A 6기	16기 (당)	받침용 스티커
6기	G 6기	16개 (인산)	받침용 스티로폼
6기	C 6기	12기 (수소결합)	얇은 빨대
6기	T 6기		
(염기)	(염기스티커)		
[조별] 송곳			

- 학생들에게 이 실험이 생활 속에서 평소 가졌던 또는 충분히 가질 수 있는 호기심에서 시작하는 것이라는 것을 처음 도입 부분에 제시하여 학생들의 흥미를 최대한 끌어내도록 한다.
- 다음에 이어지는 '어떻게 할까?'(실험방법) '탐구보고서'('생각해 볼까요?'와 '한 걸음 더')는 교사용에 이미 제시한 내용과 같다. 단, 학생들 매뉴얼에서는 교사용 지도안에서 앞부분에 나온 이론적 배경 부분을 탐구보고서 뒷부분에 배치하여 학생들이 실험 후에도 관련된 이론을 찾아볼 수 있도록 한다.

③ Presentation 자료

presentation 자료는 실제 교사가 수업에 활용할 수 있도록 수업지도안의 구성을 바탕으로 수업의 진행 순서에 맞게 구성하였다. 도입부로 시작하여 관련 이론을 소개하고 우리가 무슨 실험을 할 것인지 제시 후 자세한 실험 방법을 나타내어 학생들의 이해를 돕도록 하였으며, 탐구 보고서 작성 및 실험과 연관된 첨단과학기술까지 소개한다.

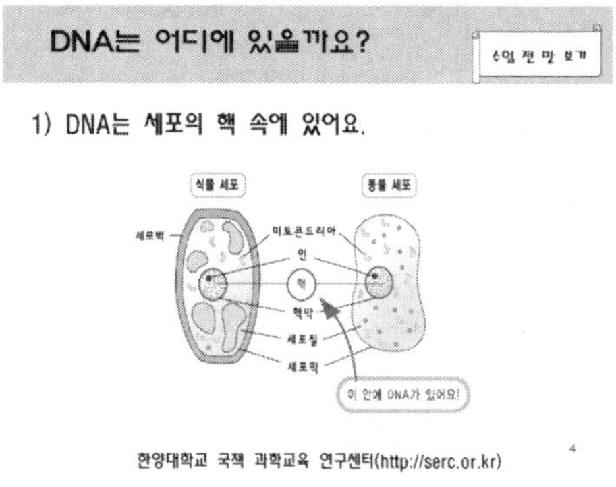

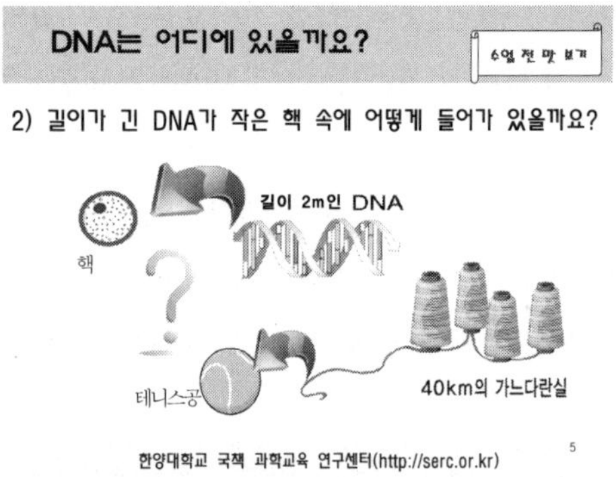
DNA는 어디에 있을까요?
2) 길이가 긴 DNA가 작은 핵 속에 어떻게 들어가 있을까요?
길이 2m인 DNA
핵
테니스공
40km의 가느다란실
한양대학교 국책 과학교육 연구센터(http://serc.or.kr)
5

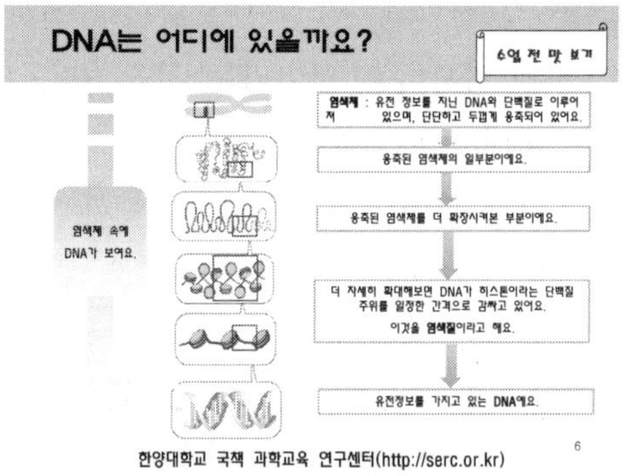
DNA는 어디에 있을까요?
염색체 속에 DNA가 보여요.
염색체 : 유전 정보를 지닌 DNA와 단백질로 이루어져 있으며, 단단하고 두껍게 응축되어 있어요.
응축된 염색체의 일부분이에요.
응축된 염색체를 더 확장시켜본 부분이에요.
더 자세히 확대해보면 DNA가 히스톤이라는 단백질 주위를 일정한 간격으로 감싸고 있어요.
이것을 염색질이라고 해요.
유전정보를 가지고 있는 DNA에요.
한양대학교 국책 과학교육 연구센터(http://serc.or.kr)
6

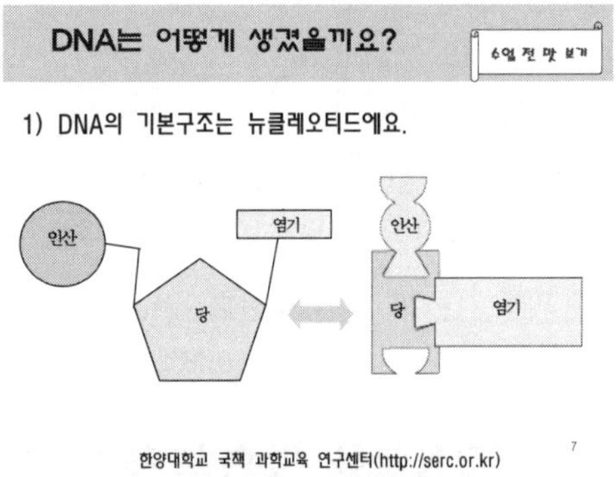
DNA는 어떻게 생겼을까요?
1) DNA의 기본구조는 뉴클레오티드에요.
인산
염기
당
인산
당
염기
한양대학교 국책 과학교육 연구센터(http://serc.or.kr)
7

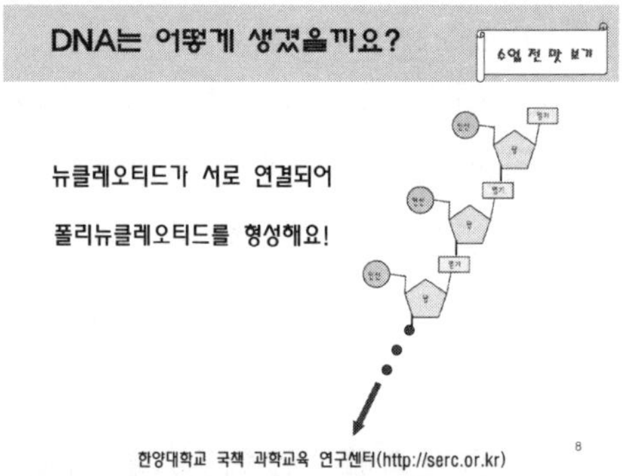
DNA는 어떻게 생겼을까요?
뉴클레오티드가 서로 연결되어
폴리뉴클레오티드를 형성해요!
한양대학교 국책 과학교육 연구센터(http://serc.or.kr)
8

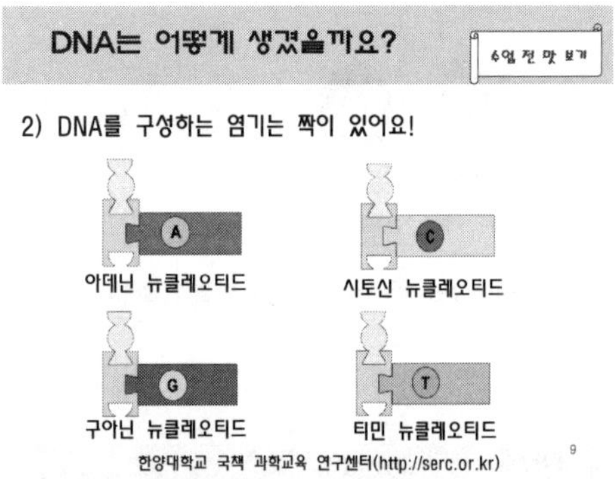
DNA는 어떻게 생겼을까요?
2) DNA를 구성하는 염기는 짝이 있어요!
A
아데닌 뉴클레오티드
C
시토신 뉴클레오티드
G
구아닌 뉴클레오티드
T
티민 뉴클레오티드
한양대학교 국책 과학교육 연구센터(http://serc.or.kr)
9

DNA는 어떻게 생겼을까요?
2) DNA를 구성하는 염기는 짝이 있어요!
A
T
G
C
한양대학교 국책 과학교육 연구센터(http://serc.or.kr)
10

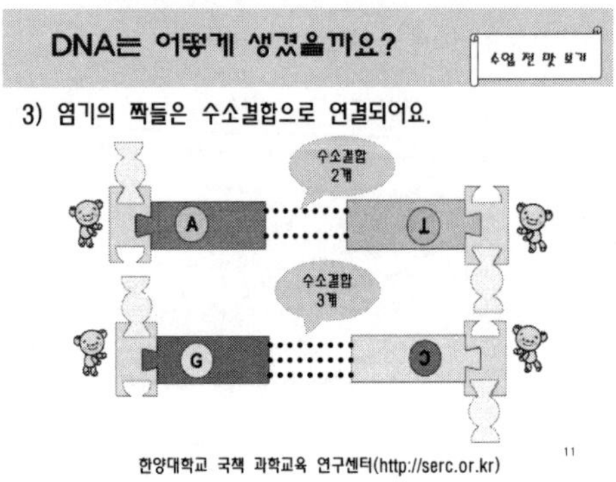
DNA는 어떻게 생겼을까요?
3) 염기의 짝들은 수소결합으로 연결되어요.
수소결합 2개
A
T
수소결합 3개
G
C
한양대학교 국책 과학교육 연구센터(http://serc.or.kr)
11

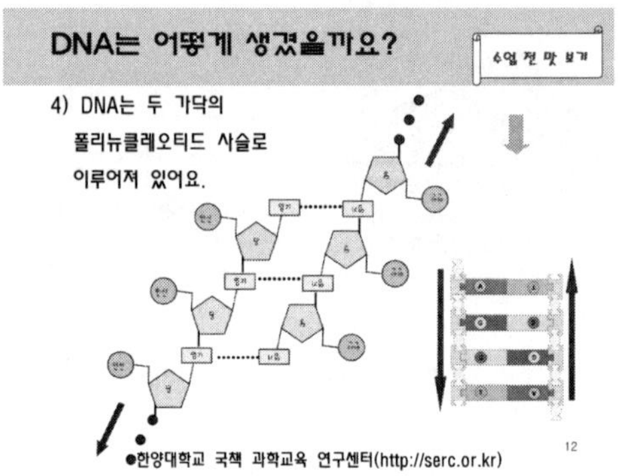
DNA는 어떻게 생겼을까요?
4) DNA는 두 가닥의
폴리뉴클레오티드 사슬로
이루어져 있어요.
한양대학교 국책 과학교육 연구센터(http://serc.or.kr)
12

DNA는 어떻게 생겼을까요?

수업 전 맛 보기

5) DNA 이중가닥은 나선 모양으로 꼬여 있어요.

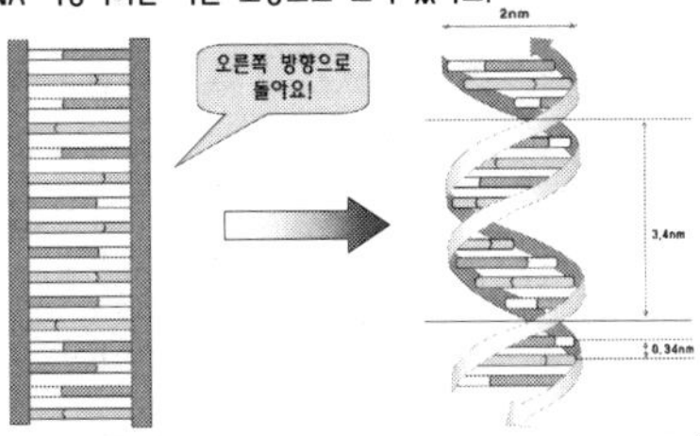

한양대학교 국책 과학교육 연구센터(http://serc.or.kr) 13

DNA 복제란 무엇일까요?

수업 전 맛 보기

원래의 DNA와 똑같은 새로운 DNA를 만들어요.

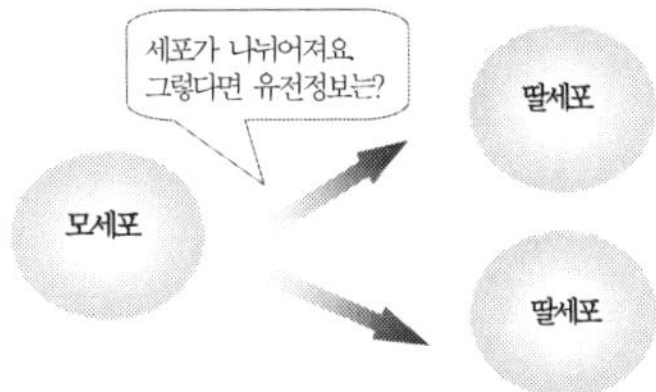

생물은 체세포 분열을 통해 생장해요.

한양대학교 국책 과학교육 연구센터(http://serc.or.kr) 14

DNA 복제는 어떻게 이루어질까요?

수업 전 맛 보기

1) DNA 가닥이 분리되요.

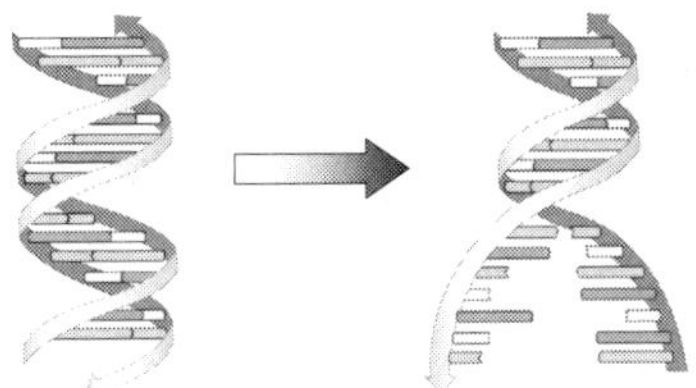

한양대학교 국책 과학교육 연구센터(http://serc.or.kr) 15

DNA 복제는 어떻게 이루어질까요?

수업 전 맛 보기

2) 새로운 뉴클레오티드가 결합하여 새로운 가닥이 만들어져요.

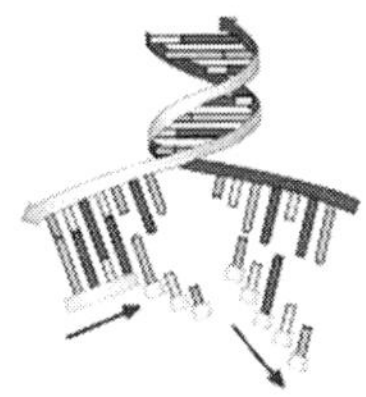

한양대학교 국책 과학교육 연구센터(http://serc.or.kr) 16

DNA 복제는 어떻게 이루어질까요?

수업 전 맛 보기

3) DNA가 복제되어서 원래의 DNA와 똑같은 DNA 이중나선이 생겨요.

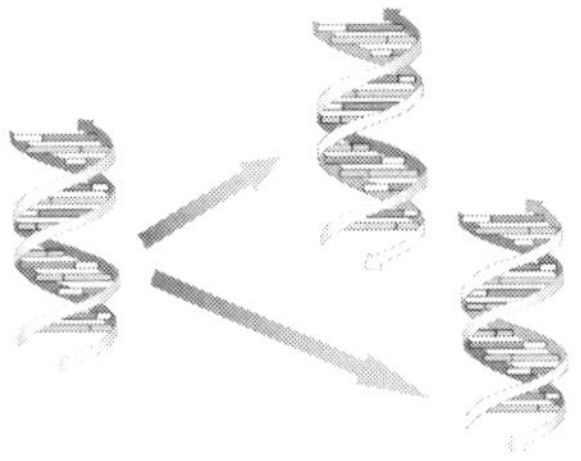

한양대학교 국책 과학교육 연구센터(http://serc.or.kr) 17

우리가 해 볼 실험은?

수업 전 맛 보기

모형을 이용하여
DNA의 기본 구조 및
복제 양상을 이해하고,
DNA 이중나선구조를
직접 만들어보아요!

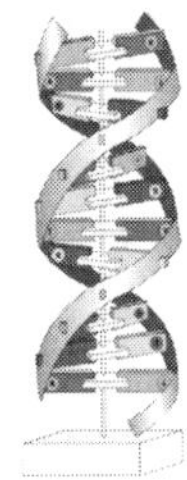

한양대학교 국책 과학교육 연구센터(http://serc.or.kr) 18

실험목표

이 실험은요!

1. DNA 모형을 직접 만들어봄으로써 DNA가 어떻게 생겼는지 알 수 있다.
2. DNA 복제가 어떻게 이루어지는지 이해할 수 있다.

한양대학교 국책 과학교육 연구센터(http://serc.or.kr) 19

잠깐만요!!!

실험해봅시다!

1. 실험목표 및 DNA에 대한 기본적인 내용을 잘 알고 실험하도록 한다.
2. 선생님의 말씀을 잘 듣고 지도에 잘 따르며 실험하도록 한다.
3. 모든 실험이 끝난 후에는 정리정돈을 잘 한다.

한양대학교 국책 과학교육 연구센터(http://serc.or.kr) 20

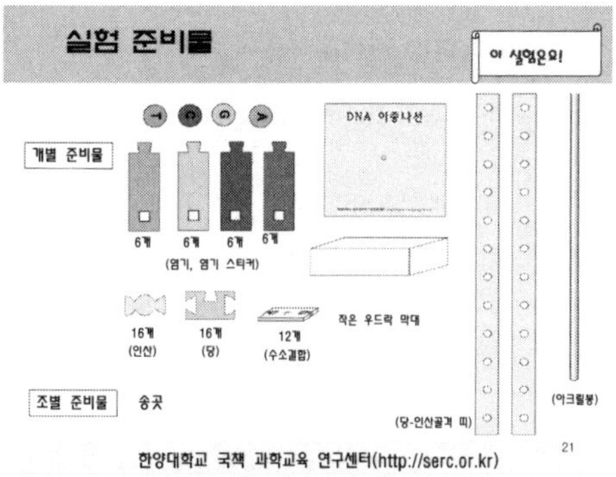

실험 준비물
이 실험은요!
개별 준비물
DNA 이중나선
6개 6개 6개 6개
(염기, 염기 스티커)
16개 (인산)
16개 (당)
12개 (수소결합)
작은 우드락 막대
조별 준비물
송곳
(당-인산골격 띠)
(아크릴봉)
한양대학교 국책 과학교육 연구센터(http://serc.or.kr)
21

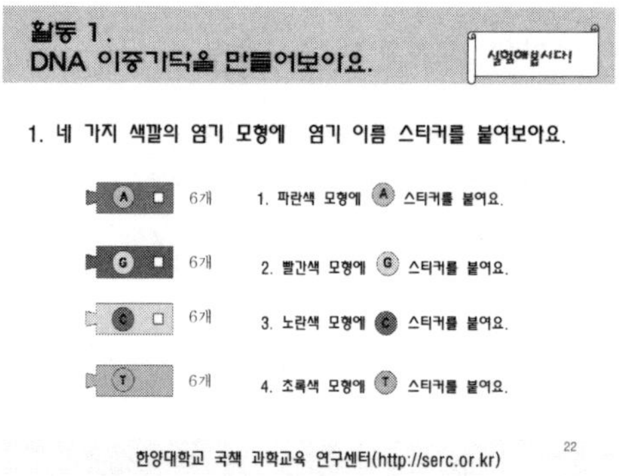

활동 1.
DNA 이중가닥을 만들어보아요.
실험해봅시다!
1. 네 가지 색깔의 염기 모형에 염기 이름 스티커를 붙여보아요.
6개
1. 파란색 모형에 Ⓐ 스티커를 붙여요.
6개
2. 빨간색 모형에 Ⓖ 스티커를 붙여요.
6개
3. 노란색 모형에 Ⓒ 스티커를 붙여요.
6개
4. 초록색 모형에 Ⓣ 스티커를 붙여요.
한양대학교 국책 과학교육 연구센터(http://serc.or.kr)
22

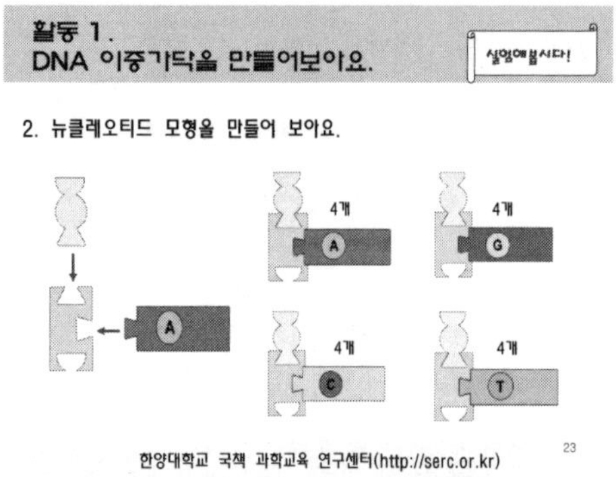

활동 1.
DNA 이중가닥을 만들어보아요.
실험해봅시다!
2. 뉴클레오티드 모형을 만들어 보아요.
4개
4개
4개
4개
한양대학교 국책 과학교육 연구센터(http://serc.or.kr)
23

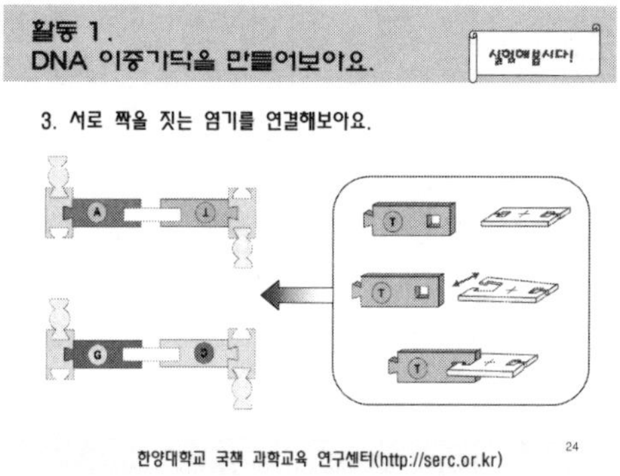

활동 1.
DNA 이중가닥을 만들어보아요.
실험해봅시다!
3. 서로 짝을 짓는 염기를 연결해보아요.
한양대학교 국책 과학교육 연구센터(http://serc.or.kr)
24

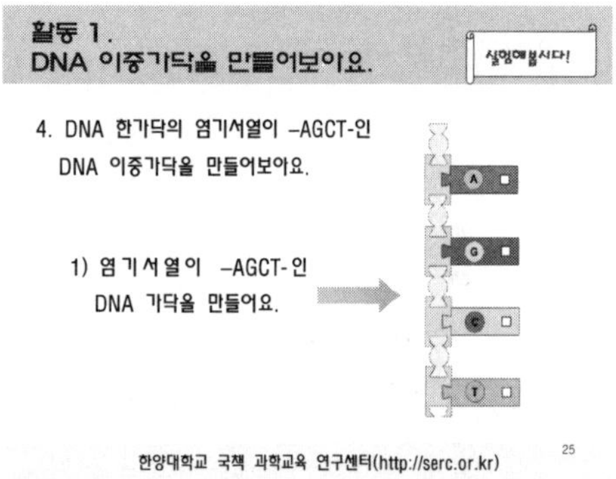

활동 1.
DNA 이중가닥을 만들어보아요.
실험해봅시다!
4. DNA 한가닥의 염기서열이 -AGCT-인
DNA 이중가닥을 만들어보아요.
1) 염기서열이 -AGCT-인
DNA 가닥을 만들어요.
한양대학교 국책 과학교육 연구센터(http://serc.or.kr)
25

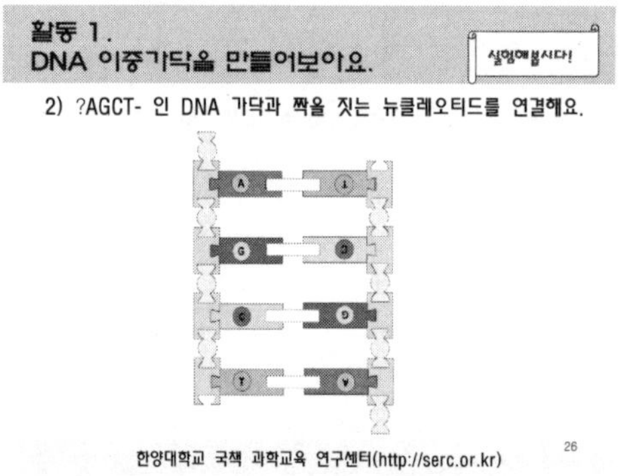

활동 1.
DNA 이중가닥을 만들어보아요.
실험해봅시다!
2) ?AGCT- 인 DNA 가닥과 짝을 짓는 뉴클레오티드를 연결해요.
한양대학교 국책 과학교육 연구센터(http://serc.or.kr)
26

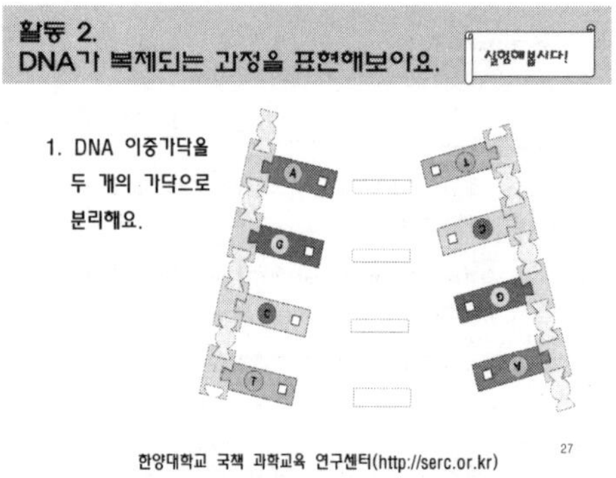

활동 2.
DNA가 복제되는 과정을 표현해보아요.
실험해봅시다!
1. DNA 이중가닥을
두 개의 가닥으로
분리해요.
한양대학교 국책 과학교육 연구센터(http://serc.or.kr)
27

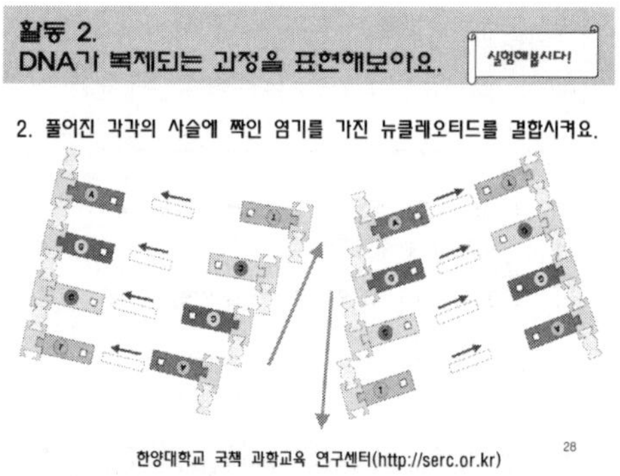

활동 2.
DNA가 복제되는 과정을 표현해보아요.
실험해봅시다!
2. 풀어진 각각의 사슬에 짝인 염기를 가진 뉴클레오티드를 결합시켜요.
한양대학교 국책 과학교육 연구센터(http://serc.or.kr)
28

활동 2.
DNA가 복제되는 과정을 표현해보아요.

실험해봅시다!

3. 처음과 똑같은 DNA가 두 개 만들어져요.

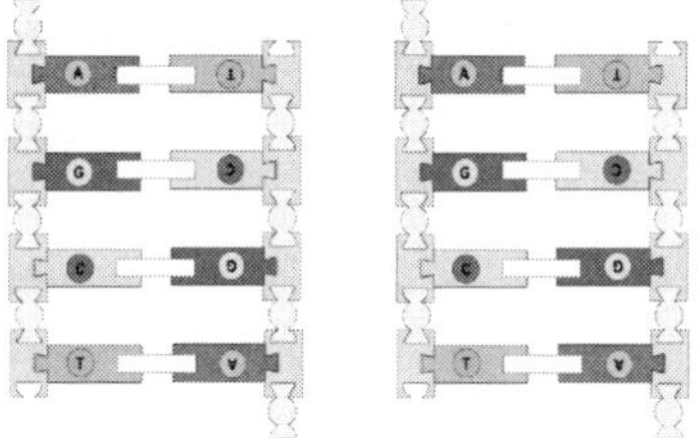

한양대학교 국책 과학교육 연구센터(http://serc.or.kr) 29

활동 3.
DNA 이중나선구조를 만들어보아요.

실험해봅시다!

1. 인산과 당 모형 부분은 분리하고, 나머지 염기들도 염기 짝에 맞게 연결해요.

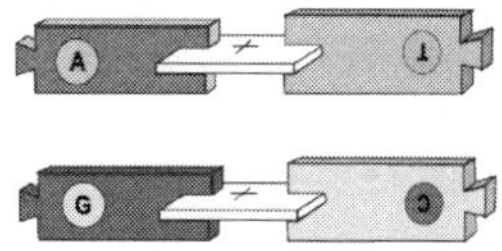

한양대학교 국책 과학교육 연구센터(http://serc.or.kr) 30

활동 3.
DNA 이중나선구조를 만들어보아요.

실험해봅시다!

2. 아크릴봉에 한쪽 가닥의 염기서열이 -TACTTGACCGGA-가 되도록 간격을 맞추면서 끼워넣어요.

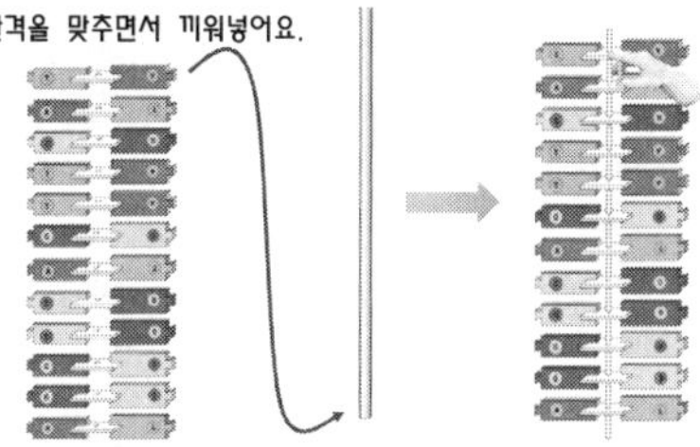

한양대학교 국책 과학교육 연구센터(http://serc.or.kr) 31

활동 3.
DNA 이중나선구조를 만들어보아요.

실험해봅시다!

3. 끈의 첫번째 구멍을 오른쪽 가장 아래쪽에 있는 염기에 끼워요.

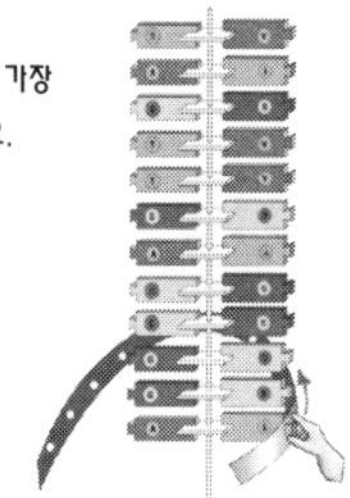

한양대학교 국책 과학교육 연구센터(http://serc.or.kr) 32

활동 3.
DNA 이중나선구조를 만들어보아요.

실험해봅시다!

4. 두번째 염기를 구멍의 위치에 맞추어 오른쪽으로 돌리고 구멍에 맞춰 끼워요.

이것을 한쪽 염기의 끝까지 반복해요.

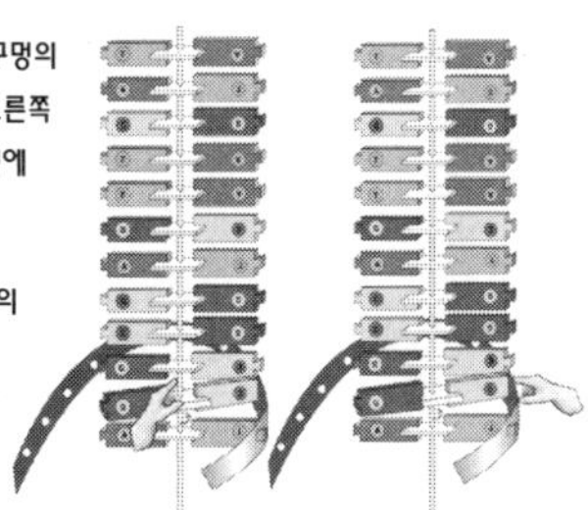

한양대학교 국책 과학교육 연구센터(http://serc.or.kr) 33

활동 3.
DNA 이중나선구조를 만들어보아요.

실험해봅시다!

5. 구멍이 뚫린 또 다른 끈을 다른 한 쪽에도 끼워 넣어요.

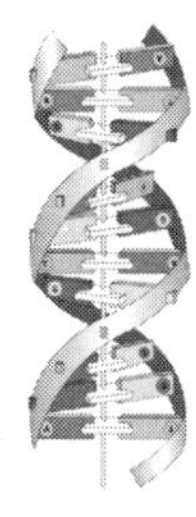

한양대학교 국책 과학교육 연구센터(http://serc.or.kr) 34

활동 3.
DNA 이중나선구조를 만들어보아요.

실험해봅시다!

6. 받침용 스티로폼에 스티커에 붙이고 중앙에 송곳으로 구멍을 뚫어요.

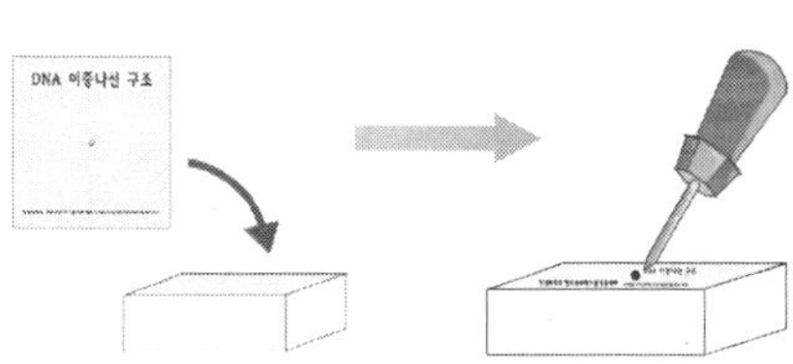

한양대학교 국책 과학교육 연구센터(http://serc.or.kr) 35

활동 3.
DNA 이중나선구조를 만들어보아요.

실험해봅시다!

7. 구멍을 뚫은 받침대에 아크릴봉을 끼워서 DNA 이중나선구조를 완성해요.

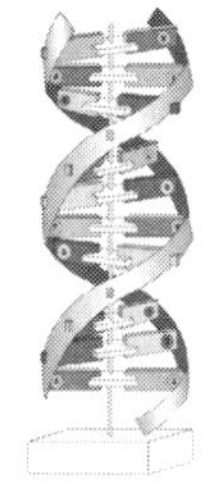

한양대학교 국책 과학교육 연구센터(http://serc.or.kr) 36

생각해볼까요?

우리 함께 탐구 해봅시다!

1. 오늘 실험의 목적은 무엇이고 무엇을 알게 되었나요?

1. DNA 모형을 직접 만들어봄으로써 DNA가 어떻게 생겼는지 알 수 있다.
2. DNA 복제가 어떻게 이루어지는지 이해할 수 있다.

생각해볼까요?

우리 함께 탐구 해봅시다!

2. DNA 염기 네 종류(A,G,C,T)는 두 개씩 짝을 지어 결합하는데, 어떻게 짝을 짓는지 연결해보아요. 또한 각각은 어떤 결합을 할까요?

1) A (아데닌) — T (티민)
G (구아닌) — C (시토신)
C (시토신) — G (구아닌)
T (티민) — A (아데닌)

생각해볼까요?

우리 함께 탐구 해봅시다!

2. DNA 염기 네 종류(A,G,C,T)는 두 개씩 짝을 지어 결합하는데, 어떻게 짝을 짓는지 연결해보아요. 또한 각각은 어떤 결합을 할까요?

2) 아데닌과 티민은 두 개의 수소결합을 하고, 구아닌과 시토신은 세 개의 수소결합을 해요.

생각해볼까요?

우리 함께 탐구 해봅시다!

3. 어떤 DNA 한 가닥의 염기서열이 –AAGCGCTTA-라고 한다면 짝을 이루는 다른 가닥의 염기서열은 무엇일지 적어보아요.

–T T C G C G A A T -

생각해볼까요?

우리 함께 탐구 해봅시다!

4. 다음 중 DNA 복제 양상을 바르게 나타낸 것은 무엇일까요?

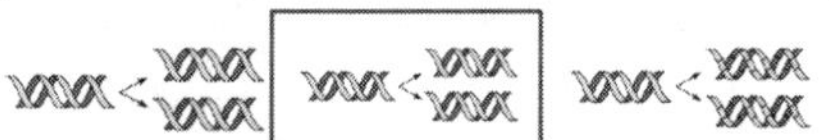

1) 원래의 이중가닥은 그대로 있고 새로운 이중가닥이 생겨요.
2) 원래의 이중가닥이 분리되고 각각에 새로운 가닥이 생겨요.
3) 각 사슬에 원래의 DNA와 새로운 DNA가 섞여 있는 형태로 생겨요.

한 걸음 더

우리 함께 탐구 해봅시다!

1. 복제 양 돌리는 다음 중 어떤 양과 유전적으로 같을까요?

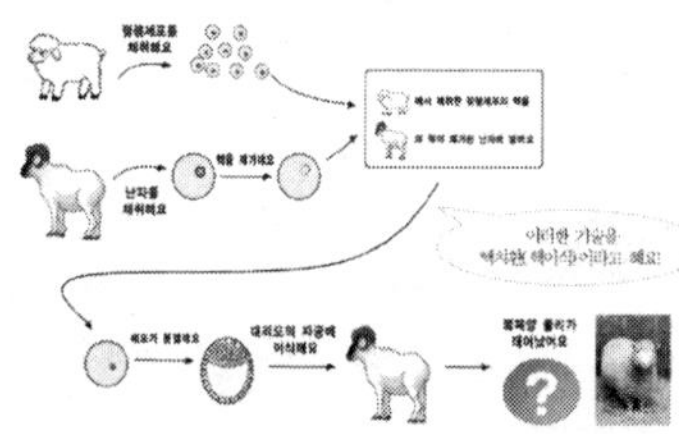

한 걸음 더

우리 함께 탐구 해봅시다!

돌리의 유전자 정보는 핵을 제공한 양과 같아요.

유전 공학(생명공학)은 우리 삶에 많은 영향을 끼쳐요.

참고자료

1.유전자 변형 생물의 탄생! 1) 수퍼 마우스를 만들어요.

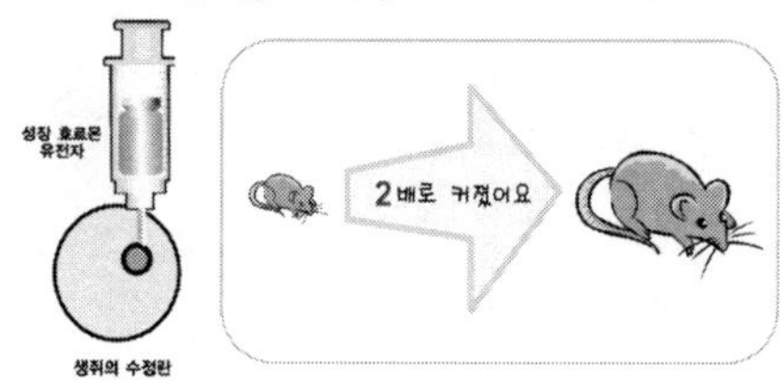

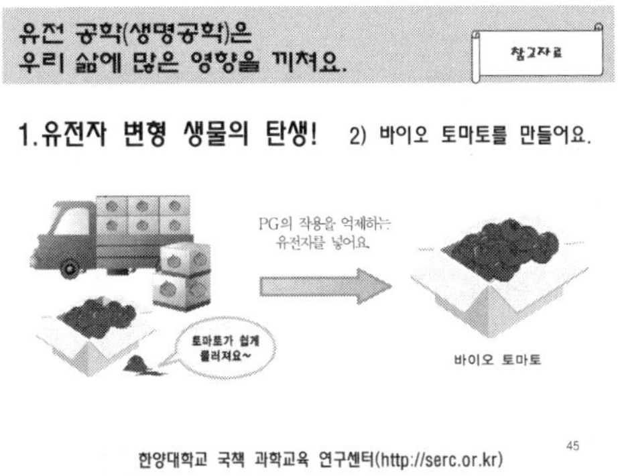

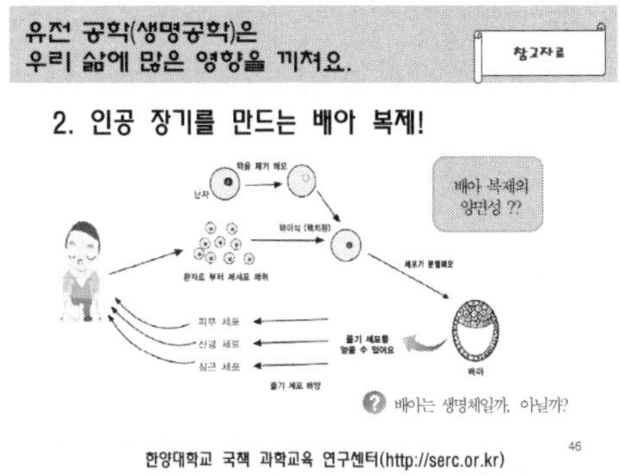

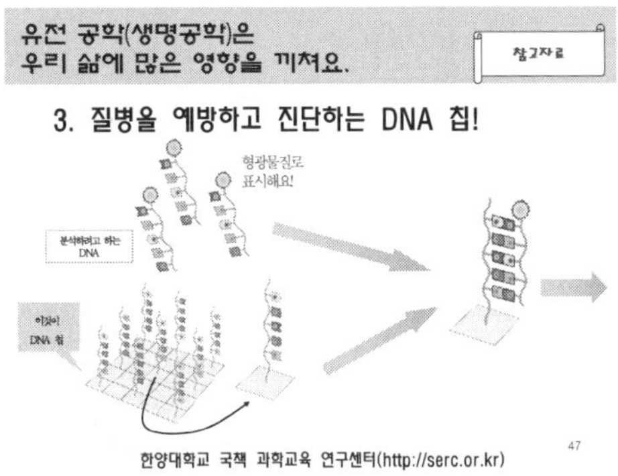

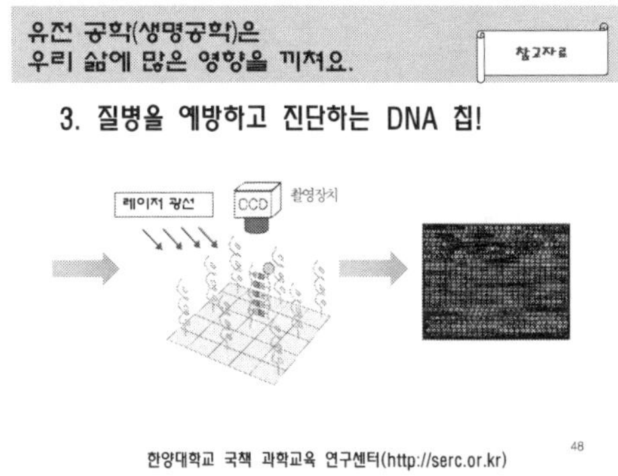

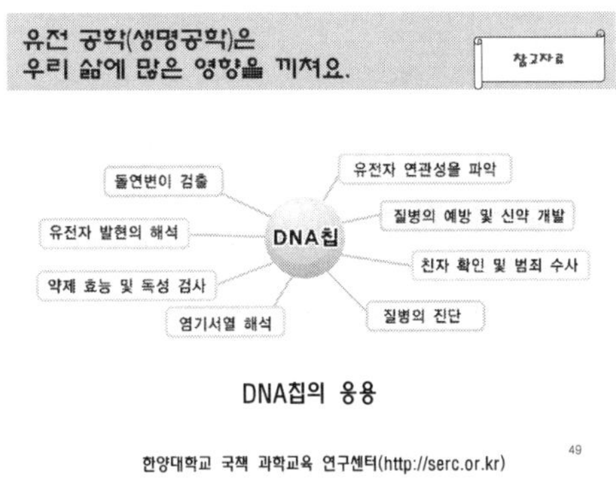

2) IT 분야 : 손가락 전자악기 만들기

우리가 일상적으로 주변에서 항상 접하고 있는 디지털에 대한 실험으로 아날로그와 디지털의 차이, 디지털 음이 어떻게 만들어지는지, 디지털 음의 음질은 어떻게 해서 결정되는지, 또한 우리가 생활 속에서 접하는 디지털기기들은 어떤 것들이 있는지 등에 대해 알아보는 실험이다.

즉, 손가락 전자악기를 만들어봄으로써

(탐구) • 실제 압전소자와 전자부품으로 전기회로를 구성하여 전자악기를 만들어 봄으로써 생활 속의 디지털 현상을 찾아볼 수 있다.

(지식) • 디지털 음이 무엇이며 어떻게 만들어지는지 설명할 수 있다.

(태도) • 전자회로 및 디지털에 대해 흥미를 가지게 되고 주변 디지털기기의 원리를 유추하는 등 과학활동을 즐길 수 있다.

① 교사용 지도안

• 교사가 수업을 통해 학생들에게 무엇을 어떻게 전달해야 하는지를 알도록 하기 위해 수업목표와 대상, 수업 형태 및 교재, 지도상의 유의점과 수업지도안 등을 앞부분에 수록하였다.

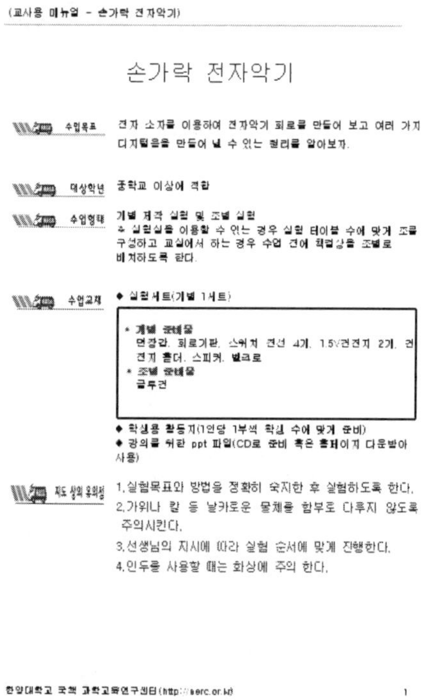

(교사용 매뉴얼 - 손가락 전자악기)

손가락 전자악기

수업목표: 전자 소자를 이용하여 전자악기 회로를 만들어 보고 여러 가지 디지털음을 만들어 낼 수 있는 원리를 알아보자.

대상학년: 중학교 이상에 적합

수업형태: 개별 제작 실험 및 조별 실험
※ 실험실을 이용할 수 있는 경우 실험 테이블 수에 맞게 조를 구성하고 교실에서 하는 경우 수업 전에 책걸상을 조별로 배치하도록 한다.

수업교재: ◆ 실험세트(개별 1세트)

* 개별 준비물
면장갑, 회로기판, 스위치 전선 4개, 1.5V건전지 2개, 건전지 홀더, 스피커, 벨크로
* 조별 준비물
글루건

◆ 학생용 활동지(1인당 1부씩 학생 수에 맞게 준비)
◆ 강의를 위한 ppt 파일(CD로 준비 혹은 홈페이지 다운받아 사용)

지도 상의 유의점:
1. 실험목표와 방법을 정확히 숙지한 후 실험하도록 한다.
2. 가위나 칼 등 날카로운 물체를 함부로 다루지 않도록 주의시킨다.
3. 선생님의 지시에 따라 실험 순서에 맞게 진행한다.
4. 인두를 사용할 때는 화상에 주의 한다.

한양대학교 국책 과학교육연구센터(http://serc.or.kr) 1

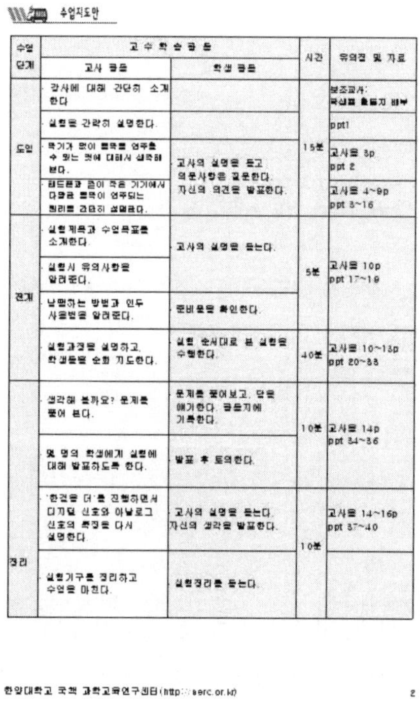

수업지도안

수업 단계	교수 학습 활동		시간	유의점 및 자료
	교사 활동	학생 활동		
도입	· 강사에 대해 간단히 소개한다		15분	보조교사: 학생용 활동지 배부
	· 실험을 간략히 설명한다.			ppt1
	· 악기가 없이 멜로디를 연주할 수 있는 것에 대해서 생각해 본다.	· 교사의 설명을 듣고 의문사항을 질문한다. 자신의 의견을 발표한다.		교사용 3p ppt 2
	· 휴대폰과 같이 작은 기기에서 다양한 멜로디이 연주되는 원리를 간단히 설명한다.			교사용 4~9p ppt 3~16
전개	· 실험제목과 수업목표를 소개한다.	· 교사의 설명을 듣는다.	5분	교사용 10p ppt 17~19
	· 실험시 유의사항을 알려준다.			
	· 납땜하는 방법과 인두 사용법을 알려준다.	· 준비물을 확인한다.		
	· 실험과정을 설명하고, 학생들을 순회 지도한다.	· 실험 순서대로 본 실험을 수행한다.	40분	교사용 10~13p ppt 20~33
정리	· 생각해 볼까요? 문제를 풀어 본다.	· 문제를 풀어보고, 답을 얘기한다. 활동지에 기록한다.	10분	교사용 14p ppt 34~36
	· 몇 명의 학생에게 실험에 대해 발표하도록 한다.	· 발표 후 토의한다.		
	· '한걸음 더'를 진행하면서 디지털 신호와 아날로그 신호의 특징을 다시 설명한다.	· 교사의 설명을 듣는다. 자신의 생각을 발표한다.	10분	교사용 14~16p ppt 37~40
	· 실험기구를 정리하고 수업을 마친다.	· 실험정리를 듣는다.		

한양대학교 국책 과학교육연구센터(http://serc.or.kr) 2

• 이론적 배경에 들어가기 전에 학생들이 흔히 접하는 디지털 음인 휴대폰 소리로 도입부를 시작하여 학생들의 흥미를 끈 후, 디지털 음이 무엇이며, 어떻게 아날로그를 디지털로 만드는지, 음질은 어떻게 결정되는지 등 관련 이론을 소개한다.

이론적 배경

"악기도 없이 휴대폰으로 아름다운 소리를 만들어 낼 수 있었던 이유는 휴대폰 안에 미리 아름다운 소리를 저장했기 때문입니다. 어떻게 소리를 저장할 수 있는지 다 함께 알아보아요."

1. 휴대폰 안에는 어떤 작은 악기가 들어 있을까요?

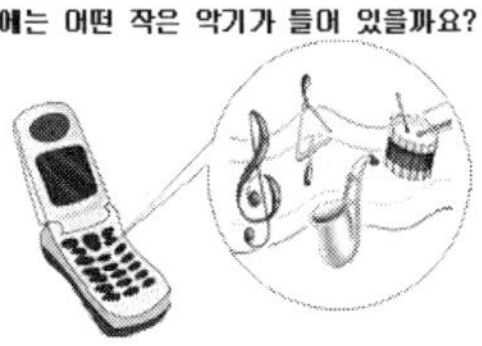

1) 휴대폰에는 작은 멜로디 반도체가 들어 있어요.

휴대폰 소리를 유심히 들어보면 온갖 다양한 소리를 들을 수 있다. 물론 "진짜" 악기들이 휴대폰 안에서 음악을 연주하는 것은 아니다. 이러한 다양한 소리를 만들어 낼 수 있었던 이유는 매우 작은 음악 소리가 디지털신호로 저장된 반도체가 들어있기 때문이다. 여기에 저장되어 있던 디지털 전자소리를 서로 합성하면 다양한 소리를 만들어 낼 수 있어요.

2) 아날로그 신호와 디지털 신호는 어떻게 다를까요.

" 아날로그와 디지털의 차이를 알고 있나요? 아날로그는 연속적인 신호이고, 디지털은(마치 디지털시계처럼) 숫자로 표현되는 불연속적인 신호입니다. 자, 그러면 우리가 귀로 들을 수 있는 소리는 아날로그 신호 일까? 디지털 신호일까?"

(1) 우리가 듣는 소리는 아날로그 신호예요

토머스 에디슨은 1878년에 소리를 녹음하고 저장할 수 있는 최초의 장치를 발명했다. 에디슨은 납관에 음파와 같은 형상의 파를 홈의 형태로 새긴 다음 그것을 바늘로 재생해냈다. 이와 같은 연속적인 파동모양을 아날로그 신호라고 한다. 이것은 지금도 여전히 인기 있는 레코드와 카세트테이프의 원리와 같다. 레코드와 카세트테이프에는 소리가 음파의 연속적인 파동을 기록하는 것이다. 이러한 방법을 아날로그 기록이라고 한다.

"아날로그"라는 용어는 "유사품"이라는 의미를 가진 그리스어에서 유래했어요

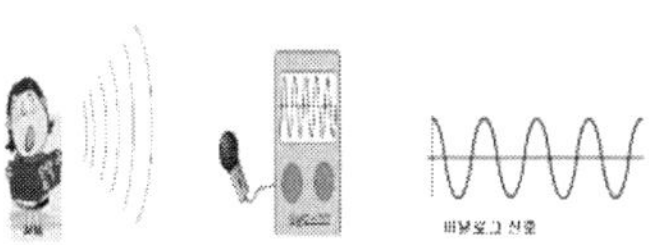

<오실로스코프를 사용하면 소리를 눈으로 확인할 수 있다.>

(2) 디지털 신호는 아날로그 파동을 숫자로 나타낸 것이에요

디지털 신호는 아날로그 파동을 숫자 흐름으로 변환시키고, 음파 대신 숫자로 기록한다. 이 숫자는 컴퓨터에서 사용하는 2진법으로 나타낼 수 있다. 컴퓨터에서 사용하는 2진법으로 어떤 수든지 0과 1의 연속으로 저장한다.

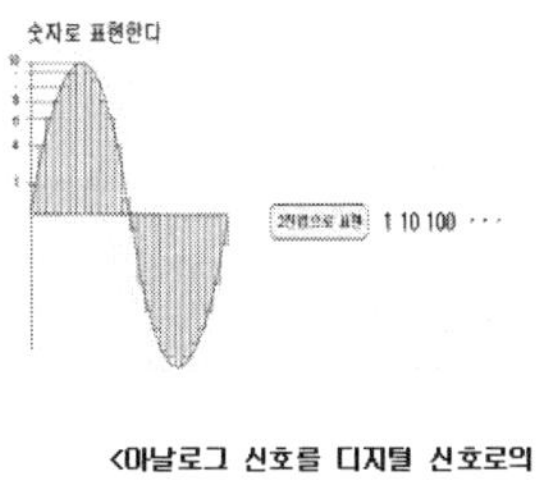

10진법	2진법
0	1
1	0
2	10
3	11
4	100
5	101
6	110
7	111
8	1000
9	1001
10	1010

<아날로그 신호를 디지털 신호로의 전환>

★ 그림의 색은 디지털로 어떻게 표현 하나요?

사진을 수천 개 화소로 나눈 다음 각각의 화소 색상을 2진법으로 디지털화 시켜 이미지를 저장한다.

예) 노란색을 살펴보면 적색, 녹색, 청색의 합으로 표현.

색	아날로그 표현		디지털 표현	반도체에 저장
노란색	색의 3원색			111111101100 0000100100
	적색	256	1 1 1 1 1 1 1 0	
	녹색	200	1 1 0 0 1 0 0 0	
	청색	36	0 0 1 0 0 1 0 0	

★ 디지털로 음을 어떻게 표현하나요?

디지털을 지원하는 악기를 컴퓨터에 연결해 음, 박자, 강약 등을 코드로 저장해 디지털 음악을 만들기도 한다

예)악보의 도를 아날로그와 디지털로 표현

악보	아날로그 표현		디지털 표현	반도체에 저장
	음표			000000010011 0011011101
	도	음	0 0 0 0 0 0 0 1	
		박자	0 0 1 1 1 1 0 0	
		강약	1 1 0 1 1 1 0 1	

2. 아날로그 소리를 어떻게 디지털 소리로 저장하고 다시 우리가 들을 수 있는 소리로 만들 수 있을까요?

우리가 말하는 소리나 음악을 반도체에 저장하기 위해서는 간단한 작업이 필요하다. 반도체는 모든 신호를 숫자로 기억하기 때문에 아날로그 신호를 디지털 신호로 바꾸어 컴퓨터가 인식하고 저장할 수 있게 바꾸어야 한다. 바이올린에서 만들어진

소리를 마치 파일처럼 저장하고 필요할 때 마음대로 음악을 연주하기 위해서는 아날로그 소리를 디지털 소리로 변환하는 작업과 다시 디지털 소리를 아날로그 소리로 변환하는 작업이 필요하다. 이런 과정을 전문적인 용어로 DA 컨버터와 AD 컨버터라고 한다.

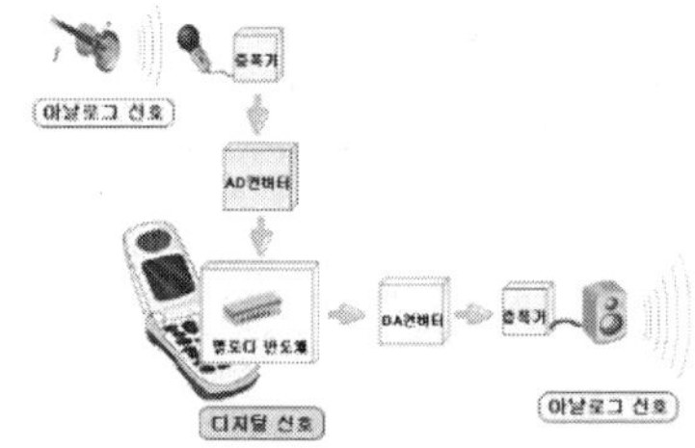

<핸드폰에서의 아날로그신호와 디지털신호간의 전환 과정>

1) AD(analog to digital) 컨버터란?

아날로그 신호를 디지털 신호로 바꾸어 컴퓨터가 인식하고 저장할 수 있게 바꾸어 주는 장치이다.

2) DA(digital to analog) 컨버터란?

컴퓨터에 저장된 신호 즉, 디지털 신호를 우리가 들을 수 있도록 아날로그 신호로 다시 바꾸어 주는 장치이다.

3. 디지털 음악에서 음질은 소리의 파동을 얼마나 쪼개는가에 따라 달라져요.

1) 8비트(Bit)와 16비트(Bit)라고 말하는 것은 무슨 뜻인가요?

디지털 음악에는 8비트나 16비트와 같이 표현을 한다. 이런 표현은 아날로그 소리를 디지털로 변환할 때 얼마나 세밀하게 파동을 쪼개어서 저장했는지를 나타내는 것이다.

<8비트>

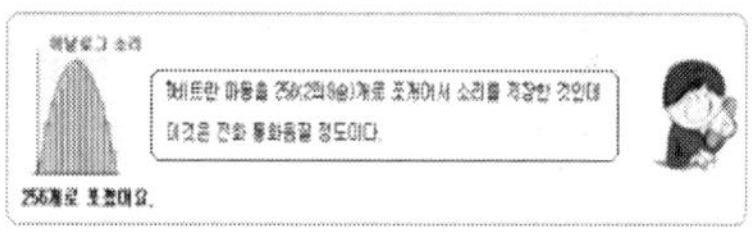

$$2^{8}=2*2*2*2*2*2*2*2=256$$

<16비트>

$$2^{16}=2*2*2*2*2*2....*2=65,536$$

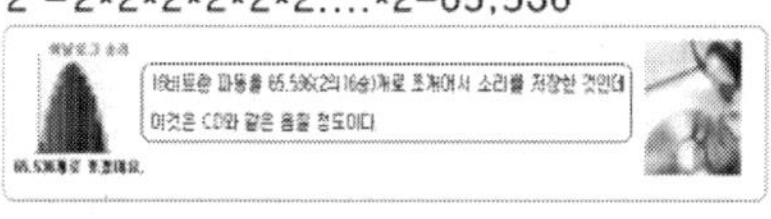

그림에서 알 수 있듯이 8Bit보다 16Bit로 분해 하는 것이 훨씬 원래의 모양과 유사한 파 유지할 수 있으므로 원음을 재현할 수 있다. 즉, **8Bit→16Bit→32Bit로 Bit 수가 커질수록 음질이 더욱 더 좋아진다.**

2) 일반 음악CD의 샘플링 주파수가 44.1 kHz이란 것은 무슨 뜻인가요?

16Bit는 파동을 65,536개로 소리 신호를 나누어 데이터를 저장했다는 뜻을 의미하며, 또 샘플링 주파수는 이렇게 분해하는 과정을 1초에 몇 번 반복했나를 Hz라는 단위로 표현한 것을 말한다. 즉 일반 CD의 샘플링 주파수가 44.1 kHz라는 의미는, 소리의 파동을 1초에 44,100번 쪼갰다는 의미이다. 따라서 16Bit에 44.1 kHz인 CD음악은 1초에 약 30억[(16Bit로 파동을 표현한 수)×(샘플링주파수)=(65,536×44,100)]의 정보로 구성되어 있다는 것을 의미한다. 1초당 파동을 많이 쪼개면 쪼갤수록 원음에 더 가까운 소리를 디지털로 저장할 수 있다.

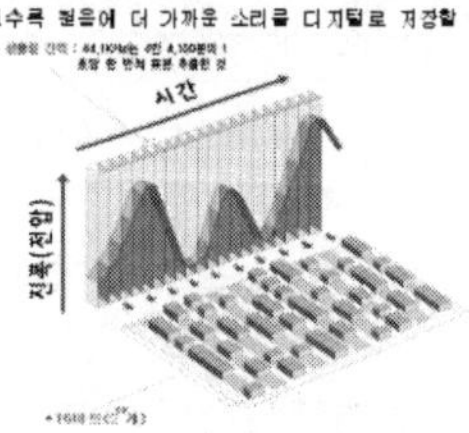

<16비트에 44.1kHz인 일반 음악 CD의 샘플링>

3) 일반 CD와 최근 고음질 음악CD로 각광받는 SACD의 차이점을 알아보아요.

최근 고음질로 음악 애호가로부터 각광을 받고 있는 SACD(Super Audio CD)는 샘플링 주파수가 무려 2.8224 MHz로 녹음된 주파수를 압축하지 않고 기록하여, 거의 아날로그방식과 차이가 없는 원음 재생이 가능하고, 또 일반 CD의 주파수 재생 한계인 20 kHz보다 훨씬 광대역의 주파수 재생이 가능해요.

	일반 음악 CD	SACD
샘플링 주파수	44.1 kHz	2.8224 MHz
주파수 범위	20 kHz	100 kHz
데이터저장량	650 MB	4.7 GB

4. 보이스 IC와 압전소자를 이용해, 손가락으로 연주하는 악기를 손가락 악기를 만들까요?

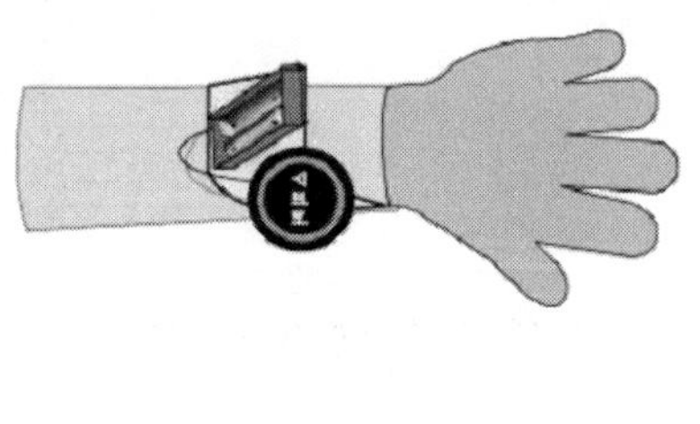

실험목표

전자 소자를 이용하여 전자악기 회로를 만들어 보고 여러 가지 음을 만들어 낼 수 있는 원리를 알아보자.

실험 전 유의사항

(1) 실험할 때 선생님의 지시를 잘 따른다.
(2) 전자 소자를 분실하지 않게 주의한다.
(3) 인두와 글루건을 사용할 때는 화상에 주의한다.
(4) 실험 후 정리정돈을 잘한다.

※ 손가락 전자악기 회로도

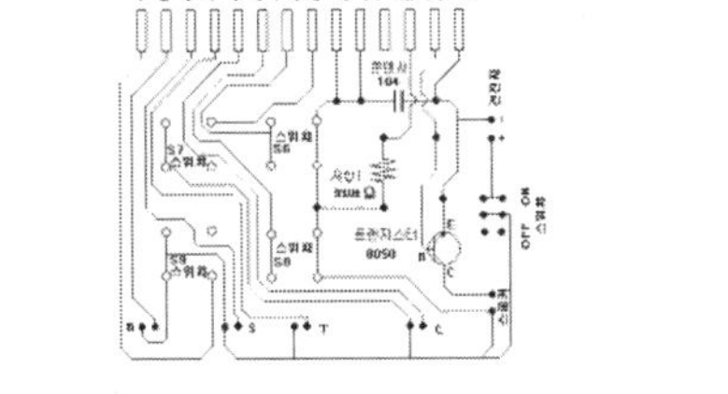

1 Volume 2 Base 3 Snare 4 Tom 5 Cymbal 6 Animal 7 Drum 8 Cyber
9 VDD 10 NC 11 VDD 12 OSC 13 Voice Output 14 GND

실험매뉴얼

준 비 물

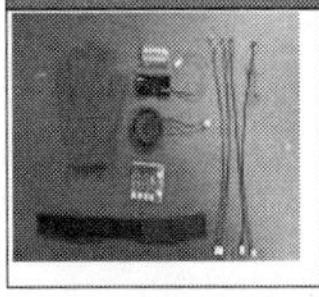	개별	요술장갑, 스위치 전선 4개, 스피커 1개, 건전지 홀더 1개, 1.5V 건전지 2개, 벨크로, 회로기판
	조별	글루건

실 험 과 정

실험 1.회로기판을 만들어 보아요.

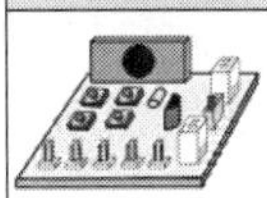	1. 회로기판에서 보이스 IC, 저항, 트랜지스터, 커패시터, 스위치를 확인하고 연결이 잘 되었는지 확인한다.
	2. 스피커를 스피커 하우징에 끼운다.
	3. 건전지 홀더를 하우징에 끼운다.

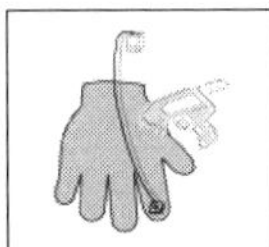	4. 장갑을 안쪽으로 뒤집고, 글루건을 사용하여 스위치 전선을 붙인다.
	5 4개의 스위치 전선을 손가락 끝에 모두 붙이고 장갑을 다시 뒤집는다.
	6 벨크로에 회로기판, 스피커, 건전지 홀더를 글루건을 사용해서 붙인다.
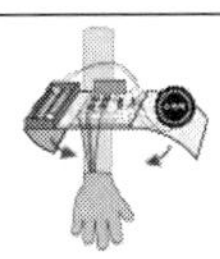	7. 장갑을 착용하고 벨크로를 손목에 붙인다.
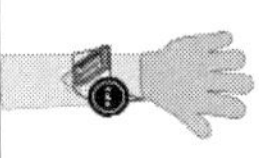	8. 즐겁게 연주를 해 본다.

생각해볼까요

1. 오늘 실험의 목적은 무엇이며, 무엇을 알게 되었나요?

전자 소자를 이용하여 전자악기 회로를 만들어 보았고, 아날로그 소리를 저장하는 방법과 여러 가지 디지털음악을 만들어 낼 수 있었던 이유를 알아보았다

2. 아날로그와 디지털의 차이점을 설명하세요.

아날로그는 연속적인 신호이고, 디지털은(마치 디지털시계처럼) 숫자로 표현되는 불연속적인 신호이다.

3. 우리의 말소리는 무슨 신호일까요 ? A

A.아날로그 신호 B.디지털 신호

4. 음악을 디지털화 시켜 저장하는 이유를 생각해 보자.

- 반도체에 많은 양을 저장할 수 있다.
- 고음질로 저장할 수 있다.
- 음악을 오래 저장할 수 있다.

한 걸음 더

1. DVD가 16비트에 48kHz를 가지면 이 DVD가 1초에 샘플링할 수 있는 정보는 얼마인가요 ?

16비트(65,536)×48kHz(48,000Hz)=3,145,728,000

1초에 3,145,728,000의 정보를 얻을 수 있다.

2. 디지털은 어디에 사용되면 좋을까요?

-학생들이 자유롭게 발표하도록 한다.

참고자료

1. MP3와 CD는 어떤 차이가 있을까요?

CD에 기록된 정보는 디지털 형식이다. 일반 음악 CD는 아날로그 신호를 16Bit에 44.1kHz의 디지털신호로 저장한다. 이 일반 CD에 3분 길이의 노래를 저장할 경우 약 320만 바이트, 즉 32메가바이트 정도의 저장 공간이 필요하다. 따라서 CD 한 장의 용량이 700메가바이트인 일반 음악 CD의 경우 한 장당 3분짜리 곡을 약 20 정도의 곡을 저장할 수 있다. 그러나 이 음악을 청소년들이 흔히 사용하는 MP3로 파일을 압축한다면 파일의 크기는 원래 크기의 약 10분의1인 3메가바이트 정도로 저장할 수 있다. 이 정도의 크기의 파일이라면 CD 한 장당 수백 곡이라는 많은 수의 노래를 저장할 수 있다

MP3 압축은 여러 가지 방법을 이용해서 음성 파일의 크기를 줄일 수 있데 그 중의 하나로 한 곡의 전체 노래 중에서 사람의 귀에 잘 들을 수 없는 부분을 제거하여, 전체적인 음악은 변화시키지 않으면서 파일의 크기를 크게 줄이는 방법이다.

따라서 이 경우 MP3의 주파수 대역은 는 CD보다 좁다. 그러나 비록 CD처럼 좋은 음질과 넓은 주파수 대역을 가지지는 않지만, 대부분의 사람들이 일상적인 청취에서는 그 음질의 차이는 크게 느끼지 못 한다.

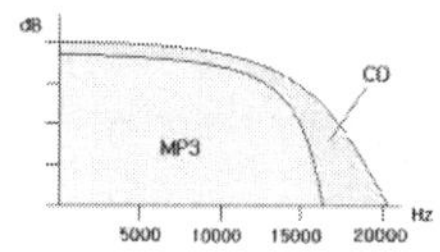

<CD와 MP3의 주파수 대역>

2. 압전(壓電)소자란 무엇인가요?

수정(크리스탈)과 같은 물질은 압력을 받으면 전압이 발생하는데, 이와 같이 압력에 의해서 전기가 발생되거나, 전기를 통하주면 모양이 변형되는 현상을 피에조 효과(압전효과)라고 한다. 피에조 스피커는 압전성 물질인 침 부분에 전기적 신호를 주면 기계적인 힘, 즉 진동이 발생하게 된다. 피에조 스피커는 고출력이나 고음질의 스피커로는 만들 수 없지만 구동에 필요한 회로를 극히 단순하고 부피와 크기도 작게 만들 수 있기 때문에 여러 분야에 널리 사용되고 있다.

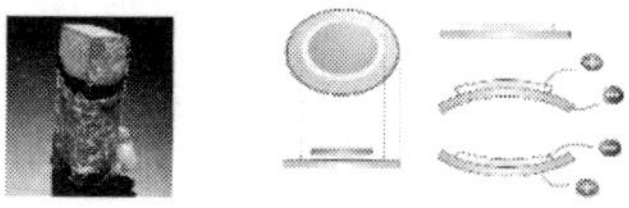

<압전 소자의 원리>

이 압전효과는 1880년 피에르 퀴리(퀴리 부인의 남편)와 형 자크 퀴리에 의해 전기석이라는 보석에 압력을 가하거나 잡아당겼을 때 전기가 발생하는 현상으로부터 알게 되었다.

특히 이 압전효과를 이용해 만든 소자를 **압전소자**라고 하는데 첨단과학에 많이 응용되고 있다. 그 예를 살펴보면 아래와 같다.

- **초소형 카메라 폰의 줌 기능에** 크기가 큰 전기모터를 사용하는 대신에 작은 압전 소자를 사용.
- 압전 소자인 수정 진동자의 진동을 이용하여 작동되는 시간이 정확한 **수정시계**.
- 압전소자가 초음파로 아주 센 진동을 만들어내서 물 분자를 아주 작은 물방울로 만들어 주는 **초음파 가습기**.

3. 신시사이저

신시사이저에는 피아노와 오르간 소리뿐 아니라 바이올린과 트럼펫 등의 오케스트라 악기에서 일렉트릭 기타, 드럼 등의 밴드 악기에 이르기까지, 여러 악기의 음에 대한 파형 정보가 기억되어 있다.

이러한 파형을 적당한 타이밍과 주파수 및 강도로 출력하면 마치 실제의 악기를 연주하는 것처럼 들린다. 즉, 신시사이저는 언제 어떤 파형에서 어떤 주파수와 강도로 출력할지에 대한 연주 정보를 주기만 하면, 여러 가지 다양한 음악을 연주할 수 있게 하여 준다.

4. 전자 드럼

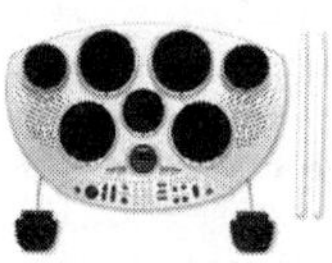

전자드럼은 크게 드럼피드와 압전소자, 멜로디 반도체로 이루어져있다. 피드를 스틱으로 치면 압전소자가 작동하게 되고 센서가 감지한 신호를 멜로디 반도체로 보내게 된다. 피드의 위치에 따라 신호가 달라지며 멜로디 반도체에서는 그 신호를 가지고 어느 부분의 센서가 작동했는지 판단을 하게 된다. 판단된 신호에 따라 미리 저장되어 있던 소리신호를 스피커로 전달하여 소리가 나게 한다.

◉ 참고 문헌 및 사이트

-http://hytist.hanyang.ac.kr
(한양대학교 청소년과학기술진흥센터) 과학동아리 통합자료실
-톡톡 튀는 소리의 세계- 일본음향회 (아카데미서적)
-신디사이저와 샘플러 (YE-DANG)
-전자음악의 이해 (현대음악출판사)
-최신 사운드레코딩(우신출판사)

② 학생용 매뉴얼

• 도입부에서 휴대폰이라는 생활 속에서 항상 접하는 상황으로 학생들의 실험에 대한 호기심을 끌어내고 이 활동을 통해 무엇을 배울 것인지 알아보도록 한다.

공학한림원 주니어공학기술교실(http://kjea.or.kr)

학생용 매뉴얼

손가락 전자악기

생각해봐요

1. 휴대폰으로 아름다운 소리를 만들어 낼 수 있었던 이유는 무엇일까요?
2. 아날로그와 디지털의 차이점은 무엇일까요?

이 활동을 하면

전자 소자를 이용하여 전자악기 회로 기판을 만들어 보고 여러 가지 디지털음악을 만들어 낼 수 있는 원리를 알아보자.

한양대학교 국제 과학교육연구센터(http://serc.or.kr)

공학한림원 주니어공학기술교실(http://kjea.or.kr)

어떻게 할까

[잠깐만요!]
- 실험 할 때 선생님의 지시를 잘 따른다.
- 전자 소자를 분실하지 않게 주의한다.
- 인두와 글루건을 사용할 때는 화상에 주의한다.
- 실험 후 정리정돈을 잘한다.

1.회로기판에 각 전자 소자를 끼우고 납땜을 한다.
2.압전소자에 전선을 연결하고 장갑 안쪽에 압전소자를 붙인다.
3.회로기판과 건전지, 스피커를 케이스 안에 고정시킨다.
4.장갑을 손에 끼우고 음악을 연주해 본다.

한양대학교 국제 과학교육연구센터(http://serc.or.kr)

• 다음에 이어지는 '어떻게 할까?'(실험방법) '생각해 볼까요?'와 '한 걸음 더'(탐구보고서)는 교사용에 이미 제시한 내용과 같다. 단, 학생들 매뉴얼에서는 교사용 지도안에서 앞부분에 나온 이론적 배경 부분을 탐구보고서 뒷부분에 배치하여 학생들이 실험 후에도 관련된 이론을 찾아볼 수 있도록 한다.

③ Presentation 자료

손가락 전자악기 만들기

한양대학교 국책 과학교육연구센터(http://serc.or.kr)

수업 전 맛 보기

1. 휴대폰 안에는 어떤 작은 악기가 들어 있을까요?

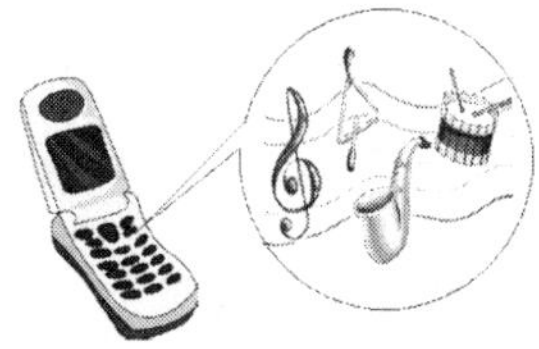

한양대학교 국책 과학교육연구센터(http://serc.or.kr)

수업 전 맛 보기

1) 휴대폰에는 작은 멜로디 반도체가 들어 있어요.

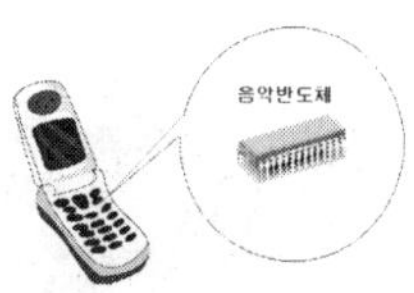

한양대학교 국책 과학교육연구센터(http://serc.or.kr)

수업 전 맛 보기

2) 멜로디 반도체에 음악을 어떻게 저장을 할까요?

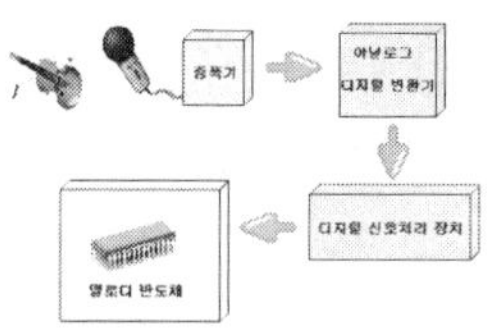

한양대학교 국책 과학교육연구센터(http://serc.or.kr)

수업 전 맛 보기

2. 아날로그 신호와 디지털 신호는 어떻게 다를까요.

"아날로그와 디지털의 차이를 알고 있나요?"

한양대학교 국책 과학교육연구센터(http://serc.or.kr)

수업 전 맛 보기

1) 우리가 듣는 소리인 아날로그 신호를 알아봅시다.

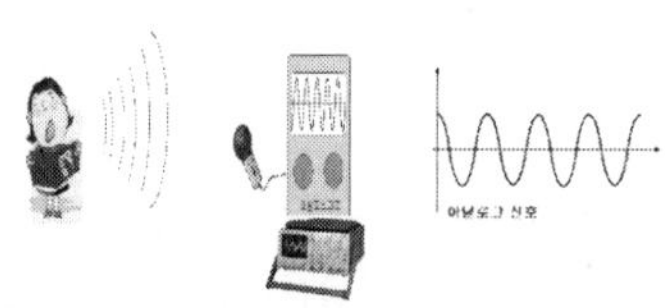

한양대학교 국책 과학교육연구센터(http://serc.or.kr)

수업 전 맛 보기

2) 디지털 신호를 알아봅시다.

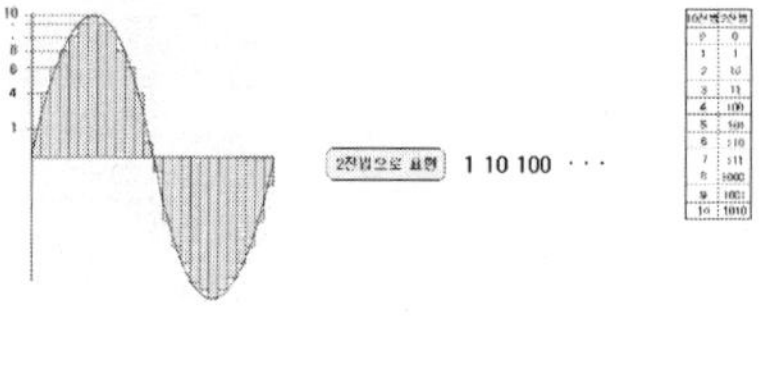

한양대학교 국책 과학교육연구센터(http://serc.or.kr)

여기서 잠깐

수업 전 맛 보기

* 디지털 이미지는 이렇게 만들어져요

색	아날로그 표현		디지털 표현	반도체에 저장
노란색	색의 3원색			111111101100100000100100
	적색	256	11111110	
	녹색	200	11001000	
	청색	36	00100100	

한양대학교 국책 과학교육연구센터(http://serc.or.kr)

여기서 잠깐

* 디지털 음악은 이렇게 만들어져요

악보	아날로그 표현		디지털 표현	반도체에 저장
	음표			000000010011 110011011101
	도	음	00000001	
		박자	00111100	
		강약	11011101	

3) 아날로그 소리를 디지털 소리로 저장해요

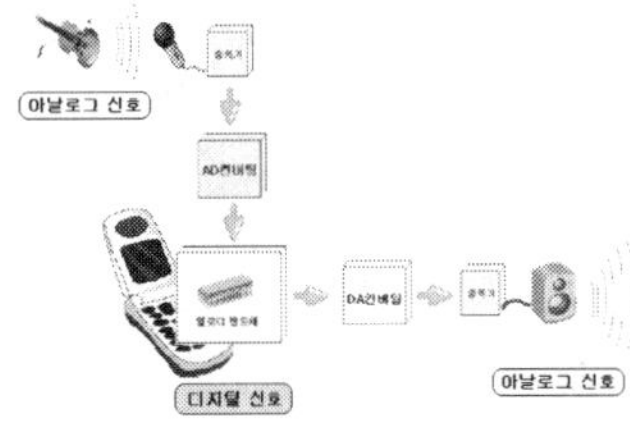

① AD 컨버터란?

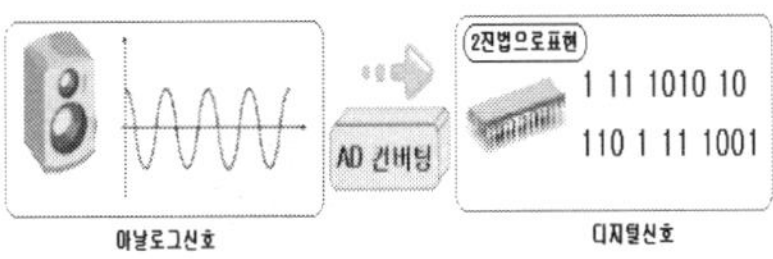

② DA 컨버터란?

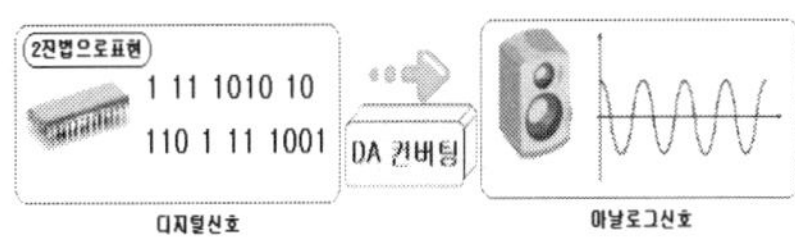

3. 디지털 음악에서 음질을 구분하는 기준을 알아보아요.

1) 8비트와 16비트 라고 말하는 것은 무슨 뜻인가요?

▶ 8 비트란? 파동을 256개로 쪼갰어요~

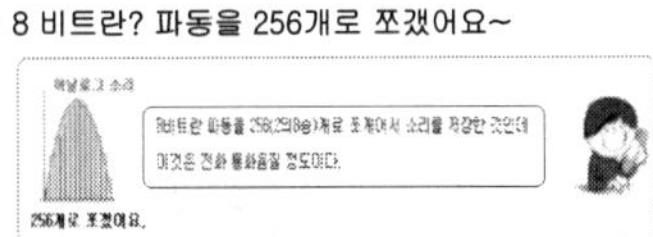

▶16비트란? 파동을 65,536개로 쪼갰어요~

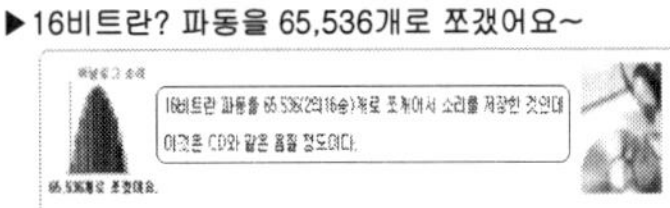

2) 16비트의 44.1kHz인 CD가 있다면?

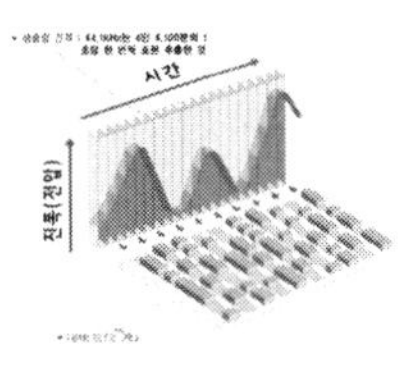

1초에,
65,336(16비트)x44,100(44.1kHz)
≒30 억 개의 정보가 들어있어요

여기서 잠깐

44.1KHz란? 1초에 44,100번씩 분해 작업을 수행했다는 뜻이예요

실험목표

1. 전자 소자를 이용하여 전자악기 회로를 만들어 보고 여러 가지 음을 만들어 낼 수 있는 원리를 알아보자.

잠깐만요!!!

실험해봅시다!

1. 선생님의 말씀을 잘 듣고 지도에 잘 따르며 실험하도록 한다.
2. 인두와 글루건을 사용할 때에는 화상에 주의한다.
3. 전자소자를 분실하지 않게 주의한다.
4. 모든 실험이 끝난 후에는 정리정돈을 잘 한다.

한양대학교 국책 과학교육연구센터(http://serc.or.kr) 17

실험 준비물

이 실험은요!

개별 준비물

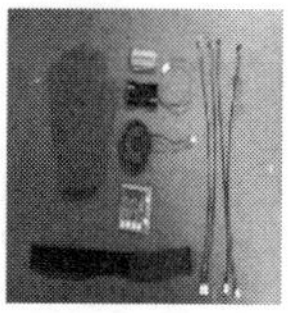

면장갑, 회로기판 1개, 스위치 전선 4개, 1.5V 건전지 2개, 건전지 홀더, 스피커 1개, 벨크로 1개

조별 준비물 글루건, 가위

한양대학교 국책 과학교육연구센터(http://serc.or.kr) 18

실험해봅시다!

1. 회로기판에서 보이스 IC, 저항, 트랜지스터, 캐패시터, 스위치를 확인한다.

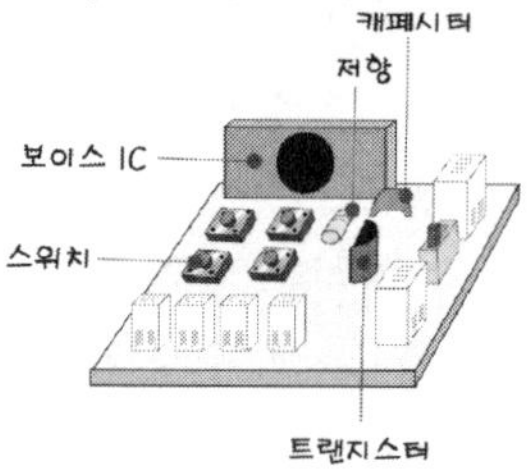

한양대학교 국책 과학교육연구센터(http://serc.or.kr)

실험해봅시다!

2. 스피커를 스피커 하우징에 끼운다.

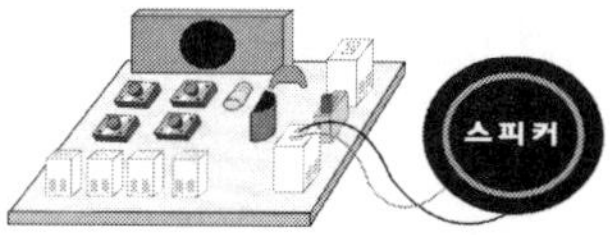

한양대학교 국책 과학교육연구센터(http://serc.or.kr)

실험해봅시다!

3. 건전지를 건전지 하우징에 끼운다.

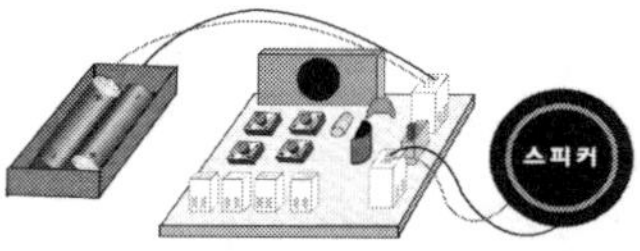

한양대학교 국책 과학교육연구센터(http://serc.or.kr)

실험해봅시다!

4. 장갑 안쪽에 스위치 전선을 붙인다.

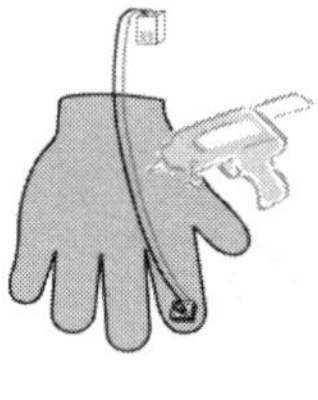

한양대학교 국책 과학교육연구센터(http://serc.or.kr)

실험해봅시다!

5. 4개의 스위치 전선을 모두 붙인다.

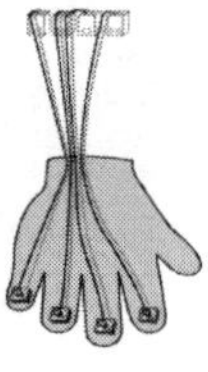

한양대학교 국책 과학교육연구센터(http://serc.or.kr)

실험해봅시다!

6. 장갑을 뒤집어 스위치 전선이 안쪽으로 가도록 한다.

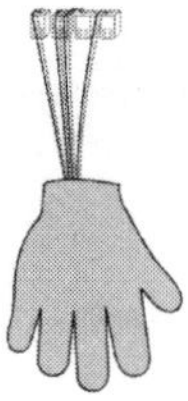

한양대학교 국책 과학교육연구센터(http://serc.or.kr)

실험해봅시다!

7.스위치 전선을 하우징에 모두 끼운다.

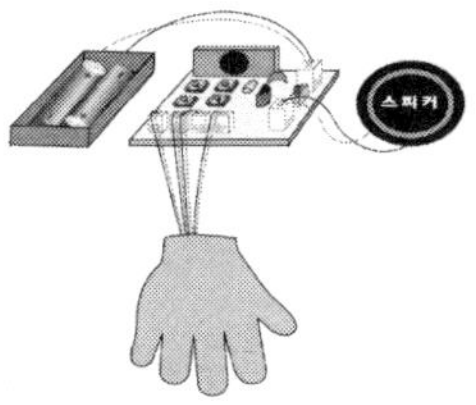

한양대학교 국책 과학교육연구센터(http://serc.or.kr)

실험해봅시다!

8. 벨크로에 회로기판, 건전지 홀더, 스피커를 붙인다.

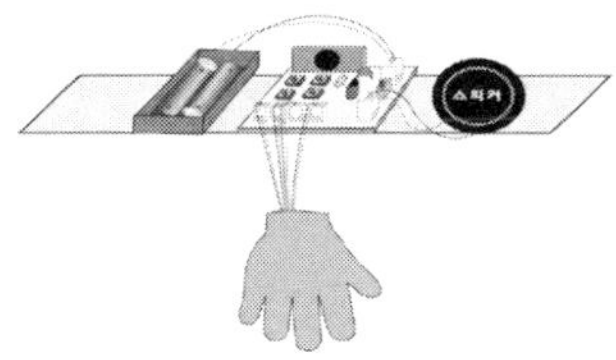

한양대학교 국책 과학교육연구센터(http://serc.or.kr)

실험해봅시다!

9. 손목에 착용하고 소리 테스트를 한다.

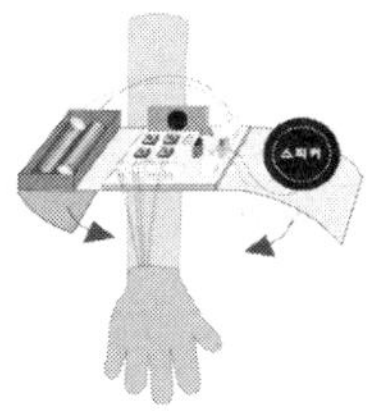

한양대학교 국책 과학교육연구센터(http://serc.or.kr)

생각해볼까요?

우리 함께 탐구 해봅시다!

1. 오늘 실험의 목적은 무엇이고 무엇을 알게 되었나요?

전자 소자를 이용하여 전자악기 회로를 만들어 보고, 아날로그 소리를 저장하는 방법과 여러 가지 디지털 음악을 만들어 낼 수 있는 이유를 알아보았다.

한양대학교 국책 과학교육연구센터(http://serc.or.kr) 28

생각해볼까요?

우리 함께 탐구 해봅시다!

2. 아날로그와 디지털의 차이는 무엇인가요?

아날로그는 연속적인 신호이고, 디지털은(마치 디지털시계처럼) 숫자로 표현되는 불연속적인 신호입니다.

한양대학교 국책 과학교육연구센터(http://serc.or.kr) 29

생각해볼까요?

우리 함께 탐구 해봅시다!

3. 우리의 말소리는 무슨 신호일까요?

A. 아날로그 신호 B. 디지털 신호

A

한양대학교 국책 과학교육연구센터(http://serc.or.kr) 30

생각해볼까요?

우리 함께 탐구 해봅시다!

4. 음악을 디지털화 시켜 저장하는 이유를 생각해 보자.

? 많은 양을 반도체에 저장할 수 있다.

? 고음질로 저장할 수 있다.

? 음악을 오래 보관할 수 있다.

한양대학교 국책 과학교육연구센터(http://serc.or.kr) 31

한 걸음 더

우리 함께 탐구 해봅시다!

1. DVD가 16비트, 48kHz 라면, 이 DVD가 1초에 샘플링할 수 있는 정보는 얼마인가요 ?

16비트(65,536)×48kHz(48,000Hz)=3,145,728,000

1초에 3,145,728,000의 정보를 얻을 수 있다.

한양대학교 국책 과학교육연구센터(http://serc.or.kr) 32

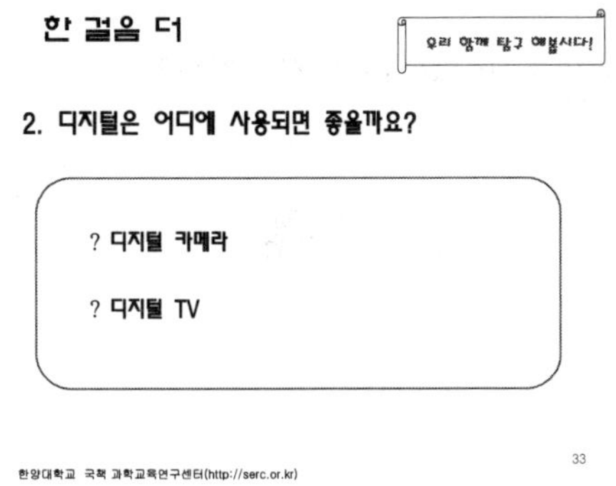

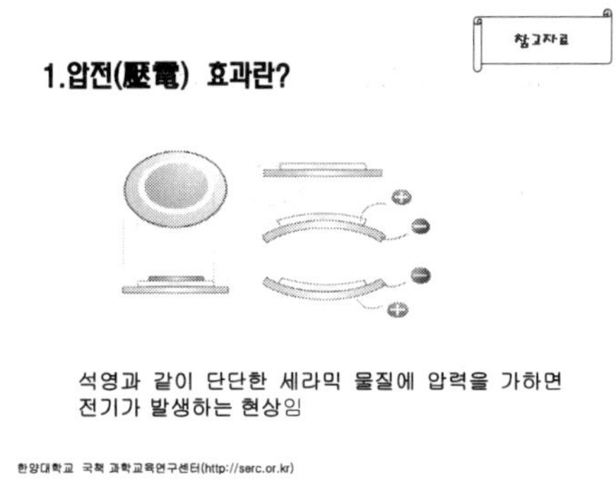

3) NT 분야 : 탄소 네 쌍둥이를 알아보자

흑연과 다이아몬드 외에 또 다른 탄소 동소체인 풀러렌과 나노튜브에 대해 알아보면서 나노과학기술에 대해 탐구해보는 실험이다.

흑연과 다이아몬드, 풀러렌, 탄소나노튜브 등의 구조를 만들어봄으로써

(탐구) • 같은 탄소 원소로 이루어져 있으나 서로 다른 배열을 가지는 탄소 동소체에 대해 구분할 수 있다.

(지식) • 탄소 동소체를 분류할 수 있을 뿐만 아니라 그 특성과 응용에 대해서도 알 수 있다.

(태도) • 축구공 모양의 풀러렌 모형 결과물에 대해 흥미를 가지게 되면서 생활 속에서 접하는 나노 과학 분야를 보다 쉽게 이해할 수 있게 된다.

① 교사용 지도안

교사가 수업을 통해 학생들에게 무엇을 어떻게 전달해야 하는지를 알도록 하기 위해 수업목표와 대상, 수업 형태 및 교재, 지도상의 유의점과 수업지도안 등을 앞부분에 수록하였다.

(교사용 매뉴얼 - 우리는 탄소 네쌍둥이)

우리는 탄소 네쌍둥이~

수업목표
1. 탄소원소(C)로 이루어진 탄소 쌍둥이 물질(동소체)의 종류와 그 특성에 대해 이해한다
2. 탄소 동소체 물질(동소체) 중 첨단물질로 주목받고 있는 풀러렌 분자모형을 직접 만들어 볼 수 있다.

대상학년 중학교 이상에 적합

수업형태 개별 제작 실험 및 조별 실험

수업교재
◆ 실험세트(개별 1세트)

+ 개별 준비물
  · 스티로폼공, 이쑤시개, 각도기
  · 탄소원자모형 60개, 연결막대 90개
+ 개별 준비물
  · 꽂철사

◆ 교사용 매뉴얼
◆ 학생용 활동지(1인 1부씩 학생수에 맞게 준비)
◆ 강의를 위한 ppt 파일(CD로 준비 혹은 홈페이지 다운받아 사용)

지도 상의 유의점
1. 실험에 사용하는 조각들이 작으므로 분실하지 않도록 주의한다.
2. 선생님의 지도하에 실험하도록 한다.
3. 실험이 끝난 후에는 정리, 정돈을 잘한다.

한양대학교 국제 과학교육연구센터(http://serc.or.kr) 1

수업지도안

수업 단계	교수학습활동: 교사 활동	교수학습활동: 학생 활동	시간	유의점 및 자료
도입	· 강사 자신에 대해 간단히 소개한다.		1분	보조교사: 학생들 활동지 배부
	· 금, 철, 흑연, 다이아몬드 들이 모두 다른 성분으로 이루어졌는지 질문한다	· 각자의 생각을 이야기한다	4분	교사용3p
	· 흑연과 다이아몬드는 같은 성분으로 이루어진 물질임을 설명한다	· 교사의 설명을 듣는다.	2분	교사용3p
전개	· 우리 주위의 물질들 중 쌍둥이 물질(동소체)에 대해 설명하고 그 종류에 대해 알아본다	· 교사의 설명을 듣는다.	13분	교사용3~4p
	· 탄소 쌍둥이물질(동소체)인 흑연과 다이아몬드에 대해 알아본다 - 성질비교 대조실험.			교사용4~5p
	· 새로운 탄소 쌍둥이물질(동소체), 풀러렌에 대해 알아본다			교사용6~7p
	· 새로운 탄소 쌍둥이물질, 탄소나노튜브에 대해 알아본다.			교사용7~8p
	· 실험 목표를 소개한다.	· 교사의 설명을 듣는다.	5분	교사용9p
	· 실험 전 유의사항을 알려준다.			교사용9p
	· 실험 준비물을 배부한다.			보조교사: 실험 세트 배부
	· 실험 준비물을 각각 설명하고 활동 순서를 설명한다.	· 교사의 설명을 듣고 준비물을 확인한다.		교사용10~13p
	· 조별 및 개별 실험을 진행하면서 순회지도한다.	· 조별실험 : 다이아몬드와 흑연의 분자모형만들기 · 개별실험 : 풀러렌분자모형 만들기	30분	보조교사가 함께 순회하며 지도한다
	· 실험이 제대로 이루어지고 있는지 살펴준다.			
정리	· 학생들 활동지에 생각해 볼까요와 한걸음 더를 기록하도록 한다.	· 자신의 생각을 적도록 한다. · 자신의 생각을 발표 한다	10분	교사용14~15p
	· 풀러렌의 발견에 관한 일화를 소개한다.	· 다른 질문사항이 있으면 한다.	5분	교사용16p
	· 새로운 미래를 여는 나노기술에 대해 설명한다.		5분	교사용17~19p
	· 실험기구를 정리하고 수업을 마친다.	· 실험기구를 정리정돈하고 주위의 쓰레기를 치운다.	2분	

한양대학교 국제 과학교육연구센터(http://serc.or.kr) 2

이론적 배경

우리 주위에서 볼 수 있는 금, 철, 흑연, 다이아몬드..이들 물질은 모양, 색깔, 강도 등 그 특성과 성질이 모두 다르다. 그렇다면 이들은 모두 다른 성분으로 이루어진 물질들일까?

? 다음은 모두 다른 성분으로 이루어진 물질들일까요?

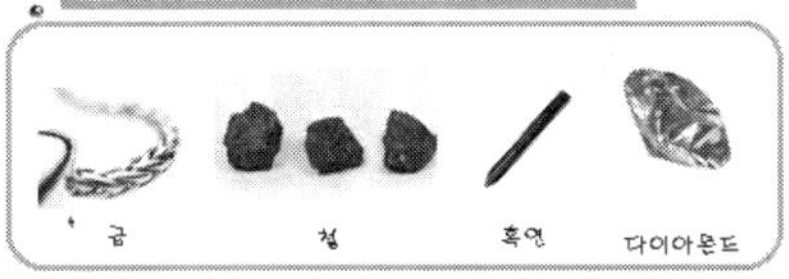

그런데 놀랍게도 이 중 흑연과 다이아몬드는 서로 같은 성분으로 이루어진 쌍둥이 물질이다.

어떻게 그것이 가능한 것일까?

1. 사람뿐만 아니라 물질에도 쌍둥이가 존재해요~

우리 주위에서 쌍둥이를 본적이 있는가? 이들은 얼핏 보기에 겉모습이 똑같아 보여서 누가누군지 서로 구별하기 힘들다. 그런데 이러한 쌍둥이는 사람뿐만 아니라 우리 주위의 물질들에도 존재한다.

위에서 살펴본 흑연과 다이아몬드는 둘 다 탄소(C)라는 같은 원소로 이루어진 쌍둥이 물질이다. 이를 전문적 화학 용어로는 동소체라고 한다.

한양대학교 국제 과학교육연구센터(http://serc.or.kr) 3

원소란?
· 어떠한 화학변화로도 더 이상 분해되지 않는 물질을 이루는 기본 성분
예> 수소(H), 탄소(C), 산소(O), 질소(N)

이러한 같은 원소로 이루어진 쌍둥이 물질(동소체)에는 흑연과 다이아몬드 이외에도 산소(O_2), 오존(O_3) 등 산소(O)로 이루어진 산소 쌍둥이 물질, 고무상황 · 단사황 · 사방황 등 황(S)으로 이루어진 황 쌍둥이 물질, 흰인과 붉은 인 등 인(P)으로 이루어진 인 쌍둥이 물질 등이 있다.

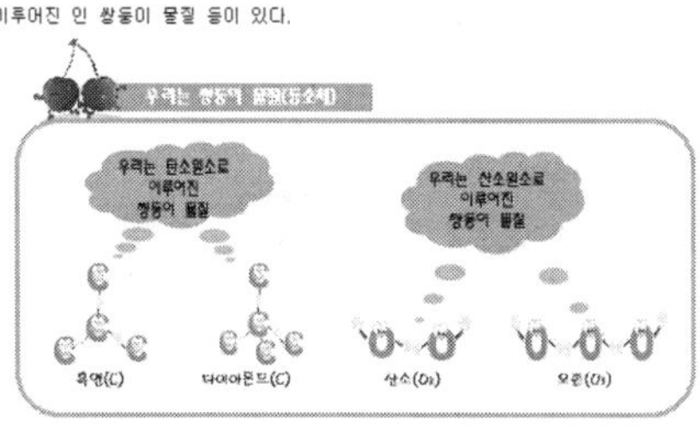

그럼 지금부터 대표적인 쌍둥이 물질인 탄소로 이루어진 쌍둥이 물질(동소체)에 대해서 알아보도록 하자.

2. 흑연과 다이아몬드, 우리는 탄소 쌍둥이이에요~

다이아몬드와 흑연은 화학적으로 똑같은 탄소로 이루어진 탄소 쌍둥이 물질, 즉 탄소 동소체이다. 하지만 이들은 아무리 보아도 비슷한 점이라곤 찾을 수 없다. 왜 그럴까? 그것은 화학원소들의 배열 상태와 결합 양식이 서로 다르기 때문이다.

무색이며 현란한 빛을 발하는 다이아몬드는 각 탄소원자가 다른 탄소원자 4개와 정다면체모양으로 입체적으로 결합하고 있다. 이 때문에 다이아몬드는 강도가 매우 높으며 전기도 잘 통하지 않는다.

한양대학교 국제 과학교육연구센터(http://serc.or.kr) 4

다이아몬드(C)

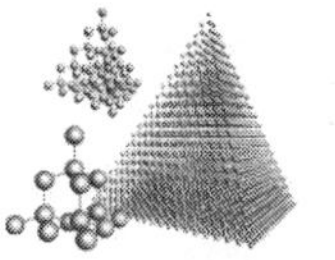

반면에 연필심, 샤프심 등에 사용하는 까만 흑연은 각 탄소원자가 다른 탄소원자 3개와 결합하고 있다. 구조적으로는 육각형 탄소고리가 서로 연결되어 평면층을 이루고 있으며, 이들 평면층 간에는 약한 결합력이 작용한다.

이로 인해 흑연은 충격에 약하여 쉽게 떨어져 나가게 되어 종이에 가볍게 쓰기만 해도 닳아 없어지며, 전기전도성을 띄게 된다.

흑연(C)

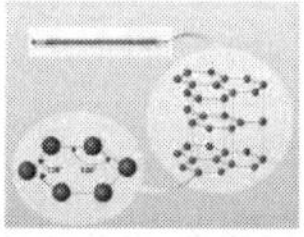

다이아몬드칼과 연필심을 돌과 종이에 각각 그어보고 그 결과를 관찰해 봅시다.

◀ 연필심을 종이에 그었을 경우

◀ 연필심을 돌에 그었을 경우

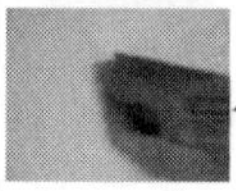

◀ 다이아몬드칼을 종이에 그었을 경우

◀ 다이아몬드칼을 돌에 그었을 경우

그렇다면 흑연과 다이아몬드 이외에 다른 탄소 쌍둥이 물질은 없는 것일까?

3. 흑연과 다이아몬드 이외에도 새로운 탄소 쌍둥이가 존재해요~

불과 20년 전까지 사람들은 탄소 쌍둥이 물질(동소체)은 흑연과 다이아몬드뿐이라고 믿었다. 그러나 풀러렌과 탄소나노튜브가 발견되면서 새로운 탄소 쌍둥이 물질로 이름을 올렸다.

1) 축구공 모양의 새로운 탄소 쌍둥이, 풀러렌(fullerene, C_{60})

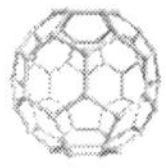

풀러렌은 흑연 조각에 레이저를 쏘았을 때 남아있는 그을음에서 발견한 완전히 새로운 탄소 동소체로, 1985년 리처드 스몰리, 로버트 컬, 헤럴드 크로토 등에 의해 발견되었다.

풀러렌은 어떻게 생겼을까요?

풀러렌은 주로 탄소원소60개(C_{60})가 결합하여 생긴 축구공 모양으로, 12개의 5각형과 20개의 6각형으로 이루어져 있으며 각각의 5각형에는 5개의 육각형이 인접해 있다.

C_{60}은 이외에도 정5각형은 12개로 같지만 정6각형의 개수가 늘어나 더 많은 탄소로 구성된 C_{70}, C_{76}, C_{78}, C_{84} 등도 있다.

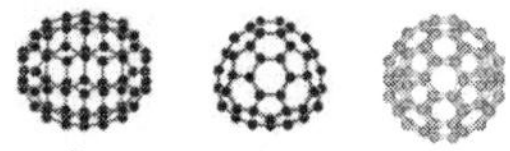

C_{70} C_{78} C_{84}

풀러렌은 어떤 특성을 가지고 있을까요?

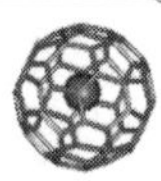

풀러렌은 축구공처럼 오각형 이음 구조를 가져서 다이아몬드만큼 강하고 높은 온도와 압력에 잘 견디며, 미끄러운 성질을 가지고 있다. 또한 풀러렌은 무엇보다 안쪽 공간에 탄소가 아닌 다른 물질을 담을 수 있는 그릇 역할을 할 수 있다.

이러한 성질을 이용해 풀러렌은 단단한 플라스틱을 만들거나 날카로운 칼을 저렴하게 만들 수도 있으며, 윤활유로도 사용될 수 있다. 또한 풀러렌 안에 약을 넣고 운반함으로써 약이 주변 정상세포까지 위협하는 부작용을 줄일 수 있는 약물 운반체로 사용된다.

날카로운 칼, 단단한 플라스틱

약물 운반체

윤활제

2) 벌집무늬의 또 다른 새로운 탄소 쌍둥이, 탄소나노튜브(Carbon Nanotube, CNT)

탄소나노튜브는 1991년 일본의 스미모 리지마 박사에 의해 발견된 또 하나의 새로운 탄소 동소체이다.

탄소나노튜브는 어떻게 생겼을까요?

탄소나노튜브는 하나의 탄소원자가 3개의 다른 탄소원자와 결합되어 있고 육각형 벌집 무늬의 튜브 형태를 이루고 있다. 나노튜브라고 부르는 이유는 그 튜브의 직경이 보통 1 나노미터(10억분의 1미터)정도로 극히 작기 때문이다.

탄소나노튜브는 어떤 특성을 가지고 있을까요?

탄소나노튜브는 구리의 1000배나 되는 우수한 전기전도도, 강철의 100배 수준의 뛰어난 강도를 가지고 있다. 또한 구조가 쉽게 조절되고 구조에 따라서 반도체 또는 도체로 조절이 가능하며 화학적 안정성이 뛰어나다.

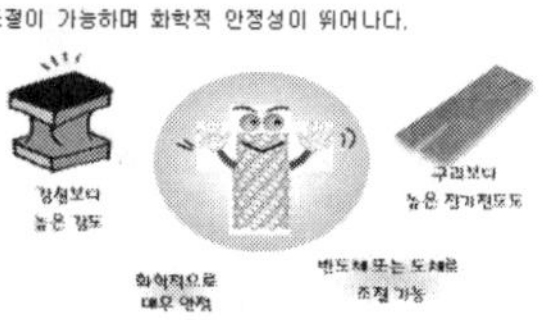

이러한 물리적 · 화학적 · 구조적 특징으로 인해 탄소나노튜브는 꿈의 신소재로 불리면서 21세기를 이끌어갈 첨단 신소재로 각광을 받고 있다. 탄소나노튜브는 차세대 반도체, 차세대 전지, 평면 디스플레이, 레이더에 안잡히는 탱크, 테니스 라켓 등 다양한 분야에서 활용이 가능하다.

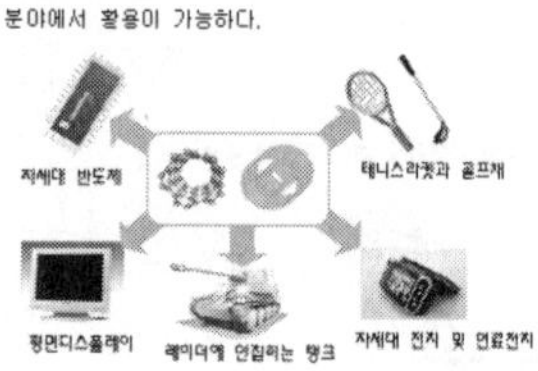

탄소 쌍둥이 물질(동소체)인 흑연과 다이아몬드 그리고 첨단 물질로 주목 받고 있는 풀러렌 분자모형을 만들어 볼까요?

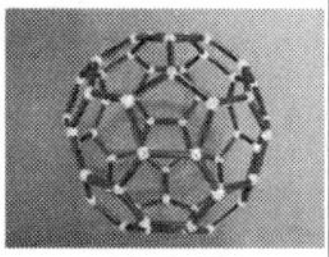
▲ 풀러렌 분자모형

실험목표

1. 탄소원소(C)로 이루어진 탄소 쌍둥이 물질(동소체)의 종류와 그 특성에 대해 이해한다
2. 탄소 쌍둥이 물질(동소체) 중 첨단물질로 주목받고 있는 풀러렌 분자모형을 직접 만들어 볼 수 있다.

실험 전 유의사항

1. 실험에 사용하는 조각들이 작으므로 분실하지 않도록 주의한다.
2. 선생님의 지도하에 실험하도록 한다.
3. 실험이 끝난 후에는 정리, 정돈을 잘한다.

실험매뉴얼

준 비 물

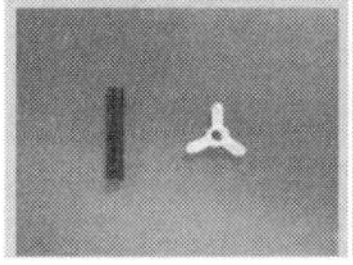

구분	준비물
개별	탄소원자모형 60개, 연결막대 90개

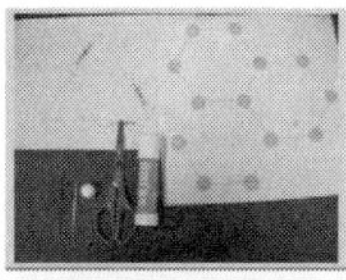

구분	준비물
조별	스티로폼공, 이쑤시개, 꽃철사, 흑연분자모형 도면, 정사면체 전개도 가위, 풀

활동1. 흑연 분자모형 만들기

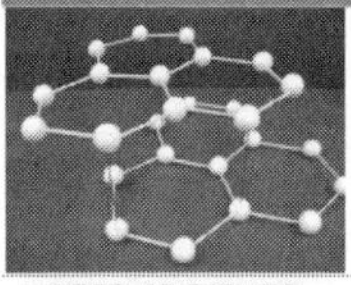
◀ 완성된 흑연 분자모형. 각 탄소원자가 다른 탄소원자 3개와 결합하고 있으며, 구조적으로 육각형 탄소고리가 서로 연결되어 평면층을 이루고 있음

■ 친구들과 함께 만들어보아요~

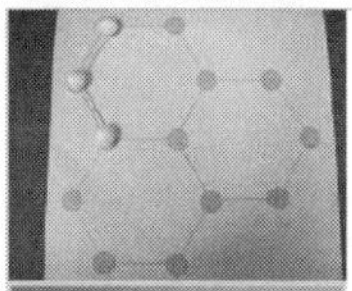
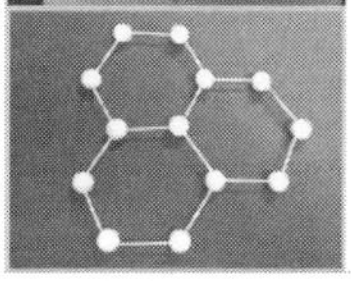

1. 흑연분자모형 도면에 따라 이쑤시개와 스티로폼 공을 연결하여 왼쪽 사진과 같은 모양을 만든다.

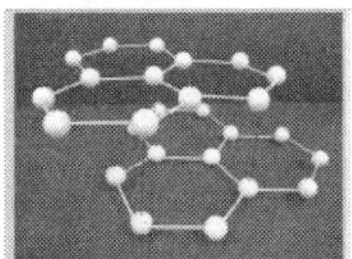
▲ 측면에서 본 모양

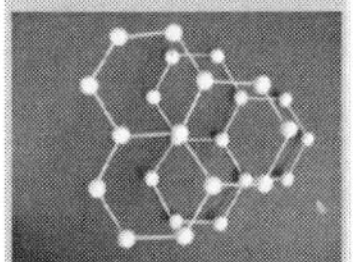
▲ 위에서 본 모양

2. '실험1'에서 완성된 모양과 동일한 모양을 한 개 더 만든 후, 꽃철사를 사용하여 아래 그림과 같이 각 모양들을 위아래로 서로 연결한다.(완성)

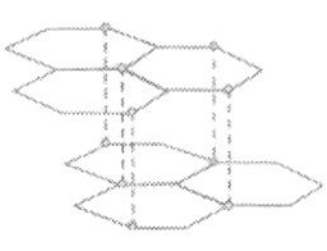

활동2. 다이아몬드 분자모형 만들기

◀ 완성된 다이아몬드 분자모형(정사면체). 각 탄소원자가 다른 탄소원자 4개와 정사면체모양으로 입체적으로 결합하고 있음

■ 각자 만들어보아요

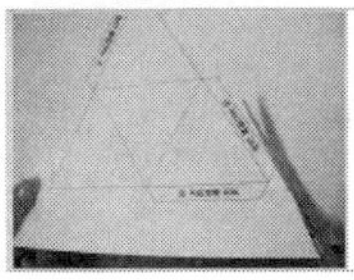

1. 정사면체 전개도를 실선을 따라 오려낸다.

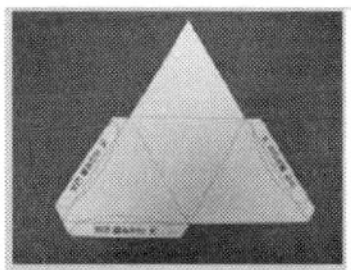

2. 오려낸 정사면체 전개도에서 왼쪽 사진의 표시된 부분 뒷면에 풀칠을 한 후, 점선을 따라 접어서 정사면체 모양을 만든다. (완성)

활동3. 풀러렌 분자모형 만들기

◀ 탄소60개가 결합하여 생긴 축구공 모양의 풀러렌 분자구조. 12개의 5각형과 20개의 6각형으로 이루어져 있으며 각각의 5각형에는 5개의 육각형이 인접해 있음

1. 탄소원자모형과 연결막대를 사용하여 오각형 모양을 만든다.

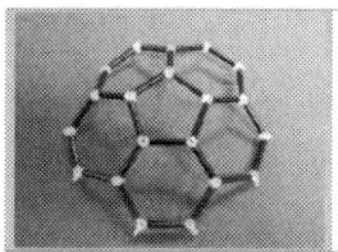

2. '실험1'의 완성된 오각형 모양의 각 면에 육각형 모양이 둘러싸도록 연결한다.

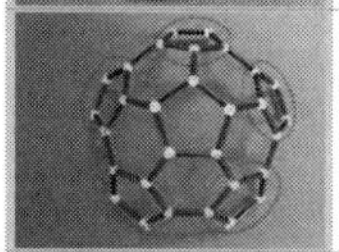

3. '실험2'의 완성된 모양에서 2개의 육각형 사이가 오각형이 되도록 연결시킨다.

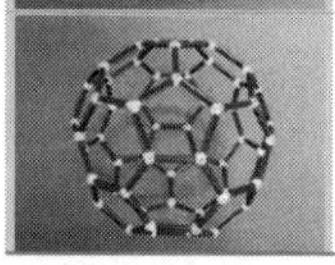

4. '실험2와 3'의 과정을 반복해서 연결시켜 나가면 왼쪽 사진과 같은 풀러렌이 만들어진다.(완성)

생각해볼까요

1. (1) 같은 원소로 이루어졌지만 원자배열과 조성이 다른 쌍둥이 물질을 무엇이라고 하나요?
   (2) 그리고 이러한 물질들에는 어떤 것들이 있을까요?

(1) 동소체

(2) 탄소(C) 동소체 : 다이아몬드, 흑연, 풀러렌, 탄소나노튜브
산소(O) 동소체 : 산소(O_2)와 오존 (O_3)
황(S) 동소체 : 고무상황, 단사황, 사방황
인(P) 동소체 : 흰인과 붉은 인

2. 우리는 대표적인 탄소 쌍둥이 물질(동소체)인 다이아몬드와 흑연의 성질을 살펴보기 위해 다이아몬드칼과 연필심을 돌과 종이에 그어보았습니다. (1) 그 결과는 어떠했나요? (2) 그리고 이러한 결과가 나타난 이유를 우리가 만든 다이아몬드와 흑연의 분자모형을 비교해가며 설명해봅시다.

(1)

물질	결과
다이아몬드칼	다이아몬드칼을 돌과 종이 위에 그었을 경우, 종이 뿐만 아니라 단단한 돌에도 흠집이 났다.
연필심	연필심을 돌과 종이 위에 그었을 경우, 연필심이 쉽게 떨어져 나가 닳아 없어졌다.

(2) ① 다이아몬드 : 각 탄소원자가 다른 탄소원자 4개와 입체적으로 단단히 결합하고 있어 강도가 매우 높음
② 흑연 : 구조적으로 육각형 탄소고리가 서로 연결되어 평면층을 이루고 있으며, 이들 평면층 간에는 결합이 약해서 쉽게 떨어져 나감

3. 우리가 만들어 본 탄소 쌍둥이 물질(동소체) 중의 하나인 (1) 풀러렌은 어떤 모양인가요? (2) 그리고 그 특징은 무엇인가요?

(1) 탄소원소 60개가 결합하여 생긴 축구공 모양으로, 12개의 5각형과 20개의 6각형으로 이루어져 있으며 각각의 5각형에는 5개의 육각형이 인접하고 있음

(2)

한 걸음 더

1. 새롭게 발견된 탄소 쌍둥이 물질(동소체)인 탄소나노튜브가 어디에 사용될 수 있을지 생각해봅시다.

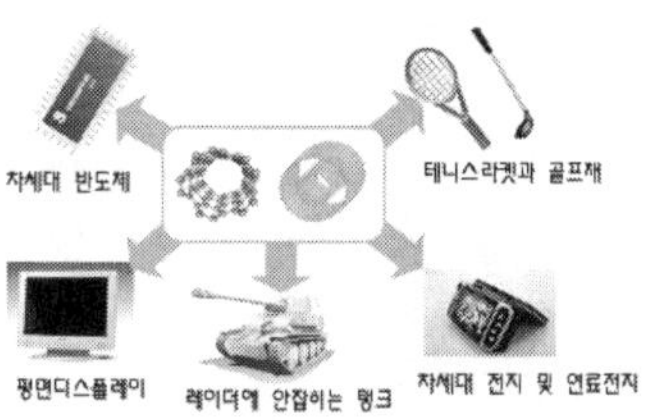

참고자료

1. 우연히 발견된 풀러렌(C_{60})

▲ 풀러렌의 발견으로 노벨화학상을 수상한 해롤드 크로토 교수의 모습

1985년 해롤드 크로토, 리처드 스몰리, 로버트 컬 등 3명의 과학자는 흑연 조각에 레이저를 쏘았을 때 남아있는 그을음에서 완전히 새로운 탄소 물질을 발견했다. 이 물질을 질량분석계로 측정한 결과, 60개의 탄소로 이루어진 것이 확인됐다. 하지만 탄소원자 간에 어떤 형태로 결합되어 그처럼 안정된 탄소 덩어리가 되었는지는 알아내지 못했다.

이 분자의 구조를 밝히기 위해 며칠 동안 고민하던 스몰리는 어느 날 점심식사 후 식탁에서 계산 용지를 잘라 이리저리 맞추다가 언뜻 축구공을 떠올리곤 탄성을 질렀다. 정육각형과 정오각형으로 이루어진 32면체인 축구공의 꼭지점이 바로 60

개임을 깨달은 것이다. 스몰리가 계산 용지로 축구공 형태를 한 모형을 만들어 바닥에 떨어뜨리니 튀어오를 정도로 안정된 모습을 보였다. 그들은 자신이 발견한 새로운 분자가 축구공과 똑같은 구조일 것으로 믿어 의심치 않았다.

▲ 지오데식 돔

그로부터 6년이 지난 1991년, 여러 가지 실험을 통해 C_{60}의 구조가 정말로 축구공과 똑같은 모습임이 증명되었다. 그리고 이 물질을 이와 비슷한 모양의 지오데식 돔이라는 구조물을 고안한 벅민스터 풀러의 이름을 따서 '풀러렌'이라 이름 붙이게 되었다.

2. 미래를 여는 나노기술

탄소 동소체인 풀러렌과 탄소나노튜브는 나노기술시대의 새로운 지평을 열어 주었다. 나노 기술은 1~100 nm 영역에서 물질을 조립, 조작, 관찰 및 제어하는 기술을 말한다.

나노란?

나노란?는 10억분의 1을 나타내는 단위로 1 nm는 수소원자 10개가 모인 정도로 머리카락 굵기의 10만분의 1에 해당한다. 예를 들어 1nm를 백원짜리 동전크기라고 가정한다면 1m는 지구전체 크기에 해당한답니다.

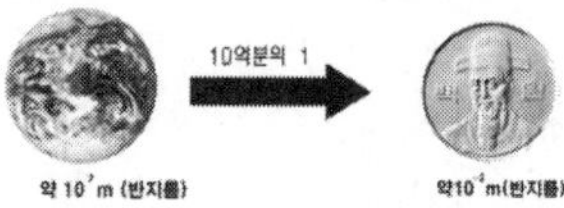

나노기술의 응용은 화장품, 옷감, 유리와 같이 손으로 만질 수 있는 물질에서부터 병균을 죽이는 나노 로봇과 같은 상상의 산물에 이르기까지 매우 다양하다. 나노 이론가들이 궁극적으로 꿈꾸는 것은 분자를 조립하여 완전히 새로운 물질이나 장치를 만드는 것이다.

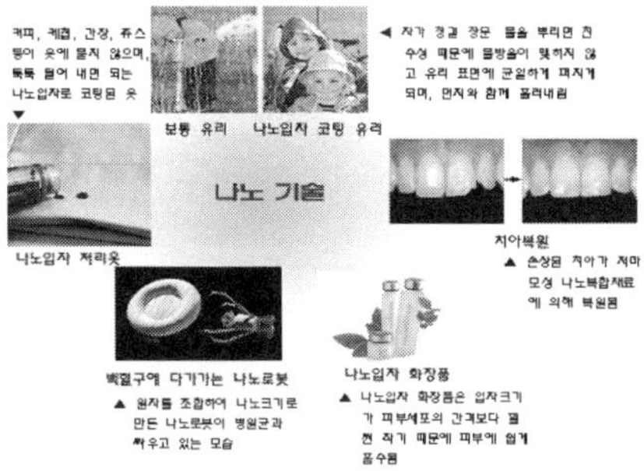

◉ 참고 사이트

http://100.naver.com/100.nhn?docid=50134
http://www.edunet4u.net/main/index.html
http://www.etnews.co.kr/news/detail.html?id=200511070143
http://www.newtonkorea.co.kr/
http://www.sciencetimes.co.kr/
http://www.serc.or.kr

한양대학교 국책 과학교육연구센터(http://serc.or.kr) 17

② 학생용 매뉴얼

- 학생들에게 이 실험이 생활 속에서 평소 가졌던 또는 충분히 가질 수 있는 호기심에서 시작하는 것이라는 것을 처음 도입 부분에 제시하여 학생들의 흥미를 최대한 끌어내도록 한다.

(학생용 매뉴얼 - 우리는 탄소 네쌍둥이)

우리는 탄소 네쌍둥이~

우리 주위에서 볼 수 있는 금, 철, 흑연, 다이아몬드..이들 물질은 모양, 색깔, 강도 등 그 특성과 성질이 모두 다르다. 그렇다면 이들은 모두 다른 성분으로 이루어진 물질들일까?

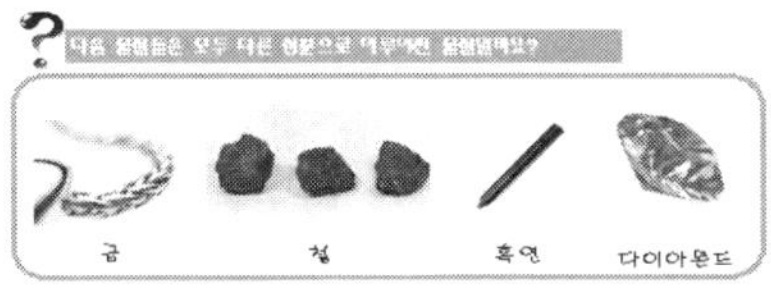

그런데 놀랍게도 이 중 흑연과 다이아몬드는 서로 같은 성분으로 이루어진 쌍둥이 물질이다.

생각해봐요

모양과 성질이 다른 흑연과 다이아몬드가 어떻게 같은 성분으로 이루어진 쌍둥이 물질이 될 수 있을까요?

한양대학교 국책 과학교육연구센터(http://serc.or.kr) 1

이활동을 하면

1. 탄소원소(C)로 이루어진 탄소 쌍둥이 물질(동소체)의 종류와 그 특성에 대해 이해할 수 있다.
2. 탄소 동소체 중 첨단물질로 주목받고 있는 풀러렌 분자모형을 직접 만들어 볼 수 있다.

잠깐만요

1. 실험에 사용하는 조각들이 작으므로 분실하지 않도록 주의한다.
2. 선생님의 지도하에 실험하도록 한다.
3. 실험이 끝난 후에는 정리, 정돈을 잘한다.

무엇이 필요할까?

준비물		
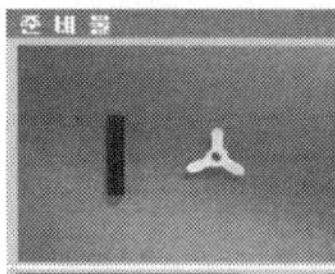	개별	탄소원자모형 60개, 연결막대 90개
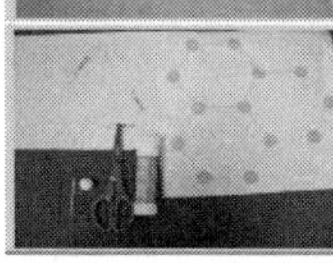	조별	스티로폼공, 이쑤시개, 꽃철사, 흑연분자모형 도면, 정사면체 전개도 가위, 풀

한양대학교 국책 과학교육연구센터(http://serc.or.kr) 2

• 다음에 이어지는 '어떻게 할까?'(실험방법) '생각해 볼까요?'와 '한 걸음 더'(탐구보고서)는 교사용에 이미 제시한 내용과 같다. 단, 학생들 매뉴얼에서는 교사용 지도안에서 앞부분에 나온 이론적 배경 부분을 탐구보고서 뒷부분에 배치하여 학생들이 실험 후에도 관련된 이론을 찾아볼 수 있도록 한다.

③ Presentation 자료

presentation 자료는 실제 교사가 수업에 활용할 수 있도록 수업지도안의 구성을 바탕으로 수업의 진행 순서에 맞게 구성하였다. 도입부로 시작하여 관련 이론을 소개하고 우리가 무슨 실험을 할 것인지 제시 후 자세한 실험 방법을 나타내어 학생들의 이해를 돕도록 하였으며, 탐구 보고서 작성 및 실험과 연관된 첨단과학기술까지 소개한다.

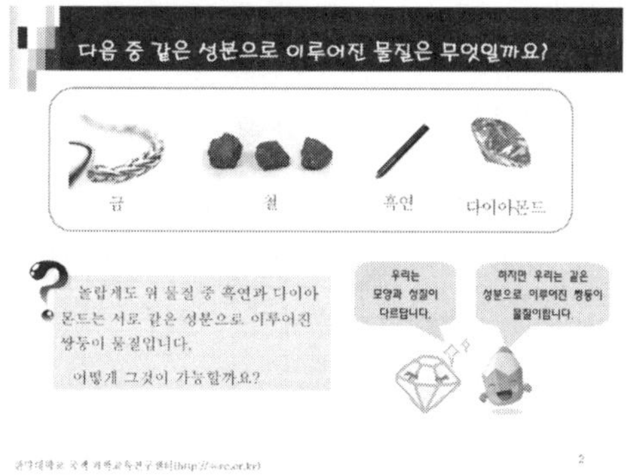

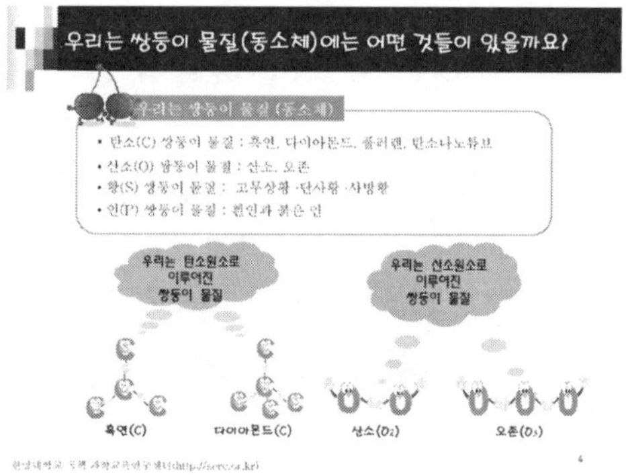

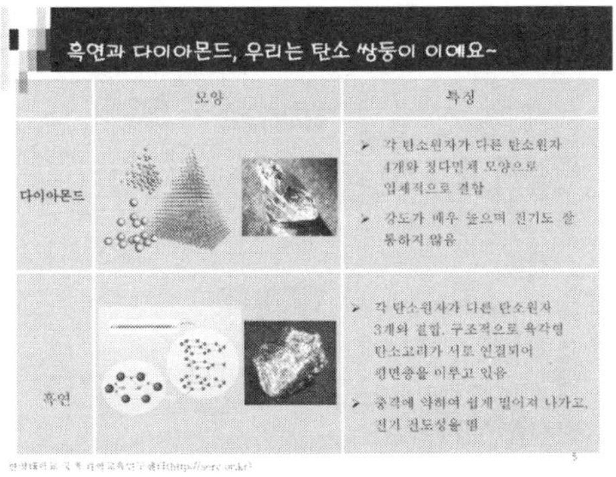

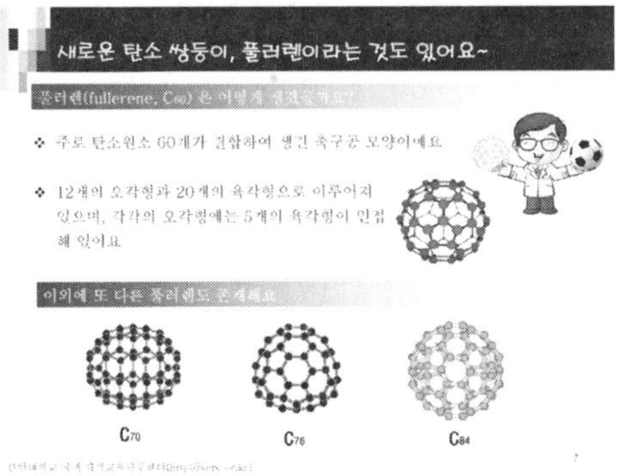

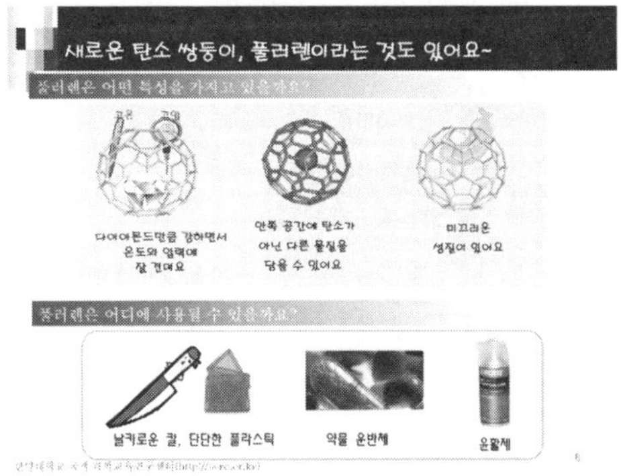

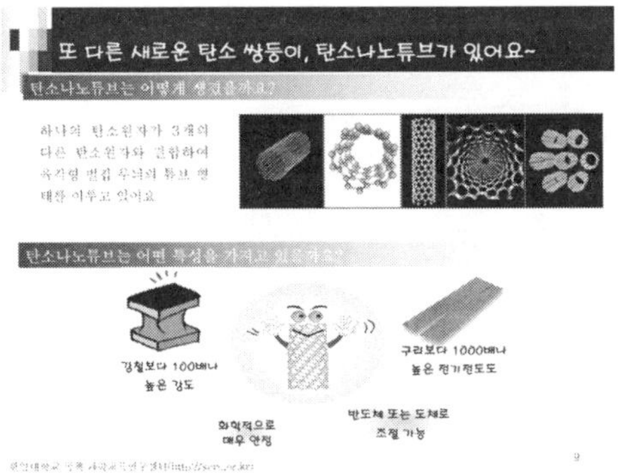

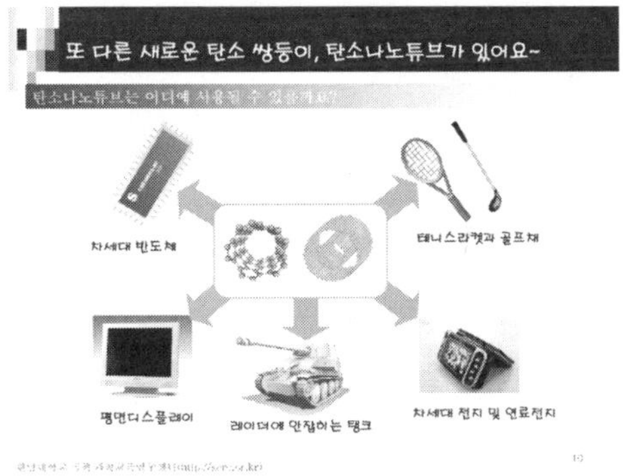

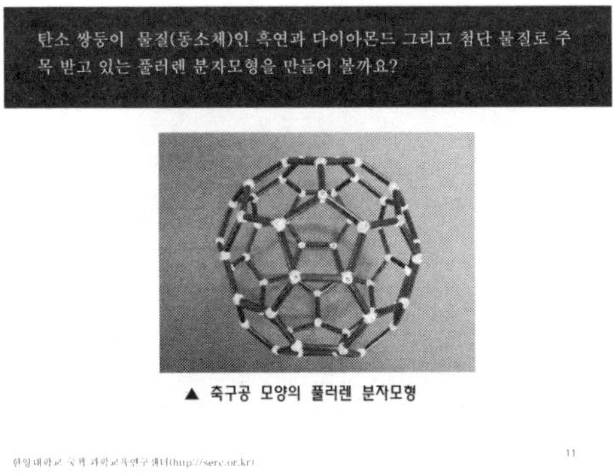

▲ 축구공 모양의 풀러렌 분자모형

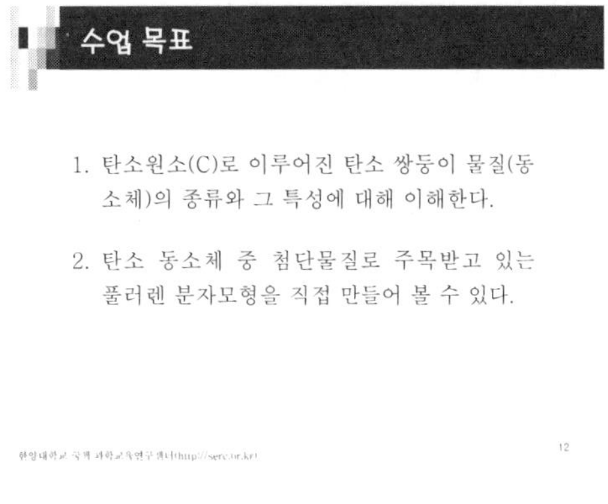

잠깐만요

1. 실험에 사용하는 조각들이 작으므로 분실하지 않도록 주의한다.

2. 선생님의 지도하에 실험하도록 한다.

3. 실험이 끝난 후에는 정리, 정돈을 잘한다.

무엇이 필요할까요?

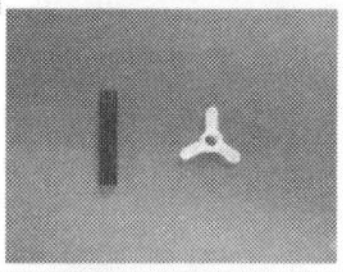

개별 준비물

탄소원자모형 60개, 연결막대 90개

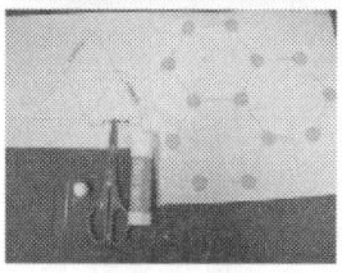

조별 준비물

스티로폼공, 이쑤시개, 꽃철사,
흑연분자모형 도면, 정사면체 전개도
가위, 풀

실험해봅시다 - 흑연 분자모형 만들기

완성된 흑연 분자모형

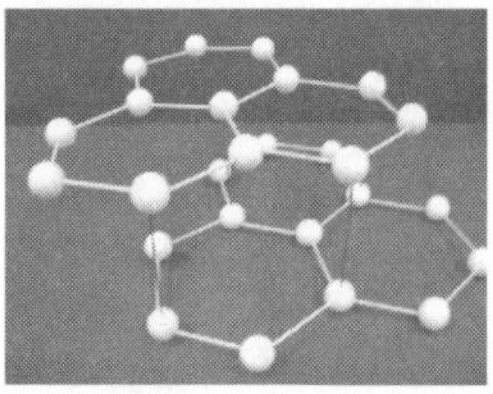

◀ 각 탄소원자가 다른 탄소원자 3개와 결합하고 있고, 구조적으로는 육각형 탄소고리가 서로 연결되어 평면층을 이룸

실험해봅시다 - 흑연 분자모형 만들기

■ 친구들과 함께 만들어 보아요

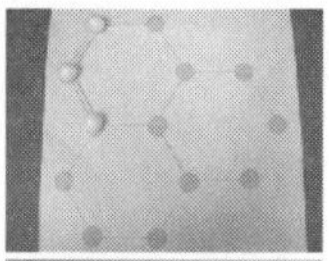

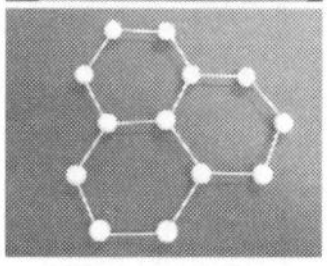

1. 흑연분자모형 도면에 따라 이쑤시개와 스티로폼 공을 연결하여 왼쪽 사진과 같은 모양을 만든다.

실험해봅시다 - 흑연 분자모형 만들기

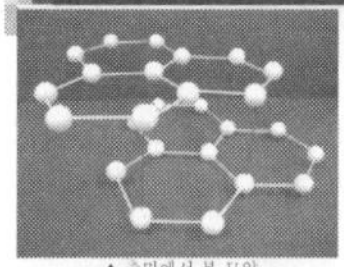

▲ 측면에서 본 모양

2. '실험1'에서 완성된 모양과 동일한 모양을 한 개 더 만든 후, 꽃철사를 사용하여 아래 그림과 같이 각 모양들을 위아래로 서로 연결한다.(완성)

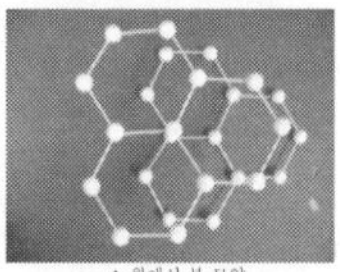

▲ 위에서 본 모양

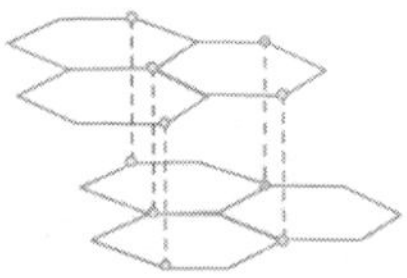

실험해봅시다 - 다이아몬드 분자모형 만들기

완성된 다이아몬드 분자모형

◀ 각 탄소원자가 다른 탄소원자 4개와 정사면체 모양으로 입체적으로 결합하고 있음

실험해봅시다 - 다이아몬드 분자모형 만들기

■ 각자 만들어 보아요

1. 정사면체 전개도를 실선을 따라 오려낸다.

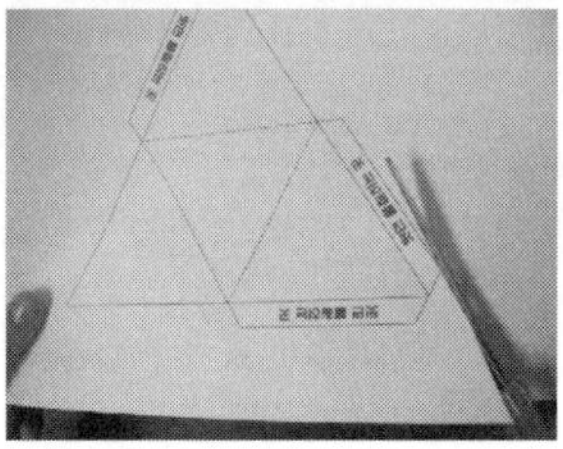

실험해봅시다 - 다이아몬드 분자모형 만들기

2. 오려낸 정사면체 전개도에서 아래 사진의 표시된 부분 뒷면에 풀칠을 한 후, 점선을 따라 접어서 정사면체 모양을 만든다.(완성)

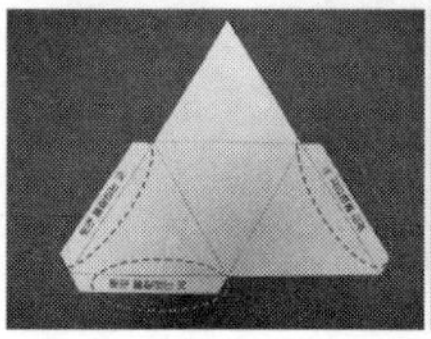

실험해봅시다 - 풀러렌 분자모형 만들기

완성된 풀러렌 분자모형

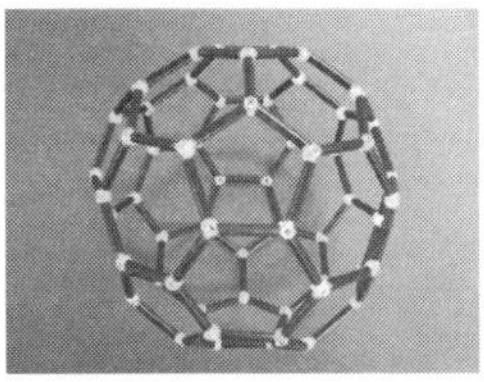

◀ 탄소60개가 결합하여 생긴 축구공 모양의 풀러렌 분자모형. 12개의 5각형과 20개의 6각형으로 이루어져 있으며 각각의 5각형에는 5개의 육각형이 인접해 있음

실험해봅시다 - 풀러렌 분자모형 만들기

1. 탄소원자모형과 연결막대를 사용하여 오각형 모양을 만든다.

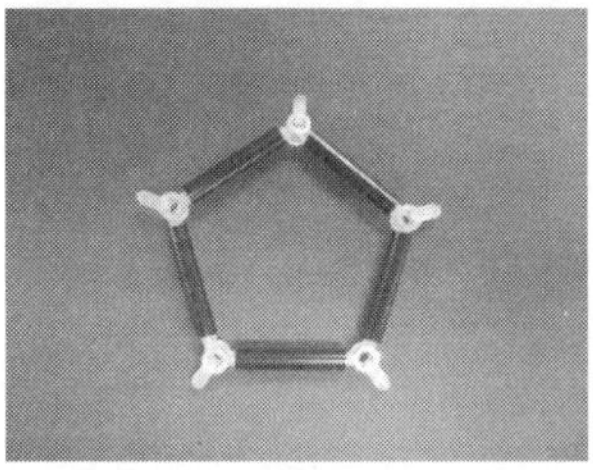

실험해봅시다 - 풀러렌 분자모형 만들기

2. '실험1'의 완성된 오각형 모양의 각 면에 육각형 모양이 둘러싸도록 연결한다.

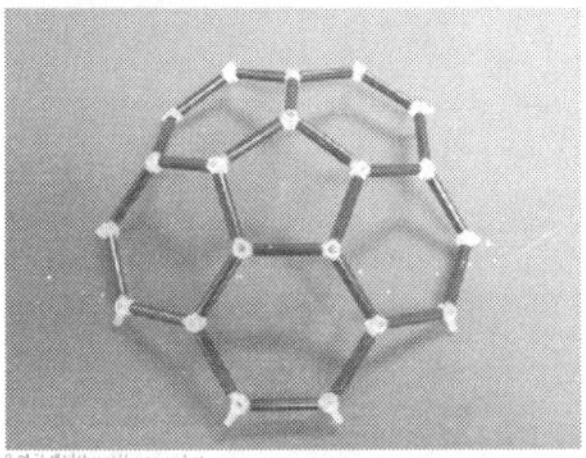

실험해봅시다 - 풀러렌 분자모형 만들기

3. '실험2'의 완성된 모양에서 2개의 육각형 사이가 오각형이 되도록 연결시킨다.

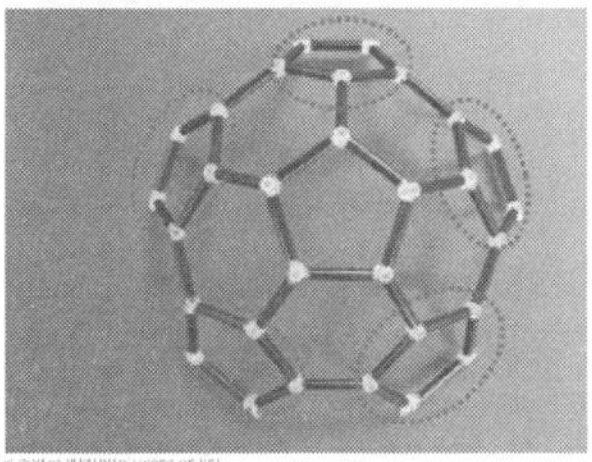

실험해봅시다 - 풀러렌 분자모형 만들기

4. '실험2와 3'의 과정을 반복해서 연결시켜 나가면 왼쪽 사진과 같은 풀러렌이 만들어진다. (완성)

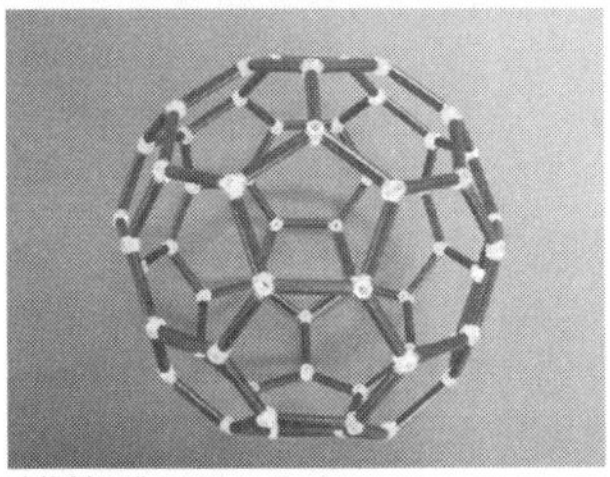

생각해 볼까요?

1. (1) 같은 원소로 이루어졌지만 원자배열과 조성이 다른 쌍둥이 물질을 무엇이라고 하나요?

   (2) 그리고 이러한 물질들에는 어떤 것들이 있을까요?

(1) 동소체

(2) 탄소(C) 동소체 : 다이아몬드, 흑연, 풀러렌, 탄소나노튜브
산소(O) 동소체 : 산소(O2)와 오존(O3)
황(S) 동소체 : 고무상황, 단사황, 사방황
인(P) 동소체 : 흰인과 붉은 인

생각해 볼까요?

2. 우리는 대표적인 탄소 쌍둥이 물질(동소체)인 다이아몬드와 흑연의 성질을 살펴보기 위해 다이아몬드칼과 연필심을 돌과 종이에 그어보았습니다. (1) 그 결과는 어떠했나요?

물질	결과
다이아몬드칼	다이아몬드칼을 돌과 종이 위에 그었을 경우, 종이 뿐만 아니라 단단한 돌에도 흠집이 났다.
연필심	연필심을 돌과 종이 위에 그었을 경우, 연필심이 쉽게 떨어져 나가 닳아 없어졌다.

생각해 볼까요?

2. (2) 그리고 이러한 결과가 나타난 이유를 우리가 만든 다이아몬드와 흑연의 분자모형을 비교해가며 설명해봅시다.

1. 다이아몬드 : 각 탄소원자가 다른 탄소원자 4개와 입체적으로 단단히 결합하고 있어 경도가 매우 높음

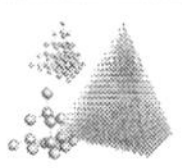

2. 흑연 : 구조적으로 육각형 탄소고리가 서로 연결되어 평면층을 이루고, 이들 평면층 간에는 결합이 약해서 쉽게 떨어져 나감

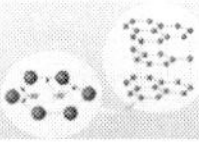

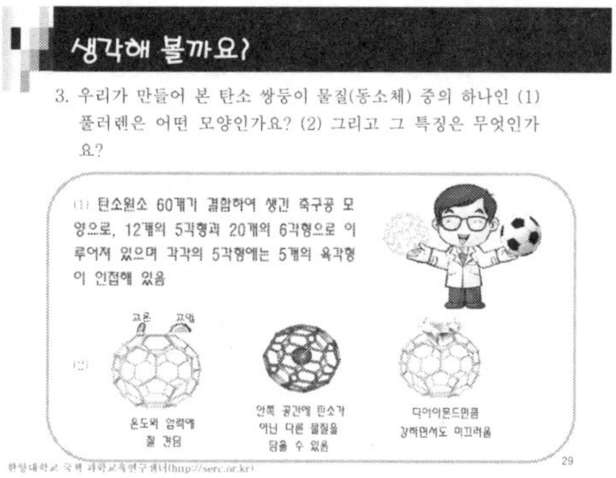
생각해 볼까요?
3. 우리가 만들어 본 탄소 쌍둥이 물질(동소체) 중의 하나인 (1) 풀러렌은 어떤 모양인가요? (2) 그리고 그 특징은 무엇인가요?
(1) 탄소원소 60개가 결합하여 생긴 축구공 모양으로, 12개의 5각형과 20개의 6각형으로 이루어져 있으며 각각의 5각형에는 5개의 육각형이 인접해 있음
(2)
온도와 압력에 잘 견딤
안쪽 공간에 탄소가 아닌 다른 물질을 담을 수 있음
다이아몬드만큼 강하면서도 미끄러움
한양대학교 국책 과학교육연구센터(http://serc.or.kr)
29

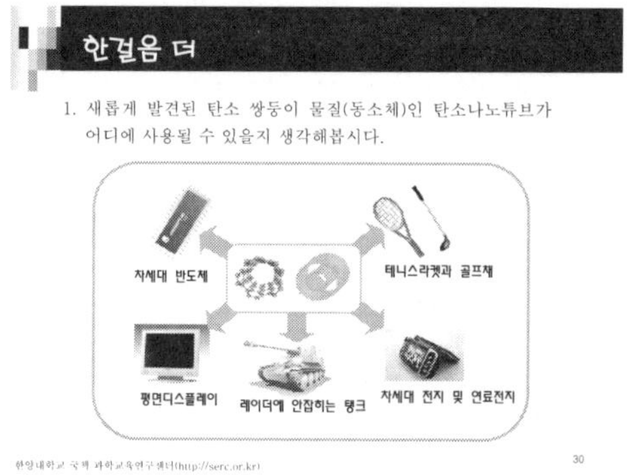
한걸음 더
1. 새롭게 발견된 탄소 쌍둥이 물질(동소체)인 탄소나노튜브가 어디에 사용될 수 있을지 생각해봅시다.
차세대 반도체
테니스라켓과 골프채
평면디스플레이
레이더에 안잡히는 탱크
차세대 전지 및 연료전지
한양대학교 국책 과학교육연구센터(http://serc.or.kr)
30

참고자료 - 우연히 발견된 풀러렌
흑연에 레이저를 쏘아 생긴 그을음에서 탄소 60개로 이루어진 새로운 물질이 발견됐군..
도대체 어떤 구조로 이루어진 물질일까?
맞아! 축구공 모양임이 틀림없어~
한양대학교 국책 과학교육연구센터(http://serc.or.kr)
31

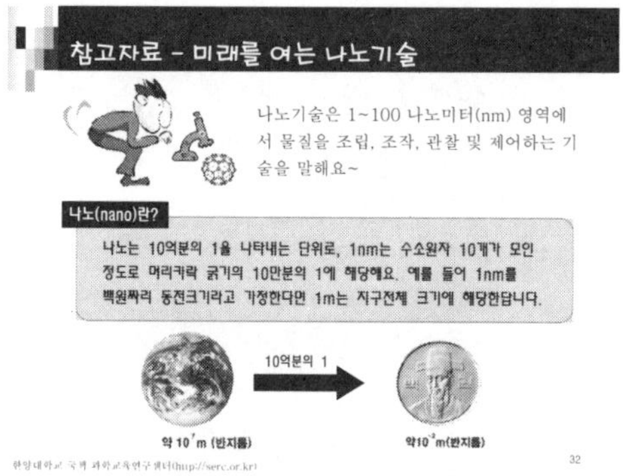
참고자료 - 미래를 여는 나노기술
나노기술은 1~100 나노미터(nm) 영역에서 물질을 조립, 조작, 관찰 및 제어하는 기술을 말해요~
나노(nano)란?
나노는 10억분의 1을 나타내는 단위로, 1nm는 수소원자 10개가 모인 정도로 머리카락 굵기의 10만분의 1에 해당해요. 예를 들어 1nm를 백원짜리 동전크기라고 가정한다면 1m는 지구전체 크기에 해당한답니다.
10억분의 1
약 10^{7}m (반지름)
약10^{-2}m(반지름)
한양대학교 국책 과학교육연구센터(http://serc.or.kr)
32

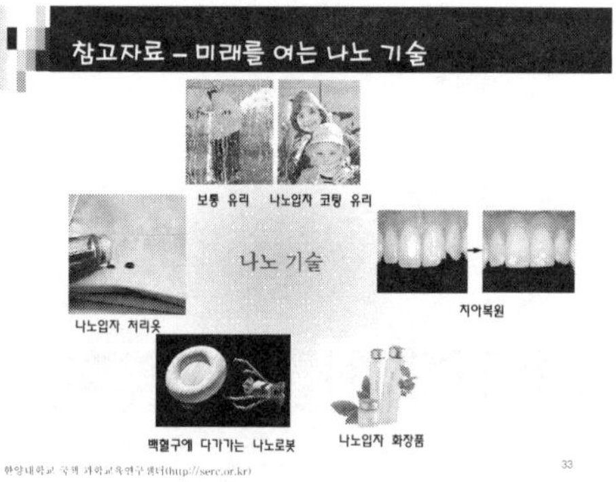
참고자료 – 미래를 여는 나노 기술
보통 유리
나노입자 코팅 유리
나노 기술
나노입자 처리옷
치아복원
백혈구에 다가가는 나노로봇
나노입자 화장품
한양대학교 국책 과학교육연구센터(http://serc.or.kr)
33

(3) 첨단과학체험 실습 프로그램 적용 및 결과

1) 적용 현황

● 개발된 프로그램의 보급

보급 경로	횟 수
이동과학교실	약 420여 회의 이동과학교실 행사 시 약 150,000명의 청소년들을 대상으로 실험체험 실시함
주니어공학기술교실	공학한림원에서 주관하는 주니어공학기술교실에 프로그램 제공 및 강사 연수 실시함으로써, 총 8회 22일에 걸쳐 약 2,500여 명의 기업체 연구원들로 이루어진 주니어공학기술교실 강사들을 대상으로 실험 프로그램 보급함
생활과학교실	강남구와 광진구, 성동구 생활과학교실을 통해 약 3,000명의 학생들에게 실험체험 실시함
서울과학교실	서울과학교실 방학프로그램 3회 실시 중 약 300명의 참가자를 대상으로 실험체험 실시함

2) 적용 결과

체험실험 프로그램에 참여한 학생들에 대해 설문 조사를 실시하였으며 설문결과는 다음과 같다.

● 설문 실험에 관련된 이론이나 응용 등의 설명은 이해하기 쉬웠습니까?

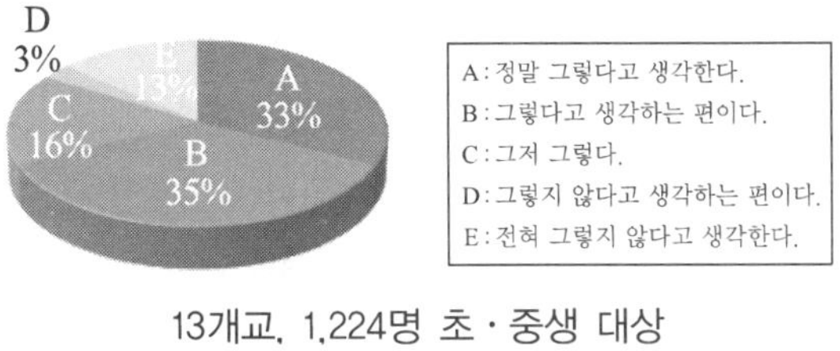

13개교, 1,224명 초 · 중생 대상

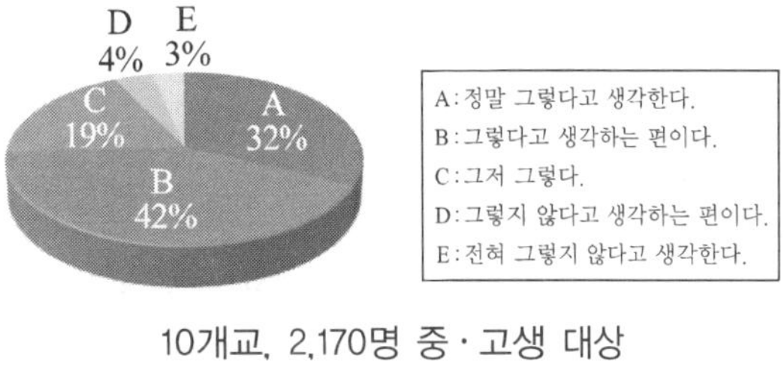

10개교, 2,170명 중 · 고생 대상

첨단과학과 연계된 실험체험 프로그램을 경험한 초 · 중생(이동전자교실)들의 약 68 %와 중 · 고생(이동과학교실)의 74 %가 실험을 통해 과학 원리를 쉽게 이해하고 받아들이는 것으로 나타났다. 일반적으로 과학에 대한 흥미도가 학년이 올라갈수록 떨어지는 것에 반하여 이와 같은 결과는 생활과 관련된 과학 지식을 체험하는 것이 과학에 대한 호기심도 유발하고 과학에 대한 긍정적인 자세를 가지도록 유도하는 것으로, 나아가 이공계 진로 선택에 기여할 것으로 기대된다.

● 설문 실험에 참여 후, 간단한 과학 원리가 첨단과학기술에 응용되는 것을 알게 되었습니까?

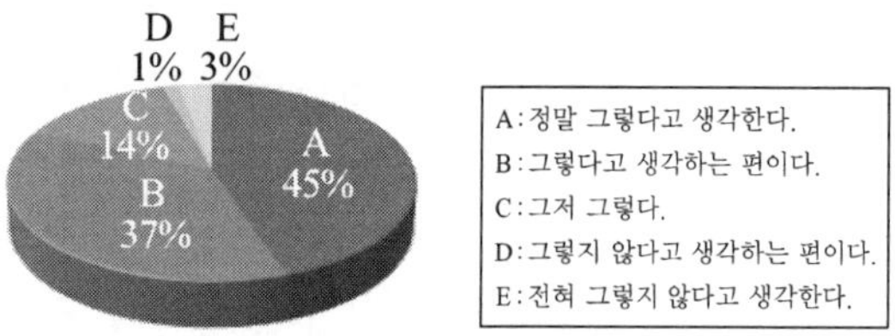

13개교, 1,224명 초 · 중생 대상

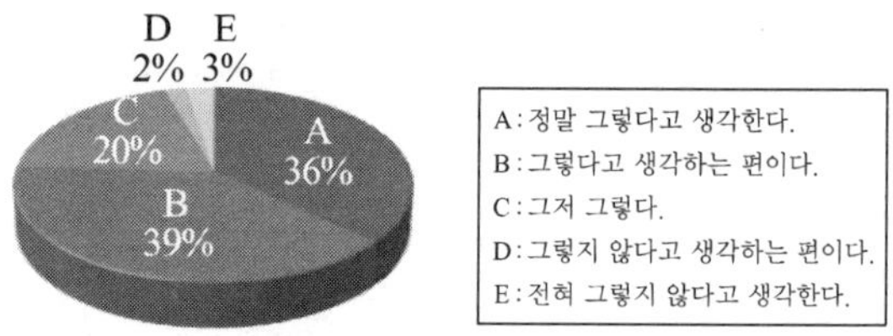

10개교, 2,170명 중 · 고생 대상

초 · 중생(이동전자교실)들의 약 83 %와 중 · 고생(이동과학교실)의 75 %가 실험 후 간단한 과학 원리가 첨단과학기술에 응용됨을 알게 되었다고 응답함으로써, 첨단과학체험 프로그램이 학교에서 배우는 과학 이론과 첨단과학기술을 이어주고 과학기술에 대한 이해의 폭을 넓히는 데 기여하는 것으로 나타났다.

2. 첨단과학 시연기기 개발

(1) 첨단과학 시연기기 개발

기존의 과학교육용 시연기기들은 과학의 초보적인 기본 원리에서 벗어나지 못하여 청소년들이 진부하다는 생각을 가질 수 있다. 또한 과학 교사가 학교 교육과정에 맞추어 일일이 교사가 학생들의 흥미를 끌 만한 과학기기를 개발하는 것은 쉬운 일이 아니다. 이러한 어려움은 학생들로 하여금 과학을 어렵게 느끼게 하고 과학을 등한시하게 되는 결과를 낳게 된다. 이에 학생들의 흥미도 유도하고 각 학교 현장에서 쉽게 이용할 수 있으며, 첨단과학 속의 원리와 그 응용을 쉽게 이해할 수 있는 실용적인 학습 보조 자료로서의 첨단과학 시연기기를 개발하였다. 현재 27종의 첨단과학 시연기기 프로그램이 이미 개발되어 있으나, 학교에서의 현장 적용이 보다 다양하게 될 수 있도록 계속적으로 연구 개발되어야 할 것이다.

다음에 기개발된 과학 시연기기 목록을 소개한다.

프로그램(첨단과학실험체험) 개발 목록

<table>
<tr><th>연도</th><th>제목</th><th>사진</th></tr>
<tr><td rowspan="5">1차 연도</td><td>클라드니</td><td></td></tr>
<tr><td>집음기</td><td></td></tr>
<tr><td>액체질소포</td><td></td></tr>
<tr><td>공기대포</td><td></td></tr>
<tr><td>공명봉</td><td></td></tr>
</table>

연도	제목	사진
	코일건	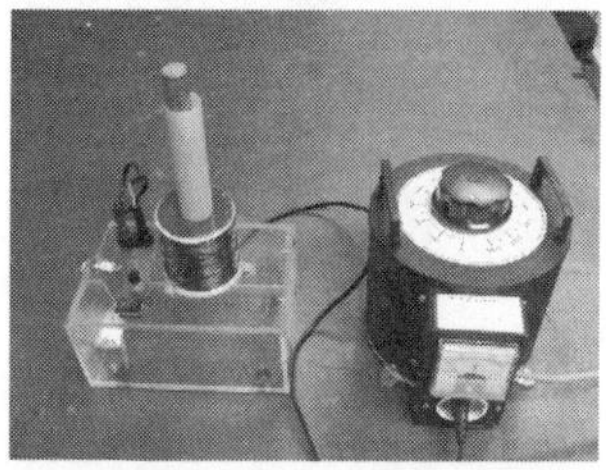
2차 연도	소리의 파동 디지털화 시연기	
	소리로 불꽃 파형 만들기	
	레이저 하프	
	압전센서 연주기	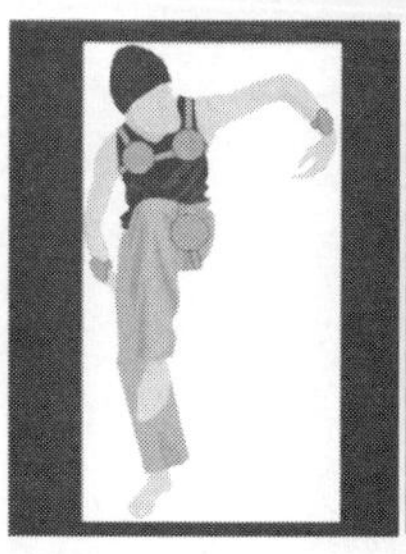 

연도	제목	사진
	호버크라프트	
3차 연도	편광실험장치	
	레이저 도청장치	
	소리로 레이저 파형 만들기	
	소리로 유리잔 깨기	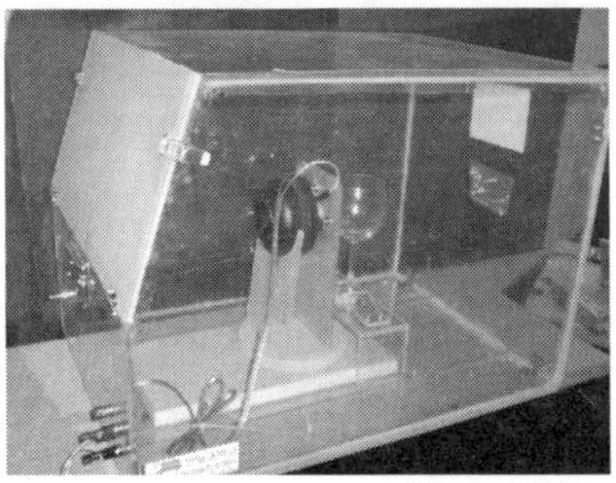

연도	제목	사진
	소리의 간섭 실험	
	자기부상열차	
4차 연도	액정 시연장치	
	손가락 전자악기	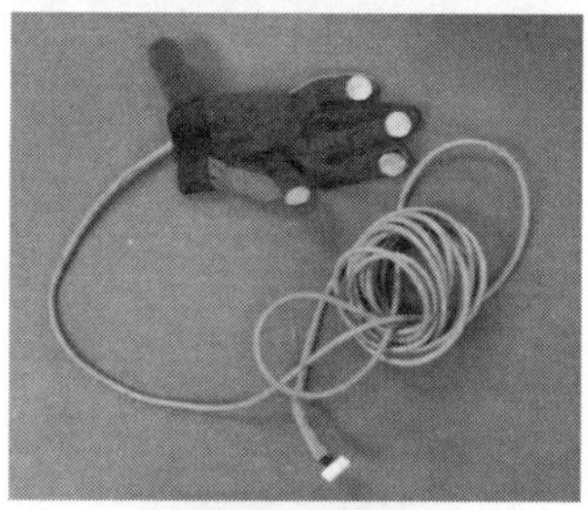
	대형 유도 전류손전등	

연도	제목	사진
	증점제 시연장치	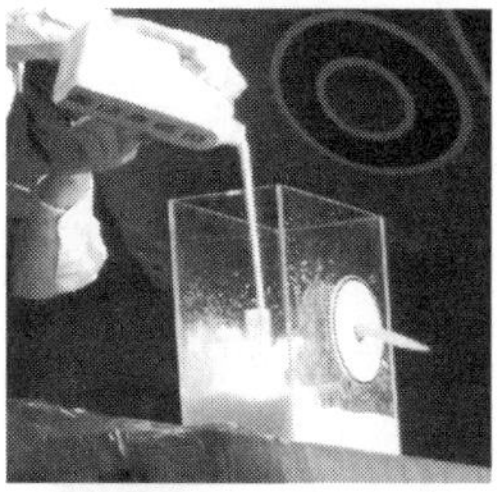
	열전소자 시연장치	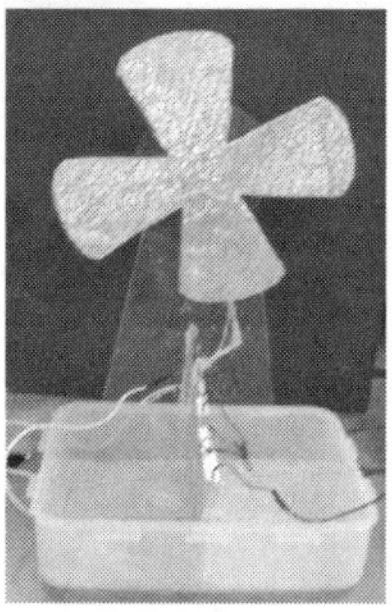
5차 연도	무게중심(1)	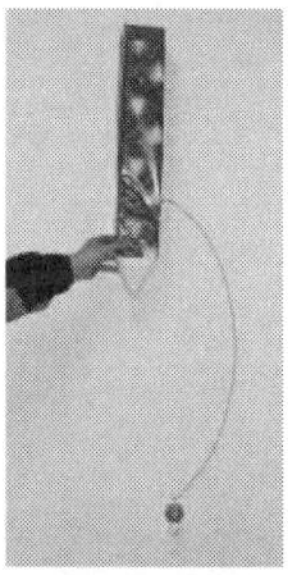
	무게중심(2)	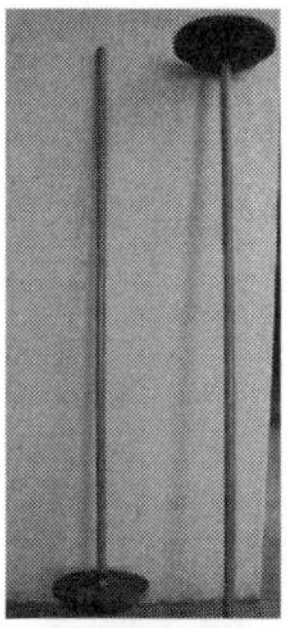
	자이로 시연장치(1)	

연도	제목	사진
	자이로 시연장치(2)	
	각운동량보존 시연장치	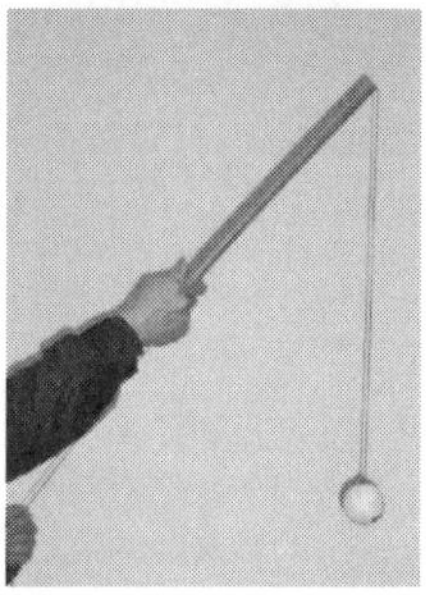

(2) 첨단과학 시연기기 예시

액정 시연장치

학습내용	1. 물질의 세 가지 상태와 함께 액정이 무엇인지 알 수 있다. 2. 편광이 무엇인지 함께 알아본다. 3. 주변에서 액정이 사용되는 곳을 알아보고 어떻게 첨단과학에서 활용되는지 알아본다.
활용방안	1. 과학강연극 공연 시 활용 가능함. 예를 들어, 「우주소년 타키와 함께 하는 전자기의 세계」 과학강연극에서 우주선이 나타났다 사라졌다 하는 데 활용하였으며, 「이상한 나라의 앨리스」 크리스마스 과학강연극 공연 시 사라졌다 나타났다 하는 체셔 고양이를 등장시키는 방법으로 액정을 활용하였다. 또한 액정의 원리를 설명하는 자료도 함께 보여 주어 이해도를 높이도록 하였다. 

	2. 첨단과학체험 프로그램과 함께 활용 가능함. 과학체험 프로그램 중 '액정아 놀자'라는 학생들 개개인이 만들어보는 실험 시작 전에 학생들에게 이 기기를 시연해 보임으로써 실험에 대한 의욕을 높일 수 있다. 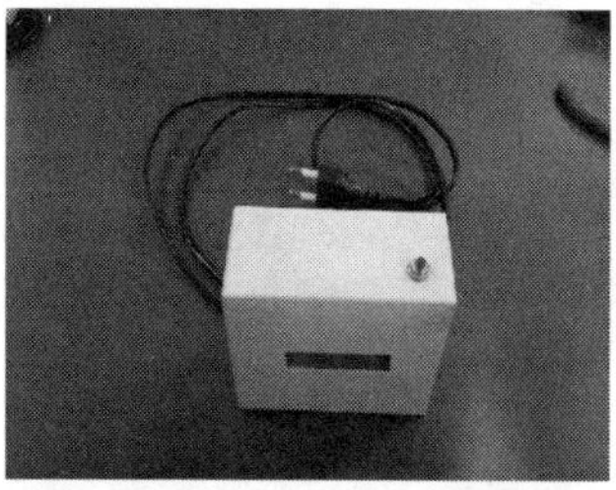
	3. 과학축전 같은 특별한 행사 시에 액정시연장치를 전시하여 대중들이 직접 경험하도록 한다. 
교육과정 연계	7-4 물질의 세 가지 상태 물 1-3 파동과 입자

(3) 첨단과학 시연기기 적용 및 결과

1) 적용 현황

● 개발된 프로그램의 보급

보급 경로	횟수
이동과학교실	약 420여 회의 이동과학교실 행사 시 과학강연극 등에 과학기기를 활용함
교사연수	약 10여 회의 과학 교사 대상 연수 시, 강연 주제에 맞추어 과학시연기기를 활용함
과학축전	대한민국과학축전 및 각 지역과학축전 등 50여 회의 과학축전에서 과학기기를 전시 활용함
크리스마스 과학강연극	연말에 실시하는 크리스마스 과학강연극 공연 시 과학기기를 활용함

2) 적용 결과

과학 시연기기의 활용이 어떤 영향을 주었는지 파악하기 위하여 과학기기 시연을 관람한 학생들에 대해 설문 조사를 실시한 결과이다.

● 설문 과학강연극에서는 이야기 전개 사이사이에 실험을 삽입하여 이해를 돕고 있습니다. 이러한 실험 시연이 과학 원리에 대한 이해를 돕는 데 도움이 되었습니까?

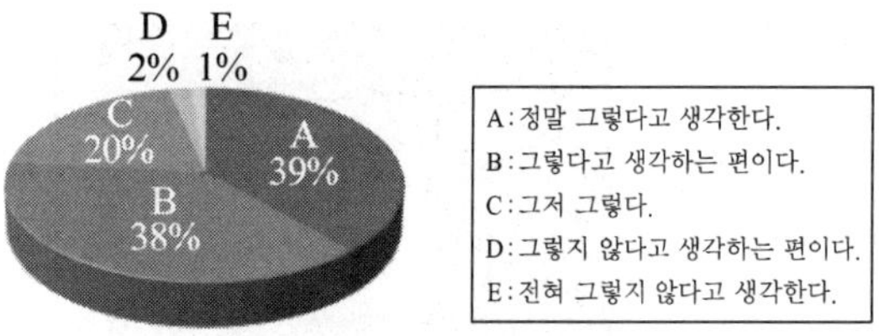

13개교, 1,224명 초 · 중생 대상

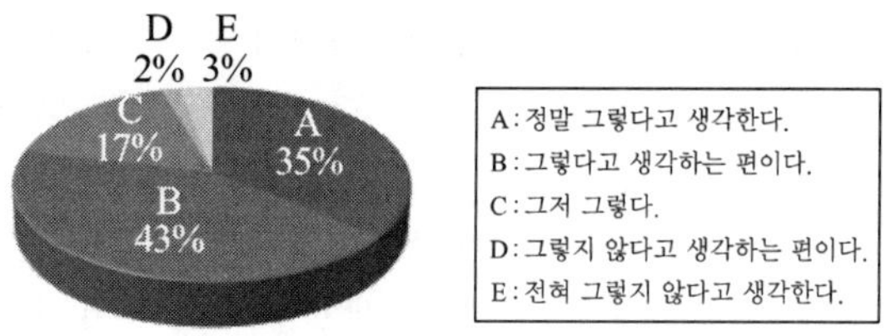

12개교, 2,170명 중 · 고생 대상

약 77 %의 초 · 중생과 약 78 %의 중 · 고생이 첨단과학과 연계된 과학기기 시연이 과학 원리에 대한 이해를 돕는 데 도움이 된다고 답하였으며, 이러한 경험이 과학기술에 대한 이해의 폭을 넓히는 데 기여할 것으로 기대된다.

2.2 청소년 과학기술 분야 진로 지도

이공계에 대한 부족한 또는 잘못된 인식을 바로잡기 위해 실제 이공계 분야에 대한 올바른 소개가 절실하다. 이에 정기적으로 다양한 이공계 분야에 대한 소개를 하기 위한 이공계 진학진로 특강을 개최하였다. 특강은 교수나 연구원들 전문가들이 그들이 연구하고 있는 과학기술 분야 소개의 한정된 범주에 그치는 것이 아니라, 보다 정확한 정보를 제공한다. 예를 들어 물리학 분야를 소개 시, 물리학과에서는 어떤 공부를 하는지, 어떤 자세를 가지고 학업에 임해야 하는지, 대학 졸업 후에는 어떤 분야로 실제 진출하고 있는지, 또한 앞으로의 비전은 어떠한지 등을 구체적으로 제시한다. 특히 학생들의 진로 선택에 큰 영향을 미치고 있는 학부모들도 함께 참여하도록 하여 과학적 마인드 확산에 기여하도록 한다.

또한 특강에 참여한 학생들은 물론이고, 이동과학교실이나 과학강연극 등의 공연 관람을 통해 과학에 대한 호기심이 생기고 관심이 증대한 학생들, 첨단과학체험 프로그램 실습이나 과학기기 시연 실습 등을 통해 과학적 탐구 기회를 접했던 학생들이 그들의 경험이 일회성에서 그치지 않고 과학에 대한 계속적인 관심으로 이어지고 과학기술 전반에 대한 이해를 높이기 위하여 과학기술 분야에 대한 구체적인 진로 지도가 필요하다. 이를 위한 방안으로 멘토링을 들 수 있다. 과학에 대한 호기심이 생긴 학생이 멘토링을 통해 이공계 분야 전문가와 온라인 또는 오프라인상에서 만나 과학적 궁금증을 해결하고 전반적인 과학에 대한 이해도를 높일 수 있게 된다.

마지막으로 해보기, 만들기 등의 수공적 기능에서 응용하게 되고, 단순한 탐구에서 벗어나 그들의 창의적인 생각을 유도해내고, 호기심을 가지고 즐겼던 단계에서 벗어나 열정을 가진 미래 유능한 예비과학기술인으로 성장할 수 있도록 과학기술 마니아를 양성할 수 있는 구체적인 플랜이 과학기술마니아경진대회이다.

본 과제에서는 기존 대회에서 벗어나 대회 자체를 즐기고 대회를 통해 과학적 탐구 자세와 과학적 열정을 가진 청소년들이 될 수 있도록 대회 주제와 운영 방식을 개발하였다.

수공적 기능
해보기
만들기
응용

⇨

탐구	지식	태도
단순	사실	호기심
복합	개념	즐김
창의	원리 및 법칙	열정

1. 학부모와 함께하는 이공계 진학진로 특강 개최

하루가 다르게 급변하고 있는 과학기술 시대를 살고 있는 청소년들이 과학기술에 대해 인식이 부족하여 이공계를 기피하거나, 설사 이공계로 진학하였다 하더라도 그 분야에 대한 막연하고 정확하지 않은 정보로 인해 자신에게 맞지 않는 분야로 진학하게 된다면 이는 자신의 분야에 대한 흥미 상실로 이어지고 그 분야에서 도태되게 될 것이다. 이는 개인뿐만 아니라 국가적으로도 큰 손실이 아닐 수 없다. 이에 다양한 이공계 분야에 대한 정확한 정보와 비전을 제시하는 이공계 진학진로 특강은 이공계에 관심을 가지고 있고 그 분야로 진출하고자 하는 생각을 가진 청소년들에게는 꼭 필요한 강연일 것이다. 특강은 1년에 2회씩 정기적으로 개최하였으며 어느 한 분야에만 치우친 것이 아니라 폭넓고 다양한 분야를 소개하였다. 특강은 이공계 전문가가 자신의 연구 분야 또는 흥미로운 과학의 한 분야를 소개하는 것을 지양하여 어떤 분야를 선택 시 대학에서 학생들이 배우게 될 학업 내용 소개, 그 분야와 관련된 첨단 연구 분야 소개, 졸업 후의 다양한 진로와 미래 비전 소개, 나아가 학생들의 적성 고려까지 학생들에게 구체적인 정보를 제시하고 있다. 또한 자녀와 학부모가 함께 특강에 참여함으로써 학부모들의 정보의 폭을 넓힐 뿐만 아니라 미래 과학기술 분야가 가지고 있는 비전도 알리고 또한 가정에서도 진로에 대한 토론이 가능하도록 하여 자연스럽게 이공계 진로로의 유도가 이어지도록 한다.

(1) 이공계 진학진로 특강 운영 manual

1) 운영기간

봄과 가을에 걸쳐 1년에 2회 실시함

2) 대상

- 인원 : 200~300명을 대상으로 함
- 학년 : 중·고생 및 그 학부모를 대상으로 함

3) 강연 구성

- 1회 특강 시 3~4개 분야의 이공계 전공 교수 및 연구원을 초빙함
  (사전에 강연자에게 이공계 진학진로 특강의 취지를 충분히 인지시킴)
- 각 연사별로 간단한 연구 내용 소개 및 분야별 소개, 사회 진출 이후 비전을 제시함
- 연사의 강연 후 질의응답 시간을 가짐
- 모든 분야 소개가 끝난 후에는 연사의 지도를 받고 있는 대학원생들, 또는 연구원들과의 자유로운 토론이 가능한 만남의 시간을 제공함
- 참석자에게 강연 관련 자료집을 제공함

4) 홍보

- 센터 홈페이지를 통해 홍보함
- 멘토링에 참여하고 있는 학생들을 통해 홍보함
- 과학 교사 단체 또는 각 학교로 직접 홍보함

5) 사후 관리

- 강연에 참석한 학생들에게 센터 홈페이지에 회원 가입을 유도하여 각종 과학 관련 정보를 제공함
- 강연 참석자들을 멘토링에 참여하도록 유도함

(2) 학부모와 함께하는 이공계 진학진로 특강 자료(예시)

1) 기계공학 분야 소개

- 일시 : 2004년 7월 10일
- 연사 : 한양대학교 기계공학부 조진수 교수
- 내용 : 기계공학이 무엇인지, 어떤 학문인지 소개하는 내용과 함께 생활 속에서의 기계공학 사용을 소개하여 친근감을 높이고 있으며, 기계공학인의 자세를 통해 학생들이

진로에 대해 생각해 볼 기회를, 기계공학인의 진로 소개를 통해 비전을 보여주고 있다.

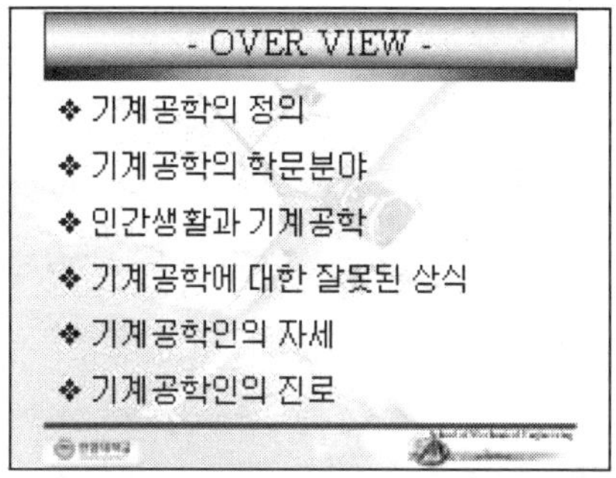

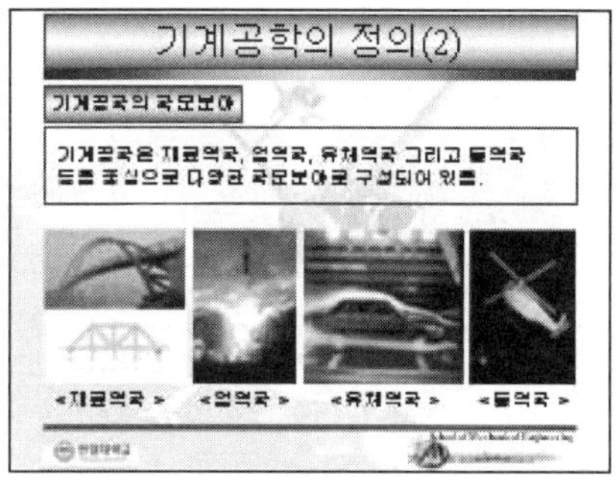

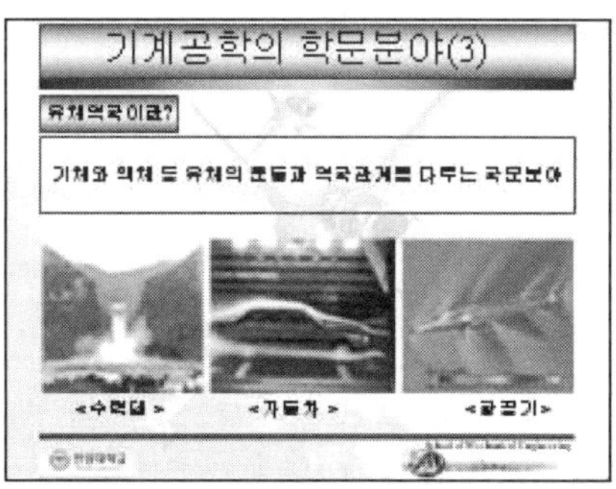

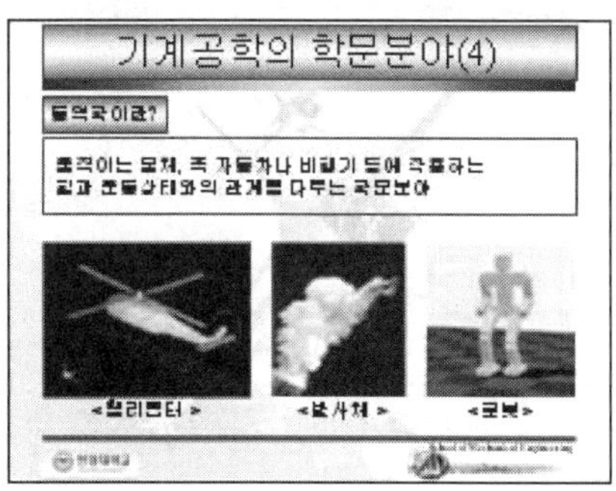

인간 생활과 기계공학(1)

인간 생활과 기계공학(2)

인간 생활과 기계공학(3)

인간 생활과 기계공학(4)

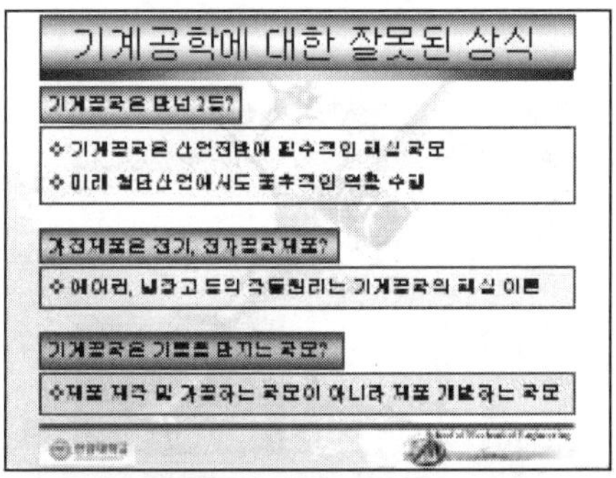
기계공학에 대한 잘못된 상식

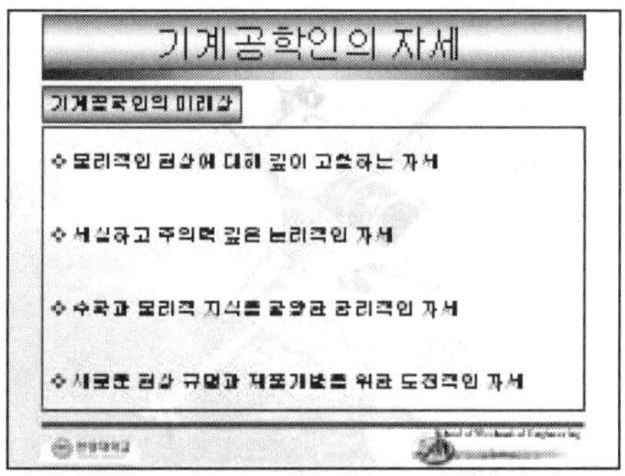
기계공학인의 자세

기계공학인의 향후 진로

(3) 학부모와 함께하는 이공계 진학진로 특강 운영 현황 및 결과

1) 운영 현황

구분	행사 시간	내용	강연자		분야
			성명 및 직위	소속	
1회 2004.7.10	2:00~2:20	특강	홍진표 교수	한양대학교 물리학과	물리학
	2:20~2:40		이원철 교수	한양대학교 생명과학과	생물학
	2:40~3:00		조진수 교수	한양대학교 기계공학부	기계공학
	3:10~3:50	과학쇼			과학교육연구센터
	3:30~3:50	특강	김인영 교수	한양대학교 의공학교실	전자전기컴퓨터공학
			김형동 교수	한양대학교 전자전기컴퓨터공학부	
			김진오 교수	한양대학교 전자전기컴퓨터공학부	
	3:50~4:10		김창경 교수	한양대학교 신소재공학부	신소재공학
2회 2005.5.21	2:10~2:40	특강	김덕수 교수	한양대학교 산업공학과	산업공학
	2:40~3:10		김희준 교수	서울대학교 화학과	화학
	3:30~4:00		양내원 교수	한양대학교 건축학부	건축학
	4:00~4:30		박종길 교수	인제대학교 환경공학부	환경과학
3회 2005.7.23	1:10~1:40	특강	김재정 교수	서울대학교 화학공학과	화학공학
	1:40~2:10		한용만 교수	한국생명공학연구원 발생분화연구실	생명공학
	2:30~3:00		조성호 교수	한양대학교 정보통신공학부	정보통신공학
	3:00~3:30		조진수 교수	한양대학교 기계공학부	항공우주공학
	3:30~4:00	대학원생과의 만남		각 전공 분야	
4회 2005.12.17	2:10~2:40	특강	강혜정 과장	산업자원부 산업환경과	산업환경
	2:40~3:10		유재호 부문장	LG전자	정보통신
	3:30~4:00		김용수 교수	한양대학교 원자시스템공학과	원자력공학
	4:00~4:30		송정환 교수	한양대학교 수학과	수학
	4:30~5:00	이공계 선배와의 만남		각 전공 분야	
5회 2006.6.10	2:10~2:40	특강	이해원 교수	한양대학교 화학과	나노과학
	2:40~3:10		이연희 교수	서울여자대학교 생명과학부	생명공학
	3:30~4:00		이영욱 교수	연세대학교 천문우주분야	천문우주학

	4:00~4:30	이공계 선배와의 만남		각 전공 분야	
6회 2006.11.18	2:10~2:40	특강	임승순 교수	한양대학교 분자시스템공학	분자시스템공학
	2:40~3:10		이현규 교수	한양대학교 식품영양학과	식품가공학
	3:30~4:00		정명순 박사	지질자원연구원	지질학
	4:00~4:30	이공계 선배와의 만남		각 전공 분야	
7회 2007.6.2	2:20~3:00	특강	강석진 교수	서울대학교 수학과	수학
	3:10~3:50		정하웅 교수	한국과학기술원 물리학과	물리학
	4:00~4:00		문대원 단장	한국표준과학연구원	화학
	4:00~4:30	이공계 선배와의 만남		각 전공 분야	
8회 2007.11.17	2:10~2:50	특강	이영무 교수	한양대학교 응용화공생명공학부	화학공학
	3:00~3:40		박덕희 교수	(주)넷포유 대표이사 한국IT 여성기업인협회장	컴퓨터공학
	3:50~4:30		김철영 교수	인하대학교 신소재공학부	화학
	4:30~5:00	이공계 선배와의 만남		각 전공 분야	

2) 운영 결과

학부모와 함께 하는 이공계 진학진로 특강에 참여한 학생들을 대상으로 설문 조사를 실시하였으며 결과는 다음과 같다(제7회 특강에 참여한 중고생 135명 대상).

설문16 한양대학교 '부모님과 함께하는 이공계 진학진로 특강'은 이공계열에 대한 충분한 안내를 했다고 생각하는가?

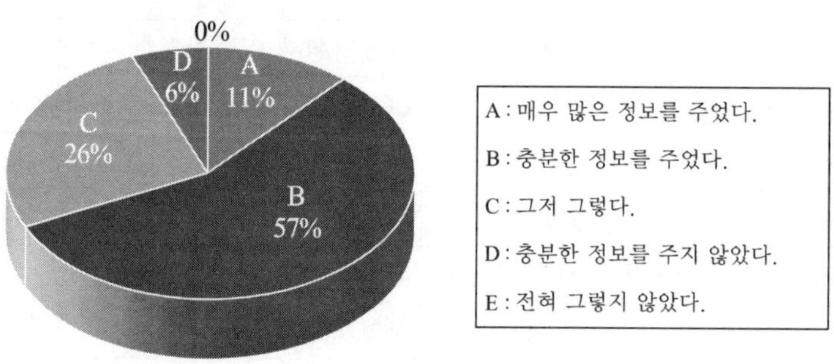

● 설문19 한양대학교 '부모님과 함께하는 이공계 진학진로 특강'에 참석하고 얻은 점이 있다면 무엇인가?

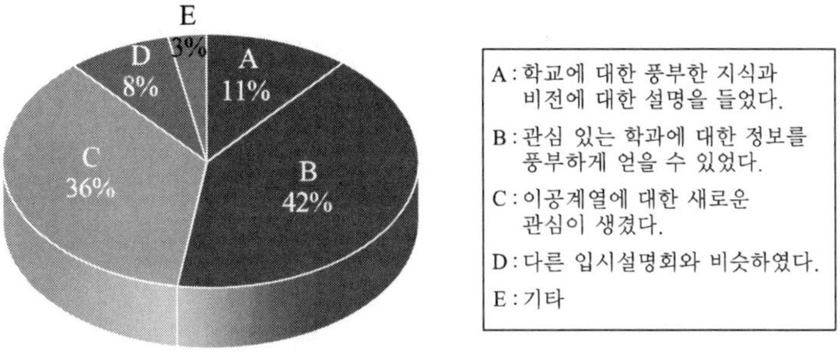

약 68 %의 학생이 이 특강을 통해서 이공계열에 대한 충분한 안내가 이루어졌다고 응답하였으며, 특히 36 %의 학생이 특강 참석 후 이공계열에 대한 새로운 관심이 생겼다고 응답하였다. 학부모를 대상으로 한 설문 결과에서도 유사한 결과를 얻었으며, 학부모들의 약 65 %가 자녀들과 함께 참여하여 상의할 수 있어서 좋았다고 응답하였으며, 기타 의견에 자녀를 동반하지 않고 참석한 일부 학부모의 경우 자녀와 함께 참석했으면 더욱 좋았을 것이라는 의견이 있었다. 이와 같은 결과는 청소년들에게 과학기술 분야에 대한 진로 지도를 통해 과학기술 분야에 대한 이해를 돕고 나아가 이공계로의 진로를 유도하고자 하는 본 특강의 개최 목적을 달성하였음을 보여준다.

2. 멘토링 운영

청소년들의 과학기술에 대한 이해를 높일 수 있는 방법으로 멘토링을 운영하였다. 과학기술 분야 진로 지도를 위해 멘토링을 운영하는 이유로 우선, 과학적 지식의 함양이 가능하다는 것이다. 과학적 경험이 풍부하고 전문적 지식을 지닌 멘토가 1인 또는 몇 명의 멘티를 전담하여 과학적 궁금증 해결 및 진학이나 진로에 대한 다양한 의견 교류를 함으로써 멘티가 멘토로부터 실제적인 과학 지식 정보를 제공받고 과학적 호기심을 충족시킬 수 있는 기회를 제공받아 멘티 학생의 과학 실력의 성장뿐만이 아니라 과학적 잠재력을 끌어내고 과학적 사실을 습득할 기회가 확대된다. 다음으로 멘토와 멘티의 교류를 통해 과학에 대한 관심이 일시적인 것이 아니라 지속적으로 유지될 수 있는 장점이 있다. 이동 과학교실이나 과학축전 등에서의 과학적 경험을 통해 가지게 된 호기심을 계속 유지할 수 있도록 도와줄 수 있을 뿐만이 아니라 실험체험에서의 만들기 등의 수공적 기능이 멘토의 조언이나 동기 부여 등으로 인해 응용의 단계로 발전할 수도 있으며, 과학적 호기심에서 나아가 과학을 즐기는 태도를 가지게 될 수 있을 것이다. 또 다른 이유는 과학에 대한 친화력 향상을 들 수 있다. 과학이라는 공통 주제하에 평소 접하기 어려웠던 멘토 과학기술인과의 교류를 통해 공동체 의식을 가지게 되어 어려웠던 과학을 친근하게 느끼게 되고 나아가 역할 모델로서의 멘토 과학기술인들의 과학에 대한 열정을 간접 경험하는 등 과학하는 자세를 배우는 데 큰 도움이 될 것이다.

(1) 멘토링 운영 현황

멘토링의 효과가 극대화될 수 있는 운영 모델을 제시하기 위하여 여러 가지 방법으로 멘토링을 운영하였다.

1) 불특정 다수를 대상으로 하는 멘토링(온라인 멘토링)

- 불특정 다수를 대상으로 하는 멘토링으로 온라인상에서 운영하였으며, 평소 과학에 관심이 많거나 또는 이동과학교실이나 과학축전 등의 현장에서 과학에 호기심을 가지게 된 학생들이 멘티가 되고 이공계열 교수 등 과학기술 전문가가 멘티가 되는 방법이다.
- 멘토는 3인의 전문가로 구성하였으며 기간은 6개월로 운영하였다.
- 1 : n 방식으로 누구든지 자유롭게 온라인상에서 질의응답이 가능하고 시간이나 장소에 구애받지 않는다는 장점이 있는 반면, 멘토의 분야가 한정되어 있어 멘티 학생들의 다양한 요구를 모두 충족시켜 주지 못할 뿐만 아니라 불특정 다수와의 멘토링이라 지속성 또한 떨어지는 단점이 있다.

2) 과학 교사를 매개로 하는 멘토링(온라인 멘토링)

- 멘토링 참가에 소극적인 학생들을 적극적으로 멘토링에 참여시키기 위한 방안으로

일선 과학 교사의 관리하에 학교별 멘토링 그룹을 형성하여 온라인상에서 운영하는 방법이다.

- 과학적 호기심이나 해결하고 싶은 사항들이 있는 경우, 학생은 각 학교별 멘토링 그룹에 질문을 올리고 이공계 전문가로 구성된 멘토들이 그 질문에 답을 하는 형식으로 운영하였다.
- 기존의 멘토링이 관리 부족이나 공감대 형성 부족 등으로 활성화되지 못한 점을 보완하고 여러 명이 그룹을 형성함으로써 공통 관심사에 토론할 수 있는 등 활성화가 가능하다.
- 각 학교별 그룹당 특정 멘토가 부여되지 못한 점과 과학 교사의 관리가 계속적으로 이루어지지 못하는 등의 어려움이 있다.

3) 1 : 1 멘토링(온라인 멘토링)

- 이공계 분야에 종사하는 연구원들을 멘토로, 과학에 관심을 가지고 있는 중고생을 멘티로 하여 멘토링 시작 전에 미리 오프라인상에서 만남의 시간을 가진 후, 멘토의 전공 분야와 멘티가 관심을 가지고 있는 분야를 고려하여 1 : 1로 연결하여 온라인상에서 보다 적극적인 멘토링을 시도하였다.
- 운영 기간은 1기당 3개월로 하였으며, 1기당 12그룹이 활동하였다.
- 1 : 1 관계로 다른 방식에 비해 보다 적극적으로 멘토링이 이루어질 수 있었으나, 멘토링에 있어서 개인적인 성향의 차이로 그룹마다 운영의 활성화 정도가 다르게 나타나는 것을 볼 수 있었으며, 하나의 궁금증이 해결된 뒤에는 다음 단계로 바로 이어지지 못하는 등 멘토와 멘티 간에 공통 관심사를 끌어내는 데 어려움이 있었다.

4) 1 : 소그룹 멘토링(오프라인 멘토링)

- 멘티와 멘토가 일정 기간 동안 연구를 함께 수행하는 형태로 운영하였다.
- 멘토가 호버크라프트나 스터링 엔진 등을 함께 만들어보고 탐구할 수 있는 주제를 미리 제시하고, 그 주제에 관심이 있는 학생들 3~4명을 멘티로 구성하여 탐구를 수행하는 방식으로 이루어졌다.
- 오프라인상에서 방학기간 중을 이용하여 10회의 정기적인 모임을 통해 이루어졌다.
- 주제를 미리 제시하고 관심이 있는 학생들이 멘티이고 또한 온라인상이 아니라 보다 적극적인 교류가 가능한 오프라인상이라는 점 등에 의해 의욕적으로 멘토링이 운영되었다.
- 단순한 수공적 기능에서 벗어나 창의적인 탐구활동이 요구되고 주제에 대한 개념과 원리 등을 습득하게 되었으며 과학활동을 즐기고 스스로 연구하는 태도로까지 발전하는 등 긍정적인 멘토링이 가능하였다.
- 방학 기간을 활용하였음에도 불구하고 탐구 기간이 길고 주제의 완성에까지 많은 시간이 소요되는 것은 단점으로 나타났다.

(2) 멘토링 모델 제시

멘토링의 성과는 HASA 과학교육철학의 마지막 단계인 창의탐구, 과학에 대한 열정적 태도 등으로 이어질 수 있는데도 불구하고 멘토링이 활성화되지 못하는 여러 가지 요인으로 멘토와 멘티의 멘토링에 대한 이해 부족 또는 관심 부족 등으로 인한 적극적인 참여 부족, 멘토와 멘티가 지속적으로 교류가 가능한 공통된 관심사 부재, 교류 방법이나 시기 등의 적절성 부족 등 여러 가지 장애요인을 파악할 수 있었다. 이에 효율적인 멘토링을 위한 방법을 다음에 제시하였으며 이는 절대적인 것이 아니라 멘토와 멘티 간의 관계에 따라 유동적일 수 있다.

1) 1 : 1 멘토링의 경우

- 멘티와 멘토가 멘토링 그룹을 형성하기 전에 미리 만나 관심 분야별로 미리 대화 등의 교류를 가질 수 있는 시간을 제공한 후에 멘토링 그룹을 형성함
- 1 : 1로 질의응답이 가능하면서도 일부분 다른 그룹에도 공개하여 다양한 분야를 접할 수 있도록 함
- 멘토링 관리자를 지정하여 멘토와 멘티에게 정기적으로 멘토링에 참여하도록 권유하여 계속 활성화되도록 유도함
- 1기는 6개월로 하며, 전체적인 부분은 온라인상에서 이루어지나 멘토링 기간 동안 2회 이상의 오프라인 모임을 가지도록 함
- 오프라인 모임은 실내 활동뿐이 아니라 다른 그룹과 함께 과학관 견학이나 과학활동 현장 견학 등의 프로그램을 함께하도록 함
- 6개월간의 멘토링 활동이 끝난 후에는 모든 그룹이 함께 발표시간을 가져 멘토링 기간 동안 탐구하였던 내용이나 경험담, 소감 등을 소개하는 시간을 가지도록 함

2) 1 : N 멘토링의 경우

- 불특정 다수가 아니라 1 : 3~5명의 소그룹으로 운영함
- 과학 교사나 이공계에 종사하는 연구원, 또는 이공계 대학에 진학한 대학생들을 매개로 함으로써 멘토링 관리자의 역할을 수행하여 멘토와 멘티의 활발한 참여를 유도하여 멘토링이 보다 적극적으로 관리되도록 함
- 매개 역할자의 지도하에 어떤 주제를 가지고 멘토링 그룹을 형성하는 것이 바람직함
- 특히, 전문가 멘토를 멘토링 그룹이 관심을 가지고 있는 과학 주제 분야별로 지정하여 멘토링에 대한 멘토의 적극적인 관심이 이루어지면서 전문적인 멘토링이 가능하도록 함
- 1기는 6개월로 하며, 전체적인 부분은 온라인상에서 이루어지나 멘토링 기간 동안 2회 이상의 오프라인 모임을 가지도록 함
- 오프라인 모임은 매개자와 함께 전문가 멘토의 연구 현장 견학 등의 활동으로 보다 적극적인 교류가 이루어지도록 함
- 6개월간의 멘토링 활동이 끝난 후에는 모든 그룹이 함께 발표시간을 가져 멘토링 기간 동안 탐구하였던 내용이나 경험담, 소감 등을 소개하는 시간을 가지도록 함

3. 과학경진대회 운영 모델 개발(과학기술마니아경진대회)

미래 지식 기반 사회에 필요한 창의적인 인재를 키우는 활동이 바로 과학활동일 것이며 여러 가지 과학활동 중에서도 과학경진대회는 청소년들을 과학기술 분야로 유도하는 효과적인 방법이다. 그러나 현재 각종 탐구 · 경시 발명 대회는 많이 있으나, 첨단기술을 주제로 매년 계속적으로 연구활동을 하는 예는 없다. 이에 본 센터가 추구하는 과학경진대회 모델(이하 '과학기술마니아경진대회'라 칭함)은 미래의 주요한 부분이 될 첨단과학기술을 주제로 하여 청소년들을 체계적인 첨단과학기술인으로 양성하는 것을 목표로 하였으며, 여타 발명 경진대회가 과학 엘리트 선별 및 육성에만 초점을 맞추어 왔던 것과는 다르게 과학기술마니아경진대회는 일반적인 교육을 받아온 청소년들에게도 기회의 장을 줄 수 있는 운영 모델을 계획하였다. 또한 단순히 완성품만을 제작하는 것이 목적이 아니라 체계적인 과학 연구의 기본을 경험할 수 있도록 하고, 협동 과제로 진행할 수 있는 경진대회를 개최함으로써 융합 학문으로 발전하는 과학기술 분야에서 추후 과학기술자로서 협동 연구 과제를 수행 시 탄탄한 밑바탕이 될 수 있도록 대회 모델을 개발하였다. 대회 참가를 통하여 청소년들은 과학기술에 대한 진정한 흥미와 매력을 느끼게 되고 이공계 진학 및 진로로의 동기를 부여받을 수 있으며 과학기술에 매진하는 마니아로 성장할 수 있을 것이고, 나아가 21세기 국가 경쟁력을 좌우하는 원천인 우수 인적자원의 밑바탕이 될 과학기술 마니아층을 형성할 것이다. 본 과제가 추구하는 이와 같은 대회 운영방식은 청소년의 창의적인 탐구활동을 기반으로 하게 되고, 대회 참가활동을 통해 과학적 원리를 깨달아가도록 할 것이며, 궁극적으로 과학에 대한 열정적 태도를 지닌 HASA 과학교육철학 목표의 최종 단계에 도달하게 될 것이다.

(1) 과학기술마니아경진대회 운영 모델

1) 대회 주제 선정

타 대회의 경우, 개인 스스로 주제를 선택하는 경우가 많다. 그러나 대부분의 주제가 지도교사의 의견이나 기존 대회에서 제시되었던 주제를 벗어나지 못하는 것을 볼 수 있다. 이에 본 대회의 경우, 학교에서 배운 과학 이론과 동떨어지게 여겨졌던 첨단과학기술과의 연계성을 가진 주제를 제시한다. 예를 들어 프로펠러 없이 움직이는 전자기력 배를 주제로 대회를 실시하여 세계 조선강국으로서 한국의 과학적 위상을 학생들에게 제시하고, 미개척 분야에 대한 학생들의 호기심을 자극할 수 있도록 하였으며, 제시되는 연구과제는 구체적이고 명확하게 하여 학생들로 하여금 뚜렷한 목표 의식을 갖게 하며, 이론적 연구와 함께 실제 작품을 제작·실용화하여, 예비 과학기술인력으로 성장할 수 있는 토대를 배양하도록 하였다.

2) 대회 참가 팀 구성 인원

타 대회의 경우, 팀별이 아닌 개인별로 참가하는 대회가 대부분이다. 이에 반해 본 대회는 학생 3인과 지도교사 1인을 1팀으로 하여 팀별로 주제를 해결해나감으로써 연구 과제 해결 시 팀원 간의 의사소통 방법, 공동 연구에 있어서 필요한 역할 분담 및 협동심 등을 미리 경험할 수 있는 기회를 제공한다.

3) 대회 운영 체계

- 사전 워크숍을 통해 미리 주제에 관련된 전문가의 이론 강의와 실습을 실시하여 대회에 참가하는 모든 학생들에게 같은 수준의 기본 지식을 학습하도록 하여 배움의 장을 제공할 뿐만 아니라 자연스럽게 과학기술에 대해 접근할 수 있도록 하여 흥미를 유도할 수 있다.
- 단순히 주제에 맞추어 완성품만을 제작하는 것이 목적이 아니라 연구결과계획서 및 연구결과보고서 작성, 전문가 앞에서의 이론과 제작에 대한 종합적인 구두 발표, 제작물의 성능 시험 등 체계적인 과학 연구의 기본을 경험할 수 있도록 함으로써 참가 학생들이 과학기술인력으로 성장하였을 때 연구 개발자로서의 기본 소양을 갖추도록 한다.

4) 홈페이지 구축 및 활용

대회 홈페이지를 구축하여 대회 홍보 및 접수, 연구계획서 및 연구결과보고서 제출 등의 업무를 온라인상에서 수행할 뿐만 아니라 참가 학생들의 질의와 응답이 가능한 온라인 커뮤니티를 운영하여 학교 밖 과학교육 기회를 제공하여 과학에 대한 청소년들의 왕성한 호기심을 채워주는 데 일조할 수 있다.

● 대회 운영 체계(예시)

일시	내용	비고
1~3월	계획 수립 및 홈페이지 구축	• 전반적인 운영 계획 수립 • 홈페이지 구축
3~5월	대회 홍보 및 참가 접수	• 교육부 등의 협조 • 매체를 통한 홍보
5월 말	워크숍 개최	• 전문가의 대회 주제 관련 이론 강의 • 시제품 제작 • 대회 축적 시 지난 대회 수상작 소개 등
6~7월	연구계획서 제출 및 심사	• 연구계획서 심사
8월 말	본선대회 개최	• 연구결과보고서 및 구두발표 심사, 작품 심사
8월 말	시상식 개최	
10월 말	자체 평가 실시	• 홈페이지상에서 설문 조사 실시 • 대회 참가 학생들과의 간담회 실시 • 지도교사 간담회 실시 • 심사위원들과의 간담회 실시

(2) 과학기술마니아경진대회 주제 개발 목록

제목	내용
전자기력 배	자기와 전류에 의해 생성되는 전자기력에 의해 추진되는 모형 선박을 만들어 로렌츠 힘의 원리를 이해하고 최첨단 선박 속의 과학기술에 대한 지식 탐구가 가능한 주제임 
스터링 엔진	높은 열효율을 가지며 다양한 열원의 사용이 가능한 외연기관인 스터링 엔진을 이용하는 모형차 등을 만들어 경주 대회 등의 주제로 사용함 

호버크라프트	실제 사람이 탈 수 있는 크기의 호버크라프트를 제작함으로써 공중 부양 원리와 추진 원리를 습득할 뿐만 아니라 선박 구조 이해와 제작 과정까지 경험해 볼 수 있는 주제임	

(2) 적용 현황 및 결과

1) 적용 현황

본 과제에서 개발한 과학기술마니아경진대회 주제 중 '전자기력으로 가는 배' 만들기를 한양대학교 청소년과학기술진흥센터가 주최한 과학기술마니아경진대회 주제로 2005년에서 2007년에 걸쳐 적용하였다.

	'05 실적	'06 실적	'07 실적
본 대회 참여 인원수	58팀(232명)	140팀(560명)	214팀(830명)
참여 학교 수	29개교	85개교	78개교
'05년 대비 증가비	1	2.4	3.7

2) 적용 결과

● 대회 참가 인원수의 증가

2005년에서 2007년까지 3회에 걸쳐 대회 주제로 '전자기력으로 가는 배' 만들기를 적용하였으며, 같은 주제이지만 매년 난이도를 높여 학생들의 성취도 고취와 함께 계속적인 연구 수행이 가능하여 전문성의 축적과 함께 동아리의 전통도 쌓을 수 있는 대회가 되도록 하였으며, 지난 대회와 대비하여 높아진 참가율은 본 대회가 청소년들의 과학기술 마니아층 형성의 일조는 물론, 과학체험 기회 제공의 자리매김이 더욱 단단해지고 있음을 나타낸다.

설문조사 결과(학생 75인 대상)

[문항 21]
나는 과학기술마니아경진대회에 참여함으로써 예전에 몰랐던 과학 이론을 이해하게 되었다.

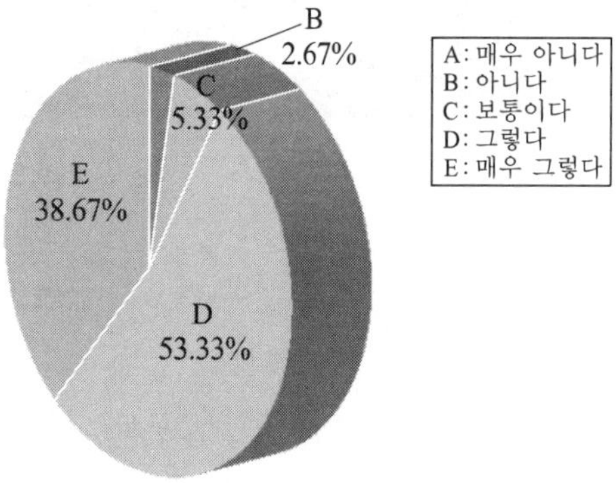

[문항 22]
나는 과학기술마니아경진대회에 참여함으로써 새로운 정보를 찾아 활용할 줄 알게 되었다.

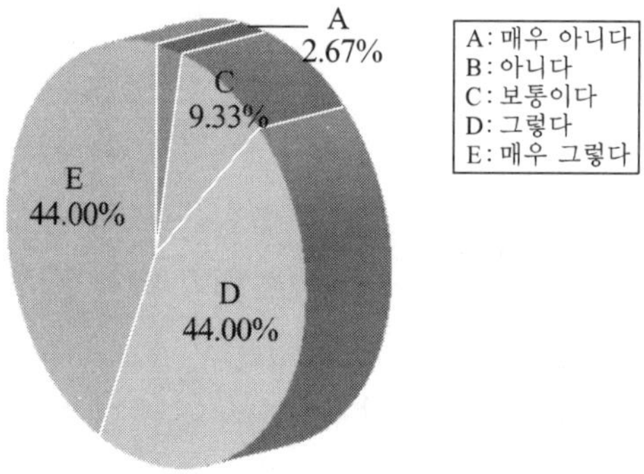

설문 조사에서 보는 것처럼 설문에 응답한 학생 중 92 %의 학생들이 예전에 몰랐던 과학 이론을 대회를 통해 알게 되고 새로운 과학 이론을 습득할 기회를 가지게 되었다고 응답하였으며, 88 %의 학생들이 새로운 정보를 찾아 활용하고 제품 제작에 필요한 기기나 부품의 구입을 할 수 있게 되었다고 응답하였다. 이는 HASA 과학교육철학 중 지식의 마지막 단계인 과학 법칙을 이해하고 이를 실험활동에 적용하는 단계에 해당된다.

[문항 27]
과학기술마니아경진대회를 준비하면서 나는 장래 직업에 대해 생각해볼 수 있는 기회를 가질 수 있었다.

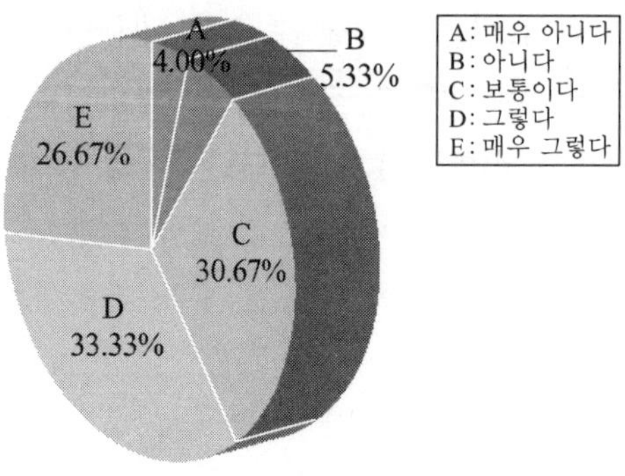

[문항 28]
과학기술마니아경진대회를 준비하면서 나는 나의 적성을 판단해볼 수 있었다.

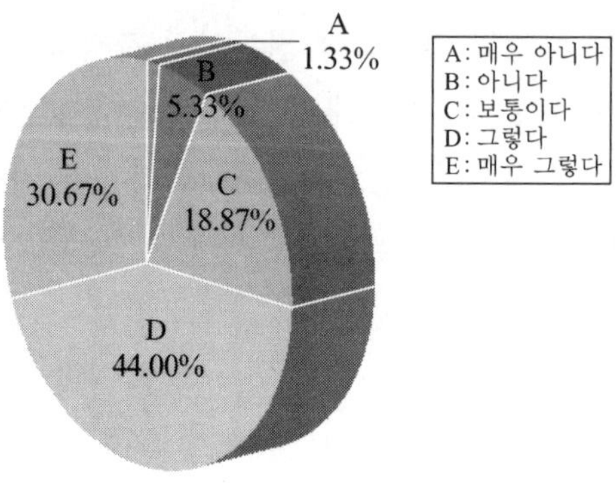

문항에서 볼 수 있는 것처럼, 60 %의 학생들이 장래 직업에 대해 생각해 볼 수 있는 기회가 되었다고 응답하였으며, 75 %의 학생이 대회를 통해 적성을 판단할 수 있는 기회가 되었다고 응답하였다. 기타 장래 희망직업 조사에서는 과학자가 단연 앞서는 것을 볼 수 있었으며, 과학에 대한 흥미가 새로운 경험을 한 후 크게 증대되었다고 응답한 학생들도 있었다. 이는 HASA 과학교육철학 중 탐구의 마지막 단계인 과학기술에 대한 흥미와 열정을 가진 인재를 육성하고자 하는 본래의 취지가 대회를 통해 성공적으로 그 목적을 실현하고 있음을 나타낸다.

■ 저자 소개

1세부과제 – 신영준 (경인교육대학교), 전영석 (서울교육대학교),
홍준의 (한성과학고등학교), 신동훈 (조선대학교)

2세부과제 – 한재영 (충북대학교), 심재호 (한국교육과정평가원),
류성철 (노원고등학교), 임 혁 (원묵고등학교)

3세부과제 – 손정우 (경상대학교), 이봉우 (단국대학교),
이인호 (한국교육과정평가원), 최원호 (한국교육과정평가원)

4세부과제 – 최정훈 (한양대학교), 황북기 (한양대학교), 차정호 (대구대학교)

HASA 과학교육의 이해와 적용

2009년 4월 20일 1판 1쇄 인쇄
2009년 4월 25일 1판 1쇄 발행

저 자 ◎ **신영준 · 전영석 · 홍준의 · 신동훈 · 한재영 심재호 · 류성철 · 임 혁 · 손정우 · 이봉우 이인호 · 최원호 · 최정훈 · 황북기 · 차정호**

발행자 ◎ **조 승 식**

발행처 ◎ (주) 도서출판 **북스힐**
서울시 강북구 수유2동 258-20

등 록 ◎ 제 22-457 호

TEL (02) 994-0071(代)

FAX (02) 994-0073

E-MAIL bookswin@unitel.co.kr
www.bookshill.com

값 22,000원

잘못된 책은 교환해 드립니다.

(세트) ISBN 978-89-5526-541-5
ISBN 978-89-5526-542-2